中国科技统计年鉴

CHINA STATISTICAL YEARBOOK ON SCIENCE AND TECHNOLOGY

2003

国家统计局·科学技术部　编

Edited by National Bureau of Statistics
Ministry of Science and Technology

中国统计出版社
China Statistics Press

(京)新登字 041 号

图书在版编目（CIP）数据

中国科技统计年鉴.2003/国家统计局、科学技术部编.
—北京：中国统计出版社，2003.11

ISBN 7-5037-4259-3

I.中…

II.国…

III.科技统计-中国-2003-年鉴

IV.G322-66

中国版本图书馆 CIP 数据核字（2003）第 093130 号

中国科技统计年鉴－2003

作　　者/ 国家统计局 · 科学技术部编
责任编辑/ 陈悟朝
封面设计/ 大　路
出版发行/ 中国统计出版社
通信地址/ 北京市西城区月坛南街75号　　邮政编码/100826
办公地址/ 北京市丰台区西三环南路甲6号
电　　话/（010）63459084、63266600-22500（发行部）
印　　刷/ 科伦克三莱印务（北京）有限公司
经　　销/ 新华书店
开　　本/ 880 × 1230mm　1/16
字　　数/ 790 千字
印　　张/ 34.125
印　　数/ 1-1500 册
版　　别/ 2003 年 11 月第 1 版
版　　次/ 2003 年 11 月北京第 1 次印刷
书　　号/ ISBN 7-5037-4259-3/G · 94
定　　价/ 185.00元

《中国科技统计年鉴-2003》编辑委员会

Editorial Board

《中国科技统计年鉴-2003》编辑部

Editorial Staff

总 编 辑：马京奎

Editor-in-chief: Ma Jingkui

副总编辑：察志敏　　刘树梅

Associate Editors-in-chief: Cha Zhimin, Liu Shumei

责任编辑：刘红玫　　肖　云

Coordinators: Liu Hongmei, Xiao Yun

编辑人员：骞金昌　　何　健　　史宝义　　冷　戈　　刘惠静

窦淑荷　　孟　巍　　许志明　　高　瑛　　沈　君

吴万克　　祁凤平　　牛　黎　　赵　倩

Editorial Staff: Qian Jinchang, He Jian, Shi Baoyi, Leng Ge, Liu Huijing

Dou Shuhe, Meng Wei, Xu Zhiming, Gao Ying, Shen Jun,

Wu Wankei, Qi Fengping, Niu Li, Zhao Qian

英文校订：察志敏

English Proofreader: Cha Zhimin

英文翻译：刘红玫

English Translator: Liu Hongmei

编辑说明

《中国科技统计年鉴－2003》是国家统计局和科技部共同编撰的反映我国科技活动的统计资料书。全书除收录了全国31个省、自治区、直辖市、国务院有关部门2002年度科技统计数据，今年还新增加了2000年度269个地市（地级、副省级）的有关数据。

全书内容分为九个部分。第一部分为1991－2002年全社会科技活动的综合资料；第二部分为地级及以上国有独立研究与开发机构科技活动资料；第三部分为大中型工业科技活动资料以及高技术产业科技活动资料；第四部分是高等学校科技活动资料；第五部分是反映国家科技发展计划的有关资料；第六部分是反映科技活动成果和专利的有关资料；第七部分是综合技术服务部门和科协活动的有关资料；第八部分为地市（地级）科技活动资料；第九部分为科技活动的国际比较资料。最后附有主要统计指标解释。

参与本书编辑的单位还有财政部、教育部、国防科工委、中组部、商务部、国土资源部、中国科学院、中国工程院、国家知识产权局、中国气象局、中国科协、国家质量检验检疫总局、国家测绘局、中国地震局、国家海洋局。对上述单位有关人员在本书的编辑过程中给予的大力支持与合作，表示衷心感谢。

《中国科技统计年鉴》编辑部

2003年7月

PREFACE

The China Statistical Yearbook on Science and Technology-2003 is prepared jointly by the National Bureau of Statistics and the Ministry of Science and Technology. The Yearbook, which covers data series at the national, provincial and local levels, and autonomous regions, as well as departments directly under the State Council, reports on the development of China's science and technology activities. This is the thirteenth compilation of the Yearbook. Data series at 269 prefecture level are newly increased this year.

The Yearbook contains the following nine parts: 1. General Information 2. Independent Research Institutions 3. Large and Medium-sized Enterprises 4. Institutions of Higher Education 5. National Program for Science and Technology Development 6. Results of Science and Technology Activities 7. Scientific and Technologic Services 8. Prefecture and 9. International Comparisons.

The institutions participating editing this volume include: Ministry of Finance, Ministry of Education, Commission of Science, Technology and Industry for National Defense, Ministry of Central Organization, Ministry of Commerce, Ministry of Land and Resources, Chinese Academy of Sciences, Chinese Academy of Engineering, State Intellectual Property Office, China Meteorological Administration, China Association for Science and Technology, General Administration of Quality Supervision , Inspection and Quarantine, State Bureau of Survey and Mapping, China Seismological Bureau, State Oceanic Administration. We would like to express our gratitude to these institutions of the State Council for their cooperation and support in sparing no effort to provide all the required data.

Editor

July, 2003

目 录 CONTENTS

一、综合
General

二、研究与开发机构
Independent Research Institutions

三、大中型工业企业
Large and Medium-sized Enterprises

四、高等学校
Institutions of Higher Education

五、国家科技发展计划
National Program for Science and Technology Development

六、科技活动成果
Results of Science and Technology Activities

七、科技服务
Scientific and Technologic Services

八、全国分地市（地级、副省级）科技活动情况
Prefecture

九、国际比较
International Comparison

一、综合

General

1-1 国家财政科技支出（1980-2002）

Government Expenditure for Science and Technology

单位：亿元

(100,000,000 yuan)

年份 Year	国家财政总支出 Total Government Budgetary Expenditure (A)	国家财政科技拨款 Appropriation for Science and Technology (B)	科学事业费 Operating Expenses for Science	科技三项费 Science and Technology Promotion Funds	科研基建费 Capital Construction for Science Research	其他 Others	科技拨款占财政总支出的比重 % of Total Government Budgetary Expenditure (B/A)
1980	1228.8	64.59	20.95	27.33	11.32	4.99	5.3
1981	1138.4	61.58	22.72	24.12	10.46	4.28	5.4
1982	1230.0	65.29	23.85	26.39	11.17	3.88	5.3
1983	1409.5	79.03	26.66	35.42	10.59	6.36	5.6
1984	1701.0	94.72	32.28	42.45	13.04	6.95	5.6
1985	2004.3	102.59	32.00	44.35	18.83	7.41	5.1
1986	2204.9	112.57	34.56	49.63	20.30	8.08	5.1
1987	2262.2	113.79	29.50	50.60	22.87	10.82	5.0
1988	2491.2	121.12	35.65	54.05	19.70	11.72	4.9
1989	2823.8	127.87	38.45	59.13	17.91	12.38	4.5
1990	3083.6	139.12	44.44	63.48	17.47	13.73	4.5
1991	3386.6	160.69	54.15	73.32	18.40	14.82	4.7
1992	3742.2	189.26	57.16	89.41	24.55	18.14	5.1
1993	4642.3	225.61	65.59	106.56	33.95	19.51	4.9
1994	5792.6	268.25	87.90	114.22	36.06	30.07	4.6
1995	6823.7	302.36	96.86	136.02	38.00	31.48	4.4
1996	7937.6	348.63	109.66	155.01	48.55	35.41	4.4
1997	9233.6	408.86	127.12	189.97	42.74	49.03	4.4
1998	10798.2	438.60	151.92	189.90	47.28	49.50	4.1
1999	13187.7	543.90	168.10	272.80	52.90	50.10	4.1
2000	15886.5	575.60	189.00	277.20	61.50	47.90	3.6
2001	18902.6	703.30	223.10	359.60	63.40	57.20	3.7
2002	22053.2	816.22	269.85	398.60	69.99	77.78	3.7

1-2 国家财政教育支出（1980-2001）

Government Expenditure for Education

单位：亿元 (100,000,000 yuan)

年份 Year	国家财政预算内支出 Total Government Budgetary Expenditure (A)	国家财政性教育经费 Government Expenditure for Education (B)	国家财政预算内教育支出 Budgetary Expenditure for Education (C)	教育支出占国民生产总值的比重 % of GDP (B/GNP)	教育支出占国家财政支出的比重 % of Government Budgetary Expenditure (C/A)
1980	1228.8		108.2		8.81
1981	1138.4		117.6		10.33
1982	1230.0		133.2		10.83
1983	1409.5		151.9		10.78
1984	1701.0		179.8		10.57
1985	2004.2		227.9		11.37
1986	2204.9		270.4		12.26
1987	2262.2		285.9		12.64
1988	2491.2		340.7		13.68
1989	2823.8	503.9	397.7	3.15	14.08
1990	3083.6	548.7	433.9	3.10	14.07
1991	3386.6	617.8	459.7	3.02	13.57
1992	3742.2	728.7	538.7	2.65	14.40
1993	4642.3	867.8	644.4	2.52	13.88
1994	5792.6	1174.7	884.0	2.62	15.26
1995	6823.7	1411.5	1028.4	2.08	15.07
1996	7937.5	1671.7	1211.9	2.50	15.27
1997	9233.6	1862.5	1357.7	2.54	14.70
1998	10798.2	2032.4	1565.6	2.60	14.5
1999	13187.7	2287.2	1815.8	2.79	13.8
2000	15886.5	2562.6	2085.7	2.87	13.13
2001	18902.6	3057.0	2582.4	3.19	13.7

1-3　全国科技活动人员（1991-2002）

Personnel Engaged in Science and Technology Activities

单位：人

(person)

年　份 Year	科技活动人员总数 Total	科学家和工程师 Scientists and Engineers	占科技活动人员总数比重 % of Total	全国经济活动人口（万人） National Economically Active Population (10,000 persons)	每万名经济活动人口中科技活动人员 S&T Personnel per 10,000 Economically Active Population	每万名经济活动人口中科学家工程师 Scientists and Engineers per 10,000 Economically Active Population	全国人口（万人） National Population (10,000 persons)	每万名人口中科学家和工程师 Scientists and Engineers per 10,000 Population
1991	2286411	1320944	57.8	66091	35	20	115823	11
1992	2270389	1372037	60.4	66782	34	21	117171	12
1993	2452052	1372012	56.0	67468	36	20	118517	12
1994	2575869	1538758	59.7	68135	38	23	119850	13
1995	2624734	1553943	59.2	68855	38	23	121121	13
1996	2903153	1687844	58.1	69765	42	24	122389	14
1997	2885690	1667767	57.8	70800	41	24	123626	13
1998	2814479	1490149	52.9	72087	39	21	124810	12
1999	2905635	1594623	54.9	72791	40	22	125909	13
2000	3223519	2045906	63.5	73992	44	28	126743	16
2001	3141085	2071530	65.9	74432	42	28	127627	16
2002	3221822	2172019	67.4	75360	43	29	128453	17

1-4　全国研究与试验发展（R&D）人员全时当量（1991-2002）

Full-time Equivalent of R&D Personnel

单位：万人年

(10,000 man-year)

年　份 Year	研究与试验发展人员全时当量 Total	基础研究 Basic Research	应用研究 Applied Research	试验发展 Experimental Development	# 科学家和工程师 Scientists and Engineers	比　重 % of Total
1991	67.05	6.13	21.46	39.46	47.14	70.31
1992	67.43	5.84	20.90	40.70	47.19	69.98
1993	69.78	6.33	21.49	41.96	48.92	70.11
1994	78.32	7.64	24.20	46.48	55.20	70.49
1995	75.17	6.66	22.79	45.71	52.20	69.44
1996	80.40	6.96	23.65	49.79	54.80	68.16
1997	83.12	7.17	25.27	50.68	58.87	70.82
1998	75.52	7.87	24.97	42.68	48.55	64.29
1999	82.17	7.60	24.15	50.42	53.11	64.63
2000	92.21	7.96	21.96	62.28	69.51	75.38
2001	95.65	7.88	22.60	65.17	74.27	77.65
2002	103.5	8.40	24.73	70.39	81.05	78.31

1-5 全国科技活动经费筹集（1991-2002）

Sources of Fund for Science and Technology

单位：万元 (10,000 yuan)

年 份 Year	科技活动经费筹集总额 Total	政府资金 Government Funds	比 重 % of Total	企业资金 Enterprise Funds	比 重 % of Total	金融机构贷款 Bank Loans	比 重 % of Total
1991	4270028	1263853	29.60	1216102	28.48	719308	16.85
1992	5573247	1599703	28.70	1624652	29.15	899166	16.13
1993	6754898	1753724	25.96	1857141	27.49	1188170	17.59
1994	7889057	2181386	27.65	2343579	29.71	1214698	15.40
1995	9625070	2487311	25.84	3051918	31.71	1270806	13.20
1996	10431730	2719714	26.07	3128228	29.99	1497880	14.36
1997	11819282	3098706	26.22	3483689	29.47	1551858	13.13
1998	12897557	3538300	27.43	4025040	31.21	1709832	13.26
1999	14606085	4729764	32.38	5102899	34.94	1287921	8.82
2000	23466834	5933920	25.29	12963664	55.24	1962129	8.36
2001	25893991	6563595	25.35	14583833	56.32	1907606	7.37
2002	29379898	7761912	26.42	16766868	57.07	2018777	6.87

1-6 全国科技活动经费内部支出总额（1991-2002）

Intramural Expenditure for Science and Technology

单位：万元 (10,000 yuan)

年 份 Year	科技活动经费内部支出总额 Total	劳务费 Compensation for Labourers	比 重 % of Total	固定资产购建费 Expenditure on the Purchase of Fixed Assets	比 重 % of Total	国内生产总值（亿元） GDP (100,000,000 yuan)	占国内生产总值比 重 % of GDP	按人口平均科技经费支出(元) Per Capita S&T Expenditure (yuan)
1991	3884686	648878	16.70	1147541	29.54	21618	1.80	34
1992	4893282	815394	16.66	1432768	29.28	26638	1.84	42
1993	6227705	1035392	16.63	2038007	32.72	34634	1.80	53
1994	7387063	1477331	20.00	2285183	30.93	46759	1.58	62
1995	8469113	1787382	21.10	2410676	28.46	58478	1.45	70
1996	9329752	1871553	20.06	2690765	28.84	67885	1.37	76
1997	10652257	2115154	19.86	2934338	27.55	74463	1.43	86
1998	11284682	2362408	20.93	3045921	26.99	78345	1.44	90
1999	12849277	2701568	21.03	3574264	27.82	82068	1.57	102
2000	20502472	4757702	23.21	6073208	29.62	89468	2.29	162
2001	23125469	5493008	23.75	6922875	29.94	97315	2.38	181
2002	26715385	6545592	24.50	7226289	27.05	104791	2.55	208

1-7 全国研究与试验发展（R&D）经费支出（1995-2002）

Intramural Expenditure for R&D

单位：亿元

(100,000,000 yuan)

年 份 Year	研究与试验发展经费支出 Total	基础研究 Basic Research	比 重 % of Total	应用研究 Applied Research	比 重 % of Total	试验发展 Experimental Development	比 重 % of Total	占国内生产总值比重 % of GDP	按人口平均R&D支出（元） Per Capita R&D Expenditure (yuan)
1995	348.69	18.06	5.18	92.02	26.39	238.60	68.43	0.60	29
1996	404.48	20.24	5.00	99.12	24.51	285.12	70.49	0.60	33
1997	509.16	27.44	5.39	132.46	26.02	349.26	68.60	0.64	39
1998	551.12	28.95	5.25	124.62	22.61	397.54	72.13	0.69	44
1999	678.91	33.90	4.99	151.55	22.32	493.46	72.68	0.83	54
2000	895.66	46.73	5.22	151.90	16.96	697.03	77.82	1.00	71
2001	1042.5	55.60	5.33	184.85	17.73	802.03	76.93	1.09	82
2002	1287.6	73.77	5.73	246.68	19.16	967.20	75.12	1.23	100

1-8 按执行部门分组的研究与试验发展（R&D）经费支出（1995-2002）

Intramural Expenditure for R&D by Performer

单位：亿元

(100,000,000 yuan)

年 份 Year	研究与试验发展经费支出 Total	研究与开发机构 Independent Research Institutes	比 重 % of Total	企业 Enterprises	比 重 % of Total	高等学校 Institutions of Higher Education	比 重 % of Total
1995	348.7	146.4	42.0			42.3	12.1
1996	404.5	172.9	42.7			47.8	11.8
1997	509.2	206.4	40.5			57.7	11.3
1998	551.1	234.3	42.5			57.3	10.4
1999	678.9	260.5	38.4			63.5	9.4
2000	895.7	258.0	28.8	537.0	60.0	76.7	8.6
2001	1042.5	288.5	27.7	630.0	60.4	102.4	9.8
2002	1287.6	351.3	27.3	787.8	61.2	130.5	10.1

注：研究与开发机构历年数据均已调整为地级及以上国有独立核算研究与开发机构及科技信息与文献机构，不含转制所。

1-9 国有企事业单位

Technical Personnel in State-

单位：人

年 份 Year	合计 Total	小计 Sub-total	工程技术 Engineering	农业技术 Agriculture	卫生技术 Health Care	科学研究 Scientific Research	教学人员 Teaching
1990	10993731	9050788	3133978	328715	2098268	354742	3135085
1991	23918589	17113255	4968842	463050	2757993	341934	8581436
1992	24934607	17541494	5149912	476853	2827599	337146	8749984
1993	25964507	18067127	5306619	496279	2916255	333851	9014123
1994	26771198	18599330	5475970	519827	2995940	321036	9286557
1995	27053663	19071918	5563934	535731	3035335	302879	9634039
1996	28019313	19553036	5680795	579157	3130788	303177	10162296
1997	28603117	20495006	5719337	611458	3213762	302684	10647765
1998	28773511	20913343	5656735	635929	3254958	290537	11075184
1999	29042988	21430140	5654863	654138	3329706	283532	11507901
2000	28874159	21650807	5551098	670105	3371966	274506	11783132
2001	28477431	21698037	5316327	674644	3390233	265554	12051279
2002	28344158	21860024	5289166	666998	3402326	262692	12238842

1-10 国有企事业单位分行业

Technical Personnel in State-owned

单位：万人

行业分类	Industry	1991	1992
总计	**Total**	**1716.8**	**1759.7**
农林牧渔	Farming, Forestry, Animal Husbandry and Fishery	85.3	88.8
工业	Manufacturing	333.9	340.8
建筑业	Construction	61.0	63.0
地质勘查业、水利管理业	Geological Prospecting and Water Conservancy	19.5	19.1
交通运输、仓储及邮电通信业	Transport, Storage, Post and Telecommunications	44.9	46.6
批发和零售贸易、餐饮业	Wholesale, Retail Trade and Catering Service	25.6	26.8
房地产业、社会服务业	Real Estate and Public Service	15	16.5
卫生体育和社会福利业	Health Care, Sporting and Social Welfare	217.7	225.3
教育、文化艺术及广播电影电视业	Education, Culture and Arts, Radio, Film and Television	831.0	848.7
科学研究和综合技术服务业	Scientific Research and Polytechnic Service	71.6	71.2
金融保险业	Finance and Insurance	4.3	5.3
其他行业	Others	7.0	7.6

注：数据口径为工农科卫教五类人员。

专业技术人员(1990–2002)

owned Enterprises and Institutions

(person)

小计 Sub-total	经济人员 Economic	会计人员 Accountant	统计人员 Statistics	其他 Other	国有企事业单位在岗职工 Staff and Workers in State-own Enterprises	平均每万名职工中专业技术人员 Technical Personnel per 10,000 Employees
1942943	119956	1263621	294047	265319	9459	1162
6805334	3425582	2041363	407556	930833	9739	2456
7393113	3418317	2136784	411348	1426664	9954	2505
7897380	3569637	2273289	405184	1649270	9948	2610
8171868	3624709	2354742	399589	1792828	9874	2711
7981745	3396779	2322858	374050	1888058	9975	2712
8466277	3428957	2401194	367180	2268946	9919	2825
8108111	3344132	2431413	350664	1981902	9723	2942
7860168	3200162	2382121	326042	1951843	7766	3705
7612848	3084547	2322312	306341	1899648	7286	3986
7223352	2904445	2224479	274151	1820277	6820	4234
6779394	2695990	2091255	248224	1743925	6355	4481
6484134	2569768	1990025	225325	1699016	5890	4835

专业技术人员（1991–2002）

Enterprises and Institutions by Industry

(10,000 persons)

1993	1994	1995	1996	1997	1998	1999	2000	2001	2002
1812.4	**1865.9**	**1913.4**	**1985.6**	**2049.5**	**2091.3**	**2143.0**	**2165.1**	**2169.8**	**2186.0**
95.6	96.1	101.7	100.0	103.7	110.0	110.1	111.6	110.3	107.2
342.6	325.8	351.2	325.6	327.4	320.1	315.6	298.8	272.9	254.9
66.4	67.9	71.2	53.4	53.6	54.7	55.8	34.9	55.6	56.7
18.2	16.8	15.7	36.8	37.6	37.6	36.4	55.7	36.3	35.8
50.3	51.9	54.9	57.9	61.1	60.4	69.6	72.1	72.1	75.1
28.5	29.4	27.5	21.6	22.4	21.2	20.1	18.6	16.3	15.6
18.7	20.2	22.1	26.6	33.2	34.7	38.5	36.9	40.6	40
233.3	241.4	246.1	254.0	291.5	269.2	275.5	280.5	286.6	289.8
872.6	900.9	935.3	986.4	1037.8	1079.1	1121.1	1157.1	1188.1	1209.5
71.8	71.0	69.8	81.4	80.3	76.6	75.3	72.0	69.4	67.1
6.3	7.7	8.1	9.3	9.4	8.7	9.6	9.2	8.8	8.8
8.1	9.8	9.8	32.6	20.5	19.1	14.5	17.7	12.8	25.5

1-11 各地区国有企事业

Technical Personnel in State-owned

单位：人

地区 Region		合计 Total	小计 Sub-total	工程技术 Engineering	农业技术 Agriculture Research	科学研究 Scientific Research	卫生技术 Health Care
全 国	**Total**	**28344158**	**21860024**	**5289166**	**666998**	**262692**	**3402326**
东部地区	Eastern Region	8402767	6766712	1436588	169985	48889	1164931
中部地区	Mid Region	8609232	7148207	1169060	222240	36169	1133814
西部地区	Western Region	5977511	5133644	807241	248759	25300	789655
北 京	Beijing	594091	443535	194934	5644	6093	72772
天 津	Tianjin	333882	240725	63645	2888	1958	52606
河 北	Hebei	1148312	974033	154490	24511	3087	124352
山 西	Shanxi	745800	606810	126244	17705	3442	89348
内蒙古	Neimenggu	486215	414020	64635	18288	1927	68725
辽 宁	Liaoning	1080938	826508	197859	26906	6869	161440
吉 林	Jilin	711203	558735	106539	27132	4368	98456
黑龙江	Heilongjiang	916552	716539	158157	29564	5047	130269
上 海	Shanghai	503498	347063	112872	2659	5708	79275
江 苏	Jiangsu	1308583	1072044	218474	33422	6340	165423
浙 江	Zhejiang	761390	641005	107786	18319	4207	125686
安 徽	Anhui	833046	711333	107200	19220	2995	90910
福 建	Fujian	582288	513101	74776	13844	4128	58521
江 西	Jiangxi	687846	578974	85499	19619	2347	102522
山 东	Shandong	1836049	1489802	293306	49504	8607	245841
河 南	Henan	1403531	1224558	150700	28270	3960	162597
湖 北	Hubei	1078984	863610	136264	30461	6274	180538
湖 南	Hunan	1083958	913615	143967	25758	4649	154822
广 东	Guangdong	1274140	1084180	160458	13386	4425	184192
广 西	Guangxi	781335	657581	117243	23079	2969	104629
海 南	Hainan	127908	108749	12478	3413	554	19175
重 庆	Chongqing	425227	361592	50875	13367	2100	53541
四 川	Sichuan	1172871	1027813	149973	43475	4848	150483
贵 州	Guizhou	544711	480828	64413	26745	1635	70270
云 南	Yunnan	745967	643054	101127	38211	3431	101019
西 藏	Tibet	37266	32647	3121	1494	344	6931
陕 西	Shaanxi	653884	546850	95458	20701	2540	80306
甘 肃	Gansu	435287	376492	66550	18742	1869	52685
青 海	Qinghai	98564	85184	12414	5680	482	15638
宁 夏	Ningxia	144623	117460	23291	7105	694	19921
新 疆	Xinjiang	451561	390123	58141	31872	2461	65507

注：全国总数含中央属地方属单位，分地区数据只含地方属不含中央属单位。

单位专业技术人员（2002）

Enterprises and Institutions by Region

(person)

教学人员 Teaching	小计 Sub-total	经济人员 Economic	会计人员 Accountant	统计人员 Statistics	其他 Other
12238842	**6484134**	**2569768**	**1990025**	**225325**	**1699016**
3946319	1636055	553315	520014	74781	487945
4586924	1461025	485575	439348	73156	462946
3262689	843867	264715	259637	36023	283492
164092	150556	55286	49877	6736	38657
119628	93157	26033	23191	3842	40091
667593	174279	60952	50068	8675	54584
370071	138990	50733	37763	8460	42034
260445	72195	17739	20821	2891	30744
433434	254430	78800	80367	14753	80510
322240	152468	47202	44566	7613	53087
393502	200013	51075	58847	9618	80473
146549	156435	64734	42239	5071	44391
648385	236539	79355	79334	8409	69441
385007	120385	41080	38326	5112	35867
491008	121713	39417	38162	5375	38759
361832	69187	24452	23453	2739	18543
368987	108872	33506	34572	6174	34620
892544	346247	117391	113040	19180	96636
879031	178973	59593	52889	9527	56964
510073	215374	87060	66506	9038	52770
584419	170343	56037	55975	8676	49655
721719	189960	62032	63964	7694	56270
409661	123754	42668	39269	5597	36220
73129	19159	4152	6223	1245	7539
241709	63635	23845	18529	2614	18647
679034	145058	52766	45047	6947	40298
317765	63883	19466	20791	2877	20749
399266	102913	30109	31820	4535	36449
20757	4619	457	1160	113	2889
347845	107034	32255	33347	4607	36825
236646	58795	19416	17426	2399	19554
50970	13380	3092	4025	565	5698
66449	27163	8210	8038	992	9923
232142	61438	14692	19364	1886	25496

1-12 各地区科技

S&T Personnel

单位：人

地 区 Region		从事科技活动人员① S&T Personnel Total	科学家和工程师 Scientists & Engineers	研究与开发机构② Independent Research Institutes Sub-total	科学家和工程师 Scientists & Engineers
全 国	**Total**	**3221822**③	**2172019**④	**414795**	**270511**
东部地区	Eastern Region	1936824	1331403	210994	145363
中部地区	Mid Region	847067	582245	101184	64673
西部地区	Western Region	582596	377954	102617	60475
北 京	Beijing	257326	208751	76221	55587
天 津	Tianjin	71175	50287	9272	6165
河 北	Hebei	109451	73879	9029	5800
山 西	Shanxi	75889	51471	10854	6977
内蒙古	Neimenggu	34281	22903	6208	4190
辽 宁	Liaoning	197025	142022	18790	12955
吉 林	Jilin	64036	47951	9977	6815
黑龙江	Heilongjiang	90607	65184	11061	8059
上 海	Shanghai	178875	125632	26106	18013
江 苏	Jiangsu	328585	201638	23352	14600
浙 江	Zhejiang	163914	106949	7915	5246
安 徽	Anhui	88240	58029	10543	6284
福 建	Fujian	67508	48003	4732	3249
江 西	Jiangxi	56124	32204	7090	4403
山 东	Shandong	243299	149195	15317	10950
河 南	Henan	143210	90789	16510	10403
湖 北	Hubei	190840	145107	20632	12718
湖 南	Hunan	103840	68607	8309	4824
广 东	Guangdong	267376	189828	11752	7608
广 西	Guangxi	48703	33097	6792	4512
海 南	Hainan	3587	2122	1716	678
重 庆	Chongqing	61566	43692	5407	3416
四 川	Sichuan	176753	113239	33180	18961
贵 州	Guizhou	32897	19048	4191	2539
云 南	Yunnan	53612	34508	7712	4859
西 藏	Tibet	2605	1733	513	268
陕 西	Shaanxi	135251	82712	36431	20385
甘 肃	Gansu	69485	48514	8419	5203
青 海	Qinghai	13160	9343	688	475
宁 夏	Ningxia	12521	8382	907	668
新 疆	Xinjiang	24746	16783	5169	3701

注：①全社会口径。②指地级及以上独立核算研究与开发机构及科技信息与文献机构，不含转制所。
③、④栏指标全国总量与分地区数据来源渠道不同，所以分地区数据之和与全国总量数据之间存在误差。

活动人员数（2002）

by Region

(person)

大中型工业企业 Large & Medium-sized Enterprises Sub-total	科学家和工程师 Scientists & Engineers	高等学校 Institutions of Higher Education Sub-total	科学家和工程师 Scientists & Engineers
1366682	**813274**	**383004**	**376136**
748394	455551	209393	205756
376208	223023	105589	104286
242080	134700	68022	66094
31912	21823	36261	35163
23160	13948	10811	10654
51142	30170	12835	12773
38207	24337	8354	8217
15307	8782	4717	4692
83239	50957	20449	20220
19699	13415	13179	13020
49368	30803	12268	12175
65347	43235	22793	22591
158063	84048	30795	29970
44975	26491	18925	18558
43647	26089	12550	12369
25623	15247	7711	7667
29783	13131	6328	6191
139772	85055	18166	18066
73489	42962	10448	10340
61212	38138	22271	22019
45496	25366	15474	15263
104104	72289	22538	22042
20439	11756	7204	7158
618	532	905	894
26880	16236	10455	9966
82623	46228	17769	17270
18791	9393	3184	3171
13223	7432	8175	8064
		192	186
54594	26721	16511	15777
29875	18300	5860	5812
3630	1961	867	846
4306	2731	1565	1560
8158	5698	3444	3442

1-13 各地区科技活

Sources of Funds for Science

单位：万元

地区 Region		科技经费筹集总额 Sources of Fund for S&T Total	政府资金 Government Funds	企业资金 Enterprise Funds	金融机构贷款 Bank Loans	研究与开发机构 Independent Research Institutes Sub-total	政府资金 Government Funds
全　国	**Total**	**29379898**	**7761912**	**16766868**	**2018777**	**7026560**	**4979969**
东部地区	Eastern Region	20735825	4861485	12368772	1454161	4504127	3031353
中部地区	Mid Region	5202811	1422414	3017899	342960	1078670	777847
西部地区	Western Region	3926984	1685892	1586574	231746	1443763	1170768
北　京	Beijing	4452878	2150964	1535966	94362	2200331	1655904
天　津	Tianjin	705187	150616	455953	20688	105512	77408
河　北	Hebei	644340	163389	387556	52258	114165	104826
山　西	Shanxi	427466	105553	248005	31628	83911	60341
内蒙古	Neimenggu	141078	51915	79040	2493	35364	31181
辽　宁	Liaoning	1629175	470317	894649	117599	269571	193939
吉　林	Jilin	609412	147573	385869	31478	153265	106567
黑龙江	Heilongjiang	577947	167213	275703	71949	100111	65397
上　海	Shanghai	2783230	627725	1811169	113831	609841	398359
江　苏	Jiangsu	3024794	384175	1916397	324277	507375	173690
浙　江	Zhejiang	1622405	218123	1136208	186872	121032	85420
安　徽	Anhui	775064	236608	422977	58603	152179	105145
福　建	Fujian	580878	78328	400044	71512	55407	36194
江　西	Jiangxi	238700	76123	134384	8636	53486	39628
山　东	Shandong	1940325	204984	1448047	188249	164298	100820
河　南	Henan	662485	154968	409950	42098	150576	104238
湖　北	Hubei	1063136	336455	606829	57890	272851	214237
湖　南	Hunan	707522	146006	455141	38185	76929	51113
广　东	Guangdong	3050147	322137	2223795	265836	261829	138527
广　西	Guangxi	264016	66936	149547	18676	68895	45366
海　南	Hainan	38449	23791	9440	1	25872	20901
重　庆	Chongqing	403415	78913	250775	45630	40546	29828
四　川	Sichuan	1423253	606462	567577	81913	594720	484530
贵　州	Guizhou	144331	46277	80930	6131	30403	22286
云　南	Yunnan	262390	108545	107090	16388	83106	64827
西　藏	Tibet	9202	7444	144		6925	6918
陕　西	Shaanxi	1131084	645655	316016	51723	510805	432966
甘　肃	Gansu	250781	105493	91888	10933	112682	81377
青　海	Qinghai	66499	19671	37803	6072	9590	8656
宁　夏	Ningxia	68725	21316	38414	5038	6630	5515
新　疆	Xinjiang	167303	46117	95936	7918	48358	33865

注：数据口径同前表。

动经费筹集（2002）

and Technology by Region

(10,000 yuan)

		大中型工业企业				高等学校		
企业资金 Enterprise Funds	金融机构贷款 Bank Loans	Large & Medium-sized Enterprises Sub-total	政府资金 Government Funds	企业资金 Enterprise Funds	金融机构贷款 Bank Loans	Institutions of Higher Education Sub-total	政府资金 Government Funds	企业资金 Enterprise Funds
362709	**118801**	**12130319**	**537129**	**10202854**	**998798**	**2476965**	**1372924**	**895801**
265678	80683	8533918	204094	7344068	739045	1544575	841675	593234
76232	27301	2275686	161749	1895144	151998	564289	320632	177935
20800	10817	1320718	171290	963645	107757	368109	210624	124639
56806	5396	398903	10841	377460	3410	404572	243627	131430
3708	1368	341611	5636	299453	5379	70716	39712	28777
763	858	289966	6495	251195	26034	43785	23843	14523
1528	222	233300	14708	193787	15581	29063	17514	5302
94	63	59198	6898	51867	100	7439	4510	1883
26878	4728	736796	41128	598354	78203	125229	50056	54370
3521	20866	261178	7499	248027	2332	47645	21809	21649
6649	612	249118	28724	176845	28796	109775	64133	32552
91096	6631	1306228	18492	1237458	32160	269931	128053	120686
22497	43531	1561353	41961	1265665	181685	252836	125081	118282
8069	9852	484952	8128	418183	50664	146043	60786	79001
20606	644	389932	29946	318153	35033	98281	66729	17557
11536	90	293824	8458	225922	51273	21421	15869	4083
539	1783	127812	24157	98789	3248	11487	6187	3477
9442	4017	1449461	24942	1245464	154250	67942	51334	11444
8351	453	313700	11197	273162	22436	18712	13383	3604
31439	1412	423111	24454	357760	31209	140410	73264	61099
3504	1247	218337	14166	176754	13263	101478	53103	30812
29974	3443	1536337	33466	1307002	144942	123375	90660	26023
4864	519	126543	4532	109986	11045	15262	9405	4591
45	250	7944	15	7926		3463	3249	25
2108	138	234031	15543	176113	29985	38685	22033	14016
11717	1580	442845	37130	338482	36004	103534	47089	40273
2568	112	80157	13119	61053	3672	5721	4894	233
1854	820	72017	6101	59046	5972	19741	15605	3251
						47	47	1
185	7229	276541	88948	140295	17940	170000	101662	58682
930	547	74408	5429	62314	5887	19302	9243	7699
296	0	34895	410	29277	4300	2240	2154	0
219	126	30550	2396	25357	2697	3357	3266	13
923	266	75274	2214	71708	1300	5482	4632	471

1-14 各地区科技活动

Intramural Expenditure

单位：万元

地区	Region	科技经费内部支出总额 Intramural Expenditure Total	劳务费 Compensation for Laborers	固定资产购建费 Expenditure on the Purchase of Fixed Assets	研究与开发机构 Independent Research Institutes Sub-total	劳务费 Compensation for Laborers
全国	**Total**	**26715385**	**6545592**	**7226289**	**6202106**	**1597619**
东部地区	Eastern Region	18897743	4766335	4977483	4025027	971448
中部地区	Mid Region	4798846	1142221	1335108	939921	303104
西部地区	Western Region	3567414	900923	988434	1237158	323067
北京	Beijing	3931761	966738	727200	1908860	391698
天津	Tianjin	650527	174545	136298	108854	28711
河北	Hebei	613500	144043	162761	120206	29925
山西	Shanxi	411544	97691	151585	82288	28576
内蒙古	Neimenggu	146770	46686	39411	34366	18754
辽宁	Liaoning	1442408	352943	299748	229823	65585
吉林	Jilin	574150	114210	81897	123794	45265
黑龙江	Heilongjiang	504248	136646	112556	82637	35161
上海	Shanghai	2533210	646190	681166	563913	138821
江苏	Jiangsu	2723005	627316	771175	459390	95454
浙江	Zhejiang	1355951	354734	405250	102025	31166
安徽	Anhui	655528	125590	275713	121166	32371
福建	Fujian	479636	152503	150703	52263	21409
江西	Jiangxi	227367	64798	76256	47667	17944
山东	Shandong	1965350	423764	617549	173040	58229
河南	Henan	644968	163087	202832	146338	36473
湖北	Hubei	974939	231669	212736	230130	60253
湖南	Hunan	659333	161845	182122	71534	28307
广东	Guangdong	2913019	836235	952856	222638	73858
广西	Guangxi	260438	77258	67759	66561	29846
海南	Hainan	28939	10066	5018	17456	6748
重庆	Chongqing	363215	87324	105972	49503	18199
四川	Sichuan	1322083	299855	340914	509815	117686
贵州	Guizhou	143110	45304	45387	26890	14421
云南	Yunnan	252206	73915	82598	85309	29683
西藏	Tibet	11038	5844	981	6337	3394
陕西	Shaanxi	963736	222657	281542	392835	83034
甘肃	Gansu	236646	78898	57747	108004	31566
青海	Qinghai	63334	20988	16920	8708	3333
宁夏	Ningxia	62548	17432	18930	6430	2962
新疆	Xinjiang	149499	48706	37443	43328	18788

注：数据口径同前表。

经费内部支出（2002）

for S&T by Region

(10,000 yuan)

	大中型工业企业 Large & Medium-sized Enterprises			高等学校 Higher Learning		
固定资产购建费 Expenditure on the Purchase of Fixed Assets	Sub-total	劳务费 Compensation for Laborers	固定资产购建费 Expenditure on the Purchase of Fixed Assets	Sub-total	劳务费 Compensation for Laborers	固定资产购建费 Expenditure on the Purchase of Fixed Assets
1220208	**11640700**	**2588951**	**3581329**	**2041666**	**382150**	**383353**
774357	8094416	1800302	2508548	1231693	250929	203248
173361	2241770	472472	680354	505353	77326	106271
272490	1304514	316180	392427	304627	53904	73851
365894	400585	84686	70306	307211	59580	38733
14363	283342	71350	69023	57576	10239	9847
12302	278862	56499	76496	39418	7588	11497
17249	231675	44222	97121	27784	10584	6676
2101	73415	17026	26003	5194	1869	1028
46666	685565	113205	169702	102985	23739	12120
30954	249075	28894	23919	49214	8224	3051
6785	244663	70614	59752	90756	7452	2919
136517	1149053	268109	345227	212783	45486	23108
94020	1419878	310701	477547	206659	35794	41182
15641	396802	108463	121450	112916	18988	18170
23755	380444	60328	170669	102571	9704	51033
9938	233133	61076	77588	19146	4944	4452
11297	128759	30240	52556	10383	2763	2207
31253	1485312	257688	493812	57314	12952	12432
32377	308876	85457	86971	16599	3946	5762
32620	410379	76174	93349	109610	17520	19463
16224	214484	59517	70014	93242	15263	14132
34181	1623896	441231	568696	100767	26828	28509
10599	130461	25726	37286	12675	3915	2686
2983	7527	1568	1415	2243	877	511
6966	202965	37803	70379	26986	5676	3514
92531	461133	101603	134137	93583	12349	20953
3130	89896	22267	35850	4731	1915	584
21072	71006	17698	22298	17009	5674	3748
71				47	16	6
106213	277669	75244	77582	135520	22064	40432
33101	73718	27608	16015	17943	2803	3181
3143	34166	8789	8082	2197	1263	138
531	29678	6046	12101	2452	911	139
5733	64283	19122	15983	4159	1234	1156

1-15 各地区研究与试验发展

Full-time Equivalent of

单位：人年

地 区 Region		研究与试验发展人员全时当量总计 Full-time Equivalent of R&D Personnel Total	科学家与工程师 Scientists & Engineers	研究与开发机构 Independent Research Institutes Sub-total	科学家和工程师 Scientists & Engineers
全 国	**Total**	**1035133**	**810483**	**206290**	**152190**
东部地区	Eastern Region	618925	500970	104035	82133
中部地区	Mid Region	244952	195352	49339	33968
西部地区	Western Region	187896	134916	52916	36089
北 京	Beijing	114919	99178	48359	39705
天 津	Tianjin	26216	20617	3261	2630
河 北	Hebei	32899	26554	3243	2685
山 西	Shanxi	17183	13587	3713	2825
内蒙古	Neimenggu	8679	7365	2336	1787
辽 宁	Liaoning	64703	54337	8574	5816
吉 林	Jilin	19580	16881	4616	3477
黑龙江	Heilongjiang	34198	28265	5175	3952
上 海	Shanghai	54749	45004	14688	11109
江 苏	Jiangsu	90574	66242	10714	8062
浙 江	Zhejiang	39973	30140	2828	2355
安 徽	Anhui	23748	19104	4331	3052
福 建	Fujian	22448	17832	1797	1475
江 西	Jiangxi	15335	11317	3249	2403
山 东	Shandong	72630	57851	4592	3669
河 南	Henan	41492	30082	9984	6194
湖 北	Hubei	55509	45417	12225	7895
湖 南	Hunan	29228	23334	3710	2383
广 东	Guangdong	86881	72020	4444	3441
广 西	Guangxi	12085	10436	1332	1025
海 南	Hainan	848	759	203	161
重 庆	Chongqing	17572	14806	2106	1572
四 川	Sichuan	61312	44957	18312	11530
贵 州	Guizhou	8960	6086	1516	1010
云 南	Yunnan	13938	10973	3657	2668
西 藏	Tibet	559	383	333	176
陕 西	Shaanxi	60533	38244	21638	14783
甘 肃	Gansu	14693	11204	3075	2429
青 海	Qinghai	2037	1476	229	195
宁 夏	Ningxia	2975	2285	315	268
新 疆	Xinjiang	5317	4502	1735	1458

注：数据口径同前表。

（R&D）人员全时当量（2002）

R&D Personnel by Region

(man.year)

大中型工业企业 Large & Medium-sized Enterprises Sub-total	科学家和工程师 Scientists & Engineers	高等学校 Institutions of Higher Education Sub-total	科学家和工程师 Scientists & Engineers
424259	**304922**	**181498**	**178353**
239673	178890	99829	98212
101658	74774	49478	48830
82928	51259	32191	31309
10161	8383	18976	18453
10059	6208	5256	5184
15642	11457	5952	5909
8472	6194	4015	3961
3478	3093	2004	1990
26952	20924	9392	9330
3035	2383	6035	5977
18358	14223	7146	7092
15757	11797	11597	11487
48636	32558	14485	14112
12368	8943	7514	7403
8908	6606	5609	5531
8767	6106	3823	3809
7200	4354	2573	2500
40321	30892	9072	9026
21790	15337	3283	3247
16969	12721	11714	11583
13448	9863	7099	6949
45938	37527	10079	9839
4741	3796	3381	3364
331	299	302	296
6688	5152	5003	4868
28130	19382	9527	9268
4649	2726	1282	1279
3697	2373	3949	3885
		189	186
27736	13190	7424	7044
8425	5867	2182	2164
894	604	406	392
1002	672	723	722
1707	1293	1506	1502

1-16 各地区研究与试验发展

Intramural Expenditure

单位：万元

地 区 Region		研究与试验发展经费内部支出合计 Total R&D Expenditure	研究与开发机构 Independent Research Institutes Sub-total	基础研究 Basic Research	应用研究 Applied Research
全 国	**Total**	**12876446**	**3513336**	**407235**	**1211718**
东部地区	Eastern Region	9169802	2225116	277416	759818
中部地区	Mid Region	2097651	522840	45403	220577
西部地区	Western Region	1701256	765380	85616	231830
北 京	Beijing	2195401	1173080	165292	420470
天 津	Tianjin	311878	48616	1493	25220
河 北	Hebei	336031	83180	208	13296
山 西	Shanxi	144131	37515	179	15246
内蒙古	Neimenggu	48285	10512	988	4954
辽 宁	Liaoning	715605	124186	7710	22632
吉 林	Jilin	264085	65465	10221	36088
黑龙江	Heilongjiang	232880	25580	3418	12663
上 海	Shanghai	1102663	358318	64731	141139
江 苏	Jiangsu	1172582	266252	16247	83661
浙 江	Zhejiang	542865	29552	1583	9269
安 徽	Anhui	256977	83209	10235	29990
福 建	Fujian	243999	17253	4632	5288
江 西	Jiangxi	117173	26399	676	22936
山 东	Shandong	881631	50665	7379	17266
河 南	Henan	293151	90197	1619	28587
湖 北	Hubei	478834	156556	16566	60971
湖 南	Hunan	262135	27407	1190	11102
广 东	Guangdong	1564491	62883	6445	17766
广 西	Guangxi	90478	7496	247	2127
海 南	Hainan	12178	3636	1426	1238
重 庆	Chongqing	126195	15511	1742	8986
四 川	Sichuan	619233	305991	41289	99619
贵 州	Guizhou	60722	9681	2931	1594
云 南	Yunnan	97928	42142	6513	22554
西 藏	Tibet	4926	3415	632	2561
陕 西	Shaanxi	607149	321355	9965	74505
甘 肃	Gansu	109594	50218	17898	12970
青 海	Qinghai	20823	2913	503	655
宁 夏	Ningxia	19505	1483	110	564
新 疆	Xinjiang	35182	12671	1483	6130

注：数据口径同前表。

（R&D）经费内部支出（2002）

for R&D by Region

(10,000 yuan)

试验发展 Experimental Development	大中型工业企业 Large & Medium-sized Enterprises Sub-total	高等学校 Higher Learning Sub-total	基础研究 Basic Research	应用研究 Applied Research	试验发展 Experimental Development
1894383	**5601718**	**1304944**	**278089**	**671125**	**355730**
1187883	4122001	804949	168472	419401	217076
256860	916493	297219	84912	135764	76543
447934	563224	202786	34362	106591	61833
587319	284674	235658	59618	93597	82443
21903	151401	45847	8395	26053	11398
69675	147085	24532	5265	15848	3418
22090	77997	14686	5453	7147	2085
4570	24220	3294	1318	1039	937
93845	379007	60805	6892	44953	8960
19156	91292	23497	7163	11816	4519
9500	135210	32726	6273	17148	9306
152449	499119	119684	21417	79343	18924
166344	563025	136701	22586	82810	31305
18699	185678	70969	9470	23050	38449
42984	107457	70856	38107	14734	18016
7333	131437	14423	5096	7240	2086
2788	66995	7621	1594	2678	3349
26020	697515	31770	9766	14406	7598
59991	149957	13339	2904	5007	5429
79019	166006	69155	12254	37862	19038
15115	97359	62045	9847	38334	13865
38672	1017570	57904	16882	29987	11034
5122	58410	5056	2278	1555	1223
971	7080	1600	808	556	236
4784	70413	16253	2202	10476	3576
165083	167482	79982	17450	44776	17756
5155	38694	4114	1355	1602	1157
13076	32944	11396	1703	5778	3915
222		47	9	38	0
236885	178733	73046	8102	31783	33162
19349	32537	11459	1792	8656	1011
1755	14002	1114	77	619	418
808	9637	2039	940	777	322
5058	18782	3336	732	2088	516

1-17 全国研究生分学科招生数（1994-2002）

Graduate-Entrants of Master Degree and above by Field of Study

单位：人 (person)

地 区 Region		1994	1995	1996	1997	1998	1999	2000	2001	2002
合计	**Total**	**50864**	**51053**	**59398**	**63749**	**72508**	**92225**	**128484**	**165197**	**202611**
哲学	Philosophy	649	705	758	880	969	1301	1679	2022	2356
经济学	Economics	4977	4648	6387	7456	9216	10828	14850	8468	11016
法学	Law	2559	2369	3366	4049	4794	5583	8198	11064	13782
教育学	Education	954	930	1046	1319	1586	2455	3227	4532	5123
文学	Literature	2549	2936	3429	3886	4349	5454	7754	10691	13468
历史学	History	934	930	1038	1164	1255	1553	2106	2503	2835
理学	Sciences	8818	8496	9520	9629	10821	13182	17707	21286	26240
工学	Engineering	22155	23139	25829	26510	29160	39068	55284	62958	79486
农学	Agriculture	1943	1772	2120	2404	2830	3450	4847	5687	6521
医学	Medicine	5326	5128	5891	6452	7528	9351	12832	16800	19815
军事学	strategics								65	118
管理学	Administration								19121	21851

1-18 全国高等学校本专科生分科招生数（1994-2002）

Undergraduate-Entrants in Institutions of Higher Education by Field of Study

单位：人 (person)

		1994	1995	1996	1997	1998	1999	2000	2001	2002
合计	**Total**	**899846**	**925940**	**965812**	**1000393**	**1083627**	**1548554**	**2206072**	**2682790**	**3204976**
哲学	Philosophy	2043	1747	1589	1636	1341	1763	1847	1805	2175
经济学	Economics	143882	152694	153915	153367	159207	237129	363379	138746	182416
法学	Law	30526	31939	36687	41527	48102	69048	114682	146782	160618
教育学	Education	40487	41258	45232	46681	50295	67257	107259	158283	178223
文学	Literature	125070	131587	138205	143080	161862	230175	343418	417604	509315
历史学	History	15513	15672	15866	16329	16383	19070	22003	16082	15351
理学	Sciences	99239	100295	106236	110443	120531	155880	202466	258201	294867
工学	Engineering	344105	352463	366816	380946	412393	607597	832124	892356	1057241
农学	Agriculture	32876	32590	32690	35959	38325	52251	68966	62952	69247
医学	Medicine	66105	65695	68576	70425	75188	108384	149928	174156	207909
管理学	Administration								415823	527614

1-19 全国研究生分学科在校生数（1994-2002）

Graduate-Enrollment of Master Degree and above by Field of Study

单位：人 (person)

		1994	1995	1996	1997	1998	1999	2000	2001	2002
合计	**Total**	**127935**	**145443**	**162322**	**176353**	**198885**	**233513**	**301239**	**393256**	**500980**
哲学	Philosophy	1709	1924	2085	2329	2456	3079	4007	5111	6229
经济学	Economics	10803	13885	16501	19002	23530	27763	35342	20301	27061
法学	Law	5817	6644	8077	9794	12180	14581	18890	24654	32754
教育学	Education	2277	2602	2894	3294	3913	5499	7415	9984	12364
文学	Literature	6390	7657	8851	10110	11681	13671	17622	23974	32109
历史学	History	2238	2593	2939	3134	3399	3927	4981	6212	7602
理学	Sciences	22782	24282	26366	27428	29612	33413	41733	49614	63940
工学	Engineering	58016	65653	72381	77222	84580	99211	129799	154508	197278
农学	Agriculture	4671	5244	5843	6388	7496	8856	11380	13112	16475
医学	Medicine	13232	14959	16360	17652	20038	23513	30070	38837	50000
军事学	strategics								159	229
管理学	Administration								46790	54939

1-20 全国本专科生分学科在校生数（1994-2002）

Undergraduate-Enrollment in Institutions of Higher Education by Field of Study

单位：人 (person)

		1994	1995	1996	1997	1998	1999	2000	2001	2002
合计	**Total**	**2798639**	**2906429**	**3021079**	**3174362**	**3408764**	**4085874**	**5560900**	**7190658**	**9033631**
哲学	Philosophy	7395	5826	5111	4916	4756	4892	5068	5372	6637
经济学	Economics	396534	434084	461027	483446	508404	614028	876452	359888	466433
法学	Law	84998	92618	104683	118418	136525	174496	272016	387880	474846
教育学	Education	117872	117367	121770	128848	138745	167145	236208	374450	470293
文学	Literature	350291	365551	383960	412019	453632	563698	818568	1059300	1368278
历史学	History	50616	48355	47524	48779	50309	55652	62246	53368	55565
理学	Sciences	314651	309903	315357	332178	359457	421048	536776	716276	852238
工学	Engineering	1117604	1166931	1212554	1262734	1354580	1612200	2148329	2491193	3084999
农学	Agriculture	111193	109791	106428	111887	119036	142415	181828	186022	216040
医学	Medicine	247485	256003	262665	271137	283320	329200	422869	529410	656560
管理学	Administration								1027499	1381742

1-21 全国研究生分学科毕业生数（1994-2002）

Graduates of Master Degree and above by Field of Study

单位：人 (person)

		1994	1995	1996	1997	1998	1999	2000	2001	2002
合计	**Total**	**28047**	**31877**	**39652**	**46539**	**47077**	**54670**	**58767**	**67809**	**80841**
哲学	Philosophy	454	460	581	664	659	649	775	904	1223
经济学	Economics	1967	2165	3666	4988	4740	6302	7308	3981	4433
法学	Law	1296	1370	1864	2258	2385	3257	3820	4504	5139
教育学	Education	540	577	736	902	893	1008	1221	1550	1946
文学	Literature	1575	1607	2228	2584	2795	3310	3714	4193	5157
历史学	History	506	593	745	926	859	970	1026	1179	1395
理学	Sciences	5521	6039	6646	7625	7473	8251	8077	8637	9866
工学	Engineering	12463	14675	17621	19918	20681	23369	24378	24873	30078
农学	Agriculture	945	1111	1418	1788	1715	1949	2282	2136	2790
医学	Medicine	2780	3280	4144	4886	4877	5605	6166	6992	8677
军事学	strategics								17	33
管理学	Administration								8843	10104

1-22 全国本专科生分学科毕业生数（1994-2002）

Graduates of Institutions of Higher Education by Field of Study

单位：人 (person)

		1994	1995	1996	1997	1998	1999	2000	2001	2002
合计	**Total**	**637417**	**805397**	**838638**	**829070**	**829833**	**847617**	**949767**	**1036323**	**1337309**
哲学	Philosophy	2117	2110	1960	1183	1183	1067	916	925	1012
经济学	Economics	80981	119042	127018	132988	132900	134258	159299	57254	65942
法学	Law	17650	23170	25852	28270	29649	31500	44124	61474	79966
教育学	Education	35234	41898	40620	39595	40716	40271	42052	52563	79812
文学	Literature	92928	115969	120051	116115	119583	120957	146997	157837	198535
历史学	History	16794	18117	16423	14559	14179	13374	13661	10220	11683
理学	Sciences	87845	100566	97260	90513	92729	90395	98200	115829	131494
工学	Engineering	228922	295839	315005	314418	308574	326180	354291	349097	459842
农学	Agriculture	27856	32975	33032	30190	28941	28070	30370	28543	36284
医学	Medicine	47090	55711	61417	61239	61379	61545	59857	62638	79500
管理学	Administration								139943	193239

1-23 中国科学院院士和中国工程院院士
Academicians of China Academy of Sciences and Academicians of China Academy of Engineering

单位：人 (person)

	1991	1992	1993	1994	1995	1996	1997	1998	1999	2000	2001	2002
中国科学院院士合计 Academicians of China Academy of Sciences	**509**	**497**	**545**	**536**	**571**	**563**	**606**	**589**	**632**	**617**	**653**	**639**
数学物理学部 Division of Mathematics and Physics	105	102	107	106	113	111	115	109	117	115	124	122
化学部 Division of Chemistry	86	84	94	93	99	99	107	104	110	107	113	110
生物学部 Division of Biological Sciences	91	90	96	93	96	93	103	100	109	107	114	112
地学部 Division of Earth Sciences	92	90	100	97	102	102	108	106	114	110	115	110
技术科学部 Division of Technological Sciences	135	131	148	147	161	158	173	170	182	178	187	185
中国工程院院士合计 Academicians of China Academy of Engineering					**327**	**327**	**439**	**437**	**547**	**542**	**613**	**609**
机械与运载工程学部 Division of Mechanical and Vehicle Engineering					49	49	64	64	79	78	89	88
信息与电子工程学部 Division of Information and Electronic Engineering					59	59	77	77	94	94	102	100
化工、冶金与材料工程学部 Division of Chemical, Metallurgic and Material Engineering					46	46	60	60	75	74	81	81
能源与矿业工程学部 Division of Energy and Mining Engineering					42	42	58	58	72	71	81	81
土木、水利与建筑工程学部 Division of Civil , Hydraulic Engineering and Architecture and Water Conservancy					41	41	57	55	71	71	80	80
农业、轻纺与环境工程学部 Division of Agriculture, Light Industries, Textile and Environmental Engineering					42	42	58	58	75	74	86	85
医药与卫生工程学部 Division of Medicine and Health Engineering					48	48	65	65	81	80	89	89
工程管理学部 Division of Manergement of Engineering											33*	33*

注：其中有28人是跨学部院士。

二、研究与开发机构

Independent Research Institutions

2-1 研究与开发机

Major Indicators on

	单 位	1991	1992	1993
从业人员	**万人**	**102**	**108**	**106**
Employees	**10,000 person**			
科技活动人员	**万人**	**79.7**	**73.2**	**70.0**
S&T Personnel	**10,000 person**			
#科学家与工程师	万人	40.8	40.0	39.5
Scientists and Engineers	10,000 person			
研究与试验发展人员全时当量	**万人年**	**27.4**	**28.3**	**25.9**
Full-time Equivalent of R&D Personnel	**10,000man.year**			
#科学家工程师	万人年	20.0	20.7	19.3
Scientists and Engineers	10,000man.year			
#基础研究	万人年	1.9	2.1	2.1
Basic Research	10,000man.year			
应用研究	万人年	9.3	9.7	9.2
Applied Research	10,000man.year			
试验发展	万人年	16.2	16.4	14.6
Experimental Development	10,000man.year			
科技经费筹集额	**亿元**	**175.7**	**224.7**	**282.5**
Sources of Funds for S&T	**100,000,000 yuan**			
#政府资金	亿元	93.5	117.1	127.0
Government Grant	100,000,000 yuan			
企业资金	亿元			
Enterprises Funds	100,000,000 yuan			
金融机构贷款	亿元	16.3	20.7	27.2
Bank Loans	100,000,000 yuan			
科技经费内部支出额	**亿元**	**170.7**	**213.9**	**266.0**
Intramural Expenditure for S&T	**100,000,000 yuan**			
#劳务费	亿元	34.6	43.0	55.6
Compensation for Laborers	100,000,000 yuan			
业务费	亿元	53.1	66.2	83.0
Operating Expenses	100,000,000 yuan			
固定资产购建费	亿元	39.8	51.5	65.3
Fixed Assets Purchases	100,000,000 yuan			
#研究与试验发展经费支出	亿元	78.8	91.5	111.1
R&D Expenditure	100,000,000 yuan			
基础研究	亿元	4.9	5.6	7.4
Basic Research	100,000,000 yuan			
应用研究	亿元	21.6	27.4	33.1
Applied Research	100,000,000 yuan			
试验发展	亿元	52.3	58.5	70.6
Experimental Development	100,000,000 yuan			

注：历年数据均已调整为地级及以上独立核算研究与开发机构及科技信息与文献机构，不含转制所。

构情况（1991–2002）

Research Institutions

1994	1995	1996	1997	1998	1999	2000	2001	2002
103	**101**	**99**	**97**	**94**	**83**	**70**	**62**	**59**
66.1	64.4	63.2	61.4	58.8	53.5	47.2	42.7	41.5
38.6	38.0	38.5	37.5	36.3	33.6	29.7	27.6	27.1
25.7	**24.5**	**23.0**	**25.4**	**22.7**	**23.3**	**22.7**	**20.5**	**20.6**
19.4	18.4	17.9	19.2	16.1	16.7	15.0	14.8	15.2
2.3	2.1	2.1	2.2	2.7	2.3	2.5	2.4	2.3
9.3	9.2	8.8	9.5	9.9	8.6	7.5	7.6	8.1
14.1	13.2	12.1	13.7	10.1	12.4	12.8	10.5	10.2
323.7	**393.5**	**436.0**	**502.1**	**540.3**	**537.6**	**559.4**	**626.0**	**702.7**
158.2	179.2	192.9	218.5	244.7	338.6	377.4	434.9	498.0
				78.1	34.3	37.7	25.4	36.3
32.1	39.4	42.8	48.1	63.9	20.9	10.7	8.6	11.9
308.9	**353.9**	**409.1**	**467.1**	**479.7**	**491.7**	**495.7**	**557.9**	**620.2**
75.5	87.7	97.2	109.8	116.7	115.1	120.4	142.5	159.8
89.3	105.3	125.7	157.6	162.3	178.8	245.1	231.9	298.6
71.6	79.7	91.7	99.3	94.2	99.0	99.7	123.9	122.0
128.7	146.4	172.9	206.4	234.3	260.5	258.0	288.5	351.3
10.6	10.2	11.3	15.0	17.6	20.1	25.3	33.6	40.7
38.3	45.5	47.3	69.6	65.9	88.6	66.7	80.0	121.2
79.8	90.7	114.3	121.8	150.8	151.9	166.0	174.9	189.4

2-2 研究与开发机构科技活动按隶属关系分（2002）

S&T Activities of Research Institutions by Subordination

	总 计 Total	地方部门属 Subordinated to Local Level	省级部门属 Provincial Level	计划单列市部门属 Separate Planning City Level	地市级部门属 Miniciple Level	中央部门属 Subordinated to Central Level	中国科学院 Chinese Academy of Sciences
机构数（个）Number of Research Institutions (unit)	**4347**	**3603**	**1590**	**279**	**1734**	**744**	**98**
从业人员（人）Employees	**589141**	**243464**	**152296**	**18775**	**72393**	**345677**	**38826**
科技活动人员（人）S&T Personnel	**414795**	**161883**	**102570**	**11840**	**47473**	**252912**	**25052**
#科学家与工程师 Scientists and Engineers	270511	106515	71838	8172	26505	163996	21405
科技经费筹集额（万元）Sources of Fund for S&T (10,000 yuan)	**7026560**	**1607013**	**1194088**	**156156**	**256769**	**5419547**	**1066266**
#政府资金 Government Funds	4979969	886399	641775	71003	173622	4093569	881218
企业资金 Enterprises Funds	362709	105144	72939	22121	10085	257565	38968
金融机构贷款 Bank Loans	118801	27174	15760	3503	7911	91627	27904
科技经费内部支出额（万元）Intramural Expenditure for S&T (10,000 yuan)	**6202106**	**1521384**	**1102810**	**156621**	**261952**	**4680723**	**952774**
#劳务费 Compensation for Laborers	1597619	649821	446019	60087	143715	947798	229806
业务费 Operating Expenses	2985899	419190	325511	47657	46022	2566709	267556
固定资产购建费 Expenditure on the Purchase of Fixed-assets	1220208	200640	151590	21696	27354	1019568	335741
# 购置仪器 Purchasing Equipment	830661	149418	117955	15048	16416	681243	172417
课题数（个）Number of Projects (item)	**54862**	**27241**	**19860**	**1638**	**5743**	**27621**	**11282**
投入人员（人年）Input of Personnel (man.year)	**207309**	**67198**	**45880**	**4425**	**16893**	**140111**	**17929**
# 科学家与工程师 Scientists & Engineers	157086	49038	35305	3368	10365	108048	15651
投入经费（万元）Input of Funds (10,000 yuan)	**2543423**	**280619**	**208809**	**31515**	**40295**	**2262804**	**406333**

2-3 研究与开发机构研究与试验发展（R&D）活动按隶属关系分（2002）
R&D Activities of Research Institutions by Subordination

	总 计 Total	地方部门属 Subordinated to Local Level	省级部门属 Provincial Level	计划单列市部门属 Separate Planning City Level	地市级部门属 Miniciple Level	中央部门属 Subordinated to Central Level
研究与试验发展人员全时当量（人年） Full-time Equivalent of R&D Personnel (FTE) (man·year)	**206290**	**40441**	**31391**	**1928**	**7122**	**165849**
#科学家与工程师 Scientists and Engineers	152190	30486	24384	1508	4594	121704
#基础研究 Basic Research	23491	2559	2341	27	191	20932
应用研究 Applied Research	80621	13425	11273	532	1620	67196
试验发展 Experimental Development	102178	24457	17777	1369	5311	77721
研究与试验发展经费内部支出（万元） Research and Development Expenses (10,000 yuan)	**3513336**	**260083**	**215332**	**14890**	**29861**	**3253254**
#基础研究 Basic Research	407235	17910	17139	132	639	389325
应用研究 Applied Research	1211718	80150	67759	4342	8049	1131568
试验发展 Experimental Development	1894383	162023	130434	10416	21174	1732360
#政府资金 Government Funds	2774552	180042	150079	9286	20677	2594510
企业资金 Enterprises Funds	173050	16044	14890	373	781	157007
国外资金 Financed by Abroad	32585	2875	2867	0	9	29710
其他资金 Other	533150	61122	47496	5231	8395	472028
#人员劳务费 Labor Expenses	735558	125397	102120	6932	16344	610161
固定资产购建 Expenses on Fixed Assets	749487	43430	34862	3685	4883	706057
#设备购置 Purchase of Instruments	522908	29786	24305	2702	2780	493122
其他 Other	2028292	91256	78350	4272	8634	1937036

2-4 各地区研究与开

S&T Personnel in Research

单位：人

地区 Region		从业人员合计 Total Employees	从事科技活动人员 S&T Personnel	科学家和工程师 Scientists and Engineers
全国	**Total**	**589141**	**414795**	**270511**
东部地区	Eastern Region	294846	210994	145363
中部地区	Mid Region	146612	101184	64673
西部地区	Western Region	147683	102617	60475
北京	Beijing	104107	76221	55587
天津	Tianjin	12601	9272	6165
河北	Hebei	12339	9029	5800
山西	Shanxi	14883	10854	6977
内蒙古	Neimenggu	9172	6208	4190
辽宁	Liaoning	25607	18790	12955
吉林	Jilin	15776	9977	6815
黑龙江	Heilongjiang	15203	11061	8059
上海	Shanghai	37717	26106	18013
江苏	Jiangsu	29969	23352	14600
浙江	Zhejiang	10511	7915	5246
安徽	Anhui	13428	10543	6284
福建	Fujian	5957	4732	3249
江西	Jiangxi	13721	7090	4403
山东	Shandong	21572	15317	10950
河南	Henan	22635	16510	10403
湖北	Hubei	27981	20632	12718
湖南	Hunan	13813	8309	4824
广东	Guangdong	17849	11752	7608
广西	Guangxi	12341	6792	4512
海南	Hainan	4276	1716	678
重庆	Chongqing	8171	5407	3416
四川	Sichuan	53731	33180	18961
贵州	Guizhou	6786	4191	2539
云南	Yunnan	10485	7712	4859
西藏	Tibet	759	513	268
陕西	Shaanxi	46497	36431	20385
甘肃	Gansu	11724	8419	5203
青海	Qinghai	910	688	475
宁夏	Ningxia	1407	907	668
新疆	Xinjiang	7213	5169	3701

发机构人员（2002）

Institutions by Region

(person)

自然科学技术领域 从业人员 Employees Natural Sciences	从事科技活动人员 S&T Personnel	科学家和工程师 Scientists and Engineers	社会人文科学领域 从业人员 Employees Social Sciences and Humanities	从事科技活动人员 S&T Personnel	科学家和工程师 Scientists and Engineers
556605	**388387**	**249914**	**18234**	**15120**	**12433**
276399	196114	133357	9973	8468	7220
138987	94785	59871	4506	3647	2937
141219	97488	56686	3755	3005	2276
96481	70202	50368	4967	4299	3839
11459	8499	5450	401	278	257
11820	8599	5477	307	240	180
13754	9947	6268	793	614	495
8367	5563	3723	536	423	318
24381	17756	12114	597	508	452
14737	9075	6107	702	603	491
14461	10433	7504	469	389	365
35295	24242	16621	1104	882	769
29187	22676	14078	339	304	236
9975	7469	4903	223	202	167
12706	9892	5807	378	332	251
5425	4263	2896	218	192	152
13213	6653	4115	161	126	117
19996	14006	9995	677	537	416
21711	15775	9850	532	400	316
26783	19591	11998	623	508	378
13255	7856	4499	312	252	206
16602	10654	6840	787	707	494
11608	6133	4008	353	319	258
4170	1615	607	0	0	0
7579	5022	3122	218	184	150
52203	31900	18011	681	623	461
6402	3876	2308	220	184	146
9803	7093	4343	475	434	362
611	395	182	121	94	73
45696	35818	19953	379	286	232
10575	7625	4713	866	553	317
729	539	369	161	129	95
1050	586	420	253	219	180
6571	4634	3265	381	299	260

2-5 各地区地方属研究与

S&T Personnel in Research Institutions

单位：人

地区 Region		从业人员合计 Total Employees	从事科技活动人员 S&T Personnel	科学家和工程师 Scientists and Engineers
全国	**Total**	**243464**	**161883**	**106515**
东部地区	Eastern Region	108233	73094	49538
中部地区	Mid Region	83536	54036	35417
西部地区	Western Region	51695	34753	21560
北京	Beijing	8006	4392	3192
天津	Tianjin	4037	3067	2281
河北	Hebei	4918	3331	2418
山西	Shanxi	9554	6630	4575
内蒙古	Neimenggu	6660	4383	2983
辽宁	Liaoning	14419	10181	7249
吉林	Jilin	11202	7772	4935
黑龙江	Heilongjiang	11317	7942	5966
上海	Shanghai	11341	7570	5388
江苏	Jiangsu	11296	8029	5136
浙江	Zhejiang	5950	4412	2890
安徽	Anhui	5447	4048	2555
福建	Fujian	5276	4166	2800
江西	Jiangxi	10263	5123	2899
山东	Shandong	17692	12275	8732
河南	Henan	8614	6068	3858
湖北	Hubei	10347	6838	4469
湖南	Hunan	10132	5232	3177
广东	Guangdong	12621	8464	5257
广西	Guangxi	10869	6056	3849
海南	Hainan	1808	1151	346
重庆	Chongqing	3732	1964	1242
四川	Sichuan	13804	9078	5422
贵州	Guizhou	4791	2906	1740
云南	Yunnan	7179	5063	3121
西藏	Tibet	759	513	268
陕西	Shaanxi	6404	4479	2718
甘肃	Gansu	6618	4719	2837
青海	Qinghai	543	432	268
宁夏	Ningxia	1382	886	649
新疆	Xinjiang	6483	4713	3295

开发机构人员（2002）

of Local Governments by Region

(person)

自然科学技术领域从业人员 Employees Natural Sciences	从事科技活动人员 S&T Personnel	科学家和工程师 Scientists and Engineers	社会人文科学领域从业人员 Employees Social Sciences and Humanities	从事科技活动人员 S&T Personnel	科学家和工程师 Scientists and Engineers
218832	**141536**	**91199**	**13929**	**11361**	**9055**
97181	63959	42556	5668	4709	3842
76013	47735	30691	4506	3647	2937
45638	29842	17952	3755	3005	2276
7256	3773	2669	662	540	461
3352	2577	1846	401	278	257
4399	2901	2095	307	240	180
8425	5723	3866	793	614	495
5855	3738	2516	536	423	318
13193	9147	6408	597	508	452
10163	6870	4227	702	603	491
10575	7314	5411	469	389	365
8919	5706	3996	1104	882	769
10514	7353	4614	339	304	236
5414	3966	2547	223	202	167
4725	3397	2078	378	332	251
4744	3697	2447	218	192	152
9755	4686	2611	161	126	117
16116	10964	7777	677	537	416
7713	5355	3324	532	400	316
9228	5873	3806	623	508	378
9574	4779	2852	312	252	206
11374	7366	4489	787	707	494
10136	5397	3345	353	319	258
1764	1112	323	0	0	0
3375	1680	1027	218	184	150
12351	7848	4515	681	623	461
4407	2591	1509	220	184	146
6497	4444	2605	475	434	362
611	395	182	121	94	73
5603	3866	2286	379	286	232
5566	3992	2406	866	553	317
362	283	162	161	129	95
1025	565	401	253	219	180
5841	4178	2859	381	299	260

2-6　分行业研究与开发机构从事科技活动人员（2002）

S&T Personnel in Research Institutions by Industry

单位：人　　　　(person)

行业 Industry	从业人员合计 Total Employees	从事科技活动人员 S&T Personnel	科学家和工程师 Scientists and Engineers
总计 Total	**589141**	**414795**	**270511**
农、林、牧渔业小计 Farming, Forestry, Animal Husbandry and Fishery	**106556**	**63392**	**38178**
农业 Farming	62352	35771	21272
林业 Forestry	14592	8497	5234
畜牧业 Animal Husbandry	8018	4717	2829
渔业 Fishery	5333	3205	2111
农、林、牧、渔服务业 Services	16261	11202	6732
采掘业小计 Mining and Quarrying	**1676**	**1204**	**900**
煤炭采选业 Coal Mining and Dressing	866	576	432
石油和天然气开采业 Petroleum and Natural Gas Extraction	214	187	155
黑色金属矿采选业 Ferrous Metals Mining and Dressing	0	0	0
有色金属矿采选业 Nonferrous Metals Mining and Dressing	42	38	28
非金属矿采选业 Nonmetal Minerals Mining and Dressing	114	87	53
其他矿采选业 Other Minerals Mining and Dressing	199	117	77
木材及竹材采运业 Logging and Transport of Wood and Bamboo	241	199	155
制造业小计 Manufacturing	**45462**	**27860**	**18927**
食品加工业 Food Processing	2364	1780	1178
食品制造业 Food Production	2828	1939	1470
饮料制造业 Beverage Production	257	117	91
烟草加工业 Tobacco Processing	241	190	144
纺织业 Textile Industry	1586	737	424
服装及其他纤维制品制造业 Garments and Other Fiber Products	374	207	89
皮革、毛皮、羽绒及其制品业 Leather, Furs, Down and Related Products	110	60	46
木材加工及竹、藤、棕、草制品业 Timber, Bamboo, Cane, Palm Fiber and Straw Products	233	178	137
家具制造业 Furniture Manufacturing	24	7	4
造纸及纸制品业 Papermaking and Paper Products	207	119	88

2-6 续表 1

单位：人 (person)

行业 Industry	从业人员合计 Total Employees	从事科技活动人员 S&T Personnel	科学家和工程师 Scientists and Engineers
印刷业，记录媒介的复制 Printing and Record Medium Reproduction	622	248	150
文教体育用品制造业 Culture, Educational and Sports Goods	92	62	34
石油加工及炼焦业 Petroleum Processing and Coking	33	15	8
化学原料及化学制品制造业 Raw Chemical Materials and Chemical Products	7511	3944	2561
医药制造业 Medical and Pharmaceutical Products	4993	3276	2317
化学纤维制造业 Chemical Fiber	525	285	215
橡胶制品业 Rubber Products	217	133	72
塑料制品业 Plastic Products	376	225	147
非金属矿物制品业 Nonmetal Mineral Products	2255	1287	842
黑色金属冶炼及压延加工业 Smelting and Pressing of Ferrous Metals	1023	437	335
有色金属冶炼及压延加工业 Smelting and Pressing of Nonferrous	704	490	377
金属制品业 Metal Products	242	184	136
普通机械制造业 Ordinary Machinery	3080	1702	1129
专用设备制造业 Equipment for Special Purposes	7589	4953	3453
交通运输设备制造业 Transport Equipment	1056	836	690
电气机械及器材制造业 Electric Equipment and Machinery	1538	1151	829
电子及通信设备制造业 Electronic and Telecommunications Equipment	3338	1912	1123
仪器仪表及文化、办公用机械制造 Instruments, Meters, Cultural and Office Machinery	1543	1048	659
其他制造业 Other Manufacturing	501	338	179
电力、煤气及水的生产和供应业小计 Electric Power, Gas and Water Production and Supply	**2981**	**2088**	**1570**
电力、蒸汽、热水的生产和供应业 Electric Power, Steam and Hot Water Production and Supply	2752	1922	1472
煤气生产和供应业 Gas Production and Supply	163	112	52
自来水的生产和供应业 Tap Water Production and Supply	66	54	46
建筑业小计 Construction	**6445**	**5081**	**3816**
土木工程建筑业 Civil Engineering Construction	6386	5029	3790
线路、管道和设备安装业 Circuit Pipelines and Equipment Installation	0	0	0

2-6 续表 2

单位：人 (person)

行　业 Industry	从业人员合计 Total Employees	从事科技活动人员 S&T Personnel	科学家和工程师 Scientists and Engineers
装修装饰业 Fitting and Decoration	59	52	26
地质勘查业、水利管理业小计 Geological Prospecting and Water Conservancy	**15101**	**11020**	**7623**
地质勘查业 Geological Prospecting	5728	3851	3182
水利管理业 Water Conservancy	9373	7169	4441
交通运输、仓储及邮电通信业小计 Transport, Storage, Post and Telecommunications	**3298**	**2758**	**2174**
铁路运输业 Railway Transportation	604	522	379
公路运输业 Highway Transport	365	260	209
管道运输业 Pipeline Transport	0	0	0
水上运输业 Water Transport	331	261	208
航空运输业 Air Transport	189	151	126
交通运输辅助业 Transport Subsidiary Service	580	494	382
其他交通运输业 Other Transport	369	307	213
仓储业 Storage	129	110	100
邮电通信业 Post and Telecommunications	731	653	557
批发和零售贸易、餐饮业小计 Wholesale, Retail Trade and Catering Service	**100**	**68**	**52**
食品、饮料、烟草和家庭日用品批发业 Wholesale Trade of Food, Beverages, Tobacco and Household Goods	0	0	0
能源、材料和机械电子设备批发业 Wholesale Trade of Energy,Materials and Electronic Equipment	34	25	25
其他批发业 Other Wholesale Trade	30	17	9
零售业 Retail Trade	36	26	18
商业经纪与代理业 Commercial Brokerage and Agencies	0	0	0
餐饮业 Catering Services	0	0	0
金融、保险业小计 Finance and Insurance	**93**	**62**	**53**
金融业 Finance	93	62	53
保险业 Insurance	0	0	0
房地产业小计 Real Estate	**154**	**94**	**64**
房地产开发与经营业 Real Estate Development and Operation	61	45	24

2-6 续表 3

单位：人 (person)

行业 Industry	从业人员合计 Total Employees	从事科技活动人员 S&T Personnel	科学家和工程师 Scientists and Engineers
房地产管理业 Real Estate Management	93	49	40
房地产代理与经纪业 Real Estate Brokerage and Agencies	0	0	0
社会服务业小计 Public Service	**8202**	**5913**	**3867**
公共设施服务业 Public Services	4270	2643	1558
居民服务 Residents Services	41	33	27
旅馆业 Hotels	0	0	0
租赁服务业 Leasing Services	0	0	0
旅游业 Tourism	0	0	0
娱乐服务业 Recreational Services	0	0	0
信息、咨询服务业 Information and Consultancy Services	1263	1066	801
计算机应用服务业 Computer Application Services	2590	2134	1464
其他社会服务业 Other Social Services	38	37	17
卫生、体育和社会福利业小计 Health Care, Sports and Social Welfare	**39574**	**24961**	**17003**
卫生 Health Care	38470	23967	16219
体育 Sports	1018	912	723
社会福利保障业 Social Welfare	86	82	61
教育、文化艺术及广播电影电视业小计 Education, Culture and Arts, Radio, Film and Television	**5530**	**4473**	**3410**
教育 Education	1948	1718	1455
文化艺术业 Culture and Arts	2931	2257	1556
广播电影电视业 Radio, Film and Television	651	498	399
科学研究和综合技术服务业小计 Scientific Research and Polytechnic Services	**348811**	**261803**	**169935**
科学研究业 Scientific Research	315670	236391	151168
综合技术服务业 Polytechnic Services	33141	25412	18767
国家机关、政党机关和社会团体小计 Government Agencies, Party Agencies and Social Organizations	**3379**	**2639**	**1899**
国家机关 Government Agencies	**3290**	**2567**	**1840**
其他行业小计 Other Sectors	**1779**	**1379**	**1040**

2-7 各地区研究与开发机构研究与试验

Full-time equivalent of R&D Personnel

单位：人年

地 区 Region		研究与试验发展人员全时当量 Full-time equivalent of R&D Personnel	#1.基础研究 Basic Research	2.应用研究 Applied Research	3.试验发展 Experimental Development	# 科学家和工程师 Scientists and Engineers	自然科学技术领域 Natural Sciences
全 国	**Total**	**206290**	**23491**	**80621**	**102178**	**152190**	**198666**
东部地区	Eastern Region	104035	14118	41829	48088	82133	99081
中部地区	Mid Region	49339	3774	20639	24926	33968	47908
西部地区	Western Region	52916	5599	18153	29164	36089	51677
北 京	Beijing	48359	8674	19946	19739	39705	45074
天 津	Tianjin	3261	208	1450	1603	2630	3029
河 北	Hebei	3243	60	1360	1823	2685	3192
山 西	Shanxi	3713	159	1704	1850	2825	3710
内蒙古	Neimenggu	2336	131	839	1366	1787	2149
辽 宁	Liaoning	8574	264	1976	6334	5816	8431
吉 林	Jilin	4616	556	2165	1895	3477	4278
黑龙江	Heilongjiang	5175	543	2771	1861	3952	4825
上 海	Shanghai	14688	2433	6693	5562	11109	14280
江 苏	Jiangsu	10714	935	5177	4602	8062	10674
浙 江	Zhejiang	2828	238	1003	1587	2355	2709
安 徽	Anhui	4331	504	2710	1117	3052	4166
福 建	Fujian	1797	280	466	1051	1475	1612
江 西	Jiangxi	3249	218	1671	1360	2403	3117
山 东	Shandong	4592	408	1624	2560	3669	4404
河 南	Henan	9984	478	2251	7255	6194	9952
湖 北	Hubei	12225	996	5044	6185	7895	12119
湖 南	Hunan	3710	189	1484	2037	2383	3592
广 东	Guangdong	4444	490	1626	2328	3441	4203
广 西	Guangxi	1332	52	444	836	1025	1270
海 南	Hainan	203	76	64	63	161	203
重 庆	Chongqing	2106	306	1149	651	1572	2092
四 川	Sichuan	18312	2555	5422	10335	11530	18099
贵 州	Guizhou	1516	167	294	1055	1010	1501
云 南	Yunnan	3657	637	1636	1384	2668	3362
西 藏	Tibet	333	82	223	28	176	225
陕 西	Shaanxi	21638	933	7527	13178	14783	21613
甘 肃	Gansu	3075	586	931	1558	2429	2875
青 海	Qinghai	229	46	64	119	195	215
宁 夏	Ningxia	315	39	80	196	268	185
新 疆	Xinjiang	1735	248	827	660	1458	1510

发展（R&D）人员全时当量（2002）

of Research Institutions by Region

(man.year)

#1.基础研究 Basic Research	2.应用研究 Applied Research	3.试验发展 Experimental Development	# 科学家和工程师 Scientists and Engineers	社会人文科学领域 Social Sciences and Humanities	#1.基础研究 Basic Research	2.应用研究 Applied Research	3.试验发展 Experimental Development	# 科学家和工程师 Scientists and Engineers
21407	**77188**	**100071**	**145373**	**6966**	**1942**	**3253**	**1771**	**6269**
12596	39902	46583	77540	4531	1380	1861	1290	4219
3507	19654	24747	32735	1336	267	934	135	1170
5304	17632	28741	35098	1099	295	458	346	880
7690	18876	18508	36619	2963	842	1031	1090	2796
104	1357	1568	2410	185	104	75	6	179
60	1337	1795	2642	51	0	23	28	43
159	1704	1847	2822	3	0	0	3	3
98	685	1366	1622	178	33	145	0	157
264	1924	6243	5680	143	0	52	91	136
520	1937	1821	3183	331	36	221	74	290
459	2525	1841	3691	334	84	239	11	254
2238	6479	5563	10727	408	195	214	-1	382
930	5142	4602	8027	40	5	35	0	35
146	976	1587	2249	119	92	27	0	106
422	2627	1117	2902	140	82	58	0	133
197	383	1032	1327	163	83	80	0	130
218	1593	1306	2273	117	0	78	39	117
398	1490	2516	3499	177	10	134	33	163
478	2227	7247	6169	32	0	24	8	25
964	4975	6180	7794	101	32	69	0	98
189	1381	2022	2279	100	0	100	0	93
449	1467	2287	3231	220	41	153	26	192
44	407	819	968	62	8	37	17	57
76	64	63	161	0	0	0	0	0
306	1147	639	1562	14	0	2	12	10
2546	5390	10163	11386	165	9	32	124	104
154	292	1055	999	13	13	0	0	10
597	1475	1290	2406	275	40	158	77	242
28	169	28	110	88	54	34	0	60
916	7519	13178	14759	25	17	8	0	24
561	801	1513	2258	169	25	111	33	146
46	50	119	184	14	0	14	0	11
18	46	121	164	130	21	34	75	104
132	743	635	1270	206	116	65	25	169

2-8 各地区地方属研究与开发机构研究与试

Full-time equivalent of R&D Personnel of Research

单位：人年

地 区 Region		研究与试验发展人员全时当量 Full-time equivalent of R&D Personnel	#1.基础研究 Basic Research	2.应用研究 Applied Research	3.试验发展 Experimental Development	# 科学家和工程师 Scientists and Engineers	自然科学技术领域 Natural Sciences
全 国	**Total**	**40441**	**2559**	**13425**	**24457**	**30486**	**35847**
东部地区	Eastern Region	18054	1095	5146	11813	14168	16063
中部地区	Mid Region	14465	967	5789	7709	10615	13034
西部地区	Western Region	7922	497	2490	4935	5703	6750
北 京	Beijing	2585	122	1099	1364	2085	2236
天 津	Tianjin	765	105	255	405	630	560
河 北	Hebei	966	29	343	594	798	915
山 西	Shanxi	845	10	138	697	596	842
内蒙古	Neimenggu	1011	78	407	526	792	824
辽 宁	Liaoning	1680	5	208	1467	1307	1537
吉 林	Jilin	2844	202	977	1665	2076	2506
黑龙江	Heilongjiang	3436	313	1953	1170	2584	3086
上 海	Shanghai	1680	345	543	792	1344	1272
江 苏	Jiangsu	1776	91	520	1165	1271	1736
浙 江	Zhejiang	1189	95	265	829	922	1070
安 徽	Anhui	703	101	216	386	577	538
福 建	Fujian	1301	119	232	950	1062	1116
江 西	Jiangxi	1375	46	478	851	964	1243
山 东	Shandong	2352	53	436	1863	1902	2164
河 南	Henan	1414	0	119	1295	986	1382
湖 北	Hubei	1368	83	665	620	935	1262
湖 南	Hunan	1469	134	836	499	1105	1351
广 东	Guangdong	2701	102	964	1635	2090	2460
广 西	Guangxi	1032	29	281	722	740	970
海 南	Hainan	27	0	0	27	17	27
重 庆	Chongqing	333	0	18	315	262	319
四 川	Sichuan	1831	37	332	1462	1203	1666
贵 州	Guizhou	431	14	97	320	300	416
云 南	Yunnan	1792	111	840	841	1271	1497
西 藏	Tibet	333	82	223	28	176	225
陕 西	Shaanxi	546	40	145	361	401	521
甘 肃	Gansu	1091	51	220	820	826	910
青 海	Qinghai	31	0	14	17	19	17
宁 夏	Ningxia	297	33	73	191	251	167
新 疆	Xinjiang	1237	129	528	580	994	1012

验发展（R&D）人员全时当量（2002）

Institutions Local Governments by Region

(man.year)

#1.基础研究 Basic Research	2.应用研究 Applied Research	3.试验发展 Experimental Development	# 科学家和工程师 Scientists and Engineers	社会人文科学领域 Social Sciences and Humanities	#1.基础研究 Basic Research	2.应用研究 Applied Research	3.试验发展 Experimental Development	# 科学家和工程师 Scientists and Engineers
1427	**10918**	**23502**	**26504**	**4340**	**1132**	**2386**	**822**	**3792**
525	4126	11412	12351	1905	570	994	341	1742
700	4804	7530	9382	1336	267	934	135	1170
202	1988	4560	4771	1099	295	458	346	880
90	935	1211	1754	337	32	164	141	319
1	163	396	431	185	104	75	6	179
29	320	566	755	51	0	23	28	43
10	138	694	593	3	0	0	3	3
45	253	526	627	178	33	145	0	157
5	156	1376	1171	143	0	52	91	136
166	749	1591	1782	331	36	221	74	290
229	1707	1150	2323	334	84	239	11	254
150	329	793	962	408	195	214	-1	382
86	485	1165	1236	40	5	35	0	35
3	238	829	816	119	92	27	0	106
19	133	386	427	140	82	58	0	133
36	149	931	914	163	83	80	0	130
46	400	797	834	117	0	78	39	117
43	302	1819	1732	177	10	134	33	163
0	95	1287	961	32	0	24	8	25
51	596	615	834	101	32	69	0	98
134	733	484	1001	100	0	100	0	93
61	805	1594	1880	220	41	153	26	192
21	244	705	683	62	8	37	17	57
0	0	27	17	0	0	0	0	0
0	16	303	252	14	0	2	12	10
28	300	1338	1099	165	9	32	124	104
1	95	320	289	13	13	0	0	10
71	679	747	1009	275	40	158	77	242
28	169	28	110	88	54	34	0	60
23	137	361	377	25	17	8	0	24
26	109	775	674	169	25	111	33	146
0	0	17	8	14	0	14	0	11
12	39	116	147	130	21	34	75	104
13	444	555	806	206	116	65	25	169

2-9 分行业研究与开发机构研究与试验发展（R&D）人员全时当量（2002）

Full-time equivalent of R&D Personnel of Research Institutions by Industry

单位：人年 (man.year)

行业 Industry	研究与试验发展人员全时当量 Full-time equivalent of R&D Personnel	#1.基础研究 Basic Research	2.应用研究 Applied Research	3.试验发展 Experimental Development	# 科学家和工程师 Scientists and Engineers
总 计 Total	**206290**	**23491**	**80621**	**102178**	**152190**
农、林、牧渔业小计 **Farming, Forestry, Animal Husbandry and Fishery**	**23756**	**1043**	**7023**	**15690**	**17307**
农业 Farming	15331	473	4430	10428	10913
林业 Forestry	2467	115	733	1619	1868
畜牧业 Animal Husbandry	1448	129	509	810	1003
渔业 Fishery	1199	72	355	772	982
农、林、牧、渔服务业 Services	3311	254	996	2061	2541
采掘业小计 **Mining and Quarrying**	**204**	**13**	**74**	**117**	**164**
煤炭采选业 Coal Mining and Dressing	76	5	16	55	56
石油和天然气开采业 Petroleum and Natural Gas Extraction	49	0	25	24	45
黑色金属矿采选业 Ferrous Metals Mining and Dressing	0	0	0	0	0
有色金属矿采选业 Nonferrous Metals Mining and Dressing	0	0	0	0	0
非金属矿采选业 Nonmetal Minerals Mining and Dressing	0	0	0	0	0
其他矿采选业 Other Minerals Mining and Dressing	18	0	10	8	13
木材及竹材采运业 Logging and Transport of Wood and Bamboo	61	8	23	30	50
制造业小计 **Manufacturing**	**5977**	**563**	**1448**	**3966**	**4711**
食品加工业 Food Processing	344	1	48	295	222
食品制造业 Food Production	249	6	24	219	214
饮料制造业 Beverage Production	19	0	2	17	19
烟草加工业 Tobacco Processing	72	0	30	42	72
纺织业 Textile Industry	71	0	25	46	40
服装及其他纤维制品制造业 Garments and Other Fiber Products	23	0	0	23	14
皮革、毛皮、羽绒及其制品业 Leather, Furs, Down and Related Products	14	0	0	14	13
木材加工及竹、藤、棕、草制品业 Timber, Bamboo, Cane, Palm Fiber and Straw Products	135	17	56	62	128
家具制造业 Furniture Manufacturing	0	0	0	0	0
造纸及纸制品业 Papermaking and Paper Products	46	0	28	18	37

2-9 续表 1

单位：人年 (man.year)

行 业 Industry	研究与试验发展人员全时当量 Full-time equivalent of R&D Personnel	#1.基础研究 Basic Research	2.应用研究 Applied Research	3.试验发展 Experimental Development	# 科学家和工程师 Scientists and Engineers
印刷业，记录媒介的复制 Printing and Record Medium Reproduction	17	0	13	4	13
文教体育用品制造业 Culture, Educational and Sports Goods	0	0	0	0	0
石油加工及炼焦业 Petroleum Processing and Coking	0	0	0	0	0
化学原料及化学制品制造业 Raw Chemical Materials and Chemical Products	1184	414	205	565	1039
医药制造业 Medical and Pharmaceutical Products	1293	52	274	967	948
化学纤维制造业 Chemical Fiber	61	0	12	49	41
橡胶制品业 Rubber Products	0	0	0	0	0
塑料制品业 Plastic Products	82	0	3	79	52
非金属矿物制品业 Nonmetal Mineral Products	176	0	27	149	123
黑色金属冶炼及压延加工业 Smelting and Pressing of Ferrous Metals	148	6	45	97	98
有色金属冶炼及压延加工业 Smelting and Pressing of Nonferrous	138	0	18	120	114
金属制品业 Metal Products	18	0	0	18	15
普通机械制造业 Ordinary Machinery	173	0	19	154	113
专用设备制造业 Equipment for Special Purposes	749	1	186	562	588
交通运输设备制造业 Transport Equipment	395	57	291	47	341
电气机械及器材制造业 Electric Equipment and Machinery	52	0	39	13	40
电子及通信设备制造业 Electronic and Telecommunications Equipment	335	9	88	238	278
仪器仪表及文化、办公用机械制造 Instruments, Meters, Cultural and Office Machinery	183	0	15	168	149
其他制造业 Other Manufacturing	0	0	0	0	0
电力、煤气及水的生产和供应业小计 Electric Power, Gas and Water Production and Supply	**143**	**0**	**16**	**127**	**120**
电力、蒸汽、热水的生产和供应业 Electric Power, Steam and Hot Water Production and Supply	111	0	16	95	93
煤气生产和供应业 Gas Production and Supply	13	0	0	13	12
自来水的生产和供应业 Tap Water Production and Supply	19	0	0	19	15
建筑业小计 Construction	**866**	**0**	**142**	**724**	**671**
土木工程建筑业 Civil Engineering Construction	866	0	142	724	671
线路、管道和设备安装业 Circuit Pipelines and Equipment Installation	0	0	0	0	0

2-9 续表 2

单位：人年 (man.year)

行业 Industry	研究与试验发展人员全时当量 Full-time equivalent of R&D Personnel	#1.基础研究 Basic Research	2.应用研究 Applied Research	3.试验发展 Experimental Development	#科学家和工程师 Scientists and Engineers
装修装饰业 Fitting and Decoration	0	0	0	0	0
地质勘查业、水利管理业小计 Geological Prospecting and Water Conservancy	**2198**	**335**	**730**	**1133**	**1845**
地质勘查业 Geological Prospecting	1093	301	307	485	975
水利管理业 Water Conservancy	1105	34	423	648	870
交通运输、仓储及邮电通信业小计 Transport, Storage, Post and Telecommunications	**821**	**0**	**310**	**511**	**611**
铁路运输业 Railway Transportation	92	0	0	92	70
公路运输业 Highway Transport	34	0	0	34	29
管道运输业 Pipeline Transport	0	0	0	0	0
水上运输业 Water Transport	107	0	22	85	86
航空运输业 Air Transport	19	0	0	19	16
交通运输辅助业 Transport Subsidiary Service	170	0	101	69	94
其他交通运输业 Other Transport	79	0	0	79	44
仓储业 Storage	0	0	0	0	0
邮电通信业 Post and Telecommunications	320	0	187	133	272
批发和零售贸易、餐饮业小计 Wholesale, Retail Trade and Catering Service	**15**	**2**	**6**	**7**	**15**
食品、饮料、烟草和家庭日用品批发业 Wholesale Trade of Food, Beverages, Tobacco and Household Goods	0	0	0	0	0
能源、材料和机械电子设备批发业 Wholesale Trade of Energy,Materials and Electronic Equipment	9	2	0	7	9
其他批发业 Other Wholesale Trade	0	0	0	0	0
零售业 Retail Trade	6	0	6	0	6
商业经纪与代理业 Commercial Brokerage and Agencies	0	0	0	0	0
餐饮业 Catering Services	0	0	0	0	0
金融、保险业小计 Finance and Insurance	**58**	**0**	**15**	**43**	**44**
金融业 Finance	58	0	15	43	44
保险业 Insurance	0	0	0	0	0
房地产业小计 Real Estate	**2**	**0**	**0**	**2**	**1**
房地产开发与经营业 Real Estate Development and Operation	2	0	0	2	1

2-9 续表 3

单位：人年 (man.year)

行 业 Industry	研究与试验发展人员全时当量 Full-time equivalent of R&D Personnel	#1.基础研究 Basic Research	2.应用研究 Applied Research	3.试验发展 Experimental Development	#科学家和工程师 Scientists and Engineers
房地产管理业 Real Estate Management	0	0	0	0	0
房地产代理与经纪业 Real Estate Brokerage and Agencies	0	0	0	0	0
社会服务业小计 Public Service	**755**	**35**	**163**	**557**	**614**
公共设施服务业 Public Services	309	0	28	281	232
居民服务 Residents Services	31	0	7	24	26
旅馆业 Hotels	0	0	0	0	0
租赁服务业 Leasing Services	0	0	0	0	0
旅游业 Tourism	0	0	0	0	0
娱乐服务业 Recreational Services	0	0	0	0	0
信息、咨询服务业 Information and Consultancy Services	21	0	10	11	16
计算机应用服务业 Computer Application Services	384	35	118	231	330
其他社会服务业 Other Social Services	10	0	0	10	10
卫生、体育和社会福利业小计 Health Care, Sports and Social Welfare	**7489**	**994**	**3515**	**2980**	**5732**
卫生 Health Care	7346	992	3444	2910	5604
体育 Sports	128	2	71	55	114
社会福利保障业 Social Welfare	15	0	0	15	14
教育、文化艺术及广播电影电视业小计 Education, Culture and Arts, Radio, Film and Television	**737**	**98**	**362**	**277**	**664**
教育 Education	493	7	263	223	457
文化艺术业 Culture and Arts	201	91	99	11	169
广播电影电视业 Radio, Film and Television	43	0	0	43	38
科学研究和综合技术服务业小计 Scientific Research and Polytechnic Services	**161911**	**20407**	**66645**	**74859**	**118484**
科学研究业 Scientific Research	157237	19950	65102	72185	114451
综合技术服务业 Polytechnic Services	4674	457	1543	2674	4033
国家机关、政党机关和社会团体小计 Government Agencies, Party Agencies and Social Organizations	**852**	**1**	**155**	**696**	**742**
国家机关 Government Agencies	**827**	**1**	**141**	**685**	**718**
其他行业小计 Other Sectors	**506**	**0**	**17**	**489**	**465**

2-10 各地区研究与开发机构

Sources of Funds in Research

单位：万元

地区 Region		科技活动经费筹集总额 Sources of Fund Total	政府资金 Government Grant	企业资金 Enterprise Funds	金融机构贷款 Bank Loans
全 国	**Total**	**7026560**	**4979969**	**362709**	**118801**
东部地区	Eastern Region	4504127	3031353	265678	80683
中部地区	Mid Region	1078670	777847	76232	27301
西部地区	Western Region	1443763	1170768	20800	10817
北 京	Beijing	2200331	1655904	56806	5396
天 津	Tianjin	105512	77408	3708	1368
河 北	Hebei	114165	104826	763	858
山 西	Shanxi	83911	60341	1528	222
内蒙古	Neimenggu	35364	31181	94	63
辽 宁	Liaoning	269571	193939	26878	4728
吉 林	Jilin	153265	106567	3521	20866
黑龙江	Heilongjiang	100111	65397	6649	612
上 海	Shanghai	609841	398359	91096	6631
江 苏	Jiangsu	507375	173690	22497	43531
浙 江	Zhejiang	121032	85420	8069	9852
安 徽	Anhui	152179	105145	20606	644
福 建	Fujian	55407	36194	11536	90
江 西	Jiangxi	53486	39628	539	1783
山 东	Shandong	164298	100820	9442	4017
河 南	Henan	150576	104238	8351	453
湖 北	Hubei	272851	214237	31439	1412
湖 南	Hunan	76929	51113	3504	1247
广 东	Guangdong	261829	138527	29974	3443
广 西	Guangxi	68895	45366	4864	519
海 南	Hainan	25872	20901	45	250
重 庆	Chongqing	40546	29828	2108	138
四 川	Sichuan	594720	484530	11717	1580
贵 州	Guizhou	30403	22286	2568	112
云 南	Yunnan	83106	64827	1854	820
西 藏	Tibet	6925	6918	0	0
陕 西	Shaanxi	510805	432966	185	7229
甘 肃	Gansu	112682	81377	930	547
青 海	Qinghai	9590	8656	296	0
宁 夏	Ningxia	6630	5515	219	126
新 疆	Xinjiang	48358	33865	923	266

科技活动经费筹集（2002）

Institutions by Region

(10,000 yuan)

自然科学技术领域 Natural Sciences Sub-total	政府资金 Government Grant	企业资金 Enterprise Funds	金融机构贷款 Bank Loans	社会人文科学领域 Social Sciences and Humanities Sub-total	政府资金 Government Grant	企业资金 Enterprise Funds	金融机构贷款 Bank Loans
6722887	**4745330**	**358343**	**118542**	**148679**	**120178**	**467**	**141**
4284768	2857885	261693	80530	100405	85818	467	141
1033210	744209	76057	27238	27582	19857		
1404909	1143236	20594	10774	20693	14503		
2098480	1568968	54168	5396	52969	44484	116	
96987	70456	3695	1368	2617	2198		
111896	102571	763	858	1456	1456		
77920	56781	1528	222	4768	2576		
32278	28202	94	63	2119	2090		
263861	188550	26878	4728	2888	2871		
147911	101588	3521	20866	3809	3750		
96101	61747	6649	612	2560	2457		
566141	369225	90269	6630	13393	12017	309	1
500691	169522	22124	43531	3342	2096		
114385	79753	8029	9841	2632	2401		
147124	102641	20606	611	2866	1479		
50768	32097	11536	90	1997	1838		
51237	37685	539	1753	1163	1048		
150855	90840	9395	3877	5663	5087	42	140
143298	99846	8216	453	4578	2207		
264288	206972	31399	1412	3407	3147		
73053	48747	3504	1247	2312	1104		
241422	124175	29955	3443	11193	9321		
64252	41612	4836	519	2257	2050		
25031	20118	45	250				
36029	27202	2108	138	2008	949		
586866	477823	11709	1539	3432	3023		
28801	20816	2568	112	819	819		
79006	61350	1784	820	2044	2017		
5813	5806	0	0	929	929		
506863	430531	185	7229	1966	1298		
103904	76927	858	547	5568	1785		
8727	7807	296	0	774	774		
4848	3836	219	124	1239	1223		
44051	31139	868	266	1916	1687		

2-11 各地区地方属研究与开发机

Sources of Funds in Research Institutions

单位：万元

地区 Region		科技活动经费筹集总额 Sources of Fund Total	政府资金 Government Grant	企业资金 Enterprise Funds	金融机构贷款 Bank Loans
全　国	**Total**	**1607013**	**886399**	**105144**	**27174**
东部地区	Eastern Region	977561	485397	90120	16606
中部地区	Mid Region	369792	231991	10861	7184
西部地区	Western Region	259660	169011	4162	3384
北　京	Beijing	95658	44308	2713	500
天　津	Tianjin	34387	13170	3521	1368
河　北	Hebei	20691	15802	763	668
山　西	Shanxi	47275	30816	743	222
内蒙古	Neimenggu	24359	21655	64	63
辽　宁	Liaoning	84012	40643	17018	1728
吉　林	Jilin	58644	38167	3381	1623
黑龙江	Heilongjiang	56505	37733	1140	612
上　海	Shanghai	135966	69439	10332	81
江　苏	Jiangsu	119753	40725	6808	931
浙　江	Zhejiang	63963	40644	5231	3289
安　徽	Anhui	31244	17986	1108	604
福　建	Fujian	43670	27412	9885	90
江　西	Jiangxi	24519	16360	539	1390
山　东	Shandong	115231	59952	6939	4011
河　南	Henan	41943	25003	844	428
湖　北	Hubei	44151	22485	2632	1301
湖　南	Hunan	41152	21787	410	941
广　东	Guangdong	196351	87885	22440	3172
广　西	Guangxi	62885	41732	4430	519
海　南	Hainan	4994	3685	42	250
重　庆	Chongqing	20350	13380	928	138
四　川	Sichuan	75758	37471	766	1220
贵　州	Guizhou	18312	14359	273	112
云　南	Yunnan	41690	29035	1182	820
西　藏	Tibet	6925	6918	0	0
陕　西	Shaanxi	21049	16193	83	179
甘　肃	Gansu	28686	19817	67	547
青　海	Qinghai	2334	2169	0	0
宁　夏	Ningxia	6243	5183	219	126
新　疆	Xinjiang	38314	24487	645	243

构科技活动经费筹集（2002）

of Local Governments by Region

(10,000 yuan)

自然科学技术领域 Natural Sciences Sub-total	政府资金 Government Grant	企业资金 Enterprise Funds	金融机构贷款 Bank Loans	社会人文科学领域 Social Sciences and Humanities Sub-total	政府资金 Government Grant	企业资金 Enterprise Funds	金融机构贷款 Bank Loans
1406932	**741244**	**103624**	**26915**	**104336**	**82648**	**351**	**141**
853908	394231	88774	16454	56061	48287	351	141
327653	201450	10822	7121	27582	19857		
225371	145564	4028	3341	20693	14503		
85978	36432	2713	500	8625	6953		
28752	8863	3508	1368	2617	2198		
18422	13547	763	668	1456	1456		
41285	27256	743	222	4768	2576		
21273	18676	64	63	2119	2090		
78302	35253	17018	1728	2888	2871		
53290	33188	3381	1623	3809	3750		
52495	34084	1140	612	2560	2457		
92265	40305	9505	80	13393	12017	309	1
113069	36557	6435	931	3342	2096		
57316	34977	5191	3278	2632	2401		
26189	15482	1108	571	2866	1479		
39031	23315	9885	90	1997	1838		
22270	14416	539	1360	1163	1048		
101788	49972	6891	3871	5663	5087	42	140
35223	21035	844	428	4578	2207		
38352	17893	2592	1301	3407	3147		
37277	19421	410	941	2312	1104		
175944	73533	22421	3172	11193	9321		
58242	37978	4402	519	2257	2050		
4798	3499	42	250	0	0		
17028	11766	928	138	2008	949		
69310	31979	758	1179	3432	3023		
16710	12889	273	112	819	819		
37590	25558	1111	820	2044	2017		
5813	5806	0	0	929	929		
17108	13758	83	179	1966	1298		
21872	17225	67	547	5568	1785		
1472	1319	0	0	774	774		
4462	3504	219	124	1239	1223		
34007	21761	589	243	1916	1687		

2-12 分行业研究与开发机构科技活动经费筹集（2002）

Sources of Funds in Research Institutions by Industry

单位：万元 (10,000 yuan)

行业 Industry	合计 Total	政府资金 Government Grant	企业资金 Enterprise Funds	金融机构贷款 Bank loans
总 计 Total	**7026560**	**4979969**	**362709**	**118801**
农、林、牧渔业小计 **Farming, Forestry, Animal Husbandry and Fishery**	**693252**	**515670**	**7523**	**17904**
农业 Farming	381398	294648	4495	9153
林业 Forestry	76251	61154	372	887
畜牧业 Animal Husbandry	56038	36204	431	1435
渔业 Fishery	42911	35343	882	1805
农、林、牧、渔服务业 Services	136655	88321	1343	4623
采掘业小计 **Mining and Quarrying**	**10441**	**6699**	**301**	**51**
煤炭采选业 Coal Mining and Dressing	3992	2530	298	40
石油和天然气开采业 Petroleum and Natural Gas Extraction	2178	1996	0	0
黑色金属矿采选业 Ferrous Metals Mining and Dressing	0	0	0	0
有色金属矿采选业 Nonferrous Metals Mining and Dressing	549	0	0	0
非金属矿采选业 Nonmetal Minerals Mining and Dressing	311	227	0	11
其他矿采选业 Other Minerals Mining and Dressing	1117	476	0	0
木材及竹材采运业 Logging and Transport of Wood and Bamboo	2295	1470	3	0
制造业小计 **Manufacturing**	**322018**	**155702**	**49900**	**5500**
食品加工业 Food Processing	16297	6947	4725	160
食品制造业 Food Production	26212	12259	1106	0
饮料制造业 Beverage Production	1011	717	72	0
烟草加工业 Tobacco Processing	3140	0	638	0
纺织业 Textile Industry	7578	3099	2422	46
服装及其他纤维制品制造业 Garments and Other Fiber Products	1002	590	99	25
皮革、毛皮、羽绒及其制品业 Leather, Furs, Down and Related Products	506	298	0	0
木材加工及竹、藤、棕、草制品业 Timber, Bamboo, Cane, Palm Fiber and Straw Products	1967	1458	243	0
家具制造业 Furniture Manufacturing	0	0	0	0
造纸及纸制品业 Papermaking and Paper Products	1739	658	447	0

2-12 续表 1

单位：万元　　(10,000 yuan)

行　业 Industry	合计 Total	政府资金 Government Grant	企业资金 Enterprise Funds	金融机构贷款 Bank loans
印刷业，记录媒介的复制 Printing and Record Medium Reproduction	3658	2057	0	0
文教体育用品制造业 Culture, Educational and Sports Goods	761	208	38	0
石油加工及炼焦业 Petroleum Processing and Coking	111	89	0	0
化学原料及化学制品制造业 Raw Chemical Materials and Chemical Products	48681	25847	5064	979
医药制造业 Medical and Pharmaceutical Products	43420	19521	6158	2175
化学纤维制造业 Chemical Fiber	3687	1662	12	0
橡胶制品业 Rubber Products	1179	579	14	0
塑料制品业 Plastic Products	1374	1102	28	0
非金属矿物制品业 Nonmetal Mineral Products	9734	4477	1754	175
黑色金属冶炼及压延加工业 Smelting and Pressing of Ferrous Metals	7358	3102	480	0
有色金属冶炼及压延加工业 Smelting and Pressing of Nonferrous	5330	4168	476	0
金属制品业 Metal Products	1173	417	344	0
普通机械制造业 Ordinary Machinery	16490	5369	2310	234
专用设备制造业 Equipment for Special Purposes	58822	22375	19911	75
交通运输设备制造业 Transport Equipment	21758	17305	395	0
电气机械及器材制造业 Electric Equipment and Machinery	5812	2335	1688	110
电子及通信设备制造业 Electronic and Telecommunications Equipment	22496	13914	593	655
仪器仪表及文化、办公用机械制造 Instruments, Meters, Cultural and Office Machinery	8612	3892	864	300
其他制造业 Other Manufacturing	2113	1256	17	567
电力、煤气及水的生产和供应业小计 Electric Power, Gas and Water Production and Supply	**32354**	**8275**	**4106**	**0**
电力、蒸汽、热水的生产和供应业 Electric Power, Steam and Hot Water Production and Supply	30922	7694	4048	0
煤气生产和供应业 Gas Production and Supply	1037	349	0	0
自来水的生产和供应业 Tap Water Production and Supply	396	232	58	0
建筑业小计 Construction	**61775**	**16165**	**18361**	**416**
土木工程建筑业 Civil Engineering Construction	61566	16045	18324	416
线路、管道和设备安装业 Circuit Pipelines and Equipment Installation	0	0	0	0

2–12 续表 2

单位：万元　　(10,000 yuan)

行　业 Industry	合计 Total	政府资金 Government Grant	企业资金 Enterprise Funds	金融机构贷款 Bank loans
装修装饰业 Fitting and Decoration	209	120	37	0
地质勘查业、水利管理业小计 Geological Prospecting and Water Conservancy	**127749**	**73089**	**7573**	**1914**
地质勘查业 Geological Prospecting	52475	40602	434	306
水利管理业 Water Conservancy	75274	32487	7139	1608
交通运输、仓储及邮电通信业小计 Transport, Storage, Post and Telecommunications	**66325**	**22151**	**4709**	**0**
铁路运输业 Railway Transportation	4626	1709	497	0
公路运输业 Highway Transport	5456	845	300	0
管道运输业 Pipeline Transport	0	0	0	0
水上运输业 Water Transport	4393	2031	1337	0
航空运输业 Air Transport	3452	2696	124	0
交通运输辅助业 Transport Subsidiary Service	8945	1587	405	0
其他交通运输业 Other Transport	3730	1287	0	0
仓储业 Storage	3701	668	0	0
邮电通信业 Post and Telecommunications	32022	11328	2046	0
批发和零售贸易、餐饮业小计 Wholesale, Retail Trade and Catering Service	**685**	**352**	**0**	**0**
食品、饮料、烟草和家庭日用品批发业 Wholesale Trade of Food, Beverages, Tobacco and Household Goods	0	0	0	0
能源、材料和机械电子设备批发业 Wholesale Trade of Energy, Materials and Electronic Equipment	212	120	0	0
其他批发业 Other Wholesale Trade	171	0	0	0
零售业 Retail Trade	302	232	0	0
商业经纪与代理业 Commercial Brokerage and Agencies	0	0	0	0
餐饮业 Catering Services	0	0	0	0
金融、保险业小计 Finance and Insurance	**1200**	**0**	**0**	**0**
金融业 Finance	1200	0	0	0
保险业 Insurance	0	0	0	0
房地产业小计 Real Estate	**1311**	**344**	**0**	**0**
房地产开发与经营业 Real Estate Development and Operation	245	149	0	0

2-12 续表 3

单位：万元 (10,000 yuan)

行业 Industry	合计 Total	政府资金 Government Grant	企业资金 Enterprise Funds	金融机构贷款 Bank loans
房地产管理业 Real Estate Management	1066	195	0	0
房地产代理与经纪业 Real Estate Brokerage and Agencies	0	0	0	0
社会服务业小计 Public Service	**73948**	**37541**	**4135**	**622**
公共设施服务业 Public Services	35112	16181	1625	89
居民服务 Residents Services	458	390	0	0
旅馆业 Hotels	0	0	0	0
租赁服务业 Leasing Services	0	0	0	0
旅游业 Tourism	0	0	0	0
娱乐服务业 Recreational Services	0	0	0	0
信息、咨询服务业 Information and Consultancy Services	11591	7969	556	0
计算机应用服务业 Computer Application Services	26648	12876	1947	533
其他社会服务业 Other Social Services	140	125	8	0
卫生、体育和社会福利业小计 Health Care, Sports and Social Welfare	**444403**	**145584**	**3214**	**1465**
卫生 Health Care	432375	135749	2911	1440
体育 Sports	11228	9430	17	25
社会福利保障业 Social Welfare	801	406	287	0
教育、文化艺术及广播电影电视业小计 Education, Culture and Arts, Radio, Film and Television	**87393**	**54858**	**4022**	**119**
教育 Education	17659	10968	0	0
文化艺术业 Culture and Arts	57748	39304	1952	19
广播电影电视业 Radio, Film and Television	11987	4586	2070	100
科学研究和综合技术服务业小计 Scientific Research and Polytechnic Services	**4988872**	**3912274**	**256437**	**84347**
科学研究业 Scientific Research	4651344	3729146	212604	82735
综合技术服务业 Polytechnic Services	337528	183128	43833	1612
国家机关、政党机关和社会团体小计 Government Agencies, Party Agencies and Social Organizations	**83193**	**20546**	**110**	**0**
国家机关 Government Agencies	**82495**	**19911**	**110**	**0**
其他行业小计 Other Sectors	**31640**	**10720**	**2319**	**6463**

2-13 各地区研究与开发机

Intramural Expenditure in

单位：万元

地 区 Region		经费内部支出总额 Intramural Expenditure Total	劳务费 Compensation for Laborers	业务费 Operating Expenses	固定资产购建费 Expenditure on the Purchase of Fixed-assets	购置仪器 Purchasing Equipment	自然科学技术领域 Natural Sciences Sub-total
全 国	**Total**	**6202106**	**1597619**	**2985899**	**1220208**	**830661**	**5909604**
东部地区	Eastern Region	4025027	971448	1981339	774357	514027	3814671
中部地区	Mid Region	939921	303104	389553	173361	118863	895989
西部地区	Western Region	1237158	323067	615007	272490	197772	1198944
北 京	Beijing	1908860	391698	1050224	365894	242797	1803267
天 津	Tianjin	108854	28711	57807	14363	12858	100852
河 北	Hebei	120206	29925	72852	12302	10696	117892
山 西	Shanxi	82288	28576	28655	17249	14239	76223
内蒙古	Neimenggu	34366	18754	9637	2101	1803	31184
辽 宁	Liaoning	229823	65585	92668	46666	33254	224039
吉 林	Jilin	123794	45265	31790	30954	12064	118400
黑龙江	Heilongjiang	82637	35161	28694	6785	5349	78396
上 海	Shanghai	563913	138821	233298	136517	76967	525165
江 苏	Jiangsu	459390	95454	248376	94020	61828	453039
浙 江	Zhejiang	102025	31166	49106	15641	13064	95510
安 徽	Anhui	121166	32371	58105	23755	16501	116409
福 建	Fujian	52263	21409	13389	9938	8184	47832
江 西	Jiangxi	47667	17944	14925	11297	10498	45635
山 东	Shandong	173040	58229	59413	31253	22860	161824
河 南	Henan	146338	36473	73618	32377	27246	139837
湖 北	Hubei	230130	60253	124583	32620	19897	221681
湖 南	Hunan	71534	28307	19548	16224	11265	68225
广 东	Guangdong	222638	73858	82592	34181	23529	206689
广 西	Guangxi	66561	29846	16282	10599	5348	61926
海 南	Hainan	17456	6748	5332	2983	2642	16635
重 庆	Chongqing	49503	18199	20623	6966	5876	45470
四 川	Sichuan	509815	117686	312230	92531	71535	501689
贵 州	Guizhou	26890	14421	7635	3130	2523	25289
云 南	Yunnan	85309	29683	24299	21072	14168	81283
西 藏	Tibet	6337	3394	1847	71	71	5266
陕 西	Shaanxi	392835	83034	203329	106213	78644	389259
甘 肃	Gansu	108004	31566	31152	33101	19847	98498
青 海	Qinghai	8708	3333	1526	3143	491	7859
宁 夏	Ningxia	6430	2962	1696	531	526	4658
新 疆	Xinjiang	43328	18788	10670	5733	4092	39674

构科技活动经费内部支出（2002）

Research Institutions by Region

(10,000 yuan)

劳务费 Compensation for Laborers	业务费 Operating Expenses	固定资产购建费 Expenditure on the Purchase of Fixed-assets	购置仪器 Purchasing Equipment	社会人文科学领域 Social Sciences and Humanities Sub-totals	劳务费 Compensation for Laborers	业务费 Operating Expenses	固定资产购建费 Expenditure on the Purchase of Fixed-assets	购置仪器 Purchasing Equipment
1483260	**2916851**	**1154200**	**784541**	**140342**	**65359**	**32851**	**19284**	**9311**
894252	1929853	721292	476296	92180	42879	22139	14100	5895
283148	380401	166600	114516	26586	12449	6585	1646	1619
305860	606598	266308	193729	21576	10031	4126	3538	1797
355369	1024979	335843	222550	50047	23558	12808	6301	2964
25578	55037	13349	11894	2517	1317	337	351	301
28553	72437	12180	10573	1513	807	311	63	63
26223	26296	16785	13776	4885	1620	2177	353	353
16878	9305	1734	1435	2307	1339	226	282	282
61720	91983	46291	32879	2922	2167	241	54	54
42378	30916	30646	11756	3822	2107	614	164	164
32802	27883	6577	5142	2691	1530	456	44	44
128122	225225	122009	66370	12333	4390	1917	4772	861
92192	246839	93518	61327	3272	1624	750	151	151
28851	46918	14368	11990	2585	1009	1035	233	233
30528	57289	22808	16054	2411	968	391	198	198
19538	12239	9127	7791	1869	725	823	110	110
16860	14685	11102	10328	1146	475	142	122	96
53536	57198	28714	21222	4983	2246	797	1291	391
33915	71919	31497	26366	3780	1484	1031	186	186
56944	123403	29540	18706	3516	1901	949	210	209
26619	18705	15912	10953	2028	1025	599	88	88
67050	76548	33017	22408	7957	3739	2622	637	637
27442	15271	10097	4854	2183	1297	499	139	132
6302	5179	2779	2438	0	0	0	0	0
16408	19520	6689	5599	1757	658	614	138	138
113543	310901	90963	70891	4025	1991	551	1048	164
13447	7285	3077	2470	829	569	125	10	10
28249	22642	20805	13901	1968	940	584	75	75
2575	1671	71	71	937	705	167	0	0
81013	202508	105871	78302	1823	1039	430	150	150
28514	29836	29783	17673	6456	2162	775	1962	1162
2837	1300	3143	491	801	458	219	0	0
2146	1235	434	429	1203	515	291	63	63
17129	9700	5473	3904	1779	995	371	94	36

2-14 各地区地方属研究与

Intramural Expenditure in Research

单位：万元

地区 Region		经费内部支出总额 Intramural Expenditure Total	劳务费 Compensation for Laborers	业务费 Operating Expenses	固定资产购建费 Expenditure on the Purchase of Fixed-assets	购置仪器 Purchasing Equipment	自然科学技术领域 Natural Sciences Sub-total
全 国	**Total**	**1521384**	**649821**	**419190**	**200640**	**149418**	**1333680**
东部地区	Eastern Region	905999	350312	273122	135406	101300	792685
中部地区	Mid Region	360677	178945	86391	36847	27947	320256
西部地区	Western Region	254707	120563	59677	28387	20171	220738
北 京	Beijing	80247	31200	27502	10380	8240	68609
天 津	Tianjin	28290	11649	7341	2698	2064	22731
河 北	Hebei	19242	11133	3117	1862	1267	16929
山 西	Shanxi	46285	20520	13086	5619	3968	40220
内蒙古	Neimenggu	23936	15328	4044	1235	1132	20754
辽 宁	Liaoning	82158	37484	25268	6509	5044	76374
吉 林	Jilin	57538	28246	13761	5956	4658	52144
黑龙江	Heilongjiang	57448	28929	15133	3443	3246	53207
上 海	Shanghai	134287	46733	35927	27077	22275	95540
江 苏	Jiangsu	103017	40269	29997	15951	13656	96666
浙 江	Zhejiang	58374	22053	21207	7111	6225	51858
安 徽	Anhui	29733	14127	7511	3726	2606	24976
福 建	Fujian	40903	18149	10656	6777	6154	36473
江 西	Jiangxi	22583	13346	3433	2163	1448	20550
山 东	Shandong	127356	46740	37554	22485	16162	116140
河 南	Henan	40029	17202	9334	6486	4349	34043
湖 北	Hubei	41761	20565	10483	3955	3278	36308
湖 南	Hunan	41363	20683	9605	4265	3262	38054
广 东	Guangdong	165951	55367	59030	23644	14800	150002
广 西	Guangxi	61731	27430	14636	10341	5160	57096
海 南	Hainan	4444	2107	888	570	252	4268
重 庆	Chongqing	26039	10117	8545	3269	2508	23202
四 川	Sichuan	71443	32494	16255	8652	5225	64558
贵 州	Guizhou	15976	9739	2918	1116	875	14374
云 南	Yunnan	40357	18523	10918	4951	3892	36331
西 藏	Tibet	6337	3394	1847	71	71	5266
陕 西	Shaanxi	22462	11897	3659	1828	1666	18886
甘 肃	Gansu	28157	14487	5460	3683	2404	20459
青 海	Qinghai	2543	1325	473	397	36	1694
宁 夏	Ningxia	6049	2890	1535	400	395	4277
新 疆	Xinjiang	35346	15698	8066	4020	3100	31692

开发机构科技活动经费内部支出（2002）

Institutions of Local Governments by Region

(10,000 yuan)

劳务费 Compensation for Laborers	业务费 Operating Expenses	固定资产购建费 Expenditure on the Purchase of Fixed-assets	购置仪器 Purchasing Equipment	社会人文科学领域 Social Sciences and Humanities Sub-totals	劳务费 Compensation for Laborers	业务费 Operating Expenses	固定资产购建费 Expenditure on the Purchase of Fixed-assets	购置仪器 Purchasing Equipment
571084	**373138**	**167166**	**125311**	**100894**	**45409**	**23387**	**15213**	**7127**
306585	244177	110647	83521	52732	22929	12676	10029	3711
159496	77355	32838	24502	26586	12449	6585	1646	1619
105004	51607	23681	17288	21576	10031	4126	3538	1797
27083	23772	8142	7451	10599	3607	3344	2230	780
9441	5489	1973	1389	2517	1317	337	351	301
9761	2702	1739	1144	1513	807	311	63	63
18167	10727	5155	3505	4885	1620	2177	353	353
13452	3712	868	765	2307	1339	226	282	282
33619	24583	6135	4670	2922	2167	241	54	54
25359	12888	5648	4350	3822	2107	614	164	164
26571	14322	3235	3039	2691	1530	456	44	44
36034	27854	12569	11678	12333	4390	1917	4772	861
37007	28459	15449	13155	3272	1624	750	151	151
19738	19019	5838	5152	2585	1009	1035	233	233
12285	6696	2778	2159	2411	968	391	198	198
16278	9505	5966	5761	1869	725	823	110	110
12261	3193	1968	1279	1146	475	142	122	96
42047	35339	19946	14524	4983	2246	797	1291	391
14760	7741	5806	3669	3780	1484	1031	186	186
17647	9314	3427	2789	3516	1901	949	210	209
18995	8762	3953	2949	2028	1025	599	88	88
48559	52986	22480	13679	7957	3739	2622	637	637
25025	13626	9839	4666	2183	1297	499	139	132
1992	843	570	252	0	0	0	0	0
9150	7556	2993	2232	1757	658	614	138	138
28742	15070	7406	4903	4025	1991	551	1048	164
8764	2568	1063	822	829	569	125	10	10
17089	9261	4684	3625	1968	940	584	75	75
2575	1671	71	71	937	705	167	0	0
9877	2838	1486	1324	1823	1039	430	150	150
11865	4226	1518	1067	6456	2162	775	1962	1162
829	247	397	36	801	458	219	0	0
2074	1075	303	298	1203	515	291	63	63
14038	7096	3760	2911	1779	995	371	94	36

2-15 分行业研究与开发机构科技活动经费内部支出（2002）

Intramural Expenditure in Research Institutions by Industry

单位：万元 (10,000 yuan)

行业 Industry	合计 Total	劳务费 Compensation for Laborers	业务费 Operating Expenses	固定资产购建费 Expenditure on the Purchase of Fixed-assets	购置仪器 Purchasing Equipment
总计 Total	**6202106**	**1597619**	**2985899**	**1220208**	**830661**
农、林、牧渔业小计 Farming, Forestry, Animal Husbandry and Fishery	**627240**	**269047**	**183393**	**84685**	**49035**
农业 Farming	354889	159416	95669	49931	28076
林业 Forestry	69559	32853	18925	7025	5610
畜牧业 Animal Husbandry	54111	20956	19533	6972	4415
渔业 Fishery	40061	15591	10913	7106	3814
农、林、牧、渔服务业 Services	108621	40231	38353	13651	7121
采掘业小计 Mining and Quarrying	**9602**	**4855**	**2564**	**643**	**598**
煤炭采选业 Coal Mining and Dressing	3887	2222	636	324	279
石油和天然气开采业 Petroleum and Natural Gas Extraction	2178	1130	604	57	57
黑色金属矿采选业 Ferrous Metals Mining and Dressing	0	0	0	0	0
有色金属矿采选业 Nonferrous Metals Mining and Dressing	525	53	379	21	21
非金属矿采选业 Nonmetal Minerals Mining and Dressing	306	187	68	5	5
其他矿采选业 Other Minerals Mining and Dressing	536	284	161	36	36
木材及竹材采运业 Logging and Transport of Wood and Bamboo	2170	979	715	200	200
制造业小计 Manufacturing	**325866**	**130360**	**100242**	**45562**	**32316**
食品加工业 Food Processing	16428	7180	6150	1024	900
食品制造业 Food Production	23990	9632	6975	3338	3295
饮料制造业 Beverage Production	976	537	191	203	88
烟草加工业 Tobacco Processing	3501	1510	152	1376	1089
纺织业 Textile Industry	7208	2929	2743	366	366
服装及其他纤维制品制造业 Garments and Other Fiber Products	1231	613	282	8	8
皮革、毛皮、羽绒及其制品业 Leather, Furs, Down and Related Products	515	271	24	16	16
木材加工及竹、藤、棕、草制品业 Timber, Bamboo, Cane, Palm Fiber and Straw Products	1746	1025	487	60	60
家具制造业 Furniture Manufacturing	12	12	0	0	0
造纸及纸制品业 Papermaking and Paper Products	1282	579	493	109	94

2-15 续表 1

单位：万元 (10,000 yuan)

行 业 Industry	合计 Total	劳务费 Compensation for Laborers	业务费 Operating Expenses	固定资产购建费 Expenditure on the Purchase of Fixed-assets	购置仪器 Purchasing Equipment
印刷业，记录媒介的复制 Printing and Record Medium Reproduction	2617	1733	580	71	62
文教体育用品制造业 Culture, Educational and Sports Goods	777	216	17	74	74
石油加工及炼焦业 Petroleum Processing and Coking	115	114	0	0	0
化学原料及化学制品制造业 Raw Chemical Materials and Chemical Products	49918	20778	15663	6504	2584
医药制造业 Medical and Pharmaceutical Products	44109	14847	9268	10931	8301
化学纤维制造业 Chemical Fiber	3505	1800	854	202	202
橡胶制品业 Rubber Products	1410	594	33	0	0
塑料制品业 Plastic Products	1287	787	159	125	125
非金属矿物制品业 Nonmetal Mineral Products	8965	3993	1749	1229	1209
黑色金属冶炼及压延加工业 Smelting and Pressing of Ferrous Metals	8909	4945	2025	1109	462
有色金属冶炼及压延加工业 Smelting and Pressing of Nonferrous	5469	2684	2155	365	297
金属制品业 Metal Products	1011	608	71	126	126
普通机械制造业 Ordinary Machinery	18270	7330	4830	1267	1178
专用设备制造业 Equipment for Special Purposes	62865	25923	24476	4495	3842
交通运输设备制造业 Transport Equipment	18235	4727	9148	3022	2834
电气机械及器材制造业 Electric Equipment and Machinery	5192	2556	1412	620	620
电子及通信设备制造业 Electronic and Telecommunications Equipment	25689	8016	6847	7985	3969
仪器仪表及文化、办公用机械制造 Instruments, Meters, Cultural and Office Machinery	8874	3556	3268	566	446
其他制造业 Other Manufacturing	1762	866	190	372	72
电力、煤气及水的生产和供应业小计 Electric Power, Gas and Water Production and Supply	**31330**	**9935**	**4139**	**6862**	**6655**
电力、蒸汽、热水的生产和供应业 Electric Power, Steam and Hot Water Production and Supply	29887	9195	3870	6698	6501
煤气生产和供应业 Gas Production and Supply	1151	556	195	164	154
自来水的生产和供应业 Tap Water Production and Supply	293	184	75	0	0
建筑业小计 Construction	**60596**	**18130**	**19998**	**8927**	**6354**
土木工程建筑业 Civil Engineering Construction	60390	18059	19928	8926	6353
线路、管道和设备安装业 Circuit Pipelines and Equipment Installation	0	0	0	0	0

2-15 续表 2

单位：万元 (10,000 yuan)

行 业 Industry	合计 Total	劳务费 Compensation for Laborers	业务费 Operating Expenses	固定资产购建费 Expenditure on the Purchase of Fixed-assets	购置仪器 Purchasing Equipment
装修装饰业 Fitting and Decoration	207	71	70	1	1
地质勘查业、水利管理业小计 Geological Prospecting and Water Conservancy	**122726**	**48774**	**34855**	**17690**	**10608**
地质勘查业 Geological Prospecting	55326	21104	18092	8483	4069
水利管理业 Water Conservancy	67400	27670	16763	9208	6539
交通运输、仓储及邮电通信业小计 Transport, Storage, Post and Telecommunications	**59968**	**14402**	**28296**	**8448**	**6929**
铁路运输业 Railway Transportation	3496	1467	979	442	442
公路运输业 Highway Transport	4481	1578	1868	343	343
管道运输业 Pipeline Transport	0	0	0	0	0
水上运输业 Water Transport	4426	1857	1291	973	303
航空运输业 Air Transport	2902	1066	641	838	38
交通运输辅助业 Transport Subsidiary Service	7873	2503	2273	730	721
其他交通运输业 Other Transport	3892	951	1572	184	184
仓储业 Storage	2376	723	1329	204	164
邮电通信业 Post and Telecommunications	30522	4258	18342	4733	4733
批发和零售贸易、餐饮业小计 Wholesale, Retail Trade and Catering Service	**585**	**390**	**66**	**8**	**8**
食品、饮料、烟草和家庭日用品批发业 Wholesale Trade of Food, Beverages, Tobacco and Household Goods	0	0	0	0	0
能源、材料和机械电子设备批发业 Wholesale Trade of Energy, Materials and Electronic Equipment	205	134	40	7	7
其他批发业 Other Wholesale Trade	123	98	18	0	0
零售业 Retail Trade	258	158	8	1	1
商业经纪与代理业 Commercial Brokerage and Agencies	0	0	0	0	0
餐饮业 Catering Services	0	0	0	0	0
金融、保险业小计 Finance and Insurance	**4258**	**595**	**973**	**289**	**289**
金融业 Finance	4258	595	973	289	289
保险业 Insurance	0	0	0	0	0
房地产业小计 Real Estate	**1272**	**773**	**360**	**44**	**44**
房地产开发与经营业 Real Estate Development and Operation	244	185	30	4	4

2-15 续表 3

单位：万元 (10,000 yuan)

行 业 Industry	合计 Total	劳务费 Compensation for Laborers	业务费 Operating Expenses	固定资产购建费 Expenditure on the Purchase of Fixed-assets	购置仪器 Purchasing Equipment
房地产管理业 Real Estate Management	1028	588	330	40	40
房地产代理与经纪业 Real Estate Brokerage and Agencies	0	0	0	0	0
社会服务业小计 Public Service	**67224**	**23264**	**22804**	**9714**	**4222**
公共设施服务业 Public Services	33847	12166	11592	5611	1741
居民服务 Residents Services	390	99	39	183	54
旅馆业 Hotels	0	0	0	0	0
租赁服务业 Leasing Services	0	0	0	0	0
旅游业 Tourism	0	0	0	0	0
娱乐服务业 Recreational Services	0	0	0	0	0
信息、咨询服务业 Information and Consultancy Services	11090	4320	3866	1483	1024
计算机应用服务业 Computer Application Services	21680	6591	7242	2405	1369
其他社会服务业 Other Social Services	218	88	65	33	33
卫生、体育和社会福利业小计 Health Care, Sports and Social Welfare	**426358**	**135547**	**166536**	**67244**	**54769**
卫生 Health Care	416085	131913	164140	64601	52382
体育 Sports	9484	3330	2122	2571	2316
社会福利保障业 Social Welfare	789	304	274	72	72
教育、文化艺术及广播电影电视业小计 Education, Culture and Arts, Radio, Film and Television	**86328**	**22937**	**19978**	**28893**	**21273**
教育 Education	20172	8163	6100	3421	1147
文化艺术业 Culture and Arts	54145	11895	9786	22914	17627
广播电影电视业 Radio, Film and Television	12010	2880	4092	2558	2498
科学研究和综合技术服务业小计 Scientific Research and Polytechnic Services	**4286776**	**898976**	**2352800**	**927313**	**629968**
科学研究业 Scientific Research	3984187	793105	2259416	875750	595567
综合技术服务业 Polytechnic Services	302589	105871	93383	51563	34401
国家机关、政党机关和社会团体小计 Government Agencies, Party Agencies and Social Organizations	**71774**	**13142**	**41762**	**10722**	**4463**
国家机关 Government Agencies	**71241**	**12924**	**41754**	**10665**	**4406**
其他行业小计 Other Sectors	**20204**	**6492**	**7136**	**3167**	**3131**

2-16 各地区研究与开发机构研究与试

Intramural R&D Expenditure in

单位：万元

地区 Region		研究与试验发展经费内部支出 Intramural R&D Expenditure	基础研究 Basic Research	应用研究 Applied Research	试验发展 Experimental Development
全 国	**Total**	**3513336**	**407235**	**1211718**	**1894383**
东部地区	Eastern Region	2225116	277416	759818	1187883
中部地区	Mid Region	522840	45403	220577	256860
西部地区	Western Region	765380	85616	231830	447934
北 京	Beijing	1173080	165292	420470	587319
天 津	Tianjin	48616	1493	25220	21903
河 北	Hebei	83180	208	13296	69675
山 西	Shanxi	37515	179	15246	22090
内蒙古	Neimenggu	10512	988	4954	4570
辽 宁	Liaoning	124186	7710	22632	93845
吉 林	Jilin	65465	10221	36088	19156
黑龙江	Heilongjiang	25580	3418	12663	9500
上 海	Shanghai	358318	64731	141139	152449
江 苏	Jiangsu	266252	16247	83661	166344
浙 江	Zhejiang	29552	1583	9269	18699
安 徽	Anhui	83209	10235	29990	42984
福 建	Fujian	17253	4632	5288	7333
江 西	Jiangxi	26399	676	22936	2788
山 东	Shandong	50665	7379	17266	26020
河 南	Henan	90197	1619	28587	59991
湖 北	Hubei	156556	16566	60971	79019
湖 南	Hunan	27407	1190	11102	15115
广 东	Guangdong	62883	6445	17766	38672
广 西	Guangxi	7496	247	2127	5122
海 南	Hainan	3636	1426	1238	971
重 庆	Chongqing	15511	1742	8986	4784
四 川	Sichuan	305991	41289	99619	165083
贵 州	Guizhou	9681	2931	1594	5155
云 南	Yunnan	42142	6513	22554	13076
西 藏	Tibet	3415	632	2561	222
陕 西	Shaanxi	321355	9965	74505	236885
甘 肃	Gansu	50218	17898	12970	19349
青 海	Qinghai	2913	503	655	1755
宁 夏	Ningxia	1483	110	564	808
新 疆	Xinjiang	12671	1483	6130	5058

验发展（R&D）经费内部支出（2002）

Research Institutions by Region

(10,000)

自然科学技术领域 Natural Sciences Sub-total	基础研究 Basic Research	应用研究 Applied Research	试验发展 Experimental Development	社会人文科学领域 Social Sciences and Humanities Sub-totals	基础研究 Basic Research	应用研究 Applied Research	试验发展 Experimental Development
3459013	**391523**	**1189261**	**1878229**	**47667**	**14433**	**20460**	**12775**
2181689	264412	743166	1174111	38016	11724	15593	10698
516933	43999	217329	255605	5559	1405	3074	1080
760391	84312	229273	446806	4093	1304	1793	996
1145739	158465	411986	575289	22725	5547	7673	9505
47409	994	24687	21728	939	499	394	46
82951	208	13261	69481	229	0	35	194
37501	179	15246	22076	14	0	0	14
9939	782	4587	4570	551	207	345	0
123668	7710	22438	93520	519	0	193	325
63918	9951	35578	18390	1499	271	462	766
23544	2697	11398	9450	1988	721	1236	31
351781	61331	138002	152449	6537	3400	3137	0
265833	16144	83345	166344	419	103	316	0
28463	835	8929	18699	1088	748	340	0
82778	10089	29705	42984	365	146	219	0
15680	3753	4798	7129	1337	879	458	0
25761	676	22636	2450	550	0	300	250
48624	7204	15759	25660	2003	175	1507	321
90088	1619	28498	59971	109	0	89	20
156231	16506	60715	79010	316	60	256	0
27174	1190	10926	15058	167	0	167	0
60616	6101	16262	38252	2014	344	1428	242
7289	217	2016	5056	207	30	111	66
3636	1426	1238	971	0	0	0	0
15452	1742	8978	4733	59	0	8	51
305469	41270	99527	164672	482	19	92	372
9644	2901	1588	5155	30	30	0	0
40942	6421	21695	12827	1146	92	850	203
2736	139	2375	222	581	493	88	0
321278	9906	74486	236885	78	59	19	0
49101	17688	12212	19202	742	211	431	101
2835	503	577	1755	78	0	78	0
1116	56	489	571	367	54	76	237
11818	1138	5654	5026	529	345	152	32

2-17 各地区地方属研究与开发机构研

Intramural R&D Expenditure in Research

单位：万元

地 区 Region		研究与试验发展经费内部支出 Intramural R&D Expenditure	基础研究 Basic Research	应用研究 Applied Research	试验发展 Experimental Development
全 国	**Total**	**260083**	**17910**	**80150**	**162023**
东部地区	Eastern Region	159242	11787	44872	102583
中部地区	Mid Region	61246	4228	22296	34722
西部地区	Western Region	39595	1895	12982	24718
北 京	Beijing	22520	926	8977	12617
天 津	Tianjin	4894	501	1272	3121
河 北	Hebei	4051	60	1284	2707
山 西	Shanxi	3607	40	427	3139
内蒙古	Neimenggu	3897	422	1416	2059
辽 宁	Liaoning	8450	18	1569	6863
吉 林	Jilin	16929	854	4961	11114
黑龙江	Heilongjiang	13732	1391	7236	5105
上 海	Shanghai	23758	5106	8495	10156
江 苏	Jiangsu	16983	870	4201	11912
浙 江	Zhejiang	12002	776	2266	8960
安 徽	Anhui	3761	367	896	2499
福 建	Fujian	8505	1047	1343	6115
江 西	Jiangxi	3801	102	1127	2573
山 东	Shandong	20144	1401	5055	13688
河 南	Henan	5074	0	934	4140
湖 北	Hubei	4777	346	2271	2160
湖 南	Hunan	5668	706	3029	1933
广 东	Guangdong	31704	888	8843	21973
广 西	Guangxi	5999	195	1565	4240
海 南	Hainan	232	0	0	232
重 庆	Chongqing	2094	0	107	1987
四 川	Sichuan	8347	158	1502	6687
贵 州	Guizhou	1649	36	435	1178
云 南	Yunnan	11020	240	4546	6235
西 藏	Tibet	3415	632	2561	222
陕 西	Shaanxi	1475	104	284	1087
甘 肃	Gansu	3973	265	864	2844
青 海	Qinghai	127	0	78	49
宁 夏	Ningxia	1358	90	523	745
新 疆	Xinjiang	6138	372	2081	3685

究与试验发展（R&D）经费内部支出（2002）

Institutions of Local Governments by Region

(10,000)

自然科学技术领域 Natural Sciences Sub-total	基础研究 Basic Research	应用研究 Applied Research	试验发展 Experimental Development	社会人文科学领域 Social Sciences and Humanities Sub-totals	基础研究 Basic Research	应用研究 Applied Research	试验发展 Experimental Development
229263	**8824**	**64282**	**156157**	**29208**	**9086**	**15015**	**5108**
138949	5410	34481	99058	19557	6377	10148	3031
55339	2823	19048	33468	5559	1405	3074	1080
34975	592	10753	23630	4093	1304	1793	996
18206	726	6749	10730	4265	200	2228	1837
3796	2	743	3050	939	499	394	46
3823	60	1249	2514	229	0	35	194
3593	40	427	3125	14	0	0	14
3324	215	1050	2059	551	207	345	0
7931	18	1376	6538	519	0	193	325
15382	583	4450	10349	1499	271	462	766
11696	670	5971	5055	1988	721	1236	31
17221	1706	5358	10156	6537	3400	3137	0
16564	767	3885	11912	419	103	316	0
10914	28	1926	8960	1088	748	340	0
3331	221	611	2499	365	146	219	0
6932	168	853	5911	1337	879	458	0
3163	102	827	2235	550	0	300	250
18103	1226	3548	13328	2003	175	1507	321
4965	0	845	4120	109	0	89	20
4452	286	2015	2151	316	60	256	0
5434	706	2853	1875	167	0	167	0
29437	544	7339	21553	2014	344	1428	242
5792	164	1454	4174	207	30	111	66
232	0	0	232	0	0	0	0
2035	0	99	1936	59	0	8	51
7864	139	1411	6315	482	19	92	372
1612	6	429	1178	30	30	0	0
9821	147	3687	5986	1146	92	850	203
2736	139	2375	222	581	493	88	0
1397	45	265	1087	78	59	19	0
3185	55	434	2697	742	211	431	101
49	0	0	49	78	0	78	0
991	35	448	508	367	54	76	237
5285	27	1605	3653	529	345	152	32

2-18 分行业研究与开发机构研究与试验发展（R&D）经费内部支出（2002）

Intramural R&D Expenditure in Research Institutions by Industry

单位：万元 (10,000 yuan)

行业 Industry	研究与试验发展经费内部支出 Intramural R&D Expenditure	基础研究 Basic Research	应用研究 Applied Research	试验发展 Experimental Development
总计 Total	**3513336**	**407235**	**1211718**	**1894383**
农、林、牧渔业小计 Farming, Forestry, Animal Husbandry and Fishery	**172803**	**9760**	**47099**	**115945**
农业 Farming	106792	3109	29697	73986
林业 Forestry	16166	1408	4714	10044
畜牧业 Animal Husbandry	9841	527	2321	6993
渔业 Fishery	9087	671	2283	6133
农、林、牧、渔服务业 Services	30917	4045	8083	18789
采掘业小计 Mining and Quarrying	**983**	**111**	**218**	**654**
煤炭采选业 Coal Mining and Dressing	253	8	25	220
石油和天然气开采业 Petroleum and Natural Gas Extraction	190	0	69	121
黑色金属矿采选业 Ferrous Metals Mining and Dressing	0	0	0	0
有色金属矿采选业 Nonferrous Metals Mining and Dressing	0	0	0	0
非金属矿采选业 Nonmetal Minerals Mining and Dressing	0	0	0	0
其他矿采选业 Other Minerals Mining and Dressing	52	0	31	21
木材及竹材采运业 Logging and Transport of Wood and Bamboo	488	103	93	292
制造业小计 Manufacturing	**67707**	**11149**	**24996**	**31562**
食品加工业 Food Processing	2400	4	363	2033
食品制造业 Food Production	1637	8	179	1450
饮料制造业 Beverage Production	101	0	30	71
烟草加工业 Tobacco Processing	2359	0	1145	1215
纺织业 Textile Industry	494	0	90	404
服装及其他纤维制品制造业 Garments and Other Fiber Products	149	0	0	149
皮革、毛皮、羽绒及其制品业 Leather, Furs, Down and Related Products	74	0	0	74
木材加工及竹、藤、棕、草制品业 Timber, Bamboo, Cane, Palm Fiber and Straw Products	955	93	285	576
家具制造业 Furniture Manufacturing	0	0	0	0
造纸及纸制品业 Papermaking and Paper Products	254	0	92	162

2-18 续表 1

单位：万元 (10,000 yuan)

行 业 Industry	研究与试验发展经费内部支出 Intramural R&D Expenditure	基础研究 Basic Research	应用研究 Applied Research	试验发展 Experimental Development
印刷业，记录媒介的复制 Printing and Record Medium Reproduction	61	0	33	28
文教体育用品制造业 Culture, Educational and Sports Goods	0	0	0	0
石油加工及炼焦业 Petroleum Processing and Coking	0	0	0	0
化学原料及化学制品制造业 Raw Chemical Materials and Chemical Products	16648	9380	3679	3589
医药制造业 Medical and Pharmaceutical Products	8656	440	1612	6604
化学纤维制造业 Chemical Fiber	294	0	26	267
橡胶制品业 Rubber Products	0	0	0	0
塑料制品业 Plastic Products	388	0	5	383
非金属矿物制品业 Nonmetal Mineral Products	1079	0	102	978
黑色金属冶炼及压延加工业 Smelting and Pressing of Ferrous Metals	1410	35	301	1074
有色金属冶炼及压延加工业 Smelting and Pressing of Nonferrous	1407	0	382	1025
金属制品业 Metal Products	74	0	0	74
普通机械制造业 Ordinary Machinery	739	0	22	717
专用设备制造业 Equipment for Special Purposes	5841	2	485	5355
交通运输设备制造业 Transport Equipment	14082	649	13034	399
电气机械及器材制造业 Electric Equipment and Machinery	204	0	130	74
电子及通信设备制造业 Electronic and Telecommunications Equipment	7611	539	2953	4119
仪器仪表及文化、办公用机械制造 Instruments, Meters, Cultural and Office Machinery	793	0	49	744
其他制造业 Other Manufacturing	0	0	0	0
电力、煤气及水的生产和供应业小计 Electric Power, Gas and Water Production and Supply	**2119**	**0**	**30**	**2089**
电力、蒸汽、热水的生产和供应业 Electric Power, Steam and Hot Water Production and Supply	1902	0	30	1872
煤气生产和供应业 Gas Production and Supply	134	0	0	134
自来水的生产和供应业 Tap Water Production and Supply	83	0	0	83
建筑业小计 Construction	**9393**	**0**	**1276**	**8117**
土木工程建筑业 Civil Engineering Construction	9393	0	1276	8117
线路、管道和设备安装业 Circuit Pipelines and Equipment Installation	0	0	0	0

2-18 续表 2

单位：万元　　(10,000 yuan)

行　业 Industry	研究与试验发展经费内部支出 Intramural R&D Expenditure	基础研究 Basic Research	应用研究 Applied Research	试验发展 Experimental Development
装修装饰业 Fitting and Decoration	0	0	0	0
地质勘查业、水利管理业小计 **Geological Prospecting and Water Conservancy**	**24579**	**3313**	**7138**	**14129**
地质勘查业 Geological Prospecting	10739	3242	2588	4909
水利管理业 Water Conservancy	13840	70	4550	9220
交通运输、仓储及邮电通信业小计 **Transport, Storage, Post and Telecommunications**	**20595**	**0**	**15198**	**5397**
铁路运输业 Railway Transportation	925	0	0	925
公路运输业 Highway Transport	587	0	0	587
管道运输业 Pipeline Transport	0	0	0	0
水上运输业 Water Transport	1428	0	228	1201
航空运输业 Air Transport	211	0	0	211
交通运输辅助业 Transport Subsidiary Service	1487	0	886	601
其他交通运输业 Other Transport	120	0	0	120
仓储业 Storage	0	0	0	0
邮电通信业 Post and Telecommunications	15837	0	14083	1754
批发和零售贸易、餐饮业小计 **Wholesale, Retail Trade and Catering Service**	**59**	**5**	**35**	**19**
食品、饮料、烟草和家庭日用品批发业 Wholesale Trade of Food, Beverages, Tobacco and Household Goods	0	0	0	0
能源、材料和机械电子设备批发业 Wholesale Trade of Energy, Materials and Electronic Equipment	24	5	0	19
其他批发业 Other Wholesale Trade	0	0	0	0
零售业 Retail Trade	35	0	35	0
商业经纪与代理业 Commercial Brokerage and Agencies	0	0	0	0
餐饮业 Catering Services	0	0	0	0
金融、保险业小计 **Finance and Insurance**	**3315**	**0**	**180**	**3135**
金融业 Finance	3315	0	180	3135
保险业 Insurance	0	0	0	0
房地产业小计 **Real Estate**	**8**	**0**	**0**	**8**
房地产开发与经营业 Real Estate Development and Operation	8	0	0	8

2-18 续表 3

单位：万元 (10,000 yuan)

行业 Industry	研究与试验发展经费内部支出 Intramural R&D Expenditure	基础研究 Basic Research	应用研究 Applied Research	试验发展 Experimental Development
房地产管理业 Real Estate Management	0	0	0	0
房地产代理与经纪业 Real Estate Brokerage and Agencies	0	0	0	0
社会服务业小计 Public Service	**8195**	**547**	**3326**	**4321**
公共设施服务业 Public Services	2496	0	95	2401
居民服务 Residents Services	233	0	43	191
旅馆业 Hotels	0	0	0	0
租赁服务业 Leasing Services	0	0	0	0
旅游业 Tourism	0	0	0	0
娱乐服务业 Recreational Services	0	0	0	0
信息、咨询服务业 Information and Consultancy Services	252	0	73	179
计算机应用服务业 Computer Application Services	5067	547	3116	1404
其他社会服务业 Other Social Services	147	0	0	147
卫生、体育和社会福利业小计 Health Care, Sports and Social Welfare	**65993**	**8259**	**32295**	**25439**
卫生 Health Care	65178	8254	31897	25027
体育 Sports	750	5	398	347
社会福利保障业 Social Welfare	66	0	0	66
教育、文化艺术及广播电影电视业小计 Education, Culture and Arts, Radio, Film and Television	**7266**	**646**	**3720**	**2901**
教育 Education	4854	53	2484	2318
文化艺术业 Culture and Arts	1876	593	1236	47
广播电影电视业 Radio, Film and Television	536	0	0	536
科学研究和综合技术服务业小计 Scientific Research and Polytechnic Services	**3114938**	**373434**	**1075001**	**1666504**
科学研究业 Scientific Research	3072007	370227	1063198	1638582
综合技术服务业 Polytechnic Services	42931	3207	11803	27922
国家机关、政党机关和社会团体小计 Government Agencies, Party Agencies and Social Organizations	**10860**	**12**	**928**	**9920**
国家机关 Government Agencies	**10752**	**12**	**885**	**9855**
其他行业小计 Other Sectors	**4524**	**0**	**281**	**4243**

2-19 各地区研究与开发机构研究与试验发展

Intramural R&D Expenditure in

单位：万元

地区	Region	研究与试验发展经费内部支出 Intramural R&D Expenditure	政府资金 Government Grant	企业资金 Enterprise Funds	国外资金 from Abroad	其他资金 Other	自然科学技术领域 Natural Sciences
全国	**Total**	**3513336**	**2774552**	**173050**	**32585**	**533150**	**3459013**
东部地区	Eastern Region	2225116	1757487	105344	26737	335547	2181689
中部地区	Mid Region	522840	403201	28521	2393	88725	516933
西部地区	Western Region	765380	613863	39185	3455	108878	760391
北京	Beijing	1173080	952361	47943	9160	163617	1145739
天津	Tianjin	48616	39156	1946	249	7265	47409
河北	Hebei	83180	67217	3841	349	11772	82951
山西	Shanxi	37515	29858	1894	138	5626	37501
内蒙古	Neimenggu	10512	9231	294	16	971	9939
辽宁	Liaoning	124186	97102	9529	903	16653	123668
吉林	Jilin	65465	40494	3784	578	20610	63918
黑龙江	Heilongjiang	25580	19018	760	28	5774	23544
上海	Shanghai	358318	269381	17716	13251	57970	351781
江苏	Jiangsu	266252	208964	14674	1435	41181	265833
浙江	Zhejiang	29552	24998	1094	299	3160	28463
安徽	Anhui	83209	66925	3834	511	11939	82778
福建	Fujian	17253	11125	1841	0	4287	15680
江西	Jiangxi	26399	20899	1494	61	3945	25761
山东	Shandong	50665	37734	2113	132	10686	48624
河南	Henan	90197	71993	4249	185	13770	90088
湖北	Hubei	156556	123201	11041	808	21506	156231
湖南	Hunan	27407	21582	1172	67	4586	27174
广东	Guangdong	62883	40662	4480	912	16828	60616
广西	Guangxi	7496	5973	107	32	1384	7289
海南	Hainan	3636	2816	60	16	744	3636
重庆	Chongqing	15511	12003	1230	54	2224	15452
四川	Sichuan	305991	241102	15783	1427	47679	305469
贵州	Guizhou	9681	8400	436	13	831	9644
云南	Yunnan	42142	33978	3414	644	4105	40942
西藏	Tibet	3415	3121	0	0	294	2736
陕西	Shaanxi	321355	256271	15656	688	48740	321278
甘肃	Gansu	50218	44807	1930	485	2996	49101
青海	Qinghai	2913	2440	196	2	275	2835
宁夏	Ningxia	1483	1229	204	0	50	1116
新疆	Xinjiang	12671	10510	335	141	1684	11818

(R&D）经费内部支出按资金来源分（2002）

Research Institutions by Sources

(10,000 yuan)

				社会人文科学领域 Social Sciences and Humanities				
政府资金 Government Grant	企业资金 Enterprise Funds	国外资金 from Abroad	其他资金 Other		政府资金 Government Grant	企业资金 Enterprise Funds	国外资金 from Abroad	其他资金 Other
2725380	**172965**	**31943**	**528724**	**47667**	**43356**	**85**	**583**	**3644**
1718168	105260	26135	332125	38016	34479	84	551	2903
397712	28520	2393	88309	5559	5202	1	0	355
609501	39185	3416	108290	4093	3675	0	33	386
928369	47937	8635	160798	22725	19845	5	473	2401
38032	1946	249	7182	939	856	0	0	83
67057	3841	349	11703	229	160	0	0	69
29844	1894	138	5626	14	14	0	0	0
8665	294	16	964	551	544	0	0	7
96584	9529	903	16653	519	519	0	0	0
38947	3784	578	20610	1499	1498	0	0	0
17154	760	28	5602	1988	1835	0	0	152
263030	17638	13174	57940	6537	6351	79	77	30
208572	14674	1435	41153	419	392	0	0	27
24043	1094	299	3027	1088	955	0	0	133
66658	3834	511	11776	365	201	0	0	164
9555	1841	0	4284	1337	1337	0	0	0
20291	1494	61	3915	550	550	0	0	0
35718	2113	132	10661	2003	1992	0	0	10
71886	4249	185	13768	109	107	0	0	2
122877	11040	808	21506	316	315	1	0	0
21390	1172	67	4545	167	137	0	0	30
38627	4480	912	16597	2014	1864	0	0	150
5766	107	32	1384	207	207	0	0	0
2816	60	16	744	0	0	0	0	0
11973	1230	54	2195	59	30	0	0	29
240612	15783	1427	47646	482	477	0	0	6
8364	436	13	831	30	30	0	0	0
32785	3414	644	4099	1146	1146	0	0	0
2726	0	0	10	581	297	0	0	284
256193	15656	688	48740	78	78	0	0	0
43785	1930	453	2934	742	650	0	33	59
2362	196	2	275	78	78	0	0	0
862	204	0	50	367	367	0	0	0
9838	335	134	1511	529	522	0	0	8

2-20 各地区地方属研究与开发机构研究与试验

Intramural R&D Expenditure in Research

单位：万元

地 区	Region	研究与试验发展经费内部支出 Intramural R&D Expenditure	政府资金 Government Grant	企业资金 Enterprise Funds	国外资金 from Abroad	其他资金 Other	自然科学技术领域 Natural Sciences
全 国	**Total**	**260083**	**180042**	**16044**	**2875**	**61122**	**229263**
东部地区	Eastern Region	159242	106047	9119	2110	41965	138949
中部地区	Mid Region	61246	43346	3191	351	14358	55339
西部地区	Western Region	39595	30649	3734	414	4799	34975
北 京	Beijing	22520	16332	254	337	5598	18206
天 津	Tianjin	4894	3194	24	112	1564	3796
河 北	Hebei	4051	3232	74	105	641	3823
山 西	Shanxi	3607	3316	18	60	212	3593
内蒙古	Neimenggu	3897	3832	0	3	61	3324
辽 宁	Liaoning	8450	6648	92	0	1711	7931
吉 林	Jilin	16929	11285	900	45	4700	15382
黑龙江	Heilongjiang	13732	9108	401	13	4210	11696
上 海	Shanghai	23758	16482	2459	1161	3656	17221
江 苏	Jiangsu	16983	11196	421	119	5247	16564
浙 江	Zhejiang	12002	10251	178	5	1568	10914
安 徽	Anhui	3761	2650	335	0	776	3331
福 建	Fujian	8505	6578	1289	0	639	6932
江 西	Jiangxi	3801	2789	372	10	630	3163
山 东	Shandong	20144	10925	852	46	8321	18103
河 南	Henan	5074	3702	64	0	1309	4965
湖 北	Hubei	4777	2628	976	205	968	4452
湖 南	Hunan	5668	4036	125	14	1493	5434
广 东	Guangdong	31704	16362	3395	196	11751	29437
广 西	Guangxi	5999	4617	82	31	1269	5792
海 南	Hainan	232	232	0	0	0	232
重 庆	Chongqing	2094	1221	531	23	319	2035
四 川	Sichuan	8347	5971	626	208	1542	7864
贵 州	Guizhou	1649	1540	1	2	106	1612
云 南	Yunnan	11020	8105	2167	55	693	9821
西 藏	Tibet	3415	3121	0	0	294	2736
陕 西	Shaanxi	1475	1142	10	0	322	1397
甘 肃	Gansu	3973	3549	55	103	267	3185
青 海	Qinghai	127	127	0	0	0	49
宁 夏	Ningxia	1358	1104	204	0	50	991
新 疆	Xinjiang	6138	4769	140	23	1205	5285

发展（R&D）经费内部支出按资金来源分（2002）

Institutions of Local Governments by Sources

(10,000 yuan)

政府资金 Government Grant	企业资金 Enterprise Funds	国外资金 from Abroad	其他资金 Other	社会人文科学领域 Social Sciences and Humanities	政府资金 Government Grant	企业资金 Enterprise Funds	国外资金 from Abroad	其他资金 Other
152767	**15964**	**2758**	**57774**	**29208**	**26005**	**80**	**110**	**3014**
88284	9041	2033	39591	19557	17128	79	77	2273
37857	3190	351	13942	5559	5202	1	0	355
26626	3734	374	4241	4093	3675	0	33	386
13789	254	337	3827	4265	2494	0	0	1771
2179	24	112	1481	939	856	0	0	83
3071	74	105	572	229	160	0	0	69
3302	18	60	212	14	14	0	0	0
3266	0	3	55	551	544	0	0	7
6129	92	0	1711	519	519	0	0	0
9738	900	45	4699	1499	1498	0	0	0
7244	401	13	4038	1988	1835	0	0	152
10131	2380	1083	3626	6537	6351	79	77	30
10804	421	119	5220	419	392	0	0	27
9296	178	5	1435	1088	955	0	0	133
2383	335	0	613	365	201	0	0	164
5008	1289	0	635	1337	1337	0	0	0
2181	372	10	600	550	550	0	0	0
8909	852	46	8296	2003	1992	0	0	10
3595	64	0	1307	109	107	0	0	2
2304	975	205	968	316	315	1	0	0
3844	125	14	1452	167	137	0	0	30
14327	3395	196	11519	2014	1864	0	0	150
4410	82	31	1269	207	207	0	0	0
232	0	0	0	0	0	0	0	0
1191	531	23	290	59	30	0	0	29
5494	626	208	1536	482	477	0	0	6
1504	1	2	106	30	30	0	0	0
6912	2167	55	687	1146	1146	0	0	0
2726	0	0	10	581	297	0	0	284
1065	10	0	322	78	78	0	0	0
2852	55	70	208	742	650	0	33	59
49	0	0	0	78	78	0	0	0
737	204	0	50	367	367	0	0	0
4097	140	16	1032	529	522	0	0	8

2-21 分行业研究与开发机构研究与试验发展（R&D）经费内部支出按资金来源分（2002）

Intramural R&D Expenditure in Research Institutions by Sources

单位：万元 (10,000 yuan)

行业 Industry	研究与试验发展经费内部支出 Intramural R&D Expenditure	政府资金 Government Grant	企业资金 Enterprise Funds	国外资金 from Abroad	其他资金 Other
总计 Total	**3513336**	**2774552**	**173050**	**32585**	**533150**
农、林、牧渔业小计 Farming, Forestry, Animal Husbandry and Fishery	**172803**	**139865**	**1818**	**1979**	**29141**
农业 Farming	106792	84909	1074	1129	19679
林业 Forestry	16166	13572	156	337	2101
畜牧业 Animal Husbandry	9841	7833	240	29	1740
渔业 Fishery	9087	8509	26	16	537
农、林、牧、渔服务业 Services	30917	25042	323	468	5084
采掘业小计 Mining and Quarrying	**983**	**784**	**79**	**0**	**120**
煤炭采选业 Coal Mining and Dressing	253	174	79	0	0
石油和天然气开采业 Petroleum and Natural Gas Extraction	190	161	0	0	29
黑色金属矿采选业 Ferrous Metals Mining and Dressing	0	0	0	0	0
有色金属矿采选业 Nonferrous Metals Mining and Dressing	0	0	0	0	0
非金属矿采选业 Nonmetal Minerals Mining and Dressing	0	0	0	0	0
其他矿采选业 Other Minerals Mining and Dressing	52	41	0	0	11
木材及竹材采运业 Logging and Transport of Wood and Bamboo	488	409	0	0	79
制造业小计 Manufacturing	**67707**	**44050**	**10110**	**862**	**12686**
食品加工业 Food Processing	2400	1104	687	12	598
食品制造业 Food Production	1637	772	0	0	865
饮料制造业 Beverage Production	101	101	0	0	0
烟草加工业 Tobacco Processing	2359	234	2125	0	0
纺织业 Textile Industry	494	363	0	0	131
服装及其他纤维制品制造业 Garments and Other Fiber Products	149	97	0	0	52
皮革、毛皮、羽绒及其制品业 Leather, Furs, Down and Related Products	74	54	0	0	21
木材加工及竹、藤、棕、草制品业 Timber, Bamboo, Cane, Palm Fiber and Straw Products	955	720	0	228	7
家具制造业 Furniture Manufacturing	0	0	0	0	0
造纸及纸制品业 Papermaking and Paper Products	254	65	103	0	86

2-21 续表 1

单位：万元 (10,000 yuan)

行 业 Industry	研究与试验发展经费内部支出 Intramural R&D Expenditure	政府资金 Government Grant	企业资金 Enterprise Funds	国外资金 from Abroad	其他资金 Other
印刷业，记录媒介的复制 Printing and Record Medium Reproduction	61	61	0	0	0
文教体育用品制造业 Culture, Educational and Sports Goods	0	0	0	0	0
石油加工及炼焦业 Petroleum Processing and Coking	0	0	0	0	0
化学原料及化学制品制造业 Raw Chemical Materials and Chemical Products	16648	9181	1971	411	5085
医药制造业 Medical and Pharmaceutical Products	8656	3803	2048	193	2611
化学纤维制造业 Chemical Fiber	294	82	62	0	150
橡胶制品业 Rubber Products	0	0	0	0	0
塑料制品业 Plastic Products	388	350	38	0	0
非金属矿物制品业 Nonmetal Mineral Products	1079	629	346	0	104
黑色金属冶炼及压延加工业 Smelting and Pressing of Ferrous Metals	1410	727	0	18	665
有色金属冶炼及压延加工业 Smelting and Pressing of Nonferrous	1407	828	527	0	53
金属制品业 Metal Products	74	66	7	0	0
普通机械制造业 Ordinary Machinery	739	331	246	0	162
专用设备制造业 Equipment for Special Purposes	5841	3532	1597	0	712
交通运输设备制造业 Transport Equipment	14082	13835	225	0	21
电气机械及器材制造业 Electric Equipment and Machinery	204	90	0	0	114
电子及通信设备制造业 Electronic and Telecommunications Equipment	7611	6594	67	0	950
仪器仪表及文化、办公用机械制造 Instruments, Meters, Cultural and Office Machinery	793	432	61	0	300
其他制造业 Other Manufacturing	0	0	0	0	0
电力、煤气及水的生产和供应业小计 **Electric Power, Gas and Water Production and Supply**	**2119**	**759**	**1243**	**0**	**117**
电力、蒸汽、热水的生产和供应业 Electric Power, Steam and Hot Water Production and Supply	1902	660	1243	0	0
煤气生产和供应业 Gas Production and Supply	134	16	0	0	117
自来水的生产和供应业 Tap Water Production and Supply	83	83	0	0	0
建筑业小计 **Construction**	**9393**	**4526**	**3543**	**0**	**1325**
土木工程建筑业 Civil Engineering Construction	9393	4526	3543	0	1325
线路、管道和设备安装业 Circuit Pipelines and Equipment Installation	0	0	0	0	0

2-21 续表 2

单位：万元 (10,000 yuan)

行 业 Industry	研究与试验发展经费内部支出 Intramural R&D Expenditure	政府资金 Government Grant	企业资金 Enterprise Funds	国外资金 from Abroad	其他资金 Other
装修装饰业 Fitting and Decoration	0	0	0	0	0
地质勘查业、水利管理业小计 **Geological Prospecting and Water Conservancy**	**24579**	**18639**	**3267**	**0**	**2673**
地质勘查业 Geological Prospecting	10739	10052	41	0	646
水利管理业 Water Conservancy	13840	8587	3226	0	2026
交通运输、仓储及邮电通信业小计 **Transport, Storage, Post and Telecommunications**	**20595**	**9473**	**1283**	**0**	**9839**
铁路运输业 Railway Transportation	925	317	608	0	0
公路运输业 Highway Transport	587	417	0	0	170
管道运输业 Pipeline Transport	0	0	0	0	0
水上运输业 Water Transport	1428	1372	11	0	46
航空运输业 Air Transport	211	211	0	0	0
交通运输辅助业 Transport Subsidiary Service	1487	1048	63	0	376
其他交通运输业 Other Transport	120	34	0	0	86
仓储业 Storage	0	0	0	0	0
邮电通信业 Post and Telecommunications	**15837**	**6075**	**601**	**0**	**9161**
批发和零售贸易、餐饮业小计 **Wholesale, Retail Trade and Catering Service**	59	44	2	0	13
食品、饮料、烟草和家庭日用品批发业 Wholesale Trade of Food, Beverages, Tobacco and Household Goods	0	0	0	0	0
能源、材料和机械电子设备批发业 Wholesale Trade of Energy, Materials and Electronic Equipment	24	9	2	0	13
其他批发业 Other Wholesale Trade	0	0	0	0	0
零售业 Retail Trade	35	35	0	0	0
商业经纪与代理业 Commercial Brokerage and Agencies	0	0	0	0	0
餐饮业 Catering Services	0	0	0	0	0
金融、保险业小计 **Finance and Insurance**	**3315**	**0**	**3315**	**0**	**0**
金融业 Finance	3315	0	3315	0	0
保险业 Insurance	0	0	0	0	0
房地产业小计 **Real Estate**	**8**	**0**	**0**	**0**	**8**
房地产开发与经营业 Real Estate Development and Operation	8	0	0	0	8

2-21 续表 3

单位：万元 (10,000 yuan)

行 业 Industry	研究与试验发展经费内部支出 Intramural R&D Expenditure	政府资金 Government Grant	企业资金 Enterprise Funds	国外资金 from Abroad	其他资金 Other
房地产管理业 Real Estate Management	0	0	0	0	0
房地产代理与经纪业 Real Estate Brokerage and Agencies	0	0	0	0	0
社会服务业小计 Public Service	**8195**	**3602**	**307**	**0**	**4286**
公共设施服务业 Public Services	2496	1353	297	0	846
居民服务 Residents Services	233	142	0	0	91
旅馆业 Hotels	0	0	0	0	0
租赁服务业 Leasing Services	0	0	0	0	0
旅游业 Tourism	0	0	0	0	0
娱乐服务业 Recreational Services	0	0	0	0	0
信息、咨询服务业 Information and Consultancy Services	252	240	0	0	12
计算机应用服务业 Computer Application Services	5067	1798	10	0	3259
其他社会服务业 Other Social Services	147	69	0	0	78
卫生、体育和社会福利业小计 Health Care, Sports and Social Welfare	**65993**	**41618**	**3423**	**1650**	**19302**
卫生 Health Care	65178	40934	3423	1650	19170
体育 Sports	750	618	0	0	132
社会福利保障业 Social Welfare	66	66	0	0	0
教育、文化艺术及广播电影电视业小计 Education, Culture and Arts, Radio, Film and Television	**7266**	**4497**	**0**	**0**	**2769**
教育 Education	4854	2663	0	0	2191
文化艺术业 Culture and Arts	1876	1445	0	0	431
广播电影电视业 Radio, Film and Television	536	389	0	0	147
科学研究和综合技术服务业小计 Scientific Research and Polytechnic Services	**3114938**	**2498486**	**144282**	**28006**	**444165**
科学研究业 Scientific Research	3072007	2459129	144062	27380	441436
综合技术服务业 Polytechnic Services	42931	39357	220	625	2729
国家机关、政党机关和社会团体小计 Government Agencies, Party Agencies and Social Organizations	**10860**	**5192**	**0**	**71**	**5597**
国家机关 Government Agencies	**10752**	**5084**	**0**	**71**	**5597**
其他行业小计 Other Sectors	**4524**	**3017**	**379**	**18**	**1110**

2-22 各地区研究与开

Scientific and Technological Research

地　区 Region		合　计 Total		
		课题数（个） Number of Topics	投入人员（人年） Input of Personnel (man-year)	投入经费（万元） Input of Funds (10,000 yuan)
全　国	**Total**	**54862**	**207309**	**2543423**
东部地区	Eastern Region	34582	108251	1704631
中部地区	Mid Region	10808	47204	349263
西部地区	Western Region	9472	51854	489529
北　京	Beijing	13695	43634	845579
天　津	Tianjin	915	3719	31483
河　北	Hebei	768	3631	85294
山　西	Shanxi	1181	4782	29909
内蒙古	Neimenggu	653	2698	9844
辽　宁	Liaoning	1972	9437	92060
吉　林	Jilin	1618	4622	37797
黑龙江	Heilongjiang	1540	5302	16618
上　海	Shanghai	3589	12667	210288
江　苏	Jiangsu	3401	12012	258067
浙　江	Zhejiang	1851	3721	44330
安　徽	Anhui	1100	5000	32561
福　建	Fujian	1379	2400	12643
江　西	Jiangxi	698	3632	18571
山　东	Shandong	2328	6884	39961
河　南	Henan	1223	7540	73466
湖　北	Hubei	1913	10110	109455
湖　南	Hunan	882	3517	21043
广　东	Guangdong	3179	6888	70037
广　西	Guangxi	1169	2537	10032
海　南	Hainan	336	722	4858
重　庆	Chongqing	800	2847	18358
四　川	Sichuan	2127	15686	207310
贵　州	Guizhou	767	2182	8720
云　南	Yunnan	1706	4637	28444
西　藏	Tibet	104	353	2879
陕　西	Shaanxi	1347	19157	179587
甘　肃	Gansu	1223	3984	27849
青　海	Qinghai	182	250	1931
宁　夏	Ningxia	202	484	1747
新　疆	Xinjiang	1014	2274	12704

发机构科技活动课题（2002）

Topics Taken by Research Institutions by Region

自然科学技术领域 Natural Sciences				社会人文科学领域 Social Sciences and Humanities			
课题数（个） Number of Topics	投入人员(人年) Input of Personnel (man-year)	科学家和工程师 Scientists & Engineers	投入经费（万元） Input of Funds (10,000 yuan)	课题数（个） Number of Topics	投入人员(人年) Input of Personnel (man-year)	科学家和工程师 Scientists & Engineers	投入经费（万元） Input of Funds (10,000 yuan)
49529	**195652**	**146920**	**2498455**	**4025**	**8436**	**7526**	**29151**
30829	100929	79071	1668718	2812	5232	4835	22631
9949	44825	32771	344339	648	1707	1518	3573
8751	49899	35078	485397	565	1496	1174	2947
11747	39622	32602	821796	1497	3075	2874	14968
735	3372	2689	30460	121	191	186	363
740	3543	2862	85054	17	51	43	160
1019	4378	3301	28733	136	354	309	1110
580	2462	1859	9228	56	173	162	461
1783	8917	6918	90861	148	364	325	801
1511	4237	3209	36811	85	319	305	688
1403	4986	3757	15878	126	253	216	683
3080	12019	8982	208334	426	536	518	1540
3298	11806	8864	257615	66	103	82	143
1759	3496	2905	42317	44	142	129	1218
1024	4701	3265	32145	58	216	193	179
1195	2170	1644	11520	143	139	133	765
655	3513	2623	18455	8	16	16	15
2164	6430	4973	38927	99	235	199	481
1114	7259	5253	73052	71	169	140	223
1827	9902	6991	109264	70	122	94	84
816	3387	2512	20773	38	85	83	130
2953	6492	4590	67577	174	290	248	1926
1044	2352	1617	9446	77	107	99	268
331	709	426	4811	0	0	0	0
730	2786	2048	18090	63	51	37	244
1948	15162	11342	206192	153	456	289	976
717	2048	1370	8459	28	80	76	84
1592	4253	2700	27859	82	280	262	381
69	254	121	2487	26	75	39	297
1305	19074	12763	179481	33	55	53	61
1142	3738	2766	27175	56	151	129	370
166	214	169	1761	15	30	26	156
138	325	264	1477	53	126	101	161
944	2045	1536	12417	56	192	163	216

2-23 各地区地方属研究与

Scientific and Technological Research Topics Taken by

地 区 Region		合 计 Total		
		课题数（个） Number of Topics	投入人员（人年） Input of Personnel (man-year)	投入经费（万元） Input of Funds (10,000 yuan)
全 国	**Total**	**27241**	**67198**	**280619**
东部地区	Eastern Region	14158	31592	175385
中部地区	Mid Region	7306	20786	54832
西部地区	Western Region	5777	14820	50401
北 京	Beijing	1506	2828	22289
天 津	Tianjin	593	1268	4683
河 北	Hebei	587	1451	4180
山 西	Shanxi	953	2414	5840
内蒙古	Neimenggu	495	1484	4140
辽 宁	Liaoning	1075	4035	17740
吉 林	Jilin	1022	2996	11051
黑龙江	Heilongjiang	1283	3901	9561
上 海	Shanghai	1492	2676	18663
江 苏	Jiangsu	1557	2768	11595
浙 江	Zhejiang	1367	2131	15706
安 徽	Anhui	727	1669	4570
福 建	Fujian	1072	2042	8963
江 西	Jiangxi	674	2006	3287
山 东	Shandong	1691	4703	15479
河 南	Henan	726	2496	5298
湖 北	Hubei	721	2074	4904
湖 南	Hunan	705	1747	6182
广 东	Guangdong	2007	4965	46464
广 西	Guangxi	1087	2259	8809
海 南	Hainan	124	465	814
重 庆	Chongqing	402	814	3846
四 川	Sichuan	1320	3282	10961
贵 州	Guizhou	657	1326	2828
云 南	Yunnan	1160	2999	11402
西 藏	Tibet	104	353	2879
陕 西	Shaanxi	421	1533	2513
甘 肃	Gansu	637	1969	4554
青 海	Qinghai	53	119	435
宁 夏	Ningxia	188	463	1687
新 疆	Xinjiang	835	1961	9295

开发机构科技活动课题（2002）

Research Institutions of Local Governments by Region

自然科学技术领域 Natural Sciences				社会人文科学领域 Social Sciences and Humanities			
课题数（个） Number of Topics	投入人员(人年) Input of Personnel (man-year)	科学家和工程师 Scientists & Engineers	投入经费（万元） Input of Funds (10,000 yuan)	课题数（个） Number of Topics	投入人员(人年) Input of Personnel (man-year)	科学家和工程师 Scientists & Engineers	投入经费（万元） Input of Funds (10,000 yuan)
23702	**59266**	**42333**	**258314**	**2682**	**5699**	**4968**	**15633**
12176	27954	20525	161907	1469	2495	2276	9113
6449	18415	13112	49963	648	1707	1518	3573
5077	12897	8696	46444	565	1496	1174	2947
1304	2429	1769	20592	154	338	316	1450
435	987	793	3985	121	191	186	363
559	1364	1075	3939	17	51	43	160
791	2011	1517	4665	136	354	309	1110
422	1249	928	3524	56	173	162	461
886	3515	2717	16541	148	364	325	801
915	2611	1837	10066	85	319	305	688
1146	3585	2629	8821	126	253	216	683
983	2028	1477	16709	426	536	518	1540
1454	2563	1883	11143	66	103	82	143
1275	1907	1523	13694	44	142	129	1218
651	1370	998	4155	58	216	193	179
888	1813	1378	7840	143	139	133	765
631	1887	1181	3171	8	16	16	15
1527	4249	3270	14445	99	235	199	481
619	2221	1560	4939	71	169	140	223
635	1865	1291	4712	70	122	94	84
639	1616	1171	5911	38	85	83	130
1781	4569	3041	44004	174	290	248	1926
962	2074	1368	8223	77	107	99	268
122	457	230	791	0	0	0	0
332	752	553	3578	63	51	37	244
1148	2765	1875	9874	153	456	289	976
607	1192	781	2567	28	80	76	84
1046	2615	1685	10817	82	280	262	381
69	254	121	2487	26	75	39	297
379	1450	917	2407	33	55	53	61
570	1750	1183	4025	56	151	129	370
37	83	51	265	15	30	26	156
124	305	246	1417	53	126	101	161
765	1732	1285	9008	56	192	163	216

2-24 分行业研究与开发机构科技活动课题（2002）

Scientific and Technological Research Topics Taken by Research Institutions by Industry

行 业 Industry	课题数（个） Number of Topics	投入人员(人年) Input of Personnel (man-year)	科学家和工程师 Scientists & Engineers	投入经费（万元） Input of Funds (10,000 yuan)
总 计 Total	**54862**	**207309**	**157086**	**2543423**
农、林、牧渔业小计 **Farming, Forestry, Animal Husbandry and Fishery**	**15203**	**35613**	**24632**	**159675**
农业 Farming	9162	21169	14526	96650
林业 Forestry	2063	4465	3118	18279
畜牧业 Animal Husbandry	843	2324	1609	10882
渔业 Fishery	858	1955	1438	11114
农、林、牧、渔服务业 Services	2277	5700	3940	22751
采掘业小计 **Mining and Quarrying**	**206**	**574**	**459**	**2177**
煤炭采选业 Coal Mining and Dressing	75	249	200	904
石油和天然气开采业 Petroleum and Natural Gas Extraction	55	157	150	560
黑色金属矿采选业 Ferrous Metals Mining and Dressing	0	0	0	0
有色金属矿采选业 Nonferrous Metals Mining and Dressing	0	0	0	0
非金属矿采选业 Nonmetal Minerals Mining and Dressing	9	30	22	56
其他矿采选业 Other Minerals Mining and Dressing	18	40	26	106
木材及竹材采运业 Logging and Transport of Wood and Bamboo	49	98	60	551
制造业小计 **Manufacturing**	**3374**	**9397**	**7067**	**67382**
食品加工业 Food Processing	206	565	380	2661
食品制造业 Food Production	200	455	386	1521
饮料制造业 Beverage Production	22	29	28	82
烟草加工业 Tobacco Processing	56	88	88	1579
纺织业 Textile Industry	57	147	115	623
服装及其他纤维制品制造业 Garments and Other Fiber Products	30	51	26	224
皮革、毛皮、羽绒及其制品业 Leather, Furs, Down and Related Products	7	14	13	40
木材加工及竹、藤、棕、草制品业 Timber, Bamboo, Cane, Palm Fiber and Straw Products	68	153	132	871
家具制造业 Furniture Manufacturing	0	0	0	0
造纸及纸制品业 Papermaking and Paper Products	33	62	53	240

2-24 续表 1

行 业 Industry	课题数（个） Number of Topics	投入人员(人年) Input of Personnel (man-year)	科学家和工程师 Scientists & Engineers	投入经费（万元） Input of Funds (10,000 yuan)
印刷业，记录媒介的复制 Printing and Record Medium Reproduction	22	52	32	251
文教体育用品制造业 Culture, Educational and Sports Goods	11	5	3	510
石油加工及炼焦业 Petroleum Processing and Coking	0	0	0	0
化学原料及化学制品制造业 Raw Chemical Materials and Chemical Products	495	1303	1066	13956
医药制造业 Medical and Pharmaceutical Products	652	1648	1199	6381
化学纤维制造业 Chemical Fiber	23	87	64	451
橡胶制品业 Rubber Products	4	16	5	73
塑料制品业 Plastic Products	31	97	65	322
非金属矿物制品业 Nonmetal Mineral Products	97	353	224	1423
黑色金属冶炼及压延加工业 Smelting and Pressing of Ferrous Metals	65	229	160	1170
有色金属冶炼及压延加工业 Smelting and Pressing of Nonferrous	65	167	137	1065
金属制品业 Metal Products	11	29	25	93
普通机械制造业 Ordinary Machinery	94	446	299	3231
专用设备制造业 Equipment for Special Purposes	612	1827	1366	15208
交通运输设备制造业 Transport Equipment	183	397	333	8112
电气机械及器材制造业 Electric Equipment and Machinery	37	113	77	537
电子及通信设备制造业 Electronic and Telecommunications Equipment	157	616	469	5546
仪器仪表及文化、办公用机械制造 Instruments, Meters, Cultural and Office Machinery	124	421	309	1136
其他制造业 Other Manufacturing	12	30	15	77
电力、煤气及水的生产和供应业小计 **Electric Power, Gas and Water Production and Supply**	**181**	**514**	**440**	**4132**
电力、蒸汽、热水的生产和供应业 Electric Power, Steam and Hot Water Production and Supply	165	447	381	3857
煤气生产和供应业 Gas Production and Supply	8	13	12	126
自来水的生产和供应业 Tap Water Production and Supply	8	54	46	149
建筑业小计 **Construction**	**631**	**1525**	**1192**	**16127**
土木工程建筑业 Civil Engineering Construction	629	1519	1189	16107
线路、管道和设备安装业 Circuit Pipelines and Equipment Installation	0	0	0	0

行 业 Industry	课题数（个） Number of Topics	投入人员(人年) Input of Personnel (man-year)	科学家和工程师 Scientists & Engineers	投入经费（万元） Input of Funds (10,000 yuan)
装修装饰业 Fitting and Decoration	2	6	3	20
地质勘查业、水利管理业小计 Geological Prospecting and Water Conservancy	**2038**	**4355**	**3582**	**32467**
地质勘查业 Geological Prospecting	547	1869	1613	13618
水利管理业 Water Conservancy	1491	2486	1969	18849
交通运输、仓储及邮电通信业小计 Transport, Storage, Post and Telecommunications	**1081**	**1640**	**1248**	**23715**
铁路运输业 Railway Transportation	69	171	130	820
公路运输业 Highway Transport	50	158	116	1033
管道运输业 Pipeline Transport	0	0	0	0
水上运输业 Water Transport	87	218	170	2436
航空运输业 Air Transport	57	135	113	261
交通运输辅助业 Transport Subsidiary Service	164	175	132	1371
其他交通运输业 Other Transport	90	243	126	1365
仓储业 Storage	6	28	28	525
邮电通信业 Post and Telecommunications	558	513	433	15904
批发和零售贸易、餐饮业小计 Wholesale, Retail Trade and Catering Service	**30**	**37**	**29**	**120**
食品、饮料、烟草和家庭日用品批发业 Wholesale Trade of Food, Beverages, Tobacco and Household Goods	0	0	0	0
能源、材料和机械电子设备批发业 Wholesale Trade of Energy, Materials and Electronic Equipment	11	15	15	21
其他批发业 Other Wholesale Trade	0	0	0	0
零售业 Retail Trade	19	22	14	99
商业经纪与代理业 Commercial Brokerage and Agencies	0	0	0	0
餐饮业 Catering Services	0	0	0	0
金融、保险业小计 Finance and Insurance	**12**	**44**	**34**	**1665**
金融业 Finance	12	44	34	1665
保险业 Insurance	0	0	0	0
房地产业小计 Real Estate	**3**	**18**	**17**	**103**
房地产开发与经营业 Real Estate Development and Operation	1	2	1	4

2–24 续表 3

行 业 Industry	课题数（个） Number of Topics	投入人员(人年) Input of Personnel (man-year)	科学家和工程师 Scientists & Engineers	投入经费（万元） Input of Funds (10,000 yuan)
房地产管理业 Real Estate Management	2	16	16	99
房地产代理与经纪业 Real Estate Brokerage and Agencies	0	0	0	0
社会服务业小计 Public Service	**751**	**2266**	**1706**	**12702**
公共设施服务业 Public Services	337	971	685	5911
居民服务 Residents Services	4	26	23	129
旅馆业 Hotels	0	0	0	0
租赁服务业 Leasing Services	0	0	0	0
旅游业 Tourism	0	0	0	0
娱乐服务业 Recreational Services	0	0	0	0
信息、咨询服务业 Information and Consultancy Services	118	282	233	1231
计算机应用服务业 Computer Application Services	288	979	757	5300
其他社会服务业 Other Social Services	4	8	8	130
卫生、体育和社会福利业小计 Health Care, Sports and Social Welfare	**3298**	**8762**	**6580**	**44276**
卫生 Health Care	3119	8340	6216	42609
体育 Sports	165	383	331	1516
社会福利保障业 Social Welfare	14	38	33	151
教育、文化艺术及广播电影电视业小计 Education, Culture and Arts, Radio, Film and Television	**747**	**1341**	**1137**	**4321**
教育 Education	507	819	726	2269
文化艺术业 Culture and Arts	180	380	310	1387
广播电影电视业 Radio, Film and Television	60	142	102	665
科学研究和综合技术服务业小计 Scientific Research and Polytechnic Services	**26663**	**139582**	**107448**	**2164078**
科学研究业 Scientific Research	22851	131202	100468	2108704
综合技术服务业 Polytechnic Services	3812	8380	6981	55374
国家机关、政党机关和社会团体小计 Government Agencies, Party Agencies and Social Organizations	**447**	**933**	**872**	**6448**
国家机关 Government Agencies	420	886	831	6393
其他行业小计 Other Sectors	197	709	644	4032

2-25 研究与开发机构研究与试验发展（R&D）课题学科分组情况（2002）

R&D Topics Taken by Research Institutions by Discipline

学 科 Discipline	R&D 课题数（项） Projects of R&D (item)	R&D 课题参加人员全时当量(人年) Participants (man • year)	科学家和工程师 Scientists & Engineers	R&D 项目(课题)经费内部支出(万元) Expenditure (10,000 yuan)
全 国 Total	**35749**	**154883**	**118458**	**2093247**
数学 Mathematics	208	206	205	3491
信息科学与系统科学 Information & System Science	263	1819	1721	15588
力学 Mechanics	164	227	188	3042
物理学 Physics	1285	3116	2721	71512
化学 Chemistry	1293	2293	2048	43159
天文学 Astronomy	317	607	536	14894
地球科学 Earth Science	3500	6145	5267	78697
生物学 Biology	3166	4565	3739	60061
农学 Agriculture	6333	14381	10410	70598
林学 Forestry	970	1952	1429	8530
畜牧、兽医科学 Livestock, Veterinary Medicine	941	2364	1717	11043
水产学 Aquatic	556	1192	963	7985
基础医学 Basic Medicine	450	1030	775	7822
临床医学 Clinic Medicine	1133	2891	2044	18202
预防医学与卫生学 Protective Medicine	413	1309	1036	6616
军事医学与特种医学 Military Medicine & Special Medicine	16	38	33	354
药学 Pharmacy	454	1136	911	9183
中医学与中药学 Traditional Chinese Medicine	1066	2746	2006	10795
工程与技术科学基础学科 Engineering & Basic Technology Science	727	10816	7769	105898
测绘科学技术 Surveying & Mapping	80	219	171	2556
材料科学 Material Science	944	4798	3809	49400
矿山工程技术 Mining	44	93	73	668
冶金工程技术 Metallurgy	42	97	82	805
机械工程 Mechanical Engineering	315	2595	1861	18756
动力与电气工程 Power & Electrical Engineering	198	1436	986	21444
能源科学技术 Energy Technology	232	966	879	12131
核科学技术 Nuclear Technology	202	7039	4945	153935
电子、通信与自动控制技术 Electronics, Communication & Automation	2742	24519	18861	445092

学 科 Discipline	R&D 课题数(项) Projects of R&D (item)	R&D 课题参加人员全时当量(人年) Participants (man·year)	科学家和工程师 Scientists & Engineers	R&D 项目(课题)经费内部支出(万元) Expenditure (10,000 yuan)
计算机科学技术 Computer Technology	1003	3428	3043	33794
化学工程 Chemical Engineering	344	1904	1503	22427
纺织科学技术 Textile Technology	29	78	46	478
食品科学技术 Food Technology	137	397	313	2111
土木建筑工程 Civil Construction	175	393	316	1853
水利工程 Water Conservancy	575	1161	945	12156
交通运输工程 Transportaiton Engineering	378	718	567	6267
航空、航天科学技术 Aviation and Aerospace	1133	37486	26686	713438
环境科学技术 Environment	745	1812	1562	19096
安全科学技术 Security	96	299	249	1608
管理学 Management	250	378	343	2817
马克思主义 Marxism	57	145	136	437
哲学 Phylosophy	191	237	231	1135
宗教学 Religion	84	93	85	528
语言学 Linguistics	34	99	91	308
文学 Literature	129	239	233	741
艺术学 Arts	87	291	235	1168
历史学 Histry	315	631	572	2427
考古学 Archaeology	79	321	268	1461
经济学 Economics	837	1800	1675	7728
政治学 Politics	131	302	282	1104
法学 Law	129	353	334	2025
军事学 Strategics	4	10	9	5
社会学 Sociology	194	509	462	1588
民族学 Ethnography	90	241	215	734
新闻学与传播学 Journalism	40	69	57	287
图书馆、情报与文献学 Library and Information Literature	103	277	251	1247
教育学 Education	268	503	473	1547
体育科学 Physical Science	32	83	61	341
统计学 Statistics	26	36	32	132

三、大中型工业企业
Large and Medium-sized Enterprises

3-1 大中型工业企业

Major Indicators on Large and Medium-

	单 位		1991
企业数（个） Number of Large & Medium-sized Enterprises	**个**	**unit**	**14935**
# 有科技机构的企业数 Number of Enterprises Having Institutes for S&T	个	unit	7899
# 有科技活动的企业数 Number of Enterprises Having Activities for S&T	个	unit	
企业有科技机构 Number of S&T Institutes in Enterprises	**个**	**unit**	**8792**
年末从业人员数 Employees in Enterprises(year end)	**万人**	**10,000 persons**	**3195**
工程技术人员 Technical Engineering Personnel	万人	10,000 persons	210
产品销售收入 Total Revenue from the Sale of Products	**亿元**	**100 million yuan**	**11937**
新产品销售收入 Revenue from the Sale of New Products	亿元	100 million yuan	1186
新产品出口 Export of New Products	亿元	100 million yuan	
生产经营用设备原价 Original Value of Productive Equipment	**亿元**	**100 million yuan**	**6891**
微电子控制 Equipment Controlled by Micro-electronics	亿元	100 million yuan	417
科技活动人员 S&T Personnel	**万人**	**10,000 persons**	**82.9**
科学家和工程师 Scientists and Engineers	万人	10,000 persons	50.3
科技活动经费筹集额 Total Funds Obtaied for S&T Activities	**万人**	**10,000 persons**	**1931089**
#政府资金 Government Grant	万人	10,000 persons	136490
企业资金 Enterprise Self-financed	万人	10,000 persons	1216102
金融机构贷款 Bank Loans	万人	10,000 persons	475969
科技活动经费使用额 Intramural Expenditure on S&T Activities	**万元**	**10,000 yuan**	**1659938**
#劳务费 Compensation for Laborers	万元	10,000 yuan	207690
原材料费 Raw Material Expenditure	万元	10,000 yuan	428011
固定资产购建费 Expenditure on the Purchase of Fixed Assets	万元	10,000 yuan	611636
# 新产品开发经费支出 Spending for New Products	万元	10,000 yuan	713507
研究与试验发展人员全时当量 Full-time Equivalent of R&D Personnel	**万人年**	**10,000 man-year**	
研究与试验发展经费支出 R&D Expenditure	**亿元**	**100 million yuan**	**58.6**
科技活动项目 Projects for S&T Activities	**项**	**item**	
新产品项目 Projects for New Product	项	item	
技术改造经费支出 Technical Renovation Expenditure	**亿元**	**100 million yuan**	**322.8**
技术引进经费支出 Expenditure on Import of Technology	**亿元**	**100 million yuan**	**90.2**
消化吸收经费支出 Expenditure on Technology Absorption	**亿元**	**100 million yuan**	**4.1**
购买国内技术支出 Expenditure on Purchase of Domestic Technology	**亿元**	**100 million yuan**	**3.7**

基本情况(1991−2002)

sized Industrial Enterprises by Year

1992	1993	1994	1995	1996	1997	1998	1999	2000	2001	2002
16991	**15000**	**20162**	**23026**	**24061**	**24024**	**23577**	**22276**	**21776**	**22904**	**23096**
8576	9503	8817	9165	8179	7313	7220	7120	6187	6000	5836
			13098	11676	11212	11529	11216	11008	10461	10346
9432	**10477**	**12499**	**13107**	**12033**	**11142**	**10926**	**11237**	**7601**	**7400**	**7192**
3448	**3571**	**3870**	**3893**	**3874**	**3780**	**3428**	**3137**	**2902**	**2804**	**2710**
217	261		254	301	306	305	309	303	306	304
15235	**19077**	**23904**	**30831**	**33553**	**36297**	**37463**	**41912**	**49847**	**58511**	67452
1595	2034	2444	2620	3382	3631	4367	5550	7641	8794	10838
			295	435	477	632	755	1271	1393	1772
8283	**7387**	**13586**	**14749**	**23893**	**24768**	**31508**	**37283**	**44269**	**49528**	**52104**
497	687	1149	1621	2207	2234	3142	4016	3960	4673	4720
88.6	**91.8**	**117.9**	**123.4**	**145.5**	**147.4**	**141.0**	**145.4**	**138.7**	**136.8**	**136.7**
55.0	53.8	69.0	71.0	79.6	80.2	63.7	66.8	76.9	79.1	81.3
2530726	**2654119**	**3485207**	**4273768**	**4526169**	**4997875**	**5563943**	**6654015**	**9228137**	**10466544**	**12130319**
173082	161657	244716	270989	319941	314767	440419	496695	432097	410555	537129
1624652	1662977	2343579	3054893	3128228	3483689	4025040	5102899	7443709	8803649	10202854
583266	702532	751066	724547	892334	885646	893096	839844	972561	956359	998798
2088113	**2400348**	**3212861**	**3658261**	**3848783**	**4384298**	**4786852**	**5672371**	**8237187**	**9779449**	**11640700**
265283	289748	515363	646632	634905	718739	905076	1107321	1774132	2184660	2588951
588508	634203	947307	1213113	1202039	1309908	1394198	1665446	2097796	2545483	3063061
746134	1031719	1291312	1310094	1434218	1554120	1711653	2039019	2801466	3204994	3581129
873398	1038684	1326942	1648170	2073309	2239933	2451566	3045519	3888539	4220419	5092038
			28.2	**33.8**	**32.2**	**27.0**	**30.3**	**32.9**	**37.9**	**42.4**
76.1	**95.2**	**122.0**	**141.7**	**160.5**	**188.3**	**197.1**	**249.9**	**353.6**	**442.3**	**560.2**
		77363	**108052**	**81218**	**83160**	**83143**	**84830**	**100099**	**105489**	**110270**
			66494	57158	51405	51763	52292	55953	57418	59788
	622.2		**1137.8**	**1249.9**	**1102.4**	**919.6**	**845.6**	**1132.6**	**1264.8**	**1492.1**
	159.2		**360.9**	**322.1**	**236.5**	**214.8**	**207.5**	**245.4**	**285.9**	**372.5**
	6.2		**13.1**	**13.6**	**13.6**	**14.6**	**18.1**	**18.2**	**19.6**	**25.7**
	4.7		**25.5**	**25.8**	**14.6**	**18.2**	**13.8**	**26.4**	**36.3**	**42.9**

3-2 大中型工业企业基本

Major Relative

单位：%

	1991	1992
有科技机构的企业数所占比重 Enterprises Having institutes for S&T as a Percentage of Total Enterprises	52.9	50.5
有科技活动的企业数所占比重 Enterprises Having activities for S&T as a Percentage of Total Enterprises		
工程技术人员占企业从业人员数比重 Technical Engineering Personnel as a Percentage of Total Employees	6.6	6.3
科技活动人员占从业人员比重 S&T Personnel as a Percentage of Total Employees	2.6	2.6
科学家和工程师占科技活动人员比重 Scientists and Engineers as a Percentage of S&T Personnel	60.7	62.1
微电子控制设备占生产经营用设备原价比重 Equipment Controlled by Micro-electronics as a Percentage of Original Value of Productive Equipment	6.1	6.0
新产品销售收入占产品销售收入比重 Sales Revenue of New Products as a Percentage of Total Revenue from the Sale of Products	9.9	10.5
新产品开发经费占科技活动经费比重 Expenditure on New Products as a Percentage of Total Expenditure on S&T Activities	43.0	41.8
科技活动经费占产品销售收入比重 Expenditure for S&T Activities as a Percentage of Total Revenue from the Sale of Products	1.39	1.37
研究与试验发展经费支出占产品销售收入比重 Expenditure on R&D as a Percentage of Total Revenue from the Sale of Products	0.49	0.50
平均每个企业科技活动经费支出(万元) Average Enterprise Expenditure for S&T Activities	111	123
平均每个科技活动人员经费支出(万元) Per Capita Expenditure of Personnel Engaged in S&T Activities	2.00	2.36
政府资金占经费筹集比重 Government Grant as a Percentage of Total Funds Obtained for S&T Activities	7.1	6.8
企业资金占经费筹集比重 Enterprise Self-financed Fund as a Percentage of Total Funds Obtained for S&T Activities	63.0	64.2
金融机构贷款占经费筹集比重 Bank Loans as a Percentage of Total Funds Obtained for S&T Activities	24.6	23.0

情况分析指标（1991－2002）

Indicators

(%)

1993	1994	1995	1996	1997	1998	1999	2000	2001	2002
63.4	43.7	39.8	34.0	30.4	30.6	32.0	28.4	26.2	25.3
		56.9	48.5	46.7	50.0	50.4	50.6	45.7	44.8
7.3		6.5	7.8	8.1	8.9	9.8	10.4	10.9	11.2
2.6	3.0	3.2	3.8	3.9	4.1	4.6	4.8	4.9	5.0
58.6	58.5	57.5	54.7	54.4	45.2	45.9	55.4	57.8	59.5
9.3	8.5	11.0	9.2	9.0	10.0	10.8	8.9	9.4	9.1
10.7	10.2	8.5	10.0	10.0	11.7	13.2	15.3	15.0	16.1
43.3	41.3	45.0	53.9	51.1	51.2	53.7	47.2	43.2	43.7
1.26	1.34	1.19	1.15	1.21	1.28	1.35	1.65	1.67	1.73
0.50	0.51	0.46	0.48	0.52	0.53	0.60	0.71	0.76	0.83
160	159	159	160	182	203	255	378	427	504
2.61	2.72	2.96	2.64	2.97	3.39	3.90	5.94	7.15	8.52
6.1	7.0	6.3	7.1	6.3	7.9	7.5	4.68	3.92	4.43
62.7	67.2	71.5	69.1	69.7	72.3	76.7	80.7	84.1	84.1
26.5	21.6	17.0	19.7	17.7	16.1	12.6	10.5	9.14	8.23

3-3 分登记注册类型大中型

Major Indicators of Large and Medium-sized

单位：万元

注册类型 Type of Registration	企业数 (个) Number of Large & Medium-sized Enterprises	# 有科技机构的企业数 having institutes for S&T	# 有科技活动的企业数 having activities for S&T
总计 **Total**	**23096**	**5836**	**10346**
内资企业 **Domestic Funded**	**17600**	**5042**	**8439**
国有企业 State-owned Enterprises	6995	1746	3218
其中：大型企业 of which: Large Scale	2718	1052	1739
集体企业 Collective-owned Enterprises	1494	288	496
股份合作企业 Cooperative Enterprises	686	168	295
国有联营企业 State Joint Ownership Enterprises	82	21	41
集体联营企业 Collective Joint Ownership Enterprises	21	1	5
国有与集体联营企业 Joint State-collective Enterprises	111	18	38
其他联营企业 Other Joint Ownership Enterprises	22	6	9
国有独资公司 State Sole Funded Corporations	875	449	629
其他有限责任公司 Other Limited Liability Corporations	3817	1142	1877
股份有限公司 Share-holding Corporations Ltd.	2218	973	1381
私营独资企业 Private-funded Enterprises	202	24	47
私营合伙企业 Private Partnership Enterprises	43	3	10

工业企业基本情况（2002）

Industrial Enterprises by Registration

(10,000 yuan)

工业总产值 Gross Value of Industrial Output	新产品 New Products	产品销售收入 Total evenue from the Sale of Products	新产品 New Products	产品销售利润 Profits from the Sale of Total Products	新产品 New Products	年末从业人员（人）Employees (year-end) (person)	工程技术人员 Technical Engineering Personnel	生产经营用设备原价 Original Value of Equipment	微电子控制 Equipment Controlled by Micro-electronics
652707015	**112413718**	**674515520**	**108378412**	**92788998**	**10997756**	**27101778**	**3040272**	**521044439**	**47197022**
466359695	**69712798**	**493456977**	**66581866**	**69698029**	**7108591**	**23420270**	**2711414**	**421745968**	**34337136**
146082660	14993689	174984578	14393448	22803622	1692248	9668559	1163317	167774823	11136421
118893823	13426358	145989888	12918582	19057061	1518696	7084844	876519	137461531	9749209
27836711	5495843	26268553	5470452	2568331	395512	1193428	107051	8479113	978377
9381411	832640	8907759	819032	952101	113253	418001	41206	3472371	526948
2771744	468478	2413485	431512	463545	44597	64106	9591	2486133	150983
224275	5160	191535	5130	22162	150	12082	962	84363	585
1260922	91116	1265137	89778	112668	8008	53075	4341	502256	14318
350068	30998	338717	35490	55427	2426	11738	983	707137	16090
59579128	13227789	64386241	12785061	8272853	1148588	4121757	454221	62352094	5410330
79457917	12775049	77895682	12122785	11672188	1432136	3706534	410881	53676829	4348631
122905983	19963440	120933503	18745316	21212157	2063443	3437108	458611	117063942	11316682
2219829	99966	2101279	95990	179325	12183	107801	8401	761895	75256
351911	13803	319600	13546	26226	427	17752	1356	137683	1245

3-3 续表

单位：万元

注册类型 Type of Registration	企业数（个） Number of Large & Medium-sized Enterprises	# 有科技机构的企业数 having institutes for S&T	# 有科技活动的企业数 having activities for S&T
私营有限责任公司 Private Limited Liability Corporations	915	177	346
私营股份有限公司 Private Share-holding Corporations Ltd.	103	25	43
其他企业 Others Enterprises	16	1	4
港澳台商投资企业 Enterprises with Funds from Hong Kong, Macau and Taiwan	**2479**	**393**	**850**
其中：大型企业 of which: Large Scale	959	210	412
与港澳台商合资经营企业 Joint-venture Enterprises (with Funds from Hong Kong, Macau and Taiwan)	1394	257	550
与港澳台商合作经营企业 Cooperative Enterprises (with Funds from Hong Kong, Macau and Taiwan)	221	26	75
港澳台商独资经营企业 Enterprises with Sole Funds from Hong Kong, Macau and Taiwan	812	84	190
港澳台商投资股份有限公司 Share-holding Corporations Ltd. with Funds from Hong Kong, Macau and Taiwan	52	26	35
外商投资企业 Foreign Funded Enterprises	**3017**	**401**	**1057**
其中：大型企业 of which: Large Scale	1440	247	591
中外合资经营企业 Joint-venture Enterprises	1733	283	735
中外合作经营 Cooperation Enterprises	197	16	69
外资企业 Enterprises with Sole Foreign Funds	1014	67	204
外商投资股份有限公司 Share-holding Corporations Ltd. with Foreign Funds	73	35	49

(10,000 yuan)

工业总产值 Gross Value of Industrial Output	新产品 New Products	产品销售收入 Total evenue from the Sale of Products	新产品 New Products	产品销售利润 Profits from the Sale of Total Products	新产品 New Products	年末从业人员（人） Employees (year-end) (person)	工程技术人员 Technical Engineering Personnel	生产经营用设备原价 Original Value of Equipment	微电子控制 Equipment Controlled by Micro-electronics
11866351	1445326	11336961	1333666	1129265	149642	536702	43408	3765018	335128
1912095	234774	1953726	208745	221666	25577	64460	6487	428453	25443
158689	34730	160223	31916	6495	20404	7167	598	53858	699
64929477	**10096611**	**61553686**	**9682852**	**7727656**	**829981**	**1787594**	**147934**	**40464289**	**4203945**
45392875	8482483	43005267	8236602	5910332	588850	1078230	96751	31915163	3359259
31058667	4792202	29933014	4675048	3988103	534434	795549	81626	22140703	2809563
5616598	375512	5526273	356190	799059	18439	144954	12020	4545565	424009
22057740	3417953	19971685	3127359	2285698	81763	619009	36684	7887244	638501
6196473	1510944	6122714	1524255	654797	195344	228082	17604	5890777	331872
121417843	**32604308**	**119504857**	**32113694**	**15363313**	**3059184**	**1893914**	**180924**	**58834183**	**8655941**
97671631	29512879	96182533	29031200	12465855	2751731	1255738	126680	48920946	7779612
70903338	23195883	69914487	22830825	9869179	2447919	954229	104706	33550336	6916428
4885941	238772	4767353	229330	886227	29145	96529	9381	4433179	198082
40193747	7509067	39902449	7456475	3781249	440037	725153	45832	15724169	1052412
5434817	1660586	4920568	1597066	826658	142083	118003	21005	5126499	489020

3-4 分登记注册类型大中型工业

Major Relative Indicators

单位：%

注册类型 Type of Registration	有科技机构的企业占全部企业比重 Enterprises Having Institutes for S&T as a Percentage of Total Enterprises	科技活动人员占从业人员比重 S&T Personnel as a Percentage of Total Employees	科学家与工程师占科技活动人员比重 Scientists and Engineers as a Percentage of S&T Personnel
总计 Total	**25.3**	**5.0**	**59.5**
内资企业 Domestic Funded	**28.6**	**5.2**	**59.0**
国有企业 State-owned Enterprises	25.0	4.5	58.5
其中：大型企业 of which: Large Scale	38.7	5.1	59.4
集体企业 Collective-owned Enterprises	19.3	4.4	60.6
股份合作企业 Cooperative Enterprises	24.5	4.6	59.6
国有联营企业 State Joint Ownership Enterprises	25.6	9.5	71.0
集体联营企业 Collective Joint Ownership Enterprises	4.8	1.7	67.2
国有与集体联营企业 Joint State-collective Enterprises	16.2	3.9	56.4
其他联营企业 Other Joint Ownership Enterprises	27.3	3.5	66.7
国有独资公司 State Sole Funded Corporations	51.3	5.7	55.8
其他有限责任公司 Other Limited Liability Corporations	29.9	5.6	57.5
股份有限公司 Share-holding Corporations Ltd.	43.9	7.1	64.0
私营独资企业 Private-funded Enterprises	11.9	2.1	59.3
私营合伙企业 Private Partnership Enterprises	7.0	1.6	71.6

企业基本情况分析指标（2002）

by Registration

（%）

科技活动经费占产品销售收入比重 Expenditure for S&T Activities as a ercentage of Total Revenue from the Sale of Products	新产品产值占工业总产值比重 Output Value of New Products as a Percentage of Gross Output of Industrial Value	新产品销售收入占产品销售收入比重 Sales Revenue of New Products as a Percentage of Total Revenue from the Sale of Products	新产品销售利润占销售利润总额比重 Profits from the sale of New Products as a Percentage of Profit from the Sale of Total roducts	微电子控制设备占生产经营用设备原价比重 Equipment Controlled by Micro-electronics as a Percentage of Original Value of Productive Equipment
1.7	**17.2**	**16.1**	**11.9**	**9.1**
1.9	14.9	13.5	10.2	8.1
1.4	10.3	8.2	7.4	6.6
1.5	11.3	8.9	8.0	7.1
2.2	19.7	20.8	15.4	11.5
1.7	8.9	9.2	11.9	15.2
2.4	16.9	17.9	9.6	6.1
1.0	2.3	2.7	0.7	0.7
0.9	7.2	7.1	7.1	2.9
1.0	8.9	10.5	4.4	2.3
2.8	22.2	19.9	13.9	8.7
2.2	16.1	15.6	12.3	8.1
2.0	16.2	15.5	9.7	9.7
1.0	4.5	4.6	6.8	9.9
0.9	3.9	4.2	1.6	0.9

3–4 续表

单位：%

注册类型 Type of Registration	有科技机构的企业占全部企业比重 Enterprises Having Institutes for S&T as a Percentage of Total Enterprises	科技活动人员占从业人员比重 S&T Personnel as a Percentage of Total Employees	科学家与工程师占科技活动人员比重 Scientists and Engineers as a Percentage of S&T Personnel
私营有限责任公司 Private Limited Liability Corporations	19.3	3.4	58.4
私营股份有限公司 Private Share-holding Corporations Ltd.	24.3	5.4	46.2
其他企业 Others Enterprises	6.3	3.2	81.2
港澳台商投资企业 **Enterprises with Funds from Hong Kong, Macau and Taiwan**			
其中：大型企业 of which: Large Scale	21.9	4.1	64.2
与港澳台商合资经营企业 Joint-venture Enterprises (with Funds from Hong Kong, Macau and Taiwan)	18.4	4.4	60.4
与港澳台商合作经营企业 Cooperative Enterprises (with Funds from Hong Kong, Macau and Taiwan)	11.8	3.2	63.9
港澳台商独资经营企业 Enterprises with Sole Funds from Hong Kong, Macau and Taiwan	10.3	2.2	66.2
港澳台商投资股份有限公司 Share-holding Corporations Ltd. with Funds from Hong Kong, Macau and Taiwan	50.0	4.0	64.6
外商投资企业 **Foreign Funded Enterprises**			
其中：大型企业 of which: Large Scale	17.2	4.6	62.7
中外合资经营企业 Joint-venture Enterprises	16.3	5.0	63.1
中外合作经营 Cooperation Enterprises	8.1	3.0	58.2
外资企业 Enterprises with Sole Foreign Funds	6.6	2.0	59.1
外商投资股份有限公司 Share-holding Corporations Ltd. with Foreign Funds	48.0	9.2	79.8

(%)

科技活动经费占产品销售收入比重 Expenditure for S&T Activities as a ercentage of Total Revenue from the Sale of Products	新产品产值占工业总产值比重 Output Value of New Products as a Percentage of Gross Output of Industrial Value	新产品销售收入占产品销售收入比重 Sales Revenue of New Products as a Percentage of Total Revenue from the Sale of Products	新产品销售利润占销售利润总额比重 Profits from the sale of New Products as a Percentage of Profit from the Sale of Total roducts	微电子控制设备占生产经营用设备原价比重 Equipment Controlled by Micro-electronics as a Percentage of Original Value of Productive Equipment
1.4	12.2	11.8	13.3	8.9
1.0	12.3	10.7	11.5	5.9
1.3	21.9	19.9	314.2	1.3
1.5	18.7	19.2	10.0	10.5
1.4	15.4	15.6	13.4	12.7
0.4	6.7	6.5	2.3	9.3
1.2	15.5	15.7	3.6	8.1
2.0	24.4	24.9	29.8	5.6
1.3	30.2	30.2	22.1	15.9
1.5	32.7	32.7	24.8	20.6
0.7	4.9	4.8	3.3	4.5
0.7	18.7	18.7	11.6	6.7
3.8	30.6	32.5	17.2	9.5

3-5 各地区大中型工

ajor Indicators of Large and Medium-

单位：万元

地 区 Region		企业数（个）Number of Large & Medium-sized Enterprises	# 有科技机构的企业数 having institutes for S&T	# 有科技活动的企业数 having activities for S&T	工业总产值 Gross Value of Industrial Output	新产品 New Products
全 国	**Total**	**23096**	**5836**	**10346**	**652707015**	**112413718**
东部地区	Eastern Region	14914	3566	6511	449093445	90390189
中部地区	Mid Region	5097	1376	2266	132199637	13522952
西部地区	Western Region	3085	894	1569	71413933	8500577
北 京	Beijing	565	103	236	21352889	6397955
天 津	Tianjin	832	129	295	22586089	7281185
河 北	Hebei	1046	296	402	21081433	1593561
山 西	Shanxi	330	101	184	9146369	571004
内蒙古	Neimenggu	271	62	112	6867172	396632
辽 宁	Liaoning	879	187	293	34594869	5059802
吉 林	Jilin	479	105	151	17124047	2168989
黑龙江	Heilongjiang	565	130	208	20423292	1054000
上 海	Shanghai	1837	210	919	55296079	19796139
江 苏	Jiangsu	2217	757	1222	73511344	14823336
浙 江	Zhejiang	1067	344	595	32132034	5913661
安 徽	Anhui	669	235	373	15334317	1962187
福 建	Fujian	894	166	380	21374911	3329667
江 西	Jiangxi	374	104	157	7182445	936620
山 东	Shandong	2495	620	893	69926521	11970707
河 南	Henan	968	258	355	21379395	2126437
湖 北	Hubei	847	178	385	22904649	2672367
湖 南	Hunan	594	203	341	11837952	1634716
广 东	Guangdong	2412	593	1027	87179731	12742074
广 西	Guangxi	546	150	235	8310205	1175983
海 南	Hainan	124	11	14	1747341	306119
重 庆	Chongqing	392	146	238	9060496	2870082
四 川	Sichuan	948	231	519	18791794	3450678
贵 州	Guizhou	191	66	113	4749472	269896
云 南	Yunnan	599	138	222	10712964	315856
西 藏	Tibet					
陕 西	Shaanxi	418	148	206	11338932	1108335
甘 肃	Gansu	194	66	131	6150970	216246
青 海	Qinghai	59	16	30	1602737	47755
宁 夏	Ningxia	115	31	49	2217042	92536
新 疆	Xinjiang	169	52	61	6789528	129192

业企业基本情况（2002）

sized IIndustrial Enterprises by Region

(10,000 yuan)

产品销售收入 Total evenue from the Sale of Products	新产品 New Products	产品销售利润 Profits from the Sale of Total Products	新产品 New Products	年末从业人员（人） Employees (year-end) (person)	工程技术人员 Technical Engineering Personnel	生产经营用设备原价 Original Value of Equipment	微电子控制 Equipment Controlled by Micro-electronics
674515520	**108378412**	**92788998**	**10997756**	**27101778**	**3040272**	**521044439**	**47197022**
467887166	87216891	59120482	8331769	14453073	1566663	306016678	32883579
134271331	13098875	21895896	1675955	8434675	959935	145215490	8700929
72357023	8062646	11772620	990031	4214030	513674	69812271	5612513
21281636	6397192	2488902	475381	560131	75861	16501680	816686
23589435	7038474	2875316	309521	538664	54124	21142650	954950
24731514	1579836	3494302	196318	1392560	135703	22019206	2587068
9549200	563815	1629345	96435	946627	94608	15382761	458933
6857449	341489	892276	53287	531266	60853	12135567	304902
36905328	4762138	4621195	380982	1544121	180340	33266651	3896929
17463950	1990741	2206194	185043	747709	74608	17211509	1414124
21108017	1039337	6307014	102764	1428700	174495	29717120	704328
57845387	19523287	8257769	2144269	1092787	104533	47615471	4928825
75326928	14427222	7866856	1375101	2257002	279123	44192395	7853693
34570986	5269806	4068985	752407	950502	70675	15424546	2254944
16208585	2194789	2153297	251602	938335	108773	12065604	2146481
20676802	3387197	2572283	343394	648902	64642	14520336	1103589
6990732	878261	867643	86109	458169	46876	6724224	416483
72499231	11662176	9677193	810946	3095465	344666	37563454	3116944
21603843	1918248	2789401	293427	1586280	177774	18941842	1323142
22530815	2511275	3526188	423691	1114537	130568	21383189	885417
11958740	1660921	1524538	183598	683052	91380	11653675	1047119
90467799	11681009	11916681	1347334	1880987	201348	43564725	5066448
8384425	1182812	1104056	172983	434471	50328	8409434	270585
1607694	305742	176945	23133	57481	5320	1796131	32920
9243558	2743419	1223677	406177	612659	58896	7448660	983360
18425201	3165315	3060708	290097	1124658	131811	13516194	1307689
4723191	370303	896605	59923	341182	45980	4506963	505748
10751328	321705	1829270	33068	450757	60098	9221103	1059436
11920677	1048244	2096530	146214	737596	91242	13050280	609045
6210664	182187	692406	28076	448129	64010	7840200	358962
1905540	48966	367142	7008	95059	14387	2344443	38939
2370846	78673	288034	16564	161012	16512	2616283	122427
6806018	103833	1318249	2903	242978	30738	9268146	626908

3-6 各地区大中型工业企业基
Major Relative Indicators

单位：%

地 区 Region		有科技机构的企业占全部企业比重 Enterprises Having Institutes for S&T as a Percentage of Total Enterprises	科技活动人员占从业人员比重 S&T Personnel as a Percentage of Total Employees	科学家与工程师占科技活动人员比重 Scientists and Engineers as a Percentage of S&T Personnel
全 国	**Total**	**25.3**	**5.0**	**59.5**
东部地区	Eastern Region	23.9	5.2	60.9
中部地区	Mid Region	27.0	4.5	59.3
西部地区	Western Region	29.0	5.7	55.6
北 京	Beijing	18.2	5.7	68.4
天 津	Tianjin	15.5	4.3	60.2
河 北	Hebei	28.3	3.7	59.0
山 西	Shanxi	30.6	4.0	63.7
内蒙古	Neimenggu	22.9	2.9	57.4
辽 宁	Liaoning	21.3	5.4	61.2
吉 林	Jilin	21.9	2.6	68.1
黑龙江	Heilongjiang	23.0	3.5	62.4
上 海	Shanghai	11.4	6.0	66.2
江 苏	Jiangsu	34.2	7.0	53.2
浙 江	Zhejiang	32.2	4.7	58.9
安 徽	Anhui	35.1	4.7	59.8
福 建	Fujian	18.6	4.0	59.5
江 西	Jiangxi	27.8	6.5	44.1
山 东	Shandong	24.9	4.5	60.9
河 南	Henan	26.7	4.6	58.5
湖 北	Hubei	21.0	5.5	62.3
湖 南	Hunan	34.2	6.7	55.8
广 东	Guangdong	24.6	5.5	69.4
广 西	Guangxi	27.5	4.7	57.5
海 南	Hainan	8.9	1.1	86.1
重 庆	Chongqing	37.2	4.4	60.4
四 川	Sichuan	24.4	7.4	56.0
贵 州	Guizhou	34.6	5.5	50.0
云 南	Yunnan	23.0	2.9	56.2
西 藏	Tibet			
陕 西	Shaanxi	35.4	7.4	48.9
甘 肃	Gansu	34.0	6.7	61.3
青 海	Qinghai	27.1	3.8	54.0
宁 夏	Ningxia	27.0	2.7	63.4
新 疆	Xinjiang	30.8	3.4	69.9

本情况分析指标（2002）

by Region

(%)

科技活动经费占产品销售收入比重 Expenditure for S&T Activities as a ercentage of Total Revenue from the Sale of Products	新产品产值占工业总产值比重 Output Value of New Products as a Percentage of Gross Output of Industrial Value	新产品销售收入占产品销售收入比重 Sales Revenue of New Products as a Percentage of Total Revenue from the Sale of Products	新产品销售利润占销售利润总额比重 Profits from the sale of New Products as a Percentage of Profit from the Sale of Total roducts	微电子控制设备占生产经营用设备原价比重 Equipment Controlled by Micro-electronics as a Percentage of Original Value of Productive Equipment
1.7	17.2	16.1	11.9	9.1
1.7	20.1	18.6	14.1	10.8
1.7	10.2	9.8	7.7	6.0
1.8	11.9	11.1	8.4	8.0
1.9	30.0	30.1	19.1	5.0
1.2	32.2	29.8	10.8	4.5
1.1	7.6	6.4	5.6	11.8
2.4	6.2	5.9	5.9	3.0
1.1	5.8	5.0	6.0	2.5
1.9	14.6	12.9	8.2	11.7
1.4	12.7	11.4	8.4	8.2
1.2	5.2	4.9	1.6	2.4
2.0	35.8	33.8	26.0	10.4
1.9	20.2	19.2	17.5	17.8
1.2	18.4	15.2	18.5	14.6
2.4	12.8	13.5	11.7	17.8
1.1	15.6	16.4	13.4	7.6
1.8	13.0	12.6	9.9	6.2
2.1	17.1	16.1	8.4	8.3
1.4	10.0	8.9	10.5	7.0
1.8	11.7	11.2	12.0	4.1
1.8	13.8	13.9	12.0	9.0
1.8	14.6	12.9	11.3	11.6
1.6	14.2	14.1	15.7	3.2
0.5	17.5	19.0	13.1	1.8
2.2	31.7	29.7	33.2	13.2
2.5	18.4	17.2	9.5	9.7
1.9	5.7	7.8	6.7	11.2
0.7	3.0	3.0	1.8	11.5
2.3	9.8	8.8	7.0	4.7
1.2	3.5	2.9	4.1	4.6
1.8	3.0	2.6	1.9	1.7
1.3	4.2	3.3	5.8	4.7
0.9	1.9	1.5	0.2	6.8

3-7 分行业大中型工业

Major Indicators of Large and Medium-

单位：万元

行业 Industry	企业数（个） Number of Large & Medium-sized Enterprises	# 有科技机构的企业数 having institutes for S&T	# 有科技活动的企业数 having activities for S&T
总 计 **Total**	**23096**	**5836**	**10346**
煤炭采选业 Coal Mining and Dressing	269	70	127
石油和天然气开采业 Petroleum and Natural Gas Extraction	35	18	30
黑色金属矿采选业 Ferrous Metals Mining and Dressing	38	8	13
有色金属矿采选业 Nonferrous Metals Mining and Dressing	148	34	59
非金属矿采选业 Nonmetal Minerals Mining and Dressing	170	30	47
其他矿采选业 Other Minerals Mining and Dressing	1		
木材及竹材采选业 Logging and Transport of Wood and Bamboo	91	15	45
食品加工业 Food Processing	1089	120	212
食品制造业 Food Production	596	102	199
饮料制造业 Beverage Production	750	175	278
烟草加工业 Tobacco Processing	136	68	87
纺织业 Textile Industry	1777	321	629
服装及其他纤维制品制造业 Garments and Other Fiber Products	439	41	97
皮革毛皮羽绒及其制品业 Leather, Furs, Down and Related Products	224	31	64
木材加工及竹藤棕草制品业 Timber,Bamboo,Cane,Palm Fiber and Straw Products	187	16	37
家具制造业 Furniture Manufacturing	88	14	28
造纸及纸制品业 Papermaking and Paper Products	602	86	165
印刷业，记录媒介的复制 Printing and Record Medium Reproduction	440	32	79

企业基本情况（2002）

sized IIndustrial Enterprises by Industry

(10,000 yuan)

工业总产值 Gross Value of Industrial Output	新产品 New Products	产品销售收入 Total evenue from the Sale of Products	新产品 New Products	产品销售利润 Profits from the Sale of Total Products	新产品 New Products	年末从业人员（人） Employees (year-end) (person)	工程技术人员 Technical Engineering Personnel	生产经营用设备原价 Original Value of Equipment	微电子控制 Equipment Controlled by Micro-electronics
652707015	**112413718**	**674515520**	**108378412**	**92788998**	**10997756**	**27101778**	**3040272**	**521044439**	**47197022**
14645559	113790	14639536	129779	3377262	14634	2783345	197642	20552988	1122104
21953076	78760	21339647	70838	9711662	7207	473324	90265	35737895	601853
680926	3329	714205	2956	139982	353	111306	6057	649544	14888
1736936	12779	1741555	11293	391419	3260	206607	22141	1449978	11421
1327501	27231	1370077	38811	237649	5060	206584	15252	1815950	54370
266		5		-17		529	15	610	
893124	4061	795515	4042	260358	309	509638	63340	1127246	30300
19098716	586022	18941810	555275	1356479	44663	621571	55094	6873597	308020
9892832	513104	9340678	535926	1264754	58304	375959	36047	4734618	224963
13935373	988151	13481238	945554	2090152	156032	569228	62198	9008321	750999
19095073	1505560	18968926	1421899	3392089	257960	184113	25518	7319843	1683712
27671865	3235278	26734821	3088251	2310695	313944	2277867	131298	16273784	2190412
7003326	796162	6704499	784043	762526	54873	469369	20628	1889881	170609
4305092	431323	3836896	402893	322441	26903	323882	13146	1043553	51919
2371403	73217	2270851	66780	166951	6510	104222	8657	1591856	127793
794840	99831	791939	89541	115888	9648	52226	3297	494275	21818
9998911	1327443	9936306	1274529	1468616	173778	449584	47157	9865022	771309
3324263	170523	3135604	170878	710510	20746	185303	15745	2965279	656990

3-7 续表

单位：万元

行　　业 Industry	企业数（个） Number of Large & Medium-sized Enterprises	# 有科技机构的企业数 having institutes for S&T	# 有科技活动的企业数 having activities for S&T
文教体育用品制造业 Cultural, Educational and Sports Goods	**155**	**30**	**53**
石油加工及炼焦业 Petroleum Processing and Coking	140	47	66
化学原料及化学制品制造业 Raw Chemical Materials and Chemical Products	1815	608	922
医药制造业 Medical and Pharmaceutical Products	874	418	582
化学纤维制造业 Chemical Fiber	226	71	111
橡胶制品业 Rubber Products	245	83	122
塑料制品业 Plastic Products	748	127	256
非金属矿物制品业 Nonmetal Mineral Products	1741	258	515
黑色金属冶炼及压延加工业 Smelting and Pressing of Ferrous Metals	367	113	174
有色金属冶炼及压延加工业 Smelting and Pressing of Nonferrous	387	134	218
金属制品业 Metal Products	742	129	257
普通机械制造业 Ordinary Machinery	1495	528	904
专用设备制造业 Equipment for Special Purposes	1086	405	674
交通运输设备制造业 Transport Equipment	1400	501	887
电气机械及器材制造业 Electric Equipment and Machinery	1205	406	713
电子及通信设备制造业 Electronic and Telecommunications Equipment	1193	385	689
仪器仪表及文化办公用机械制造业 Instruments, Meters, Cultural and Office Machinery	362	145	253
其他制造业 Other Manufacturing	216	25	50
电力蒸汽热水的生产和供应业 Electric Power,Steam and Hot Water Production and Supply	1175	138	515
煤气生产和供应业 Gas Production and Supply	103	6	29
自来水的生产和供应业 Tap Water Production and Supply	235	26	67

(10,000 yuan)

工业总产值 Gross Value of Industrial Output	新产品 New Products	产品销售收入 Total evenue from the Sale of Products	新产品 New Products	产品销售利润 Profits from the Sale of Total Products	新产品 New Products	年末从业人员（人） Employees (year-end) (person)	工程技术人员 Technical Engineering Personnel	生产经营用设备原价 Original Value of Equipment	微电子控制 Equipment Controlled by Micro-electronics
1910772	**154882**	**1850030**	**152448**	**229554**	**15548**	**154090**	**6936**	**608295**	**25971**
40207645	1489421	40799389	1488977	2788285	104687	369497	65755	28327270	2899289
42155954	4930772	42630976	4948345	5055164	475281	1784165	245925	42676541	5105498
19330770	2582897	18985949	2488566	4705975	555448	695701	124392	7469612	629702
7943930	1528509	7870227	1452563	713271	104429	252344	24367	8402361	1908765
5989609	910179	5418044	680272	680880	74532	288300	22497	3499937	626636
8066092	907705	8040108	824071	957837	103215	308322	29781	4844722	575600
16612628	904324	16076103	804211	2127604	114725	1325583	131848	16945901	1140593
49883612	6277883	50435649	6368580	7026233	744107	1905932	207944	54596057	3194492
15263238	1450829	15162814	1369889	1767853	123060	686209	86027	13120787	1200043
9223524	818572	8912980	716127	1056874	102178	403775	37126	4254787	375590
21238520	5991644	20471284	5794385	3228120	750571	1279217	145772	11714625	1294726
14822948	3832599	14451404	3563753	1944943	371635	928693	107308	6762474	638263
65236211	25054114	63017431	24287053	8987782	2854888	1926267	243777	25982325	3521831
35107654	13220515	33400750	12283011	3719398	1036203	1030183	128084	11267494	1661944
80222193	30060413	78005045	29487755	7464281	2072157	1214649	184445	21075438	5183393
5529369	1360828	5688493	1177232	735949	129630	256024	35539	2091128	195932
2416880	227423	2396189	156448	222332	10423	139820	7949	784873	63156
46469290	48297	79159436	47964	10525153	5484	1597749	300429	120375760	7674662
1466617	1930	2283901	2031	6681	25	102578	13010	3069833	34347
2320515	279	2233831	276	357582	55	205623	25965	7001664	172668

3-8 分行业大中型工业企业

Major Relative Indicators

单位：%

行 业 Industry	有科技机构的企业占全部企业比重 Enterprises Having Institutes for S&T as a Percentage of Total Enterprises	科技活动人员占从业人员比重 S&T Personnel as a Percentage of Total Employees	科学家与工程师占科技活动人员比重 Scientists and Engineers as a Percentage of S&T Personnel
总 计 Total	**25.3**	**5.0**	**59.5**
煤炭采选业 Coal Mining and Dressing	26.0	2.1	57.4
石油和天然气开采业 Petroleum and Natural Gas Extraction	51.4	8.4	64.7
黑色金属矿采选业 Ferrous Metals Mining and Dressing	21.1	1.6	55.7
有色金属矿采选业 Nonferrous Metals Mining and Dressing	23.0	2.4	65.5
非金属矿采选业 Nonmetal Minerals Mining and Dressing	17.7	1.8	58.4
其他矿采选业 Other Minerals Mining and Dressing			
木材及竹材采选业 Logging and Transport of Wood and Bamboo	16.5	0.5	59.2
食品加工业 Food Processing	11.0	2.4	57.9
食品制造业 Food Production	17.1	2.8	66.7
饮料制造业 Beverage Production	23.3	3.1	54.8
烟草加工业 Tobacco Processing	50.0	3.8	60.7
纺织业 Textile Industry	18.1	2.5	42.2
服装及其他纤维制品制造业 Garments and Other Fiber Products	9.3	1.7	67.5
皮革毛皮羽绒及其制品业 Leather, Furs, Down and Related Products	13.8	1.1	43.9
木材加工及竹藤棕草制品业 Timber,Bamboo,Cane,Palm Fiber and Straw Products	8.6	1.8	56.8
家具制造业 Furniture Manufacturing	15.9	2.2	50.5
造纸及纸制品业 Papermaking and Paper Products	14.3	3.2	50.4
印刷业，记录媒介的复制 Printing and Record Medium Reproduction	7.3	2.3	63.5

基本情况分析指标（2002）

by Industry

(%)

科技活动经费占产品销售收入比重 Expenditure for S&T Activities as a ercentage of Total Revenue from the Sale of Products	新产品产值占工业总产值比重 Output Value of New Products as a Percentage of Gross Output of Industrial Value	新产品销售收入占产品销售收入比重 Sales Revenue of New Products as a Percentage of Total Revenue from the Sale of Products	新产品销售利润占销售利润总额比重 Profits from the sale of New Products as a Percentage of Profit from the Sale of Total roducts	微电子控制设备占生产经营用设备原价比重 Equipment Controlled by Micro-electronics as a Percentage of Original Value of Productive Equipment
1.7	**17.2**	**16.1**	**11.9**	**9.1**
1.7	0.8	0.9	0.4	5.5
1.2	0.4	0.3	0.1	1.7
1.4	0.5	0.4	0.3	2.3
1.1	0.7	0.7	0.8	0.8
1.1	2.1	2.8	2.1	3.0
0.3	0.5	0.5	0.1	2.7
0.6	3.1	2.9	3.3	4.5
0.9	5.2	5.7	4.6	4.8
1.2	7.1	7.0	7.5	8.3
0.4	7.9	7.5	7.6	23.0
1.3	11.7	11.6	13.6	13.5
1.1	11.4	11.7	7.2	9.0
0.6	10.0	10.5	8.3	5.0
1.0	3.1	2.9	3.9	8.0
0.6	12.6	11.3	8.3	4.4
1.5	13.3	12.8	11.8	7.8
1.2	5.1	5.5	2.9	22.2

3-8 续表

单位：%

行　业 Industry	有科技机构的企业占全部企业比重 Enterprises Having Institutes for S&T as a Percentage of Total Enterprises	科技活动人员占从业人员比重 S&T Personnel as a Percentage of Total Employees	科学家与工程师占科技活动人员比重 Scientists and Engineers as a Percentage of S&T Personnel
文教体育用品制造业 Cultural, Educational and Sports Goods	19.4	1.7	38.1
石油加工及炼焦业 Petroleum Processing and Coking	33.6	5.8	64.0
化学原料及化学制品制造业 Raw Chemical Materials and Chemical Products	33.5	5.7	57.3
医药制造业 Medical and Pharmaceutical Products	47.8	7.7	64.1
化学纤维制造业 Chemical Fiber	31.4	5.2	56.8
橡胶制品业 Rubber Products	33.9	3.8	52.6
塑料制品业 Plastic Products	17.0	4.5	50.5
非金属矿物制品业 Nonmetal Mineral Products	14.8	3.0	51.8
黑色金属冶炼及压延加工业 Smelting and Pressing of Ferrous Metals	30.8	5.8	59.6
有色金属冶炼及压延加工业 Smelting and Pressing of Nonferrous	34.6	6.2	56.4
金属制品业 Metal Products	17.4	4.3	53.2
普通机械制造业 Ordinary Machinery	35.3	8.0	58.1
专用设备制造业 Equipment for Special Purposes	37.3	7.7	58.9
交通运输设备制造业 Transport Equipment	35.8	9.5	56.8
电气机械及器材制造业 Electric Equipment and Machinery	33.7	8.9	63.8
电子及通信设备制造业 Electronic and Telecommunications Equipment	32.3	10.7	70.8
仪器仪表及文化办公用机械制造业 Instruments, Meters, Cultural and Office Machinery	40.1	9.8	62.2
其他制造业 Other Manufacturing	11.6	1.9	42.8
电力蒸汽热水的生产和供应业 Electric Power,Steam and Hot Water Production and Supply	11.7	3.6	70.7
煤气　生产和供应业 Gas Production and Supply	5.8	2.4	59.6
自来水的生产和供应业 Tap Water Production and Supply	11.1	1.6	69.4

(%)

科技活动经费占产品销售收入比重 Expenditure for S&T Activities as a ercentage of Total Revenue from the Sale of Products	新产品产值占工业总产值比重 Output Value of New Products as a Percentage of Gross Output of Industrial Value	新产品销售收入占产品销售收入比重 Sales Revenue of New Products as a Percentage of Total Revenue from the Sale of Products	新产品销售利润占销售利润总额比重 Profits from the sale of New Products as a Percentage of Profit from the Sale of Total roducts	微电子控制设备占生产经营用设备原价比重 Equipment Controlled by Micro-electronics as a Percentage of Original Value of Productive Equipment
1.0	8.1	8.2	6.8	4.3
0.4	3.7	3.7	3.8	10.2
2.0	11.7	11.6	9.4	12.0
2.3	13.4	13.1	11.8	8.4
2.1	19.2	18.5	14.6	22.7
2.0	15.2	12.6	11.0	17.9
1.3	11.3	10.3	10.8	11.9
1.6	5.4	5.0	5.4	6.7
2.1	12.6	12.6	10.6	5.9
1.6	9.5	9.0	7.0	9.2
1.3	8.9	8.0	9.7	8.8
2.7	28.2	28.3	23.3	11.1
2.7	26.0	24.7	19.1	9.4
2.8	38.4	38.5	31.8	13.6
3.3	37.7	36.8	27.9	14.8
2.8	37.5	37.8	27.8	24.6
2.3	24.6	20.7	17.6	9.4
0.8	9.4	6.5	4.7	8.1
0.3	0.1	0.1	0.1	6.4
0.4	0.1	0.1	0.4	1.1
0.6	0.0	0.0	0.0	2.5

3-9 分注册类型大中型工业企业科技活动人员（2002）
Personnel for S&T in Large and Medium-sized Industrial Enterprisesby Registration

单位：人 (person)

注册类型 Type of Registration	科技活动人员 Personnel for S&T Activities	科学家和工程师 Scientists & Engineers	科技机构人员 Personnel in S&T Institutes	科学家和工程师 Scientists & Engineers
总计 Total	**1366682**	**813274**	**498459**	**326318**
内资企业 Domestic Funded	**1229229**	**725766**	**447317**	**291721**
国有企业 State-owned Enterprises	434342	254153	126608	82426
其中：大型企业 of which: Large Scale	360826	214328	104689	69453
集体企业 Collective-owned Enterprises	52140	31586	19321	11823
股份合作企业 Cooperative Enterprises	19226	11455	9019	5945
国有联营企业 State Joint Ownership Enterprises	6078	4316	3395	1639
集体联营企业 Collective Joint Ownership Enterprises	201	135	47	36
国有与集体联营企业 Joint State-collective Enterprises	2045	1154	737	499
其他联营企业 Other Joint Ownership Enterprises	405	270	165	149
国有独资公司 State Sole Funded Corporations	236778	132077	81992	51908
其他有限责任公司 Other Limited Liability Corporations	208335	119829	86691	57849
股份有限公司 Share-holding Corporations Ltd.	245055	156721	109106	72816
私营独资企业 Private-funded Enterprises	2236	1326	1118	776
私营合伙企业 Private Partnership Enterprises	285	204	121	36
私营有限责任公司 Private Limited Liability Corporations	18423	10760	7725	5096

3-9 续表

单位：人 (person)

注册类型 Type of Registration	科技活动人员 Personnel for S&T Activities	科学家和工程师 Scientists & Engineers	科技机构人员 Personnel in S&T Institutes	科学家和工程师 Scientists & Engineers
私营股份有限公司 Private Share-holding Corporations Ltd.	3451	1594	1264	722
其他企业 Others Enterprises	229	186	8	1
港澳台商投资企业 Enterprises with Funds from Hong Kong, Macau and Taiwan	**62143**	**38879**	**24093**	**15395**
其中：大型企业 of which：Large Scale	43797	28111	16166	10481
与港澳台商合资经营企业 Joint-venture Enterprises(with Funds from Hong Kong, Macau and Taiwan)	34694	20965	13357	8663
与港澳台商合作经营企业 Cooperative Enterprises(with Funds from Hong Kong, Macau and Taiwan)	4627	2958	1238	583
港澳台商独资经营企业 Enterprises with Sole Funds from Hong Kong, Macau and Taiwan	13748	9097	6148	4097
港澳台商投资股份有限公司 Share-holding Corporations Ltd. with Funds from Hong Kong, Macau and Taiwan	9074	5859	3350	2052
外商投资企业 Foreign Funded Enterprises	**75310**	**48629**	**27049**	**19202**
其中：大型企业 of which: Large Scale	57446	36007	21186	14905
中外合资经营企业 Joint-venture Enterprises	47360	29885	15531	11404
中外合作经营 Cooperation Enterprises	2925	1703	892	547
外资企业 Enterprises with Sole Foreign Funds	14139	8352	5131	2918
外商投资股份有限公司 Share-holding Corporations Ltd. with Foreign Funds	10886	8689	5495	4333

3-10 各地区大中型工业企业科技活动人员（2002）
Personnel for S&T in Large and Medium-sized Industrial Enterprises by Region

单位：人 (person)

地区	Region	科技活动人员 Personnel for S&T Activities	科学家和工程师 Scientists & Engineers	科技机构人员 Personnel in S&T Institutes	科学家和工程师 Scientists & Engineers
全 国	**Total**	**1366682**	**813274**	**498459**	**326318**
东部地区	Eastern Region	748394	455551	289137	195697
中部地区	Mid Region	376208	223023	123393	79605
西部地区	Western Region	242080	134700	85929	51016
北 京	Beijing	31912	21823	7204	4949
天 津	Tianjin	23160	13948	11083	6946
河 北	Hebei	51142	30170	19564	12128
山 西	Shanxi	38207	24337	9674	6536
内蒙古	Neimenggu	15307	8782	4913	3379
辽 宁	Liaoning	83239	50957	23985	16993
吉 林	Jilin	19699	13415	8355	5945
黑龙江	Heilongjiang	49368	30803	16536	11556
上 海	Shanghai	65347	43235	18082	12251
江 苏	Jiangsu	158063	84048	49773	33250
浙 江	Zhejiang	44975	26491	21232	13806
安 徽	Anhui	43647	26089	15096	8377
福 建	Fujian	25623	15247	8764	5708
江 西	Jiangxi	29783	13131	8281	4955
山 东	Shandong	139772	85055	69120	43856
河 南	Henan	73489	42962	28369	17398
湖 北	Hubei	61212	38138	17217	11714
湖 南	Hunan	45496	25366	14952	9745
广 东	Guangdong	104104	72289	52183	40486
广 西	Guangxi	20439	11756	7730	5017
海 南	Hainan	618	532	417	307
重 庆	Chongqing	26880	16236	10672	6945
四 川	Sichuan	82623	46228	29644	17182
贵 州	Guizhou	18791	9393	4143	2497
云 南	Yunnan	13223	7432	5873	3703
西 藏	Tibet				
陕 西	Shaanxi	54594	26721	19253	10515
甘 肃	Gansu	29875	18300	7281	4161
青 海	Qinghai	3630	1961	1650	1056
宁 夏	Ningxia	4306	2731	1819	1090
新 疆	Xinjiang	8158	5698	5594	3867

3-11 各行业大中型工业企业科技活动人员（2002）
Personnel for S&T in Large and Medium-sized Industrial Enterprisesby Industry

单位：人 (person)

行业 Industry	科技活动人员 Personnel for S&T Activities	科学家和工程师 Scientists & Engineers	科技机构人员 Personnel in S&T Institutes	科学家和工程师 Scientists & Engineers
总计 Total	**1366682**	**813274**	**498459**	**326318**
煤炭采选业 Coal Mining and Dressing	58077	33327	10515	7659
石油和天然气开采业 Petroleum and Natural Gas Extraction	39804	25770	17584	12264
黑色金属矿采选业 Ferrous Metals Mining and Dressing	1809	1007	339	277
有色金属矿采选业 Nonferrous Metals Mining and Dressing	4968	3254	1751	1151
非金属矿采选业 Nonmetal Minerals Mining and Dressing	3644	2128	1342	882
其他矿采选业 Other Minerals Mining and Dressing				
木材及竹材采选业 Logging and Transport of Wood and Bamboo	2418	1432	224	146
食品加工业 Food Processing	14758	8550	4920	2899
食品制造业 Food Production	10552	7033	5096	4104
饮料制造业 Beverage Production	17632	9663	8193	4493
烟草加工业 Tobacco Processing	7065	4289	2733	1755
纺织业 Textile Industry	55844	23565	24404	11457
服装及其他纤维制品制造业 Garments and Other Fiber Products	8024	5416	4617	3294
皮革毛皮羽绒及其制品业 Leather, Furs, Down and Related Products	3415	1498	1505	738
木材加工及竹藤棕草制品业 Timber,Bamboo,Cane,Palm Fiber and Straw Products	1897	1077	880	580
家具制造业 Furniture Manufacturing	1156	584	468	200
造纸及纸制品业 Papermaking and Paper Products	14381	7254	6734	4373
印刷业，记录媒介的复制 Printing and Record Medium Reproduction	4299	2731	1749	1060

3-11 续表

单位：人 (person)

行 业 Industry	科技活动人员 Personnel for S&T Activities	科学家和工程师 Scientists & Engineers	科技机构人员 Personnel in S&T Institutes	科学家和工程师 Scientists & Engineers
文教体育用品制造业 Cultural, Educational and Sports Goods	2632	1003	1696	483
石油加工及炼焦业 Petroleum Processing and Coking	21286	13618	7091	4053
化学原料及化学制品制造业 Raw Chemical Materials and Chemical Products	100879	57826	37602	23545
医药制造业 Medical and Pharmaceutical Products	53275	34166	21386	15483
化学纤维制造业 Chemical Fiber	13020	7400	4487	2851
橡胶制品业 Rubber Products	10920	5741	5301	3058
塑料制品业 Plastic Products	13888	7011	5007	3258
非金属矿物制品业 Nonmetal Mineral Products	39328	20381	14589	8450
黑色金属冶炼及压延加工业 Smelting and Pressing of Ferrous Metals	109948	65559	28618	15962
有色金属冶炼及压延加工业 Smelting and Pressing of Nonferrous	42312	23881	13687	7643
金属制品业 Metal Products	17341	9223	6848	4122
普通机械制造业 Ordinary Machinery	102382	59434	40165	27085
专用设备制造业 Equipment for Special Purposes	71861	42332	31324	20965
交通运输设备制造业 Transport Equipment	182739	103817	60534	38709
电气机械及器材制造业 Electric Equipment and Machinery	91712	58493	37252	25609
电子及通信设备制造业 Electronic and Telecommunications Equipment	129399	91610	60347	48464
仪器仪表及文化办公用机械制造业 Instruments, Meters, Cultural and Office Machinery	25182	15662	8639	5977
其他制造业 Other Manufacturing	2631	1125	1537	678
电力蒸汽热水的生产和供应业 Electric Power,Steam and Hot Water Production and Supply	56777	40151	10337	6892
煤气 生产和供应业 Gas Production and Supply	2475	1476	145	97
自来水的生产和供应业 Tap Water Production and Supply	3232	2243	748	532

3-12 分注册类型大中型工业企业科技活动经费筹集（2002）
Sources of Funds for S&T of Large and Medium-sized Industrial Enterprises by Registration

单位：万元 (10,000 yuan)

注册类型 Type of Registration	科技活动经费筹集总额 Total Funds Obtaied for S&T Activities	政府资金 Government Grant	企业资金 Enterprise Self-financed	金融机构贷款 Bank Loans	国外资金 Funds from Abroad
总计 Total	**12130319**	**537129**	**10202854**	**998798**	**82803**
内资企业 Domestic Funded	**9456654**	**516054**	**7823249**	**850881**	**19108**
国有企业 State-owned Enterprises	2447869	119323	2122399	126241	2210
其中：大型企业 of which: Large Scale	2153232	98891	1878565	106607	1700
集体企业 Collective-owned Enterprises	608224	11887	527052	58444	579
股份合作企业 Cooperative Enterprises	149650	2530	131235	14625	
国有联营企业 State Joint Ownership Enterprises	62602	621	50274	7730	700
集体联营企业 Collective Joint Ownership Enterprises	2503		2103	400	
国有与集体联营企业 Joint State-collective Enterprises	12691	971	10536	1069	
其他联营企业 Other Joint Ownership Enterprises	2775		2082	678	
国有独资公司 State Sole Funded Corporations	1757562	219127	1283720	199393	591
其他有限责任公司 Other Limited Liability Corporations	1708499	74775	1385164	185102	5727
股份有限公司 Share-holding Corporations Ltd.	2486565	82902	2131011	224733	9104
私营独资企业 Private-funded Enterprises	20317	90	16534	3470	
私营合伙企业 Private Partnership Enterprises	2852	20	2832		
私营有限责任公司 Private Limited Liability Corporations	169553	3283	138414	24872	197

3-12 续表

单位：万元 (10,000 yuan)

注册类型 Type of Registration	科技活动经费筹集总额 Total Funds Obtaied for S&T Activities	政府资金 Government Grant	企业资金 Enterprise Self-financed	金融机构贷款 Bank Loans	国外资金 Funds from Abroad
私营股份有限公司 Private Share-holding Corporations Ltd.	22206	526	17305	4125	
其他企业 Others Enterprises	2787		2587		
港澳台商投资企业 Enterprises with Funds from Hong Kong, Macau and Taiwan	**866103**	**13118**	**700267**	**84581**	**11298**
其中：大型企业 of which：Large Scale	689082	9599	546367	71583	8553
与港澳台商合资经营企业 Joint-venture Enterprises(with Funds from Hong Kong, Macau and Taiwan)	460082	10576	364095	62871	5431
与港澳台商合作经营企业 Cooperative Enterprises(with Funds from Hong Kong, Macau and Taiwan)	25364	458	24306	565	10
港澳台商独资经营企业 Enterprises with Sole Funds from Hong Kong, Macau and Taiwan	251152	688	190622	14280	5857
港澳台商投资股份有限公司 Share-holding Corporations Ltd. with Funds from Hong Kong, Macau and Taiwan	129506	1397	121244	6865	
外商投资企业 Foreign Funded Enterprises	**1807562**	**7957**	**1679339**	**63336**	**52397**
其中：大型企业 of which: Large Scale	1461641	4849	1368095	40851	45350
中外合资经营企业 Joint-venture Enterprises	1234571	5525	1136796	43975	44641
中外合作经营 Cooperation Enterprises	32994	125	30242	622	1789
外资企业 Enterprises with Sole Foreign Funds	376755	213	355541	14959	5963
外商投资股份有限公司 Share-holding Corporations Ltd. with Foreign Funds	163241	2093	156761	3780	4

3-13 各地区大中型工业企业科技活动经费筹集（2002）
Sources of Fund for S&T of Large and Medium-sized Industrial Enterprises by Region

单位：万元　　　　(10,000 yuan)

地区 Region		科技活动经费筹集总额 Total Funds Obtaied for S&T Activities	政府资金 Government Grant	企业资金 Enterprise Self-financed	金融机构贷款 Bank Loans	国外资金 Funds from Abroad
全 国	**Total**	**12130319**	**537129**	**10202854**	**998798**	**82803**
东部地区	Eastern Region	8533917	204094	7344066	739045	72220
中部地区	Mid Region	2275685	161746	1895144	151997	8640
西部地区	Western Region	1320717	171289	963644	107757	1943
北 京	Beijing	398903	10841	377460	3410	
天 津	Tianjin	341611	5636	299453	5379	60
河 北	Hebei	289966	6495	251195	26034	36
山 西	Shanxi	233300	14708	193787	15581	4800
内蒙古	Neimenggu	59198	6898	51867	100	
辽 宁	Liaoning	736796	41128	598354	78203	3398
吉 林	Jilin	261178	7499	248027	2332	
黑龙江	Heilongjiang	249118	28724	176845	28796	
上 海	Shanghai	1306228	18492	1237458	32160	10072
江 苏	Jiangsu	1561353	41961	1265665	181685	12572
浙 江	Zhejiang	484952	8128	418183	50664	1890
安 徽	Anhui	389932	29946	318153	35033	350
福 建	Fujian	293824	8458	225922	51273	6488
江 西	Jiangxi	127812	24157	98789	3248	
山 东	Shandong	1449461	24942	1245464	154250	1498
河 南	Henan	313700	11197	273162	22436	148
湖 北	Hubei	423111	24454	357760	31209	3342
湖 南	Hunan	218337	14166	176754	13263	
广 东	Guangdong	1536337	33466	1307002	144942	36207
广 西	Guangxi	126543	4532	109986	11045	
海 南	Hainan	7944	15	7926		
重 庆	Chongqing	234031	15543	176113	29985	1775
四 川	Sichuan	442845	37130	338482	36004	19
贵 州	Guizhou	80157	13119	61053	3672	108
云 南	Yunnan	72017	6101	59046	5972	41
西 藏	Tibet					
陕 西	Shaanxi	276541	88948	140295	17940	
甘 肃	Gansu	74408	5429	62314	5887	
青 海	Qinghai	34895	410	29277	4300	
宁 夏	Ningxia	30550	2396	25357	2697	
新 疆	Xinjiang	75274	2214	71708	1300	

3-14 分行业大中型工业企业科技活动经费筹集（2002）
Sources of Fund for S&T of Large and Medium-sized Industrial Enterprises by Industry

单位：万元 (10,000 yuan)

行　业 Industry	科技活动经费筹集总额 Total Funds Obtaied for S&T Activities	政府资金 Government Grant	企业资金 Enterprise Self-financed	金融机构贷款 Bank Loans	国外资金 Funds from Abroad
总　计 Total	**12130319**	**537129**	**10202854**	**998798**	**82803**
煤炭采选业 Coal Mining and Dressing	268147	5361	233096	18194	
石油和天然气开采业 Petroleum and Natural Gas Extraction	285683	1590	274585	3000	
黑色金属矿采选业 Ferrous Metals Mining and Dressing	7421	11	6202	707	
有色金属矿采选业 Nonferrous Metals Mining and Dressing	23235	1193	18275	3757	
非金属矿采选业 Nonmetal Minerals Mining and Dressing	16352	352	11540	4024	
其他矿采选业 Other Minerals Mining and Dressing					
木材及竹材采选业 Logging and Transport of Wood and Bamboo	1746	206	1412	48	
食品加工业 Food Processing	99703	2676	87539	8410	724
食品制造业 Food Production	87622	5765	73120	8173	
饮料制造业 Beverage Production	149437	2100	134964	9273	79
烟草加工业 Tobacco Processing	74609	1266	71554	800	
纺织业 Textile Industry	334670	6406	263690	60569	1194
服装及其他纤维制品制造业 Garments and Other Fiber Products	60650	1133	39129	18842	165
皮革毛皮羽绒及其制品业 Leather, Furs, Down and Related Products	25588	697	21427	2523	941
木材加工及竹藤棕草制品业 Timber,Bamboo,Cane,Palm Fiber and Straw Products	25676	508	16391	6662	2110
家具制造业 Furniture Manufacturing	5755	137	5509		
造纸及纸制品业 Papermaking and Paper Products	138673	2734	119012	15164	20
印刷业，记录媒介的复制 Printing and Record Medium Reproduction	38053	807	32552	2973	

3-14 续表

单位：万元 (10,000 yuan)

行　业 Industry	科技活动经费筹集总额 Total Funds Obtaied for S&T Activities	政府资金 Government Grant	企业资金 Enterprise Self-financed	金融机构贷款 Bank Loans	国外资金 Funds from Abroad
文教体育用品制造业 Cultural, Educational and Sports Goods	16535	59	15579	882	
石油加工及炼焦业 Petroleum Processing and Coking	174074	1543	158831	1625	
化学原料及化学制品制造业 Raw Chemical Materials and Chemical Products	852172	19580	719716	97854	836
医药制造业 Medical and Pharmaceutical Products	560497	20618	456830	47839	623
化学纤维制造业 Chemical Fiber	155211	1173	136074	16045	
橡胶制品业 Rubber Products	102550	1675	91987	8156	
塑料制品业 Plastic Products	119977	2972	99265	13539	230
非金属矿物制品业 Nonmetal Mineral Products	294349	6083	218261	57404	3240
黑色金属冶炼及压延加工业 Smelting and Pressing of Ferrous Metals	1037591	35033	961990	38692	
有色金属冶炼及压延加工业 Smelting and Pressing of Nonferrous	238015	11416	198652	24686	
金属制品业 Metal Products	102706	2539	81456	13614	716
普通机械制造业 Ordinary Machinery	596100	20496	501557	62460	728
专用设备制造业 Equipment for Special Purposes	410931	12042	358439	31294	257
交通运输设备制造业 Transport Equipment	1776195	216015	1440051	63970	10085
电气机械及器材制造业 Electric Equipment and Machinery	1160841	24679	1027111	88429	6450
电子及通信设备制造业 Electronic and Telecommunications Equipment	2298396	75349	1869746	254333	47617
仪器仪表及文化办公用机械制造业 Instruments, Meters, Cultural and Office Machinery	127875	8825	95442	6382	1989
其他制造业 Other Manufacturing	19650	122	18223	1305	
电力蒸汽热水的生产和供应业 Electric Power,Steam and Hot Water Production and Supply	290878	2678	262522	5739	4800
煤气 生产和供应业 Gas Production and Supply	12715	4088	8448		
自来水的生产和供应业 Tap Water Production and Supply	17510	1703	13761	1335	

3-15 分注册类型大中型工业

Intramural Expenditure on S&T Activities in Large

单位：万元

注册类型 Type of Registration	科技活动经费内部支出总额 Intramural Expenditure on S&T Activities	# 劳务费 Compensation for Laborers
总计 Total	**11640700**	**2588951**
内资企业 Domestic Funded	**9349135**	**2087190**
国有企业 State-owned Enterprises	2444406	589383
其中：大型企业 of which: Large Scale	2155956	500456
集体企业 Collective-owned Enterprises	570686	88429
股份合作企业 Cooperative Enterprises	147772	34459
国有联营企业 State Joint Ownership Enterprises	57813	7746
集体联营企业 Collective Joint Ownership Enterprises	1914	428
国有与集体联营企业 Joint State-collective Enterprises	11693	3197
其他联营企业 Other Joint Ownership Enterprises	3296	921
国有独资公司 State Sole Funded Corporations	1776240	342383
其他有限责任公司 Other Limited Liability Corporations	1709065	450965
股份有限公司 Share-holding Corporations Ltd.	2421461	527572
私营独资企业 Private-funded Enterprises	20409	3595
私营合伙企业 Private Partnership Enterprises	2805	291
私营有限责任公司 Private Limited Liability Corporations	159108	31236
私营股份有限公司 Private Share-holding Corporations Ltd.	20319	6483
其他企业 Others Enterprises	2148	104
港澳台商投资企业 Enterprises with Funds from Hong Kong, Macau and Taiwan	**796076**	**176800**
其中：大型企业 of which: Large Scale	631488	137271
与港澳台商合资经营企业 Joint-venture Enterprises (with Funds from Hong Kong, Macau and Taiwan)	413975	83653
与港澳台商合作经营企业 Cooperative Enterprises (with Funds from Hong Kong, Macau and Taiwan)	24556	7162
港澳台商独资经营企业 Enterprises with Sole Funds from Hong Kong, Macau and Taiwan	234924	51222
港澳台商投资股份有限公司 Share-holding Corporations Ltd. with Funds from Hong Kong, Macau and Taiwan	122622	34764
外商投资企业 Foreign Funded Enterprises	**1495488**	**324961**
其中：大型企业 of which: Large Scale	1269419	262706
中外合资经营企业 Joint-venture Enterprises	1017532	172441
中外合作经营 Cooperation Enterprises	31102	8727
外资企业 Enterprises with Sole Foreign Funds	262433	83667
外商投资股份有限公司 Share-holding Corporations Ltd. with Foreign Funds	184422	60126

企业科技活动经费内部支出（2002）

and Medium-sized Industrial Enterprises by Registration

(10,000 yuan)

原材料费 Raw Material Expenditure	固定资产购建费 Expenditure on the Purchase of Fixed Assets	设备购置 Purchase of Instruments	# 开发新产品经费 Spending for New Products	# 科技机构经费 Spending for S&T Institute
3063061	**3581329**	**3031326**	**5092038**	**5209129**
2542463	**2937187**	**2457085**	**3861867**	**4247757**
734529	606654	513358	808226	875828
638361	539826	455569	691413	776004
148118	204978	183773	318753	200067
37427	62075	50363	71769	85863
17130	24246	23856	11594	49531
757	191	191	1408	782
2940	2545	2476	6616	5387
1082	1141	1016	1762	954
527640	549079	461800	855568	837188
414161	555660	425118	735189	884844
593879	858019	734397	949493	1205918
4646	10115	7571	8942	7801
1408	690	636	2268	752
52583	54982	46633	80491	82969
5846	5113	4301	8361	9844
318	1698	1596	1427	29
229341	**241030**	**203024**	**416448**	**382551**
185887	177521	152358	323846	309698
103267	156556	124555	219146	208425
8043	6038	5803	12148	11656
86403	39067	36275	150263	89829
31628	39369	36391	34891	72641
291257	**403112**	**371218**	**813723**	**578821**
235888	337029	313236	676035	516257
205775	287411	264342	598855	331018
9954	6195	6047	20575	9795
43215	62504	59961	101208	139086
32312	47002	40868	93085	98922

3-16 各地区大中型工业

Intramural Expenditure on S&T Activities in Large

单位：万元

地 区 Region		科技活动经费内部支出总额 Intramural Expenditure on S&T Activities	# 劳务费 Compensation for Laborers
全 国	**Total**	**11640700**	**2588951**
东部地区	Eastern Region	8094415	1800301
中部地区	Mid Region	2241771	472471
西部地区	Western Region	1304514	316179
北 京	Beijing	400585	84686
天 津	Tianjin	283342	71350
河 北	Hebei	278862	56499
山 西	Shanxi	231675	44222
内蒙古	Neimenggu	73415	17026
辽 宁	Liaoning	685565	113205
吉 林	Jilin	249075	28894
黑龙江	Heilongjiang	244663	70614
上 海	Shanghai	1149053	268109
江 苏	Jiangsu	1419878	310701
浙 江	Zhejiang	396802	108463
安 徽	Anhui	380444	60328
福 建	Fujian	233133	61076
江 西	Jiangxi	128759	30240
山 东	Shandong	1485312	257688
河 南	Henan	308876	85457
湖 北	Hubei	410379	76174
湖 南	Hunan	214484	59517
广 东	Guangdong	1623896	441231
广 西	Guangxi	130461	25726
海 南	Hainan	7527	1568
重 庆	Chongqing	202965	37803
四 川	Sichuan	461133	101603
贵 州	Guizhou	89896	22267
云 南	Yunnan	71006	17698
西 藏	Tibet		
陕 西	Shaanxi	277669	75244
甘 肃	Gansu	73718	27608
青 海	Qinghai	34166	8789
宁 夏	Ningxia	29678	6046
新 疆	Xinjiang	64283	19122

企业科技经费内部支出（2002）

and Medium-sized Industrial Enterprises by Region

(10,000 yuan)

原材料费 Raw Material Expenditure	固定资产购建费 Expenditure on the Purchase of Fixed Assets	设备购置 Purchase of Instruments	# 开发新产品经费 Spending for New Products	# 科技机构经费 Spending for S&T Institute
3063061	**3581329**	**3031326**	**5092038**	**5209129**
2141190	2508549	2118047	3772022	3716394
571834	680354	576776	744233	917375
350038	392427	336502	575784	575360
106795	70306	63162	190209	100714
59992	69023	64437	125327	175070
99116	76496	67150	96476	163982
65791	97121	88757	61533	111155
18143	26003	18709	21106	27787
234043	169702	155417	259932	246101
67969	23919	22109	55454	70589
64524	59752	42754	67544	116979
225204	345227	293840	608129	398594
408477	477547	394560	630466	580984
113596	121450	103113	241924	247692
105225	170669	159028	119432	142082
64217	77588	63358	127302	107513
28666	52556	45191	47272	68382
467383	493812	440201	664366	751951
89339	86971	61666	138850	157159
77180	93349	79936	165295	122868
54997	70014	58626	67749	100374
324834	568696	441545	760767	867645
36616	37286	29876	59946	68915
917	1415	1388	7178	7233
59181	70379	64379	142527	80763
143657	134137	116123	206869	223313
22167	35850	34915	26135	28682
20458	22298	20223	22609	36766
59252	77582	59676	138480	90674
16413	16015	15326	21181	31909
6484	8082	6572	3555	23142
8881	12101	5724	8073	8915
13545	15983	13566	6356	51196

3-17 分行业大中型工业企业

Intramural Expenditure on S&T Activities in Large

单位：万元

行 业 Industry	科技活动经费内部支出总额 Intramural Expenditure on S&T Activities	# 劳务费 Compensation for Laborers
总 计 **Total**	**11640700**	**2588951**
煤炭采选业 Coal Mining and Dressing	254269	59695
石油和天然气开采业 Petroleum and Natural Gas Extraction	245075	87398
黑色金属矿采选业 Ferrous Metals Mining and Dressing	10171	3522
有色金属矿采选业 Nonferrous Metals Mining and Dressing	19445	5551
非金属矿采选业 Nonmetal Minerals Mining and Dressing	15304	2719
其他矿采选业 Other Minerals Mining and Dressing		
木材及竹材采选业 Logging and Transport of Wood and Bamboo	2050	991
食品加工业 Food Processing	104785	20210
食品制造业 Food Production	81449	15157
饮料制造业 Beverage Production	154538	27611
烟草加工业 Tobacco Processing	70801	17562
纺织业 Textile Industry	347056	67273
服装及其他纤维制品制造业 Garments and Other Fiber Products	71989	12900
皮革毛皮羽绒及其制品业 Leather, Furs, Down and Related Products	23302	6879
木材加工及竹藤棕草制品业 Timber,Bamboo,Cane,Palm Fiber and Straw Products	23152	2796
家具制造业 Furniture Manufacturing	4902	1423
造纸及纸制品业 Papermaking and Paper Products	146087	19383
印刷业，记录媒介的复制 Printing and Record Medium Reproduction	36256	8122

科技活动经费内部支出（2002）

and Medium-sized Industrial Enterprises by Industry

(10,000 yuan)

原材料费 Raw Material Expenditure	固定资产购建费 Expenditure on the Purchase of Fixed Assets	设备购置 Purchase of Instruments	# 开发新产品经费 Spending for New Products	# 科技机构经费 Spending for S&T Institute
3063061	**3581329**	**3031326**	**5092038**	**5209129**
73910	98876	94914	19110	100783
45052	38693	33413	6503	155354
576	5793	2496	223	1037
4279	5095	4945	2474	10422
3109	7417	6329	4217	7104
289	339	229	205	735
32953	40397	34502	37358	50326
22075	37054	32840	29125	49240
40148	45621	37718	60299	72359
17550	21381	15039	18198	44777
98503	108362	96275	159033	181672
10244	40609	33970	28237	44372
6167	7102	4821	13480	11502
6327	10076	7891	15325	9763
1405	1510	1239	3464	1709
61766	52742	42913	55744	74671
11401	13806	13627	20124	11933

3-17 续表

单位：万元

行 业 Industry	科技活动经费内部支出总额 Intramural Expenditure on S&T Activities	# 劳务费 Compensation for Laborers
文教体育用品制造业 Cultural, Educational and Sports Goods	18083	4250
石油加工及炼焦业 Petroleum Processing and Coking	156401	42962
化学原料及化学制品制造业 Raw Chemical Materials and Chemical Products	838299	172912
医药制造业 Medical and Pharmaceutical Products	431388	113065
化学纤维制造业 Chemical Fiber	163552	20174
橡胶制品业 Rubber Products	107595	16785
塑料制品业 Plastic Products	107976	18203
非金属矿物制品业 Nonmetal Mineral Products	260857	46674
黑色金属冶炼及压延加工业 Smelting and Pressing of Ferrous Metals	1033157	166853
有色金属冶炼及压延加工业 Smelting and Pressing of Nonferrous	244814	56254
金属制品业 Metal Products	114351	24760
普通机械制造业 Ordinary Machinery	554983	165434
专用设备制造业 Equipment for Special Purposes	392560	110799
交通运输设备制造业 Transport Equipment	1752882	305061
电气机械及器材制造业 Electric Equipment and Machinery	1117021	192269
电子及通信设备制造业 Electronic and Telecommunications Equipment	2193550	596924
仪器仪表及文化办公用机械制造业 Instruments, Meters, Cultural and Office Machinery	128392	46567
其他制造业 Other Manufacturing	18201	4483
电力蒸汽热水的生产和供应业 Electric Power,Steam and Hot Water Production and Supply	254569	90747
煤气 生产和供应业 Gas Production and Supply	8261	5016
自来水的生产和供应业 Tap Water Production and Supply	12773	4667

(10,000 yuan)

原材料费 Raw Material Expenditure	固定资产购建费 Expenditure on the Purchase of Fixed Assets	设备购置 Purchase of Instruments	# 开发新产品经费 Spending for New Products	# 科技机构经费 Spending for S&T Institute
5530	5372	4812	13164	9012
21087	61592	57313	29734	79355
239914	299586	258802	269025	354200
88812	134428	109742	189533	215781
49121	82606	71137	53482	60032
37230	38591	36714	58341	72723
32751	44544	37312	60300	47746
74850	102806	88272	94945	114999
354659	313530	291232	275050	316213
57527	91050	73887	68284	94910
28525	45770	26657	49166	44183
186631	127440	109657	314473	269781
135043	89367	65342	223675	200695
395244	505468	405808	817391	634245
318445	378844	345129	695602	510152
466530	590886	471301	1236959	1192815
25238	36297	23976	69523	45033
4755	6177	4948	10480	8575
68136	68253	66432	16153	36645
1507	737	737	249	583
1734	3413	3168	354	3071

3-18 分注册类型大中型工业企业其他技术活动经费支出（2002）
Expenditure on Other Technical Activities in Large and Medium-sized Industrial Enterprises by Registration

单位：万元 (10,000 yuan)

注册类型 Type of Registration	技术改造经费 Expenditure on Technical Renovation	技术引进经费 Expenditure on Import of Technology	其中：引进技术资料及关键设备的支出 Purchase of Documents and Key Equipments	消化吸收经费 Expenditure on Technology Absorption	购买国内技术经费 Expenditure on Purchase of Domestic Technology
总计 **Total**	**14920854**	**3725033**	**2736574**	**257438**	**428933**
内资企业 **Domestic Funded**	**13785587**	**2679764**	**2003882**	**206261**	**404745**
国有企业 State-owned Enterprises	4376528	630409	434658	31613	115272
其中：大型企业 of which: Large Scale	4026453	580181	398493	27042	103879
集体企业 Collective-owned Enterprises	348259	241218	198785	66747	103419
股份合作企业 Cooperative Enterprises	123955	19772	15247	1876	2727
国有联营企业 State Joint Ownership Enterprises	53322	15680	12958	1428	5730
集体联营企业 Collective Joint Ownership Enterprises	343	120	120	20	20
国有与集体联营企业 Joint State-collective Enterprises	5224	63	60		50
其他联营企业 Other Joint Ownership Enterprises	198	214	171	30	11
国有独资公司 State Sole Funded Corporations	3093782	320327	237836	20472	55324
其他有限责任公司 Other Limited Liability Corporations	1980997	439605	347206	28995	52888
股份有限公司 Share-holding Corporations Ltd.	3596137	961219	714532	50252	59731
私营独资企业 Private-funded Enterprises	13531	7172	6321	4	300
私营合伙企业 Private Partnership Enterprises	1059	36	36		

3-18 续表

单位：万元 (10,000 yuan)

注册类型 Type of Registration	技术改造经费 Expenditure on Technical Renovation	技术引进经费 Expenditure on Import of Technology	其中：引进技术资料及关键设备的支出 Purchase of Documents and Key Equipments	消化吸收经费 Expenditure on Technology Absorption	购买国内技术经费 Expenditure on Purchase of Domestic Technology
私营有限责任公司 Private Limited Liability Corporations	165775	37072	29779	4457	6763
私营股份有限公司 Private Share-holding Corporations Ltd.	24008	6856	6176	368	2511
其他企业 Others Enterprises	2470				
港澳台商投资企业 Enterprises with Funds from Hong Kong, Macau and Taiwan	**484218**	**232374**	**133728**	**6989**	**9361**
其中：大型企业 of which: Large Scale	389617	193671	109656	4431	5784
与港澳台商合资经营企业 Joint-venture Enterprises (with Funds from Hong Kong, Macau and Taiwan)	389791	201448	113668	5950	8629
与港澳台商合作经营企业 Cooperative Enterprises (with Funds from Hong Kong, Macau and Taiwan)	21008	3127	3101	112	350
港澳台商独资经营企业 Enterprises with Sole Funds from Hong Kong, Macau and Taiwan	10010	11534	11153	646	146
港澳台商投资股份有限公司 Share-holding Corporations Ltd. with Funds from Hong Kong, Macau and Taiwan	63411	16265	5806	281	236
外商投资企业 Foreign Funded Enterprises	**651049**	**812895**	**598964**	**44188**	**14827**
其中：大型企业 of which: Large Scale	544541	689823	571151	40036	12173
中外合资经营企业 Joint-venture Enterprises	513640	572053	408819	43322	7213
中外合作经营 Cooperation Enterprises	9226	5257	4514	12	
外资企业 Enterprises with Sole Foreign Funds	46850	193710	160834	595	1025
外商投资股份有限公司 Share-holding Corporations Ltd. with Foreign Funds	81332	41875	24796	259	6589

3-19 各地区大中型工业企业其他技术活动经费支出（2002）
Expenditure on Other Technical Activities in Large and Medium-sized Industrial Enterprises by Region

单位：万元 (10,000 yuan)

地 区 Region		技术改造经费 Expenditure on Technical Renovation	技术引进经费 Expenditure on Import of Technology	其中：引进技术资料及关键设备的支出 Purchase of Documents and Key Equipments	消化吸收经费 Expenditure on Technology Absorption	购买国内技术经费 Expenditure on Purchase of Domestic Technology
全 国	**Total**	**14920854**	**3725033**	**2736574**	**257438**	**428933**
东部地区	Eastern Region	8618896	2482003	1776281	195608	317991
中部地区	Mid Region	4357282	871415	663357	39039	74371
西部地区	Western Region	1944676	371615	296937	22790	36571
北 京	Beijing	126580	79512	74735	1314	7596
天 津	Tianjin	228056	66557	62819	1516	13561
河 北	Hebei	775734	125360	97872	3066	3230
山 西	Shanxi	553290	49231	30131	1139	3313
内蒙古	Neimenggu	304613	41313	23543	1069	11787
辽 宁	Liaoning	1005539	172515	67656	2687	1991
吉 林	Jilin	481591	96192	74991	5346	3511
黑龙江	Heilongjiang	656813	64801	52240	3020	11602
上 海	Shanghai	851991	564616	332877	35400	8366
江 苏	Jiangsu	1643125	505839	423057	27451	51704
浙 江	Zhejiang	1348014	230426	173571	23822	10876
安 徽	Anhui	694376	146324	136190	5508	16964
福 建	Fujian	288728	72131	61868	2735	17721
江 西	Jiangxi	221329	22445	14148	2596	6949
山 东	Shandong	1530272	371894	307623	77903	123298
河 南	Henan	488171	100835	72382	8016	10140
湖 北	Hubei	523546	163436	124918	7639	6851
湖 南	Hunan	433554	186839	134815	4706	3253
广 东	Guangdong	534851	244637	136851	18396	70722
广 西	Guangxi	285054	47902	36737	1317	8877
海 南	Hainan	953	616	616		50
重 庆	Chongqing	205830	51906	47518	653	1010
四 川	Sichuan	689099	159062	132470	7561	6218
贵 州	Guizhou	237109	14166	2742	40	595
云 南	Yunnan	175932	36701	28663	1088	7655
西 藏	Tibet					
陕 西	Shaanxi	218358	39957	37265	3730	4848
甘 肃	Gansu	164943	22079	15074	5564	7710
青 海	Qinghai	31518	7265	7158	66	500
宁 夏	Ningxia	43847	4919	3357	317	5098
新 疆	Xinjiang	178041	35560	22691	3770	2937

3-20 分行业大中型工业企业其他技术活动经费支出（2002）

Expenditure on Other Technical Activities in Large and Medium-sized Industrial Enterprises by Industry

单位：万元　(10,000 yuan)

行业 Industry	技术改造经费 Expenditure on Technical Renovation	技术引进经费 Expenditure on Import of Technology	其中：引进技术资料及关键设备的支出 Purchase of Documents and Key Equipments	消化吸收经费 Expenditure on Technology Absorption	购买国内技术经费 Expenditure on Purchase of Domestic Technology
总　计 Total	**14920854**	**3725033**	**2736574**	**257438**	**428933**
煤炭采选业 Coal Mining and Dressing	403622	47383	19700	587	14940
石油和天然气开采业 Petroleum and Natural Gas Extraction	268370	13694	10335	975	676
黑色金属矿采选业 Ferrous Metals Mining and Dressing	10255	25	25		
有色金属矿采选业 Nonferrous Metals Mining and Dressing	23627	1363	1115	61	119
非金属矿采选业 Nonmetal Minerals Mining and Dressing	13407	4181	3164	150	558
其他矿采选业 Other Minerals Mining and Dressing					
木材及竹材采选业 Logging and Transport of Wood and Bamboo	1938	24	24	66	170
食品加工业 Food Processing	109937	41519	35317	3023	1971
食品制造业 Food Production	108897	20497	11148	1214	718
饮料制造业 Beverage Production	336685	144106	131623	1425	2426
烟草加工业 Tobacco Processing	528907	78529	36848	2153	19516
纺织业 Textile Industry	626697	192381	147985	4640	18415
服装及其他纤维制品制造业 Garments and Other Fiber Products	57854	32433	27676	4274	155
皮革毛皮羽绒及其制品业 Leather, Furs, Down and Related Products	12345	18158	1296	24	201
木材加工及竹藤棕草制品业 Timber,Bamboo,Cane,Palm Fiber and Straw Products	11375	1955	1239	623	68
家具制造业 Furniture Manufacturing	14503	3186	3175	50	33
造纸及纸制品业 Papermaking and Paper Products	301359	172491	121533	3380	3231
印刷业，记录媒介的复制 Printing and Record Medium Reproduction	66583	13298	8737	824	75
文教体育用品制造业 Cultural, Educational and Sports Goods	5127	904	682	44	50

3-20 续表

单位：万元 (10,000 yuan)

行 业 Industry	技术改造经费 Expenditure on Technical Renovation	技术引进经费 Expenditure on Import of Technology	其中：引进技术资料及关键设备的支出 Purchase of Documents and Key Equipments	消化吸收经费 Expenditure on Technology Absorption	购买国内技术经费 Expenditure on Purchase of Domestic Technology
石油加工及炼焦业 Petroleum Processing and Coking	746144	89378	50478	5071	9702
化学原料及化学制品制造业 Raw Chemical Materials and Chemical Products	1358863	156893	99509	17669	23210
医药制造业 Medical and Pharmaceutical Products	610503	65838	43076	11665	41613
化学纤维制造业 Chemical Fiber	271187	189020	158836	3122	5553
橡胶制品业 Rubber Products	172164	21426	20096	1419	980
塑料制品业 Plastic Products	89506	56724	54116	1329	861
非金属矿物制品业 Nonmetal Mineral Products	485646	82658	72703	4487	23169
黑色金属冶炼及压延加工业 Smelting and Pressing of Ferrous Metals	3129765	444296	336928	11037	62278
有色金属冶炼及压延加工业 Smelting and Pressing of Nonferrous	665193	62108	50792	13491	22519
金属制品业 Metal Products	96654	30489	20209	3246	866
普通机械制造业 Ordinary Machinery	505366	113706	79680	13798	24633
专用设备制造业 Equipment for Special Purposes	375362	69215	60720	7973	12505
交通运输设备制造业 Transport Equipment	1157603	356857	276271	22274	13249
电气机械及器材制造业 Electric Equipment and Machinery	605976	368571	269798	78648	100784
电子及通信设备制造业 Electronic and Telecommunications Equipment	570121	758320	522728	36836	8970
仪器仪表及文化办公用机械制造业 Instruments, Meters, Cultural and Office Machinery	66839	28502	26118	397	5123
其他制造业 Other Manufacturing	14028	4459	4311	91	45
电力蒸汽热水的生产和供应业 Electric Power,Steam and Hot Water Production and Supply	975907	25094	15763	1227	7253
煤气 生产和供应业 Gas Production and Supply	26788	1730	1624	8	
自来水的生产和供应业 Tap Water Production and Supply	16178	1762	1596	71	181

3-21 分注册类型大中型工业企业科技机构（2002）

S&T Institutes in Large and Medium-sized Industrial Enterprises by Registration

单位：个 (unit)

注册类型 Type of Registration	企业科技机构数 Number of the S&T Institutes	# 有经常性开发任务 with a current task of development	# 有稳定经费来源 with a stable source of funds	# 有一定测试条件 with a capacity of administer tests and experiments
总计 Total	**7192**	**6522**	**6353**	**6704**
内资企业 Domestic Funded	**6303**	**5725**	**5543**	**5853**
国有企业 State-owned Enterprises	2157	1943	1812	1938
其中：大型企业 of which: Large Scale	1416	1310	1227	1281
集体企业 Collective-owned Enterprises	340	295	302	322
股份合作企业 Cooperative Enterprises	185	163	160	169
国有联营企业 State Joint Ownership Enterprises	28	27	27	27
集体联营企业 Collective Joint Ownership Enterprises	2	2	2	2
国有与集体联营企业 Joint State-collective Enterprises	24	22	21	22
其他联营企业 Other Joint Ownership Enterprises	6	5	6	6
国有独资公司 State Sole Funded Corporations	745	696	670	684
其他有限责任公司 Other Limited Liability Corporations	1319	1183	1178	1248
股份有限公司 Share-holding Corporations Ltd.	1247	1167	1140	1199
私营独资企业 Private-funded Enterprises	26	23	25	25
私营合伙企业 Private Partnership Enterprises	3	3	3	3

3−21 续表

单位：个 (unit)

注册类型 Type of Registration	企业科技机构数 Number of the S&T Institutes	# 有经常性开发任务 with a current task of development	# 有稳定经费来源 with a stable source of funds	# 有一定测试条件 with a capacity of administer tests and experiments
私营有限责任公司 Private Limited Liability Corporations	194	173	172	182
私营股份有限公司 Private Share-holding Corporations Ltd.	26	22	24	25
其他企业 Others Enterprises	1	1	1	1
港澳台商投资企业 Enterprises with Funds from Hong Kong, Macau and Taiwan	**431**	**388**	**389**	**410**
其中：大型企业 of which: Large Scale	236	221	217	229
与港澳台商合资经营企业 Joint-venture Enterprises (with Funds from Hong Kong, Macau and Taiwan)	275	252	247	265
与港澳台商合作经营企业 Cooperative Enterprises (with Funds from Hong Kong, Macau and Taiwan)	26	21	21	22
港澳台商独资经营企业 Enterprises with Sole Funds from Hong Kong, Macau and Taiwan	91	77	85	87
港澳台商投资股份有限公司 Share-holding Corporations Ltd. with Funds from Hong Kong, Macau and Taiwan	39	38	36	36
外商投资企业 Foreign Funded Enterprises	**458**	**409**	**421**	**441**
其中：大型企业 of which: Large Scale	292	264	278	285
中外合资经营企业 Joint-venture Enterprises	306	272	275	294
中外合作经营 Cooperation Enterprises	17	15	15	15
外资企业 Enterprises with Sole Foreign Funds	92	81	89	90
外商投资股份有限公司 Share-holding Corporations Ltd. with Foreign Funds	43	41	42	42

3-22 各地区大中型工业企业科技机构（2002）

S&T Institutes in Large and Medium-sized Industrial Enterprises by Region

单位：个 (unit)

地 区 Region		企业科技机构数 Number of the S&T Institutes	# 有经常性开发任务 with a current task of development	# 有稳定经费来源 with a stable source of funds	# 有一定测试条件 with a capacity of administer tests and experiments
全 国	**Total**	**7192**	**6522**	**6353**	**6704**
东部地区	Eastern Region	4413	4020	3959	4120
中部地区	Mid Region	1693	1520	1448	1570
西部地区	Western Region	1086	982	946	1014
北 京	Beijing	131	121	116	121
天 津	Tianjin	184	166	158	170
河 北	Hebei	387	335	340	337
山 西	Shanxi	130	116	110	123
内蒙古	Neimenggu	77	73	69	72
辽 宁	Liaoning	254	229	215	236
吉 林	Jilin	123	98	92	100
黑龙江	Heilongjiang	191	169	162	177
上 海	Shanghai	247	227	226	234
江 苏	Jiangsu	941	882	847	893
浙 江	Zhejiang	394	372	373	385
安 徽	Anhui	266	238	236	256
福 建	Fujian	195	182	188	191
江 西	Jiangxi	128	120	115	123
山 东	Shandong	801	711	711	726
河 南	Henan	315	291	272	294
湖 北	Hubei	198	182	171	187
湖 南	Hunan	265	233	221	238
广 东	Guangdong	702	632	626	665
广 西	Guangxi	165	151	147	150
海 南	Hainan	12	12	12	12
重 庆	Chongqing	158	136	136	150
四 川	Sichuan	276	247	252	260
贵 州	Guizhou	79	74	63	75
云 南	Yunnan	149	132	124	140
西 藏	Tibet				
陕 西	Shaanxi	219	204	192	201
甘 肃	Gansu	88	83	75	80
青 海	Qinghai	21	19	18	19
宁 夏	Ningxia	35	28	33	33
新 疆	Xinjiang	61	59	53	56

3-23 分行业大中型工业企业科技机构（2002）

S&T Institutes in Large and Medium-sized Industrial Enterprises by Industry

单位：个 (unit)

行　业 Industry	企业科技机构数 Number of the S&T Institutes	# 有经常性开发任务 with a current task of development	# 有稳定经费来源 with a stable source of funds	# 有一定测试条件 with a capacity of administer tests and experiments
总　计 **Total**	**7192**	**6522**	**6353**	**6704**
煤炭采选业 Coal Mining and Dressing	107	92	95	86
石油和天然气开采业 Petroleum and Natural Gas Extraction	87	81	78	81
黑色金属矿采选业 Ferrous Metals Mining and Dressing	8	6	6	5
有色金属矿采选业 Nonferrous Metals Mining and Dressing	41	36	34	40
非金属矿采选业 Nonmetal Minerals Mining and Dressing	33	28	24	26
其他矿采选业 Other Minerals Mining and Dressing				
木材及竹材采选业 Logging and Transport of Wood and Bamboo	17	11	12	9
食品加工业 Food Processing	148	128	129	136
食品制造业 Food Production	115	105	107	113
饮料制造业 Beverage Production	191	162	160	180
烟草加工业 Tobacco Processing	69	69	66	69
纺织业 Textile Industry	352	323	315	342
服装及其他纤维制品制造业 Garments and Other Fiber Products	46	40	42	42
皮革毛皮羽绒及其制品业 Leather, Furs, Down and Related Products	35	31	31	34
木材加工及竹藤棕草制品业 Timber,Bamboo,Cane,Palm Fiber and Straw Products	17	15	16	16
家具制造业 Furniture Manufacturing	14	13	13	13
造纸及纸制品业 Papermaking and Paper Products	94	84	84	90
印刷业，记录媒介的复制 Printing and Record Medium Reproduction	34	28	29	30
文教体育用品制造业 Cultural, Educational and Sports Goods	33	31	32	32

3-23 续表

单位：个 (unit)

行　业 Industry	企业科技机构数 Number of the S&T Institutes	# 有经常性开发任务 with a current task of development	# 有稳定经费来源 with a stable source of funds	# 有一定测试条件 with a capacity of administer tests and experiments
石油加工及炼焦业 Petroleum Processing and Coking	67	65	64	63
化学原料及化学制品制造业 Raw Chemical Materials and Chemical Products	745	684	675	686
医药制造业 Medical and Pharmaceutical Products	499	467	462	487
化学纤维制造业 Chemical Fiber	75	65	63	72
橡胶制品业 Rubber Products	98	87	85	93
塑料制品业 Plastic Products	150	129	128	141
非金属矿物制品业 Nonmetal Mineral Products	311	257	267	283
黑色金属冶炼及压延加工业 Smelting and Pressing of Ferrous Metals	164	151	147	152
有色金属冶炼及压延加工业 Smelting and Pressing of Nonferrous	164	152	152	161
金属制品业 Metal Products	146	128	116	135
普通机械制造业 Ordinary Machinery	613	581	526	573
专用设备制造业 Equipment for Special Purposes	465	428	400	432
交通运输设备制造业 Transport Equipment	666	614	575	590
电气机械及器材制造业 Electric Equipment and Machinery	515	476	464	494
电子及通信设备制造业 Electronic and Telecommunications Equipment	565	525	526	554
仪器仪表及文化办公用机械制造业 Instruments, Meters, Cultural and Office Machinery	175	157	149	165
其他制造业 Other Manufacturing	26	22	22	23
电力蒸汽热水的生产和供应业 Electric Power,Steam and Hot Water Production and Supply	160	118	133	127
煤气 生产和供应业 Gas Production and Supply	6	6	5	5
自来水的生产和供应业 Tap Water Production and Supply	31	23	26	26

3-24 分注册类型大中型工业企业科技项目与专利（2002）
Projects and Patents for S&T Activities in Large and Medium-sized Industrial Enterprises by Registration

单位：项 (item)

注册类型 Type of Registration	科技活动项目数 Projects for S&T Activities	新产品开发项目数 Projects for New Product	专利申请 Patent Applications	发明专利数 Inventive Patent	拥有发明专利数 Owning Inventive Patent
总计 **Total**	**110270**	**59788**	**21297**	**5770**	**9388**
内资企业 **Domestic Funded**	**97360**	**51231**	**15820**	**3739**	**7707**
国有企业 State-owned Enterprises	33302	15561	2681	661	1840
其中：大型企业 of which: Large Scale	26082	11260	2290	526	1527
集体企业 Collective-owned Enterprises	3677	2416	1327	234	355
股份合作企业 Cooperative Enterprises	1330	789	585	65	155
国有联营企业 State Joint Ownership Enterprises	362	155	30	4	5
集体联营企业 Collective Joint Ownership Enterprises	10	7			
国有与集体联营企业 Joint State-collective Enterprises	167	119	215	9	206
其他联营企业 Other Joint Ownership Enterprises	49	38	1		
国有独资公司 State Sole Funded Corporations	16325	9248	1718	313	672
其他有限责任公司 Other Limited Liability Corporations	18381	9768	3855	1504	1366
股份有限公司 Share-holding Corporations Ltd.	20951	11425	4037	787	2736
私营独资企业 Private-funded Enterprises	117	70	25	7	4
私营合伙企业 Private Partnership Enterprises	100	94	16		

3–24 续表

单位：项 (item)

注册类型 Type of Registration	科技活动项目数 Projects for S&T Activities	新产品开发项目数 Projects for New Product	专利申请 Patent Applications	发明专利数 Inventive Patent	拥有发明专利数 Owning Inventive Patent
私营有限责任公司 Private Limited Liability Corporations	2353	1368	1282	141	348
私营股份有限公司 Private Share-holding Corporations Ltd.	209	151	48	14	20
其他企业 Others Enterprises	27	22			
港澳台商投资企业 **Enterprises with Funds from Hong Kong, Macau and Taiwan**	**5578**	**3674**	**2751**	**553**	**563**
其中：大型企业 of which: Large Scale	3625	2278	2300	495	344
与港澳台商合资经营企业 Joint-venture Enterprises (with Funds from Hong Kong, Macau and Taiwan)	2996	2104	804	107	284
与港澳台商合作经营企业 Cooperative Enterprises (with Funds from Hong Kong, Macau and Taiwan)	510	356	106	23	78
港澳台商独资经营企业 Enterprises with Sole Funds from Hong Kong, Macau and Taiwan	1359	945	1445	357	168
港澳台商投资股份有限公司 Share-holding Corporations Ltd. with Funds from Hong Kong, Macau and Taiwan	713	269	396	66	33
外商投资企业 **Foreign Funded Enterprises**	**7332**	**4883**	**2726**	**1478**	**1118**
其中：大型企业 of which: Large Scale	4911	3106	2418	1409	842
中外合资经营企业 Joint-venture Enterprises	5359	3590	1904	1192	652
中外合作经营 Cooperation Enterprises	170	107	14	6	16
外资企业 Enterprises with Sole Foreign Funds	1111	630	549	184	399
外商投资股份有限公司 Share-holding Corporations Ltd. with Foreign Funds	692	556	259	96	51

3-25 各地区大中型工业企业科技项目与专利（2002）
Projects and Patents for S&T Activities in Large and Medium-sized Industrial Enterprises by Region

单位：项 (item)

地 区	Region	科技活动项目数 Projects for S&T Activities	新产品开发项目数 Projects for New Product	专利申请 Patent Applications	发明专利数 Inventive Patent	拥有发明专利数 Owning Inventive Patent
全 国	**Total**	**110270**	**59788**	**21297**	**5770**	**9388**
东部地区	Eastern Region	64387	37711	16118	4716	6649
中部地区	Mid Region	27758	11963	2842	636	1816
西部地区	Western Region	18125	10114	2337	418	923
北 京	Beijing	3131	2117	1004	390	453
天 津	Tianjin	2897	1850	1272	1102	426
河 北	Hebei	3878	2123	399	77	275
山 西	Shanxi	2535	1219	167	34	87
内蒙古	Neimenggu	929	359	50	19	48
辽 宁	Liaoning	7076	3527	365	107	279
吉 林	Jilin	1407	585	133	37	35
黑龙江	Heilongjiang	3619	1310	516	110	267
上 海	Shanghai	3955	2736	2458	403	1134
江 苏	Jiangsu	11654	6243	1521	350	1067
浙 江	Zhejiang	2901	1754	807	185	250
安 徽	Anhui	3689	2098	309	65	145
福 建	Fujian	2299	1266	690	67	239
江 西	Jiangxi	2004	1067	164	24	95
山 东	Shandong	12390	6671	2560	487	1117
河 南	Henan	5256	2433	414	80	290
湖 北	Hubei	5257	1831	626	141	574
湖 南	Hunan	3062	1061	463	126	275
广 东	Guangdong	12192	8190	4822	1488	1356
广 西	Guangxi	1979	1206	198	50	46
海 南	Hainan	35	28	22	10	7
重 庆	Chongqing	2434	1626	987	63	168
四 川	Sichuan	7233	4505	600	126	307
贵 州	Guizhou	1305	808	87	26	44
云 南	Yunnan	1034	430	110	31	117
西 藏	Tibet					
陕 西	Shaanxi	3379	1762	212	48	133
甘 肃	Gansu	1267	612	62	43	36
青 海	Qinghai	280	71	51	19	20
宁 夏	Ningxia	587	188	108	18	40
新 疆	Xinjiang	606	112	120	44	58

3-26 分行业大中型工业企业科技项目与专利（2002）
Projects and Patents for S&T Activities in Large and Medium-sized Industrial Enterprises by Industry

单位：项 (item)

行业 Industry	科技活动项目数 Projects for S&T Activities	新产品开发项目数 Projects for New Product	专利申请 Patent Applications	发明专利数 Inventive Patent	拥有发明专利数 Owning Inventive Patent
总计 Total	**110270**	**59788**	**21297**	**5770**	**9388**
煤炭采选业 Coal Mining and Dressing	3838	426	166	40	105
石油和天然气开采业 Petroleum and Natural Gas Extraction	3468	151	389	61	300
黑色金属矿采选业 Ferrous Metals Mining and Dressing	82	3			3
有色金属矿采选业 Nonferrous Metals Mining and Dressing	324	46	5	1	4
非金属矿采选业 Nonmetal Minerals Mining and Dressing	186	66	30	27	20
其他矿采选业 Other Minerals Mining and Dressing					
木材及竹材采选业 Logging and Transport of Wood and Bamboo	158	18	1		6
食品加工业 Food Processing	1246	737	105	44	56
食品制造业 Food Production	1282	839	560	41	255
饮料制造业 Beverage Production	1430	784	616	78	237
烟草加工业 Tobacco Processing	635	247	71	23	41
纺织业 Textile Industry	4785	3476	576	54	74

3-26 续表1

单位：项 (item)

行 业 Industry	科技活动项目数 Projects for S&T Activities	新产品开发项目数 Projects for New Product	专利申请 Patent Applications	发明专利数 Inventive Patent	拥有发明专利数 Owning Inventive Patent
服装及其他纤维制品制造业 Garments and Other Fiber Products	573	354	195	9	20
皮革毛皮羽绒及其制品业 Leather, Furs, Down and Related Products	326	225	20	5	18
木材加工及竹藤棕草制品业 Timber,Bamboo,Cane,Palm Fiber and Straw Products	79	44	17	2	7
家具制造业 Furniture Manufacturing	785	773	99	29	50
造纸及纸制品业 Papermaking and Paper Products	617	231	55	20	23
印刷业，记录媒介的复制 Printing and Record Medium Reproduction	649	354	36	13	16
文教体育用品制造业 Cultural, Educational and Sports Goods	278	222	433	23	107
石油加工及炼焦业 Petroleum Processing and Coking	1563	404	236	191	544
化学原料及化学制品制造业 Raw Chemical Materials and Chemical Products	6724	3329	770	371	599
医药制造业 Medical and Pharmaceutical Products	5034	2663	1000	317	485
化学纤维制造业 Chemical Fiber	938	363	35	16	25
橡胶制品业 Rubber Products	1226	863	141	24	53
塑料制品业 Plastic Products	912	589	597	50	196

3-26 续表2

单位：项 (item)

行 业 Industry	科技活动项目数 Projects for S&T Activities	新产品开发项目数 Projects for New Product	专利申请 Patent Applications	发明专利数 Inventive Patent	拥有发明专利数 Owning Inventive Patent
非金属矿物制品业 Nonmetal Mineral Products	2700	1439	409	77	180
黑色金属冶炼及压延加工业 Smelting and Pressing of Ferrous Metals	5730	1754	652	202	988
有色金属冶炼及压延加工业 Smelting and Pressing of Nonferrous	2177	748	416	130	258
金属制品业 Metal Products	1549	989	399	80	232
普通机械制造业 Ordinary Machinery	11855	8107	859	175	603
专用设备制造业 Equipment for Special Purposes	5576	3517	922	124	580
交通运输设备制造业 Transport Equipment	14685	8767	2085	187	869
电气机械及器材制造业 Electric Equipment and Machinery	10999	7831	4387	1336	971
电子及通信设备制造业 Electronic and Telecommunications Equipment	8948	6166	3888	1759	1105
仪器仪表及文化办公用机械制造业 Instruments, Meters, Cultural and Office Machinery	2759	2083	607	123	111
其他制造业 Other Manufacturing	335	89	211	32	57
电力蒸汽热水的生产和供应业 Electric Power,Steam and Hot Water Production and Supply	4449	414	223	69	105
煤气 生产和供应业 Gas Production and Supply	121	10	3		2
自来水的生产和供应业 Tap Water Production and Supply	286	19	2	1	2

3-27　各地区大中型工业企

Major Indicators of LMIE

单位：万元

地　区 Region		企业数（个） Number of Large & Medium-sized Enterprises	# 有科技机构的企业数 having institutes for S&T	# 有科技活动的企业数 having activities for S&T	工业总产值 Gross Value of Industrial Output	新产品 New Products
全　国	**Total**	**7952**	**2216**	**3888**	**208433532**	**28689955**
东部地区	Eastern Region	3867	1039	1890	106793456	17551302
中部地区	Mid Region	2704	721	1225	67048438	6507035
西部地区	Western Region	1381	456	773	34591638	4631618
北　京	Beijing	230	46	99	8527984	828705
天　津	Tianjin	323	65	133	4677180	760094
河　北	Hebei	571	158	224	11694697	989552
山　西	Shanxi	227	66	125	6621657	365601
内蒙古	Neimenggu	123	26	56	3697050	312562
辽　宁	Liaoning	277	80	128	12701032	2997768
吉　林	Jilin	258	60	87	7939511	1889311
黑龙江	Heilongjiang	310	61	104	6473629	409634
上　海	Shanghai	300	54	239	6385278	1682545
江　苏	Jiangsu	457	193	291	16924964	3398869
浙　江	Zhejiang	148	39	80	5061613	562163
安　徽	Anhui	251	94	152	7425130	536682
福　建	Fujian	125	27	76	3281893	146575
江　西	Jiangxi	241	63	100	4494016	295480
山　东	Shandong	686	178	280	21906700	4430545
河　南	Henan	595	155	222	13400625	922231
湖　北	Hubei	330	79	166	9321133	738020
湖　南	Hunan	369	117	213	7675686	1037514
广　东	Guangdong	410	114	204	11155357	841305
广　西	Guangxi	294	83	133	3758369	636392
海　南	Hainan	46	2	3	718389	276789
重　庆	Chongqing	151	62	99	3085414	916887
四　川	Sichuan	302	92	189	8510903	2417378
贵　州	Guizhou	148	52	87	3605103	165368
云　南	Yunnan	199	59	91	6531750	56482
西　藏	Tibet					
陕　西	Shaanxi	272	101	144	6873948	818097
甘　肃	Gansu	143	47	99	2924190	140223
青　海	Qinghai	39	10	14	835988	21479
宁　夏	Ningxia	41	8	21	1124620	39654
新　疆	Xinjiang	86	25	29	1099722	56051

注：①"国有"为注册类型中国有企业、国有联营和国有独资公司的合计。
②LMIE 为 Large and Medium-sized Enterprises 的缩写，后同。

业（国有）基本情况（2002）

(State-owned) by Region

(10,000 yuan)

产品销售收入 Total evenue from the Sale of Products	新产品 New Products	产品销售利润 Profits from the Sale of Total Products	新产品 New Products	年末从业人员（人） Employees (year-end) (person)	工程技术人员 Technical Engineering Personnel	生产经营用设备原价 Original Value of Equipment	微电子控制 Equipment Controlled by Micro-electronics
241784304	**27610022**	**31540020**	**2885432**	**13854422**	**1627129**	**232613050**	**16697734**
132694191	17000829	16471347	1675768	5505755	647261	117337227	9150199
72628315	6094708	9303415	764160	5845910	652061	77870659	4484049
36461798	4514485	5765258	445504	2502757	327807	37405164	3063486
8420737	822324	967508	116070	342481	43125	12142608	126922
5430872	688496	502471	46099	271729	33681	7801695	328667
14396474	1008231	1817213	128184	938936	93518	14605570	1878242
7189001	366317	1192654	56989	769209	78296	10816608	327933
4117251	258693	516477	35638	380025	44203	8096536	160093
15490496	2975515	1947063	293906	856032	113819	15340188	1538374
8476037	1736571	769142	151525	518311	53534	8283370	182473
7804347	452045	827910	80208	1043036	121409	9725017	417628
8196999	1498992	966453	168709	270726	25810	9793681	462318
20331531	3356328	2278558	359497	801402	104272	15545824	1290102
8150324	531528	822808	48724	174960	17502	5266770	471852
8853089	495297	1112157	52681	592757	68803	6499716	1296882
3366298	132891	584260	22525	113284	16046	5024646	185898
4427041	280681	502949	28765	311038	32492	4066011	210107
26782209	4300442	3482905	343865	1142184	121280	14642578	1603034
14083478	803703	1754397	162309	1122200	116775	10953014	895309
9624212	654691	1564341	108595	589175	68316	11226758	306362
8053860	1046712	1063389	87451	520159	68233	8203629	687262
17605171	785945	2475517	63762	306316	44602	12283760	1109123
3788894	617120	549585	64631	256845	31010	3899757	130546
734185	283017	77006	19795	30860	2596	990153	25121
3486249	962845	468127	79156	275762	30738	4033573	635705
8418240	2259018	1359368	189245	572460	75294	6935150	604851
3615605	216429	732025	41238	291377	40213	3752690	435400
6477490	52267	1193158	5971	202594	28119	5919501	573581
7726827	784743	1148502	98107	557213	71631	7620668	398745
3153963	124999	393595	21204	319355	48891	4329767	193511
1206631	21914	149436	994	71935	10347	1309435	19635
1387113	39153	177318	6722	102371	10852	1655351	74065
989680	53119	143730	2868	109690	11722	1849030	127993

3-28 分行业大中型工业企

Major Indicators of LMIE

单位：万元

行　业 Industry	企业数（个） Number of Large & Medium-sized Enterprises	# 有科技机构的企业数 having institutes for S&T	# 有科技活动的企业数 having activities for S&T
总 计 **Total**	**7952**	**2216**	**3888**
煤炭采选业 Coal Mining and Dressing	213	56	104
石油和天然气开采业 Petroleum and Natural Gas Extraction	14	5	12
黑色金属矿采选业 Ferrous Metals Mining and Dressing	24	7	11
有色金属矿采选业 Nonferrous Metals Mining and Dressing	108	24	43
非金属矿采选业 Nonmetal Minerals Mining and Dressing	95	23	34
其他矿采选业 Other Minerals Mining and Dressing	1		
木材及竹材采选业 Logging and Transport of Wood and Bamboo	90	15	45
食品加工业 Food Processing	369	31	57
食品制造业 Food Production	130	30	45
饮料制造业 Beverage Production	210	57	78
烟草加工业 Tobacco Processing	121	65	80
纺织业 Textile Industry	515	101	201
服装及其他纤维制品制造业 Garments and Other Fiber Products	48	3	9
皮革毛皮羽绒及其制品业 Leather, Furs, Down and Related Products	32	3	9
木材加工及竹藤棕草制品业 Timber,Bamboo,Cane,Palm Fiber and Straw Products	57	3	8
家具制造业 Furniture Manufacturing	9	1	1
造纸及纸制品业 Papermaking and Paper Products	146	20	37
印刷业，记录媒介的复制 Printing and Record Medium Reproduction	184	6	25

业（国有）基本情况（2002）

(State-owned) by Industry

(10,000 yuan)

工业总产值 Gross Value of Industrial Output	新产品 New Products	产品销售收入 Total evenue from the Sale of Products	新产品 New Products	产品销售利润 Profits from the Sale of Total Products	新产品 New Products	年末从业人员（人）Employees (year-end) (person)	工程技术人员 Technical Engineering Personnel	生产经营用设备原价 Original Value of Equipment	微电子控制 Equipment Controlled by Micro-electronics
208433532	**28689955**	**241784304**	**27610022**	**31540020**	**2885432**	**13854422**	**1627129**	**232613050**	**16697734**
11781115	112710	11783577	106957	2633970	10714	2454610	172568	16531743	1095397
2730765	78755	2946096	70813	565166	7207	217757	38562	3567088	124436
434391	929	479108	656	106220	(7)	83625	4818	531426	7926
1079985	8543	1114710	7041	260346	948	159580	17055	1072414	9351
804638	24413	794035	35422	128003	4620	143730	11173	950477	20709
266		5		-17		529	15	610	
875865	4061	771522	4042	251950	309	504256	63340	1077033	30300
2639882	24779	2588420	17122	158607	3722	167307	14984	1706719	46076
1290998	37852	1285036	37415	187755	4546	87072	8992	966498	44896
3553299	277481	3535607	339972	599808	66606	223658	25455	2556184	119685
18802728	1501442	18683616	1417799	3361687	256952	175802	24378	7098488	1586985
6688522	866868	6367148	836085	529907	75321	827268	42570	5393088	723116
284791	12529	276124	12337	30790	592	46960	1750	151301	2545
138094	24671	115424	21596	8979	1501	18027	960	110082	1302
253965	6186	255824	5963	21933	126	27697	2410	453368	49134
35956	768	34400	768	2338	6	4369	315	53963	32
1513530	90791	1490070	84765	192840	16041	114585	12859	1928196	107911
1317447	66651	1251086	71099	317428	10241	103180	6936	1478338	326750

3–28 续表

单位：万元

行　业 Industry	企业数（个） Number of Large & Medium-sized Enterprises	# 有科技机构的企业数 having institutes for S&T	# 有科技活动的企业数 having activities for S&T
文教体育用品制造业 Cultural, Educational and Sports Goods	15	4	5
石油加工及炼焦业 Petroleum Processing and Coking	55	16	25
化学原料及化学制品制造业 Raw Chemical Materials and Chemical Products	659	234	346
医药制造业 Medical and Pharmaceutical Products	196	98	128
化学纤维制造业 Chemical Fiber	56	18	27
橡胶制品业 Rubber Products	59	22	36
塑料制品业 Plastic Products	96	15	37
非金属矿物制品业 Nonmetal Mineral Products	500	77	161
黑色金属冶炼及压延加工业 Smelting and Pressing of Ferrous Metals	156	61	84
有色金属冶炼及压延加工业 Smelting and Pressing of Nonferrous	129	56	83
金属制品业 Metal Products	143	36	59
普通机械制造业 Ordinary Machinery	586	232	380
专用设备制造业 Equipment for Special Purposes	455	170	284
交通运输设备制造业 Transport Equipment	596	247	416
电气机械及器材制造业 Electric Equipment and Machinery	248	91	155
电子及通信设备制造业 Electronic and Telecommunications Equipment	251	113	175
仪器仪表及文化办公用机械制造业 Instruments, Meters, Cultural and Office Machinery	153	72	122
其他制造业 Other Manufacturing	17	2	5
电力蒸汽热水的生产和供应业 Electric Power,Steam and Hot Water Production and Supply	831	102	389
煤气生产和供应业 Gas Production and Supply	85	5	28
自来水的生产和供应业 Tap Water Production and Supply	201	26	58

(10,000 yuan)

工业总产值 Gross Value of Industrial Output	新产品 New Products	产品销售收入 Total evenue from the Sale of Products	新产品 New Products	产品销售利润 Profits from the Sale of Total Products	新产品 New Products	年末从业人员（人） Employees (year-end) (person)	工程技术人员 Technical Engineering Personnel	生产经营用设备原价 Original Value of Equipment	微电子控制 Equipment Controlled by Micro-electronics
141458	21372	148732	22144	39166	4979	10226	588	68758	3356
11883750	384720	12610992	357950	1207415	43774	135088	22605	7788521	404734
13934092	1361760	14326607	1310715	1719453	141527	918942	127962	17827800	1425777
3898311	538560	4362623	604785	772966	127579	209435	34248	2600968	233576
1299905	118440	1475557	113353	143025	10950	89891	7228	1976444	342923
1560095	345740	1374386	201447	165099	32414	92904	7028	871923	127557
601964	116742	551961	107341	85121	18965	44773	8152	699524	48768
3968255	320705	3958193	314829	486963	43709	472605	45943	4857800	355254
27203640	3792662	26958407	3822237	4042158	419425	1239925	157671	31777297	1684951
6142268	377595	6321338	345965	785956	28584	395874	51636	7058093	289047
1181370	179352	1168229	153290	176744	24189	100770	9757	939226	102611
6777477	1992056	6804265	1928844	1014880	235684	607354	66558	4608883	488304
4525746	1115355	4799366	982155	615318	139659	493839	54689	3422730	235450
23346623	8037110	22397865	7596817	2741892	623855	1119769	146516	10768606	1224833
5778230	2552593	5428134	2493605	586737	157847	285473	40086	2443957	303803
7493900	3335673	7372300	3217683	868928	234630	252890	53319	3233018	834633
987627	239955	1011439	228389	217569	39662	123958	18868	946761	101307
54905	10509	98924	10242	5417	1065	7007	447	42006	840
27938055	47979	60998282	47654	5866244	5338	1281013	238174	73346467	3714459
1028327	85	1557169	186	-22516	25	96656	12593	2691000	32984
2067936	279	1969620	276	287740	55	191410	23696	6493828	167689

3-29 各地区大中型工业企业（国有）科技活动人员（2002）

Personnel for S&T Activities in LMIE(State-owned) by Region

单位：人 (person)

地 区 Region		科技活动人员 Personnel for S&T Activities	科学家和工程师 Scientists & Engineers	科技机构人员 Personnel in S&T Institutes	科学家和工程师 Scientists & Engineers
全 国	**Total**	**677198**	**390546**	**211995**	**135973**
东部地区	Eastern Region	292798	172094	98300	65512
中部地区	Mid Region	227609	136637	64624	42338
西部地区	Western Region	156791	81815	49071	28123
北 京	Beijing	15971	10016	3446	2364
天 津	Tianjin	12464	7977	5929	4092
河 北	Hebei	37991	21842	11516	7191
山 西	Shanxi	28333	18412	6542	4571
内蒙古	Neimenggu	10072	5575	2692	1739
辽 宁	Liaoning	45792	27787	13296	9933
吉 林	Jilin	13363	9598	5543	3930
黑龙江	Heilongjiang	22892	14090	6397	4348
上 海	Shanghai	16958	10429	4080	2705
江 苏	Jiangsu	62271	31659	17642	11717
浙 江	Zhejiang	6939	4393	2065	1435
安 徽	Anhui	22920	16095	6081	3953
福 建	Fujian	6910	3458	1158	791
江 西	Jiangxi	17730	8616	4366	2822
山 东	Shandong	52772	33981	27487	18229
河 南	Henan	46905	26956	15638	9285
湖 北	Hubei	32497	19385	8184	5344
湖 南	Hunan	32897	17910	9181	6346
广 东	Guangdong	23465	13915	7830	4463
广 西	Guangxi	10943	6343	3670	2477
海 南	Hainan	322	294	181	115
重 庆	Chongqing	15283	8774	5023	3221
四 川	Sichuan	49784	27113	17129	9696
贵 州	Guizhou	15135	7004	3312	1959
云 南	Yunnan	5755	3437	2643	1557
西 藏	Tibet				
陕 西	Shaanxi	46987	21539	15389	7906
甘 肃	Gansu	18025	10116	2934	1945
青 海	Qinghai	1790	964	721	468
宁 夏	Ningxia	2223	1681	765	592
新 疆	Xinjiang	1809	1187	1155	779

3-30 分行业大中型工业企业（国有）科技活动人员（2002）
Personnel for S&T Activities in LMIE(State-owned) by Industrydium-sized Industrial Enterprises by Industry

单位：人 (person)

行 业 Industry	科技活动人员 Personnel for S&T Activities	科学家和工程师 Scientists & Engineers	科技机构人员 Personnel in S&T Institutes	科学家和工程师 Scientists & Engineers
总 计 Total	**677198**	**390546**	**211995**	**135973**
煤炭采选业 Coal Mining and Dressing	50116	29041	9541	7084
石油和天然气开采业 Petroleum and Natural Gas Extraction	11157	7121	3734	2596
黑色金属矿采选业 Ferrous Metals Mining and Dressing	1747	963	329	275
有色金属矿采选业 Nonferrous Metals Mining and Dressing	3433	2538	1198	803
非金属矿采选业 Nonmetal Minerals Mining and Dressing	2458	1392	1044	715
其他矿采选业 Other Minerals Mining and Dressing				
木材及竹材采选业 Logging and Transport of Wood and Bamboo	2418	1432	224	146
食品加工业 Food Processing	2853	1685	892	509
食品制造业 Food Production	2663	1372	1005	616
饮料制造业 Beverage Production	8281	4634	3889	2053
烟草加工业 Tobacco Processing	6852	4152	2616	1680
纺织业 Textile Industry	20960	8190	9534	3721
服装及其他纤维制品制造业 Garments and Other Fiber Products	441	136	173	44
皮革毛皮羽绒及其制品业 Leather, Furs, Down and Related Products	242	58	75	23
木材加工及竹藤棕草制品业 Timber,Bamboo,Cane,Palm Fiber and Straw Products	380	161	125	73
家具制造业 Furniture Manufacturing	8	8	8	8
造纸及纸制品业 Papermaking and Paper Products	3294	2257	2094	1707
印刷业，记录媒介的复制 Printing and Record Medium Reproduction	1681	1029	237	153

3–30 续表

单位：人 (person)

行　业 Industry	科技活动人员 Personnel for S&T Activities	科学家和工程师 Scientists & Engineers	科技机构人员 Personnel in S&T Institutes	科学家和工程师 Scientists & Engineers
文教体育用品制造业 Cultural, Educational and Sports Goods	190	91	145	66
石油加工及炼焦业 Petroleum Processing and Coking	7715	5410	2096	1326
化学原料及化学制品制造业 Raw Chemical Materials and Chemical Products	46586	24952	16744	10177
医药制造业 Medical and Pharmaceutical Products	13683	8931	4685	3033
化学纤维制造业 Chemical Fiber	3285	2034	1061	744
橡胶制品业 Rubber Products	3887	2075	1529	833
塑料制品业 Plastic Products	4098	999	776	409
非金属矿物制品业 Nonmetal Mineral Products	14137	7353	4947	3041
黑色金属冶炼及压延加工业 Smelting and Pressing of Ferrous Metals	76406	45024	18550	10882
有色金属冶炼及压延加工业 Smelting and Pressing of Nonferrous	22570	13583	6598	3778
金属制品业 Metal Products	5903	3311	1942	1173
普通机械制造业 Ordinary Machinery	49295	28308	18118	12271
专用设备制造业 Equipment for Special Purposes	35437	20487	13596	9759
交通运输设备制造业 Transport Equipment	122039	64693	37548	23456
电气机械及器材制造业 Electric Equipment and Machinery	30636	17797	11704	8223
电子及通信设备制造业 Electronic and Telecommunications Equipment	37271	25687	15549	11485
仪器仪表及文化办公用机械制造业 Instruments, Meters, Cultural and Office Machinery	15191	8960	4961	3352
其他制造业 Other Manufacturing	82	36	27	13
电力蒸汽热水的生产和供应业 Electric Power,Steam and Hot Water Production and Supply	41528	29245	6152	4322
煤气 生产和供应业 Gas Production and Supply	2389	1390	131	84
自来水的生产和供应业 Tap Water Production and Supply	2989	2083	748	532

3-31 各地区大中型工业企业(国有)科技活动经费筹集（2002）

Sources of Fund for S&T of LMIE(State-owned) by Region

单位：万元 (10,000 yuan)

地区	Region	科技活动经费筹集总额 Total Funds Obtaied for S&T Activities	政府资金 Government Grant	企业资金 Enterprise Self-financed	金融机构贷款 Bank Loans	国外资金 Funds from Abroad
全国	**Total**	**4268034**	**339071**	**3456393**	**333364**	**3501**
东部地区	Eastern Region	2312778	103429	1933481	232987	2018
中部地区	Mid Region	1240076	90605	1052258	54082	1060
西部地区	Western Region	715180	145036	470654	46295	424
北京	Beijing	89796	4849	78429	200	
天津	Tianjin	126036	1797	119222	2500	60
河北	Hebei	206748	5630	171667	23884	36
山西	Shanxi	127742	5048	115135	3252	
内蒙古	Neimenggu	37577	6753	30390	100	
辽宁	Liaoning	421712	28351	332676	56356	
吉林	Jilin	231845	6723	220275	2022	
黑龙江	Heilongjiang	92514	9007	72142	6382	
上海	Shanghai	139921	10852	124332	1915	
江苏	Jiangsu	453551	25453	371025	45867	1402
浙江	Zhejiang	55927	1141	50467	2781	500
安徽	Anhui	148546	3509	126911	13270	350
福建	Fujian	51198	902	42371	7865	
江西	Jiangxi	65855	22429	40398	1488	
山东	Shandong	544322	11691	449569	75673	20
河南	Henan	174765	7215	153751	8021	10
湖北	Hubei	213639	19943	174849	13188	700
湖南	Hunan	147593	9978	118406	6360	
广东	Guangdong	167164	10263	144796	11846	
广西	Guangxi	50796	2500	43320	4100	
海南	Hainan	5607		5607		
重庆	Chongqing	71059	5261	52188	7073	275
四川	Sichuan	254076	31529	193023	12693	
贵州	Guizhou	48860	11961	33486	1992	108
云南	Yunnan	25180	2634	20714	1421	41
西藏	Tibet					
陕西	Shaanxi	233411	86335	103328	16669	
甘肃	Gansu	47404	5023	37603	4000	
青海	Qinghai	14603	260	12807	1400	
宁夏	Ningxia	12808	402	11559	847	
新疆	Xinjiang	7780	1631	5947	200	

3-32 分行业大中型工业企业（国有）科技活动经费筹集（2002）

Sources of Fund for S&T of LMIE(State-owned) by Industry

单位：万元 (10,000 yuan)

行 业 Industry	科技活动经费筹集总额 Total Funds Obtaied for S&T Activities	政府资金 Government Grant	企业资金 Enterprise Self-financed	金融机构贷款 Bank Loans	国外资金 Funds from Abroad
总 计 Total	**4268034**	**339071**	**3456393**	**333364**	**3501**
煤炭采选业 Coal Mining and Dressing	205345	3630	187214	13024	
石油和天然气开采业 Petroleum and Natural Gas Extraction	59164	1412	52381	3000	
黑色金属矿采选业 Ferrous Metals Mining and Dressing	7322	11	6104	707	
有色金属矿采选业 Nonferrous Metals Mining and Dressing	19169	725	14692	3742	
非金属矿采选业 Nonmetal Minerals Mining and Dressing	11100	312	8676	1997	
其他矿采选业 Other Minerals Mining and Dressing					
木材及竹材采选业 Logging and Transport of Wood and Bamboo	1746	206	1412	48	
食品加工业 Food Processing	16943	525	13784	2120	500
食品制造业 Food Production	17675	561	16423	424	
饮料制造业 Beverage Production	81012	1545	73369	3307	
烟草加工业 Tobacco Processing	71653	1266	69289	300	
纺织业 Textile Industry	116745	3224	83734	28125	
服装及其他纤维制品制造业 Garments and Other Fiber Products	1083	10	978	95	
皮革毛皮羽绒及其制品业 Leather, Furs, Down and Related Products	878		878		
木材加工及竹藤棕草制品业 Timber,Bamboo,Cane,Palm Fiber and Straw Products	5702	30	1672	4000	
家具制造业 Furniture Manufacturing	106		106		
造纸及纸制品业 Papermaking and Paper Products	28764	610	21580	6514	10
印刷业，记录媒介的复制 Printing and Record Medium Reproduction	13828	393	12181	800	

3–32 续表

单位：万元 (10,000 yuan)

行　业 Industry	科技活动经费筹集总额 Total Funds Obtaied for S&T Activities	政府资金 Government Grant	企业资金 Enterprise Self-financed	金融机构贷款 Bank Loans	国外资金 Funds from Abroad
文教体育用品制造业 Cultural, Educational and Sports Goods	2316	9	2297		
石油加工及炼焦业 Petroleum Processing and Coking	37711	405	29741	1460	
化学原料及化学制品制造业 Raw Chemical Materials and Chemical Products	311396	9062	254911	38469	795
医药制造业 Medical and Pharmaceutical Products	115105	4748	105658	2546	77
化学纤维制造业 Chemical Fiber	18852	332	11837	6320	
橡胶制品业 Rubber Products	41589	918	37032	3107	
塑料制品业 Plastic Products	20810	515	16961	940	
非金属矿物制品业 Nonmetal Mineral Products	61428	3286	51418	6408	
黑色金属冶炼及压延加工业 Smelting and Pressing of Ferrous Metals	627366	6840	600607	18292	
有色金属冶炼及压延加工业 Smelting and Pressing of Nonferrous	86620	4692	77656	3910	
金属制品业 Metal Products	27712	1438	18069	4700	
普通机械制造业 Ordinary Machinery	245819	10410	213015	16166	5
专用设备制造业 Equipment for Special Purposes	151471	6186	130802	9613	
交通运输设备制造业 Transport Equipment	853511	181877	607305	24854	1505
电气机械及器材制造业 Electric Equipment and Machinery	245646	9589	217374	15096	410
电子及通信设备制造业 Electronic and Telecommunications Equipment	378152	43372	226283	105100	
仪器仪表及文化办公用机械制造业 Instruments, Meters, Cultural and Office Machinery	51997	6992	36585	4281	200
其他制造业 Other Manufacturing	356	11	345		
电力蒸汽热水的生产和供应业 Electric Power,Steam and Hot Water Production and Supply	195802	1529	179899	2464	
煤气 生产和供应业 Gas Production and Supply	12697	4078	8441		
自来水的生产和供应业 Tap Water Production and Supply	17023	1693	13285	1335	

3-33 各地区大中型工业企业（国有）

Intramural Expenditure on S&T Activities

单位：万元

地 区	Region	科技活动经费内部支出总额 Intramural Expenditure on S&T Activities	# 劳务费 Compensation for Laborers
全 国	**Total**	**4278459**	**939513**
东部地区	Eastern Region	2255845	485574
中部地区	Mid Region	1255482	266921
西部地区	Western Region	767133	187018
北 京	Beijing	97861	25881
天 津	Tianjin	116511	19113
河 北	Hebei	195778	43114
山 西	Shanxi	127693	32863
内蒙古	Neimenggu	38174	9693
辽 宁	Liaoning	401027	55549
吉 林	Jilin	221813	19846
黑龙江	Heilongjiang	107590	28504
上 海	Shanghai	149730	44153
江 苏	Jiangsu	428981	105963
浙 江	Zhejiang	54080	15300
安 徽	Anhui	164085	27270
福 建	Fujian	37395	11120
江 西	Jiangxi	68253	18774
山 东	Shandong	535297	102564
河 南	Henan	172132	52176
湖 北	Hubei	213845	35976
湖 南	Hunan	141897	41819
广 东	Guangdong	178160	50384
广 西	Guangxi	55394	11435
海 南	Hainan	5633	999
重 庆	Chongqing	72038	17448
四 川	Sichuan	283508	62387
贵 州	Guizhou	61535	15300
云 南	Yunnan	25618	6787
西 藏	Tibet		
陕 西	Shaanxi	237198	61011
甘 肃	Gansu	46496	17333
青 海	Qinghai	15930	2368
宁 夏	Ningxia	18033	2706
新 疆	Xinjiang	6778	1678

科技活动经费内部支出（2002）

of LMIE (State-owned) by Region

(10,000 yuan)

原材料费 Raw Material Expenditure	固定资产购建费 Expenditure on the Purchase of Fixed Assets	设备购置 Purchase of Instruments	# 开发新产品经费 Spending for New Products	# 科技机构经费 Spending for S&T Institute
1279300	**1179978**	**999014**	**1675389**	**1762547**
750959	621064	520989	919095	1004637
324891	330628	287152	397054	451588
203450	228287	190873	359240	306322
13466	21598	15410	19425	22624
40357	36920	34883	66396	76517
70516	46714	39597	64303	103682
27838	52009	47965	24136	50942
11333	8281	6682	14237	15811
161679	89781	82751	165303	137989
61621	19545	18739	45783	58867
34868	29327	16269	47899	35109
29408	49425	27707	68131	40491
129960	129124	98961	181692	171577
13306	18850	15588	26560	23268
48054	70752	64421	38967	64912
5784	14971	11577	9287	6303
13695	26650	25390	18434	38843
212523	145514	133711	233391	312435
50094	47864	41612	77401	76648
42309	33397	29259	86877	47424
35079	42803	36816	43320	63032
58191	49139	43007	59691	79213
15625	17920	16719	19387	25008
144	1107	1080	5530	5530
24855	14819	13591	49448	31764
82085	88633	75178	136884	134750
16923	24876	24277	20787	20271
9516	6879	6394	4064	15307
48198	68432	54357	123987	64652
10435	8947	8587	14902	18739
3937	5741	4538	1595	11580
5852	8529	2527	5573	3546
1648	1431	1424	2002	5713

3-34 分行业大中型工业企业（国有）
Intramural Expenditure on S&T Activities

单位：万元

行 业 Industry	科技活动经费内部支出总额 Intramural Expenditure on S&T Activities	# 劳务费 Compensation for Laborers
总 计 Total	**4278459**	**939513**
煤炭采选业 Coal Mining and Dressing	203192	52810
石油和天然气开采业 Petroleum and Natural Gas Extraction	49482	17651
黑色金属矿采选业 Ferrous Metals Mining and Dressing	10076	3462
有色金属矿采选业 Nonferrous Metals Mining and Dressing	15462	3943
非金属矿采选业 Nonmetal Minerals Mining and Dressing	9835	1987
其他矿采选业 Other Minerals Mining and Dressing		
木材及竹材采选业 Logging and Transport of Wood and Bamboo	2050	991
食品加工业 Food Processing	16810	3236
食品制造业 Food Production	16188	3347
饮料制造业 Beverage Production	85323	13625
烟草加工业 Tobacco Processing	67913	17218
纺织业 Textile Industry	121006	25983
服装及其他纤维制品制造业 Garments and Other Fiber Products	1129	653
皮革毛皮羽绒及其制品业 Leather, Furs, Down and Related Products	829	301
木材加工及竹藤棕草制品业 Timber,Bamboo,Cane,Palm Fiber and Straw Products	3673	413
家具制造业 Furniture Manufacturing	106	8
造纸及纸制品业 Papermaking and Paper Products	27911	3796
印刷业，记录媒介的复制 Printing and Record Medium Reproduction	10920	3411

科技活动经费内部支出（2002）

of LMIE (State-owned) by Industry

(10,000 yuan)

原材料费 Raw Material Expenditure	固定资产购建费 Expenditure on the Purchase of Fixed Assets	设备购置 Purchase of Instruments	# 开发新产品经费 Spending for New Products	# 科技机构经费 Spending for S&T Institute
1279300	**1179978**	**999014**	**1675389**	**1762547**
54511	76166	73344	16829	81180
15239	8305	8267	6160	19430
550	5791	2494	178	1007
3240	4419	4331	1734	7802
2247	4369	3605	3652	5804
289	339	229	205	735
8977	2678	2311	4407	4525
4091	7507	7089	3377	13345
21897	21911	15858	21992	39873
16521	20315	13973	16746	42800
32074	32252	29515	56141	68582
267	68	38	491	599
322	127	127	653	310
1394	602	562	2980	505
87			106	106
14522	6707	5454	11267	18130
4606	1089	1039	4869	1633

3-34 续表

单位：万元

行 业 Industry	科技活动经费内部支出总额 Intramural Expenditure on S&T Activities	# 劳务费 Compensation for Laborers
文教体育用品制造业 Cultural, Educational and Sports Goods	3878	391
石油加工及炼焦业 Petroleum Processing and Coking	40000	14852
化学原料及化学制品制造业 Raw Chemical Materials and Chemical Products	325007	64962
医药制造业 Medical and Pharmaceutical Products	105916	21637
化学纤维制造业 Chemical Fiber	18348	2404
橡胶制品业 Rubber Products	43638	6548
塑料制品业 Plastic Products	17237	3112
非金属矿物制品业 Nonmetal Mineral Products	60273	15103
黑色金属冶炼及压延加工业 Smelting and Pressing of Ferrous Metals	625406	102090
有色金属冶炼及压延加工业 Smelting and Pressing of Nonferrous	98624	25963
金属制品业 Metal Products	37526	6494
普通机械制造业 Ordinary Machinery	224380	64319
专用设备制造业 Equipment for Special Purposes	146562	48862
交通运输设备制造业 Transport Equipment	942629	169780
电气机械及器材制造业 Electric Equipment and Machinery	219027	45801
电子及通信设备制造业 Electronic and Telecommunications Equipment	372099	79599
仪器仪表及文化办公用机械制造业 Instruments, Meters, Cultural and Office Machinery	60401	19022
其他制造业 Other Manufacturing	308	103
电力蒸汽热水的生产和供应业 Electric Power,Steam and Hot Water Production and Supply	170810	62917
煤气 生产和供应业 Gas Production and Supply	7884	4807
自来水的生产和供应业 Tap Water Production and Supply	12333	4384

(10,000 yuan)

原材料费 Raw Material Expenditure	固定资产购建费 Expenditure on the Purchase of Fixed Assets	设备购置 Purchase of Instruments	# 开发新产品经费 Spending for New Products	# 科技机构经费 Spending for S&T Institute
1643	1746	1726	3667	2217
6963	7182	6767	11310	17852
93012	108445	98863	87428	127928
21292	32588	26109	44108	45631
9104	5306	5226	8351	8463
20007	10900	10209	22566	26751
5701	5804	5240	9141	4222
16592	19932	18519	18924	26762
224863	150075	143287	157807	190361
24319	38290	32626	25598	46043
10149	16241	3955	11977	16363
85091	47130	36596	123873	112909
50670	25531	18497	88092	65101
239838	279373	214831	376111	275586
84906	57753	53490	158770	142813
115415	96216	83138	273323	236317
12055	20020	11135	28943	22309
141	49	46	121	113
43467	43862	43426	12715	25404
1507	737	737	178	439
1666	3373	3127	326	3071

3-35 各地区大中型工业企业（国有）其他技术活动经费支出（2002）

Expenditure on Other Technical Activities in LMIE (State-owned) by Region

单位：万元 (10,000 yuan)

地 区 Region		技术改造经费 Expenditure on Technical Renovation	技术引进经费 Expenditure on Import of Technology	其中：引进技术资料及关键设备的支出 Purchase of Documents and Key Equipments	消化吸收经费 Expenditure on Technology Absorption	购买国内技术经费 Expenditure on Purchase of Domestic Technology
全 国	**Total**	**7523632**	**966417**	**685451**	**53513**	**176326**
东部地区	Eastern Region	4026095	484270	355833	33890	125396
中部地区	Mid Region	2509737	343622	222486	15651	32244
西部地区	Western Region	987800	138524	107132	3971	18686
北 京	Beijing	79121	4524	3968	926	1392
天 津	Tianjin	140441	15935	14673	361	9851
河 北	Hebei	572206	108948	88724	2413	2620
山 西	Shanxi	438409	30205	19494	1009	2743
内蒙古	Neimenggu	227240	19676	3872	887	1806
辽 宁	Liaoning	637982	84006	29972	1068	449
吉 林	Jilin	157185	3175	2741	4143	1361
黑龙江	Heilongjiang	228887	38217	27564	1321	3981
上 海	Shanghai	268714	17538	7369	1144	2151
江 苏	Jiangsu	734709	116406	102502	9724	26245
浙 江	Zhejiang	226849	26195	19367	6151	737
安 徽	Anhui	286154	46679	40355	640	11876
福 建	Fujian	149112	14753	13247	738	13985
江 西	Jiangxi	102892	10849	6662	1206	3135
山 东	Shandong	811922	56162	45031	9225	9754
河 南	Henan	341908	36123	29778	1091	2737
湖 北	Hubei	369460	89263	61108	2503	2404
湖 南	Hunan	357603	69436	30913	2853	2202
广 东	Guangdong	211639	17260	14966	1758	56611
广 西	Guangxi	192803	22193	15664	382	1603
海 南	Hainan	597	352	352		
重 庆	Chongqing	124821	4273	2844	107	187
四 川	Sichuan	265457	45802	38966	178	3636
贵 州	Guizhou	157365	10578	2682	16	294
云 南	Yunnan	58963	11447	7075	31	175
西 藏	Tibet					
陕 西	Shaanxi	178970	37912	35493	2809	3983
甘 肃	Gansu	131784	19320	12373	754	4891
青 海	Qinghai	15766	6158	6056	61	500
宁 夏	Ningxia	23621	2691	1329	16	5018
新 疆	Xinjiang	31055	344	316		1

3-36 分行业大中型工业企业（国有）其他技术活动经费支出（2002）
Expenditure on Other Technical Activities in LMIE (State-owned) by Industry

单位：万元 (10,000 yuan)

行 业 Industry	技术改造经费 Expenditure on Technical Renovation	技术引进经费 Expenditure on Import of Technology	其中：引进技术资料及关键设备的支出 Purchase of Documents and Key Equipments	消化吸收经费 Expenditure on Technology Absorption	购买国内技术经费 Expenditure on Purchase of Domestic Technology
总 计 **Total**	**7523632**	**966417**	**685451**	**53513**	**176326**
煤炭采选业 Coal Mining and Dressing	372010	31315	14813	556	14373
石油和天然气开采业 Petroleum and Natural Gas Extraction	7689	8868	7360	658	415
黑色金属矿采选业 Ferrous Metals Mining and Dressing	10255	25	25		
有色金属矿采选业 Nonferrous Metals Mining and Dressing	23276	1235	1049	61	119
非金属矿采选业 Nonmetal Minerals Mining and Dressing	9962	1347	410	150	558
其他矿采选业 Other Minerals Mining and Dressing					
木材及竹材采选业 Logging and Transport of Wood and Bamboo	1938	24	24	66	170
食品加工业 Food Processing	23962	3083	1214	1621	368
食品制造业 Food Production	49421	906	815	189	172
饮料制造业 Beverage Production	105125	15924	13864	880	2216
烟草加工业 Tobacco Processing	528880	78529	36848	2153	19516
纺织业 Textile Industry	167195	67061	53912	790	7674
服装及其他纤维制品制造业 Garments and Other Fiber Products	902	8	8		
皮革毛皮羽绒及其制品业 Leather, Furs, Down and Related Products	9	28	28		
木材加工及竹藤棕草制品业 Timber,Bamboo,Cane,Palm Fiber and Straw Products	560				
家具制造业 Furniture Manufacturing	29				
造纸及纸制品业 Papermaking and Paper Products	50646	25716	22727	412	1389
印刷业，记录媒介的复制 Printing and Record Medium Reproduction	45130	2906	1298	325	74
文教体育用品制造业 Cultural, Educational and Sports Goods	1503	22	22		10

3-36 续表

单位：万元 (10,000 yuan)

行 业 Industry	技术改造经费 Expenditure on Technical Renovation	技术引进经费 Expenditure on Import of Technology	其中：引进技术资料及关键设备的支出 Purchase of Documents and Key Equipments	消化吸收经费 Expenditure on Technology Absorption	购买国内技术经费 Expenditure on Purchase of Domestic Technology
石油加工及炼焦业 Petroleum Processing and Coking	154256	13936	12133	445	2074
化学原料及化学制品制造业 Raw Chemical Materials and Chemical Products	530299	72210	44653	6661	7598
医药制造业 Medical and Pharmaceutical Products	295057	12221	9787	5450	13331
化学纤维制造业 Chemical Fiber	58365	4685	3183	700	475
橡胶制品业 Rubber Products	80796	6253	5011	1208	892
塑料制品业 Plastic Products	18781	8473	8463	187	18
非金属矿物制品业 Nonmetal Mineral Products	154018	13416	10695	2470	3759
黑色金属冶炼及压延加工业 Smelting and Pressing of Ferrous Metals	2222028	234599	169815	5989	58674
有色金属冶炼及压延加工业 Smelting and Pressing of Nonferrous	322207	28910	21616	944	5683
金属制品业 Metal Products	29893	11170	4057	42	205
普通机械制造业 Ordinary Machinery	181600	28567	21818	5665	7304
专用设备制造业 Equipment for Special Purposes	125434	23167	19865	3201	3251
交通运输设备制造业 Transport Equipment	716938	135154	110819	6521	5675
电气机械及器材制造业 Electric Equipment and Machinery	118590	38343	13108	2188	6066
电子及通信设备制造业 Electronic and Telecommunications Equipment	215025	65126	54567	2665	3084
仪器仪表及文化办公用机械制造业 Instruments, Meters, Cultural and Office Machinery	38411	2100	378	106	4943
其他制造业 Other Manufacturing					
电力蒸汽热水的生产和供应业 Electric Power,Steam and Hot Water Production and Supply	746175	21759	14216	1063	3944
煤气 生产和供应业 Gas Production and Supply	26208	1541	1436	8	
自来水的生产和供应业 Tap Water Production and Supply	16024	1753	1588	71	181

3-37 各地区大中型工业企业（国有）科技机构（2002）

S&T Institutes in LMIE (State-owned) by Region

单位：个 (unit)

地 区 Region		企业科技机构数 Number of the S&T Institutes	# 有经常性开发任务 with a current task of development	# 有稳定经费来源 with a stable source of funds	# 有一定测试条件 with a capacity of administer tests and experiments
全 国	**Total**	**2930**	**2666**	**2509**	**2649**
东部地区	Eastern Region	1425	1303	1250	1276
中部地区	Mid Region	919	827	766	836
西部地区	Western Region	586	536	493	537
北 京	Beijing	57	53	48	49
天 津	Tianjin	93	82	75	83
河 北	Hebei	221	195	198	188
山 西	Shanxi	83	74	70	78
内蒙古	Neimenggu	34	31	29	31
辽 宁	Liaoning	121	109	101	110
吉 林	Jilin	75	58	51	56
黑龙江	Heilongjiang	91	81	76	84
上 海	Shanghai	62	56	53	53
江 苏	Jiangsu	293	278	257	265
浙 江	Zhejiang	47	44	46	45
安 徽	Anhui	108	97	94	104
福 建	Fujian	28	28	25	26
江 西	Jiangxi	79	74	69	77
山 东	Shandong	272	253	246	245
河 南	Henan	199	187	172	183
湖 北	Hubei	91	84	77	85
湖 南	Hunan	159	141	128	138
广 东	Guangdong	138	123	120	131
广 西	Guangxi	91	80	79	79
海 南	Hainan	2	2	2	2
重 庆	Chongqing	68	61	58	65
四 川	Sichuan	127	115	116	116
贵 州	Guizhou	63	61	50	61
云 南	Yunnan	61	52	47	54
西 藏	Tibet				
陕 西	Shaanxi	158	145	134	142
甘 肃	Gansu	60	55	47	52
青 海	Qinghai	13	12	11	12
宁 夏	Ningxia	11	11	11	11
新 疆	Xinjiang	25	24	19	24

3-38 分行业大中型工业企业（国有）科技机构（2002）

S&T Institutes in LMIE (State-owned) by Industry

单位：个 (unit)

行 业 Industry	企业科技机构数 Number of the S&T Institutes	# 有经常性开发任务 with a current task of development	# 有稳定经费来源 with a stable source of funds	# 有一定测试条件 with a capacity of administer tests and experiments
总 计 Total	**2930**	**2666**	**2509**	**2649**
煤炭采选业 Coal Mining and Dressing	84	71	73	64
石油和天然气开采业 Petroleum and Natural Gas Extraction	38	33	30	33
黑色金属矿采选业 Ferrous Metals Mining and Dressing	7	5	5	5
有色金属矿采选业 Nonferrous Metals Mining and Dressing	28	25	23	27
非金属矿采选业 Nonmetal Minerals Mining and Dressing	24	19	17	17
其他矿采选业 Other Minerals Mining and Dressing				
木材及竹材采选业 Logging and Transport of Wood and Bamboo	17	11	12	9
食品加工业 Food Processing	37	31	31	32
食品制造业 Food Production	38	34	32	37
饮料制造业 Beverage Production	63	54	54	60
烟草加工业 Tobacco Processing	66	66	63	66
纺织业 Textile Industry	112	104	91	109
服装及其他纤维制品制造业 Garments and Other Fiber Products	3	3	3	2
皮革毛皮羽绒及其制品业 Leather, Furs, Down and Related Products	3	3	3	3
木材加工及竹藤棕草制品业 Timber,Bamboo,Cane,Palm Fiber and Straw Products	3	3	3	3
家具制造业 Furniture Manufacturing	1	1	1	1
造纸及纸制品业 Papermaking and Paper Products	22	21	20	21
印刷业，记录媒介的复制 Printing and Record Medium Reproduction	6	3	3	3
文教体育用品制造业 Cultural, Educational and Sports Goods	6	6	6	6

3-38 续表

单位：个 (unit)

行　业 Industry	企业科技机构数 Number of the S&T Institutes	# 有经常性开发任务 with a current task of development	# 有稳定经费来源 with a stable source of funds	# 有一定测试条件 with a capacity of administer tests and experiments
石油加工及炼焦业 Petroleum Processing and Coking	23	23	22	22
化学原料及化学制品制造业 Raw Chemical Materials and Chemical Products	306	284	276	270
医药制造业 Medical and Pharmaceutical Products	130	121	117	125
化学纤维制造业 Chemical Fiber	20	16	16	19
橡胶制品业 Rubber Products	34	33	31	33
塑料制品业 Plastic Products	26	24	22	25
非金属矿物制品业 Nonmetal Mineral Products	99	89	85	88
黑色金属冶炼及压延加工业 Smelting and Pressing of Ferrous Metals	98	91	86	91
有色金属冶炼及压延加工业 Smelting and Pressing of Nonferrous	77	71	67	75
金属制品业 Metal Products	43	36	33	37
普通机械制造业 Ordinary Machinery	275	261	224	252
专用设备制造业 Equipment for Special Purposes	202	187	170	185
交通运输设备制造业 Transport Equipment	372	350	321	323
电气机械及器材制造业 Electric Equipment and Machinery	130	115	107	121
电子及通信设备制造业 Electronic and Telecommunications Equipment	186	177	171	182
仪器仪表及文化办公用机械制造业 Instruments, Meters, Cultural and Office Machinery	94	84	77	88
其他制造业 Other Manufacturing	2	2	1	2
电力蒸汽热水的生产和供应业 Electric Power,Steam and Hot Water Production and Supply	114	82	93	90
煤气 生产和供应业 Gas Production and Supply	5	5	4	4
自来水的生产和供应业 Tap Water Production and Supply	31	23	26	26

3-39 各地区大中型工业企业（国有）科技项目与专利（2002）

Projects and Patents for S&T Activities in LMIE (State-owned) by Region

单位：项 (item)

地区	Region	科技活动项目数 Projects for S&T Activities	新产品开发项目数 Projects for New Product	专利申请 Patent Applications	发明专利数 Inventive Patent	拥有发明专利数 Owning Inventive Patent
全国	**Total**	**49989**	**24964**	**4429**	**978**	**2517**
东部地区	Eastern Region	22851	11527	2439	458	1344
中部地区	Mid Region	15539	6733	1209	318	783
西部地区	Western Region	11599	6704	781	202	390
北京	Beijing	1029	481	135	58	384
天津	Tianjin	1368	797	136	47	86
河北	Hebei	2402	1247	223	49	115
山西	Shanxi	1906	866	95	19	70
内蒙古	Neimenggu	397	114	23	10	26
辽宁	Liaoning	3588	1685	173	48	172
吉林	Jilin	1067	397	105	20	25
黑龙江	Heilongjiang	1697	869	248	47	89
上海	Shanghai	1126	767	280	28	69
江苏	Jiangsu	4242	2049	356	72	220
浙江	Zhejiang	711	347	41	17	13
安徽	Anhui	1875	885	113	32	54
福建	Fujian	776	202	92	6	6
江西	Jiangxi	1057	451	44	13	35
山东	Shandong	4755	2386	796	93	221
河南	Henan	3162	1516	132	33	113
湖北	Hubei	2375	1060	259	77	220
湖南	Hunan	2003	575	190	67	151
广东	Guangdong	1600	769	122	17	32
广西	Guangxi	1249	793	80	23	21
海南	Hainan	5	4	5		5
重庆	Chongqing	1152	761	91	41	46
四川	Sichuan	4796	3168	352	74	149
贵州	Guizhou	1083	644	52	16	36
云南	Yunnan	448	124	18	5	11
西藏	Tibet					
陕西	Shaanxi	2611	1303	148	39	69
甘肃	Gansu	900	510	25	12	22
青海	Qinghai	92	28	32	5	7
宁夏	Ningxia	393	131	56	9	25
新疆	Xinjiang	124	35	7	1	25

3-40 分行业大中型工业企业（国有）科技项目与专利（2002）
Projects and Patents for S&T Activities in LMIE (State-owned) by Industry

单位：项 (item)

行业 Industry	科技活动项目数 Projects for S&T Activities	新产品开发项目数 Projects for New Product	专利申请 Patent Applications	发明专利数 Inventive Patent	拥有发明专利数 Owning Inventive Patent
总计 Total	**49989**	**24964**	**4429**	**978**	**2517**
煤炭采选业 Coal Mining and Dressing	3209	387	137	36	94
石油和天然气开采业 Petroleum and Natural Gas Extraction	1132	89	146	22	102
黑色金属矿采选业 Ferrous Metals Mining and Dressing	80	2			3
有色金属矿采选业 Nonferrous Metals Mining and Dressing	233	23	5	1	4
非金属矿采选业 Nonmetal Minerals Mining and Dressing	114	52	8	5	11
其他矿采选业 Other Minerals Mining and Dressing					
木材及竹材采选业 Logging and Transport of Wood and Bamboo	158	18	1		6
食品加工业 Food Processing	215	113	44	12	7
食品制造业 Food Production	310	208	100	5	13
饮料制造业 Beverage Production	681	369	367	12	37
烟草加工业 Tobacco Processing	609	239	71	23	41
纺织业 Textile Industry	1749	1097	61	12	13

3-40 续表1

单位：项 (item)

行 业 Industry	科技活动项目数 Projects for S&T Activities	新产品开发项目数 Projects for New Product	专利申请 Patent Applications	发明专利数 Inventive Patent	拥有发明专利数 Owning Inventive Patent
服装及其他纤维制品制造业 Garments and Other Fiber Products	52	49	2		
皮革毛皮羽绒及其制品业 Leather, Furs, Down and Related Products	25	18			
木材加工及竹藤棕草制品业 Timber,Bamboo,Cane,Palm Fiber and Straw Products	12	7			2
家具制造业 Furniture Manufacturing	1	1			
造纸及纸制品业 Papermaking and Paper Products	159	37	15	9	8
印刷业，记录媒介的复制 Printing and Record Medium Reproduction	431	286	15	5	3
文教体育用品制造业 Cultural, Educational and Sports Goods	22	14	10		
石油加工及炼焦业 Petroleum Processing and Coking	660	190	72	59	387
化学原料及化学制品制造业 Raw Chemical Materials and Chemical Products	2817	1212	234	140	224
医药制造业 Medical and Pharmaceutical Products	1362	786	209	48	63
化学纤维制造业 Chemical Fiber	190	69	5	3	4
橡胶制品业 Rubber Products	618	434	28	15	31
塑料制品业 Plastic Products	152	102	20	2	23

3-40 续表2

单位：项 (item)

行 业 Industry	科技活动项目数 Projects for S&T Activities	新产品开发项目数 Projects for New Product	专利申请 Patent Applications	发明专利数 Inventive Patent	拥有发明专利数 Owning Inventive Patent
非金属矿物制品业 Nonmetal Mineral Products	1031	545	60	14	34
黑色金属冶炼及压延加工业 Smelting and Pressing of Ferrous Metals	4106	971	317	106	314
有色金属冶炼及压延加工业 Smelting and Pressing of Nonferrous	1307	377	100	42	94
金属制品业 Metal Products	404	226	59	22	56
普通机械制造业 Ordinary Machinery	5032	3225	282	50	155
专用设备制造业 Equipment for Special Purposes	2493	1463	290	39	202
交通运输设备制造业 Transport Equipment	6872	4400	519	85	199
电气机械及器材制造业 Electric Equipment and Machinery	4485	3642	335	31	89
电子及通信设备制造业 Electronic and Telecommunications Equipment	3081	2250	434	44	87
仪器仪表及文化办公用机械制造业 Instruments, Meters, Cultural and Office Machinery	1434	1102	179	35	40
其他制造业 Other Manufacturing	11	10			
电力蒸汽热水的生产和供应业 Electric Power,Steam and Hot Water Production and Supply	3491	350	220	66	102
煤气 生产和供应业 Gas Production and Supply	113	5	3		1
自来水的生产和供应业 Tap Water Production and Supply	257	19	2	1	2

3-41 各地区大中型工业企

Major Indicators of LMIE

单位：万元

地区	Region	企业数（个）Number of Large & Medium-sized Enterprises	# 有科技机构的企业数 having institutes for S&T	# 有科技活动的企业数 having activities for S&T	工业总产值 Gross Value of Industrial Output	新产品 New Products
全 国	**Total**	5496	794	1907	186347320	42700919
东部地区	Eastern Region	4847	680	1666	167211399	39810153
中部地区	Mid Region	369	71	129	14116768	2193624
西部地区	Western Region	280	43	112	5019154	697142
北 京	Beijing	170	15	45	9149882	3940204
天 津	Tianjin	324	19	75	12338352	5820098
河 北	Hebei	65	21	25	1711435	191093
山 西	Shanxi	14	4	8	470496	13692
内蒙古	Neimenggu	19	4	5	470241	9410
辽 宁	Liaoning	242	8	18	6662893	378669
吉 林	Jilin	45	4	5	4416559	5417
黑龙江	Heilongjiang	44	13	17	1017810	2598
上 海	Shanghai	1110	102	456	35345990	16225087
江 苏	Jiangsu	450	106	215	21098556	3382875
浙 江	Zhejiang	140	34	68	3623381	840416
安 徽	Anhui	76	14	33	1831577	367272
福 建	Fujian	555	78	195	14762481	2615761
江 西	Jiangxi	19	6	6	736495	280806
山 东	Shandong	373	44	72	7795669	499343
河 南	Henan	32	7	10	1182621	432488
湖 北	Hubei	96	13	33	3185307	1030185
湖 南	Hunan	24	6	12	805663	51758
广 东	Guangdong	1330	241	477	52876871	5872384
广 西	Guangxi	61	10	18	1579897	36535
海 南	Hainan	27	2	2	265991	7690
重 庆	Chongqing	47	13	29	1752507	410819
四 川	Sichuan	128	14	53	1553644	155777
贵 州	Guizhou	7	2	4	94421	4247
云 南	Yunnan	66	6	15	583930	14537
西 藏	Tibet					
陕 西	Shaanxi	21	5	5	792558	84234
甘 肃	Gansu	3		2	107552	984
青 海	Qinghai	1			37194	
宁 夏	Ningxia	5	3	4	81046	26545
新 疆	Xinjiang	2			16301	

注："三资"为注册类型中港澳台商投资和外商投资的合计。

业（三资）基本情况（2002）

(Joint Ventures) by Region

(10,000 yuan)

产品销售收入 Total evenue from the Sale of Products	新产品 New Products	产品销售利润 Profits from the Sale of Total Products	新产品 New Products	年末从业人员（人） Employees (year-end) (person)	工程技术人员 Technical Engineering Personnel	生产经营用设备原价 Original Value of Equipment	微电子控制 Equipment Controlled by Micro-electronics
181058543	**41796546**	**23090969**	**3889165**	**3681508**	**328858**	**99298471**	**12859886**
162871700	38972433	20116114	3493368	3164896	282145	85151382	11807202
13494710	2136690	2276808	299018	272949	31045	10957869	687686
4692133	687424	698047	96780	243663	15668	3189221	364998
9129759	3866551	1036663	157654	92757	15490	2438827	412731
12318289	5712371	1286045	313313	149577	8780	4997014	263365
1662492	186553	289442	12419	42891	5156	1474998	313940
432581	10658	102714	3610	10318	1643	1411631	18072
436130	9410	58035	1612	15235	1275	165739	10484
6596818	380416	793432	2570	154842	8446	4795779	743033
4425297	3114	813801	1058	40475	2777	1869748	32623
1001512	2228	196137	324	33440	3987	961822	20250
35407927	16122061	5039889	1716322	543771	50837	18663081	3422886
20361677	3277738	2129682	309341	316794	39489	11443237	2120248
3270678	693241	420176	63243	104919	6171	2077069	516351
1629983	352664	272290	32095	41619	5679	1701446	194287
14064280	2701497	1563713	255590	389683	31105	6932464	630993
717104	268712	109838	18819	23484	3015	517074	105440
7151364	410396	914791	36470	276828	29495	6419997	256063
1117913	426059	125469	44733	33117	4602	1460240	118160
2967603	994548	476726	188980	61836	6644	2415689	161754
766588	69297	121799	7788	13425	1423	454481	26615
50906079	5586573	6465565	611951	1054807	83180	22905358	3073618
1758892	32130	143892	14060	29341	3195	2841057	53873
243445	2908	32823	436	8686	801	162501	101
1692716	371414	227069	46714	151534	4313	1392138	60576
1492155	151646	228616	18833	47336	4597	925893	127621
119766	55196	11385	3424	2813	543	57006	16827
578465	15638	108938	4239	16973	2787	517494	144947
604143	80237	97050	19750	11488	2388	95820	324
81834	926	12324	137	5270	533	94960	4025
38062		3762		497	19		
68685	12367	7007	3684	6875	465	62827	9926
16307		1895		877	23	43083	751

3-42 分行业大中型工业企

Major Indicators of LMIE

单位：万元

行　业 Industry	企业数（个） Number of Large & Medium-sized Enterprises	# 有科技机构的企业数 having institutes for S&T	# 有科技活动的企业数 having activities for S&T
总 计 **Total**	**5496**	**794**	**1907**
煤炭采选业 Coal Mining and Dressing	1	1	1
石油和天然气开采业 Petroleum and Natural Gas Extraction	2		2
黑色金属矿采选业 Ferrous Metals Mining and Dressing			
有色金属矿采选业 Nonferrous Metals Mining and Dressing	1		
非金属矿采选业 Nonmetal Minerals Mining and Dressing	9		
其他矿采选业 Other Minerals Mining and Dressing			
木材及竹材采选业 Logging and Transport of Wood and Bamboo			
食品加工业 Food Processing	243	14	35
食品制造业 Food Production	232	20	57
饮料制造业 Beverage Production	189	22	44
烟草加工业 Tobacco Processing	1		1
纺织业 Textile Industry	329	28	71
服装及其他纤维制品制造业 Garments and Other Fiber Products	195	13	40
皮革毛皮羽绒及其制品业 Leather, Furs, Down and Related Products	111	9	21
木材加工及竹藤棕草制品业 Timber,Bamboo,Cane,Palm Fiber and Straw Products	63	1	11
家具制造业 Furniture Manufacturing	42	2	8
造纸及纸制品业 Papermaking and Paper Products	140	14	32
印刷业，记录媒介的复制 Printing and Record Medium Reproduction	127	13	29

业（三资）基本情况（2002）

(Joint Ventures) by Industry

(10,000 yuan)

工业总产值 Gross Value of Industrial Output	新产品 New Products	产品销售收入 Total evenue from the Sale of Products	新产品 New Products	产品销售利润 Profits from the Sale of Total Products	新产品 New Products	年末从业人员（人） Employees (year-end) (person)	工程技术人员 Technical Engineering Personnel	生产经营用设备原价 Original Value of Equipment	微电子控制 Equipment Controlled by Micro-electronics
186347320	**42700919**	**181058543**	**41796546**	**23090969**	**3889165**	**3681508**	**328858**	**99298471**	**12859886**
153640		141423		17503		1576			
2162350		1137996		578074		360	282	650664	1150
849		916		24		21	5	702	
18269		17351		716		1202	95	23602	7020
6059147	144063	6122846	149195	373992	5697	98839	7209	1863332	77613
4637862	174895	4560085	205591	638612	21130	111523	6938	2161767	60110
4503824	126809	4368528	110007	650890	17809	105637	12547	3556546	387370
28212	671	28803	295	6716	38	265	78	17361	10894
4693682	340447	4381223	322199	345559	24945	223827	12751	2683829	191172
2434215	128889	2280738	93556	226142	8517	183107	7233	727704	15474
2708705	115680	2343291	109147	177636	7181	237317	7957	626365	29858
776442	5539	740365	5834	55716	791	22433	1302	547513	61304
501199	48212	494095	46935	78745	4774	26022	1294	214724	14140
4399797	837888	4263892	756912	765046	99595	81841	11024	4640044	503857
1223702	58734	1157099	56680	250461	5042	40086	3740	877351	153538

3-42 续表

单位：万元

行 业 Industry	企业数（个） Number of Large & Medium-sized Enterprises	# 有科技机构 的企业数 having institutes for S&T	# 有科技活动的 企业数 having activities for S&T
文教体育用品制造业 Cultural, Educational and Sports Goods	97	14	25
石油加工及炼焦业 Petroleum Processing and Coking	12	1	2
化学原料及化学制品制造业 Raw Chemical Materials and Chemical Products	318	58	124
医药制造业 Medical and Pharmaceutical Products	169	60	106
化学纤维制造业 Chemical Fiber	55	13	25
橡胶制品业 Rubber Products	64	15	25
塑料制品业 Plastic Products	376	34	91
非金属矿物制品业 Nonmetal Mineral Products	317	29	85
黑色金属冶炼及压延加工业 Smelting and Pressing of Ferrous Metals	50	8	18
有色金属冶炼及压延加工业 Smelting and Pressing of Nonferrous	52	8	22
金属制品业 Metal Products	290	24	76
普通机械制造业 Ordinary Machinery	261	55	135
专用设备制造业 Equipment for Special Purposes	144	21	66
交通运输设备制造业 Transport Equipment	300	81	171
电气机械及器材制造业 Electric Equipment and Machinery	346	75	169
电子及通信设备制造业 Electronic and Telecommunications Equipment	637	129	301
仪器仪表及文化办公用机械制造业 Instruments, Meters, Cultural and Office Machinery	109	20	54
其他制造业 Other Manufacturing	94	8	19
电力蒸汽热水的生产和供应业 Electric Power,Steam and Hot Water Production and Supply	102	3	36
煤气 生产和供应业 Gas Production and Supply	9		
自来水的生产和供应业 Tap Water Production and Supply	8		4

(10,000 yuan)

工业总产值 Gross Value of Industrial Output	新产品 New Products	产品销售收入 Total evenue from the Sale of Products	新产品 New Products	产品销售利润 Profits from the Sale of Total Products	新产品 New Products	年末从业人员（人） Employees (year-end) (person)	工程技术人员 Technical Engineering Personnel	生产经营用设备原价 Original Value of Equipment	微电子控制 Equipment Controlled by Micro-electronics
1129135	37428	1084564	36666	112754	4427	109894	4629	368107	10152
4043681	443931	3999008	452280	358742	56385	21983	6417	3132961	542377
8563608	1018422	8964590	1002104	1264566	121412	113190	13248	6327986	304297
3123239	519670	3125423	462436	670162	79526	67584	12045	1361939	113693
2015985	455629	1958094	440135	191327	22800	28966	3337	1873007	327764
2377758	357166	2267786	298462	335837	25225	81864	4741	1660234	396774
4009952	222889	3979128	215790	494517	32529	142419	8270	2382533	235746
4060984	128639	4003893	109756	514272	15581	143285	16273	5004222	260581
2882281	228859	3012669	240142	316225	31864	156231	4427	1815243	253739
1791973	189735	1747160	169030	166167	11885	26861	4017	1239562	182775
4802086	330600	4708280	315712	500657	47576	118428	10255	2148803	186298
5802918	1528105	5460012	1508447	944065	219175	139938	15271	3307908	339240
2759815	295953	2597348	293328	466942	49690	62969	8294	732228	88684
21653082	9904877	21284696	9836041	3912599	1421754	221544	27954	8411647	1650987
10189285	2683214	9879314	2525125	1260166	242353	246976	19525	4120941	714854
59533335	21511883	58025421	21274484	4651090	1251486	643220	69512	14499486	3380652
3724999	769870	3826197	749564	368305	59251	67289	6324	770755	56041
979057	90170	942954	8640	99505	716	59760	3759	370564	32727
8194802		7531788		2273641		85504	17274	20933773	2268335
319976	1845	532641	1845	10585		1683	107	126082	
60261		60227		7201		2867	462	90921	616

3-43 各地区大中型工业企业（三资）科技活动人员（2002）

Personnel for S&T Activities in LMIE(Joint Ventures) by Region

单位：人 (person)

地 区 Region		科技活动人员 Personnel for S&T Activities	科学家和工程师 Scientists & Engineers	科技机构人员 Personnel in S&T Institutes	科学家和工程师 Scientists & Engineers
全 国	**Total**	**137453**	**87508**	**51142**	**34597**
东部地区	Eastern Region	118638	75809	45141	30032
中部地区	Mid Region	13722	7958	4276	3172
西部地区	Western Region	5093	3741	1725	1393
北 京	Beijing	5630	4306	897	673
天 津	Tianjin	4688	2202	1862	534
河 北	Hebei	1317	914	676	477
山 西	Shanxi	386	255	194	162
内蒙古	Neimenggu	983	547	323	311
辽 宁	Liaoning	2747	2000	655	510
吉 林	Jilin	146	82	137	73
黑龙江	Heilongjiang	1237	956	562	357
上 海	Shanghai	30288	21482	9283	6528
江 苏	Jiangsu	20658	11206	6303	4356
浙 江	Zhejiang	3671	2139	1979	1269
安 徽	Anhui	2176	1263	576	346
福 建	Fujian	10515	7359	4318	2759
江 西	Jiangxi	962	598	535	406
山 东	Shandong	6588	3228	4008	2158
河 南	Henan	3380	1461	775	490
湖 北	Hubei	3229	2288	976	904
湖 南	Hunan	1223	508	198	123
广 东	Guangdong	31409	20184	14390	10238
广 西	Guangxi	1098	760	745	510
海 南	Hainan	29	29	25	20
重 庆	Chongqing	1874	1458	968	814
四 川	Sichuan	1405	996	320	223
贵 州	Guizhou	201	129	42	39
云 南	Yunnan	494	320	179	169
西 藏	Tibet				
陕 西	Shaanxi	743	672	66	65
甘 肃	Gansu	22	21		
青 海	Qinghai				
宁 夏	Ningxia	354	145	150	83
新 疆	Xinjiang				

3-44 分行业大中型工业企业（三资）科技活动人员（2002）

Personnel for S&T Activities in LMIE(Joint Ventures) by Industry

单位：人 (person)

行业 Industry	科技活动人员 Personnel for S&T Activities	科学家和工程师 Scientists & Engineers	科技机构人员 Personnel in S&T Institutes	科学家和工程师 Scientists & Engineers
总计 Total	**137453**	**87508**	**51142**	**34597**
煤炭采选业 Coal Mining and Dressing	19	15	16	15
石油和天然气开采业 Petroleum and Natural Gas Extraction	224	205		
黑色金属矿采选业 Ferrous Metals Mining and Dressing				
有色金属矿采选业 Nonferrous Metals Mining and Dressing				
非金属矿采选业 Nonmetal Minerals Mining and Dressing				
其他矿采选业 Other Minerals Mining and Dressing				
木材及竹材采选业 Logging and Transport of Wood and Bamboo				
食品加工业 Food Processing	1000	729	306	201
食品制造业 Food Production	1548	854	516	322
饮料制造业 Beverage Production	1373	805	569	345
烟草加工业 Tobacco Processing	4	4		
纺织业 Textile Industry	3754	1651	2145	913
服装及其他纤维制品制造业 Garments and Other Fiber Products	2755	1770	1533	1245
皮革毛皮羽绒及其制品业 Leather, Furs, Down and Related Products	1019	567	441	208
木材加工及竹藤棕草制品业 Timber,Bamboo,Cane,Palm Fiber and Straw Products	173	156	4	3
家具制造业 Furniture Manufacturing	243	139	52	19
造纸及纸制品业 Papermaking and Paper Products	2236	974	828	468
印刷业，记录媒介的复制 Printing and Record Medium Reproduction	1326	843	701	471

3-44 续表

单位：人 (person)

行业 Industry	科技活动人员 Personnel for S&T Activities	科学家和工程师 Scientists & Engineers	科技机构人员 Personnel in S&T Institutes	科学家和工程师 Scientists & Engineers
文教体育用品制造业 Cultural, Educational and Sports Goods	1218	453	855	269
石油加工及炼焦业 Petroleum Processing and Coking	2239	1554	832	397
化学原料及化学制品制造业 Raw Chemical Materials and Chemical Products	6157	3734	2519	1486
医药制造业 Medical and Pharmaceutical Products	4397	3343	1583	1295
化学纤维制造业 Chemical Fiber	1165	711	546	379
橡胶制品业 Rubber Products	2273	1216	1237	898
塑料制品业 Plastic Products	2656	1569	680	545
非金属矿物制品业 Nonmetal Mineral Products	4226	2180	1708	1053
黑色金属冶炼及压延加工业 Smelting and Pressing of Ferrous Metals	2482	1404	461	331
有色金属冶炼及压延加工业 Smelting and Pressing of Nonferrous	1827	1075	533	402
金属制品业 Metal Products	2930	1676	1094	721
普通机械制造业 Ordinary Machinery	10181	6544	3371	2459
专用设备制造业 Equipment for Special Purposes	4019	2474	1577	1026
交通运输设备制造业 Transport Equipment	14121	9581	5832	4048
电气机械及器材制造业 Electric Equipment and Machinery	11916	7206	4426	3100
电子及通信设备制造业 Electronic and Telecommunications Equipment	41623	27875	15251	10874
仪器仪表及文化办公用机械制造业 Instruments, Meters, Cultural and Office Machinery	3333	2582	707	522
其他制造业 Other Manufacturing	914	501	591	379
电力蒸汽热水的生产和供应业 Electric Power,Steam and Hot Water Production and Supply	3827	2979	130	130
煤气 生产和供应业 Gas Production and Supply				
自来水的生产和供应业 Tap Water Production and Supply	76	54		

3-45 各地区大中型工业企业（三资）科技活动经费筹集（2002）

Sources of Funds for S&T of LMIE(Joint Ventures) by Region

单位：万元 (10,000 yuan)

地 区	Region	科技活动经费筹集总额 Total Funds Obtaied for S&T Activities	政府资金 Government Grant	企业资金 Enterprise Self-financed	金融机构贷款 Bank Loans	国外资金 Funds from Abroad
全 国	**Total**	**2673665**	**21075**	**2379606**	**147917**	**63695**
东部地区	Eastern Region	2475892	18676	2205741	135250	60085
中部地区	Mid Region	140901	1802	129279	6283	2110
西部地区	Western Region	56873	597	44585	6385	1500
北 京	Beijing	204044	1151	202739	120	
天 津	Tianjin	126456	444	125580	432	
河 北	Hebei	8625	11	8614		
山 西	Shanxi	994	4	990		
内蒙古	Neimenggu	5576		5576		
辽 宁	Liaoning	12581	370	12211		
吉 林	Jilin	1125		1125		
黑龙江	Heilongjiang	6655	1142	4411	348	
上 海	Shanghai	953973	3510	916476	21579	10048
江 苏	Jiangsu	350075	1480	257941	43831	6828
浙 江	Zhejiang	47448	312	46581	510	40
安 徽	Anhui	32335	288	28310	3245	
福 建	Fujian	176099	5335	125844	37393	6454
江 西	Jiangxi	16593		16593		
山 东	Shandong	72762	559	63011	7459	928
河 南	Henan	25487	40	25387	60	
湖 北	Hubei	47170	308	41942	2630	2110
湖 南	Hunan	4967	20	4947		
广 东	Guangdong	511634	5497	434645	23872	35788
广 西	Guangxi	11799	8	11702	54	
海 南	Hainan	397		397		
重 庆	Chongqing	30733	45	21017	6171	1500
四 川	Sichuan	16442	174	14448	14	
贵 州	Guizhou	520	129	391		
云 南	Yunnan	2779	219	2360	200	
西 藏	Tibet					
陕 西	Shaanxi	4076		4076		
甘 肃	Gansu	78		78		
青 海	Qinghai					
宁 夏	Ningxia	2245	30	2215		
新 疆	Xinjiang					

3-46 分行业大中型工业企业（三资）科技活动经费筹集（2002）

Sources of Fund for S&T of LMIE(Joint Ventures) by Industry

单位：万元 (10,000 yuan)

行 业 Industry	科技活动经费筹集总额 Total Funds Obtaied for S&T Activities	政府资金 Government Grant	企业资金 Enterprise Self-financed	金融机构贷款 Bank Loans	国外资金 Funds from Abroad
总 计 **Total**	**2673665**	**21075**	**2379606**	**147917**	**63695**
煤炭采选业 Coal Mining and Dressing	125		125		
石油和天然气开采业 Petroleum and Natural Gas Extraction	9916		9916		
黑色金属矿采选业 Ferrous Metals Mining and Dressing					
有色金属矿采选业 Nonferrous Metals Mining and Dressing					
非金属矿采选业 Nonmetal Minerals Mining and Dressing					
其他矿采选业 Other Minerals Mining and Dressing					
木材及竹材采选业 Logging and Transport of Wood and Bamboo					
食品加工业 Food Processing	7846	118	7698		
食品制造业 Food Production	19773	529	17994	1250	
饮料制造业 Beverage Production	14760	177	12475	2053	55
烟草加工业 Tobacco Processing	56		56		
纺织业 Textile Industry	23967	190	18557	4001	1194
服装及其他纤维制品制造业 Garments and Other Fiber Products	13353	140	10045	3000	165
皮革毛皮羽绒及其制品业 Leather, Furs, Down and Related Products	4908	124	3583	260	941
木材加工及竹藤棕草制品业 Timber,Bamboo,Cane,Palm Fiber and Straw Products	8556		6446		2110
家具制造业 Furniture Manufacturing	778		739		
造纸及纸制品业 Papermaking and Paper Products	51864	394	50224	1010	
印刷业，记录媒介的复制 Printing and Record Medium Reproduction	10664	103	8538	877	

3-46 续表

单位：万元 (10,000 yuan)

行 业 Industry	科技活动经费筹集总额 Total Funds Obtaied for S&T Activities	政府资金 Government Grant	企业资金 Enterprise Self-financed	金融机构贷款 Bank Loans	国外资金 Funds from Abroad
文教体育用品制造业 Cultural, Educational and Sports Goods	7827	30	7785	12	
石油加工及炼焦业 Petroleum Processing and Coking	37870	410	37460		
化学原料及化学制品制造业 Raw Chemical Materials and Chemical Products	82847	392	80635	1598	42
医药制造业 Medical and Pharmaceutical Products	87437	1346	81559	3551	546
化学纤维制造业 Chemical Fiber	14968	320	14448	200	
橡胶制品业 Rubber Products	27278	270	24887	2120	
塑料制品业 Plastic Products	37653	702	27426	8473	230
非金属矿物制品业 Nonmetal Mineral Products	79221	251	67963	10619	
黑色金属冶炼及压延加工业 Smelting and Pressing of Ferrous Metals	29529	775	20549	8200	
有色金属冶炼及压延加工业 Smelting and Pressing of Nonferrous	17365	285	15080	2000	
金属制品业 Metal Products	37456	253	32127	4610	366
普通机械制造业 Ordinary Machinery	118124	1363	106393	9521	32
专用设备制造业 Equipment for Special Purposes	36305	690	32464	2850	40
交通运输设备制造业 Transport Equipment	466320	2174	444820	14092	2997
电气机械及器材制造业 Electric Equipment and Machinery	199071	1854	172038	19180	5990
电子及通信设备制造业 Electronic and Telecommunications Equipment	1150955	6647	1007186	47446	47198
仪器仪表及文化办公用机械制造业 Instruments, Meters, Cultural and Office Machinery	39958	713	26474	290	1789
其他制造业 Other Manufacturing	8596	25	7866	705	
电力蒸汽热水的生产和供应业 Electric Power,Steam and Hot Water Production and Supply	27320	800	25776		
煤气 生产和供应业 Gas Production and Supply					
自来水的生产和供应业 Tap Water Production and Supply	106		106		

3-47 各地区大中型工业企业（三资）

Intramural Expenditure on S&T Activities

单位：万元

地 区	Region	科技活动经费内部支出总额 Intramural Expenditure on S&T Activities	# 劳务费 Compensation for Laborers
全 国	**Total**	**2291565**	**501761**
东部地区	Eastern Region	2118201	469167
中部地区	Mid Region	135498	24069
西部地区	Western Region	37866	8525
北 京	Beijing	186056	33034
天 津	Tianjin	118320	38844
河 北	Hebei	8221	1628
山 西	Shanxi	770	234
内蒙古	Neimenggu	13117	1127
辽 宁	Liaoning	12395	8536
吉 林	Jilin	1120	167
黑龙江	Heilongjiang	5228	2532
上 海	Shanghai	730298	167950
江 苏	Jiangsu	283259	60530
浙 江	Zhejiang	41592	9210
安 徽	Anhui	25210	4790
福 建	Fujian	131520	32447
江 西	Jiangxi	12314	1545
山 东	Shandong	85970	12530
河 南	Henan	28621	4212
湖 北	Hubei	45125	7669
湖 南	Hunan	3994	1794
广 东	Guangdong	508487	101851
广 西	Guangxi	11685	2482
海 南	Hainan	397	125
重 庆	Chongqing	15249	3601
四 川	Sichuan	15071	2913
贵 州	Guizhou	502	175
云 南	Yunnan	2646	919
西 藏	Tibet		
陕 西	Shaanxi	2105	479
甘 肃	Gansu	48	28
青 海	Qinghai		
宁 夏	Ningxia	2245	409
新 疆	Xinjiang		

科技活动经费内部支出（2002）

of LMIE(Joint Ventures) by Region

(10,000 yuan)

原材料费 Raw Material Expenditure	固定资产购建费 Expenditure on the Purchase of Fixed Assets	设备购置 Purchase of Instruments	# 开发新产品经费 Spending for New Products	# 科技机构经费 Spending for S&T Institute
520598	**644142**	**574241**	**1230171**	**961372**
489859	568922	517477	1132476	898805
19504	67227	49067	80055	49454
11235	7993	7697	17640	13113
66360	29382	29337	123778	27131
10257	14482	13693	35742	73622
3829	1772	1487	5538	6742
322	183	168	481	425
1772	9989	5241	3247	4764
2057	1152	1152	2668	3408
27	23	23	591	1042
973	382	352	1366	2987
147354	187195	179212	467232	290913
62895	79310	67088	112406	128685
17063	8416	8047	28865	23445
4599	13804	13676	18490	8610
39510	40865	36671	81754	71603
2991	5346	5342	10095	9924
26340	21963	17599	35630	51983
2997	10361	831	14156	16587
5038	26512	22919	29998	3707
785	626	516	1630	1408
109549	181587	160781	229321	211842
4487	2730	2342	9261	9092
158	70	70	282	339
4260	5350	5292	10583	7282
4670	1779	1546	4316	2249
81	120	119	162	194
1214	195	195	1472	866
78			833	1796
20			10	
913	550	545	265	726

3-48 分行业大中型工业企业（三资）

Intramural Expenditure on S&T Activities of

单位：万元

行 业 Industry	科技活动经费内部支出总额 Intramural Expenditure on S&T Activities	# 劳务费 Compensation for Laborers
总 计 Total	**2291565**	**501761**
煤炭采选业 Coal Mining and Dressing	361	21
石油和天然气开采业 Petroleum and Natural Gas Extraction	5455	2322
黑色金属矿采选业 Ferrous Metals Mining and Dressing		
有色金属矿采选业 Nonferrous Metals Mining and Dressing		
非金属矿采选业 Nonmetal Minerals Mining and Dressing		
其他矿采选业 Other Minerals Mining and Dressing		
木材及竹材采选业 Logging and Transport of Wood and Bamboo		
食品加工业 Food Processing	8648	2536
食品制造业 Food Production	19405	4419
饮料制造业 Beverage Production	15988	3380
烟草加工业 Tobacco Processing	56	14
纺织业 Textile Industry	42442	5374
服装及其他纤维制品制造业 Garments and Other Fiber Products	14934	3413
皮革毛皮羽绒及其制品业 Leather, Furs, Down and Related Products	6101	1948
木材加工及竹藤棕草制品业 Timber,Bamboo,Cane,Palm Fiber and Straw Products	6562	366
家具制造业 Furniture Manufacturing	753	306
造纸及纸制品业 Papermaking and Paper Products	48513	4443
印刷业，记录媒介的复制 Printing and Record Medium Reproduction	12129	2555

科技活动经费内部支出（2002）

LMIE(Joint Ventures) by Industry

(10,000 yuan)

原材料费 Raw Material Expenditure	固定资产购建费 Expenditure on the Purchase of Fixed Assets	设备购置 Purchase of Instruments	# 开发新产品经费 Spending for New Products	# 科技机构经费 Spending for S&T Institute
520598	**644142**	**574241**	**1230171**	**961372**
62	249	13		125
1800				
1369	3505	2998	2156	1060
5570	7881	6871	12090	7281
5937	4681	4162	7247	6516
20			56	
7329	12851	10488	13735	15392
4287	4956	3978	9556	7088
1589	2288	972	3747	2206
302	5638	5638	5157	10
140	230	216	536	108
18741	19371	19172	20405	23314
3566	5177	5089	6307	4970

3-48 续表

单位：万元

行 业 Industry	科技活动经费内部支出总额 Intramural Expenditure on S&T Activities	# 劳务费 Compensation for Laborers
文教体育用品制造业 Cultural, Educational and Sports Goods	8611	1958
石油加工及炼焦业 Petroleum Processing and Coking	30419	6186
化学原料及化学制品制造业 Raw Chemical Materials and Chemical Products	74500	18270
医药制造业 Medical and Pharmaceutical Products	64809	18020
化学纤维制造业 Chemical Fiber	14445	3521
橡胶制品业 Rubber Products	26500	3727
塑料制品业 Plastic Products	34125	5495
非金属矿物制品业 Nonmetal Mineral Products	52775	9977
黑色金属冶炼及压延加工业 Smelting and Pressing of Ferrous Metals	31138	7345
有色金属冶炼及压延加工业 Smelting and Pressing of Nonferrous	19393	4127
金属制品业 Metal Products	35109	7909
普通机械制造业 Ordinary Machinery	114598	34725
专用设备制造业 Equipment for Special Purposes	31910	11318
交通运输设备制造业 Transport Equipment	350800	52473
电气机械及器材制造业 Electric Equipment and Machinery	165762	33459
电子及通信设备制造业 Electronic and Telecommunications Equipment	982864	226333
仪器仪表及文化办公用机械制造业 Instruments, Meters, Cultural and Office Machinery	34903	13954
其他制造业 Other Manufacturing	6512	1655
电力蒸汽热水的生产和供应业 Electric Power,Steam and Hot Water Production and Supply	29275	9861
煤气 生产和供应业 Gas Production and Supply		
自来水的生产和供应业 Tap Water Production and Supply	149	112

(10,000 yuan)

原材料费 Raw Material Expenditure	固定资产购建费 Expenditure on the Purchase of Fixed Assets	设备购置 Purchase of Instruments	# 开发新产品经费 Spending for New Products	# 科技机构经费 Spending for S&T Institute
2011	2753	2245	5054	4763
1332	17460	16881	9964	13831
16237	24915	21309	33277	31333
14234	13046	11202	39095	23670
4581	5385	5299	8956	10836
6467	13436	13371	19124	17187
11649	13128	11286	22942	12351
21532	16583	12347	26179	24857
10803	11117	9557	8389	22228
5752	5058	4290	6360	4010
7819	14646	11164	18573	9130
29018	26824	26235	69162	50402
10165	4197	3864	17904	9795
53785	94273	80826	229382	155601
36674	63231	55810	106675	79578
222714	228469	210280	504010	407910
5166	10600	7469	19200	8122
1557	2438	2097	3555	2679
7960	9747	9102	1300	3561
17	11	11	28	

3-49 各地区大中型工业企业（三资）其他技术活动经费支出（2002）

Expenditure on Other Technical Activities in LMIE (Joint Ventures) by Region

单位：万元　　　　(10,000 yuan)

地区	Region	技术改造经费 Expenditure on Technical Renovation	技术引进经费 Expenditure on Import of Technology	其中：引进技术资料及关键设备的支出 Purchase of Documents and Key Equipments	消化吸收经费 Expenditure on Technology Absorption	购买国内技术经费 Expenditure on Purchase of Domestic Technology
全　国	**Total**	**1135267**	**1045269**	**732692**	**51177**	**24188**
东部地区	Eastern Region	925350	864073	578764	41400	19965
中部地区	Mid Region	173466	168000	145562	8994	3691
西部地区	Western Region	36452	13197	8366	783	532
北　京	Beijing	5035	52265	50860	185	90
天　津	Tianjin	50350	26091	24014	1074	611
河　北	Hebei	8186	94	84	268	20
山　西	Shanxi	1774	4			50
内蒙古	Neimenggu	25749	1660	1660		440
辽　宁	Liaoning	3427	31505	17560	946	
吉　林	Jilin	19353	5644	5120	1193	1850
黑龙江	Heilongjiang	3402	1399	1349	4	
上　海	Shanghai	228908	437077	266498	30208	3276
江　苏	Jiangsu	163708	75694	65531	4290	1845
浙　江	Zhejiang	156320	40912	36419	896	160
安　徽	Anhui	56799	14339	12256	4378	652
福　建	Fujian	68616	39193	31065	577	2258
江　西	Jiangxi	3320	583	522	75	16
山　东	Shandong	105391	37050	33065	117	44
河　南	Henan	39356	15949	399		
湖　北	Hubei	22381	49239	45218	3191	680
湖　南	Hunan	1331	79184	79039	153	3
广　东	Guangdong	127814	123145	52693	2788	5074
广　西	Guangxi	7475	1028	958	53	6588
海　南	Hainan	120	19	19		
重　庆	Chongqing	7849	2242	1346	93	73
四　川	Sichuan	12520	6840	6742	179	434
贵　州	Guizhou	17	3509		13	25
云　南	Yunnan	2322	606	278	498	
西　藏	Tibet					
陕　西	Shaanxi	2158				
甘　肃	Gansu	25				
青　海	Qinghai	9476				
宁　夏	Ningxia	2085				
新　疆	Xinjiang					

3-50 分行业大中型工业企业（三资）其他技术活动经费支出（2002）
Expenditure on Other Technical Activities in LMIE (Joint Ventures) by Industry

单位：万元 (10,000 yuan)

行业 Industry	技术改造经费 Expenditure on Technical Renovation	技术引进经费 Expenditure on Import of Technology	其中：引进技术资料及关键设备的支出 Purchase of Documents and Key Equipments	消化吸收经费 Expenditure on Technology Absorption	购买国内技术经费 Expenditure on Purchase of Domestic Technology
总　计 Total	**1135267**	**1045269**	**732692**	**51177**	**24188**
煤炭采选业 Coal Mining and Dressing					
石油和天然气开采业 Petroleum and Natural Gas Extraction					
黑色金属矿采选业 Ferrous Metals Mining and Dressing					
有色金属矿采选业 Nonferrous Metals Mining and Dressing					
非金属矿采选业 Nonmetal Minerals Mining and Dressing					
其他矿采选业 Other Minerals Mining and Dressing					
木材及竹材采选业 Logging and Transport of Wood and Bamboo					
食品加工业 Food Processing	2579	439	111	8	27
食品制造业 Food Production	5174	2797	2082	32	
饮料制造业 Beverage Production	8963	7981	3369	50	57
烟草加工业 Tobacco Processing					
纺织业 Textile Industry	75432	9972	3491	194	234
服装及其他纤维制品制造业 Garments and Other Fiber Products	1624	531	530	9	3
皮革毛皮羽绒及其制品业 Leather, Furs, Down and Related Products	424	410	406	24	4
木材加工及竹藤棕草制品业 Timber,Bamboo,Cane,Palm Fiber and Straw Products	1066	960	661	260	
家具制造业 Furniture Manufacturing	146	59	48	45	28
造纸及纸制品业 Papermaking and Paper Products	31292	10232	8095	323	105
印刷业，记录媒介的复制 Printing and Record Medium Reproduction	5806	2629	2255	499	1
文教体育用品制造业 Cultural, Educational and Sports Goods	548	141	141		

3-50 续表

单位：万元 (10,000 yuan)

行业 Industry	技术改造经费 Expenditure on Technical Renovation	技术引进经费 Expenditure on Import of Technology	其中：引进技术资料及关键设备的支出 Purchase of Documents and Key Equipments	消化吸收经费 Expenditure on Technology Absorption	购买国内技术经费 Expenditure on Purchase of Domestic Technology
石油加工及炼焦业 Petroleum Processing and Coking	30687	7914			
化学原料及化学制品制造业 Raw Chemical Materials and Chemical Products	103406	26210	19206	864	759
医药制造业 Medical and Pharmaceutical Products	30432	7385	6945	461	5232
化学纤维制造业 Chemical Fiber	72845	29488	27830	73	56
橡胶制品业 Rubber Products	67225	712	695	80	
塑料制品业 Plastic Products	6398	26938	26631	251	311
非金属矿物制品业 Nonmetal Mineral Products	28659	35247	33229	241	1291
黑色金属冶炼及压延加工业 Smelting and Pressing of Ferrous Metals	53329	1916	1229	650	333
有色金属冶炼及压延加工业 Smelting and Pressing of Nonferrous	19878	1643	1515	20	936
金属制品业 Metal Products	10614	2773	2292	279	75
普通机械制造业 Ordinary Machinery	102548	35525	19607	3986	6816
专用设备制造业 Equipment for Special Purposes	9993	13205	13089	168	13
交通运输设备制造业 Transport Equipment	144184	111878	88317	13333	3072
电气机械及器材制造业 Electric Equipment and Machinery	52352	74155	39775	4996	2123
电子及通信设备制造业 Electronic and Telecommunications Equipment	174544	612947	411625	23982	2463
仪器仪表及文化办公用机械制造业 Instruments, Meters, Cultural and Office Machinery	3319	16766	16766	260	84
其他制造业 Other Manufacturing	9329	2664	2561	91	
电力蒸汽热水的生产和供应业 Electric Power,Steam and Hot Water Production and Supply	82299	1611	100		164
煤气 生产和供应业 Gas Production and Supply					
自来水的生产和供应业 Tap Water Production and Supply	37	9	9		

3-51　各地区大中型工业企业（三资）科技机构（2002）

S&T Institutes in LMIE(Joint Ventures) by Region

单位：个　　　　(unit)

地　区 Region		企业科技机构数 Number of the S&T Institutes	# 有经常性开发任务 with a current task of development	# 有稳定经费来源 with a stable source of funds	# 有一定测试条件 with a capacity of administer tests and experiments
全　国	**Total**	**889**	**797**	**810**	**851**
东部地区	Eastern Region	761	685	697	731
中部地区	Mid Region	84	72	71	77
西部地区	Western Region	44	40	42	43
北　京	Beijing	21	16	19	21
天　津	Tianjin	36	34	33	34
河　北	Hebei	22	20	21	22
山　西	Shanxi	4	4	3	4
内蒙古	Neimenggu	8	8	8	7
辽　宁	Liaoning	9	8	8	8
吉　林	Jilin	4	2	2	3
黑龙江	Heilongjiang	14	12	12	14
上　海	Shanghai	112	102	106	111
江　苏	Jiangsu	117	112	107	116
浙　江	Zhejiang	34	29	30	33
安　徽	Anhui	16	12	14	15
福　建	Fujian	83	72	80	81
江　西	Jiangxi	10	9	9	9
山　东	Shandong	52	46	46	47
河　南	IIcnan	8	7	6	7
湖　北	Hubei	13	12	11	11
湖　南	Hunan	7	6	6	7
广　东	Guangdong	263	235	236	247
广　西	Guangxi	10	9	9	9
海　南	Hainan	2	2	2	2
重　庆	Chongqing	13	12	12	13
四　川	Sichuan	15	14	15	15
贵　州	Guizhou	2	2	2	2
云　南	Yunnan	6	6	6	6
西　藏	Tibet				
陕　西	Shaanxi	5	4	5	4
甘　肃	Gansu				
青　海	Qinghai				
宁　夏	Ningxia	3	2	2	3
新　疆	Xinjiang				

3-52 分行业大中型工业企业（三资）科技机构（2002）

S&T Institutes in LMIE(Joint Ventures) by Industry

单位：个 (unit)

行 业 Industry	企业科技机构数 Number of the S&T Institutes	# 有经常性开发任务 with a current task of development	# 有稳定经费来源 with a stable source of funds	# 有一定测试条件 with a capacity of administer tests and experiments
总 计 **Total**	**889**	**797**	**810**	**851**
煤炭采选业 Coal Mining and Dressing	1	1	1	1
石油和天然气开采业 Petroleum and Natural Gas Extraction				
黑色金属矿采选业 Ferrous Metals Mining and Dressing				
有色金属矿采选业 Nonferrous Metals Mining and Dressing				
非金属矿采选业 Nonmetal Minerals Mining and Dressing				
其他矿采选业 Other Minerals Mining and Dressing				
木材及竹材采选业 Logging and Transport of Wood and Bamboo				
食品加工业 Food Processing	18	14	16	18
食品制造业 Food Production	20	20	19	19
饮料制造业 Beverage Production	22	21	18	21
烟草加工业 Tobacco Processing				
纺织业 Textile Industry	35	32	34	33
服装及其他纤维制品制造业 Garments and Other Fiber Products	14	12	13	14
皮革毛皮羽绒及其制品业 Leather, Furs, Down and Related Products	10	9	9	10
木材加工及竹藤棕草制品业 Timber,Bamboo,Cane,Palm Fiber and Straw Products	1		1	1
家具制造业 Furniture Manufacturing	2	2	2	2
造纸及纸制品业 Papermaking and Paper Products	15	13	10	15
印刷业，记录媒介的复制 Printing and Record Medium Reproduction	13	10	11	12
文教体育用品制造业 Cultural, Educational and Sports Goods	14	12	14	13

3-52 续表

单位：个 (unit)

行 业 Industry	企业科技机构数 Number of the S&T Institutes	# 有经常性开发任务 with a current task of development	# 有稳定经费来源 with a stable source of funds	# 有一定测试条件 with a capacity of administer tests and experiments
石油加工及炼焦业 Petroleum Processing and Coking	6	6	6	6
化学原料及化学制品制造业 Raw Chemical Materials and Chemical Products	62	57	58	60
医药制造业 Medical and Pharmaceutical Products	68	64	64	66
化学纤维制造业 Chemical Fiber	13	12	13	13
橡胶制品业 Rubber Products	15	15	14	15
塑料制品业 Plastic Products	35	29	28	32
非金属矿物制品业 Nonmetal Mineral Products	30	21	24	29
黑色金属冶炼及压延加工业 Smelting and Pressing of Ferrous Metals	9	9	9	9
有色金属冶炼及压延加工业 Smelting and Pressing of Nonferrous	8	7	8	8
金属制品业 Metal Products	24	23	23	23
普通机械制造业 Ordinary Machinery	61	58	54	58
专用设备制造业 Equipment for Special Purposes	26	25	26	25
交通运输设备制造业 Transport Equipment	88	81	79	77
电气机械及器材制造业 Electric Equipment and Machinery	81	74	72	78
电子及通信设备制造业 Electronic and Telecommunications Equipment	163	142	153	160
仪器仪表及文化办公用机械制造业 Instruments, Meters, Cultural and Office Machinery	21	17	17	20
其他制造业 Other Manufacturing	9	8	9	9
电力蒸汽热水的生产和供应业 Electric Power,Steam and Hot Water Production and Supply	3	1	3	2
煤气 生产和供应业 Gas Production and Supply				
自来水的生产和供应业 Tap Water Production and Supply				

3-53 各地区大中型工业企业（三资）科技项目与专利（2002）
Projects and Patents for S&T Activities in LMIE (Joint Ventures) by Region

单位：项 (item)

地 区 Region		科技活动项目数 Projects for S&T Activities	新产品开发项目数 Projects for New Product	专利申请 Patent Applications	发明专利数 Inventive Patent	拥有发明专利数 Owning Inventive Patent
全 国	**Total**	**12910**	**8557**	**5477**	**2031**	**1681**
东部地区	Eastern Region	10910	7597	5265	2000	1629
中部地区	Mid Region	1386	652	108	17	23
西部地区	Western Region	614	308	104	14	29
北 京	Beijing	289	211	610	272	3
天 津	Tianjin	437	346	1037	1009	279
河 北	Hebei	279	219	19	1	2
山 西	Shanxi	33	23			1
内蒙古	Neimenggu	26	10	6	6	1
辽 宁	Liaoning	180	95	2		4
吉 林	Jilin	9	7			2
黑龙江	Heilongjiang	58	38	6	2	2
上 海	Shanghai	1696	1226	1134	258	342
江 苏	Jiangsu	1562	854	220	53	262
浙 江	Zhejiang	262	204	115	22	49
安 徽	Anhui	233	163	7		12
福 建	Fujian	785	509	412	47	185
江 西	Jiangxi	181	120	4	1	
山 东	Shandong	546	361	127	34	59
河 南	Henan	84	56	62	2	2
湖 北	Hubei	461	137	18	4	
湖 南	Hunan	301	98	5	2	3
广 东	Guangdong	4767	3511	1560	298	441
广 西	Guangxi	99	54	28	5	3
海 南	Hainan	8	7	1	1	
重 庆	Chongqing	285	139	85	2	15
四 川	Sichuan	174	76	10	8	7
贵 州	Guizhou	38	35	1		1
云 南	Yunnan	47	35	5	2	4
西 藏	Tibet					
陕 西	Shaanxi	42	15			
甘 肃	Gansu	8	3	3	2	
青 海	Qinghai					
宁 夏	Ningxia	20	5			2
新 疆	Xinjiang					

3-54 分行业大中型工业企业（三资）科技项目与专利（2002）
Projects and Patents for S&T Activities in LMIE (Joint Ventures) by Industry

单位：项 (item)

行 业 Industry	科技活动项目数 Projects for S&T Activities	新产品开发项目数 Projects for New Product	专利申请 Patent Applications	发明专利数 Inventive Patent	拥有发明专利数 Owning Inventive Patent
总 计 **Total**	**12910**	**8557**	**5477**	**2031**	**1681**
煤炭采选业 Coal Mining and Dressing	1				
石油和天然气开采业 Petroleum and Natural Gas Extraction	14				
黑色金属矿采选业 Ferrous Metals Mining and Dressing					
有色金属矿采选业 Nonferrous Metals Mining and Dressing					
非金属矿采选业 Nonmetal Minerals Mining and Dressing					
其他矿采选业 Other Minerals Mining and Dressing					
木材及竹材采选业 Logging and Transport of Wood and Bamboo					
食品加工业 Food Processing	164	106	11		
食品制造业 Food Production	224	155	161	3	42
饮料制造业 Beverage Production	168	98	52	18	30
烟草加工业 Tobacco Processing	1	1			
纺织业 Textile Industry	289	216	65	9	4
服装及其他纤维制品制造业 Garments and Other Fiber Products	339	173	128	3	3
皮革毛皮羽绒及其制品业 Leather, Furs, Down and Related Products	189	175	3	2	2
木材加工及竹藤棕草制品业 Timber,Bamboo,Cane,Palm Fiber and Straw Products	15	7	2	1	2
家具制造业 Furniture Manufacturing	24	22	5		36
造纸及纸制品业 Papermaking and Paper Products	138	73	22	3	3
印刷业，记录媒介的复制 Printing and Record Medium Reproduction	57	36	5	3	7
文教体育用品制造业 Cultural, Educational and Sports Goods	126	94	205	12	50

3-54 续表

单位：项 (item)

行 业 Industry	科技活动项目数 Projects for S&T Activities	新产品开发项目数 Projects for New Product	专利申请 Patent Applications	发明专利数 Inventive Patent	拥有发明专利数 Owning Inventive Patent
石油加工及炼焦业 Petroleum Processing and Coking Products	205	87	49	45	11
化学原料及化学制品制造业 Raw Chemical Materials and Chemical Products	594	295	214	21	39
医药制造业 Medical and Pharmaceutical Products	595	394	70	42	64
化学纤维制造业 Chemical Fiber	88	31	4		
橡胶制品业 Rubber Products	280	249	62	2	1
塑料制品业 Plastic Products	284	205	470	30	130
非金属矿物制品业 Nonmetal Mineral Products	336	173	147	19	39
黑色金属冶炼及压延加工业 Smelting and Pressing of Ferrous Metals	128	71	11	1	4
有色金属冶炼及压延加工业 Smelting and Pressing of Nonferrous	165	83	17	11	11
金属制品业 Metal Products	407	287	117	16	44
普通机械制造业 Ordinary Machinery	1430	1209	128	45	169
专用设备制造业 Equipment for Special Purposes	450	210	94	9	41
交通运输设备制造业 Transport Equipment	1739	1049	223	16	168
电气机械及器材制造业 Electric Equipment and Machinery	1352	926	1557	1041	376
电子及通信设备制造业 Electronic and Telecommunications Equipment	2417	1775	1435	624	340
仪器仪表及文化办公用机械制造业 Instruments, Meters, Cultural and Office Machinery	388	322	147	23	21
其他制造业 Other Manufacturing	48	25	71	30	42
电力蒸汽热水的生产和供应业 Electric Power, Steam and Hot Water Production and Supply	242	7	2	2	2
煤气 生产和供应业 Gas Production and Supply					
自来水的生产和供应业 Tap Water Production and Supply	8				

3-55 各地区大中型采掘业企业科技活动人员（2002）
S&T Personnel in Large and Medium-sized Enterprises of Mining and Quarrying Industry by Region

单位：人 (person)

地 区 Region		科技活动人员 Personnel for S&T	# 全时人员 Full-time Personnel	# 科学家和工程师 Scientists & Engineers	# 科技机构人员 Personnel in S&T Institutes	科学家和工程师 Scientists & Engineers
全　国	**Total**	**110720**	**66918**	**52779**	**31755**	**22379**
东部地区	Eastern Region	38560	22864	16933	13856	10167
中部地区	Mid Region	58160	35061	29533	12304	8744
西部地区	Western Region	14000	8993	6313	5595	3468
北　京	Beijing	180	170	60		
天　津	Tianjin	2605	2149	1748	1904	1523
河　北	Hebei	8129	3778	3757	2256	1352
山　西	Shanxi	12908	8285	10065	1079	749
内蒙古	Neimenggu	1138	658	395	234	175
辽　宁	Liaoning	8194	4935	3672	2572	1528
吉　林	Jilin	2456	1464	1655	146	91
黑龙江	Heilongjiang	18620	10779	7041	5412	3816
上　海	Shanghai	156	122	90		
江　苏	Jiangsu	5902	2691	1966	1047	765
浙　江	Zhejiang	276	106	88	48	38
安　徽	Anhui	3294	2539	672	694	683
福　建	Fujian	422	229	25	119	92
江　西	Jiangxi	2878	566	814	158	91
山　东	Shandong	10692	7444	4750	5534	4596
河　南	Henan	12465	8695	5500	4347	2953
湖　北	Hubei	2715	1433	2650	55	55
湖　南	Hunan	1686	642	741	179	131
广　东	Guangdong	1474	816	474	145	68
广　西	Guangxi	467	363	303	231	205
海　南	Hainan	63	61			
重　庆	Chongqing	706	423	44	8	8
四　川	Sichuan	2425	1160	660	718	302
贵　州	Guizhou	417	281	153	150	133
云　南	Yunnan	1081	541	522	526	212
西　藏	Tibet					
陕　西	Shaanxi	2420	1139	1104	615	150
甘　肃	Gansu	1964	1725	590	222	169
青　海	Qinghai	1158	700	636	557	427
宁　夏	Ningxia					
新　疆	Xinjiang	3829	3024	2604	2799	2067

3-56 各地区大中型采掘业企业科技活动经费筹集（2002）
Sources of Funds for S&T in Large and Medium-sized Enterprises of Mining and Quarrying Industry by Region

单位：万元 (10,000 yuan)

地区	Region	科技活动经费筹集总额 Total Funds Obtaied for S&T Activities	政府资金 Government Grant	企业资金 Enterprise Self-financed	金融机构贷款 Bank Loans	国外资金 Funds from Abroad
全 国	**Total**	**602583**	**8713**	**545110**	**29730**	
东部地区	Eastern Region	276935	3462	243726	17025	
中部地区	Mid Region	235998	3910	220132	7068	
西部地区	Western Region	89651	1341	81253	5637	
北 京	Beijing	1018		1018		
天 津	Tianjin	24410	63	22520		
河 北	Hebei	29024	295	26119	2600	
山 西	Shanxi	77746	110	74722	2914	
内蒙古	Neimenggu	4859	25	4825		
辽 宁	Liaoning	83705	170	77815	5176	
吉 林	Jilin	6851	36	6805		
黑龙江	Heilongjiang	66180	231	61704	48	
上 海	Shanghai	7669	8	7661		
江 苏	Jiangsu	28842	214	24304	4222	
浙 江	Zhejiang	1464	145	412	707	
安 徽	Anhui	27771	800	26971		
福 建	Fujian	449	10	439		
江 西	Jiangxi	5323	920	4115		
山 东	Shandong	82603	2074	66280	4210	
河 南	Henan	37372	129	34908	2300	
湖 北	Hubei	4250	1379	2871		
湖 南	Hunan	5646	280	3212	1806	
广 东	Guangdong	12054	350	11594	110	
广 西	Guangxi	5621	133	5488		
海 南	Hainan	78		78		
重 庆	Chongqing	567		567		
四 川	Sichuan	6649	26	5819	15	
贵 州	Guizhou	2603	200	2403		
云 南	Yunnan	1642	455	1172	15	
西 藏	Tibet					
陕 西	Shaanxi	16529		13299	3000	
甘 肃	Gansu	5115		3308	1807	
青 海	Qinghai	15638		14436	800	
宁 夏	Ningxia					
新 疆	Xinjiang	40909	660	40249		

3-57 各地区大中型采掘业企业科技活动经费支出（2002）
Intramural Expenditure on S&T Activities in Large and Medium-sized Enterprises of Mining and Quarrying Industry by Region

单位：万元 (10,000 yuan)

地 区	Region	科技活动经费内部支出总额 Intramural Expenditure on S&T Activities	# 劳务费 Compensation for Laborers	原材料费 Raw Material Expenditure
全 国	**Total**	**546315**	**159875**	**127215**
东部地区	Eastern Region	243149	57229	59334
中部地区	Mid Region	221444	74751	50450
西部地区	Western Region	81722	27895	17431
北 京	Beijing	799	150	12
天 津	Tianjin	15514	6229	3504
河 北	Hebei	26917	8844	8221
山 西	Shanxi	73897	19753	17879
内蒙古	Neimenggu	4821	591	631
辽 宁	Liaoning	65907	13196	14967
吉 林	Jilin	7238	3309	3073
黑龙江	Heilongjiang	61455	28583	5224
上 海	Shanghai	7186	455	110
江 苏	Jiangsu	31586	8030	7699
浙 江	Zhejiang	3470	536	123
安 徽	Anhui	26807	3697	9998
福 建	Fujian	531	140	85
江 西	Jiangxi	5314	3340	889
山 东	Shandong	78757	15398	21795
河 南	Henan	34369	13004	11741
湖 北	Hubei	3550	1250	432
湖 南	Hunan	3993	1226	583
广 东	Guangdong	7420	3394	2076
广 西	Guangxi	4989	793	735
海 南	Hainan	73	63	7
重 庆	Chongqing	457	260	55
四 川	Sichuan	5851	1285	2010
贵 州	Guizhou	1589	771	295
云 南	Yunnan	1696	848	576
西 藏	Tibet			
陕 西	Shaanxi	13999	3945	4739
甘 肃	Gansu	7637	2784	1697
青 海	Qinghai	17032	5957	2493
宁 夏	Ningxia			
新 疆	Xinjiang	33463	12046	5565

3-57 续表

单位：万元 (10,000 yuan)

		固定资产购建费 Expenditure on the Purchase of Fixed Assets	设备购置 Purchase of Instruments	# 开发新产品经费 Spending for New Products	# 科技机构经费 Spending for S&T Institute
全　国	**Total**	**156213**	**142326**	**32732**	**275435**
东部地区	Eastern Region	67585	60730	23223	127231
中部地区	Mid Region	74397	69621	7803	101782
西部地区	Western Region	14231	11975	1707	46422
北　京	Beijing	637	637		
天　津	Tianjin	4945	4799	5709	12387
河　北	Hebei	7576	6639	3598	16956
山　西	Shanxi	34571	34533	1864	27199
内蒙古	Neimenggu	2015	1772	70	1316
辽　宁	Liaoning	4996	4975	779	39400
吉　林	Jilin	396	286	185	729
黑龙江	Heilongjiang	17994	15019	342	50723
上　海	Shanghai	130	130	512	
江　苏	Jiangsu	11443	10227	1501	12049
浙　江	Zhejiang	2777	480	120	86
安　徽	Anhui	11082	10198	46	3969
福　建	Fujian	119	104	3	115
江　西	Jiangxi	1018	910	759	570
山　东	Shandong	33310	31173	9536	43693
河　南	Henan	4809	4562	3254	16375
湖　北	Hubei	1546	1546	1097	230
湖　南	Hunan	965	795	186	671
广　东	Guangdong	565	480	211	641
广　西	Guangxi	1084	1084	1255	1904
海　南	Hainan	3	3		
重　庆	Chongqing	115	115	62	62
四　川	Sichuan	1289	1286	471	3289
贵　州	Guizhou	277	277	875	1528
云　南	Yunnan	176	155	74	860
西　藏	Tibet				
陕　西	Shaanxi	3767	3767	89	603
甘　肃	Gansu	2477	2238	130	1386
青　海	Qinghai	1606	1355		9678
宁　夏	Ningxia				
新　疆	Xinjiang	4523	2783	6	29016

3-58 各地区大中型采掘业企业科技项目与专利（2002）
Projects and Patents for S&T Activities in Large and Medium-sized Enterprises of Mining and Quarrying Industry by Region

单位：项 (item)

地区 Region		科技活动项目数 Projects for S&T Activities	新产品开发项目数 Projects for New Product	专利申请 Patent Applications	发明专利数 Inventive Patent	拥有发明专利数 Owning Inventive Patent
全　国	**Total**	**8056**	**710**	**591**	**129**	**438**
东部地区	Eastern Region	3487	381	277	64	201
中部地区	Mid Region	3644	280	287	49	204
西部地区	Western Region	925	49	27	16	33
北　京	Beijing	25				
天　津	Tianjin	361	47	25	4	32
河　北	Hebei	503	40	26	2	10
山　西	Shanxi	522	44	16	3	5
内蒙古	Neimenggu	62	3	2	2	
辽　宁	Liaoning	1042	57	110	14	80
吉　林	Jilin	177	12	5		5
黑龙江	Heilongjiang	1181	69	147	31	87
上　海	Shanghai	8	1			
江　苏	Jiangsu	221	24	18	6	4
浙　江	Zhejiang	7	1			
安　徽	Anhui	282	8	13	3	6
福　建	Fujian	51	2			
江　西	Jiangxi	172	48	5	2	2
山　东	Shandong	1180	199	94	37	72
河　南	Henan	964	50	44	3	96
湖　北	Hubei	110	31	49	4	
湖　南	Hunan	174	15	6	1	3
广　东	Guangdong	40	4	3		3
广　西	Guangxi	48	6	1	1	
海　南	Hainan	1				
重　庆	Chongqing	90	1			
四　川	Sichuan	234	25	2	1	19
贵　州	Guizhou	32	2			
云　南	Yunnan	38	5			1
西　藏	Tibet					
陕　西	Shaanxi	134	11	4	1	5
甘　肃	Gansu	75	4	13	7	2
青　海	Qinghai	114		2	1	
宁　夏	Ningxia					
新　疆	Xinjiang	208	1	6	6	6

3-59 各地区大中型制造业企业科技活动人员（2002）
S&T Personnel in Large and Medium-sized Enterprises of Manufacturing Industry by Region

单位：人 (person)

地区 Region		制造业合计 Total of Manufacturing Industry				
		科技活动人员 Personnel for S&T Activities	# 全时人员 Full-time Personnel	# 科学家和工程师 Scientists & Engineers	# 科技机构人员 Personnel in S&T Institutes	科学家和工程师 Scientists & Engineers
全　国	**Total**	**1193465**	**702473**	**660571**	**455474**	**296418**
东部地区	Eastern Region	682227	414864	386151	271092	183012
中部地区	Mid Region	294931	169640	156400	107202	68022
西部地区	Western Region	216307	117969	118020	77180	45384
北　京	Beijing	30049	20578	16735	7200	4945
天　津	Tianjin	19321	11337	12420	8972	5355
河　北	Hebei	40558	24624	21865	16939	10540
山　西	Shanxi	21951	13926	13274	8476	5734
内蒙古	Neimenggu	12964	7393	6714	4429	3002
辽　宁	Liaoning	73152	44362	37206	20968	15021
吉　林	Jilin	14938	10159	11740	7424	5153
黑龙江	Heilongjiang	26748	16851	11845	10144	7138
上　海	Shanghai	62100	41379	42993	18048	12218
江　苏	Jiangsu	147640	78696	79422	48356	32223
浙　江	Zhejiang	43323	25343	25784	21127	13722
安　徽	Anhui	34939	18667	15856	14184	7565
福　建	Fujian	23825	13978	11222	8362	5398
江　西	Jiangxi	26403	12296	10912	7973	4772
山　东	Shandong	123094	73874	73215	61978	38572
河　南	Henan	59294	32778	32083	23575	14060
湖　北	Hubei	55531	34138	30344	16752	11409
湖　南	Hunan	42163	23432	23632	14245	9189
广　东	Guangdong	99230	69351	55999	51523	40136
广　西	Guangxi	19380	10874	8952	7202	4575
海　南	Hainan	555	471	338	417	307
重　庆	Chongqing	25592	15377	13900	10600	6882
四　川	Sichuan	75474	42306	40843	27286	15993
贵　州	Guizhou	17805	8705	7202	3903	2274
云　南	Yunnan	11640	6541	6500	5143	3343
西　藏	Tibet					
陕　西	Shaanxi	50757	24296	34109	18341	10072
甘　肃	Gansu	25506	15287	11183	6862	3842
青　海	Qinghai	2044	913	905	958	497
宁　夏	Ningxia	3509	2176	2040	1641	987
新　疆	Xinjiang	3980	2368	1338	2446	1494

3-59 续表 1

单位：人 (person)

地 区 Region		食品加工业 Food Processing 科技活动人员 Personnel for S&T Activities	# 全时人员 Full-time Personnel	# 科学家和工程师 Scientists & Engineers	# 科技机构人员 Personnel in S&T Institutes	科学家和工程师 Scientists & Engineers
全 国	**Total**	**14758**	**8550**	**7753**	**4920**	**2899**
东部地区	Eastern Region	7696	3709	4535	2907	1594
中部地区	Mid Region	5030	3797	2293	1507	971
西部地区	Western Region	2032	1044	925	506	334
北 京	Beijing	50	25	32	9	5
天 津	Tianjin	11	11	11		
河 北	Hebei	145	41	18	35	31
山 西	Shanxi					
内蒙古	Neimenggu	202	96	141	166	91
辽 宁	Liaoning					
吉 林	Jilin	48	28	48		
黑龙江	Heilongjiang	143	103	73	43	39
上 海	Shanghai	178	82	174	17	11
江 苏	Jiangsu	522	294	216	321	212
浙 江	Zhejiang	393	242	230	124	89
安 徽	Anhui	225	86	68	128	46
福 建	Fujian	541	363	277	238	127
江 西	Jiangxi	278	178	138	33	29
山 东	Shandong	3222	1150	2228	1311	606
河 南	Henan	2890	2177	1186	651	360
湖 北	Hubei	465	432	127	110	86
湖 南	Hunan	779	697	512	376	320
广 东	Guangdong	1405	669	548	372	254
广 西	Guangxi	1229	832	801	480	259
海 南	Hainan					
重 庆	Chongqing	259	207	155	52	45
四 川	Sichuan	649	553	376	254	234
贵 州	Guizhou					
云 南	Yunnan	650	55	228	140	20
西 藏	Tibet					
陕 西	Shaanxi					
甘 肃	Gansu	52	20	17	20	7
青 海	Qinghai					
宁 夏	Ningxia	155	155	140	25	25
新 疆	Xinjiang	267	54	9	15	3

3-59 续表2

单位：人 (person)

地 区 Region		食品制造业 Food Production				
		科技活动人员 Personnel for S&T Activities	# 全时人员 Full-time Personnel	# 科学家和工程师 Scientists & Engineers	# 科技机构人员 Personnel in S&T Institutes	科学家和工程师 Scientists & Engineers
全 国	**Total**	**10552**	**7033**	**4932**	**5096**	**4104**
东部地区	Eastern Region	5502	3628	2797	2247	1501
中部地区	Mid Region	4569	3158	1827	2713	2523
西部地区	Western Region	481	247	308	136	80
北 京	Beijing	125	91	111	112	62
天 津	Tianjin	65	38	28	38	37
河 北	Hebei	182	141	159	136	108
山 西	Shanxi	11	2	8		
内蒙古	Neimenggu	70	50	70	70	50
辽 宁	Liaoning	161	101	122	73	29
吉 林	Jilin					
黑龙江	Heilongjiang	307	158	105	141	119
上 海	Shanghai	608	293	437	106	47
江 苏	Jiangsu	776	363	357	306	159
浙 江	Zhejiang	218	164	79	101	82
安 徽	Anhui	1168	510	236	249	161
福 建	Fujian	283	181	103	143	95
江 西	Jiangxi	71	48	37	17	3
山 东	Shandong	1643	1322	667	531	428
河 南	Henan	2259	1905	1090	1931	1892
湖 北	Hubei	484	416	89	270	266
湖 南	Hunan	199	69	192	35	32
广 东	Guangdong	1217	789	583	534	353
广 西	Guangxi	166	113	106	109	69
海 南	Hainan	58	32	45	58	32
重 庆	Chongqing	57	36	33	42	34
四 川	Sichuan	198	123	132	62	27
贵 州	Guizhou	24	23	6	6	5
云 南	Yunnan	78	21	78	13	8
西 藏	Tibet					
陕 西	Shaanxi					
甘 肃	Gansu	89	34	45		
青 海	Qinghai					
宁 夏	Ningxia	25	6	10	3	2
新 疆	Xinjiang	10	4	4	10	4

3-59 续表3

单位：人 (person)

地 区 Region		饮料制造业 Beverage Production				
		科技活动人员 Personnel for S&T Activities	# 全时人员 Full-time Personnel	# 科学家和工程师 Scientists & Engineers	# 科技机构人员 Personnel in S&T Institutes	科学家和工程师 Scientists & Engineers
全 国	**Total**	**17632**	**9663**	**9123**	**8193**	**4493**
东部地区	Eastern Region	7458	4224	4054	3134	1966
中部地区	Mid Region	6011	3462	3013	2901	1802
西部地区	Western Region	4163	1977	2056	2158	725
北 京	Beijing	565	543	472	24	12
天 津	Tianjin	206	100	64	66	40
河 北	Hebei	857	352	340	465	228
山 西	Shanxi	315	280	297	132	54
内蒙古	Neimenggu	379	218	159	266	167
辽 宁	Liaoning	397	120	196	101	50
吉 林	Jilin	198	56	126	70	34
黑龙江	Heilongjiang	305	212	112	263	127
上 海	Shanghai	126	79	69	30	20
江 苏	Jiangsu	1317	674	492	336	229
浙 江	Zhejiang	839	410	507	315	250
安 徽	Anhui	1844	942	712	906	484
福 建	Fujian	456	362	181	164	130
江 西	Jiangxi	44	24	18	19	8
山 东	Shandong	1491	758	1041	841	419
河 南	Henan	1617	825	973	677	482
湖 北	Hubei	701	578	346	354	289
湖 南	Hunan	608	327	270	214	157
广 东	Guangdong	817	616	505	651	512
广 西	Guangxi	364	195	181	123	61
海 南	Hainan	23	15	6	18	15
重 庆	Chongqing	342	194	141	30	22
四 川	Sichuan	2520	982	1327	1470	387
贵 州	Guizhou	114	61	78	63	47
云 南	Yunnan	139	74	66	82	22
西 藏	Tibet					
陕 西	Shaanxi	373	216	165	118	22
甘 肃	Gansu	323	280	121	194	134
青 海	Qinghai	107	75	67	65	33
宁 夏	Ningxia	31	27	25	5	3
新 疆	Xinjiang	214	68	66	131	55

3-59 续表4

单位：人 (person)

地 区 Region		烟草加工业 Tobacco Processing				
		科技活动人员 Personnel for S&T Activities	# 全时人员 Full-time Personnel	# 科学家和工程师 Scientists & Engineers	# 科技机构人员 Personnel in S&T Institutes	科学家和工程师 Scientists & Engineers
全 国	**Total**	**7065**	**4289**	**3253**	**2733**	**1755**
东部地区	Eastern Region	1474	1102	827	601	379
中部地区	Mid Region	3943	2041	1493	1341	789
西部地区	Western Region	1648	1146	933	791	587
北 京	Beijing	25	15	25	25	15
天 津	Tianjin	56	34	36	56	34
河 北	Hebei	125	72	96	58	30
山 西	Shanxi	25	13	25		
内蒙古	Neimenggu					
辽 宁	Liaoning					
吉 林	Jilin	206	96	71	204	94
黑龙江	Heilongjiang	19	14	8	19	14
上 海	Shanghai	321	247	169	52	38
江 苏	Jiangsu	229	166	103	88	60
浙 江	Zhejiang	11	7	11		
安 徽	Anhui	197	145	112	140	110
福 建	Fujian	335	294	137	78	46
江 西	Jiangxi	49	20	39	49	20
山 东	Shandong	163	115	129	117	75
河 南	Henan	1093	706	428	265	153
湖 北	Hubei	849	460	371	206	148
湖 南	Hunan	1505	587	439	458	250
广 东	Guangdong	138	100	58	64	36
广 西	Guangxi	71	52	63	63	45
海 南	Hainan					
重 庆	Chongqing	138	82	25	44	41
四 川	Sichuan	262	214	205	19	13
贵 州	Guizhou	118	83	63	118	78
云 南	Yunnan	865	617	498	451	381
西 藏	Tibet					
陕 西	Shaanxi	229	118	121	128	58
甘 肃	Gansu	30	30	15	25	14
青 海	Qinghai					
宁 夏	Ningxia					
新 疆	Xinjiang	6	2	6	6	2

3-59 续表5

单位：人 (person)

地区 Region		纺织业 Textile Industry 科技活动人员 Personnel for S&T Activities	# 全时人员 Full-time Personnel	# 科学家和工程师 Scientists & Engineers	# 科技机构人员 Personnel in S&T Institutes	科学家和工程师 Scientists & Engineers
全 国	**Total**	**55844**	**23565**	**21176**	**24404**	**11457**
东部地区	Eastern Region	36233	15827	15528	17636	8496
中部地区	Mid Region	13918	5574	3714	4234	1977
西部地区	Western Region	5693	2164	1934	2534	984
北 京	Beijing	579	345	400	13	13
天 津	Tianjin	846	316	398	210	87
河 北	Hebei	1786	810	1049	1534	671
山 西	Shanxi	420	233	181	200	148
内蒙古	Neimenggu	775	319	213	75	68
辽 宁	Liaoning	222	71	85	78	27
吉 林	Jilin	45	32	22	45	32
黑龙江	Heilongjiang	337	176	126	144	110
上 海	Shanghai	1306	697	777	260	164
江 苏	Jiangsu	13565	5543	6027	4398	2605
浙 江	Zhejiang	3644	1842	1995	1553	816
安 徽	Anhui	2238	1041	595	1380	645
福 建	Fujian	852	449	317	324	131
江 西	Jiangxi	416	135	200	324	124
山 东	Shandong	10844	4595	3590	7805	3359
河 南	Henan	4179	1253	946	1530	571
湖 北	Hubei	4397	2054	996	418	191
湖 南	Hunan	1111	331	435	118	88
广 东	Guangdong	1721	805	522	869	389
广 西	Guangxi	805	304	315	529	184
海 南	Hainan	63	50	53	63	50
重 庆	Chongqing	829	378	250	268	150
四 川	Sichuan	2735	613	1180	1229	168
贵 州	Guizhou					
云 南	Yunnan	12	11	9	12	8
西 藏	Tibet					
陕 西	Shaanxi	1026	631	185	416	278
甘 肃	Gansu	143	98	101	59	21
青 海	Qinghai					
宁 夏	Ningxia					
新 疆	Xinjiang	948	433	209	550	359

3-59 续表6

单位：人 (person)

地 区 Region		服装及其他纤维制品制造业 Garments and other Fiber Products				
		科技活动人员 Personnel for S&T Activities	# 全时人员 Full-time Personnel	# 科学家和工程师 Scientists & Engineers	# 科技机构人员 Personnel in S&T Institutes	科学家和工程师 Scientists & Engineers
全 国	**Total**	**8024**	**5416**	**4650**	**4617**	**3294**
东部地区	Eastern Region	6007	3835	3501	3690	2451
中部地区	Mid Region	1816	1391	1035	843	770
西部地区	Western Region	201	190	114	84	73
北 京	Beijing					
天 津	Tianjin	35	11	23		
河 北	Hebei	23	23	20	23	23
山 西	Shanxi	4	3			
内蒙古	Neimenggu	250	228	140	250	228
辽 宁	Liaoning	32	15	32		
吉 林	Jilin					
黑龙江	Heilongjiang					
上 海	Shanghai	322	143	266	71	51
江 苏	Jiangsu	1983	1299	1627	1440	940
浙 江	Zhejiang	846	398	487	327	125
安 徽	Anhui	89	27	10	18	18
福 建	Fujian	465	131	123	306	58
江 西	Jiangxi					
山 东	Shandong	775	535	297	276	92
河 南	Henan					
湖 北	Hubei	1473	1133	885	575	524
湖 南	Hunan					
广 东	Guangdong	1526	1280	626	1247	1162
广 西	Guangxi					
海 南	Hainan					
重 庆	Chongqing					
四 川	Sichuan	175	169	98	58	52
贵 州	Guizhou					
云 南	Yunnan					
西 藏	Tibet					
陕 西	Shaanxi					
甘 肃	Gansu					
青 海	Qinghai	16	16	10	16	16
宁 夏	Ningxia	10	5	6	10	5
新 疆	Xinjiang					

3-59 续表 7

单位：人 (person)

地区 Region		皮革、毛皮、羽绒及其制品业 Leather, Furs, Down and Related Products				
		科技活动人员 Personnel for S&T Activities	# 全时人员 Full-time Personnel	# 科学家和工程师 Scientists & Engineers	# 科技机构人员 Personnel in S&T Institutes	科学家和工程师 Scientists & Engineers
全 国	**Total**	**3415**	**1498**	**2365**	**1505**	**738**
东部地区	Eastern Region	3087	1255	2131	1277	596
中部地区	Mid Region	277	208	201	213	135
西部地区	Western Region	51	35	33	15	7
北 京	Beijing					
天 津	Tianjin	50	5	50		
河 北	Hebei	42	21	21	31	8
山 西	Shanxi					
内蒙古	Neimenggu					
辽 宁	Liaoning					
吉 林	Jilin					
黑龙江	Heilongjiang					
上 海	Shanghai	197	89	184		
江 苏	Jiangsu	1071	295	612	249	164
浙 江	Zhejiang	757	412	647	448	231
安 徽	Anhui	40	36	20	40	36
福 建	Fujian	247	141	211	143	42
江 西	Jiangxi					
山 东	Shandong	256	95	194	189	73
河 南	Henan	211	159	159	159	92
湖 北	Hubei	12	6	12		
湖 南	Hunan	14	7	10	14	7
广 东	Guangdong	467	197	212	217	78
广 西	Guangxi					
海 南	Hainan					
重 庆	Chongqing	5	5	2	5	5
四 川	Sichuan	21	13	21		
贵 州	Guizhou					
云 南	Yunnan	15	15			
西 藏	Tibet					
陕 西	Shaanxi	10	2	10	10	2
甘 肃	Gansu					
青 海	Qinghai					
宁 夏	Ningxia					
新 疆	Xinjiang					

单位：人 (person)

地 区 Region		木材加工及竹、藤、棕、草制品业 Timber, Bamboo, Cane, Palm Fiber and Straw Products				
		科技活动人员 Personnel for S&T Activities	# 全时人员 Full-time Personnel	# 科学家和工程师 Scientists & Engineers	# 科技机构人员 Personnel in S&T Institutes	科学家和工程师 Scientists & Engineers
全 国	**Total**	**1897**	**1077**	**997**	**880**	**580**
东部地区	Eastern Region	1265	750	541	804	517
中部地区	Mid Region	406	263	316	34	33
西部地区	Western Region	226	64	140	42	30
北 京	Beijing					
天 津	Tianjin	15	4	6		
河 北	Hebei	8	1			
山 西	Shanxi					
内蒙古	Neimenggu					
辽 宁	Liaoning					
吉 林	Jilin					
黑龙江	Heilongjiang	4	3		4	3
上 海	Shanghai					
江 苏	Jiangsu	110	61	94	97	47
浙 江	Zhejiang	138	95	118	63	39
安 徽	Anhui	9	5	9		
福 建	Fujian	363	225	162	348	203
江 西	Jiangxi	3	1	3		
山 东	Shandong	208	184	52	194	164
河 南	Henan					
湖 北	Hubei	354	230	268	30	30
湖 南	Hunan	36	24	36		
广 东	Guangdong	319	119	67	60	26
广 西	Guangxi	104	61	42	42	38
海 南	Hainan					
重 庆	Chongqing					
四 川	Sichuan	48	35	9	42	30
贵 州	Guizhou					
云 南	Yunnan	178	29	131		
西 藏	Tibet					
陕 西	Shaanxi					
甘 肃	Gansu					
青 海	Qinghai					
宁 夏	Ningxia					
新 疆	Xinjiang					

3-59 续表9

单位：人 (person)

地区 Region		家具制造业 Furniture Manufacturing				
		科技活动人员 Personnel for S&T Activities	# 全时人员 Full-time Personnel	# 科学家和工程师 Scientists & Engineers	# 科技机构人员 Personnel in S&T Institutes	科学家和工程师 Scientists & Engineers
全国	**Total**	**1156**	**584**	**653**	**468**	**200**
东部地区	Eastern Region	903	457	537	383	155
中部地区	Mid Region	219	111	91	85	45
西部地区	Western Region	34	16	25		
北京	Beijing	150	104	101	40	34
天津	Tianjin	201	107	128	28	15
河北	Hebei	147	51	63	147	31
山西	Shanxi					
内蒙古	Neimenggu					
辽宁	Liaoning					
吉林	Jilin					
黑龙江	Heilongjiang	71	36	20	7	7
上海	Shanghai	153	52	78		
江苏	Jiangsu					
浙江	Zhejiang	46	18	20	36	16
安徽	Anhui					
福建	Fujian	10	2	5		
江西	Jiangxi					
山东	Shandong	72	53	64	66	49
河南	Henan	80	7	30	10	2
湖北	Hubei					
湖南	Hunan	68	68	41	68	36
广东	Guangdong	124	70	78	66	10
广西	Guangxi					
海南	Hainan					
重庆	Chongqing					
四川	Sichuan	34	16	25		
贵州	Guizhou					
云南	Yunnan					
西藏	Tibet					
陕西	Shaanxi					
甘肃	Gansu					
青海	Qinghai					
宁夏	Ningxia					
新疆	Xinjiang					

3-59 续表10

单位：人 (person)

地区 Region		造纸及纸制品业 Papermaking and Paper Products				
		科技活动人员 Personnel for S&T Activities	# 全时人员 Full-time Personnel	# 科学家和工程师 Scientists & Engineers	# 科技机构人员 Personnel in S&T Institutes	科学家和工程师 Scientists & Engineers
全 国	**Total**	**14381**	**7254**	**6278**	**6734**	**4373**
东部地区	Eastern Region	9593	4495	4034	3972	2679
中部地区	Mid Region	3919	2268	1798	2182	1470
西部地区	Western Region	869	491	446	580	224
北 京	Beijing					
天 津	Tianjin					
河 北	Hebei	525	152	179	72	27
山 西	Shanxi	25	13	5		
内蒙古	Neimenggu	52	51	10	10	10
辽 宁	Liaoning	32	20			
吉 林	Jilin	74	66	50	74	66
黑龙江	Heilongjiang	495	285	140	325	142
上 海	Shanghai	326	139	94		
江 苏	Jiangsu	785	287	174	208	121
浙 江	Zhejiang	1222	513	474	383	242
安 徽	Anhui	530	266	197	383	193
福 建	Fujian	551	239	215	266	196
江 西	Jiangxi	79	42	20	40	10
山 东	Shandong	5181	2548	2554	2502	1755
河 南	Henan	167	61	60	149	45
湖 北	Hubei	1199	472	311	305	119
湖 南	Hunan	1298	1012	1005	896	885
广 东	Guangdong	559	309	211	245	114
广 西	Guangxi	402	281	133	289	217
海 南	Hainan	10	7		7	7
重 庆	Chongqing	106	41	30	106	41
四 川	Sichuan	345	283	231	85	73
贵 州	Guizhou					
云 南	Yunnan	31	12	25	31	12
西 藏	Tibet					
陕 西	Shaanxi	32	22	11	32	22
甘 肃	Gansu	15	7	12	15	7
青 海	Qinghai					
宁 夏	Ningxia	287	97	127	258	58
新 疆	Xinjiang	53	29	10	53	11

3-59 续表11

单位：人 (person)

地区	Region	印刷业、记录媒介的复制 Printing and Record Medium Reproduction				
		科技活动人员 Personnel for S&T Activities	# 全时人员 Full-time Personnel	# 科学家和工程师 Scientists & Engineers	# 科技机构人员 Personnel in S&T Institutes	科学家和工程师 Scientists & Engineers
全　国	**Total**	**4299**	**2731**	**2099**	**1749**	**1060**
东部地区	Eastern Region	2844	1912	1352	934	681
中部地区	Mid Region	648	349	403	601	244
西部地区	Western Region	807	470	344	214	135
北　京	Beijing	293	273	238		
天　津	Tianjin	159	107	149	145	97
河　北	Hebei	36	16	12	36	16
山　西	Shanxi	19	12	12		
内蒙古	Neimenggu					
辽　宁	Liaoning	144	44	15		
吉　林	Jilin					
黑龙江	Heilongjiang					
上　海	Shanghai	550	351	283	7	5
江　苏	Jiangsu	205	168	139	28	28
浙　江	Zhejiang	29	10	3		
安　徽	Anhui	211	155	82	195	89
福　建	Fujian	62	62	43	15	15
江　西	Jiangxi	39	27	11	39	27
山　东	Shandong	257	177	169	147	110
河　南	Henan	316	121	270	316	95
湖　北	Hubei	4		4		
湖　南	Hunan	59	34	24	51	33
广　东	Guangdong	1058	679	279	531	410
广　西	Guangxi	51	25	22	25	
海　南	Hainan					
重　庆	Chongqing	105	36	86		
四　川	Sichuan	432	253	153	27	13
贵　州	Guizhou					
云　南	Yunnan	121	79	62	47	24
西　藏	Tibet					
陕　西	Shaanxi	140	98	40	140	98
甘　肃	Gansu	9	4	3		
青　海	Qinghai					
宁　夏	Ningxia					
新　疆	Xinjiang					

3-59 续表 12

单位：人 (person)

地 区 Region		文化体育用品制造业 Cultural, Educational and Sports Goods				
		科技活动人员 Personnel for S&T Activities	# 全时人员 Full-time Personnel	# 科学家和工程师 Scientists & Engineers	# 科技机构人员 Personnel in S&T Institutes	科学家和工程师 Scientists & Engineers
全 国	**Total**	**2632**	**1003**	**1310**	**1696**	**483**
东部地区	Eastern Region	2434	909	1122	1561	435
中部地区	Mid Region	198	94	188	135	48
西部地区	Western Region					
北 京	Beijing	134	72	54	18	18
天 津	Tianjin	73	39	58	18	7
河 北	Hebei					
山 西	Shanxi	145	48	135	135	48
内蒙古	Neimenggu					
辽 宁	Liaoning					
吉 林	Jilin					
黑龙江	Heilongjiang					
上 海	Shanghai	737	225	378	501	64
江 苏	Jiangsu	174	138	78	33	33
浙 江	Zhejiang	45	32	35	30	22
安 徽	Anhui	53	46	53		
福 建	Fujian	339	163	132	239	150
江 西	Jiangxi					
山 东	Shandong	122	60	95	122	54
河 南	Henan					
湖 北	Hubei					
湖 南	Hunan					
广 东	Guangdong	810	180	292	600	87
广 西	Guangxi					
海 南	Hainan					
重 庆	Chongqing					
四 川	Sichuan					
贵 州	Guizhou					
云 南	Yunnan					
西 藏	Tibet					
陕 西	Shaanxi					
甘 肃	Gansu					
青 海	Qinghai					
宁 夏	Ningxia					
新 疆	Xinjiang					

3-59 续表 13

单位：人 (person)

地 区 Region		石油加工及炼焦业 Petroleum Processing and Coking Products				
		科技活动人员 Personnel for S&T Activities	# 全时人员 Full-time Personnel	# 科学家和工程师 Scientists & Engineers	# 科技机构人员 Personnel in S&T Institutes	科学家和工程师 Scientists & Engineers
全 国	**Total**	**21286**	**13618**	**12051**	**7091**	**4053**
东部地区	Eastern Region	12694	8875	8001	4409	2290
中部地区	Mid Region	5806	3435	2548	1429	969
西部地区	Western Region	2786	1308	1502	1253	794
北 京	Beijing	1968	1127	1420	744	344
天 津	Tianjin	37	31	24	32	16
河 北	Hebei	252	229	147	109	76
山 西	Shanxi	1871	1107	1131	337	337
内蒙古	Neimenggu	13	9	13	13	9
辽 宁	Liaoning	1607	1478	1102	553	336
吉 林	Jilin	532	286	36	36	28
黑龙江	Heilongjiang	569	522	277	431	241
上 海	Shanghai	2824	2012	1306	909	444
江 苏	Jiangsu	657	278	255	136	129
浙 江	Zhejiang	763	501	126	98	65
安 徽	Anhui	39	26	18		
福 建	Fujian	124	32	12		
江 西	Jiangxi	594	219	192	128	59
山 东	Shandong	2071	1091	1365	1059	507
河 南	Henan	746	637	122	90	64
湖 北	Hubei	453	187	210	154	74
湖 南	Hunan	989	442	549	240	157
广 东	Guangdong	2387	2093	2244	765	370
广 西	Guangxi	4	3		4	3
海 南	Hainan					
重 庆	Chongqing	267	162	148	148	120
四 川	Sichuan	5	5	5		
贵 州	Guizhou					
云 南	Yunnan					
西 藏	Tibet					
陕 西	Shaanxi	94	94	9		
甘 肃	Gansu	1803	724	913	603	423
青 海	Qinghai					
宁 夏	Ningxia					
新 疆	Xinjiang	617	323	427	502	251

3-59 续表14

单位：人 (person)

地区 Region		化学原料及化学制品制造业 Raw Chemical Materials and Chemical Products 科技活动人员 Personnel for S&T Activities	# 全时人员 Full-time Personnel	# 科学家和工程师 Scientists & Engineers	# 科技机构人员 Personnel in S&T Institutes	科学家和工程师 Scientists & Engineers
全 国	**Total**	**100879**	**57826**	**54127**	**37602**	**23545**
东部地区	Eastern Region	64530	36672	35839	23025	14394
中部地区	Mid Region	21652	13363	11290	8928	5645
西部地区	Western Region	14697	7791	6998	5649	3506
北 京	Beijing	843	457	597	119	78
天 津	Tianjin	2269	1158	1591	913	579
河 北	Hebei	3525	2540	1496	1846	1128
山 西	Shanxi	3831	2402	2044	1031	738
内蒙古	Neimenggu	949	740	635	699	620
辽 宁	Liaoning	7880	2630	3165	1150	686
吉 林	Jilin	1005	641	853	833	505
黑龙江	Heilongjiang	483	395	229	309	239
上 海	Shanghai	3927	2526	2853	1275	682
江 苏	Jiangsu	24114	13687	14901	6583	4084
浙 江	Zhejiang	4591	2690	2678	2308	1420
安 徽	Anhui	3223	1622	1200	1021	536
福 建	Fujian	882	571	432	328	223
江 西	Jiangxi	1742	995	526	680	376
山 东	Shandong	10383	6327	5600	6148	4100
河 南	Henan	2756	1862	1854	904	501
湖 北	Hubei	4278	2723	1906	2409	1497
湖 南	Hunan	3385	1983	2043	1042	633
广 东	Guangdong	5299	3587	2158	1916	1126
广 西	Guangxi	769	462	366	439	288
海 南	Hainan	48	37	2		
重 庆	Chongqing	1293	765	567	658	322
四 川	Sichuan	6571	3497	3749	2708	1695
贵 州	Guizhou	1226	458	251	350	267
云 南	Yunnan	1412	852	705	502	326
西 藏	Tibet					
陕 西	Shaanxi	2142	1164	1218	1002	644
甘 肃	Gansu	1058	630	277	182	110
青 海	Qinghai	734	246	71	152	85
宁 夏	Ningxia	165	135	109	41	37
新 疆	Xinjiang	96	44	51	54	20

3-59 续表15

单位：人 (person)

地 区 Region		医药制造业 Medical and Pharmaceutical Products				
		科技活动人员 Personnel for S&T Activities	# 全时人员 Full-time Personnel	# 科学家和工程师 Scientists & Engineers	# 科技机构人员 Personnel in S&T Institutes	科学家和工程师 Scientists & Engineers
全 国	**Total**	**53275**	**34166**	**31096**	**21386**	**15483**
东部地区	Eastern Region	37216	23650	21765	14497	10772
中部地区	Mid Region	10922	7077	6039	4740	3046
西部地区	Western Region	5137	3439	3292	2149	1665
北 京	Beijing	1231	936	694	520	419
天 津	Tianjin	1455	953	974	700	499
河 北	Hebei	2287	1886	1513	1047	580
山 西	Shanxi	452	369	229	285	249
内蒙古	Neimenggu	95	95	74	79	79
辽 宁	Liaoning	2432	1462	847	581	346
吉 林	Jilin	1112	794	795	517	432
黑龙江	Heilongjiang	1274	1009	831	461	355
上 海	Shanghai	2574	1752	2002	892	554
江 苏	Jiangsu	3918	2510	2541	1577	1274
浙 江	Zhejiang	3229	1959	2282	1634	1151
安 徽	Anhui	1372	707	523	632	331
福 建	Fujian	654	382	272	370	226
江 西	Jiangxi	1410	832	683	515	429
山 东	Shandong	14696	8721	8101	4850	3939
河 南	Henan	713	437	269	571	336
湖 北	Hubei	3287	2291	2103	1363	670
湖 南	Hunan	1207	543	532	317	165
广 东	Guangdong	3604	2213	1691	1672	1165
广 西	Guangxi	1084	824	796	606	576
海 南	Hainan	52	52	52	48	43
重 庆	Chongqing	645	467	400	223	177
四 川	Sichuan	3048	1947	1984	1061	878
贵 州	Guizhou	120	90	83	79	52
云 南	Yunnan	479	360	340	334	243
西 藏	Tibet					
陕 西	Shaanxi	479	298	275	201	145
甘 肃	Gansu	197	152	136	131	84
青 海	Qinghai	41	34	31	41	34
宁 夏	Ningxia	73	46	20	73	46
新 疆	Xinjiang	55	45	23	6	6

3-59 续表 16

单位：人 (person)

地区 Region		化学纤维制造业 Chemical Fiber				
		科技活动人员 Personnel for S&T Activities	# 全时人员 Full-time Personnel	# 科学家和工程师 Scientists & Engineers	# 科技机构人员 Personnel in S&T Institutes	科学家和工程师 Scientists & Engineers
全　国	**Total**	**13020**	**7400**	**5422**	**4487**	**2851**
东部地区	Eastern Region	9317	5246	3489	2841	1840
中部地区	Mid Region	3144	1755	1677	1440	894
西部地区	Western Region	559	399	256	206	117
北　京	Beijing					
天　津	Tianjin	54	27	15	31	16
河　北	Hebei	913	496	358	281	163
山　西	Shanxi	115	56	65	8	6
内蒙古	Neimenggu					
辽　宁	Liaoning	778	531	625	212	186
吉　林	Jilin	222	129	191	117	104
黑龙江	Heilongjiang	221	215	174	168	135
上　海	Shanghai	321	127	115		
江　苏	Jiangsu	4920	2680	1320	486	362
浙　江	Zhejiang	930	428	278	759	334
安　徽	Anhui	464	247	292	279	174
福　建	Fujian	199	190	125	192	183
江　西	Jiangxi	624	201	127	255	135
山　东	Shandong	580	472	396	509	417
河　南	Henan	587	399	464	179	123
湖　北	Hubei	328	191	113		
湖　南	Hunan	583	317	251	434	217
广　东	Guangdong	491	219	236	371	179
广　西	Guangxi	131	76	21		
海　南	Hainan					
重　庆	Chongqing	206	196	68	111	63
四　川	Sichuan	327	183	167	95	54
贵　州	Guizhou					
云　南	Yunnan					
西　藏	Tibet					
陕　西	Shaanxi					
甘　肃	Gansu	26	20	21		
青　海	Qinghai					
宁　夏	Ningxia					
新　疆	Xinjiang					

3-59 续表 17

单位：人 (person)

地 区 Region		橡胶制品业 Rubber Products				
		科技活动人员 Personnel for S&T Activities	# 全时人员 Full-time Personnel	# 科学家和工程师 Scientists & Engineers	# 科技机构人员 Personnel in S&T Institutes	科学家和工程师 Scientists & Engineers
全 国	**Total**	**10920**	**5741**	**6433**	**5301**	**3058**
东部地区	Eastern Region	7750	3897	4135	3734	2149
中部地区	Mid Region	1775	1143	1320	1235	711
西部地区	Western Region	1395	701	978	332	198
北 京	Beijing	122	72	78	56	22
天 津	Tianjin	192	94	143	99	35
河 北	Hebei	115	39	87	94	33
山 西	Shanxi	165	131	120	155	125
内蒙古	Neimenggu	8	7		8	7
辽 宁	Liaoning	795	308	444	286	94
吉 林	Jilin					
黑龙江	Heilongjiang	35	21	22		
上 海	Shanghai	292	155	184	117	70
江 苏	Jiangsu	1148	650	684	276	208
浙 江	Zhejiang	544	334	297	467	274
安 徽	Anhui	589	240	434	518	186
福 建	Fujian	61	21	61	5	3
江 西	Jiangxi	18	18	15	18	18
山 东	Shandong	2898	1533	1608	1723	1060
河 南	Henan	240	209	166	36	23
湖 北	Hubei	523	335	399	404	256
湖 南	Hunan	197	182	164	96	96
广 东	Guangdong	863	392	255	405	256
广 西	Guangxi	720	299	294	206	94
海 南	Hainan					
重 庆	Chongqing	75	39	44	24	11
四 川	Sichuan	513	241	498	128	111
贵 州	Guizhou	472	338	341	102	34
云 南	Yunnan	27	11	13	18	10
西 藏	Tibet					
陕 西	Shaanxi	79	29	35	30	20
甘 肃	Gansu					
青 海	Qinghai					
宁 夏	Ningxia	36	31	19		
新 疆	Xinjiang	193	12	28	30	12

3-59 续表 18

单位：人 (person)

地区	Region	塑料制品业 Plastic Products 科技活动人员 Personnel for S&T Activities	# 全时人员 Full-time Personnel	# 科学家和工程师 Scientists & Engineers	# 科技机构人员 Personnel in S&T Institutes	科学家和工程师 Scientists & Engineers
全 国	**Total**	**13888**	**7011**	**6343**	**5007**	**3258**
东部地区	Eastern Region	9826	4847	4653	3242	2349
中部地区	Mid Region	2971	1482	1342	1067	624
西部地区	Western Region	1091	682	348	698	285
北 京	Beijing	165	110	91	51	31
天 津	Tianjin	145	99	112	17	11
河 北	Hebei	2669	429	843	354	194
山 西	Shanxi	37	18	24		
内蒙古	Neimenggu	150	70	30		
辽 宁	Liaoning	49	25	25	44	20
吉 林	Jilin	68	31	52	52	31
黑龙江	Heilongjiang	140	89	68	12	9
上 海	Shanghai	620	403	482	90	64
江 苏	Jiangsu	1751	1025	750	935	640
浙 江	Zhejiang	473	289	245	117	94
安 徽	Anhui	1251	431	660	523	255
福 建	Fujian	216	145	98	108	86
江 西	Jiangxi	23	15	15	12	8
山 东	Shandong	1339	687	984	508	370
河 南	Henan	113	99	26	90	76
湖 北	Hubei	967	613	370	264	196
湖 南	Hunan	222	116	97	114	49
广 东	Guangdong	2207	1579	939	1008	836
广 西	Guangxi	192	56	84	10	3
海 南	Hainan					
重 庆	Chongqing	60	19	11	7	6
四 川	Sichuan	96	70	49	25	8
贵 州	Guizhou	26	15	11	12	10
云 南	Yunnan	273	83	170	109	40
西 藏	Tibet					
陕 西	Shaanxi	3	3	1		
甘 肃	Gansu	63	24	41	63	24
青 海	Qinghai					
宁 夏	Ningxia	20	10	2	20	10
新 疆	Xinjiang	550	458	63	462	187

3-59 续表 19

单位：人

(person)

地区 Region		非金属矿物制品业 Nonmetal Mineral Products				
		科技活动人员 Personnel for S&T Activities	# 全时人员 Full-time Personnel	# 科学家和工程师 Scientists & Engineers	# 科技机构人员 Personnel in S&T Institutes	科学家和工程师 Scientists & Engineers
全 国	**Total**	**39328**	**20381**	**19727**	**14589**	**8450**
东部地区	Eastern Region	23171	11290	11231	7308	4708
中部地区	Mid Region	11295	6600	6024	4772	2603
西部地区	Western Region	4862	2491	2472	2509	1139
北 京	Beijing	688	481	160	49	37
天 津	Tianjin	376	111	166	54	28
河 北	Hebei	3139	1493	2272	1304	899
山 西	Shanxi	849	476	645	520	314
内蒙古	Neimenggu	695	358	208	535	237
辽 宁	Liaoning	5334	2203	1463	444	324
吉 林	Jilin	523	264	347	319	166
黑龙江	Heilongjiang	382	190	134	179	109
上 海	Shanghai	1118	702	576	258	148
江 苏	Jiangsu	3592	1829	2138	1137	791
浙 江	Zhejiang	1481	645	620	650	366
安 徽	Anhui	1975	905	817	599	329
福 建	Fujian	598	240	217	235	108
江 西	Jiangxi	302	203	152	145	82
山 东	Shandong	3394	1847	2042	1857	1149
河 南	Henan	4428	2781	2474	1937	904
湖 北	Hubei	1133	830	738	385	369
湖 南	Hunan	1008	593	509	153	93
广 东	Guangdong	2531	1273	1243	928	610
广 西	Guangxi	920	466	334	392	248
海 南	Hainan					
重 庆	Chongqing	607	298	478	452	203
四 川	Sichuan	2351	1379	1064	1540	653
贵 州	Guizhou	244	122	75	60	24
云 南	Yunnan	319	153	172	127	107
西 藏	Tibet					
陕 西	Shaanxi	89	21	29	18	9
甘 肃	Gansu	834	282	473	72	15
青 海	Qinghai	152	40	67	116	38
宁 夏	Ningxia	89	42	53	34	24
新 疆	Xinjiang	177	154	61	90	66

单位：人 (person)

地 区 Region		黑色金属冶炼及压延加工业 Smelting and Pressing of Ferrous Metals				
		科技活动人员 Personnel for S&T Activities	# 全时人员 Full-time Personnel	# 科学家和工程师 Scientists & Engineers	# 科技机构人员 Personnel in S&T Institutes	科学家和工程师 Scientists & Engineers
全 国	**Total**	**109948**	**65559**	**48045**	**28618**	**15962**
东部地区	Eastern Region	65091	40662	27139	14701	9036
中部地区	Mid Region	25665	12367	11835	7010	3314
西部地区	Western Region	19192	12530	9071	6907	3612
北 京	Beijing	2495	1904	543	723	494
天 津	Tianjin	2543	1755	1149	2276	1634
河 北	Hebei	9234	6886	4600	2326	1094
山 西	Shanxi	2067	1159	1921	561	353
内蒙古	Neimenggu	3783	2254	987	1031	659
辽 宁	Liaoning	19774	12744	7334	3243	2315
吉 林	Jilin	814	203	563	5	5
黑龙江	Heilongjiang	621	340	264	452	191
上 海	Shanghai	6211	4057	1649	955	651
江 苏	Jiangsu	6492	3557	2738	1138	780
浙 江	Zhejiang	602	406	284	289	122
安 徽	Anhui	2882	1498	880	1550	560
福 建	Fujian	2159	681	615	73	33
江 西	Jiangxi	5265	1261	1834	248	104
山 东	Shandong	8983	6186	5841	3333	1723
河 南	Henan	1783	770	1202	767	443
湖 北	Hubei	3390	2174	1418	1576	631
湖 南	Hunan	5060	2708	2766	820	368
广 东	Guangdong	4472	1600	2172	172	128
广 西	Guangxi	2126	886	214	173	62
海 南	Hainan					
重 庆	Chongqing	570	479	399	266	137
四 川	Sichuan	12579	6840	6274	3565	2271
贵 州	Guizhou	798	736	265	310	121
云 南	Yunnan	437	292	89	50	42
西 藏	Tibet					
陕 西	Shaanxi	307	257	258	176	144
甘 肃	Gansu	4070	3621	1600	2318	786
青 海	Qinghai	161	68	161	161	68
宁 夏	Ningxia	20	6	6	6	3
新 疆	Xinjiang	250	231	19	55	40

3-59 续表21

单位：人

(person)

地区 Region		有色金属冶炼及压延加工业 Smelting and Pressing of Nonferrous				
		科技活动人员 Personnel for S&T Activities	# 全时人员 Full-time Personnel	# 科学家和工程师 Scientists & Engineers	# 科技机构人员 Personnel in S&T Institutes	科学家和工程师 Scientists & Engineers
全 国	**Total**	**42312**	**23881**	**18031**	**13687**	**7643**
东部地区	Eastern Region	11507	5897	5609	4157	2485
中部地区	Mid Region	15931	9599	6962	6277	3326
西部地区	Western Region	14874	8385	5460	3253	1832
北 京	Beijing	238	225	151	160	156
天 津	Tianjin	12	12	12		
河 北	Hebei	718	379	239		
山 西	Shanxi	1698	957	647	189	141
内蒙古	Neimenggu	507	309	237	712	355
					171	115
辽 宁	Liaoning	1392	734	854	971	484
吉 林	Jilin	172	151	106	154	148
黑龙江	Heilongjiang	765	323	499	456	95
上 海	Shanghai	1000	378	458	31	25
江 苏	Jiangsu	1560	739	1071	438	339
浙 江	Zhejiang	1727	324	301	336	198
安 徽	Anhui	2248	1486	1316	664	489
福 建	Fujian	865	512	369	272	197
江 西	Jiangxi	1573	1124	624	347	127
山 东	Shandong	1315	703	1206	948	392
河 南	Henan	5201	2744	2084	2586	1117
湖 北	Hubei	790	580	208	463	454
湖 南	Hunan	2977	1925	1241	724	426
广 东	Guangdong	1276	744	647	562	322
广 西	Guangxi	1404	1147	301	250	231
海 南	Hainan					
重 庆	Chongqing	1064	567	337	363	69
四 川	Sichuan	1461	999	644	366	241
贵 州	Guizhou	1515	860	617	141	56
云 南	Yunnan	2728	1360	1727	836	398
西 藏	Tibet					
陕 西	Shaanxi	2642	543	479	100	40
甘 肃	Gansu	4726	3724	1330	1169	882
青 海	Qinghai	313	120	120	123	75
宁 夏	Ningxia	383	171	182	117	33
新 疆	Xinjiang	42	41	24	38	38

3-59 续表22

单位：人 (person)

地区 Region		金属制品业 Metal Products				
		科技活动人员 Personnel for S&T Activities	# 全时人员 Full-time Personnel	# 科学家和工程师 Scientists & Engineers	# 科技机构人员 Personnel in S&T Institutes	科学家和工程师 Scientists & Engineers
全　国	**Total**	**17341**	**9223**	**8625**	**6848**	**4122**
东部地区	Eastern Region	11287	5596	6028	4780	2596
中部地区	Mid Region	2672	1641	903	1051	869
西部地区	Western Region	3382	1986	1694	1017	657
北　京	Beijing	478	69	44	23	19
天　津	Tianjin	463	230	324	189	87
河　北	Hebei	819	462	412	728	411
山　西	Shanxi	131	81	119	56	37
内蒙古	Neimenggu					
辽　宁	Liaoning	534	249	201	110	95
吉　林	Jilin	46	40	46	41	35
黑龙江	Heilongjiang	535	360	311	430	297
上　海	Shanghai	1378	780	838	243	159
江　苏	Jiangsu	2614	1319	1450	980	713
浙　江	Zhejiang	506	277	342	260	112
安　徽	Anhui	33	17	10	22	10
福　建	Fujian	501	133	361	14	14
江　西	Jiangxi	182	168	97	152	141
山　东	Shandong	2014	872	1300	863	239
河　南	Henan	308	300	67	290	289
湖　北	Hubei	1315	588	202	60	60
湖　南	Hunan	122	87	51		
广　东	Guangdong	1920	1183	719	1334	729
广　西	Guangxi	60	22	37	36	18
海　南	Hainan					
重　庆	Chongqing	450	366	277	212	118
四　川	Sichuan	1757	1100	822	366	296
贵　州	Guizhou	309	250	290	280	131
云　南	Yunnan	21	11	18	10	7
西　藏	Tibet					
陕　西	Shaanxi	214	170	161	115	84
甘　肃	Gansu	601	74	107	34	21
青　海	Qinghai					
宁　夏	Ningxia	30	15	19		
新　疆	Xinjiang					

3-59 续表23

单位：人 (person)

地 区 Region		普通机械制造业 Ordinary Machinery				
		科技活动人员 Personnel for S&T Activities	# 全时人员 Full-time Personnel	# 科学家和工程师 Scientists & Engineers	# 科技机构人员 Personnel in S&T Institutes	科学家和工程师 Scientists & Engineers
全 国	**Total**	**102382**	**59434**	**59783**	**40165**	**27085**
东部地区	Eastern Region	65321	37796	39111	26434	18036
中部地区	Mid Region	22738	13537	12701	7578	5103
西部地区	Western Region	14323	8101	7971	6153	3946
北 京	Beijing	1698	1059	646	418	318
天 津	Tianjin	1978	1285	1367	647	415
河 北	Hebei	2932	1918	1657	1215	987
山 西	Shanxi	1314	782	746	558	421
内蒙古	Neimenggu	151	49	45		
辽 宁	Liaoning	7140	4626	4705	3149	2404
吉 林	Jilin	729	431	512	346	245
黑龙江	Heilongjiang	4337	3039	2055	1500	1114
上 海	Shanghai	7262	4897	5907	2151	1660
江 苏	Jiangsu	20475	10728	11463	7368	4813
浙 江	Zhejiang	5841	3611	3455	3043	2049
安 徽	Anhui	3716	1826	2083	949	520
福 建	Fujian	1775	676	745	243	166
江 西	Jiangxi	1611	968	884	536	375
山 东	Shandong	9851	5358	5913	5219	3160
河 南	Henan	4261	2500	2613	1354	859
湖 北	Hubei	3648	2080	1948	1123	862
湖 南	Hunan	2971	1862	1815	1212	707
广 东	Guangdong	3698	2259	1966	1755	1192
广 西	Guangxi	2671	1379	1287	1226	872
海 南	Hainan					
重 庆	Chongqing	2128	1394	1093	885	636
四 川	Sichuan	4438	2501	2079	1766	1076
贵 州	Guizhou	632	293	304	324	216
云 南	Yunnan	850	528	560	704	395
西 藏	Tibet					
陕 西	Shaanxi	3456	2003	2128	1313	894
甘 肃	Gansu	1480	660	972	320	202
青 海	Qinghai	379	209	266	284	148
宁 夏	Ningxia	935	500	563	557	379
新 疆	Xinjiang	25	13	6		

3-59 续表 24

单位：人 (person)

地 区 Region		专用设备制造业 Equipment for Special Purposes				
		科技活动人员 Personnel for S&T Activities	# 全时人员 Full-time Personnel	# 科学家和工程师 Scientists & Engineers	# 科技机构人员 Personnel in S&T Institutes	科学家和工程师 Scientists & Engineers
全 国	**Total**	**71861**	**42332**	**41344**	**31324**	**20965**
东部地区	Eastern Region	39173	24659	22865	17483	12092
中部地区	Mid Region	21364	10899	11721	8031	5281
西部地区	Western Region	11324	6774	6758	5810	3592
北 京	Beijing	1396	940	464	455	347
天 津	Tianjin	939	566	537	254	208
河 北	Hebei	4267	2573	2185	2162	1742
山 西	Shanxi	2221	1539	1075	1220	915
内蒙古	Neimenggu	40	17	19	36	13
辽 宁	Liaoning	2681	1882	1865	1581	1139
吉 林	Jilin	326	200	308	164	100
黑龙江	Heilongjiang	4767	1152	1213	998	866
上 海	Shanghai	4679	3045	3482	1138	875
江 苏	Jiangsu	7970	4797	4544	3209	2186
浙 江	Zhejiang	2009	1258	1373	1099	710
安 徽	Anhui	1389	731	660	718	405
福 建	Fujian	1446	811	652	472	309
江 西	Jiangxi	846	355	293	316	187
山 东	Shandong	10222	6329	6037	5653	3503
河 南	Henan	6520	3695	4600	2910	1909
湖 北	Hubei	2713	1894	1996	407	288
湖 南	Hunan	2542	1316	1557	1262	598
广 东	Guangdong	2317	1729	1213	1074	795
广 西	Guangxi	1162	667	503	301	216
海 南	Hainan	85	62	10	85	62
重 庆	Chongqing	139	101	71	43	37
四 川	Sichuan	3996	2495	2762	2119	1008
贵 州	Guizhou	657	341	451	196	127
云 南	Yunnan	1375	825	645	716	548
西 藏	Tibet					
陕 西	Shaanxi	2891	1785	1819	1888	1236
甘 肃	Gansu	1544	545	439	459	280
青 海	Qinghai	17	10	17		
宁 夏	Ningxia	483	453	353	181	152
新 疆	Xinjiang	222	219	201	208	204

3-59 续表25

单位：人

(person)

地区 Region		交通运输设备制造业 Transport Equipment				
		科技活动人员 Personnel for S&T Activities	# 全时人员 Full-time Personnel	# 科学家和工程师 Scientists & Engineers	# 科技机构人员 Personnel in S&T Institutes	科学家和工程师 Scientists & Engineers
全 国	**Total**	**182739**	**103817**	**111308**	**60534**	**38709**
东部地区	Eastern Region	67633	41194	40278	25310	16973
中部地区	Mid Region	61017	36647	36945	18512	13282
西部地区	Western Region	54089	25976	34085	16712	8454
北 京	Beijing	3017	2229	2003	1109	672
天 津	Tianjin	1890	1335	1144	550	377
河 北	Hebei	3032	1620	2241	1305	748
山 西	Shanxi	2012	1252	1141	447	288
内蒙古	Neimenggu	367	254	300	181	125
辽 宁	Liaoning	15075	10498	9326	4838	3673
吉 林	Jilin	6767	5476	6308	3397	2250
黑龙江	Heilongjiang	6651	5151	2818	1386	1207
上 海	Shanghai	8235	5502	6634	4731	3123
江 苏	Jiangsu	16343	7944	7637	4492	3116
浙 江	Zhejiang	4204	3000	3235	1133	900
安 徽	Anhui	5170	3413	2480	1928	1159
福 建	Fujian	1520	1082	781	289	202
江 西	Jiangxi	7076	3579	2525	1781	1491
山 东	Shandong	7067	3839	4114	3635	2434
河 南	Henan	8115	3206	5435	2181	1467
湖 北	Hubei	16484	9607	10535	4505	3303
湖 南	Hunan	8375	4709	5403	2706	1992
广 东	Guangdong	4971	2757	1607	1989	1034
广 西	Guangxi	2078	1187	1396	1116	611
海 南	Hainan	201	201	160	123	83
重 庆	Chongqing	8787	4544	4665	3118	2134
四 川	Sichuan	10923	7650	5843	3208	1967
贵 州	Guizhou	9187	3844	3359	1311	762
云 南	Yunnan	714	543	352	375	288
西 藏	Tibet					
陕 西	Shaanxi	22926	8552	18663	8456	3118
甘 肃	Gansu	1417	739	1101	183	124
青 海	Qinghai	70	41	41		
宁 夏	Ningxia					
新 疆	Xinjiang	65	63	61	61	61

3-59 续表26

单位：人 (person)

地区 Region		电气机械及器材制造业 Electric Equipment and Machinery				
		科技活动人员 Personnel for S&T Activities	# 全时人员 Full-time Personnel	# 科学家和工程师 Scientists & Engineers	# 科技机构人员 Personnel in S&T Institutes	科学家和工程师 Scientists & Engineers
全 国	**Total**	**91712**	**58493**	**52977**	**37252**	**25609**
东部地区	Eastern Region	58496	39833	34501	23601	16541
中部地区	Mid Region	15788	10072	9493	6829	4323
西部地区	Western Region	17428	8588	8983	6822	4745
北 京	Beijing	1253	896	669	338	283
天 津	Tianjin	1819	1123	1192	743	564
河 北	Hebei	1609	1266	977	958	819
山 西	Shanxi	565	503	314	264	236
内蒙古	Neimenggu	39	28	6	6	5
辽 宁	Liaoning	2327	1592	1595	1464	1045
吉 林	Jilin	219	86	124	145	86
黑龙江	Heilongjiang	1834	1438	906	782	576
上 海	Shanghai	3871	2365	2704	897	513
江 苏	Jiangsu	10941	6826	6215	4864	3177
浙 江	Zhejiang	4222	2619	2681	2942	2013
安 徽	Anhui	2671	1504	1482	686	438
福 建	Fujian	2943	1762	950	764	577
江 西	Jiangxi	969	615	672	791	455
山 东	Shandong	14147	11301	10451	6098	4208
河 南	Henan	5408	3342	3630	2231	1297
湖 北	Hubei	1403	823	881	417	335
湖 南	Hunan	2680	1733	1478	1507	895
广 东	Guangdong	14222	9540	6330	4034	3023
广 西	Guangxi	1127	528	727	484	304
海 南	Hainan	15	15	10	15	15
重 庆	Chongqing	1103	710	743	522	198
四 川	Sichuan	9084	3956	4323	4609	3258
贵 州	Guizhou	331	198	215	130	61
云 南	Yunnan	378	193	190	159	112
西 藏	Tibet					
陕 西	Shaanxi	4118	2135	2221	797	549
甘 肃	Gansu	2098	1127	1197	389	351
青 海	Qinghai					
宁 夏	Ningxia	126	94	24	41	41
新 疆	Xinjiang	190	175	70	175	175

3-59 续表 27

单位：人 (person)

地区 Region		电子及通信设备制造业 Electronic and Telecommunications Equipment				
		科技活动人员 Personnel for S&T Activities	# 全时人员 Full-time Personnel	# 科学家和工程师 Scientists & Engineers	# 科技机构人员 Personnel in S&T Institutes	科学家和工程师 Scientists & Engineers
全 国	**Total**	**129399**	**91610**	**88539**	**60347**	**48464**
东部地区	Eastern Region	94674	70966	68025	49752	40966
中部地区	Mid Region	13450	7986	7908	4961	3259
西部地区	Western Region	21275	12658	12606	5634	4239
北 京	Beijing	8689	6545	6241	1722	1201
天 津	Tianjin	2977	1442	2428	1749	439
河 北	Hebei	402	308	362	271	188
山 西	Shanxi	634	455	409	271	230
内蒙古	Neimenggu					
辽 宁	Liaoning	3111	2632	2242	1800	1637
吉 林	Jilin	848	657	682	622	542
黑龙江	Heilongjiang	593	439	454	527	393
上 海	Shanghai	10549	8390	9080	2888	2500
江 苏	Jiangsu	17053	8848	9665	6081	4285
浙 江	Zhejiang	2527	1763	1907	1500	1167
安 徽	Anhui	470	306	316	295	234
福 建	Fujian	4692	3823	3141	2407	1727
江 西	Jiangxi	2213	906	1216	1291	434
山 东	Shandong	5808	4787	4189	3443	3022
河 南	Henan	3826	1906	1198	719	437
湖 北	Hubei	3128	2445	2691	598	491
湖 南	Hunan	1738	872	942	638	498
广 东	Guangdong	37832	31651	28069	27819	24737
广 西	Guangxi	1034	777	701	72	63
海 南	Hainan					
重 庆	Chongqing	1153	916	859	814	742
四 川	Sichuan	7990	4392	5267	1473	1009
贵 州	Guizhou	1896	881	687	421	283
云 南	Yunnan	173	146	135	118	103
西 藏	Tibet					
陕 西	Shaanxi	6653	4601	4277	2228	1793
甘 肃	Gansu	3226	1653	1366	520	302
青 海	Qinghai					
宁 夏	Ningxia	184	69	15	60	7
新 疆	Xinjiang					

3-59 续表 28

单位：人 (person)

地 区	Region	仪器仪表及文化、办公用机械制造业 Instruments, Meters, Cultural and Office Machinery 科技活动人员 Personnel for S&T Activities	# 全时人员 Full-time Personnel	# 科学家和工程师 Scientists & Engineers	# 科技机构人员 Personnel in S&T Institutes	科学家和工程师 Scientists & Engineers
全 国	**Total**	**25182**	**15662**	**16616**	**8639**	**5977**
东部地区	Eastern Region	14122	9401	9687	4585	3283
中部地区	Mid Region	4641	2429	2711	1683	1050
西部地区	Western Region	6419	3832	4218	2371	1644
北 京	Beijing	2218	1442	1238	329	293
天 津	Tianjin	435	337	276	157	130
河 北	Hebei	365	212	364	67	59
山 西	Shanxi	64	35	28	52	31
内蒙古	Neimenggu					
辽 宁	Liaoning	387	248	309	61	57
吉 林	Jilin	855	377	391	189	165
黑龙江	Heilongjiang	712	453	322	264	151
上 海	Shanghai	2317	1831	1739	409	334
江 苏	Jiangsu	3002	1757	1974	1011	615
浙 江	Zhejiang	975	683	770	646	431
安 徽	Anhui	609	317	448	241	117
福 建	Fujian	316	214	215	135	107
江 西	Jiangxi	652	284	518	184	121
山 东	Shandong	3031	1985	2207	1409	1043
河 南	Henan	316	155	155	249	101
湖 北	Hubei	1146	588	674	257	212
湖 南	Hunan	287	220	175	247	152
广 东	Guangdong	766	587	458	187	149
广 西	Guangxi	310	105	137	174	65
海 南	Hainan					
重 庆	Chongqing	2027	1306	1164	1051	716
四 川	Sichuan	1366	843	754	334	154
贵 州	Guizhou	136	112	106		
云 南	Yunnan	281	189	235	225	167
西 藏	Tibet					
陕 西	Shaanxi	1046	699	983	486	400
甘 肃	Gansu	1062	325	565	65	45
青 海	Qinghai	44	44	44		
宁 夏	Ningxia	457	314	367	210	162
新 疆	Xinjiang					

3-60 各地区大中型制造业企业科技活动经费筹集（2002）
Sources of Funds for S&T Activities in Large and Medium-sized Enterprises of Manufacturing Industry by Region

单位：万元 (10,000 yuan)

地区 Region		制造业合计 Total of Manufacturing Industry				
		科技活动经费筹集总额 Total Funds Obtaied for S&T Activities	政府资金 Government Grant	企业资金 Enterprise Self-financed	金融机构贷款 Bank Loans	国外资金 Funds from Abroad
全 国	**Total**	**11231256**	**519947**	**9388465**	**971165**	**78003**
东部地区	Eastern Region	8070867	195481	6927341	721356	72220
中部地区	Mid Region	1947848	156546	1596658	143510	3840
西部地区	Western Region	1212540	167920	864466	106299	1943
北 京	Beijing	390341	10816	368923	3410	
天 津	Tianjin	313453	5551	273207	5379	60
河 北	Hebei	251895	5885	217916	23250	36
山 西	Shanxi	141614	14598	110096	12667	
内蒙古	Neimenggu	51690	6835	44755	100	
辽 宁	Liaoning	648018	40958	515465	73027	3398
吉 林	Jilin	248383	7103	237190	2332	
黑龙江	Heilongjiang	157945	27693	92663	28748	
上 海	Shanghai	1274170	14383	1209813	32160	10072
江 苏	Jiangsu	1508675	41530	1217938	177383	12572
浙 江	Zhejiang	461550	7976	396490	49957	1890
安 徽	Anhui	350248	29076	280350	34433	350
福 建	Fujian	277088	8144	209585	51273	6488
江 西	Jiangxi	119519	23237	91705	3248	
山 东	Shandong	1329832	22709	1147438	149640	1498
河 南	Henan	260099	11046	222879	20136	148
湖 北	Hubei	411623	23075	347779	31209	3342
湖 南	Hunan	206729	13886	169241	10638	
广 东	Guangdong	1491480	33116	1262641	144832	36207
广 西	Guangxi	116501	4399	100076	11045	
海 南	Hainan	7866	15	7849		
重 庆	Chongqing	227465	15543	170961	29585	1775
四 川	Sichuan	422345	35375	323760	33573	19
贵 州	Guizhou	73808	12916	55432	3146	108
云 南	Yunnan	67533	5474	55556	5661	41
西 藏	Tibet					
陕 西	Shaanxi	258196	88883	125442	14801	
甘 肃	Gansu	63604	5369	54012	4080	
青 海	Qinghai	15703	410	11470	3500	
宁 夏	Ningxia	51443	2396	37195	11752	
新 疆	Xinjiang	32444	1554	30638	200	

3-60 续表1

单位：万元 (10,000 yuan)

地区 Region		食品加工业 Food Processing				
		科技活动经费筹集总额 Total Funds Obtaied for S&T Activities	政府资金 Government Grant	企业资金 Enterprise Self-financed	金融机构贷款 Bank Loans	国外资金 Funds from Abroad
全国	**Total**	**99703**	**2676**	**87539**	**8410**	**724**
东部地区	Eastern Region	68698	1240	62021	4629	724
中部地区	Mid Region	24773	1137	19843	3644	
西部地区	Western Region	6232	299	5675	137	
北京	Beijing	317		277	20	
天津	Tianjin					
河北	Hebei	940		940		
山西	Shanxi					
内蒙古	Neimenggu	494	70	424		
辽宁	Liaoning					
吉林	Jilin	900	220	600		
黑龙江	Heilongjiang	4882	320	1458	3104	
上海	Shanghai	1475		1475		
江苏	Jiangsu	2433	75	2226	110	
浙江	Zhejiang	5872	160	3217	1995	500
安徽	Anhui	1622	87	1370	120	
福建	Fujian	4838	330	3268	1168	34
江西	Jiangxi	532	3	514		
山东	Shandong	31981	85	30456	1250	190
河南	Henan	12019	145	11824	50	
湖北	Hubei	759	15	714	20	
湖南	Hunan	3566	277	2939	350	
广东	Guangdong	15060	484	14496	80	
广西	Guangxi	5783	106	5667	6	
海南	Hainan					
重庆	Chongqing	969	250	689	30	
四川	Sichuan	1915		1686	107	
贵州	Guizhou					
云南	Yunnan	1524	49	1475		
西藏	Tibet					
陕西	Shaanxi					
甘肃	Gansu	123		123		
青海	Qinghai					
宁夏	Ningxia	60		60		
新疆	Xinjiang	1642		1642		

3-60 续表2

单位：万元 (10,000 yuan)

地区 Region		食品制造业 Food Production				
		科技活动经费筹集总额 Total Funds Obtaied for S&T Activities	政府资金 Government Grant	企业资金 Enterprise Self-financed	金融机构贷款 Bank Loans	国外资金 Funds from Abroad
全　国	**Total**	**87622**	**5765**	**73120**	**8173**	
东部地区	Eastern Region	57947	3035	48663	5710	
中部地区	Mid Region	27735	2730	22806	2172	
西部地区	Western Region	1941		1651	290	
北　京	Beijing	1732	644	1088		
天　津	Tianjin	85	3	82		
河　北	Hebei	7880	341	7539		
山　西	Shanxi	1		1		
内蒙古	Neimenggu	621		621		
辽　宁	Liaoning	713		713		
吉　林	Jilin					
黑龙江	Heilongjiang	1093	20	1073		
上　海	Shanghai	5493		5193	300	
江　苏	Jiangsu	2669	20	2649		
浙　江	Zhejiang	1685	350	1305		
安　徽	Anhui	9281	50	9226		
福　建	Fujian	3960	172	2738	1050	
江　西	Jiangxi	1433	643	790		
山　东	Shandong	8815	300	7261	805	
河　南	Henan	12088	1800	8110	2158	
湖　北	Hubei	2764	217	2547		
湖　南	Hunan	453		438	14	
广　东	Guangdong	23395	870	18935	3540	
广　西	Guangxi	1373	335	1013	15	
海　南	Hainan	147		147		
重　庆	Chongqing	87		87		
四　川	Sichuan	353		353		
贵　州	Guizhou	68		68		
云　南	Yunnan	330		130	200	
西　藏	Tibet					
陕　西	Shaanxi					
甘　肃	Gansu	590		500	90	
青　海	Qinghai					
宁　夏	Ningxia	494		494		
新　疆	Xinjiang	18		18		

3-60 续表3

单位：万元 (10,000 yuan)

地区 Region		饮料制造业 Beverages Production				
		科技活动经费筹集总额 Total Funds Obtaied for S&T Activities	政府资金 Government Grant	企业资金 Enterprise Self-financed	金融机构贷款 Bank Loans	国外资金 Funds from Abroad
全　国	**Total**	**149437**	**2100**	**134964**	**9273**	**79**
东部地区	Eastern Region	91314	1719	82204	7271	60
中部地区	Mid Region	28798	242	26147	1118	
西部地区	Western Region	29325	139	26613	884	19
北　京	Beijing	17839	200	17639		
天　津	Tianjin	4379	20	4359		
河　北	Hebei	2558	12	2367	180	
山　西	Shanxi	1619		1619		
内蒙古	Neimenggu	2813	2	2812		
辽　宁	Liaoning	1381	105	1276		
吉　林	Jilin	765	15	750		
黑龙江	Heilongjiang	1159	40	771	348	
上　海	Shanghai	1014		1014		
江　苏	Jiangsu	7317	70	5860	1357	5
浙　江	Zhejiang	18936	43	18670	224	
安　徽	Anhui	11200	50	10980	90	
福　建	Fujian	5676	190	3721	1705	55
江　西	Jiangxi	50		50		
山　东	Shandong	18518	841	16144	1505	
河　南	Henan	6989	125	5519	200	
湖　北	Hubei	2302		1802	480	
湖　南	Hunan	1900	10	1845		
广　东	Guangdong	9638	227	8012	1400	
广　西	Guangxi	4013	12	3101	900	
海　南	Hainan	45		42		
重　庆	Chongqing	3412		3372	40	
四　川	Sichuan	14833	24	12625	535	19
贵　州	Guizhou	5922	10	5912		
云　南	Yunnan	358	23	206	89	
西　藏	Tibet					
陕　西	Shaanxi	602		602		
甘　肃	Gansu	805		785	20	
青　海	Qinghai	376		376		
宁　夏	Ningxia	545	83	263	200	
新　疆	Xinjiang	2473		2473		

3-60 续表4

单位：万元 (10,000 yuan)

地区 Region		烟草加工业 Tobacco Processing				
		科技活动经费筹集总额 Total Funds Obtaied for S&T Activities	政府资金 Government Grant	企业资金 Enterprise Self-financed	金融机构贷款 Bank Loans	国外资金 Funds from Abroad
全　国	**Total**	**74609**	**1266**	**71554**	**800**	
东部地区	Eastern Region	36322	604	35275	300	
中部地区	Mid Region	23700	223	22349	500	
西部地区	Western Region	14586	439	13930		
北　京	Beijing	441		441		
天　津	Tianjin	51		1		
河　北	Hebei	1680		1680		
山　西	Shanxi					
内蒙古	Neimenggu					
辽　宁	Liaoning					
吉　林	Jilin	567		459		
黑龙江	Heilongjiang	132		132		
上　海	Shanghai	14318		14265		
江　苏	Jiangsu	3821	330	3451		
浙　江	Zhejiang	534		534		
安　徽	Anhui	2924		2924		
福　建	Fujian	6038	50	5988		
江　西	Jiangxi	767		767		
山　东	Shandong	5117	194	4923		
河　南	Henan	3853	11	3458		
湖　北	Hubei	4832	136	4181	500	
湖　南	Hunan	10625	76	10428		
广　东	Guangdong	3059		3059		
广　西	Guangxi	1265	30	935	300	
海　南	Hainan					
重　庆	Chongqing	1138		1138		
四　川	Sichuan	4553		4553		
贵　州	Guizhou	525		525		
云　南	Yunnan	7090	439	6434		
西　藏	Tibet					
陕　西	Shaanxi	1138		1138		
甘　肃	Gansu	84		84		
青　海	Qinghai					
宁　夏	Ningxia					
新　疆	Xinjiang	59		59		

3-60 续表5

单位：万元 (10,000 yuan)

地 区 Region		纺织业 Textiles 科技活动经费筹集总额 Total Funds Obtaied for S&T Activities	政府资金 Government Grant	企业资金 Enterprise Self-financed	金融机构贷款 Bank Loans	国外资金 Funds from Abroad
全 国	**Total**	**334670**	**6406**	**263690**	**60569**	**1194**
东部地区	Eastern Region	267805	3580	211927	48839	1194
中部地区	Mid Region	42685	1377	31284	9478	
西部地区	Western Region	24180	1449	20479	2252	
北 京	Beijing	1298	33	1265		
天 津	Tianjin	4287		4223		
河 北	Hebei	25398	170	10528	14002	
山 西	Shanxi	2506	121	2035	350	
内蒙古	Neimenggu	3907		3907		
辽 宁	Liaoning	851		751		
吉 林	Jilin	54	20	34		
黑龙江	Heilongjiang	6724	591	1420	4647	
上 海	Shanghai	10888	70	8393	2110	
江 苏	Jiangsu	93479	1889	75248	14726	1194
浙 江	Zhejiang	39156	468	31715	6516	
安 徽	Anhui	14741	430	11111	2798	
福 建	Fujian	7843	225	5755	1863	
江 西	Jiangxi	1902	50	1852		
山 东	Shandong	74905	301	65273	9123	
河 南	Henan	3865	80	3646	120	
湖 北	Hubei	5972		4921	1000	
湖 南	Hunan	3014	85	2358	563	
广 东	Guangdong	7348	289	6559	500	
广 西	Guangxi	1792	135	1657		
海 南	Hainan	561		561		
重 庆	Chongqing	3621	50	2519	1052	
四 川	Sichuan	6167	607	4360	1200	
贵 州	Guizhou					
云 南	Yunnan	12		12		
西 藏	Tibet					
陕 西	Shaanxi	8874		8874		
甘 肃	Gansu	3578	40	3538		
青 海	Qinghai					
宁 夏	Ningxia					
新 疆	Xinjiang	1929	752	1177		

3-60　续表6

单位：万元　　(10,000 yuan)

地　区 Region		服装及其他纤维制品制造业　Garments and other Fiber Products				
		科技活动经费筹集总额 Total Funds Obtaied for S&T Activities	政府资金 Government Grant	企业资金 Enterprise Self-financed	金融机构贷款 Bank Loans	国外资金 Funds from Abroad
全　国	**Total**	**60650**	**1133**	**39129**	**18842**	**165**
东部地区	Eastern Region	55228	1033	34346	18842	165
中部地区	Mid Region	4762	100	4662		
西部地区	Western Region	661		121		
北　京	Beijing					
天　津	Tianjin	73		73		
河　北	Hebei	150		150		
山　西	Shanxi					
内蒙古	Neimenggu	1482		1482		
辽　宁	Liaoning	12		12		
吉　林	Jilin					
黑龙江	Heilongjiang					
上　海	Shanghai	1125	50	1075		
江　苏	Jiangsu	34848	770	19283	14795	
浙　江	Zhejiang	4884	110	4367	407	
安　徽	Anhui	49	20	29		
福　建	Fujian	2794		2626		165
江　西	Jiangxi					
山　东	Shandong	3883	98	2826	640	
河　南	Henan					
湖　北	Hubei	3231	80	3151		
湖　南	Hunan					
广　东	Guangdong	7460	5	3934	3000	
广　西	Guangxi					
海　南	Hainan					
重　庆	Chongqing					
四　川	Sichuan	590		50		
贵　州	Guizhou					
云　南	Yunnan					
西　藏	Tibet					
陕　西	Shaanxi					
甘　肃	Gansu					
青　海	Qinghai	26		26		
宁　夏	Ningxia	45		45		
新　疆	Xinjiang					

3–60 续表7

单位：万元 (10,000 yuan)

地区 Region		皮革、毛皮、羽绒及其制品业 Leather, Furs, Down and Related Products				
		科技活动经费筹集总额 Total Funds Obtaied for S&T Activities	政府资金 Government Grant	企业资金 Enterprise Self-financed	金融机构贷款 Bank Loans	国外资金 Funds from Abroad
全 国	**Total**	**25588**	**697**	**21427**	**2523**	**941**
东部地区	Eastern Region	20548	142	19002	463	941
中部地区	Mid Region	848	55	733	60	
西部地区	Western Region	4192	500	1692	2000	
北 京	Beijing					
天 津	Tianjin	116		116		
河 北	Hebei	45		45		
山 西	Shanxi					
内蒙古	Neimenggu					
辽 宁	Liaoning					
吉 林	Jilin					
黑龙江	Heilongjiang					
上 海	Shanghai	909		909		
江 苏	Jiangsu	3971		3967		4
浙 江	Zhejiang	9290	40	9000	250	
安 徽	Anhui	291		291		
福 建	Fujian	1229	24	995	200	10
江 西	Jiangxi					
山 东	Shandong	3308	28	2340	13	927
河 南	Henan	505	40	405	60	
湖 北	Hubei	22		22		
湖 南	Hunan	30	15	15		
广 东	Guangdong	1680	50	1630		
广 西	Guangxi					
海 南	Hainan					
重 庆	Chongqing	30		30		
四 川	Sichuan	50		50		
贵 州	Guizhou					
云 南	Yunnan	4062	500	1562	2000	
西 藏	Tibet					
陕 西	Shaanxi	50		50		
甘 肃	Gansu					
青 海	Qinghai					
宁 夏	Ningxia					
新 疆	Xinjiang					

3-60 续表8

单位：万元 (10,000 yuan)

地区 Region		木材加工及竹、藤、棕、草制品业 Timber, Bamboo, Cane, Palm Fiber and Straw Products				
		科技活动经费筹集总额 Total Funds Obtaied for S&T Activities	政府资金 Government Grant	企业资金 Enterprise Self-financed	金融机构贷款 Bank Loans	国外资金 Funds from Abroad
全　国	**Total**	**25676**	**508**	**16391**	**6662**	**2110**
东部地区	Eastern Region	16891	425	9805	6662	
中部地区	Mid Region	8476		6366		2110
西部地区	Western Region	308	83	220		
北　京	Beijing					
天　津	Tianjin	60		60		
河　北	Hebei	1		1		
山　西	Shanxi					
内蒙古	Neimenggu					
辽　宁	Liaoning					
吉　林	Jilin					
黑龙江	Heilongjiang	6		6		
上　海	Shanghai					
江　苏	Jiangsu	5263		1248	4015	
浙　江	Zhejiang	987	150	537	300	
安　徽	Anhui	15		15		
福　建	Fujian	3303	203	3100		
江　西	Jiangxi	1		1		
山　东	Shandong	3939	39	1553	2347	
河　南	Henan					
湖　北	Hubei	8198		6088		2110
湖　南	Hunan	256		256		
广　东	Guangdong	3015	2	3012		
广　西	Guangxi	325	30	295		
海　南	Hainan					
重　庆	Chongqing					
四　川	Sichuan	238	68	165		
贵　州	Guizhou					
云　南	Yunnan	70	15	55		
西　藏	Tibet					
陕　西	Shaanxi					
甘　肃	Gansu					
青　海	Qinghai					
宁　夏	Ningxia					
新　疆	Xinjiang					

3-60 续表9

单位：万元 (10,000 yuan)

地 区 Region		家具制造业 Furniture Manufacturing				
		科技活动经费筹集总额 Total Funds Obtaied for S&T Activities	政府资金 Government Grant	企业资金 Enterprise Self-financed	金融机构贷款 Bank Loans	国外资金 Funds from Abroad
全 国	**Total**	**5755**	**137**	**5509**		
东部地区	Eastern Region	5350	137	5104		
中部地区	Mid Region	369		369		
西部地区	Western Region	36		36		
北 京	Beijing	1125		1125		
天 津	Tianjin	1425	113	1312		
河 北	Hebei	501	24	447		
山 西	Shanxi					
内蒙古	Neimenggu					
辽 宁	Liaoning					
吉 林	Jilin					
黑龙江	Heilongjiang	315		315		
上 海	Shanghai	523		484		
江 苏	Jiangsu					
浙 江	Zhejiang	913		873		
安 徽	Anhui					
福 建	Fujian	40		40		
江 西	Jiangxi					
山 东	Shandong	265		265		
河 南	Henan	20		20		
湖 北	Hubei					
湖 南	Hunan	34		34		
广 东	Guangdong	559		559		
广 西	Guangxi					
海 南	Hainan					
重 庆	Chongqing					
四 川	Sichuan	36		36		
贵 州	Guizhou					
云 南	Yunnan					
西 藏	Tibet					
陕 西	Shaanxi					
甘 肃	Gansu					
青 海	Qinghai					
宁 夏	Ningxia					
新 疆	Xinjiang					

3-60 续表10

单位：万元 (10,000 yuan)

地区	Region	科技活动经费筹集总额 Total Funds Obtaied for S&T Activities	政府资金 Government Grant	企业资金 Enterprise Self-financed	金融机构贷款 Bank Loans	国外资金 Funds from Abroad
		造纸及纸制品业 Papermaking and Paper Products				
全国	**Total**	**163324**	**2734**	**134493**	**24334**	**20**
东部地区	Eastern Region	114231	1757	98047	13050	10
中部地区	Mid Region	20782	712	17670	2014	10
西部地区	Western Region	28311	265	18776	9270	
北京	Beijing					
天津	Tianjin					
河北	Hebei	1494		1494		
山西	Shanxi	20	10	10		
内蒙古	Neimenggu	120		120		
辽宁	Liaoning	16		16		
吉林	Jilin	1250	120	1100		
黑龙江	Heilongjiang	3445	462	2955		
上海	Shanghai	5594	5	5589		
江苏	Jiangsu	9153		9153		
浙江	Zhejiang	8222	180	7367	671	
安徽	Anhui	4794	50	2944	1800	
福建	Fujian	8350	88	7932	310	
江西	Jiangxi	115		115		
山东	Shandong	58063	1222	45327	10901	10
河南	Henan	534	20	404	100	10
湖北	Hubei	5522		5204		
湖南	Hunan	4982	50	4818	114	
广东	Guangdong	17874	212	16805	168	
广西	Guangxi	5445	50	4345	1000	
海南	Hainan	20		20		
重庆	Chongqing	350	80	170	100	
四川	Sichuan	982		982		
贵州	Guizhou					
云南	Yunnan	1000		1000		
西藏	Tibet					
陕西	Shaanxi	37		37		
甘肃	Gansu	44		44		
青海	Qinghai					
宁夏	Ningxia	25653	185	16298	9170	
新疆	Xinjiang	246		246		

3-60 续表11

单位：万元 (10,000 yuan)

地 区 Region		印刷业、记录媒介的复制 Printing and Record Medium Reproduction				
		科技活动经费筹集总额 Total Funds Obtaied for S&T Activities	政府资金 Government Grant	企业资金 Enterprise Self-financed	金融机构贷款 Bank Loans	国外资金 Funds from Abroad
全　国	**Total**	**38053**	**807**	**32552**	**2973**	
东部地区	Eastern Region	22968	638	19092	1977	
中部地区	Mid Region	5845	66	5774		
西部地区	Western Region	9239	103	7685	996	
北　京	Beijing	1126		1126		
天　津	Tianjin	2254	145	2109		
河　北	Hebei	621		621		
山　西	Shanxi	8		8		
内蒙古	Neimenggu					
辽　宁	Liaoning	2683		2683		
吉　林	Jilin					
黑龙江	Heilongjiang					
上　海	Shanghai	7314	393	5775		
江　苏	Jiangsu	2542	50	1392	1000	
浙　江	Zhejiang	761		661	100	
安　徽	Anhui	4455	21	4434		
福　建	Fujian	162		162		
江　西	Jiangxi	532		532		
山　东	Shandong	718	50	653		
河　南	Henan	361	15	341		
湖　北	Hubei	10		10		
湖　南	Hunan	480	30	450		
广　东	Guangdong	4675		3851	824	
广　西	Guangxi	113		60	53	
海　南	Hainan					
重　庆	Chongqing	1506		706	800	
四　川	Sichuan	2157		1702		
贵　州	Guizhou					
云　南	Yunnan	4828	103	4529	196	
西　藏	Tibet					
陕　西	Shaanxi	735		735		
甘　肃	Gansu	14		14		
青　海	Qinghai					
宁　夏	Ningxia					
新　疆	Xinjiang					

3-60 续表12

单位：万元 (10,000 yuan)

地区 Region		文化体育用品制造业 Cultural, Educational and Sports Goods				
		科技活动经费筹集总额 Total Funds Obtaied for S&T Activities	政府资金 Government Grant	企业资金 Enterprise Self-financed	金融机构贷款 Bank Loans	国外资金 Funds from Abroad
全　国	**Total**	**16535**	**59**	**15579**	**882**	
东部地区	Eastern Region	15923	39	14987	882	
中部地区	Mid Region	612	20	592		
西部地区	Western Region					
北　京	Beijing	832		482	350	
天　津	Tianjin	80		80		
河　北	Hebei					
山　西	Shanxi	559	20	539		
内蒙古	Neimenggu					
辽　宁	Liaoning					
吉　林	Jilin					
黑龙江	Heilongjiang					
上　海	Shanghai	3265		2765	500	
江　苏	Jiangsu	2053		2023	20	
浙　江	Zhejiang	655		655		
安　徽	Anhui	54		54		
福　建	Fujian	2205	30	2175		
江　西	Jiangxi					
山　东	Shandong	2343		2343		
河　南	Henan					
湖　北	Hubei					
湖　南	Hunan					
广　东	Guangdong	4489	9	4464	12	
广　西	Guangxi					
海　南	Hainan					
重　庆	Chongqing					
四　川	Sichuan					
贵　州	Guizhou					
云　南	Yunnan					
西　藏	Tibet					
陕　西	Shaanxi					
甘　肃	Gansu					
青　海	Qinghai					
宁　夏	Ningxia					
新　疆	Xinjiang					

3-60 续表13

单位：万元 (10,000 yuan)

地区 Region		石油加工及炼焦业 Petroleum Processing and Coking				
		科技活动经费筹集总额 Total Funds Obtaied for S&T Activities	政府资金 Government Grant	企业资金 Enterprise Self-financed	金融机构贷款 Bank Loans	国外资金 Funds from Abroad
全　国	**Total**	**174074**	**1543**	**158831**	**1625**	
东部地区	Eastern Region	128876	1187	119599	1460	
中部地区	Mid Region	31156	356	25189	165	
西部地区	Western Region	14043		14043		
北　京	Beijing	10612		6196		
天　津	Tianjin	200		200		
河　北	Hebei	1955	9	1946		
山　西	Shanxi	5264	340	4656	15	
内蒙古	Neimenggu	53		53		
辽　宁	Liaoning	30275		28676		
吉　林	Jilin	674		674		
黑龙江	Heilongjiang	11707		7802	150	
上　海	Shanghai	45078	410	44568		
江　苏	Jiangsu	2126		2126		
浙　江	Zhejiang	7437		6977		
安　徽	Anhui	432		432		
福　建	Fujian	960			960	
江　西	Jiangxi	3283		2691		
山　东	Shandong	19703	704	18444	500	
河　南	Henan	3316	16	3100		
湖　北	Hubei	1749		1689		
湖　南	Hunan	4679		4092		
广　东	Guangdong	10519	64	10456		
广　西	Guangxi	10		10		
海　南	Hainan					
重　庆	Chongqing	1226		1226		
四　川	Sichuan	5		5		
贵　州	Guizhou					
云　南	Yunnan					
西　藏	Tibet					
陕　西	Shaanxi	1187		1187		
甘　肃	Gansu	4017		4017		
青　海	Qinghai					
宁　夏	Ningxia					
新　疆	Xinjiang	7608		7608		

3-60 续表14

单位：万元 (10,000 yuan)

地区	Region	化学原料及化学制品制造业 Raw Chemical Materials and Chemical Products				
		科技活动经费筹集总额 Total Funds Obtaied for S&T Activities	政府资金 Government Grant	企业资金 Enterprise Self-financed	金融机构贷款 Bank Loans	国外资金 Funds from Abroad
全 国	**Total**	**852172**	**19580**	**719716**	**97854**	**836**
东部地区	Eastern Region	599043	11439	526640	52892	62
中部地区	Mid Region	174826	5302	130016	33993	700
西部地区	Western Region	78303	2839	63061	10969	75
北 京	Beijing	4198	102	4096		
天 津	Tianjin	26916	201	26713		
河 北	Hebei	14610	76	13344	492	
山 西	Shanxi	58528	269	46395	11864	
内蒙古	Neimenggu	6972	150	6822		
辽 宁	Liaoning	32658	1331	26337	4000	
吉 林	Jilin	8535	402	6879	660	
黑龙江	Heilongjiang	2462	38	2424		
上 海	Shanghai	61805	550	60755	500	
江 苏	Jiangsu	228831	1800	207847	15345	
浙 江	Zhejiang	44604	808	40862	1121	
安 徽	Anhui	18533	292	13992	4001	
福 建	Fujian	6612	104	5653	783	
江 西	Jiangxi	5463	306	4202	907	
山 东	Shandong	112828	4091	80776	27431	20
河 南	Henan	13860	188	11114	2558	
湖 北	Hubei	38926	743	22204	12158	700
湖 南	Hunan	21548	2914	15984	1845	
广 东	Guangdong	57970	2296	52643	2920	42
广 西	Guangxi	7889	80	7493	300	
海 南	Hainan	123		123		
重 庆	Chongqing	7374	33	5522	1500	75
四 川	Sichuan	37170	1289	31716	3494	
贵 州	Guizhou	6001	41	4961	1000	
云 南	Yunnan	10536	825	8974	676	
西 藏	Tibet					
陕 西	Shaanxi	8255	257	4616	3000	
甘 肃	Gansu	553	60	493		
青 海	Qinghai	3796	210	3486	100	
宁 夏	Ningxia	1852	125	727	1000	
新 疆	Xinjiang	2766		2566	200	

3-60 续表15

单位：万元 (10,000 yuan)

地 区 Region		科技活动经费筹集总额 Total Funds Obtaied for S&T Activities	政府资金 Government Grant	企业资金 Enterprise Self-financed	金融机构贷款 Bank Loans	国外资金 Funds from Abroad
		医药制造业 Medical and Pharmaceutical Products				
全 国	**Total**	**560497**	**20618**	**456830**	**47839**	**623**
东部地区	Eastern Region	425856	11010	349565	31884	582
中部地区	Mid Region	78858	3461	65383	9324	
西部地区	Western Region	55783	6146	41883	6630	41
北 京	Beijing	12496	502	11524	470	
天 津	Tianjin	62597	1210	33387		
河 北	Hebei	29124	1842	27055	100	36
山 西	Shanxi	2723	40	2583	100	
内蒙古	Neimenggu	555	56	499		
辽 宁	Liaoning	10568	201	10224	100	
吉 林	Jilin	9402	482	8520	310	
黑龙江	Heilongjiang	7646	323	7097	226	
上 海	Shanghai	51239	424	48637	426	
江 苏	Jiangsu	62626	1566	52214	7930	546
浙 江	Zhejiang	42900	1038	35431	6035	
安 徽	Anhui	5147	169	4490	378	
福 建	Fujian	7894	290	5104	2500	
江 西	Jiangxi	9527	688	8839		
山 东	Shandong	74979	1174	68110	3534	
河 南	Henan	5682	180	5012	80	
湖 北	Hubei	29270	1394	21796	6080	
湖 南	Hunan	8907	129	6548	2150	
广 东	Guangdong	62206	2656	48760	10790	
广 西	Guangxi	7946	109	7837		
海 南	Hainan	1281		1281		
重 庆	Chongqing	15024	5231	7643	2150	
四 川	Sichuan	21955	190	19393	1330	
贵 州	Guizhou	1350	71	1049	230	
云 南	Yunnan	2837	493	2241	20	41
西 藏	Tibet					
陕 西	Shaanxi	9539	85	9454		
甘 肃	Gansu	1319	47	1271		
青 海	Qinghai	3134	10	224	2900	
宁 夏	Ningxia	352	19	333		
新 疆	Xinjiang	275		275		

3-60 续表16

单位：万元 (10,000 yuan)

地区 Region		科技活动经费筹集总额 Total Funds Obtaied for S&T Activities	政府资金 Government Grant	企业资金 Enterprise Self-financed	金融机构贷款 Bank Loans	国外资金 Funds from Abroad
		化学纤维制造业 Chemical Fiber				
全　国	**Total**	**155211**	**1173**	**136074**	**16045**	
东部地区	Eastern Region	113964	840	106128	5410	
中部地区	Mid Region	29324	306	18383	10635	
西部地区	Western Region	11923	27	11563		
北　京	Beijing					
天　津	Tianjin	316		316		
河　北	Hebei	5119	214	3465	1410	
山　西	Shanxi	507		507		
内蒙古	Neimenggu					
辽　宁	Liaoning	3017	60	2957		
吉　林	Jilin	1729	28	1701		
黑龙江	Heilongjiang	4148	60	88	4000	
上　海	Shanghai	1622	280	1342		
江　苏	Jiangsu	69533	46	66461	1820	
浙　江	Zhejiang	14851	165	14086	470	
安　徽	Anhui	7690	20	2190	5480	
福　建	Fujian	5666		5666		
江　西	Jiangxi	1270	35	1235		
山　东	Shandong	7071	30	6821		
河　南	Henan	7317	148	6214	955	
湖　北	Hubei	1175		975	200	
湖　南	Hunan	5488	15	5473		
广　东	Guangdong	5838	30	5008	800	
广　西	Guangxi	931	15	6	910	
海　南	Hainan					
重　庆	Chongqing	950		660		
四　川	Sichuan	10947	27	10877		
贵　州	Guizhou					
云　南	Yunnan					
西　藏	Tibet					
陕　西	Shaanxi					
甘　肃	Gansu	26		26		
青　海	Qinghai					
宁　夏	Ningxia					
新　疆	Xinjiang					

3-60 续表17

单位：万元 (10,000 yuan)

地区 Region		橡胶制品业 Rubber Products				
		科技活动经费筹集总额 Total Funds Obtaied for S&T Activities	政府资金 Government Grant	企业资金 Enterprise Self-financed	金融机构贷款 Bank Loans	国外资金 Funds from Abroad
全　国	**Total**	**102550**	**1675**	**91987**	**8156**	
东部地区	Eastern Region	89416	1262	80324	7588	
中部地区	Mid Region	5685	334	4662	500	
西部地区	Western Region	7449	79	7001	68	
北　京	Beijing	1327		1327		
天　津	Tianjin	2136		2136		
河　北	Hebei	145		145		
山　西	Shanxi	428		428		
内蒙古	Neimenggu	31		31		
辽　宁	Liaoning	2252	381	1871		
吉　林	Jilin					
黑龙江	Heilongjiang	56	14	42		
上　海	Shanghai	5936		5936		
江　苏	Jiangsu	7888	162	7686	40	
浙　江	Zhejiang	5149	26	5123		
安　徽	Anhui	420	12	408		
福　建	Fujian	293	3	290		
江　西	Jiangxi	133		133		
山　东	Shandong	52827	411	47034	5342	
河　南	Henan	1473		1473		
湖　北	Hubei	1292		1292		
湖　南	Hunan	1853	308	856	500	
广　东	Guangdong	10596	275	8122	2199	
广　西	Guangxi	867	4	654	7	
海　南	Hainan					
重　庆	Chongqing	192		192		
四　川	Sichuan	963	10	885	68	
贵　州	Guizhou	5068	20	5048		
云　南	Yunnan	102	49	53		
西　藏	Tibet					
陕　西	Shaanxi	360		60		
甘　肃	Gansu					
青　海	Qinghai					
宁　夏	Ningxia	596		596		
新　疆	Xinjiang	168		168		

3-60 续表18

单位：万元 (10,000 yuan)

地区 Region		塑料制品业 Plastic Products				
		科技活动经费筹集总额 Total Funds Obtaied for S&T Activities	政府资金 Government Grant	企业资金 Enterprise Self-financed	金融机构贷款 Bank Loans	国外资金 Funds from Abroad
全　国	**Total**	**119977**	**2972**	**99265**	**13539**	**230**
东部地区	Eastern Region	90123	2222	75326	9098	230
中部地区	Mid Region	21609	332	17114	3520	
西部地区	Western Region	8245	419	6825	921	
北　京	Beijing	3202	120	2042	530	
天　津	Tianjin	1287	15	1272		
河　北	Hebei	7598	160	5324		
山　西	Shanxi	16		16		
内蒙古	Neimenggu	81		81		
辽　宁	Liaoning	226	10	216		
吉　林	Jilin	100		100		
黑龙江	Heilongjiang	1134	80	982		
上　海	Shanghai	15714	94	11152	4468	
江　苏	Jiangsu	22644	119	21097	1350	
浙　江	Zhejiang	6174	205	4717	1050	
安　徽	Anhui	9873	25	8057	1300	
福　建	Fujian	2773		2573		200
江　西	Jiangxi	58		58		
山　东	Shandong	6522	493	5987		
河　南	Henan	977		977		
湖　北	Hubei	7914	154	5460	2220	
湖　南	Hunan	1456	73	1383		
广　东	Guangdong	23604	1006	20568	1700	30
广　西	Guangxi	379		379		
海　南	Hainan					
重　庆	Chongqing	40		40		
四　川	Sichuan	327		327		
贵　州	Guizhou	102		102		
云　南	Yunnan	2156	84	1071	921	
西　藏	Tibet					
陕　西	Shaanxi					
甘　肃	Gansu	80	55	25		
青　海	Qinghai					
宁　夏	Ningxia	5		5		
新　疆	Xinjiang	5535	280	5255		

3-60 续表19

单位：万元 (10,000 yuan)

地 区 Region		非金属矿物制品业 Nonmetal Mineral Products				
		科技活动经费筹集总额 Total Funds Obtaied for S&T Activities	政府资金 Government Grant	企业资金 Enterprise Self-financed	金融机构贷款 Bank Loans	国外资金 Funds from Abroad
全 国	**Total**	**294349**	**6083**	**218261**	**57404**	**3240**
东部地区	Eastern Region	209857	4294	151786	48891	3240
中部地区	Mid Region	53319	688	44752	6682	
西部地区	Western Region	31173	1101	21723	1830	
北 京	Beijing	9243	90	8910	50	
天 津	Tianjin	1581	35	1534		
河 北	Hebei	18141	1331	13411	3393	
山 西	Shanxi	1955	64	1821	70	
内蒙古	Neimenggu	1961	2	1959		
辽 宁	Liaoning	28558	181	9077	16014	3240
吉 林	Jilin	5699	1	5698		
黑龙江	Heilongjiang	612	148	447		
上 海	Shanghai	13013	101	9153	3760	
江 苏	Jiangsu	54330	224	51059	2382	
浙 江	Zhejiang	9933	194	7954	1780	
安 徽	Anhui	20620	103	15179	5197	
福 建	Fujian	4402	67	3585	150	
江 西	Jiangxi	1581		1581		
山 东	Shandong	41941	1819	21554	18478	
河 南	Henan	11764	75	10989	200	
湖 北	Hubei	6998	115	5233	1200	
湖 南	Hunan	2130	180	1845	15	
广 东	Guangdong	21627	50	20615	934	
广 西	Guangxi	7088	202	4936	1950	
海 南	Hainan					
重 庆	Chongqing	3851	410	2531	910	
四 川	Sichuan	15734	418	8879	220	
贵 州	Guizhou	373		373		
云 南	Yunnan	2440	153	1906	180	
西 藏	Tibet					
陕 西	Shaanxi	161		161		
甘 肃	Gansu	2718	5	2693	20	
青 海	Qinghai	584	30	554		
宁 夏	Ningxia	1908	85	1223	500	
新 疆	Xinjiang	3404		3402		

3-60 续表20

单位：万元 (10,000 yuan)

地 区 Region		黑色金属冶炼及压延加工业 Smelting and Pressing of Ferrous Metals				
		科技活动经费筹集总额 Total Funds Obtaied for S&T Activities	政府资金 Government Grant	企业资金 Enterprise Self-financed	金融机构贷款 Bank Loans	国外资金 Funds from Abroad
全 国	**Total**	**1037591**	**35033**	**961990**	**38692**	
东部地区	Eastern Region	701705	4443	665706	29841	
中部地区	Mid Region	261572	28791	227559	5171	
西部地区	Western Region	74314	1799	68725	3680	
北 京	Beijing	16542	923	15528		
天 津	Tianjin	57724	161	55563	2000	
河 北	Hebei	80105	179	78978	948	
山 西	Shanxi	12360		12360		
内蒙古	Neimenggu	13531	292	13239		
辽 宁	Liaoning	230992	559	228559	520	
吉 林	Jilin	1074	23	1051		
黑龙江	Heilongjiang	5056	100	4256	700	
上 海	Shanghai	76836	823	75813	125	
江 苏	Jiangsu	105271	738	92803	11700	
浙 江	Zhejiang	3137	73	3064		
安 徽	Anhui	92146	24800	65346	2000	
福 建	Fujian	15844	52	9470	6322	
江 西	Jiangxi	17018		16547	471	
山 东	Shandong	81297	255	72776	8226	
河 南	Henan	9708	275	7382	2000	
湖 北	Hubei	85252	3101	82151		
湖 南	Hunan	25427	200	25227		
广 东	Guangdong	30561	655	29782		
广 西	Guangxi	3397	25	3372		
海 南	Hainan					
重 庆	Chongqing	2254	25	2229		
四 川	Sichuan	56505	1679	51035	3680	
贵 州	Guizhou	1760		1760		
云 南	Yunnan	1173		1173		
西 藏	Tibet					
陕 西	Shaanxi	2128	30	2098		
甘 肃	Gansu	6431		6431		
青 海	Qinghai	2843	10	2833		
宁 夏	Ningxia	91		91		
新 疆	Xinjiang	1131	55	1076		

3-60 续表21

单位：万元 (10,000 yuan)

地区	Region	科技活动经费筹集总额 Total Funds Obtaied for S&T Activities	政府资金 Government Grant	企业资金 Enterprise Self-financed	金融机构贷款 Bank Loans	国外资金 Funds from Abroad
		有色金属冶炼及压延加工业 Smelting and Pressing of Nonferrous				
全 国	**Total**	**238015**	**11416**	**198652**	**24686**	
东部地区	Eastern Region	94691	2593	80429	11399	
中部地区	Mid Region	83469	3501	71300	7938	
西部地区	Western Region	59855	5322	46923	5350	
北 京	Beijing	4388	280	2818	1290	
天 津	Tianjin	179		179		
河 北	Hebei	2222	25	2197		
山 西	Shanxi	6805	533	6272		
内蒙古	Neimenggu	1079	53	1026		
辽 宁	Liaoning	6688	151	6536		
吉 林	Jilin	1542	10	1532		
黑龙江	Heilongjiang	1969	1187	506		
上 海	Shanghai	8251	154	7547	550	
江 苏	Jiangsu	17962	344	12948	4670	
浙 江	Zhejiang	8176	47	6275	1854	
安 徽	Anhui	7944	224	7329	50	
福 建	Fujian	10940	252	8554	2000	
江 西	Jiangxi	2656	112	2545		
山 东	Shandong	24878	650	23178	1000	
河 南	Henan	40898	1001	32974	6808	
湖 北	Hubei	5118	56	5062		
湖 南	Hunan	15457	325	14052	1080	
广 东	Guangdong	7273	445	6828		
广 西	Guangxi	3734	245	3368	35	
海 南	Hainan					
重 庆	Chongqing	3802	306	1402	1000	
四 川	Sichuan	5707	598	3953		
贵 州	Guizhou	15281	96	15185		
云 南	Yunnan	11367	1021	9446	890	
西 藏	Tibet					
陕 西	Shaanxi	2031	880	1151		
甘 肃	Gansu	15706	1361	11536	2810	
青 海	Qinghai	3180	60	2620	500	
宁 夏	Ningxia	2672	1001	1520	150	
新 疆	Xinjiang	110		110		

3-60 续表22

单位：万元 (10,000 yuan)

地　区 Region		金属制品业 Metal Products				
		科技活动经费筹集总额 Total Funds Obtaied for S&T Activities	政府资金 Government Grant	企业资金 Enterprise Self-financed	金融机构贷款 Bank Loans	国外资金 Funds from Abroad
全　国	**Total**	**102706**	**2539**	**81456**	**13614**	**716**
东部地区	Eastern Region	82919	2379	67490	8515	716
中部地区	Mid Region	4832	74	4600	58	
西部地区	Western Region	14955	86	9367	5041	
北　京	Beijing	2015		2015		
天　津	Tianjin	1538	6	1502		
河　北	Hebei	2239	15	1758	280	
山　西	Shanxi	412	8	404		
内蒙古	Neimenggu					
辽　宁	Liaoning	1191	14	1136		
吉　林	Jilin	125		125		
黑龙江	Heilongjiang	883	48	835		
上　海	Shanghai	19020	344	17412	1080	184
江　苏	Jiangsu	30549	980	21349	5360	
浙　江	Zhejiang	3033	122	2139	200	
安　徽	Anhui	419		400	18	
福　建	Fujian	3232		2629	425	178
江　西	Jiangxi	543		543		
山　东	Shandong	5453	31	4082	900	351
河　南	Henan	263		263		
湖　北	Hubei	1190	18	1072		
湖　南	Hunan	998		958	40	
广　东	Guangdong	14492	864	13314	270	2
广　西	Guangxi	158	4	154		
海　南	Hainan					
重　庆	Chongqing	7465		4505	2960	
四　川	Sichuan	5291	70	2679	2081	
贵　州	Guizhou	1613	10	1603		
云　南	Yunnan	37		37		
西　藏	Tibet					
陕　西	Shaanxi	386		386		
甘　肃	Gansu	66		66		
青　海	Qinghai					
宁　夏	Ningxia	97	6	91		
新　疆	Xinjiang					

单位：万元 (10,000 yuan)

地 区 Region		普通机械制造业 Ordinary Machinery				
		科技活动经费筹集总额 Total Funds Obtaied for S&T Activities	政府资金 Government Grant	企业资金 Enterprise Self-financed	金融机构贷款 Bank Loans	国外资金 Funds from Abroad
全 国	**Total**	**596100**	**20496**	**501557**	**62460**	**728**
东部地区	Eastern Region	449504	10074	396267	39392	196
中部地区	Mid Region	78374	6556	56799	12818	532
西部地区	Western Region	68222	3867	48490	10250	
北 京	Beijing	6429	100	5662	600	
天 津	Tianjin	15180	995	14160		
河 北	Hebei	7172	224	5899	650	
山 西	Shanxi	4038	345	2975	268	
内蒙古	Neimenggu	141		141		
辽 宁	Liaoning	51693	1031	50443	10	158
吉 林	Jilin	938	17	902		
黑龙江	Heilongjiang	23655	2336	13001	8273	
上 海	Shanghai	86553	1644	73342	11290	
江 苏	Jiangsu	143024	2373	127164	12532	5
浙 江	Zhejiang	40635	617	32277	6814	
安 徽	Anhui	11131	63	9138	1545	
福 建	Fujian	5553	221	5127	172	32
江 西	Jiangxi	5234	2261	1945	630	
山 东	Shandong	42840	620	37920	3685	
河 南	Henan	15280	966	13085	870	
湖 北	Hubei	11238	298	9562	836	532
湖 南	Hunan	6719	270	6050	396	
广 东	Guangdong	28767	1875	24081	2637	
广 西	Guangxi	21660	374	20195	1001	
海 南	Hainan					
重 庆	Chongqing	10499	232	8747	1500	
四 川	Sichuan	23195	100	15369	6850	
贵 州	Guizhou	2815	563	1634	450	
云 南	Yunnan	2853	313	2540		
西 藏	Tibet					
陕 西	Shaanxi	11993	2018	5196	550	
甘 肃	Gansu	7593	261	6432	900	
青 海	Qinghai	1229	90	816		
宁 夏	Ningxia	8010	290	7720		
新 疆	Xinjiang	36		36		

3-60 续表24

单位：万元 (10,000 yuan)

地区 Region		专用设备制造业 Equipment for Special Purposes				
		科技活动经费筹集总额 Total Funds Obtaied for S&T Activities	政府资金 Government Grant	企业资金 Enterprise Self-financed	金融机构贷款 Bank Loans	国外资金 Funds from Abroad
全 国	**Total**	**410931**	**12042**	**358439**	**31294**	**257**
东部地区	Eastern Region	273515	7208	241578	20314	119
中部地区	Mid Region	89136	2072	79097	4940	138
西部地区	Western Region	48280	2762	37764	6040	
北 京	Beijing	10612	291	10321		
天 津	Tianjin	3592	15	3269	308	
河 北	Hebei	12272	270	11179	424	
山 西	Shanxi	13475	475	12905		
内蒙古	Neimenggu	22		22		
辽 宁	Liaoning	14698	454	12173		
吉 林	Jilin	541	4	525		
黑龙江	Heilongjiang	11045	257	9688	1100	
上 海	Shanghai	34404	476	32803	970	
江 苏	Jiangsu	57861	1470	44029	12177	79
浙 江	Zhejiang	35403	361	32638	2350	40
安 徽	Anhui	11186	119	10657	400	
福 建	Fujian	14682	460	13822	400	
江 西	Jiangxi	4903		4903		
山 东	Shandong	71630	1345	66625	2191	
河 南	Henan	20583	534	17552	640	138
湖 北	Hubei	15670	434	12277	2030	
湖 南	Hunan	11712	250	10569	770	
广 东	Guangdong	14176	1727	11538	837	
广 西	Guangxi	4036	324	3048	657	
海 南	Hainan	150	15	135		
重 庆	Chongqing	321		321		
四 川	Sichuan	17536	416	11722	5100	
贵 州	Guizhou	2640	538	1802	300	
云 南	Yunnan	6314	371	5453	490	
西 藏	Tibet					
陕 西	Shaanxi	11669	935	9368	50	
甘 肃	Gansu	4251	70	4031	100	
青 海	Qinghai	13		13		
宁 夏	Ningxia	4122	143	3979		
新 疆	Xinjiang	1415	289	1076		

3-60 续表25

单位：万元 (10,000 yuan)

地区 Region		交通运输设备制造业 Transport Equipment				
		科技活动经费筹集总额 Total Funds Obtaied for S&T Activities	政府资金 Government Grant	企业资金 Enterprise Self-financed	金融机构贷款 Bank Loans	国外资金 Funds from Abroad
全 国	**Total**	**1776195**	**216015**	**1440051**	**63970**	**10085**
东部地区	Eastern Region	902745	52766	799368	32418	8477
中部地区	Mid Region	565733	54507	493670	11307	
西部地区	Western Region	307717	108743	147014	20245	1608
北 京	Beijing	43494	3735	39337	100	
天 津	Tianjin	17305	1010	15485	382	
河 北	Hebei	12581	305	11752	370	
山 西	Shanxi	7569	1421	6148		
内蒙古	Neimenggu	1965	140	1825		
辽 宁	Liaoning	120145	25596	89660	600	
吉 林	Jilin	199512	970	197181	1362	
黑龙江	Heilongjiang	46284	16453	28281	1500	
上 海	Shanghai	329782	4632	323587	160	684
江 苏	Jiangsu	141109	11894	107978	11181	6493
浙 江	Zhejiang	49066	1720	36246	9800	1300
安 徽	Anhui	62087	1333	58083	1565	
福 建	Fujian	26444	82	25062	1300	
江 西	Jiangxi	44193	17888	26125	180	
山 东	Shandong	78447	1294	75943	1210	
河 南	Henan	26244	1779	20234	3323	
湖 北	Hubei	134281	9474	122063	1985	
湖 南	Hunan	43598	5049	33730	1393	
广 东	Guangdong	49968	2404	43132	4315	
广 西	Guangxi	29020	94	25803	3000	
海 南	Hainan	5383		5383		
重 庆	Chongqing	106516	693	93253	9070	1500
四 川	Sichuan	52971	20445	19192	2397	
贵 州	Guizhou	23726	9527	11638	1166	108
云 南	Yunnan	2519	72	2337		
西 藏	Tibet					
陕 西	Shaanxi	119391	77166	18868	7612	
甘 肃	Gansu	1272	840	404		
青 海	Qinghai	342		342		
宁 夏	Ningxia					
新 疆	Xinjiang	980		980		

3-60 续表26

单位：万元 (10,000 yuan)

地区 Region		电气机械及器材制造业 Electric Equipment and Machinery				
		科技活动经费筹集总额 Total Funds Obtaied for S&T Activities	政府资金 Government Grant	企业资金 Enterprise Self-financed	金融机构贷款 Bank Loans	国外资金 Funds from Abroad
全国	**Total**	**1160841**	**24679**	**1027111**	**88429**	**6450**
东部地区	Eastern Region	917361	15093	817590	68403	6100
中部地区	Mid Region	108305	5428	91049	8351	350
西部地区	Western Region	135175	4159	118472	11675	
北京	Beijing	10171	560	9589		
天津	Tianjin	22181	392	21429		60
河北	Hebei	12685	141	11544	1000	
山西	Shanxi	2861	35	2826		
内蒙古	Neimenggu	218		218		
辽宁	Liaoning	29299	850	24925	33	
吉林	Jilin	280	15	265		
黑龙江	Heilongjiang	3313	333	2981		
上海	Shanghai	67126	360	63366	1120	
江苏	Jiangsu	143859	4059	103647	28023	4247
浙江	Zhejiang	51523	303	44569	6601	50
安徽	Anhui	37436	954	25766	7690	350
福建	Fujian	37209	179	27113	8196	1700
江西	Jiangxi	7578	129	7439	10	
山东	Shandong	338681	2904	324749	10945	
河南	Henan	39747	3082	36650	15	
湖北	Hubei	4934	410	4229		
湖南	Hunan	11938	470	10676	636	
广东	Guangdong	201350	4672	184054	12485	43
广西	Guangxi	3121	671	2450		
海南	Hainan	156		156		
重庆	Chongqing	7485	43	3541	3900	
四川	Sichuan	92457	2037	84503	5335	
贵州	Guizhou	1171	6	1025		
云南	Yunnan	1379	190	1189		
西藏	Tibet					
陕西	Shaanxi	22099	1442	18219	2300	
甘肃	Gansu	7751	235	7366	140	
青海	Qinghai					
宁夏	Ningxia	183	27	156		
新疆	Xinjiang	2650	178	2472		

3-60 续表27

单位：万元 (10,000 yuan)

地 区 Region		电子及通信设备制造业 Electronic and Telecommunications Equipment				
		科技活动经费筹集总额 Total Funds Obtaied for S&T Activities	政府资金 Government Grant	企业资金 Enterprise Self-financed	金融机构贷款 Bank Loans	国外资金 Funds from Abroad
全 国	**Total**	**2298396**	**75349**	**1869746**	**254333**	**47617**
东部地区	Eastern Region	2103698	45846	1723030	241917	47617
中部地区	Mid Region	95083	12026	74794	7571	
西部地区	Western Region	99615	17476	71923	4845	
北 京	Beijing	219464	2152	217312		
天 津	Tianjin	86630	1173	82472	2639	
河 北	Hebei	2584	205	2379		
山 西	Shanxi	2887	630	2257		
内蒙古	Neimenggu					
辽 宁	Liaoning	76637	8927	14869	51750	
吉 林	Jilin	11253	4223	7030		
黑龙江	Heilongjiang	9219	2400	2054	4700	
上 海	Shanghai	384679	1932	370614	4321	7415
江 苏	Jiangsu	233414	9392	157769	26594	
浙 江	Zhejiang	32997	556	32419		
安 徽	Anhui	11406	234	11172		
福 建	Fujian	81166	4789	50544	21014	4113
江 西	Jiangxi	7197	879	6281		
山 东	Shandong	144637	3522	101125	39415	
河 南	Henan	18482	165	18317		
湖 北	Hubei	25993	2846	21047	2100	
湖 南	Hunan	8647	650	6636	771	
广 东	Guangdong	837441	11723	692257	95272	36090
广 西	Guangxi	4050	1474	1271	911	
海 南	Hainan					
重 庆	Chongqing	10490	4068	3037	3160	
四 川	Sichuan	31268	6238	21313	396	
贵 州	Guizhou	5121	2034	2474		
云 南	Yunnan	2154	60	2094		
西 藏	Tibet					
陕 西	Shaanxi	43972	4080	37390	1289	
甘 肃	Gansu	4461	731	3730		
青 海	Qinghai					
宁 夏	Ningxia	2150	266	1884		
新 疆	Xinjiang					

3-60 续表28

单位：万元 (10,000 yuan)

地区 Region		仪器仪表及文化、办公用机械制造业 Instruments, Meters, Cultural and Office Machinery				
		科技活动经费筹集总额 Total Funds Obtaied for S&T Activities	政府资金 Government Grant	企业资金 Enterprise Self-financed	金融机构贷款 Bank Loans	国外资金 Funds from Abroad
全 国	**Total**	**127875**	**8825**	**95442**	**6382**	**1989**
东部地区	Eastern Region	87948	6251	64285	2455	1789
中部地区	Mid Region	11423	1004	8825	1000	
西部地区	Western Region	28505	1570	22333	2927	200
北 京	Beijing	9614	609	7762		
天 津	Tianjin	1023	57	916	50	
河 北	Hebei	790		790		
山 西	Shanxi	291		291		
内蒙古	Neimenggu					
辽 宁	Liaoning	380	83	297		
吉 林	Jilin	2189	130	1809		
黑龙江	Heilongjiang	1647	223	1394		
上 海	Shanghai	19433	1642	15090	480	1789
江 苏	Jiangsu	16762	2801	12947	255	
浙 江	Zhejiang	12378	240	10554	1420	
安 徽	Anhui	1749	20	1729		
福 建	Fujian	3096	317	2729	50	
江 西	Jiangxi	2002		1162	600	
山 东	Shandong	9399	207	8717	200	
河 南	Henan	734		696		
湖 北	Hubei	2161	566	1195	400	
湖 南	Hunan	650	65	549		
广 东	Guangdong	14461	217	3951		
广 西	Guangxi	612	79	533		
海 南	Hainan					
重 庆	Chongqing	12809	789	10366	1413	200
四 川	Sichuan	6170	7	4617	782	
贵 州	Guizhou	274		274		
云 南	Yunnan	1875	465	1370		
西 藏	Tibet					
陕 西	Shaanxi	4271	33	3663		
甘 肃	Gansu	348	110	182		
青 海	Qinghai	150		150		
宁 夏	Ningxia	2608	166	1710	732	
新 疆	Xinjiang					

3-61 各地区大中型制造业企业科技活动经费支出（2002）
Intramural Expenditure on S&T Activities in Large and Medium-sized Enterprises of Manufacturing Industry by Region

单位：万元 (10,000 yuan)

地区 Region		制造业合计 Total of Manufacturing Industry						
		科技活动经费内部支出总额 Intramural Expenditure on S&T Activities	# 劳务费 Compensation for Laborers	原材料费 Raw Material Expenditure	固定资产购建费 Expenditure on the Purchase of Fixed Assets	设备购置 Purchase of Instruments	# 开发新产品经费 Spending for New Products	# 科技机构经费 Spending for S&T Institute
全国	**Total**	**10835641**	**2328634**	**2881444**	**3352614**	**2818563**	**5042550**	**4893395**
东部地区	Eastern Region	7690274	1688177	2040725	2393550	2011004	3740273	3574445
中部地区	Mid Region	1941332	367601	497166	590140	491597	729798	799203
西部地区	Western Region	1204035	272856	343554	368924	315962	572479	519747
北京	Beijing	391055	78376	105338	69149	62011	190209	100636
天津	Tianjin	265424	64706	55211	63545	59109	118546	162603
河北	Hebei	245836	45709	89467	66817	58414	92110	145907
山西	Shanxi	150650	22677	45207	60894	52568	59312	83527
内蒙古	Neimenggu	64540	13678	17051	23584	16533	20726	25358
辽宁	Liaoning	615977	97597	218588	164092	149827	259113	206445
吉林	Jilin	237719	24144	64032	22707	21056	55185	67960
黑龙江	Heilongjiang	161584	33143	51590	38833	24955	64656	64427
上海	Shanghai	1116750	260682	217991	336341	284953	606885	398380
江苏	Jiangsu	1369698	296367	395236	460546	379006	628237	566977
浙江	Zhejiang	379409	103868	110630	113396	97381	241804	247515
安徽	Anhui	342434	51440	92482	157108	146351	118885	137355
福建	Fujian	226629	57990	63828	75432	61216	127267	105887
江西	Jiangxi	120542	25661	27615	50053	42797	46513	67647
山东	Shandong	1367748	229578	433401	450490	399757	651936	703501
河南	Henan	258075	69716	70254	78192	53148	133857	134405
湖北	Hubei	399598	70672	75470	90627	77214	163537	120315
湖南	Hunan	206189	56469	53464	68143	56975	67127	98209
广东	Guangdong	1583504	428108	314757	556906	429932	758709	862603
广西	Guangxi	120790	23690	35367	35424	28014	58280	66758
海南	Hainan	7455	1505	910	1412	1385	7178	7233
重庆	Chongqing	197581	36859	58022	67703	62394	142357	79903
四川	Sichuan	444457	95896	139632	129658	111651	205380	218457
贵州	Guizhou	87061	20635	21616	35497	34562	25260	27029
云南	Yunnan	67624	16065	19403	21871	19817	22535	34844
西藏	Tibet							
陕西	Shaanxi	261751	69921	54257	73643	55739	138361	89282
甘肃	Gansu	58732	20232	14239	13459	13019	20638	29832
青海	Qinghai	13835	1756	3466	5279	4020	3555	11742
宁夏	Ningxia	43515	4955	25444	10553	4176	8043	7818
新疆	Xinjiang	29480	6537	7477	11261	10585	6350	20840

3-61 续表1

单位：万元 (10,000 yuan)

地区 Region		科技活动经费内部支出总额 Intramural Expenditure on S&T Activities	# 劳务费 Compensation for Laborers	原材料费 Raw Material Expenditure	固定资产购建费 Expenditure on the Purchase of Fixed Assets	设备购置 Purchase of Instruments	# 开发新产品经费 Spending for New Products	# 科技机构经费 Spending for S&T Institute
		食品加工业 Food Processing						
全 国	**Total**	**104785**	**20210**	**32953**	**40397**	**34502**	**37358**	**50326**
东部地区	Eastern Region	73036	12583	22772	30111	26711	22112	31413
中部地区	Mid Region	24952	5929	8409	8459	6349	13711	16767
西部地区	Western Region	6797	1699	1772	1828	1442	1534	2146
北 京	Beijing	264	90	17	147	147	27	17
天 津	Tianjin	9	9				3	
河 北	Hebei	945	63	229	440	440	73	256
山 西	Shanxi							
内蒙古	Neimenggu	569	151	272	112	62	282	460
辽 宁	Liaoning							
吉 林	Jilin	1080	126	88	500	300	880	
黑龙江	Heilongjiang	3884	310	59	3382	3116	2823	2757
上 海	Shanghai	1957	972	519	176	44	222	57
江 苏	Jiangsu	2951	831	915	1099	568	1317	1502
浙 江	Zhejiang	4817	1031	1474	2142	2002	2698	982
安 徽	Anhui	2217	273	547	1001	738	866	427
福 建	Fujian	4021	721	1339	1151	996	1879	703
江 西	Jiangxi	447	165	88	129	128	174	171
山 东	Shandong	36321	5221	7600	20915	18833	11685	20687
河 南	Henan	12876	3136	6647	2230	1123	7629	11072
湖 北	Hubei	787	310	218	200	149	137	548
湖 南	Hunan	3092	1458	491	904	733	921	1332
广 东	Guangdong	15734	1990	9060	2318	2125	2042	3833
广 西	Guangxi	6017	1656	1619	1723	1556	2166	3376
海 南	Hainan							
重 庆	Chongqing	832	263	212	225	141	551	558
四 川	Sichuan	2062	793	601	502	226	595	672
贵 州	Guizhou							
云 南	Yunnan	2527	493	541	302	277	208	746
西 藏	Tibet							
陕 西	Shaanxi							
甘 肃	Gansu	123	26	36	61	61	120	123
青 海	Qinghai							
宁 夏	Ningxia	133	71	20	40	39	60	40
新 疆	Xinjiang	1121	54	363	697	697		7

3-61 续表2

单位：万元 (10,000 yuan)

地 区 Region		食品制造业 Food Production						
		科技活动经费内部支出总额 Intramural Expenditure on S&T Activities	# 劳务费 Compensation for Laborers	原材料费 Raw Material Expenditure	固定资产购建费 Expenditure on the Purchase of Fixed Assets	设备购置 Purchase of Instruments	# 开发新产品经费 Spending for New Products	# 科技机构经费 Spending for S&T Institute
全 国	**Total**	**81449**	**15157**	**22075**	**37054**	**32840**	**29125**	**49240**
东部地区	Eastern Region	53960	10281	14091	23762	20849	25052	29174
中部地区	Mid Region	25422	4419	7413	12576	11289	3731	19220
西部地区	Western Region	2068	457	571	716	702	342	846
北 京	Beijing	2139	370	421	883	583	559	1199
天 津	Tianjin	88	46	23	17		43	29
河 北	Hebei	8171	312	1432	5761	5261	1408	7531
山 西	Shanxi	1	1	1			1	
内蒙古	Neimenggu	613	284	98	9	9	306	307
辽 宁	Liaoning	677	212	113	298	218	312	439
吉 林	Jilin							
黑龙江	Heilongjiang	1084	263	352	332	202	105	881
上 海	Shanghai	6455	1905	2234	1525	1525	4193	1810
江 苏	Jiangsu	2302	971	397	624	363	1396	1774
浙 江	Zhejiang	1798	265	303	1117	1097	60	812
安 徽	Anhui	8273	777	2026	5453	5446	32	8047
福 建	Fujian	3521	375	1931	1096	1071	993	1856
江 西	Jiangxi	1304	65	464	641	641	818	120
山 东	Shandong	8084	1838	3463	1341	903	3638	4950
河 南	Henan	11414	1918	3894	5311	4166	1921	8756
湖 北	Hubei	2270	790	522	797	797	524	1012
湖 南	Hunan	463	323	57	33	28	25	97
广 东	Guangdong	19177	3745	3241	10521	9288	11164	7350
广 西	Guangxi	1370	163	521	525	512	1140	1277
海 南	Hainan	178	79	13	55	28	147	147
重 庆	Chongqing	96	54	34	8	8	70	94
四 川	Sichuan	409	231	60	7	7	173	188
贵 州	Guizhou	60	30	25	5	5	20	60
云 南	Yunnan	323	48	197	79	79	29	30
西 藏	Tibet							
陕 西	Shaanxi							
甘 肃	Gansu	672	38	162	368	354	8	
青 海	Qinghai							
宁 夏	Ningxia	490	43	89	250	250	25	456
新 疆	Xinjiang	18	14	4			18	18

3-61 续表3

单位：万元 (10,000 yuan)

地 区 Region		饮料制造业 Beverage Production						
		科技活动经费内部支出总额 Intramural Expenditure on S&T Activities	# 劳务费 Compensation for Laborers	原材料费 Raw Material Expenditure	固定资产购建费 Expenditure on the Purchase of Fixed Assets	设备购置 Purchase of Instruments	# 开发新产品经费 Spending for New Products	# 科技机构经费 Spending for S&T Institute
全 国	**Total**	**154538**	**27611**	**40148**	**45621**	**37718**	**60299**	**72359**
东部地区	Eastern Region	93947	13832	19674	26478	23061	39745	36903
中部地区	Mid Region	30015	7764	9294	9188	8601	13519	19633
西部地区	Western Region	30576	6014	11179	9955	6056	7036	15823
北 京	Beijing	19802	1616	1051	2205	2005	527	91
天 津	Tianjin	2950	687	347	826	812	728	1150
河 北	Hebei	2818	701	1072	885	600	1156	1917
山 西	Shanxi	1603	748	106	393	393	29	1594
内蒙古	Neimenggu	2670	389	535	538	355	1355	1203
辽 宁	Liaoning	1439	456	625	304	304	428	638
吉 林	Jilin	722	190	127	54	54	401	634
黑龙江	Heilongjiang	1102	282	465	333	303	797	882
上 海	Shanghai	910	253	216	329	269	403	68
江 苏	Jiangsu	5160	1196	1890	872	822	2768	3379
浙 江	Zhejiang	18675	2299	3651	5669	5190	17675	8046
安 徽	Anhui	10544	1718	4375	3644	3572	5959	8445
福 建	Fujian	7294	771	2321	3753	3551	3995	2136
江 西	Jiangxi	55	37	18			55	25
山 东	Shandong	18244	2835	3802	5453	5134	4005	9816
河 南	Henan	7451	2687	2478	1784	1611	3545	4779
湖 北	Hubei	3617	1033	230	2055	2049	548	965
湖 南	Hunan	2252	682	960	387	264	830	1106
广 东	Guangdong	12587	2778	3967	3501	1703	4171	8810
广 西	Guangxi	4026	209	725	2678	2668	3865	819
海 南	Hainan	42	30	8	4	4	23	33
重 庆	Chongqing	3245	539	493	1437	1406	1535	1551
四 川	Sichuan	15267	4032	5134	5040	2357	2969	5220
贵 州	Guizhou	5993	291	4695	335	329	1293	5568
云 南	Yunnan	462	219	77	110	109	7	277
西 藏	Tibet							
陕 西	Shaanxi	552	220	109	70	70	186	441
甘 肃	Gansu	481	240	128	71	69	195	217
青 海	Qinghai	1533	93		1440	340	156	300
宁 夏	Ningxia	600	51	421	60	60	480	60
新 疆	Xinjiang	2443	330	123	1392	1316	216	2189

3-61 续表4

单位：万元 (10,000 yuan)

地 区 Region		烟草加工业 Tobacco Processing						
		科技活动经费内部支出总额 Intramural Expenditure on S&T Activities	# 劳务费 Compensation for Laborers	原材料费 Raw Material Expenditure	固定资产购建费 Expenditure on the Purchase of Fixed Assets	设备购置 Purchase of Instruments	# 开发新产品经费 Spending for New Products	# 科技机构经费 Spending for S&T Institute
全　国	**Total**	**70801**	**17562**	**17550**	**21381**	**15039**	**18198**	**44777**
东部地区	Eastern Region	28938	5872	4858	10985	6769	7187	15555
中部地区	Mid Region	24711	7468	4976	7219	5815	7299	19297
西部地区	Western Region	17153	4222	7716	3177	2455	3713	9925
北　京	Beijing	381	151	46	166	166	30	381
天　津	Tianjin	100	81	1	18			83
河　北	Hebei	1680	215	193	1100	1100	1463	1560
山　西	Shanxi	835	35		800			
内蒙古	Neimenggu							
辽　宁	Liaoning							
吉　林	Jilin	856	534	259	36	36	281	335
黑龙江	Heilongjiang	132	29	97	6	6	132	132
上　海	Shanghai	6734	2066	275	1868	1868	1195	2962
江　苏	Jiangsu	4642	851	1514	2141	1541	1081	3335
浙　江	Zhejiang	534	74	305			534	
安　徽	Anhui	4231	557	498	1568	1226	1693	3357
福　建	Fujian	6719	1029	738	3660	560	700	1260
江　西	Jiangxi	792	137	358	240	240	729	742
山　东	Shandong	4486	610	964	793	448	871	3497
河　南	Henan	4620	2211	879	912	726	662	2795
湖　北	Hubei	4482	918	764	2037	1961	1820	3289
湖　南	Hunan	8763	3048	2121	1620	1620	1981	8647
广　东	Guangdong	2331	635	406	649	604	714	1709
广　西	Guangxi	1331	162	415	591	482	600	768
海　南	Hainan							
重　庆	Chongqing	1273	372	537	261	261	596	274
四　川	Sichuan	5787	752	3734	587	137	1384	2251
贵　州	Guizhou	532	299	173	7		199	522
云　南	Yunnan	8022	2288	2691	2018	1753	967	5610
西　藏	Tibet							
陕　西	Shaanxi	1396	403	564	295	295	562	1199
甘　肃	Gansu	84	84				5	10
青　海	Qinghai							
宁　夏	Ningxia							
新　疆	Xinjiang	59	24	17	9	9		59

3-61 续表5

单位：万元 (10,000 yuan)

地 区 Region		纺织业 Textile Industry						
		科技活动经费内部支出总额 Intramural Expenditure on S&T Activities	# 劳务费 Compensation for Laborers	原材料费 Raw Material Expenditure	固定资产购建费 Expenditure on the Purchase of Fixed Assets	设备购置 Purchase of Instruments	# 开发新产品经费 Spending for New Products	# 科技机构经费 Spending for S&T Institute
全 国	**Total**	**347056**	**67273**	**98503**	**108362**	**96275**	**159033**	**181672**
东部地区	Eastern Region	276458	53035	82016	76674	66133	124567	150064
中部地区	Mid Region	44444	7652	9706	20666	19173	21301	23428
西部地区	Western Region	26154	6587	6781	11022	10969	13165	8180
北 京	Beijing	1277	1039	99	108	108	192	107
天 津	Tianjin	3834	948	944	1629	1619	1798	485
河 北	Hebei	26212	1083	4803	1612	773	5453	25199
山 西	Shanxi	2525	483	1029	362	362	1850	331
内蒙古	Neimenggu	8197	822	1712	5663	4251	1909	3233
辽 宁	Liaoning	946	156	660	73	73	845	797
吉 林	Jilin	43	25	15	2	2	13	43
黑龙江	Heilongjiang	4469	213	393	281	281	342	3794
上 海	Shanghai	10485	2675	2404	4229	3852	5828	2261
江 苏	Jiangsu	97449	17129	30451	33903	27456	50642	33278
浙 江	Zhejiang	29149	7974	9026	7805	7159	15463	17048
安 徽	Anhui	14132	1953	2473	8374	8316	9047	9450
福 建	Fujian	6603	1342	2205	2081	2061	3764	3638
江 西	Jiangxi	1896	373	346	1133	1133	1172	1673
山 东	Shandong	90171	18344	26684	22586	20424	35244	60426
河 南	Henan	3590	1426	1417	621	598	2780	2169
湖 北	Hubei	6642	1452	1051	3557	3557	3521	1919
湖 南	Hunan	2950	904	1270	673	673	669	816
广 东	Guangdong	6822	1785	2160	2363	2327	3868	3947
广 西	Guangxi	2948	483	2124	270	265	911	2317
海 南	Hainan	561	76	456	17	17	561	561
重 庆	Chongqing	4388	616	1296	2381	2377	2708	2124
四 川	Sichuan	7139	1438	1763	3127	3117	2103	713
贵 州	Guizhou							
云 南	Yunnan	32	28	1	2	2		32
西 藏	Tibet							
陕 西	Shaanxi	8876	3800	2084	2473	2473	7467	3534
甘 肃	Gansu	3572	220	1296	2056	2022	471	75
青 海	Qinghai							
宁 夏	Ningxia							
新 疆	Xinjiang	2148	486	341	983	978	416	1702

3-61 续表6

单位：万元 (10,000 yuan)

地区 Region		服装及其他纤维制品制造业 Garments and other Fiber Products						
		科技活动经费内部支出总额 Intramural Expenditure on S&T Activities	# 劳务费 Compensation for Laborers	原材料费 Raw Material Expenditure	固定资产购建费 Expenditure on the Purchase of Fixed Assets	设备购置 Purchase of Instruments	# 开发新产品经费 Spending for New Products	# 科技机构经费 Spending for S&T Institute
全国	**Total**	**71989**	**12900**	**10244**	**40609**	**33970**	**28237**	**44372**
东部地区	Eastern Region	65068	10831	9045	37140	31610	26507	41360
中部地区	Mid Region	5651	1852	732	2901	1871	1566	2411
西部地区	Western Region	1270	218	468	568	488	165	601
北京	Beijing							
天津	Tianjin	52	51	1			46	
河北	Hebei	140	28	87	20	20	140	140
山西	Shanxi	3	3					
内蒙古	Neimenggu	2202	280	290	1612	1012	1112	1482
辽宁	Liaoning	12	10	2			12	
吉林	Jilin							
黑龙江	Heilongjiang							
上海	Shanghai	2394	620	1513	121	121	2006	236
江苏	Jiangsu	44188	4233	1959	33528	28479	15241	29930
浙江	Zhejiang	5421	1823	2108	866	466	3426	1519
安徽	Anhui	252	25	100	110	110	231	211
福建	Fujian	2535	829	1002	510	510	1135	1290
江西	Jiangxi							
山东	Shandong	2819	1065	1057	376	295	627	1681
河南	Henan							
湖北	Hubei	3194	1544	342	1179	749	222	718
湖南	Hunan							
广东	Guangdong	7508	2172	1316	1720	1720	3875	6564
广西	Guangxi							
海南	Hainan							
重庆	Chongqing							
四川	Sichuan	1199	185	467	530	450	139	530
贵州	Guizhou							
云南	Yunnan							
西藏	Tibet							
陕西	Shaanxi							
甘肃	Gansu							
青海	Qinghai	26	25	1	1	1	26	26
宁夏	Ningxia	45	8		37	37		45
新疆	Xinjiang							

3-61 续表 7

单位：万元 (10,000 yuan)

地 区	Region	皮革、毛皮、羽绒及其制品业 Leather, Furs, Down and Related Products 科技活动经费内部支出总额 Intramural Expenditure on S&T Activities	# 劳务费 Compensation for Laborers	原材料费 Raw Material Expenditure	固定资产购建费 Expenditure on the Purchase of Fixed Assets	设备购置 Purchase of Instruments	# 开发新产品经费 Spending for New Products	# 科技机构经费 Spending for S&T Institute
全 国	**Total**	**23302**	**6879**	**6167**	**7102**	**4821**	**13480**	**11502**
东部地区	Eastern Region	19098	6473	5953	4509	2909	13114	10593
中部地区	Mid Region	883	295	193	391	391	359	833
西部地区	Western Region	3321	111	22	2202	1521	7	76
北 京	Beijing							
天 津	Tianjin	116	61	38	6	6	116	
河 北	Hebei	45	27	7	10	10	7	45
山 西	Shanxi							
内蒙古	Neimenggu							
辽 宁	Liaoning							
吉 林	Jilin							
黑龙江	Heilongjiang							
上 海	Shanghai	909	593	264	19	19	518	
江 苏	Jiangsu	3229	1300	525	1271	1214	2014	1332
浙 江	Zhejiang	7209	2736	3176	759	752	6851	5590
安 徽	Anhui	320	34	35	248	248		291
福 建	Fujian	1148	677	395	30	30	957	465
江 西	Jiangxi							
山 东	Shandong	4042	440	991	1392	630	1331	2761
河 南	Henan	499	229	130	140	140	305	499
湖 北	Hubei	22	10	12			11	
湖 南	Hunan	43	22	16	3	3	43	43
广 东	Guangdong	2399	639	558	1021	248	1321	400
广 西	Guangxi							
海 南	Hainan							
重 庆	Chongqing	14	5	7	1	1		14
四 川	Sichuan	57	57					
贵 州	Guizhou							
云 南	Yunnan	3188	12		2190	1509		
西 藏	Tibet							
陕 西	Shaanxi	62	37	14	11	11	7	62
甘 肃	Gansu							
青 海	Qinghai							
宁 夏	Ningxia							
新 疆	Xinjiang							

3-61 续表8

单位：万元 (10,000 yuan)

地　区	Region	木材加工及竹、藤、棕、草制品业 Timber, Bamboo, Cane, Palm Fiber and Straw Products 科技活动经费内部支出总额 Intramural Expenditure on S&T Activities	# 劳务费 Compensation for Laborers	原材料费 Raw Material Expenditure	固定资产购建费 Expenditure on the Purchase of Fixed Assets	设备购置 Purchase of Instruments	# 开发新产品经费 Spending for New Products	# 科技机构经费 Spending for S&T Institute
全　国	**Total**	**23152**	**2796**	**6327**	**10076**	**7891**	**15325**	**9763**
东部地区	Eastern Region	16108	1987	5887	4372	2232	10221	9474
中部地区	Mid Region	6694	654	416	5608	5608	5020	210
西部地区	Western Region	350	155	25	97	50	84	79
北　京	Beijing							
天　津	Tianjin	60	17	43			30	
河　北	Hebei	1	1					
山　西	Shanxi							
内蒙古	Neimenggu							
辽　宁	Liaoning							
吉　林	Jilin							
黑龙江	Heilongjiang	10	4		6	6		10
上　海	Shanghai	50		15	15	15	50	
江　苏	Jiangsu	3233	301	1119	580	540	2765	386
浙　江	Zhejiang	1160	316	251	525	345	550	397
安　徽	Anhui	59	30	24	2	2	15	
福　建	Fujian	4263	634	788	2346	625	826	2390
江　西	Jiangxi	2	2	0			0	
山　东	Shandong	3940	189	3045	550	352	3486	3548
河　南	Henan							
湖　北	Hubei	6368	555	200	5600	5600	5005	200
湖　南	Hunan	255	63	192				
广　东	Guangdong	3076	410	480	316	316	2298	2543
广　西	Guangxi	325	119	145	40	40	215	210
海　南	Hainan							
重　庆	Chongqing							
四　川	Sichuan	192	60	23	50	16	30	79
贵　州	Guizhou							
云　南	Yunnan	158	95	2	47	34	54	
西　藏	Tibet							
陕　西	Shaanxi							
甘　肃	Gansu							
青　海	Qinghai							
宁　夏	Ningxia							
新　疆	Xinjiang							

3-61 续表9

单位：万元 (10,000 yuan)

地 区 Region		家具制造业 Furniture Manufacturing 科技活动经费内部支出总额 Intramural Expenditure on S&T Activities	# 劳务费 Compensation for Laborers	原材料费 Raw Material Expenditure	固定资产购建费 Expenditure on the Purchase of Fixed Assets	设备购置 Purchase of Instruments	# 开发新产品经费 Spending for New Products	# 科技机构经费 Spending for S&T Institute
全 国	**Total**	**4902**	**1423**	**1405**	**1510**	**1239**	**3464**	**1709**
东部地区	Eastern Region	4625	1185	1373	1502	1230	3245	1664
中部地区	Mid Region	242	207	27	8	8	199	45
西部地区	Western Region	36	31	5			20	
北 京	Beijing	901	285	51	538	538	706	224
天 津	Tianjin	1492	270	377	603	350	1004	196
河 北	Hebei	479	124	145	147	147	479	188
山 西	Shanxi							
内蒙古	Neimenggu							
辽 宁	Liaoning							
吉 林	Jilin							
黑龙江	Heilongjiang	162	132	24	6	6	146	18
上 海	Shanghai	538	181	109	185	171	451	
江 苏	Jiangsu							
浙 江	Zhejiang	346	69	278			12	335
安 徽	Anhui							
福 建	Fujian	40	20	10	10	10	40	
江 西	Jiangxi							
山 东	Shandong	268	89	49	14	10	149	252
河 南	Henan	52	47	3	3	3	52	20
湖 北	Hubei							
湖 南	Hunan	28	28					7
广 东	Guangdong	559	149	355	5	5	406	469
广 西	Guangxi							
海 南	Hainan							
重 庆	Chongqing							
四 川	Sichuan	36	31	5			20	
贵 州	Guizhou							
云 南	Yunnan							
西 藏	Tibet							
陕 西	Shaanxi							
甘 肃	Gansu							
青 海	Qinghai							
宁 夏	Ningxia							
新 疆	Xinjiang							

单位：万元 (10,000 yuan)

地区	Region	造纸及纸制品业 Papermaking and Paper Products						
		科技活动经费内部支出总额 Intramural Expenditure on S&T Activities	# 劳务费 Compensation for Laborers	原材料费 Raw Material Expenditure	固定资产购建费 Expenditure on the Purchase of Fixed Assets	设备购置 Purchase of Instruments	# 开发新产品经费 Spending for New Products	# 科技机构经费 Spending for S&T Institute
全　国	**Total**	**162970**	**19383**	**78749**	**52642**	**42813**	**55744**	**74671**
东部地区	Eastern Region	122546	13034	54417	44554	36608	48298	61065
中部地区	Mid Region	20198	5380	6015	7522	5645	6346	11196
西部地区	Western Region	20226	969	18316	565	560	1101	2410
北　京	Beijing							
天　津	Tianjin							
河　北	Hebei	1387	357	822	185	183	374	162
山　西	Shanxi	13	13					
内蒙古	Neimenggu	1026	130	196	690	686	1	35
辽　宁	Liaoning	21	8	10	2	2	5	
吉　林	Jilin	1170	720	300	100	100	100	80
黑龙江	Heilongjiang	2930	556	426	1597	947	2118	1483
上　海	Shanghai	6567	537	5450	304	304	4211	
江　苏	Jiangsu	12029	1786	2393	6297	5377	2101	2869
浙　江	Zhejiang	8686	2073	2942	2760	2737	5842	3702
安　徽	Anhui	5808	787	1241	3416	2605	3304	3373
福　建	Fujian	8532	1068	3709	3482	3440	5332	3171
江　西	Jiangxi	115	47	21	16	16	67	45
山　东	Shandong	65089	6025	34112	20236	13347	25477	43820
河　南	Henan	466	103	150	187	185	301	242
湖　北	Hubei	4509	1503	2680	254	214	397	3562
湖　南	Hunan	4163	1522	1002	1262	892	58	2376
广　东	Guangdong	14979	810	2521	10271	10251	3239	3076
广　西	Guangxi	5237	356	2456	1017	967	1698	4245
海　南	Hainan	20	14	3	1	1	20	20
重　庆	Chongqing	348	113	102	133	133	131	241
四　川	Sichuan	941	424	350	95	90	458	184
贵　州	Guizhou							
云　南	Yunnan	485	43	356	28	28	377	485
西　藏	Tibet							
陕　西	Shaanxi	37	25	0	7	7	37	37
甘　肃	Gansu	352	16	167	94	94		352
青　海	Qinghai							
宁　夏	Ningxia	17825	306	17267	117	117	93	872
新　疆	Xinjiang	239	41	74	92	92	5	239

3-61 续表 11

单位：万元 (10,000 yuan)

地区 Region		印刷业、记录媒介的复制 Printing and Record Medium Reproduction						
		科技活动经费内部支出总额 Intramural Expenditure on S&T Activities	# 劳务费 Compensation for Laborers	原材料费 Raw Material Expenditure	固定资产购建费 Expenditure on the Purchase of Fixed Assets	设备购置 Purchase of Instruments	# 开发新产品经费 Spending for New Products	# 科技机构经费 Spending for S&T Institute
全　国	**Total**	**36256**	**8122**	**11401**	**13806**	**13627**	**20124**	**11933**
东部地区	Eastern Region	23078	5803	7713	7156	7027	11768	7024
中部地区	Mid Region	5529	835	995	3417	3417	3659	3703
西部地区	Western Region	7650	1484	2694	3233	3183	4698	1206
北　京	Beijing	1413	748	664			257	
天　津	Tianjin	2279	560	106	1588	1588	2138	2230
河　北	Hebei	621	87	248				621
山　西	Shanxi	20	20					
内蒙古	Neimenggu							
辽　宁	Liaoning	2653	149	1916	11	11	1724	
吉　林	Jilin							
黑龙江	Heilongjiang							
上　海	Shanghai	4729	1772	1285	939	939	2886	59
江　苏	Jiangsu	2542	361	488	1668	1668	976	52
浙　江	Zhejiang	661	88	482	55	55	561	
安　徽	Anhui	4277	364	730	3110	3110	3466	2493
福　建	Fujian	204	82	40	45	3	58	54
江　西	Jiangxi	353	53	100	100	100		353
山　东	Shandong	653	254	144	223	223	122	205
河　南	Henan	523	288	162	32	32	142	521
湖　北	Hubei	10	5	3	1	1		
湖　南	Hunan	347	106		175	175	50	336
广　东	Guangdong	7259	1675	2320	2612	2526	3035	3783
广　西	Guangxi	66	27	20	16	14	10	20
海　南	Hainan							
重　庆	Chongqing	470	128	274	58	58	284	
四　川	Sichuan	1757	541	961	61	11	239	351
贵　州	Guizhou							
云　南	Yunnan	4799	545	1107	3114	3114	4078	300
西　藏	Tibet							
陕　西	Shaanxi	610	258	352			97	555
甘　肃	Gansu	14	12					
青　海	Qinghai							
宁　夏	Ningxia							
新　疆	Xinjiang							

3-61 续表12

单位：万元 (10,000 yuan)

地 区 Region		文化体育用品制造业 Cultural, Educational and Sports Goods						
		科技活动经费内部支出总额 Intramural Expenditure on S&T Activities	# 劳务费 Compensation for Laborers	原材料费 Raw Material Expenditure	固定资产购建费 Expenditure on the Purchase of Fixed Assets	设备购置 Purchase of Instruments	# 开发新产品经费 Spending for New Products	# 科技机构经费 Spending for S&T Institute
全 国	**Total**	**18083**	**4250**	**5530**	**5372**	**4812**	**13164**	**9012**
东部地区	Eastern Region	17476	4082	5488	5350	4790	12558	8459
中部地区	Mid Region	607	168	42	22	22	607	553
西部地区	Western Region							
北 京	Beijing	857	309	320	200	200	348	450
天 津	Tianjin	80	74	6			62	32
河 北	Hebei							
山 西	Shanxi	553	127	29	22	22	553	553
内蒙古	Neimenggu							
辽 宁	Liaoning							
吉 林	Jilin							
黑龙江	Heilongjiang							
上 海	Shanghai	2507	965	790	468	468	1974	1032
江 苏	Jiangsu	2070	656	1186	34	14	1936	50
浙 江	Zhejiang	442	94	120	126	95	290	278
安 徽	Anhui	54	41	13			54	
福 建	Fujian	2147	681	728	607	607	854	1769
江 西	Jiangxi							
山 东	Shandong	2068	355	3	378	378	1551	1768
河 南	Henan							
湖 北	Hubei							
湖 南	Hunan							
广 东	Guangdong	7305	948	2335	3538	3030	5542	3080
广 西	Guangxi							
海 南	Hainan							
重 庆	Chongqing							
四 川	Sichuan							
贵 州	Guizhou							
云 南	Yunnan							
西 藏	Tibet							
陕 西	Shaanxi							
甘 肃	Gansu							
青 海	Qinghai							
宁 夏	Ningxia							
新 疆	Xinjiang							

3-61 续表13

单位：万元 (10,000 yuan)

地 区	Region	石油加工及炼焦业 Petroleum Processing and Coking Products						
		科技活动经费内部支出总额 Intramural Expenditure on S&T Activities	# 劳务费 Compensation for Laborers	原材料费 Raw Material Expenditure	固定资产购建费 Expenditure on the Purchase of Fixed Assets	设备购置 Purchase of Instruments	# 开发新产品经费 Spending for New Products	# 科技机构经费 Spending for S&T Institute
全 国	**Total**	**156401**	**42962**	**21087**	**61592**	**57313**	**29734**	**79355**
东部地区	Eastern Region	115519	29784	10719	51432	47975	20606	58882
中部地区	Mid Region	27640	8166	6846	8256	7608	7593	11257
西部地区	Western Region	13242	5012	3522	1904	1731	1535	9216
北 京	Beijing	11694	2416	1049	1093	1093	1350	5504
天 津	Tianjin	107	74					7
河 北	Hebei	1849	416	221	699	699	251	1158
山 西	Shanxi	5934	1839	1652	2333	2333	172	3217
内蒙古	Neimenggu	53	32	18				35
辽 宁	Liaoning	21515	3509	2569	12509	12460	1515	16529
吉 林	Jilin	674	53					674
黑龙江	Heilongjiang	8371	1415	2503	2495	2168	875	3002
上 海	Shanghai	43782	9427	3246	24575	23975	11046	16137
江 苏	Jiangsu	2385	891	1164	282	250	1932	711
浙 江	Zhejiang	3665	1640	49	1678	1666	75	3498
安 徽	Anhui	435	66	194	89	79	212	
福 建	Fujian	142	102	41			17	
江 西	Jiangxi	3331	826	1141	934	913	1854	1972
山 东	Shandong	20022	4553	1600	8596	6373	3116	12777
河 南	Henan	2631	1434	630	337	317	2498	1509
湖 北	Hubei	1463	642	189	443	373	95	803
湖 南	Hunan	4748	1860	519	1625	1425	1887	45
广 东	Guangdong	10349	6752	779	1999	1458	1305	2551
广 西	Guangxi	10	6	3	1	1		10
海 南	Hainan							
重 庆	Chongqing	1182	411	581	81	81	786	884
四 川	Sichuan	5	5					
贵 州	Guizhou							
云 南	Yunnan							
西 藏	Tibet							
陕 西	Shaanxi	1187	214	973				
甘 肃	Gansu	3916	1657	614	562	426	749	3004
青 海	Qinghai							
宁 夏	Ningxia							
新 疆	Xinjiang	6953	2724	1354	1261	1223		5328

3-61 续表14

单位：万元 (10,000 yuan)

地区 Region		化学原料及化学制品制造业 Raw Chemical Materials and Chemical Products						
		科技活动经费内部支出总额 Intramural Expenditure on S&T Activities	# 劳务费 Compensation for Laborers	原材料费 Raw Matcrial Expenditure	固定资产购建费 Expenditure on the Purchase of Fixed Assets	设备购置 Purchase of Instruments	# 开发新产品经费 Spending for New Products	# 科技机构经费 Spending for S&T Institute
全 国	**Total**	**838299**	**172912**	**239914**	**299586**	**258802**	**269025**	**354200**
东部地区	Eastern Region	560504	131465	160381	177746	151811	201067	219892
中部地区	Mid Region	184277	25922	54959	77419	66611	51867	102224
西部地区	Western Region	93518	15525	24575	44421	40380	16091	32084
北 京	Beijing	5874	1238	1304	1462	1447	517	515
天 津	Tianjin	22474	4113	5743	6065	5944	17556	8207
河 北	Hebei	13184	3404	4066	3017	2604	4779	9229
山 西	Shanxi	64884	3983	25304	33086	30144	23159	42030
内蒙古	Neimenggu	7391	1378	2705	2269	2155	1857	5459
辽 宁	Liaoning	27135	8865	5028	6498	6275	12494	9355
吉 林	Jilin	8404	1855	453	789	239	298	5405
黑龙江	Heilongjiang	1760	900	278	388	387	281	803
上 海	Shanghai	56150	16251	14279	13327	11024	29054	23207
江 苏	Jiangsu	203646	56677	56747	61617	50861	54510	63187
浙 江	Zhejiang	41396	11790	10262	13956	12596	27047	21767
安 徽	Anhui	28792	3739	4720	12803	11836	4124	10374
福 建	Fujian	6545	1119	1821	3199	2947	2216	1373
江 西	Jiangxi	8215	1113	2118	3939	888	1519	3897
山 东	Shandong	112631	13860	34888	46312	38755	34256	61129
河 南	Henan	12580	2539	3608	5185	4270	5016	4949
湖 北	Hubei	31743	5616	8546	11388	9537	9706	17331
湖 南	Hunan	20508	4801	7229	7574	7156	5908	11976
广 东	Guangdong	64056	13173	24419	20359	17486	16436	18530
广 西	Guangxi	7291	912	1798	1908	1845	2190	3393
海 南	Hainan	123	63	28	27	27	12	
重 庆	Chongqing	7758	2349	1768	2435	2314	2455	2783
四 川	Sichuan	35095	7006	9776	13611	11035	8756	13874
贵 州	Guizhou	24004	1393	1976	20343	20041	778	1796
云 南	Yunnan	10407	1233	4328	3383	3119	1780	5252
西 藏	Tibet							
陕 西	Shaanxi	8200	2248	4471	1079	854	1318	2270
甘 肃	Gansu	619	552	28	15	13	189	200
青 海	Qinghai	3641	365	1655	1324	1324	615	3640
宁 夏	Ningxia	1184	238	283	601	251	96	121
新 疆	Xinjiang	2611	143	293	1630	1430	105	2148

3-61 续表15

单位：万元 (10,000 yuan)

地区 Region		医药制造业 Medical and Pharmaceutical Products						
		科技活动经费内部支出总额 Intramural Expenditure on S&T Activities	# 劳务费 Compensation for Laborers	原材料费 Raw Material Expenditure	固定资产购建费 Expenditure on the Purchase of Fixed Assets	设备购置 Purchase of Instruments	# 开发新产品经费 Spending for New Products	# 科技机构经费 Spending for S&T Institute
全 国	**Total**	**431388**	**113065**	**88812**	**134428**	**109742**	**189533**	**215781**
东部地区	Eastern Region	330302	92893	64646	96720	78612	147568	169836
中部地区	Mid Region	63277	11417	15631	25650	20198	25761	27870
西部地区	Western Region	37808	8755	8535	12059	10932	16204	18075
北 京	Beijing	19143	4490	3817	6340	6239	7911	7558
天 津	Tianjin	28107	4597	6834	7150	6625	13176	11150
河 北	Hebei	25874	4649	6295	7503	6833	12289	11953
山 西	Shanxi	1450	382	338	623	622	465	1367
内蒙古	Neimenggu	992	112	51	813	453	61	233
辽 宁	Liaoning	12603	3244	1854	3667	3537	4365	2932
吉 林	Jilin	6122	1296	1544	1499	1481	4448	3316
黑龙江	Heilongjiang	6249	1559	1369	1396	923	2730	4163
上 海	Shanghai	35085	12063	6460	7262	6093	19965	11859
江 苏	Jiangsu	44641	8208	10353	16921	12220	28678	22679
浙 江	Zhejiang	32204	6866	9152	9241	7673	20770	20976
安 徽	Anhui	4251	1117	834	1533	1332	2098	2494
福 建	Fujian	5216	1259	730	2625	2264	2093	2147
江 西	Jiangxi	8926	2000	3320	2017	1688	5495	2747
山 东	Shandong	66071	33499	10538	15493	12816	12540	41922
河 南	Henan	7085	741	1623	3892	2564	2178	2924
湖 北	Hubei	20758	3068	4938	9767	8049	7045	6738
湖 南	Hunan	7445	1143	1616	4110	3087	1242	3888
广 东	Guangdong	46810	11762	7122	12671	11622	21794	29772
广 西	Guangxi	13708	2027	1267	7648	2494	3186	6088
海 南	Hainan	841	231	226	198	198	800	800
重 庆	Chongqing	5621	1421	1517	1701	1505	3219	2295
四 川	Sichuan	20512	4867	5002	6244	5473	9004	9168
贵 州	Guizhou	842	143	201	172	172	560	449
云 南	Yunnan	2142	679	563	295	251	1087	1845
西 藏	Tibet							
陕 西	Shaanxi	6516	1047	777	3114	3004	1344	2615
甘 肃	Gansu	1023	278	349	11	9	358	761
青 海	Qinghai	614	125	54	280	280	402	614
宁 夏	Ningxia	351	88	37	208	208	135	324
新 疆	Xinjiang	188	107	36	34	29	95	4

3-61 续表 16

单位：万元 (10,000 yuan)

地区	Region	化学纤维制造业 Chemical Fiber						
		科技活动经费内部支出总额 Intramural Expenditure on S&T Activities	# 劳务费 Compensation for Laborers	原材料费 Raw Material Expenditure	固定资产购建费 Expenditure on the Purchase of Fixed Assets	设备购置 Purchase of Instruments	# 开发新产品经费 Spending for New Products	# 科技机构经费 Spending for S&T Institute
全　国	**Total**	**163552**	**20174**	**49121**	**82606**	**71137**	**53482**	**60032**
东部地区	Eastern Region	117735	15464	30909	62939	54844	36183	39556
中部地区	Mid Region	35355	3658	12493	16024	13117	10953	13390
西部地区	Western Region	10463	1052	5719	3643	3176	6347	7086
北　京	Beijing							
天　津	Tianjin	387	75	290	22	12	155	21
河　北	Hebei	4309	836	2098	1036	964	2153	1438
山　西	Shanxi	507	75	350	45	45	5	30
内蒙古	Neimenggu							
辽　宁	Liaoning	1417	300	206	604	604	1021	1417
吉　林	Jilin	4286	103	1300	2200	2200	120	4286
黑龙江	Heilongjiang	3750	166	3432	20	15	3651	538
上　海	Shanghai	1818	404	357	770	770	1587	
江　苏	Jiangsu	71006	9274	15220	42669	37996	11431	9367
浙　江	Zhejiang	13992	2700	7406	2132	2042	11009	12333
安　徽	Anhui	11684	816	796	9987	8037	1112	1024
福　建	Fujian	5753	436	1125	4046	3959	4112	4422
江　西	Jiangxi	1346	284	244	663	663	720	808
山　东	Shandong	11116	673	2622	6360	3787	2677	5593
河　南	Henan	6897	1016	3069	1604	1502	3055	4742
湖　北	Hubei	900	232	360	236	236	162	
湖　南	Hunan	5985	966	2942	1270	420	2128	1962
广　东	Guangdong	6977	725	1548	4419	3827	2036	4965
广　西	Guangxi	960	39	38	883	883	1	
海　南	Hainan							
重　庆	Chongqing	814	396	418			116	406
四　川	Sichuan	9623	636	5301	3643	3176	6231	6680
贵　州	Guizhou							
云　南	Yunnan							
西　藏	Tibet							
陕　西	Shaanxi							
甘　肃	Gansu	26	21					
青　海	Qinghai							
宁　夏	Ningxia							
新　疆	Xinjiang							

3-61 续表 17

单位：万元 (10,000 yuan)

地 区	Region	橡胶制品业 Rubber Products						
		科技活动经费内部支出总额 Intramural Expenditure on S&T Activities	# 劳务费 Compensation for Laborers	原材料费 Raw Material Expenditure	固定资产购建费 Expenditure on the Purchase of Fixed Assets	设备购置 Purchase of Instruments	# 开发新产品经费 Spending for New Products	# 科技机构经费 Spending for S&T Institute
全 国	**Total**	**107595**	**16785**	**37230**	**38591**	**36714**	**58341**	**72723**
东部地区	Eastern Region	92088	12460	32172	34265	32708	51687	59904
中部地区	Mid Region	8128	2586	3042	1273	965	4109	6375
西部地区	Western Region	7380	1739	2017	3053	3041	2544	6444
北 京	Beijing	1327	201	200	826	826	427	677
天 津	Tianjin	1999	194	443	1179	1061	1682	156
河 北	Hebei	126	69	8	7	7	106	125
山 西	Shanxi	339	57	156	111	111	329	312
内蒙古	Neimenggu	23	7	5	11	11	13	23
辽 宁	Liaoning	2148	736	350	532	398	655	1431
吉 林	Jilin							
黑龙江	Heilongjiang	52	38	14			52	
上 海	Shanghai	4815	691	1853	1184	1184	4047	4584
江 苏	Jiangsu	7979	1418	2451	3937	3769	2998	2638
浙 江	Zhejiang	5123	952	2826	699	646	3180	4836
安 徽	Anhui	2551	1250	739	31	31	582	2411
福 建	Fujian	293	148	18			17	17
江 西	Jiangxi	133	21	102				133
山 东	Shandong	56548	5993	23490	17124	16039	27627	38304
河 南	Henan	1471	59	1346	31	31	1436	1376
湖 北	Hubei	1361	641	214	268	259	339	770
湖 南	Hunan	2199	514	467	821	521	1359	1350
广 东	Guangdong	10870	1589	349	8589	8589	10212	6808
广 西	Guangxi	861	469	185	190	190	737	328
海 南	Hainan							
重 庆	Chongqing	213	83	49	67	55	97	80
四 川	Sichuan	913	471	152	262	262	172	913
贵 州	Guizhou	5068	985	1695	2100	2100	1675	5018
云 南	Yunnan	97	31	8	55	55	77	84
西 藏	Tibet							
陕 西	Shaanxi	327	40	65	222	222	240	327
甘 肃	Gansu							
青 海	Qinghai							
宁 夏	Ningxia	594	63	27	270	270	265	
新 疆	Xinjiang	168	66	20	77	77	19	22

3-61 续表18

单位：万元 (10,000 yuan)

地区	Region	塑料制品业 Plastic Products 科技活动经费内部支出总额 Intramural Expenditure on S&T Activities	# 劳务费 Compensation for Laborers	原材料费 Raw Material Expenditure	固定资产购建费 Expenditure on the Purchase of Fixed Assets	设备购置 Purchase of Instruments	# 开发新产品经费 Spending for New Products	# 科技机构经费 Spending for S&T Institute
全国	**Total**	**107976**	**18203**	**32751**	**44544**	**37312**	**60300**	**47746**
东部地区	Eastern Region	78443	13844	26865	28493	23739	46402	34575
中部地区	Mid Region	23361	3073	4433	12964	10671	12322	9944
西部地区	Western Region	6171	1287	1454	3087	2901	1576	3227
北京	Beijing	3401	291	1705	658	268	2415	462
天津	Tianjin	1297	275	308	150	150	1223	105
河北	Hebei	4521	1351	2482	613	613	2950	1935
山西	Shanxi	25	5	6	11	11	5	
内蒙古	Neimenggu	188	74	43	71	33		
辽宁	Liaoning	217	72	37	24	24	83	157
吉林	Jilin	95	45	40	5	5	90	95
黑龙江	Heilongjiang	1198	83	41	1028	1022	1075	918
上海	Shanghai	13306	2150	5978	3669	2848	10320	3570
江苏	Jiangsu	17152	2564	5775	6893	5898	11489	11160
浙江	Zhejiang	5314	779	1399	2883	2807	3182	1836
安徽	Anhui	9951	1299	1574	5806	5262	3539	2452
福建	Fujian	2486	576	636	1105	1105	2024	1642
江西	Jiangxi	122	29	18	73	13	60	25
山东	Shandong	6694	1624	2010	2496	1895	2908	3498
河南	Henan	1226	74	369	380	209	456	924
湖北	Hubei	7554	1237	1370	3817	3467	5797	4181
湖南	Hunan	3002	227	972	1772	649	1300	1349
广东	Guangdong	23653	3978	6488	9951	8085	9638	10205
广西	Guangxi	402	184	48	51	46	172	5
海南	Hainan							
重庆	Chongqing	123	65	36	15	12	50	25
四川	Sichuan	259	72	75	2	2	68	30
贵州	Guizhou	73	31	25	13	12	23	11
云南	Yunnan	1397	251	672	421	363	727	304
西藏	Tibet							
陕西	Shaanxi	4	4					
甘肃	Gansu	71	44	13	11	11	22	71
青海	Qinghai							
宁夏	Ningxia	7	2	5				5
新疆	Xinjiang	4236	817	627	2626	2502	686	2781

3-61 续表 19

单位：万元 (10,000 yuan)

地 区 Region		非金属矿物制品业 Nonmetal MineralProducts						
		科技活动经费内部支出总额 Intramural Expenditure on S&T Activities	# 劳务费 Compensation for Laborers	原材料费 Raw Material Expenditure	固定资产购建费 Expenditure on the Purchase of Fixed Assets	设备购置 Purchase of Instruments	# 开发新产品经费 Spending for New Products	# 科技机构经费 Spending for S&T Institute
全 国	**Total**	**260857**	**46674**	**74850**	**102806**	**88272**	**94945**	**114999**
东部地区	Eastern Region	177590	30775	53752	68193	56479	74548	74023
中部地区	Mid Region	53141	11142	13407	20919	19248	12012	25682
西部地区	Western Region	30126	4757	7691	13694	12545	8384	15294
北 京	Beijing	9161	1351	3875	2503	2471	759	283
天 津	Tianjin	1558	555	43	896	896	654	42
河 北	Hebei	17464	2861	5721	7713	7111	4295	10491
山 西	Shanxi	1761	385	930	385	371	195	1146
内蒙古	Neimenggu	5780	591	301	4754	4207	342	822
辽 宁	Liaoning	33043	2489	3928	17752	13407	21791	3514
吉 林	Jilin	4580	1314	1197	885	525	71	604
黑龙江	Heilongjiang	586	242	196	81	81	390	421
上 海	Shanghai	13395	3725	4464	3320	2892	6636	4607
江 苏	Jiangsu	23225	6375	10411	4052	3763	8485	6883
浙 江	Zhejiang	8262	1915	2609	2754	2000	4313	5045
安 徽	Anhui	13150	1788	3898	3746	3296	2076	8965
福 建	Fujian	3334	1155	847	928	748	1392	1154
江 西	Jiangxi	5443	1151	1250	2010	2001	75	5433
山 东	Shandong	43837	4824	15225	18488	15512	17597	30668
河 南	Henan	12415	3626	3894	4237	4173	6560	5869
湖 北	Hubei	7372	1276	1308	4413	4191	1882	1941
湖 南	Hunan	2054	769	433	408	404	422	481
广 东	Guangdong	19302	3756	4349	9023	7220	7944	9927
广 西	Guangxi	5009	1769	2281	763	461	684	1409
海 南	Hainan							
重 庆	Chongqing	4748	732	1787	1904	1311	2750	1818
四 川	Sichuan	16757	1951	3996	8370	8068	3445	10920
贵 州	Guizhou	373	154	64	154	154	103	104
云 南	Yunnan	1860	357	913	428	377	640	288
西 藏	Tibet							
陕 西	Shaanxi	161	95	42	24	24		161
甘 肃	Gansu	2456	1051	234	468	468	955	393
青 海	Qinghai	566	80	25	361	361	79	506
宁 夏	Ningxia	250	88	5	106	104	49	123
新 疆	Xinjiang	2954	248	626	1878	1677	363	981

3-61 续表20

单位：万元 (10,000 yuan)

地区 Region		黑色金属冶炼及压延加工业 Smelting and Pressing of Ferrous Metals						
		科技活动经费内部支出总额 Intramural Expenditure on S&T Activities	# 劳务费 Compensation for Laborers	原材料费 Raw Material Expenditure	固定资产购建费 Expenditure on the Purchase of Fixed Assets	设备购置 Purchase of Instruments	# 开发新产品经费 Spending for New Products	# 科技机构经费 Spending for S&T Institute
全　国	**Total**	**1033157**	**166853**	**354659**	**313530**	**291232**	**275050**	**316213**
东部地区	Eastern Region	722147	105222	280683	243007	224594	177020	241915
中部地区	Mid Region	240205	36881	45609	61931	58731	87465	36007
西部地区	Western Region	70806	24751	28367	8592	7907	10565	38291
北　京	Beijing	16280	2837	808	4919	4743	2695	3783
天　津	Tianjin	57324	4581	22735	23651	22447	28402	50853
河　北	Hebei	79418	14363	38342	21259	21002	19364	40724
山　西	Shanxi	8918	2852	778	2612	2612	760	1908
内蒙古	Neimenggu	13348	3043	5592	3067	2463	2052	2423
辽　宁	Liaoning	231766	21243	123753	58033	56194	60677	15555
吉　林	Jilin	2001	904	242	619	619	1283	75
黑龙江	Heilongjiang	4965	502	3813	573	573	3922	3985
上　海	Shanghai	99828	18627	15890	41874	34720	5920	10306
江　苏	Jiangsu	100773	14699	43596	33811	29832	44422	48134
浙　江	Zhejiang	4291	1241	1347	1581	1321	183	3781
安　徽	Anhui	73998	11585	20814	38448	38327	14517	6696
福　建	Fujian	12736	3542	1503	5757	5746	811	236
江　西	Jiangxi	16768	3611	2740	9313	7485	1093	2614
山　东	Shandong	82820	13096	17239	42300	39250	12174	46342
河　南	Henan	7268	2576	2930	915	722	1656	2921
湖　北	Hubei	90864	2626	3905	3820	3547	52948	9915
湖　南	Hunan	22073	9183	4795	2564	2382	9235	5470
广　东	Guangdong	28209	9335	14247	4287	3805	1901	21513
广　西	Guangxi	8701	1658	1225	5535	5535	471	688
海　南	Hainan							
重　庆	Chongqing	2530	617	1189	710	710	1053	1425
四　川	Sichuan	52305	18457	24582	4160	3567	7121	25269
贵　州	Guizhou	1620	615	923	70	70	378	1044
云　南	Yunnan	2973	787	104	2024	2024		1173
西　藏	Tibet							
陕　西	Shaanxi	2150	403	456	877	785	207	1729
甘　肃	Gansu	5679	3383	829	714	714	890	4471
青　海	Qinghai	2386	223	20			530	2386
宁　夏	Ningxia	88	16	21	13	13	27	75
新　疆	Xinjiang	1076	250	244	25	25	360	719

3-61 续表21

单位：万元 (10,000 yuan)

地区 Region		有色金属冶炼及压延加工业 Smelting and Pressing of Nonferrous						
		科技活动经费内部支出总额 Intramural Expenditure on S&T Activities	# 劳务费 Compensation for Laborers	原材料费 Raw Material Expenditure	固定资产购建费 Expenditure on the Purchase of Fixed Assets	设备购置 Purchase of Instruments	# 开发新产品经费 Spending for New Products	# 科技机构经费 Spending for S&T Institute
全国	**Total**	**244814**	**56254**	**57527**	**91050**	**73887**	**68284**	**94910**
东部地区	Eastern Region	96779	18356	29130	29000	25093	37437	34014
中部地区	Mid Region	85917	21450	16998	38711	26930	21869	35148
西部地区	Western Region	62119	16449	11398	23339	21864	8978	25748
北京	Beijing	4334	457	2483	1259	1234	2589	2254
天津	Tianjin	179	15	20	44	44	50	
河北	Hebei	2188	579	1166	272	271	1505	1151
山西	Shanxi	9989	1737	1973	5459	3406	5305	2489
内蒙古	Neimenggu	1164	464	413	273	187		690
辽宁	Liaoning	8914	984	1734	4060	3175	1441	4239
吉林	Jilin	1524	140	366	1015	835	79	1276
黑龙江	Heilongjiang	2235	741	571	247	222	1314	1086
上海	Shanghai	10003	1738	1533	4360	4120	5439	531
江苏	Jiangsu	17617	2964	6080	7835	6616	7510	3559
浙江	Zhejiang	8107	2214	2330	1940	1635	3004	6717
安徽	Anhui	7710	3373	626	2330	2225	2229	5843
福建	Fujian	12380	3395	3915	3190	2547	3705	2672
江西	Jiangxi	2687	1599	264	672	549	498	847
山东	Shandong	20542	2731	5726	3029	2850	8458	8515
河南	Henan	37394	9078	7438	17800	11049	5788	15871
湖北	Hubei	4886	800	2547	718	510	582	545
湖南	Hunan	18329	3518	2801	10197	7949	6075	6501
广东	Guangdong	9104	1898	3346	2719	2353	2367	3269
广西	Guangxi	3412	1383	798	292	248	1370	1107
海南	Hainan							
重庆	Chongqing	5309	1796	1361	1943	1563	2885	1248
四川	Sichuan	5265	2229	261	1407	1407	1591	2234
贵州	Guizhou	15423	3519	941	6860	6498	112	595
云南	Yunnan	11524	2522	2460	4526	3880	1987	6429
西藏	Tibet							
陕西	Shaanxi	1898	1070	724	103	97	738	163
甘肃	Gansu	17063	4183	4413	6564	6482	1115	11065
青海	Qinghai	3180	366	740	1560	1560	316	3158
宁夏	Ningxia	2346	711	486	348	348	235	755
新疆	Xinjiang	110	54	13	29	29		101

3-61 续表22

单位：万元 (10,000 yuan)

地 区 Region		金属制品业 Metal Products						
		科技活动经费内部支出总额 Intramural Expenditure on S&T Activities	# 劳务费 Compensation for Laborers	原材料费 Raw Material Expenditure	固定资产购建费 Expenditure on the Purchase of Fixed Assets	设备购置 Purchase of Instruments	# 开发新产品经费 Spending for New Products	# 科技机构经费 Spending for S&T Institute
全 国	**Total**	**114351**	**24760**	**28525**	**45770**	**26657**	**49166**	**44183**
东部地区	Eastern Region	97588	20066	22110	41515	22477	40491	35554
中部地区	Mid Region	4519	1949	1473	739	709	2360	2211
西部地区	Western Region	12244	2745	4943	3516	3471	6315	6418
北 京	Beijing	2458	901	61	1342	1039	1231	678
天 津	Tianjin	1506	960	169	43	33	567	299
河 北	Hebei	2196	485	701	600	531	1452	2073
山 西	Shanxi	412	115	63	233	233	318	321
内蒙古	Neimenggu							
辽 宁	Liaoning	2987	562	570	1711	103	683	453
吉 林	Jilin	138	87	19	21	12	125	84
黑龙江	Heilongjiang	908	499	196	128	113	144	610
上 海	Shanghai	29153	4256	5193	17841	5488	12533	1659
江 苏	Jiangsu	33721	5609	9127	11943	9043	10978	16334
浙 江	Zhejiang	3670	1009	764	1681	1430	1676	742
安 徽	Anhui	444	63	340			383	22
福 建	Fujian	2928	903	861	957	848	1219	598
江 西	Jiangxi	538	284	114	130	127	230	523
山 东	Shandong	5369	1724	1231	1289	803	2299	3254
河 南	Henan	200	92	57	24	21	101	131
湖 北	Hubei	1187	700	362	115	115	630	520
湖 南	Hunan	691	110	323	89	89	429	
广 东	Guangdong	13430	3623	3339	4098	3148	7701	9445
广 西	Guangxi	169	33	94	10	10	153	19
海 南	Hainan							
重 庆	Chongqing	4777	491	1692	2536	2536	3588	1495
四 川	Sichuan	5191	1623	1820	816	816	896	3149
贵 州	Guizhou	1613	300	1295			1587	1497
云 南	Yunnan	38	13	13	4	4	37	18
西 藏	Tibet							
陕 西	Shaanxi	386	199	107	77	77	130	231
甘 肃	Gansu	162	88	11	47	2	0	28
青 海	Qinghai							
宁 夏	Ningxia	77	31	5	36	36	77	
新 疆	Xinjiang							

3-61 续表23

单位：万元 (10,000 yuan)

地区 Region		普通机械制造业 Ordinary Machinery						
		科技活动经费内部支出总额 Intramural Expenditure on S&T Activities	# 劳务费 Compensation for Laborers	原材料费 Raw Material Expenditure	固定资产购建费 Expenditure on the Purchase of Fixed Assets	设备购置 Purchase of Instruments	# 开发新产品经费 Spending for New Products	# 科技机构经费 Spending for S&T Institute
全 国	**Total**	**554983**	**165434**	**186631**	**127440**	**109657**	**314473**	**269781**
东部地区	Eastern Region	426069	126232	140491	103700	89117	243555	210986
中部地区	Mid Region	75056	21270	28750	17571	15410	40695	32013
西部地区	Western Region	53857	17933	17391	6169	5131	30223	26782
北 京	Beijing	6881	2814	752	2175	1201	1996	3056
天 津	Tianjin	14412	3852	3316	3544	3430	12355	3255
河 北	Hebei	6841	2237	3345	891	871	5859	3243
山 西	Shanxi	3820	920	1425	887	785	2577	2670
内蒙古	Neimenggu	141	113	22	5	5	110	
辽 宁	Liaoning	42830	11015	21677	5143	3233	25909	21969
吉 林	Jilin	876	565	119	42	42	445	301
黑龙江	Heilongjiang	21259	6306	10373	2583	2316	11609	5184
上 海	Shanghai	88383	28235	23268	22709	22072	48727	39237
江 苏	Jiangsu	128452	39823	42235	32285	25276	67464	57661
浙 江	Zhejiang	38471	12468	9155	12448	10891	21990	28260
安 徽	Anhui	13272	3733	3507	5271	4801	7120	4761
福 建	Fujian	5574	2888	1002	1321	986	4316	1613
江 西	Jiangxi	3237	1289	965	759	586	1950	1602
山 东	Shandong	42572	12002	17425	10172	9074	24149	28339
河 南	Henan	15276	3192	7503	3461	3055	11302	10533
湖 北	Hubei	10365	2996	3511	1789	1629	4405	4627
湖 南	Hunan	6809	2157	1324	2776	2192	1178	2335
广 东	Guangdong	30718	6667	6431	10854	10395	15778	11488
广 西	Guangxi	20935	4232	11886	2159	1687	15013	12865
海 南	Hainan							
重 庆	Chongqing	9896	2953	4540	1870	1049	7723	6114
四 川	Sichuan	19975	6151	4676	1982	1982	8222	8057
贵 州	Guizhou	2006	553	874	468	455	1793	1612
云 南	Yunnan	2744	1288	742	492	492	1707	2234
西 藏	Tibet							
陕 西	Shaanxi	10779	4329	2179	654	635	4896	4021
甘 肃	Gansu	2859	1199	1413	74	72	2482	1709
青 海	Qinghai	1388	341	750	215	56	1104	1112
宁 夏	Ningxia	4176	1085	2216	415	390	2294	1923
新 疆	Xinjiang	36	34				2	

3-61 续表24

单位：万元 (10,000 yuan)

地 区 Region		专用设备制造业 Equipment for Special Purposes						
		科技活动经费内部支出总额 Intramural Expenditure on S&T Activities	# 劳务费 Compensation for Laborers	原材料费 Raw Material Expenditure	固定资产购建费 Expenditure on the Purchase of Fixed Assets	设备购置 Purchase of Instruments	# 开发新产品经费 Spending for New Products	# 科技机构经费 Spending for S&T Institute
全 国	**Total**	**392560**	**110799**	**135043**	**89367**	**65342**	**223675**	**200695**
东部地区	Eastern Region	267496	70934	93006	63910	46824	160360	135254
中部地区	Mid Region	74539	25094	22772	14140	12058	37103	37481
西部地区	Western Region	50525	14771	19266	11316	6459	26213	27960
北 京	Beijing	9808	1935	3566	1037	970	2877	5041
天 津	Tianjin	3812	1337	1137	741	613	2347	2550
河 北	Hebei	10851	3688	3515	1970	1399	5809	6498
山 西	Shanxi	13080	3608	2982	3645	3116	6139	9476
内蒙古	Neimenggu	22	13	6	3	3	12	10
辽 宁	Liaoning	14267	3602	9132	528	494	9917	3195
吉 林	Jilin	512	257	179	26	26	419	169
黑龙江	Heilongjiang	9781	5777	1512	582	464	3123	1128
上 海	Shanghai	42408	13898	11638	5135	4824	23061	16558
江 苏	Jiangsu	52176	15743	18295	13192	10135	29981	22331
浙 江	Zhejiang	22329	4660	8177	7732	4940	13227	13434
安 徽	Anhui	10842	1266	4794	3611	3113	7455	9287
福 建	Fujian	15189	3445	4971	5228	1652	8843	7384
江 西	Jiangxi	4482	1136	1516	1144	1044	3470	3640
山 东	Shandong	78345	16817	26637	26280	19858	54518	49740
河 南	Henan	14558	6357	2366	1856	1600	9183	5459
湖 北	Hubei	11511	3849	4265	1926	1346	5351	3674
湖 南	Hunan	9752	2833	5152	1346	1346	1951	4638
广 东	Guangdong	14203	4440	4228	1408	1401	6955	5767
广 西	Guangxi	3958	1248	1690	658	539	2676	2606
海 南	Hainan	150	120	20			150	150
重 庆	Chongqing	276	197	31	8	8	182	77
四 川	Sichuan	19276	6184	5958	5144	2059	8198	12564
贵 州	Guizhou	2269	989	678	547	495	1548	370
云 南	Yunnan	6332	1677	2171	1498	1498	3929	3332
西 藏	Tibet							
陕 西	Shaanxi	12777	3569	4958	3053	1433	5893	8881
甘 肃	Gansu	3968	1163	1669	728	628	2133	874
青 海	Qinghai	13	8	2	3	3		
宁 夏	Ningxia	4084	517	2872	248	248	3339	872
新 疆	Xinjiang	1530	468	927	88	88	990	990

3-61 续表 25

单位：万元 (10,000 yuan)

地 区 Region		交通运输设备制造业 Transport Equipment						
		科技活动经费内部支出总额 Intramural Expenditure on S&T Activities	# 劳务费 Compensation for Laborers	原材料费 Raw Material Expenditure	固定资产购建费 Expenditure on the Purchase of Fixed Assets	设备购置 Purchase of Instruments	# 开发新产品经费 Spending for New Products	# 科技机构经费 Spending for S&T Institute
全 国	**Total**	**1752882**	**305061**	**395244**	**505468**	**405808**	**817391**	**634245**
东部地区	Eastern Region	810336	148587	194189	238286	185572	422070	355729
中部地区	Mid Region	607122	89547	140955	143687	116344	191974	196108
西部地区	Western Region	335424	66927	60100	123495	103892	203347	82408
北 京	Beijing	22127	5506	6454	3797	3694	11664	8747
天 津	Tianjin	16955	3710	2178	8810	8164	9438	4920
河 北	Hebei	15345	3662	3923	6011	4517	8688	8631
山 西	Shanxi	6746	1646	2722	486	486	2585	1958
内蒙古	Neimenggu	4764	509	417	3071	319	1623	1135
辽 宁	Liaoning	116819	24467	35015	31786	28834	39430	42811
吉 林	Jilin	190000	13886	52105	12034	11794	37465	40635
黑龙江	Heilongjiang	62795	7993	14898	19788	8392	19374	12600
上 海	Shanghai	281434	40482	29700	64936	41127	170964	142808
江 苏	Jiangsu	129924	26992	46627	40042	24567	73580	42013
浙 江	Zhejiang	29334	11017	9407	6781	5240	18422	24179
安 徽	Anhui	74213	7025	19786	33447	29642	22309	17263
福 建	Fujian	20341	6314	9174	2739	2682	15532	8739
江 西	Jiangxi	44027	7035	8162	21827	20991	17627	27936
山 东	Shandong	75977	10059	42110	18913	17866	23707	26500
河 南	Henan	30053	11323	6721	2684	2387	22354	18021
湖 北	Hubei	143904	27636	24994	32258	26418	53391	50963
湖 南	Hunan	50621	12494	11150	18093	15915	15247	25597
广 东	Guangdong	70116	11686	5916	46701	41196	25993	18248
广 西	Guangxi	26582	3836	3562	6722	6637	19269	22750
海 南	Hainan	5383	857	124	1049	1049	5383	5383
重 庆	Chongqing	90934	11781	23000	41139	38782	69748	29174
四 川	Sichuan	86579	13095	9648	43823	38495	36091	12310
贵 州	Guizhou	21034	8400	5833	3647	3638	11062	6106
云 南	Yunnan	2398	760	810	308	308	1645	2214
西 藏	Tibet							
陕 西	Shaanxi	131323	31490	19619	34143	22256	82511	30734
甘 肃	Gansu	1850	1145	241	371	349	983	890
青 海	Qinghai	326	76	150	64	64	326	
宁 夏	Ningxia							
新 疆	Xinjiang	980	180	800			980	980

3-61 续表26

单位：万元 (10,000 yuan)

地区 Region		电气机械及器材制造业 Electric Equipment and Machinery						
		科技活动经费内部支出总额 Intramural Expenditure on S&T Activities	# 劳务费 Compensation for Laborers	原材料费 Raw Material Expenditure	固定资产购建费 Expenditure on the Purchase of Fixed Assets	设备购置 Purchase of Instruments	# 开发新产品经费 Spending for New Products	# 科技机构经费 Spending for S&T Institute
全 国	**Total**	**1117021**	**192269**	**318445**	**378844**	**345129**	**695602**	**510152**
东部地区	Eastern Region	894561	147251	237262	313288	284272	533529	362841
中部地区	Mid Region	96410	24433	26999	34106	30785	58778	51662
西部地区	Western Region	126050	20586	54183	31450	30073	103295	95649
北 京	Beijing	8549	3271	2046	1459	1459	3441	2493
天 津	Tianjin	21980	4308	4053	3680	3040	13084	10215
河 北	Hebei	12787	2649	7605	1606	1006	9469	7670
山 西	Shanxi	2675	468	1099	599	565	387	559
内蒙古	Neimenggu	218	34	168	12	12	218	15
辽 宁	Liaoning	12647	4502	4175	465	465	10233	10843
吉 林	Jilin	357	181	126	23	23	149	293
黑龙江	Heilongjiang	3974	1806	1576	349	305	2042	2711
上 海	Shanghai	52739	12656	11872	18422	17629	40904	20287
江 苏	Jiangsu	146570	24734	43000	57157	48488	90005	65358
浙 江	Zhejiang	43033	9175	12239	16568	13837	25835	31087
安 徽	Anhui	24116	4754	7104	10444	10389	13148	17560
福 建	Fujian	26440	6344	6872	10182	8076	14174	14271
江 西	Jiangxi	5950	1304	1580	1695	1695	3113	5265
山 东	Shandong	358195	39824	83051	129786	126529	211602	91691
河 南	Henan	40131	11044	9825	14155	12166	31713	14108
湖 北	Hubei	4457	1311	1465	939	935	1778	1782
湖 南	Hunan	14532	3530	4058	5891	4696	6230	9369
广 东	Guangdong	208499	38669	61393	73055	62858	113818	107000
广 西	Guangxi	2965	1086	924	848	824	884	1787
海 南	Hainan	156	36	33	61	61	82	139
重 庆	Chongqing	5560	1623	1977	1599	1534	3602	1920
四 川	Sichuan	89357	11174	42586	22612	22514	83518	85121
贵 州	Guizhou	1157	726	354	25	25	571	353
云 南	Yunnan	1290	532	523	96	90	805	925
西 藏	Tibet							
陕 西	Shaanxi	18574	4242	5914	6574	5394	6447	2306
甘 肃	Gansu	7341	1744	1125	104	104	6177	2392
青 海	Qinghai							
宁 夏	Ningxia	161	45	89			80	60
新 疆	Xinjiang	2610	500	1616	441	412	2095	2572

3-61 续表 27

单位：万元 (10,000 yuan)

地 区 Region		电子及通信设备制造业 Electronic and Telecommunications Equipment						
		科技活动经费内部支出总额 Intramural Expenditure on S&T Activities	# 劳务费 Compensation for Laborers	原材料费 Raw Material Expenditure	固定资产购建费 Expenditure on the Purchase of Fixed Assets	设备购置 Purchase of Instruments	# 开发新产品经费 Spending for New Products	# 科技机构经费 Spending for S&T Institute
全 国	**Total**	**2193550**	**596924**	**466530**	**590886**	**471301**	**1236959**	**1192815**
东部地区	Eastern Region	2000883	546489	408743	539911	435130	1143830	1100387
中部地区	Mid Region	95696	18909	34821	22463	11078	43815	49612
西部地区	Western Region	96971	31526	22967	28513	25093	49314	42816
北 京	Beijing	230106	40861	71263	34458	30308	141187	54368
天 津	Tianjin	80667	32673	5757	2234	1637	11074	65678
河 北	Hebei	2450	780	480	989	989	1583	840
山 西	Shanxi	1981	739	983	44	44	702	578
内蒙古	Neimenggu							
辽 宁	Liaoning	78818	10052	4206	20018	19943	65091	67801
吉 林	Jilin	11188	1303	4418	1996	1996	6901	6840
黑龙江	Heilongjiang	9198	960	5148	2490	2480	1479	9018
上 海	Shanghai	277864	75297	63789	91552	91532	176690	87455
江 苏	Jiangsu	192079	43694	36933	40952	37390	94004	111853
浙 江	Zhejiang	29007	9386	7660	7179	7024	26040	24932
安 徽	Anhui	11376	758	9456	964	944	10006	10379
福 建	Fujian	55618	16638	13853	14584	13402	43439	38532
江 西	Jiangxi	6558	2070	1583	1822	1550	4798	5067
山 东	Shandong	137291	26632	63800	27399	25317	116005	93348
河 南	Henan	22599	3425	1374	9700	168	9732	10367
湖 北	Hubei	23592	7193	9640	2656	1133	4067	3040
湖 南	Hunan	9205	2462	2219	2791	2763	6130	4323
广 东	Guangdong	914368	289274	140324	300015	207513	467985	555359
广 西	Guangxi	2615	1204	678	532	75	733	221
海 南	Hainan							
重 庆	Chongqing	7034	1956	2477	799	799	6445	5915
四 川	Sichuan	31090	10331	8973	4968	4163	15992	8310
贵 州	Guizhou	4721	2029	1855	715	531	3473	1924
云 南	Yunnan	2146	1013	447	277	277	932	1037
西 藏	Tibet							
陕 西	Shaanxi	44848	13008	7862	19744	17313	18532	21535
甘 肃	Gansu	4900	2229	1158	940	940	3555	2973
青 海	Qinghai							
宁 夏	Ningxia	2233	960	195	1070	1070	385	1122
新 疆	Xinjiang							

3-61 续表 28

单位：万元 (10,000 yuan)

地区 Region		仪器仪表及文化、办公用机械制造业 Instruments, Meters, Cultural and Office Machinery						
		科技活动经费内部支出总额 Intramural Expenditure on S&T Activities	# 劳务费 Compensation for Laborers	原材料费 Raw Material Expenditure	固定资产购建费 Expenditure on the Purchase of Fixed Assets	设备购置 Purchase of Instruments	# 开发新产品经费 Spending for New Products	# 科技机构经费 Spending for S&T Institute
全　国	**Total**	**128392**	**46567**	**25238**	**36297**	**23976**	**69523**	**45033**
东部地区	Eastern Region	84385	33096	15039	22837	16948	47809	26064
中部地区	Mid Region	12333	6093	3211	2157	2093	5861	7173
西部地区	Western Region	31674	7379	6989	11304	4935	15853	11796
北　京	Beijing	10765	4239	2728	1273	1055	5777	1914
天　津	Tianjin	1343	569	296	420	408	814	940
河　北	Hebei	3155	451	184	2448	440	344	474
山　西	Shanxi	247	85	118	37	35	122	195
内蒙古	Neimenggu							
辽　宁	Liaoning	708	511	101	75	75	327	117
吉　林	Jilin	2077	376	749	747	742	1257	2038
黑龙江	Heilongjiang	1565	852	382	282	277	812	846
上　海	Shanghai	20657	7839	3144	4537	4371	14378	6483
江　苏	Jiangsu	15733	6511	2508	4776	4696	8030	4506
浙　江	Zhejiang	9911	6287	901	1709	1476	6806	3973
安　徽	Anhui	2875	2011	204	634	626	774	1154
福　建	Fujian	2080	666	653	196	196	1545	1155
江　西	Jiangxi	1993	832	898	144	143	570	1159
山　东	Shandong	8728	3293	2993	638	555	6736	5162
河　南	Henan	893	369	306	63	22	404	382
湖　北	Hubei	2084	1245	456	99	99	1692	852
湖　南	Hunan	599	323	98	151	149	231	547
广　东	Guangdong	10884	2480	1425	6739	3649	2973	1148
广　西	Guangxi	423	249	105	26	26	79	192
海　南	Hainan							
重　庆	Chongqing	12100	2252	2504	3408	3081	9667	5224
四　川	Sichuan	4789	1531	1306	754	712	1898	1298
贵　州	Guizhou	274	177	9	37	37	86	
云　南	Yunnan	1790	1052	356	143	143	972	1737
西　藏	Tibet							
陕　西	Shaanxi	3312	1501	1278	112	112	2639	2386
甘　肃	Gansu	404	191	77	85	85	186	186
青　海	Qinghai	133	44	52	30	30		
宁　夏	Ningxia	8873	631	1407	6735	735	405	965
新　疆	Xinjiang							

3-62 各地区大中型制造业企业科技活动项目与专利（2002）
Projects and Patents for S&T Activity in Large and Medium-sized Enterprises of Manufacturing Industry by Region

单位：项 (item)

地 区	Region	制造业合计 Total of Manufacturing Industry				
		科技活动项目数 Projects for S&T Activity	新产品开发项目数 Projects for New Product	专利申请 Patent Applications	发明专利数 Inventive Patent	拥有发明专利数 Owning Inventive Patent
全 国	**Total**	**97356**	**58635**	**20478**	**5571**	**8841**
东部地区	Eastern Region	58498	37158	15808	4647	6428
中部地区	Mid Region	22420	11469	2391	544	1549
西部地区	Western Region	16438	10008	2279	380	864
北 京	Beijing	3035	2117	1004	390	453
天 津	Tianjin	2474	1776	1247	1098	394
河 北	Hebei	3103	2066	372	74	264
山 西	Shanxi	1849	1149	150	31	82
内蒙古	Neimenggu	809	347	47	17	48
辽 宁	Liaoning	5848	3469	249	93	199
吉 林	Jilin	1080	568	128	37	30
黑龙江	Heilongjiang	1909	1165	220	43	132
上 海	Shanghai	3751	2715	2452	402	1133
江 苏	Jiangsu	10853	6180	1494	343	1059
浙 江	Zhejiang	2722	1753	805	185	250
安 徽	Anhui	3084	2072	289	59	127
福 建	Fujian	2010	1261	687	67	239
江 西	Jiangxi	1826	1019	159	22	93
山 东	Shandong	10858	6436	2462	450	1033
河 南	Henan	4128	2336	368	75	192
湖 北	Hubei	5013	1783	575	136	573
湖 南	Hunan	2722	1030	455	124	272
广 东	Guangdong	11916	8168	4817	1486	1351
广 西	Guangxi	1894	1189	197	49	46
海 南	Hainan	34	28	22	10	7
重 庆	Chongqing	2222	1617	964	43	147
四 川	Sichuan	6848	4461	594	125	285
贵 州	Guizhou	1215	806	87	26	44
云 南	Yunnan	961	425	110	31	116
西 藏	Tibet					
陕 西	Shaanxi	3182	1747	208	47	128
甘 肃	Gansu	1075	589	47	36	34
青 海	Qinghai	117	71	49	18	20
宁 夏	Ningxia	447	181	106	16	38
新 疆	Xinjiang	371	111	114	38	52

3-62 续表1

单位：项 (item)

地区 Region		食品加工业 Food Processing				
		科技活动项目数 Projects for S&T Activity	新产品开发项目数 Projects for New Product	专利申请 Patent Applications	发明专利数 Inventive Patent	拥有发明专利数 Owning Inventive Patent
全　国	**Total**	**1246**	**737**	**105**	**44**	**56**
东部地区	Eastern Region	518	274	46	23	15
中部地区	Mid Region	568	404	30	12	36
西部地区	Western Region	160	59	29	9	5
北　京	Beijing	3	2			
天　津	Tianjin	1	1	3	3	3
河　北	Hebei	9	8			
山　西	Shanxi					
内蒙古	Neimenggu	115	97			2
辽　宁	Liaoning					
吉　林	Jilin	4	3			
黑龙江	Heilongjiang	14	9	1	1	1
上　海	Shanghai	15	14			
江　苏	Jiangsu	29	16	17		1
浙　江	Zhejiang	33	19	2	1	1
安　徽	Anhui	71	55			
福　建	Fujian	50	41			
江　西	Jiangxi	38	29	4		1
山　东	Shandong	129	82	10	7	4
河　南	Henan	271	182	16	2	25
湖　北	Hubei	10	5	1	1	1
湖　南	Hunan	45	24	8	8	6
广　东	Guangdong	209	84	8	6	4
广　西	Guangxi	40	7	6	6	2
海　南	Hainan					
重　庆	Chongqing	39	28	19		
四　川	Sichuan	63	23	8	8	3
贵　州	Guizhou					
云　南	Yunnan	34	5			
西　藏	Tibet					
陕　西	Shaanxi					
甘　肃	Gansu	3	2			
青　海	Qinghai					
宁　夏	Ningxia	1	1	2	1	2
新　疆	Xinjiang	20				

单位：项 (item)

地区 Region		食品制造业 Food Production				
		科技活动项目数 Projects for S&T Activity	新产品开发项目数 Projects for New Product	专利申请 Patent Applications	发明专利数 Inventive Patent	拥有发明专利数 Owning Inventive Patent
全 国	**Total**	**1282**	**839**	**560**	**41**	**255**
东部地区	Eastern Region	813	588	343	27	137
中部地区	Mid Region	428	223	174	14	115
西部地区	Western Region	41	28	43		3
北 京	Beijing	54	47	6	6	3
天 津	Tianjin	14	9	4		2
河 北	Hebei	80	66	56	4	81
山 西	Shanxi	4	4			
内蒙古	Neimenggu	84	83	8		8
辽 宁	Liaoning	50	42			
吉 林	Jilin					
黑龙江	Heilongjiang	44	18	45	2	4
上 海	Shanghai	20	18	174		36
江 苏	Jiangsu	120	89	6	2	
浙 江	Zhejiang	27	14	6		
安 徽	Anhui	55	21	4	1	1
福 建	Fujian	38	28	5	1	7
江 西	Jiangxi	30	29	60		35
山 东	Shandong	75	46	2		2
河 南	Henan	150	46	27	7	19
湖 北	Hubei	58	20	21	4	47
湖 南	Hunan	3	2	9		1
广 东	Guangdong	311	209	79	14	1
广 西	Guangxi	21	17			
海 南	Hainan	3	3	5		5
重 庆	Chongqing	2	2			
四 川	Sichuan	13	10	43		3
贵 州	Guizhou	2	2			
云 南	Yunnan	5	3			
西 藏	Tibet					
陕 西	Shaanxi					
甘 肃	Gansu	7	2			
青 海	Qinghai					
宁 夏	Ningxia	11	8			
新 疆	Xinjiang	1	1			

3-62 续表3

单位：项 (item)

地 区 Region		饮料制造业 Beverage Production				
		科技活动项目数 Projects for S&T Activity	新产品开发项目数 Projects for New Product	专利申请 Patent Applications	发明专利数 Inventive Patent	拥有发明专利数 Owning Inventive Patent
全 国	**Total**	**1430**	**784**	**616**	**78**	**237**
东部地区	Eastern Region	743	389	247	43	105
中部地区	Mid Region	410	236	79	23	25
西部地区	Western Region	277	159	290	12	107
北 京	Beijing	24	14	11		
天 津	Tianjin	41	31	25	4	1
河 北	Hebei	33	29	3		
山 西	Shanxi	10	5			
内蒙古	Neimenggu	38	10	5	1	2
辽 宁	Liaoning	23	13			
吉 林	Jilin	12	9			2
黑龙江	Heilongjiang	26	22	9		
上 海	Shanghai	4	4	4	4	1
江 苏	Jiangsu	71	35	21	9	58
浙 江	Zhejiang	64	55	18	3	4
安 徽	Anhui	155	123	26	2	11
福 建	Fujian	115	31	36	1	8
江 西	Jiangxi	9	9	1		
山 东	Shandong	241	114	87	7	14
河 南	Henan	57	30	22	4	7
湖 北	Hubei	64	17	16	16	3
湖 南	Hunan	39	11			
广 东	Guangdong	109	49	38	15	19
广 西	Guangxi	16	13	4		
海 南	Hainan	2	1			
重 庆	Chongqing	10	7			22
四 川	Sichuan	114	63	203	4	67
贵 州	Guizhou	22	8	23	2	2
云 南	Yunnan	12	3	4	4	13
西 藏	Tibet					
陕 西	Shaanxi	57	45	3		
甘 肃	Gansu	26	22	1		1
青 海	Qinghai	6	5	26	1	1
宁 夏	Ningxia	2	2	30	1	1
新 疆	Xinjiang	28	4			

3-62 续表4

单位：项 (item)

地 区 Region		烟草加工业 Tobacco Processing 科技活动项目数 Projects for S&T Activity	新产品开发项目数 Projects for New Product	专利申请 Patent Applications	发明专利数 Inventive Patent	拥有发明专利数 Owning Inventive Patent
全 国	**Total**	**635**	**247**	**71**	**23**	**41**
东部地区	Eastern Region	285	99	28	5	14
中部地区	Mid Region	211	95	38	13	24
西部地区	Western Region	139	53	5	5	3
北 京	Beijing	7	3	2		1
天 津	Tianjin	1		1	1	1
河 北	Hebei	14	14	3		1
山 西	Shanxi					
内蒙古	Neimenggu					
辽 宁	Liaoning					
吉 林	Jilin	12	7			
黑龙江	Heilongjiang	7	7			
上 海	Shanghai	50	24	5	2	5
江 苏	Jiangsu	26	5	5		2
浙 江	Zhejiang	1	1			3
安 徽	Anhui	37	25	14	3	
福 建	Fujian	99	13			
江 西	Jiangxi	6	6			
山 东	Shandong	46	17	12	2	1
河 南	Henan	52	20	5	4	11
湖 北	Hubei	69	22	2		2
湖 南	Hunan	28	8	17	6	11
广 东	Guangdong	30	13			
广 西	Guangxi	11	9			
海 南	Hainan					
重 庆	Chongqing	13	7			
四 川	Sichuan	21	13			
贵 州	Guizhou	16	11	2	2	
云 南	Yunnan	69	7	3	3	3
西 藏	Tibet					
陕 西	Shaanxi	16	13			
甘 肃	Gansu	3	2			
青 海	Qinghai					
宁 夏	Ningxia					
新 疆	Xinjiang	1				

3-62 续表5

单位：项 (item)

地区 Region		纺织业 Textile Industry				
		科技活动项目数 Projects for S&T Activity	新产品开发项目数 Projects for New Product	专利申请 Patent Applications	发明专利数 Inventive Patent	拥有发明专利数 Owning Inventive Patent
全国	**Total**	**4785**	**3476**	**576**	**54**	**74**
东部地区	Eastern Region	3438	2576	562	44	64
中部地区	Mid Region	683	435	12	10	9
西部地区	Western Region	664	465	2		1
北京	Beijing	117	115	1	1	1
天津	Tianjin	226	190	10	2	2
河北	Hebei	161	102	1		1
山西	Shanxi	33	31	1	1	3
内蒙古	Neimenggu	20	5	7	6	1
辽宁	Liaoning	43	37			
吉林	Jilin	4	3			
黑龙江	Heilongjiang	11	8	2	1	2
上海	Shanghai	69	55	404	5	1
江苏	Jiangsu	1147	795	27	5	17
浙江	Zhejiang	236	187	63	7	16
安徽	Anhui	229	127	1	1	
福建	Fujian	136	108	2		
江西	Jiangxi	32	6			
山东	Shandong	911	655	39	16	25
河南	Henan	240	219			2
湖北	Hubei	69	26			1
湖南	Hunan	45	10	1	1	
广东	Guangdong	225	202	1	1	1
广西	Guangxi	161	124			
海南	Hainan	6	6	14	7	
重庆	Chongqing	103	70			
四川	Sichuan	305	236	2		
贵州	Guizhou					
云南	Yunnan	1				
西藏	Tibet					
陕西	Shaanxi	207	127			1
甘肃	Gansu	19	19			
青海	Qinghai					
宁夏	Ningxia					
新疆	Xinjiang	29	13			

3-62 续表6

单位：项 (item)

地区 Region		服装及其他纤维制品制造业 Garments and other Fiber Products				
		科技活动项目数 Projects for S&T Activity	新产品开发项目数 Projects for New Product	专利申请 Patent Applications	发明专利数 Inventive Patent	拥有发明专利数 Owning Inventive Patent
全　国	**Total**	**573**	**354**	**195**	**9**	**20**
东部地区	Eastern Region	318	236	193	9	17
中部地区	Mid Region	250	114	2		
西部地区	Western Region	5	4			3
北　京	Beijing					
天　津	Tianjin	6	6			
河　北	Hebei	9	5	1		1
山　西	Shanxi					
内蒙古	Neimenggu	7	2	2		
辽　宁	Liaoning	10	10			
吉　林	Jilin					
黑龙江	Heilongjiang					
上　海	Shanghai	14	7	8		2
江　苏	Jiangsu	71	56	44	6	7
浙　江	Zhejiang	17	12	4		
安　徽	Anhui	4	3			
福　建	Fujian	35	21	121		
江　西	Jiangxi					
山　东	Shandong	83	70	5		2
河　南	Henan					
湖　北	Hubei	239	109			
湖　南	Hunan					
广　东	Guangdong	73	49	10	3	5
广　西	Guangxi					
海　南	Hainan					
重　庆	Chongqing					
四　川	Sichuan	2	2			3
贵　州	Guizhou					
云　南	Yunnan					
西　藏	Tibet					
陕　西	Shaanxi					
甘　肃	Gansu					
青　海	Qinghai	2	2			
宁　夏	Ningxia	1				
新　疆	Xinjiang					

3-62 续表7

单位：项 (item)

地 区 Region		皮革、毛皮、羽绒及其制品业 Leather, Furs, Down and Related Products				
		科技活动项目数 Projects for S&T Activity	新产品开发项目数 Projects for New Product	专利申请 Patent Applications	发明专利数 Inventive Patent	拥有发明专利数 Owning Inventive Patent
全　国	**Total**	**326**	**225**	**20**	**5**	**18**
东部地区	Eastern Region	292	205	19	5	18
中部地区	Mid Region	24	18			
西部地区	Western Region	10	2	1		
北　京	Beijing					
天　津	Tianjin	25	25			
河　北	Hebei	14	14			
山　西	Shanxi					
内蒙古	Neimenggu					
辽　宁	Liaoning					
吉　林	Jilin					
黑龙江	Heilongjiang					
上　海	Shanghai					
江　苏	Jiangsu	80	11	14	2	14
浙　江	Zhejiang	15	12	1		1
安　徽	Anhui	2				
福　建	Fujian	13	11	1		
江　西	Jiangxi					
山　东	Shandong	8	5	3	3	3
河　南	Henan	7	3			
湖　北	Hubei	1	1			
湖　南	Hunan	14	14			
广　东	Guangdong	137	127			
广　西	Guangxi					
海　南	Hainan					
重　庆	Chongqing	1		1		
四　川	Sichuan	1				
贵　州	Guizhou					
云　南	Yunnan	1				
西　藏	Tibet					
陕　西	Shaanxi	7	2			
甘　肃	Gansu					
青　海	Qinghai					
宁　夏	Ningxia					
新　疆	Xinjiang					

3-62 续表8

单位：项 (item)

地区 Region		木材加工及竹、藤、棕、草制品业 Timber, Bamboo, Cane, Palm Fiber and Straw Products				
		科技活动项目数 Projects for S&T Activity	新产品开发项目数 Projects for New Product	专利申请 Patent Applications	发明专利数 Inventive Patent	拥有发明专利数 Owning Inventive Patent
全 国	**Total**	**79**	**44**	**17**	**2**	**7**
东部地区	Eastern Region	56	37	16	1	6
中部地区	Mid Region	11	4			
西部地区	Western Region	12	3	1	1	1
北 京	Beijing					
天 津	Tianjin	1	1	1		2
河 北	Hebei					
山 西	Shanxi					
内蒙古	Neimenggu					
辽 宁	Liaoning					
吉 林	Jilin					
黑龙江	Heilongjiang	1				
上 海	Shanghai					
江 苏	Jiangsu	4	1			1
浙 江	Zhejiang	3	2	1		1
安 徽	Anhui	1	1			
福 建	Fujian	27	21	1	1	2
江 西	Jiangxi	1	1			
山 东	Shandong	6	3			
河 南	Henan					
湖 北	Hubei	8	2			
湖 南	Hunan					
广 东	Guangdong	9	4	13		
广 西	Guangxi	6	5			
海 南	Hainan					
重 庆	Chongqing					
四 川	Sichuan	9	1	1	1	
贵 州	Guizhou					
云 南	Yunnan	3	2			1
西 藏	Tibet					
陕 西	Shaanxi					
甘 肃	Gansu					
青 海	Qinghai					
宁 夏	Ningxia					
新 疆	Xinjiang					

3-62 续表9

单位：项 (item)

地 区 Region		家具制造业 Furniture Manufacturing				
		科技活动项目数 Projects for S&T Activity	新产品开发项目数 Projects for New Product	专利申请 Patent Applications	发明专利数 Inventive Patent	拥有发明专利数 Owning Inventive Patent
全 国	**Total**	**785**	**773**	**99**	**29**	**50**
东部地区	Eastern Region	730	724	85	15	48
中部地区	Mid Region	53	48	14	14	2
西部地区	Western Region	2	1			
北 京	Beijing	554	552	29	15	8
天 津	Tianjin	76	74	2		4
河 北	Hebei	13	13			
山 西	Shanxi					
内蒙古	Neimenggu					
辽 宁	Liaoning					
吉 林	Jilin					
黑龙江	Heilongjiang	51	46	14	14	2
上 海	Shanghai	4	4	35		5
江 苏	Jiangsu					10
浙 江	Zhejiang	3	2			
安 徽	Anhui					
福 建	Fujian	2	2			21
江 西	Jiangxi					
山 东	Shandong	2	1	3		
河 南	Henan	2	2			
湖 北	Hubei					
湖 南	Hunan					
广 东	Guangdong	76	76	16		
广 西	Guangxi					
海 南	Hainan					
重 庆	Chongqing					
四 川	Sichuan	2	1			
贵 州	Guizhou					
云 南	Yunnan					
西 藏	Tibet					
陕 西	Shaanxi					
甘 肃	Gansu					
青 海	Qinghai					
宁 夏	Ningxia					
新 疆	Xinjiang					

3-62 续表10

单位：项 (item)

地区 Region		造纸及纸制品业 Papermaking and Paper Products				
		科技活动项目数 Projects for S&T Activity	新产品开发项目数 Projects for New Product	专利申请 Patent Applications	发明专利数 Inventive Patent	拥有发明专利数 Owning Inventive Patent
全　国	**Total**	**617**	**231**	**55**	**20**	**23**
东部地区	Eastern Region	400	168	37	9	13
中部地区	Mid Region	157	42	15	8	9
西部地区	Western Region	60	21	3	3	1
北　京	Beijing					
天　津	Tianjin					
河　北	Hebei	21	4	2	2	
山　西	Shanxi	1				
内蒙古	Neimenggu	10	2			
辽　宁	Liaoning	4	1			
吉　林	Jilin	3	1			
黑龙江	Heilongjiang	10	8	5	1	5
上　海	Shanghai	9	8	3	1	1
江　苏	Jiangsu	35	19			
浙　江	Zhejiang	65	46	3	1	1
安　徽	Anhui	13	5			
福　建	Fujian	28	16	1	1	
江　西	Jiangxi	7	4			
山　东	Shandong	160	46	28	4	9
河　南	Henan	23	11			
湖　北	Hubei	24	6			1
湖　南	Hunan	66	5	10	7	3
广　东	Guangdong	46	15			1
广　西	Guangxi	31	12			1
海　南	Hainan	1	1			
重　庆	Chongqing	3	2			
四　川	Sichuan	33	10			
贵　州	Guizhou					
云　南	Yunnan	3	3			
西　藏	Tibet					
陕　西	Shaanxi	2	2			
甘　肃	Gansu	5				
青　海	Qinghai					
宁　夏	Ningxia	8	3			1
新　疆	Xinjiang	6	1	3	3	

3-62 续表11

单位：项 (item)

地 区 Region		印刷业、记录媒介的复制 Printing and Record Medium Reproduction				
		科技活动项目数 Projects for S&T Activity	新产品开发项目数 Projects for New Product	专利申请 Patent Applications	发明专利数 Inventive Patent	拥有发明专利数 Owning Inventive Patent
全 国	**Total**	**649**	**354**	**36**	**13**	**16**
东部地区	Eastern Region	536	320	31	8	9
中部地区	Mid Region	48	18	1	1	2
西部地区	Western Region	65	16	4	4	5
北 京	Beijing	34	3	4	2	
天 津	Tianjin	21	12	11	2	3
河 北	Hebei	20		5		2
山 西	Shanxi					
内蒙古	Neimenggu					
辽 宁	Liaoning	259	244	1		
吉 林	Jilin					
黑龙江	Heilongjiang					
上 海	Shanghai	54	29	4	1	2
江 苏	Jiangsu	2	2	1	1	1
浙 江	Zhejiang	2	1			
安 徽	Anhui	23	14	1	1	1
福 建	Fujian	4	3			
江 西	Jiangxi	11				
山 东	Shandong	110	3	2		
河 南	Henan	4	2			
湖 北	Hubei					
湖 南	Hunan	10	2			1
广 东	Guangdong	26	22	3	2	1
广 西	Guangxi	4	1			
海 南	Hainan					
重 庆	Chongqing	4	3			
四 川	Sichuan	31	7	2	2	1
贵 州	Guizhou					
云 南	Yunnan	8	3			4
西 藏	Tibet					
陕 西	Shaanxi	21	3	2	2	
甘 肃	Gansu	1				
青 海	Qinghai					
宁 夏	Ningxia					
新 疆	Xinjiang					

3-62 续表 12

单位：项 (item)

地区 Region		文化体育用品制造业 Cultural, Educational and Sports Goods				
		科技活动项目数 Projects for S&T Activity	新产品开发项目数 Projects for New Product	专利申请 Patent Applications	发明专利数 Inventive Patent	拥有发明专利数 Owning Inventive Patent
全　国	**Total**	**278**	**222**	**433**	**23**	**107**
东部地区	Eastern Region	209	153	399	23	107
中部地区	Mid Region	69	69	34		
西部地区	Western Region					
北　京	Beijing	12	11	2	1	4
天　津	Tianjin	26	8			
河　北	Hebei					
山　西	Shanxi	65	65	34		
内蒙古	Neimenggu					
辽　宁	Liaoning					
吉　林	Jilin					
黑龙江	Heilongjiang					
上　海	Shanghai	40	26	82		
江　苏	Jiangsu	14	10	113	4	41
浙　江	Zhejiang	5	4	29		
安　徽	Anhui	4	4			
福　建	Fujian	33	21	15	5	5
江　西	Jiangxi					
山　东	Shandong	4	2	34		36
河　南	Henan					
湖　北	Hubei					
湖　南	Hunan					
广　东	Guangdong	75	71	124	13	21
广　西	Guangxi					
海　南	Hainan					
重　庆	Chongqing					
四　川	Sichuan					
贵　州	Guizhou					
云　南	Yunnan					
西　藏	Tibet					
陕　西	Shaanxi					
甘　肃	Gansu					
青　海	Qinghai					
宁　夏	Ningxia					
新　疆	Xinjiang					

3-62 续表13

单位：项 (item)

地区 Region		石油加工及炼焦业 Petroleum Processing and Coking Products				
		科技活动项目数 Projects for S&T Activity	新产品开发项目数 Projects for New Product	专利申请 Patent Applications	发明专利数 Inventive Patent	拥有发明专利数 Owning Inventive Patent
全　国	**Total**	**1563**	**404**	**236**	**191**	**544**
东部地区	Eastern Region	990	288	143	121	472
中部地区	Mid Region	369	95	42	31	62
西部地区	Western Region	204	21	51	39	10
北　京	Beijing	250	43	37	32	351
天　津	Tianjin	4				
河　北	Hebei	38	7	2	2	2
山　西	Shanxi	47	3	5	4	4
内蒙古	Neimenggu	5				
辽　宁	Liaoning	74	10	8	7	2
吉　林	Jilin	3				
黑龙江	Heilongjiang	72	11	8	7	14
上　海	Shanghai	297	104	55	48	15
江　苏	Jiangsu	12	9	1	1	1
浙　江	Zhejiang	59	7	3		1
安　徽	Anhui	6	3	1	1	
福　建	Fujian	20	1			
江　西	Jiangxi	37	2	2		
山　东	Shandong	142	70	31	25	94
河　南	Henan	56	39	3	3	
湖　北	Hubei	46	2			10
湖　南	Hunan	97	35	23	16	34
广　东	Guangdong	93	37	6	6	6
广　西	Guangxi	1				
海　南	Hainan					
重　庆	Chongqing	7	7			
四　川	Sichuan	1				
贵　州	Guizhou					
云　南	Yunnan					
西　藏	Tibet					
陕　西	Shaanxi	23				
甘　肃	Gansu	83	14	24	22	4
青　海	Qinghai					
宁　夏	Ningxia					
新　疆	Xinjiang	90		27	17	6

3-62 续表 14

单位：项 (item)

地区 Region		化学原料及化学制品制造业 Raw Chemical Materials and Chemical Products				
		科技活动项目数 Projects for S&T Activity	新产品开发项目数 Projects for New Product	专利申请 Patent Applications	发明专利数 Inventive Patent	拥有发明专利数 Owning Inventive Patent
全 国	**Total**	**6724**	**3329**	**770**	**371**	**599**
东部地区	Eastern Region	4473	2427	605	265	418
中部地区	Mid Region	1286	476	122	72	111
西部地区	Western Region	965	426	43	34	70
北 京	Beijing	34	20	12	7	
天 津	Tianjin	260	141	27	13	27
河 北	Hebei	199	105	47	18	18
山 西	Shanxi	188	65	14	9	6
内蒙古	Neimenggu	76	18	6		9
辽 宁	Liaoning	270	141	22	21	23
吉 林	Jilin	44	28	19	12	3
黑龙江	Heilongjiang	48	24	6	5	4
上 海	Shanghai	378	257	237	30	82
江 苏	Jiangsu	1262	469	96	70	156
浙 江	Zhejiang	335	207	37	32	10
安 徽	Anhui	212	99	14	13	6
福 建	Fujian	89	42	2	2	
江 西	Jiangxi	136	35	12	7	2
山 东	Shandong	529	279	72	42	82
河 南	Henan	166	59	2	2	2
湖 北	Hubei	173	85	22	7	17
湖 南	Hunan	243	63	27	17	62
广 东	Guangdong	1020	710	47	28	17
广 西	Guangxi	90	53	4		1
海 南	Hainan	7	3	2	2	2
重 庆	Chongqing	107	59	5	2	9
四 川	Sichuan	300	121	27	25	45
贵 州	Guizhou	34	24	1		
云 南	Yunnan	178	36	9	7	9
西 藏	Tibet					
陕 西	Shaanxi	268	158	1		1
甘 肃	Gansu	27	15			
青 海	Qinghai	14	6			4
宁 夏	Ningxia	23	6			2
新 疆	Xinjiang	14	1			

3-62 续表15

单位：项 (item)

地 区 Region		医药制造业 Medical and Pharmaceutical Products				
		科技活动项目数 Projects for S&T Activity	新产品开发项目数 Projects for New Product	专利申请 Patent Applications	发明专利数 Inventive Patent	拥有发明专利数 Owning Inventive Patent
全 国	**Total**	**5034**	**2663**	**1000**	**317**	**485**
东部地区	Eastern Region	3566	1893	674	237	303
中部地区	Mid Region	854	424	170	35	81
西部地区	Western Region	614	346	156	45	101
北 京	Beijing	199	113	16	12	10
天 津	Tianjin	194	125	41	27	5
河 北	Hebei	232	170	22	12	5
山 西	Shanxi	46	24	7		2
内蒙古	Neimenggu	10	5			
辽 宁	Liaoning	290	60	10	9	17
吉 林	Jilin	121	66	10	6	10
黑龙江	Heilongjiang	101	46	38	2	19
上 海	Shanghai	293	249	137	11	23
江 苏	Jiangsu	559	359	103	64	23
浙 江	Zhejiang	220	139	29	17	37
安 徽	Anhui	125	79	6	6	1
福 建	Fujian	95	66	9	4	2
江 西	Jiangxi	96	56	11	2	4
山 东	Shandong	879	272	184	47	135
河 南	Henan	101	55	9		1
湖 北	Hubei	204	66	67	13	21
湖 南	Hunan	50	27	22	6	23
广 东	Guangdong	496	273	80	18	34
广 西	Guangxi	99	58	43	16	12
海 南	Hainan	10	9			
重 庆	Chongqing	78	70	62	2	11
四 川	Sichuan	251	130	33	16	9
贵 州	Guizhou	19	12	2		3
云 南	Yunnan	78	55	37	8	56
西 藏	Tibet					
陕 西	Shaanxi	84	24	3	1	4
甘 肃	Gansu	51	16	3	3	1
青 海	Qinghai	21	19	13	13	14
宁 夏	Ningxia	12	7			
新 疆	Xinjiang	20	13	3	2	3

3-62 续表16

单位：项 (item)

地 区 Region		化学纤维制造业 Chemical Fiber				
		科技活动项目数 Projects for S&T Activity	新产品开发项目数 Projects for New Product	专利申请 Patent Applications	发明专利数 Inventive Patent	拥有发明专利数 Owning Inventive Patent
全 国	**Total**	**938**	**363**	**35**	**16**	**25**
东部地区	Eastern Region	524	210	20	7	18
中部地区	Mid Region	249	129	8	6	1
西部地区	Western Region	165	24	7	3	6
北 京	Beijing					
天 津	Tianjin	5	4			4
河 北	Hebei	55	20			3
山 西	Shanxi	29	2			
内蒙古	Neimenggu					
辽 宁	Liaoning	11	10			5
吉 林	Jilin	12	6	2	1	1
黑龙江	Heilongjiang	18	15			
上 海	Shanghai	13	12	4	4	
江 苏	Jiangsu	320	79	9	2	2
浙 江	Zhejiang	61	52	3	1	1
安 徽	Anhui	8	5			
福 建	Fujian	9	5			
江 西	Jiangxi	18	8	1	1	
山 东	Shandong	13	8	2		3
河 南	Henan	136	78	4	4	
湖 北	Hubei	8	4			
湖 南	Hunan	20	11	1		
广 东	Guangdong	33	19	2		
广 西	Guangxi	4	1			
海 南	Hainan					
重 庆	Chongqing	35	9	1	1	
四 川	Sichuan	129	15	6	2	6
贵 州	Guizhou					
云 南	Yunnan					
西 藏	Tibet					
陕 西	Shaanxi					
甘 肃	Gansu	1				
青 海	Qinghai					
宁 夏	Ningxia					
新 疆	Xinjiang					

3-62 续表 17

单位：项 (item)

地　区	Region	橡胶制品业 Rubber Products				
		科技活动项目数 Projects for S&T Activity	新产品开发项目数 Projects for New Product	专利申请 Patent Applications	发明专利数 Inventive Patent	拥有发明专利数 Owning Inventive Patent
全　国	**Total**	**1226**	**863**	**141**	**24**	**53**
东部地区	Eastern Region	871	601	123	20	38
中部地区	Mid Region	220	179	18	4	7
西部地区	Western Region	135	83			8
北　京	Beijing	6	4			
天　津	Tianjin	21	15	1		
河　北	Hebei	32	30			4
山　西	Shanxi	21	19			
内蒙古	Neimenggu	2	1			
辽　宁	Liaoning	66	54	7	2	3
吉　林	Jilin					
黑龙江	Heilongjiang	1	1	1		
上　海	Shanghai	50	48	43		
江　苏	Jiangsu	110	26	9	3	5
浙　江	Zhejiang	20	12	1	1	5
安　徽	Anhui	20	17	5	2	6
福　建	Fujian	2	1			
江　西	Jiangxi	5				
山　东	Shandong	367	248	62	14	21
河　南	Henan	109	109			
湖　北	Hubei	33	14	1		
湖　南	Hunan	29	18	11	2	1
广　东	Guangdong	150	127			
广　西	Guangxi	47	36			
海　南	Hainan					
重　庆	Chongqing	14	12			1
四　川	Sichuan	52	23			7
贵　州	Guizhou	15	5			
云　南	Yunnan	5	4			
西　藏	Tibet					
陕　西	Shaanxi	32	31			
甘　肃	Gansu					
青　海	Qinghai					
宁　夏	Ningxia	13	5			
新　疆	Xinjiang	4	3			

3-62 续表18

单位：项 (item)

地 区 Region		塑料制品业 Plastic Products				
		科技活动项目数 Projects for S&T Activity	新产品开发项目数 Projects for New Product	专利申请 Patent Applications	发明专利数 Inventive Patent	拥有发明专利数 Owning Inventive Patent
全 国	**Total**	**912**	**589**	**597**	**50**	**196**
东部地区	Eastern Region	643	438	571	43	174
中部地区	Mid Region	160	108	12	4	8
西部地区	Western Region	109	43	14	3	14
北 京	Beijing	30	7	2	2	
天 津	Tianjin	24	24			
河 北	Hebei	34	21	2		
山 西	Shanxi	1	1			
内蒙古	Neimenggu	2				
辽 宁	Liaoning	14	12	2		
吉 林	Jilin	2	1			
黑龙江	Heilongjiang	9	6	1		
上 海	Shanghai	46	39	22	6	11
江 苏	Jiangsu	113	77	14	7	4
浙 江	Zhejiang	37	24	10	3	3
安 徽	Anhui	76	55	4		1
福 建	Fujian	71	44	20	18	37
江 西	Jiangxi	3	3			
山 东	Shandong	74	53	14	1	18
河 南	Henan	12	6	2	2	
湖 北	Hubei	39	24	5	2	5
湖 南	Hunan	16	12			2
广 东	Guangdong	192	133	485	6	101
广 西	Guangxi	8	4			
海 南	Hainan					
重 庆	Chongqing	4	4			
四 川	Sichuan	11	3	6		
贵 州	Guizhou	8	6			
云 南	Yunnan	23	14			
西 藏	Tibet					
陕 西	Shaanxi					
甘 肃	Gansu	6	5			
青 海	Qinghai					
宁 夏	Ningxia	1				
新 疆	Xinjiang	56	11	8	3	14

3-62 续表19

单位：项 (item)

地 区 Region		非金属矿物制品业 Nonmetal Mineral Products				
		科技活动项目数 Projects for S&T Activity	新产品开发项目数 Projects for New Product	专利申请 Patent Applications	发明专利数 Inventive Patent	拥有发明专利数 Owning Inventive Patent
全 国	**Total**	**2700**	**1439**	**409**	**77**	**180**
东部地区	Eastern Region	1642	913	229	52	127
中部地区	Mid Region	768	415	106	20	29
西部地区	Western Region	290	111	74	5	24
北 京	Beijing	72	30	14	2	4
天 津	Tianjin	25	20	3	1	1
河 北	Hebei	159	120	59	2	14
山 西	Shanxi	36	14	6	1	3
内蒙古	Neimenggu	47	6	9	6	5
辽 宁	Liaoning	103	50			
吉 林	Jilin	59	7			
黑龙江	Heilongjiang	28	23	13	2	3
上 海	Shanghai	69	46	19	5	10
江 苏	Jiangsu	361	205	15	4	34
浙 江	Zhejiang	88	71	5	5	5
安 徽	Anhui	85	36	2	1	2
福 建	Fujian	24	13	15	4	3
江 西	Jiangxi	24	15			
山 东	Shandong	225	114	59	25	46
河 南	Henan	394	254	66	6	4
湖 北	Hubei	46	30	9	4	6
湖 南	Hunan	49	30	1		6
广 东	Guangdong	417	180	40	4	10
广 西	Guangxi	99	64			
海 南	Hainan					
重 庆	Chongqing	45	33	68	1	15
四 川	Sichuan	115	32	3	2	4
贵 州	Guizhou	20	8	2	1	1
云 南	Yunnan	16	6			2
西 藏	Tibet					
陕 西	Shaanxi	3		1	1	
甘 肃	Gansu	52	21			
青 海	Qinghai	9	3			
宁 夏	Ningxia	11	2			
新 疆	Xinjiang	19	6			2

3-62 续表20

单位：项 (item)

地 区 Region		黑色金属冶炼及压延加工业 Smelting and Pressing of Ferrous Metals				
		科技活动项目数 Projects for S&T Activity	新产品开发项目数 Projects for New Product	专利申请 Patent Applications	发明专利数 Inventive Patent	拥有发明专利数 Owning Inventive Patent
全 国	**Total**	**5730**	**1754**	**652**	**202**	**988**
东部地区	Eastern Region	2753	1135	501	152	790
中部地区	Mid Region	1952	445	105	39	173
西部地区	Western Region	1025	174	46	11	25
北 京	Beijing	156	92	32	16	20
天 津	Tianjin	134	40	17	13	16
河 北	Hebei	275	87	67	17	51
山 西	Shanxi	244	133	9	4	4
内蒙古	Neimenggu	275	52	5	3	7
辽 宁	Liaoning	826	520	40	20	41
吉 林	Jilin	57	38	1	1	1
黑龙江	Heilongjiang	47	4			
上 海	Shanghai	135	99	202	56	598
江 苏	Jiangsu	251	122	49	17	37
浙 江	Zhejiang	52	28	8		
安 徽	Anhui	143	44	12	1	4
福 建	Fujian	95	9			
江 西	Jiangxi	115	14	2		1
山 东	Shandong	577	81	69	9	20
河 南	Henan	278	21	15	8	15
湖 北	Hubei	600	107	40	17	127
湖 南	Hunan	193	32	21	5	14
广 东	Guangdong	230	52	11	2	2
广 西	Guangxi	22	5	6	2	5
海 南	Hainan					
重 庆	Chongqing	50	19			2
四 川	Sichuan	695	111	38	10	19
贵 州	Guizhou	15	3			
云 南	Yunnan	62		5	1	
西 藏	Tibet					
陕 西	Shaanxi	31	15			4
甘 肃	Gansu	132	12	3		
青 海	Qinghai	15	4			
宁 夏	Ningxia	2	1			
新 疆	Xinjiang	23	9			

3-62 续表21

单位：项 (item)

地区 Region		有色金属冶炼及压延加工业 Smelting and Pressing of Nonferrous				
		科技活动项目数 Projects for S&T Activity	新产品开发项目数 Projects for New Product	专利申请 Patent Applications	发明专利数 Inventive Patent	拥有发明专利数 Owning Inventive Patent
全 国	**Total**	**2177**	**748**	**416**	**130**	**258**
东部地区	Eastern Region	790	328	242	47	128
中部地区	Mid Region	849	245	103	46	74
西部地区	Western Region	538	175	71	37	56
北 京	Beijing	12	9	2	1	1
天 津	Tianjin	3	1			
河 北	Hebei	63	42	1	1	3
山 西	Shanxi	57	12	12	5	5
内蒙古	Neimenggu	26		3		7
辽 宁	Liaoning	126	33	4	1	1
吉 林	Jilin	27	4	1	1	
黑龙江	Heilongjiang	22	18	1		1
上 海	Shanghai	46	40	13	2	20
江 苏	Jiangsu	72	47	21	12	8
浙 江	Zhejiang	30	17	5	4	
安 徽	Anhui	114	36	2	1	3
福 建	Fujian	113	49	121		1
江 西	Jiangxi	147	33	1	1	9
山 东	Shandong	140	39	22	14	77
河 南	Henan	233	70	34	14	18
湖 北	Hubei	30	8	4	1	2
湖 南	Hunan	193	64	45	23	29
广 东	Guangdong	119	32	38	11	4
广 西	Guangxi	66	19	15	1	13
海 南	Hainan					
重 庆	Chongqing	32	22	3	3	1
四 川	Sichuan	147	65	3	2	10
贵 州	Guizhou	28	2	32	16	10
云 南	Yunnan	80	21	3		4
西 藏	Tibet					
陕 西	Shaanxi	57	22			7
甘 肃	Gansu	134	26	8	4	12
青 海	Qinghai	10	5	6	4	1
宁 夏	Ningxia	44	12	15	7	7
新 疆	Xinjiang	6		1	1	4

单位：项 (item)

地 区 Region		金属制品业 Metal Products				
		科技活动项目数 Projects for S&T Activity	新产品开发项目数 Projects for New Product	专利申请 Patent Applications	发明专利数 Inventive Patent	拥有发明专利数 Owning Inventive Patent
全 国	**Total**	**1549**	**989**	**399**	**80**	**232**
东部地区	Eastern Region	1250	850	331	57	192
中部地区	Mid Region	141	72	29	13	29
西部地区	Western Region	158	67	39	10	11
北 京	Beijing	33	25	1		1
天 津	Tianjin	32	27			
河 北	Hebei	32	22	9	1	1
山 西	Shanxi	19	13			
内蒙古	Neimenggu					
辽 宁	Liaoning	52	28	12	8	
吉 林	Jilin	4	4	3		1
黑龙江	Heilongjiang	54	16	1		
上 海	Shanghai	98	77	83	4	23
江 苏	Jiangsu	195	66	59	17	60
浙 江	Zhejiang	48	33	14	2	22
安 徽	Anhui	3	3	3	3	13
福 建	Fujian	27	15	9	1	2
江 西	Jiangxi	24	23	6		
山 东	Shandong	159	90	49	16	52
河 南	Henan	22	5	15	9	15
湖 北	Hubei	10	4	1	1	
湖 南	Hunan	5	4			
广 东	Guangdong	562	456	95	8	27
广 西	Guangxi	12	11			4
海 南	Hainan					
重 庆	Chongqing	16	13	13		
四 川	Sichuan	78	32	9	9	9
贵 州	Guizhou	17	5			
云 南	Yunnan	4	4	12		1
西 藏	Tibet					
陕 西	Shaanxi	31	10			
甘 肃	Gansu	10	2			
青 海	Qinghai					
宁 夏	Ningxia	2	1	5	1	1
新 疆	Xinjiang					

3-62 续表23

单位：项 (item)

地区 Region		普通机械制造业 Ordinary Machinery				
		科技活动项目数 Projects for S&T Activity	新产品开发项目数 Projects for New Product	专利申请 Patent Applications	发明专利数 Inventive Patent	拥有发明专利数 Owning Inventive Patent
全 国	**Total**	**11855**	**8107**	**859**	**175**	**603**
东部地区	Eastern Region	8178	5724	746	144	461
中部地区	Mid Region	2362	1539	63	14	86
西部地区	Western Region	1315	844	50	17	56
北 京	Beijing	79	36	3		3
天 津	Tianjin	287	156	32	1	
河 北	Hebei	352	246	29	9	52
山 西	Shanxi	219	201	3	1	4
内蒙古	Neimenggu	6	5			
辽 宁	Liaoning	1312	985	47	4	26
吉 林	Jilin	62	57	1	1	
黑龙江	Heilongjiang	423	243	1		6
上 海	Shanghai	453	383	106	33	135
江 苏	Jiangsu	2025	1150	272	31	126
浙 江	Zhejiang	470	229	92	23	28
安 徽	Anhui	499	363	8	1	17
福 建	Fujian	130	111	18	2	2
江 西	Jiangxi	246	169	2		17
山 东	Shandong	1293	972	106	33	72
河 南	Henan	422	275	10	3	6
湖 北	Hubei	282	119	23	4	24
湖 南	Hunan	203	107	15	4	12
广 东	Guangdong	1425	1236	36	6	16
广 西	Guangxi	352	220	5	2	1
海 南	Hainan					
重 庆	Chongqing	190	167	12	2	11
四 川	Sichuan	380	170	20	11	33
贵 州	Guizhou	136	120	3	1	4
云 南	Yunnan	65	56			
西 藏	Tibet					
陕 西	Shaanxi	317	144	8	2	5
甘 肃	Gansu	107	95			
青 海	Qinghai	24	21			
宁 夏	Ningxia	93	68	7	1	3
新 疆	Xinjiang	3	3			

3-62 续表 24

单位：项 (item)

地 区 Region		专用设备制造业 Equipment for Special Purposes				
		科技活动项目数 Projects for S&T Activity	新产品开发项目数 Projects for New Product	专利申请 Patent Applications	发明专利数 Inventive Patent	拥有发明专利数 Owning Inventive Patent
全 国	**Total**	**5576**	**3517**	**922**	**124**	**580**
东部地区	Eastern Region	3477	2382	725	98	397
中部地区	Mid Region	1226	652	92	13	84
西部地区	Western Region	873	483	105	13	99
北 京	Beijing	94	47	10	4	8
天 津	Tianjin	114	81	7		1
河 北	Hebei	378	262	33	3	14
山 西	Shanxi	261	109	15	4	15
内蒙古	Neimenggu	2	1			
辽 宁	Liaoning	193	157	12	3	26
吉 林	Jilin	39	22	3	1	1
黑龙江	Heilongjiang	156	82	12	3	3
上 海	Shanghai	244	210	94	13	35
江 苏	Jiangsu	637	372	121	7	73
浙 江	Zhejiang	136	77	64	7	21
安 徽	Anhui	93	57	35	2	14
福 建	Fujian	119	75	14	2	7
江 西	Jiangxi	54	41			
山 东	Shandong	1239	882	242	38	177
河 南	Henan	386	225	14	2	36
湖 北	Hubei	123	75	4		4
湖 南	Hunan	112	40	9	1	11
广 东	Guangdong	235	149	44	5	32
广 西	Guangxi	87	69	84	16	3
海 南	Hainan	1	1			
重 庆	Chongqing	28	18	1		
四 川	Sichuan	278	149	24	4	8
贵 州	Guizhou	33	23	2	1	5
云 南	Yunnan	170	116	20	1	10
西 藏	Tibet					
陕 西	Shaanxi	236	120	26	2	36
甘 肃	Gansu	49	33	4	4	10
青 海	Qinghai	8				
宁 夏	Ningxia	61	14	19		7
新 疆	Xinjiang	10	10	9	1	23

3-62 续表25

单位：项 (item)

地区 Region		交通运输设备制造业 Transport Equipment				
		科技活动项目数 Projects for S&T Activity	新产品开发项目数 Projects for New Product	专利申请 Patent Applications	发明专利数 Inventive Patent	拥有发明专利数 Owning Inventive Patent
全 国	**Total**	**14685**	**8767**	**2085**	**187**	**869**
东部地区	Eastern Region	6367	4160	646	76	363
中部地区	Mid Region	5329	2660	616	70	396
西部地区	Western Region	2989	1947	823	41	110
北 京	Beijing	528	374	33	1	
天 津	Tianjin	295	256	5	2	10
河 北	Hebei	401	318	9	1	6
山 西	Shanxi	205	140	6		1
内蒙古	Neimenggu	35	21			
辽 宁	Liaoning	1528	622	62	14	42
吉 林	Jilin	465	192	70	13	7
黑龙江	Heilongjiang	412	362	49	5	59
上 海	Shanghai	614	338	108	15	25
江 苏	Jiangsu	1066	703	65	19	201
浙 江	Zhejiang	145	127	43	11	18
安 徽	Anhui	383	296	81	2	10
福 建	Fujian	103	81	55	1	6
江 西	Jiangxi	290	187	10	3	20
山 东	Shandong	970	848	195	12	40
河 南	Henan	362	269	54	3	10
湖 北	Hubei	2280	888	311	38	256
湖 南	Hunan	897	305	35	6	33
广 东	Guangdong	420	248	59		14
广 西	Guangxi	296	244	12		1
海 南	Hainan	1	1			
重 庆	Chongqing	989	726	749	19	61
四 川	Sichuan	745	515	25	10	16
贵 州	Guizhou	552	327	13	3	19
云 南	Yunnan	69	31	8	1	1
西 藏	Tibet					
陕 西	Shaanxi	526	267	22	8	13
甘 肃	Gansu	93	66			
青 海	Qinghai	6	6			
宁 夏	Ningxia					
新 疆	Xinjiang	9	9	6		

3-62 续表 26

单位：项 (item)

地 区 Region		电气机械及器材制造业 Electric Equipment and Machinery				
		科技活动项目数 Projects for S&T Activity	新产品开发项目数 Projects for New Product	专利申请 Patent Applications	发明专利数 Inventive Patent	拥有发明专利数 Owning Inventive Patent
全 国	**Total**	**10999**	**7831**	**4387**	**1336**	**971**
东部地区	Eastern Region	6469	4327	3981	1279	858
中部地区	Mid Region	1672	1025	267	34	86
西部地区	Western Region	2858	2479	139	23	27
北 京	Beijing	163	133	21	1	30
天 津	Tianjin	351	304	1039	1026	305
河 北	Hebei	381	276	16	1	
山 西	Shanxi	109	98	29	1	22
内蒙古	Neimenggu	3	3			
辽 宁	Liaoning	374	280	14	3	9
吉 林	Jilin	20	19			
黑龙江	Heilongjiang	202	89	2		
上 海	Shanghai	178	159	167	4	64
江 苏	Jiangsu	979	584	296	40	101
浙 江	Zhejiang	263	185	75	8	34
安 徽	Anhui	330	254	34	9	17
福 建	Fujian	162	141	120	12	42
江 西	Jiangxi	250	164	25	7	1
山 东	Shandong	1593	871	866	99	64
河 南	Henan	425	236	51		7
湖 北	Hubei	134	44	25	6	25
湖 南	Hunan	199	118	101	11	14
广 东	Guangdong	1898	1302	1359	84	207
广 西	Guangxi	124	89	7		2
海 南	Hainan	3	3	1	1	
重 庆	Chongqing	72	53	1		1
四 川	Sichuan	2173	2090	77	9	13
贵 州	Guizhou	13	13			
云 南	Yunnan	32	23			2
西 藏	Tibet					
陕 西	Shaanxi	454	205			5
甘 肃	Gansu	52	46	4	3	6
青 海	Qinghai					
宁 夏	Ningxia	30	22			
新 疆	Xinjiang	32	27	57	11	

3-62 续表 27

单位：项 (item)

地区 Region		电子及通信设备制造业 Electronic and Telecommunications Equipment				
		科技活动项目数 Projects for S&T Activity	新产品开发项目数 Projects for New Product	专利申请 Patent Applications	发明专利数 Inventive Patent	拥有发明专利数 Owning Inventive Patent
全 国	**Total**	**8948**	**6166**	**3888**	**1759**	**1105**
东部地区	Eastern Region	6361	4516	3564	1710	1005
中部地区	Mid Region	939	468	146	14	45
西部地区	Western Region	1648	1182	178	35	55
北 京	Beijing	390	287	755	284	8
天 津	Tianjin	216	158	12	3	4
河 北	Hebei	39	37	2		
山 西	Shanxi	59	52	2		2
内蒙古	Neimenggu					
辽 宁	Liaoning	190	136	6		2
吉 林	Jilin	66	53	6	1	4
黑龙江	Heilongjiang	33	25	3		3
上 海	Shanghai	359	287	221	139	29
江 苏	Jiangsu	978	706	98	19	75
浙 江	Zhejiang	170	113	44	6	8
安 徽	Anhui	98	78	17	4	15
福 建	Fujian	326	273	78	3	44
江 西	Jiangxi	163	139	16		
山 东	Shandong	445	396	192	8	8
河 南	Henan	60	37	11	1	9
湖 北	Hubei	382	35	3	2	9
湖 南	Hunan	78	49	88	6	3
广 东	Guangdong	3008	2027	2152	1247	827
广 西	Guangxi	240	96	4	1	
海 南	Hainan					
重 庆	Chongqing	53	33	3		
四 川	Sichuan	575	380	39	3	9
贵 州	Guizhou	262	217	7		
云 南	Yunnan	16	8	5	5	9
西 藏	Tibet					
陕 西	Shaanxi	519	380	124	27	37
甘 肃	Gansu	168	161			
青 海	Qinghai					
宁 夏	Ningxia	55	3			
新 疆	Xinjiang					

3-62 续表 28

单位：项 (item)

地区 Region		仪器仪表及文化、办公用机械制造业 Instruments, Meters, Cultural and Office Machinery				
		科技活动项目数 Projects for S&T Activity	新产品开发项目数 Projects for New Product	专利申请 Patent Applications	发明专利数 Inventive Patent	拥有发明专利数 Owning Inventive Patent
全 国	**Total**	**2759**	**2083**	**607**	**123**	**111**
东部地区	Eastern Region	1385	1069	486	92	68
中部地区	Mid Region	643	471	59	23	11
西部地区	Western Region	731	543	62	8	32
北 京	Beijing	145	119	5	2	
天 津	Tianjin	70	66	6		3
河 北	Hebei	29	24			
山 西	Shanxi	11	11			
内蒙古	Neimenggu					
辽 宁	Liaoning	21	21	2	1	
吉 林	Jilin	49	46	12		
黑龙江	Heilongjiang	48	27	8		
上 海	Shanghai	197	177	111	19	10
江 苏	Jiangsu	257	144	18	1	1
浙 江	Zhejiang	107	72	205	53	24
安 徽	Anhui	266	247	16	4	4
福 建	Fujian	34	12	38	3	14
江 西	Jiangxi	74	38	4		
山 东	Shandong	213	156	38	5	14
河 南	Henan	103	32			
湖 北	Hubei	54	48	19	19	7
湖 南	Hunan	38	22			
广 东	Guangdong	278	255	60	7	1
广 西	Guangxi	34	23	3	1	1
海 南	Hainan					
重 庆	Chongqing	192	153	6		1
四 川	Sichuan	196	155	8	1	3
贵 州	Guizhou	23	20			
云 南	Yunnan	21	19	4	1	1
西 藏	Tibet					
陕 西	Shaanxi	196	147	12	1	13
甘 肃	Gansu	25	23			
青 海	Qinghai	1		4		
宁 夏	Ningxia	77	26	28	5	14
新 疆	Xinjiang					

3-63 各地区大中型制造业企业新产品情况（2002）
New Products in Large and Medium-sized Enterprises of Manufacturing Industry by Region

单位：万元 (10,000 yuan)

地区 Region		制造业合计 Total of Manufacturing Industry				
		工业总产值 Gross Value of Industrial Output	新产品 New Product	产品销售收入 Revenue from the Sale of Products	新产品 New Product	出口 Export
全　国	**Total**	**561212543**	**112123262**	**550236510**	**108070421**	**17710075**
东部地区	Eastern Region	404620749	90244941	399374472	87058240	16073979
中部地区	Mid Region	100160532	13449948	96366358	13031675	674786
西部地区	Western Region	56431262	8428374	54495680	7980506	961310
北　京	Beijing	20225394	6397955	19898401	6397192	972142
天　津	Tianjin	19453178	7271609	19848952	7031736	1142572
河　北	Hebei	16849474	1533009	16783677	1523414	100962
山　西	Shanxi	5265709	566677	5003775	559669	20964
内蒙古	Neimenggu	4740664	396594	4512689	341459	9704
辽　宁	Liaoning	29664772	5058752	29713049	4758326	1232243
吉　林	Jilin	15291460	2164984	14978191	1986752	10388
黑龙江	Heilongjiang	9926486	1039245	9331065	1014658	42405
上　海	Shanghai	52467675	19796139	53341622	19523287	2720130
江　苏	Jiangsu	68482845	14817153	67424127	14422856	3272875
浙　江	Zhejiang	29869539	5913661	29596909	5269806	1100922
安　徽	Anhui	11531515	1961937	11107726	2194558	141813
福　建	Fujian	19925739	3329660	19121995	3387191	1036609
江　西	Jiangxi	6563670	928120	6427816	871261	84941
山　东	Shandong	61152437	11907783	59417297	11582329	1234011
河　南	Henan	15471632	2098206	14575850	1896809	135510
湖　北	Hubei	20724021	2659728	20160380	2505774	63274
湖　南	Hunan	10645377	1634456	10268866	1660736	165787
广　东	Guangdong	77489362	12738574	75346575	11677509	3227594
广　西	Guangxi	7478780	1174526	7471681	1178852	33438
海　南	Hainan	1561556	306119	1410187	305742	481
重　庆	Chongqing	8250769	2868567	7962212	2743392	129378
四　川	Sichuan	16453472	3446614	15838506	3161700	704542
贵　州	Guizhou	3476716	269896	3343588	358206	34341
云　南	Yunnan	9560533	315822	9507135	321671	8435
西　藏	Tibet					
陕　西	Shaanxi	7789504	1044633	7089756	984542	57448
甘　肃	Gansu	4693831	213359	4543510	179523	9113
青　海	Qinghai	753295	47755	782841	48966	3303
宁　夏	Ningxia	1688627	92536	1592598	78673	14725
新　疆	Xinjiang	3764515	129192	3835534	103833	27

3-63 续表 1

单位：万元 (10,000 yuan)

地区 Region		食品加工业 Food Processing				
		工业总产值 Gross Value of Industrial Output	新产品 New Product	产品销售收入 Revenue from the Sale of Products	新产品 New Product	出口 Export
全　国	**Total**	**19098716**	**586022**	**18941810**	**555275**	**34113**
东部地区	Eastern Region	14029977	465561	13931343	456512	24152
中部地区	Mid Region	3620204	89033	3613152	85552	2400
西部地区	Western Region	1448536	31428	1397316	13211	7561
北　京	Beijing	130754	85	144707	76	
天　津	Tianjin	444556	73240	494615	73216	913
河　北	Hebei	83793		74078		
山　西	Shanxi	31180		23286		
内蒙古	Neimenggu	372926	28271	338484	27706	
辽　宁	Liaoning	747009		755906		
吉　林	Jilin	499733		491800		
黑龙江	Heilongjiang	473924	6930	451208	5905	
上　海	Shanghai	629654	2528	653317	2146	
江　苏	Jiangsu	1583507	34996	1550046	34662	6119
浙　江	Zhejiang	323785	35544	317698	32463	1370
安　徽	Anhui	247369	1277	232664	1102	
福　建	Fujian	634650	7069	619678	3200	887
江　西	Jiangxi	100753	3878	87223	3570	
山　东	Shandong	5585218	205620	5420325	197623	11269
河　南	Henan	1229771	31780	1370229	31040	2400
湖　北	Hubei	314854	2658	275946	3091	
湖　南	Hunan	349693	14239	342312	13138	
广　东	Guangdong	2146052	83814	2238989	89926	2769
广　西	Guangxi	1585256	22665	1511005	23201	825
海　南	Hainan	135743		150979		
重　庆	Chongqing	150388	3865	145550	3979	1081
四　川	Sichuan	626453	27299	605969	9232	6480
贵　州	Guizhou	12947		13713		
云　南	Yunnan	429681		419504		
西　藏	Tibet					
陕　西	Shaanxi	41733		41880		
甘　肃	Gansu	1611	264	1433		
青　海	Qinghai	12123		8404		
宁　夏	Ningxia	35825		27053		
新　疆	Xinjiang	137774		133810		

3−63 续表2

单位：万元 (10,000 yuan)

地区 Region		食品制造业 Food Production				
		工业总产值 Gross Value of Industrial Output	新产品 New Product	产品销售收入 Revenue from the Sale of Products	新产品 New Product	出口 Export
全　国	**Total**	**9892832**	**513104**	**9340678**	**535926**	**11707**
东部地区	Eastern Region	6837747	447932	6587057	464513	11216
中部地区	Mid Region	2585741	30154	2293659	27442	431
西部地区	Western Region	469344	35019	459962	43971	60
北　京	Beijing	339425	666	374536	24247	
天　津	Tianjin	345102	72788	377877	72820	
河　北	Hebei	708052	145670	699810	163531	
山　西	Shanxi	22977	355	16687	344	
内蒙古	Neimenggu	306017	1500	299761	3000	
辽　宁	Liaoning	222727	1629	198132	1592	
吉　林	Jilin	521982		475320		
黑龙江	Heilongjiang	606320	7038	562450	5600	
上　海	Shanghai	1148805	56434	1141679	45251	2044
江　苏	Jiangsu	542779	45448	536658	43315	2402
浙　江	Zhejiang	158673	2000	159429	1800	
安　徽	Anhui	208922	2265	251682	2298	
福　建	Fujian	319528	8495	295757	7448	972
江　西	Jiangxi	23489	3782	20878	2649	
山　东	Shandong	1283028	40257	1192223	31894	4736
河　南	Henan	680947	11658	436316	10286	
湖　北	Hubei	165316	3556	186981	3266	431
湖　南	Hunan	49773		43584		
广　东	Guangdong	1596686	62459	1450466	60658	1061
广　西	Guangxi	59606	11628	54883	11525	
海　南	Hainan	113336	457	105609	433	
重　庆	Chongqing	106418	9091	108608	8948	
四　川	Sichuan	201750	25595	199014	34700	60
贵　州	Guizhou	5938	28	5432	18	
云　南	Yunnan	27247		22403		
西　藏	Tibet					
陕　西	Shaanxi	47645		40402		
甘　肃	Gansu	10370	6	8360	6	
青　海	Qinghai					
宁　夏	Ningxia	29714		26375		
新　疆	Xinjiang	40262	299	49368	299	

3-63 续表3

单位：万元 (10,000 yuan)

地区 Region		饮料制造业 Beverage Production				
		工业总产值 Gross Value of Industrial Output	新产品 New Product	产品销售收入 Revenue from the Sale of Products	新产品 New Product	出口 Export
全 国	**Total**	**13935373**	**988151**	**13481238**	**945554**	**10577**
东部地区	Eastern Region	8624647	656449	8273185	619833	10258
中部地区	Mid Region	2504256	150093	2375189	132283	62
西部地区	Western Region	2806471	181610	2832865	193438	257
北 京	Beijing	547954	1453	551112	6681	81
天 津	Tianjin	388967	60361	378809	31533	562
河 北	Hebei	330566	3853	293732	3664	
山 西	Shanxi	97706	11351	118295	17000	
内蒙古	Neimenggu	167751	11871	157761	10155	
辽 宁	Liaoning	342532	21065	321774	21028	
吉 林	Jilin	193728	1394	178582	1312	
黑龙江	Heilongjiang	409061	2354	376147	1931	
上 海	Shanghai	650013	27090	655231	23558	20
江 苏	Jiangsu	1204629	59711	1138741	59259	2427
浙 江	Zhejiang	1241586	249117	1226974	244470	722
安 徽	Anhui	582103	43174	564811	54352	48
福 建	Fujian	435330	33240	409285	34019	
江 西	Jiangxi	98624	373	99404	364	
山 东	Shandong	1603030	107172	1547513	111218	5664
河 南	Henan	351231	41099	263641	14421	14
湖 北	Hubei	487288	24000	490069	13795	
湖 南	Hunan	116765	14478	126478	18952	
广 东	Guangdong	1595916	83016	1515196	75073	464
广 西	Guangxi	152199	9874	135542	8983	319
海 南	Hainan	131925	498	99276	350	
重 庆	Chongqing	155923	7910	156310	7428	
四 川	Sichuan	1870421	147036	1891443	103442	11
贵 州	Guizhou	261795	1551	267202	55178	246
云 南	Yunnan	85940	264	86319	209	
西 藏	Tibet					
陕 西	Shaanxi	179991	8413	199774	9211	
甘 肃	Gansu	111034	6715	80938	5863	
青 海	Qinghai	12892	3493	24879	7151	
宁 夏	Ningxia	19480	6220	18566	4942	
新 疆	Xinjiang	108994	9	107435	15	

3-63 续表4

单位：万元 (10,000 yuan)

地区 Region		烟草加工业 Tobacco Processing 工业总产值 Gross Value of Industrial Output	新产品 New Product	产品销售收入 Revenue from the Sale of Products	新产品 New Product	出口 Export
全 国	**Total**	**19095073**	**1505560**	**18968926**	**1421899**	**6490**
东部地区	Eastern Region	7108758	760277	7095472	679766	4781
中部地区	Mid Region	5150058	387582	5087491	376624	1299
西部地区	Western Region	6836257	357701	6785963	365510	410
北 京	Beijing	129408	15591	128757	13654	3674
天 津	Tianjin	80081		77666		
河 北	Hebei	395002	60556	403588	56092	
山 西	Shanxi	91007		81783		
内蒙古	Neimenggu	75049		73216		
辽 宁	Liaoning	183052		185220		
吉 林	Jilin	247551	31393	209296	30169	123
黑龙江	Heilongjiang	167506	22224	170572	21859	
上 海	Shanghai	1445626	342850	1430188	293613	
江 苏	Jiangsu	1010316	97943	1013007	97177	
浙 江	Zhejiang	1071083	64874	1068737	50315	
安 徽	Anhui	805515	94163	817965	86706	156
福 建	Fujian	670307	22333	654163	21113	51
江 西	Jiangxi	329086	25420	324498	25465	
山 东	Shandong	826156	75134	828162	70500	1010
河 南	Henan	947832	32700	949349	38306	49
湖 北	Hubei	854641	71229	823921	62965	800
湖 南	Hunan	1631871	110453	1636891	111153	172
广 东	Guangdong	999256	67584	997648	66958	46
广 西	Guangxi	258512	13413	267343	10343	
海 南	Hainan	39960		40993		
重 庆	Chongqing	312461	128109	316285	130112	
四 川	Sichuan	657897	119046	681195	129032	344
贵 州	Guizhou	590550	35002	582059	39655	
云 南	Yunnan	4623076	10450	4506305	9781	66
西 藏	Tibet					
陕 西	Shaanxi	400458	51634	430906	45986	
甘 肃	Gansu	209954	13461	228007	10944	
青 海	Qinghai					
宁 夏	Ningxia					
新 疆	Xinjiang	41861		41206		

3-63 续表5

单位：万元 (10,000 yuan)

地区 Region		纺织业 Textile Industry				
		工业总产值 Gross Value of Industrial Output		产品销售收入 Revenue from the Sale of Products		
			新产品 New Product		新产品 New Product	出口 Export
全国	**Total**	**27671865**	**3235278**	**26734821**	**3088251**	**1100335**
东部地区	Eastern Region	22295281	2748194	22014364	2669551	986591
中部地区	Mid Region	3656431	330084	3398340	308413	72196
西部地区	Western Region	1720154	157001	1322117	110287	41548
北京	Beijing	131366	16910	161943	13824	2991
天津	Tianjin	253563	64666	262403	60719	7061
河北	Hebei	835811	63649	806946	61198	4760
山西	Shanxi	145490	7837	117129	6653	2512
内蒙古	Neimenggu	419303	7455	375079	4610	
辽宁	Liaoning	409013	11882	384309	10569	6204
吉林	Jilin	151995	7509	133494	10057	2380
黑龙江	Heilongjiang	134513	969	136424	925	640
上海	Shanghai	875559	77346	1122242	89808	12505
江苏	Jiangsu	7304365	994635	7218671	1000986	282549
浙江	Zhejiang	4025242	761375	3969668	696199	301007
安徽	Anhui	690301	75319	647756	77133	15986
福建	Fujian	701253	36488	596658	36219	16584
江西	Jiangxi	178294	39837	129898	33437	5131
山东	Shandong	4947334	475576	4933902	462623	190412
河南	Henan	870087	120779	853032	117700	28319
湖北	Hubei	936244	52567	884339	40354	9879
湖南	Hunan	130205	17811	121191	17545	7350
广东	Guangdong	2617599	187443	2373088	182496	161035
广西	Guangxi	152237	38110	144779	36405	1000
海南	Hainan	41940	20114	39756	18505	483
重庆	Chongqing	150838	27631	136471	23135	8399
四川	Sichuan	401773	68558	355863	48584	21387
贵州	Guizhou	7090		2585		
云南	Yunnan	45881		45083		
西藏	Tibet					
陕西	Shaanxi	653691	27852	360353	18874	11343
甘肃	Gansu	52814	25195	43014	14425	393
青海	Qinghai	12765		11417		
宁夏	Ningxia	68412		58244		
新疆	Xinjiang	326889	7764	309087	5269	27

3–63 续表6

单位：万元 (10,000 yuan)

地区 Region		服装及其他纤维制品制造业 Garments and other Fiber Products				
		工业总产值 Gross Value of Industrial Output	新产品 New Product	产品销售收入 Revenue from the Sale of Products	新产品 New Product	出口 Export
全 国	**Total**	**7003326**	**796162**	**6704499**	**784043**	**143030**
东部地区	Eastern Region	6329782	757058	6045835	774233	143030
中部地区	Mid Region	586597	36236	549690	3540	
西部地区	Western Region	86947	2868	108975	6270	
北 京	Beijing	103679		81249		
天 津	Tianjin	66172	1772	73921	1952	1938
河 北	Hebei	182962	777	157752	2545	431
山 西	Shanxi	12612		12385		
内蒙古	Neimenggu	47420		41492		
辽 宁	Liaoning	244371	2114	191684	2089	209
吉 林	Jilin	21941		14898		
黑龙江	Heilongjiang	2300		2363		
上 海	Shanghai	239601	23595	244649	29401	10814
江 苏	Jiangsu	1981340	519225	2020976	524210	68832
浙 江	Zhejiang	1382099	71027	1317527	87685	2893
安 徽	Anhui	36993		34593		
福 建	Fujian	590070	60019	562776	58736	6261
江 西	Jiangxi	6773		1062		
山 东	Shandong	573314	42118	520260	35279	20864
河 南	Henan	3824		2524		
湖 北	Hubei	440139	36236	428813	3540	
湖 南	Hunan	14596		11560		
广 东	Guangdong	928251	36412	841540	32336	30788
广 西	Guangxi					
海 南	Hainan	37924		33501		
重 庆	Chongqing	3352		3379		
四 川	Sichuan	52363	272	57787	270	
贵 州	Guizhou	12930		10995		
云 南	Yunnan	4865		5223		
西 藏	Tibet					
陕 西	Shaanxi	862		426		
甘 肃	Gansu					
青 海	Qinghai	9588	2596	28760	6000	
宁 夏	Ningxia	2987		2404		
新 疆	Xinjiang					

3-63 续表 7

单位：万元 (10,000 yuan)

地 区 Region		皮革、毛皮、羽绒及其制品业 Leather, Furs, Down and Related Products				
		工业总产值 Gross Value of Industrial Output	新产品 New Product	产品销售收入 Revenue from the Sale of Products	新产品 New Product	出口 Export
全 国	**Total**	**4305092**	**431323**	**3836896**	**402893**	**209268**
东部地区	Eastern Region	3923933	426033	3550259	397659	206717
中部地区	Mid Region	276232	4925	191105	4863	2551
西部地区	Western Region	104926	365	95533	372	
北 京	Beijing	945		1964		
天 津	Tianjin	14145	2582	15340	2603	2603
河 北	Hebei	53259	1918	47564	1545	
山 西	Shanxi					
内蒙古	Neimenggu	4413		6042		
辽 宁	Liaoning	80298		78257		
吉 林	Jilin	9107		7885		
黑龙江	Heilongjiang	3625		2556		
上 海	Shanghai	282036		264302		
江 苏	Jiangsu	472524	70884	456847	64008	5575
浙 江	Zhejiang	630979	194423	633058	190795	104409
安 徽	Anhui	33436		32903	44	
福 建	Fujian	783249	107152	579207	106889	82367
江 西	Jiangxi	1552		1545		
山 东	Shandong	660807	37320	577982	26973	7898
河 南	Henan	197086	698	119645	689	
湖 北	Hubei	24619	1832	18134	1735	156
湖 南	Hunan	2395	2395	2395	2395	2395
广 东	Guangdong	941345	11754	891424	4846	3865
广 西	Guangxi	4347		4314		
海 南	Hainan					
重 庆	Chongqing	14944		15053		
四 川	Sichuan	35274		29822		
贵 州	Guizhou					
云 南	Yunnan	13282		13692		
西 藏	Tibet					
陕 西	Shaanxi	16546	365	16293	372	
甘 肃	Gansu	15578		7783		
青 海	Qinghai	753		818		
宁 夏	Ningxia	7568		11024		
新 疆	Xinjiang	981		1049		

单位：万元 (10,000 yuan)

地区 Region		木材加工及竹、藤、棕、草制品业 Timber, Bamboo, Cane, Palm Fiber and Straw Products				
		工业总产值 Gross Value of Industrial Output	新产品 New Product	产品销售收入 Revenue from the Sale of Products	新产品 New Product	出口 Export
全 国	**Total**	**2371403**	**73217**	**2270851**	**66780**	**31081**
东部地区	Eastern Region	1921554	72978	1833283	66555	31081
中部地区	Mid Region	302703		281575		
西部地区	Western Region	147146	239	155994	226	
北 京	Beijing	18555		23029		
天 津	Tianjin	18186	4885	18124	5118	
河 北	Hebei	16365		9811		
山 西	Shanxi					
内蒙古	Neimenggu					
辽 宁	Liaoning	84707		80975		
吉 林	Jilin	58692		61900		
黑龙江	Heilongjiang	52714		45238		
上 海	Shanghai	407176		438204		
江 苏	Jiangsu	131013	2977	124067	3348	2917
浙 江	Zhejiang	98056	8735	97573	8512	200
安 徽	Anhui	22984		22263		
福 建	Fujian	115205	2240	99660	2106	728
江 西	Jiangxi	36787		35016		
山 东	Shandong	147514	637	125711	548	108
河 南	Henan	10587		9299		
湖 北	Hubei	100348		90409		
湖 南	Hunan	20592		17450		
广 东	Guangdong	782233	50295	721166	44308	27128
广 西	Guangxi	78530	3209	75169	2615	
海 南	Hainan	24014		19794		
重 庆	Chongqing					
四 川	Sichuan	76831	239	80295	226	
贵 州	Guizhou	302		391		
云 南	Yunnan	60360		63124		
西 藏	Tibet					
陕 西	Shaanxi	9469		12083		
甘 肃	Gansu	184		100		
青 海	Qinghai					
宁 夏	Ningxia					
新 疆	Xinjiang					

3-63 续表9

单位：万元 (10,000 yuan)

地 区 Region		家具制造业 Furniture Manufacturing				
		工业总产值 Gross Value of Industrial Output	新产品 New Product	产品销售收入 Revenue from the Sale of Products	新产品 New Product	出口 Export
全 国	**Total**	**794840**	**99831**	**791939**	**89541**	**16477**
东部地区	Eastern Region	700578	93981	703726	83741	16120
中部地区	Mid Region	75472	5850	72833	5800	357
西部地区	Western Region	18789		15381		
北 京	Beijing	34062	2528	52707	5344	882
天 津	Tianjin	107566	32700	91122	32598	10404
河 北	Hebei	18408	9655	20332	9777	
山 西	Shanxi					
内蒙古	Neimenggu					
辽 宁	Liaoning	87609		82933		
吉 林	Jilin	5249		3419		
黑龙江	Heilongjiang	60366	5600	59841	5600	357
上 海	Shanghai	92463	22323	91864	21479	1118
江 苏	Jiangsu	21081		20466		
浙 江	Zhejiang	45572	19884	44546	7892	
安 徽	Anhui	4084		4112		
福 建	Fujian	124126		129349		
江 西	Jiangxi					
山 东	Shandong	48614	2140	44998	1832	608
河 南	Henan	747	250	435	200	
湖 北	Hubei	2401		1622		
湖 南	Hunan	2625		3405		
广 东	Guangdong	116622	4752	120953	4819	3109
广 西	Guangxi					
海 南	Hainan	4456		4456		
重 庆	Chongqing					
四 川	Sichuan	15586		11534		
贵 州	Guizhou					
云 南	Yunnan	847		1015		
西 藏	Tibet					
陕 西	Shaanxi	2356		2831		
甘 肃	Gansu					
青 海	Qinghai					
宁 夏	Ningxia					
新 疆	Xinjiang					

3-63 续表10

单位：万元 (10,000 yuan)

地 区 Region		造纸及纸制品业 Papermaking and Paper Products 工业总产值 Gross Value of Industrial Output	新产品 New Product	产品销售收入 Revenue from the Sale of Products	新产品 New Product	出口 Export
全 国	**Total**	**9998911**	**1327443**	**9936306**	**1274529**	**129178**
东部地区	Eastern Region	8088704	1196353	8115647	1129871	129052
中部地区	Mid Region	1248552	111582	1212250	96932	12
西部地区	Western Region	661655	19509	608409	47726	114
北 京	Beijing	121272		120504		
天 津	Tianjin	59500	5706	60273	5706	
河 北	Hebei	387220	15824	361007	15178	
山 西	Shanxi	10090		8745		
内蒙古	Neimenggu	54883		54262		
辽 宁	Liaoning	146874	2788	140064	2788	
吉 林	Jilin	93652	25000	80564	19000	
黑龙江	Heilongjiang	319199	16275	330081	11910	
上 海	Shanghai	348944	58816	352065	63180	3536
江 苏	Jiangsu	1631250	501231	1565170	469423	95320
浙 江	Zhejiang	824224	126479	830758	158340	6334
安 徽	Anhui	113425	16378	104602	13874	
福 建	Fujian	522502	40610	524474	40367	169
江 西	Jiangxi	49895	122	42166	112	
山 东	Shandong	2485686	334310	2691734	292323	8924
河 南	Henan	152941	1003	125827	994	12
湖 北	Hubei	193532	49764	187066	48226	
湖 南	Hunan	260935	3039	278937	2817	
广 东	Guangdong	1348228	87303	1270266	60952	13686
广 西	Guangxi	209759	23198	196434	21528	1084
海 南	Hainan	3247	88	2899	88	
重 庆	Chongqing	23272	8992	26565	8608	
四 川	Sichuan	257899	5769	226739	5352	
贵 州	Guizhou	10494		9901		
云 南	Yunnan	158334		152156	33067	
西 藏	Tibet					
陕 西	Shaanxi	48451	155	36900	150	114
甘 肃	Gansu	9012		8384		
青 海	Qinghai					
宁 夏	Ningxia	102646	580	97095	550	
新 疆	Xinjiang	51547	4013	50670		

3-63 续表11

单位：万元 (10,000 yuan)

地区 Region		印刷业、记录媒介的复制 Printing and Record Medium Reproduction				
		工业总产值 Gross Value of Industrial Output	新产品 New Product	产品销售收入 Revenue from the Sale of Products	新产品 New Product	出口 Export
全 国	**Total**	**3324263**	**170523**	**3135604**	**170878**	**3895**
东部地区	Eastern Region	2100452	120027	1974442	122375	3895
中部地区	Mid Region	556722	37712	530166	36293	
西部地区	Western Region	667089	12785	630996	12210	
北 京	Beijing	284361	11292	279602	11292	
天 津	Tianjin	194368	24756	183264	23558	
河 北	Hebei	113891		116705		
山 西	Shanxi	21396		22955		
内蒙古	Neimenggu	3223		3099		
辽 宁	Liaoning	88166	25136	95575	29118	104
吉 林	Jilin	17227		16735		
黑龙江	Heilongjiang	10322		9456		
上 海	Shanghai	393999	27724	390384	28612	
江 苏	Jiangsu	188530	7595	177844	6571	1970
浙 江	Zhejiang	76900	358	75471	368	
安 徽	Anhui	132239	35098	130032	33814	
福 建	Fujian	96762	453	70086	453	2
江 西	Jiangxi	76653		71584		
山 东	Shandong	116110	218	108017	279	
河 南	Henan	64792	2607	58907	2473	
湖 北	Hubei	65524	6	62692	6	
湖 南	Hunan	165347		154705		
广 东	Guangdong	504267	22425	437284	22058	1819
广 西	Guangxi	26457	70	25078	68	
海 南	Hainan	16641		15131		
重 庆	Chongqing	31115	7564	29404	7549	
四 川	Sichuan	200092	1544	186844	1418	
贵 州	Guizhou	4820		4001		
云 南	Yunnan	276927	3221	279074	3243	
西 藏	Tibet					
陕 西	Shaanxi	124242	455	113449		
甘 肃	Gansu	23956		12150		
青 海	Qinghai	558		766		
宁 夏	Ningxia					
新 疆	Xinjiang	5379		5310		

3-63 续表12

单位：万元 (10,000 yuan)

地区 Region		文化体育用品制造业 Cultural, Educational and Sports Goods				
		工业总产值 Gross Value of Industrial Output	新产品 New Product	产品销售收入 Revenue from the Sale of Products	新产品 New Product	出口 Export
全 国	**Total**	**1910772**	**154882**	**1850030**	**152448**	**79314**
东部地区	Eastern Region	1870471	144409	1811497	142087	72277
中部地区	Mid Region	40301	10473	38533	10361	7037
西部地区	Western Region					
北 京	Beijing	45548	6411	50325	10085	2078
天 津	Tianjin	121856	1224	108783	1347	367
河 北	Hebei					
山 西	Shanxi	9989	3736	9215	3624	300
内蒙古	Neimenggu					
辽 宁	Liaoning	34567		32641		
吉 林	Jilin					
黑龙江	Heilongjiang	8127		7370		
上 海	Shanghai	382585	28527	381206	29904	6639
江 苏	Jiangsu	233401	61194	217272	55366	38313
浙 江	Zhejiang	187511	3959	180173	2762	803
安 徽	Anhui	19082	6737	20001	6737	6737
福 建	Fujian	142360	8476	131761	8306	7816
江 西	Jiangxi					
山 东	Shandong	98464	886	92635	864	287
河 南	Henan					
湖 北	Hubei	3103		1948		
湖 南	Hunan					
广 东	Guangdong	624179	33733	616702	33454	15974
广 西	Guangxi					
海 南	Hainan					
重 庆	Chongqing					
四 川	Sichuan					
贵 州	Guizhou					
云 南	Yunnan					
西 藏	Tibet					
陕 西	Shaanxi					
甘 肃	Gansu					
青 海	Qinghai					
宁 夏	Ningxia					
新 疆	Xinjiang					

3-63 续表 13

单位：万元 (10,000 yuan)

地 区 Region		石油加工及炼焦业 Petroleum Processing and Coking Products				
		工业总产值 Gross Value of Industrial Output	新产品 New Product	产品销售收入 Revenue from the Sale of Products	新产品 New Product	出口 Export
全 国	**Total**	**40207645**	**1489421**	**40799389**	**1488977**	**56614**
东部地区	Eastern Region	27308198	1307031	28219456	1302553	50225
中部地区	Mid Region	8675111	181173	8276255	185369	6389
西部地区	Western Region	4224336	1217	4303678	1055	
北 京	Beijing	2549023	133738	2933097	133738	
天 津	Tianjin	1234496		1231919		
河 北	Hebei	1097993	24553	1134243	34961	
山 西	Shanxi	233496		240777	5227	2566
内蒙古	Neimenggu	216667		218698		
辽 宁	Liaoning	6758298	192810	6809677	184186	
吉 林	Jilin	452059		445241		
黑龙江	Heilongjiang	3100933	7913	2747341	8990	
上 海	Shanghai	3702769	648589	3704624	669363	31777
江 苏	Jiangsu	1861123	26517	1898575	26165	18136
浙 江	Zhejiang	2281084	139	2361095	139	
安 徽	Anhui	33038	170	33168	175	
福 建	Fujian	661343		664825		
江 西	Jiangxi	675572	14394	675154	15502	1260
山 东	Shandong	3147211	67746	3399575	34731	20
河 南	Henan	1174273	22700	1175563	19503	
湖 北	Hubei	1398646	378	1380636	354	
湖 南	Hunan	1390428	135618	1359677	135618	2563
广 东	Guangdong	3995672	212940	4061037	219271	292
广 西	Guangxi	19185		20789		
海 南	Hainan					
重 庆	Chongqing	20099	1217	20154	1055	
四 川	Sichuan	50028		43980		
贵 州	Guizhou					
云 南	Yunnan	11829		12509		
西 藏	Tibet					
陕 西	Shaanxi	702772		626802		
甘 肃	Gansu	1477259		1512214		
青 海	Qinghai					
宁 夏	Ningxia	170076		173359		
新 疆	Xinjiang	1792273		1914660		

3-63 续表 14

单位：万元 (10,000 yuan)

地区 Region		化学原料及化学制品制造业 Raw Chemical Materials and Chemical Products				
		工业总产值 Gross Value of Industrial Output	新产品 New Product	产品销售收入 Revenue from the Sale of Products	新产品 New Product	出口 Export
全 国	**Total**	**42155954**	**4930772**	**42630976**	**4948345**	**299585**
东部地区	Eastern Region	29467079	4093240	30451047	4090523	211925
中部地区	Mid Region	8288841	602161	7943491	611866	55691
西部地区	Western Region	4400034	235371	4236438	245956	31969
北 京	Beijing	446799	115263	384718	107395	699
天 津	Tianjin	1598486	274025	1601437	272688	5013
河 北	Hebei	1537167	117789	1412975	123945	9501
山 西	Shanxi	746641	57251	685571	69007	2603
内蒙古	Neimenggu	416511	21315	390681	18733	
辽 宁	Liaoning	2153029	258122	2140339	220210	14291
吉 林	Jilin	1689209	144087	1755209	137804	
黑龙江	Heilongjiang	425863	5227	424468	3566	
上 海	Shanghai	2914171	804847	3005429	811737	16353
江 苏	Jiangsu	7432916	1428779	7704364	1474276	92523
浙 江	Zhejiang	2410286	354825	2632507	315979	20180
安 徽	Anhui	895226	63676	827240	59117	1139
福 建	Fujian	835568	6749	844319	6360	421
江 西	Jiangxi	376522	23318	403448	26236	6698
山 东	Shandong	4762671	516304	4528853	533520	43844
河 南	Henan	1435773	58275	1266667	58350	8762
湖 北	Hubei	1323517	148386	1276393	163749	29693
湖 南	Hunan	979581	80628	913816	75305	6797
广 东	Guangdong	4824247	184407	5190967	160676	7449
广 西	Guangxi	446032	32111	903801	63727	1653
海 南	Hainan	105709	20	101339	10	-2
重 庆	Chongqing	591791	71143	567056	68172	11927
四 川	Sichuan	1401557	117916	1387087	138387	14958
贵 州	Guizhou	444977	7703	364277	5216	911
云 南	Yunnan	905344	26956	893212	23211	1715
西 藏	Tibet					
陕 西	Shaanxi	454015	4591	438427	4587	
甘 肃	Gansu	182997	2397	168606	2171	10
青 海	Qinghai	76884		72422		
宁 夏	Ningxia	241287	4665	243286	4212	2449
新 疆	Xinjiang	101182		102065		

3-63 续表15

单位：万元 (10,000 yuan)

地区	Region	医药制造业 Medical and Pharmaceutical Products				
		工业总产值 Gross Value of Industrial Output	新产品 New Product	产品销售收入 Revenue from the Sale of Products	新产品 New Product	出口 Export
全　国	**Total**	**19330770**	**2582897**	**18985949**	**2488566**	**271815**
东部地区	Eastern Region	13964061	2003077	14212445	1919000	250793
中部地区	Mid Region	3155596	259336	2775351	261551	13573
西部地区	Western Region	2211113	320484	1998153	308015	7449
北　京	Beijing	597278	124541	641765	193586	7917
天　津	Tianjin	697447	149857	1165695	137412	15843
河　北	Hebei	1076061	140649	1274728	133907	9020
山　西	Shanxi	184447	9738	137993	7227	
内蒙古	Neimenggu	52589		41533		
辽　宁	Liaoning	382852	40062	375569	40931	713
吉　林	Jilin	382105	21327	276256	10851	4699
黑龙江	Heilongjiang	691128	42911	796472	83020	15
上　海	Shanghai	1193972	321032	1305431	295964	32945
江　苏	Jiangsu	1484813	427325	1542010	390257	5436
浙　江	Zhejiang	1207205	332066	1148089	266827	108887
安　徽	Anhui	167715	19091	143517	14502	636
福　建	Fujian	231894	19790	194542	14396	380
江　西	Jiangxi	429161	79346	307746	70574	210
山　东	Shandong	4805082	230115	4625662	250316	67173
河　南	Henan	327632	28697	239369	25770	811
湖　北	Hubei	736222	38877	674287	33129	4836
湖　南	Hunan	184596	19350	158179	16479	2366
广　东	Guangdong	1866655	167045	1572010	148073	2479
广　西	Guangxi	257259	45532	231754	43606	
海　南	Hainan	163546	5063	135189	3728	
重　庆	Chongqing	353593	96940	310217	99527	
四　川	Sichuan	746503	51630	677982	63884	3373
贵　州	Guizhou	174783	29028	165321	12860	
云　南	Yunnan	288589	19052	300668	20426	3289
西　藏	Tibet					
陕　西	Shaanxi	438475	100833	389368	93636	683
甘　肃	Gansu	105866	11206	67066	7228	105
青　海	Qinghai	28525	11560	24631	10454	
宁　夏	Ningxia	45928	236	36855		
新　疆	Xinjiang	28852		26044		

3-63 续表16

单位：万元 (10,000 yuan)

地区 Region		化学纤维制造业 Chemical Fiber 工业总产值 Gross Value of Industrial Output	新产品 New Product	产品销售收入 Revenue from the Sale of Products	新产品 New Product	出口 Export
全国	**Total**	**7943930**	**1528509**	**7870227**	**1452563**	**150405**
东部地区	Eastern Region	6199805	1234196	6055652	1189127	80851
中部地区	Mid Region	1402265	221062	1458147	212956	41585
西部地区	Western Region	341859	73251	356429	50480	27969
北京	Beijing	1313		2040		
天津	Tianjin	20884	492	18268	128	
河北	Hebei	193856	19400	142735	19938	1840
山西	Shanxi	22171		23265		
内蒙古	Neimenggu					
辽宁	Liaoning	136456	9817	137607	9672	181
吉林	Jilin	253382	1	242283		
黑龙江	Heilongjiang	178529	28048	179625	25762	
上海	Shanghai	384043	36319	376045	30926	17996
江苏	Jiangsu	2405866	506015	2360756	482538	39599
浙江	Zhejiang	1536131	577720	1514422	543024	18080
安徽	Anhui	102874	62254	92792	59680	18764
福建	Fujian	499278	5850	462324	5596	
江西	Jiangxi	98968	22026	95168	20291	579
山东	Shandong	653940	52590	674248	73096	
河南	Henan	445717	67612	364328	65813	19002
湖北	Hubei	132768	13103	292450	14099	3240
湖南	Hunan	167858	28018	168235	27311	
广东	Guangdong	271609	25754	270990	23969	3155
广西	Guangxi	62177	240	66550	240	
海南	Hainan	34254		29667		
重庆	Chongqing	117334	29549	128877	27606	7841
四川	Sichuan	153950	43702	156543	22874	20128
贵州	Guizhou					
云南	Yunnan	39385		38797		
西藏	Tibet					
陕西	Shaanxi	26018		26781		
甘肃	Gansu	1076		1148		
青海	Qinghai					
宁夏	Ningxia	2963		3274		
新疆	Xinjiang	1133		1010		

3-63 续表17

单位：万元 (10,000 yuan)

地区 Region		橡胶制品业 Rubber Products				
		工业总产值 Gross Value of Industrial Output	新产品 New Product	产品销售收入 Revenue from the Sale of Products	新产品 New Product	出口 Export
全　国	**Total**	**5989609**	**910179**	**5418044**	**680272**	**181271**
东部地区	Eastern Region	4833786	740131	4364730	593466	150900
中部地区	Mid Region	670893	105192	606490	38493	2647
西部地区	Western Region	484931	64856	446824	48313	27724
北　京	Beijing	55292	1200	53900	1200	500
天　津	Tianjin	179881	30991	196193	26538	3569
河　北	Hebei	53948	6623	44856	4802	1074
山　西	Shanxi	78948	9625	69302	8611	1472
内蒙古	Neimenggu	12829	527	8495	422	
辽　宁	Liaoning	290845	21209	305676	18815	4732
吉　林	Jilin	32909		21649		
黑龙江	Heilongjiang	67943		60194		
上　海	Shanghai	365267	50752	365088	53305	10966
江　苏	Jiangsu	592815	118223	544535	91138	68959
浙　江	Zhejiang	371542	102168	347972	97813	19788
安　徽	Anhui	67286	1086	58866	911	
福　建	Fujian	345650	18	325432		
江　西	Jiangxi	29391		22078		
山　东	Shandong	2182549	336290	1825274	240475	34935
河　南	Henan	209790	84440	190753	19048	1175
湖　北	Hubei	127206	673	128471	672	
湖　南	Hunan	44591	8840	46683	8828	
广　东	Guangdong	331390	55793	297912	42558	592
广　西	Guangxi	58698	16863	54277	16823	5786
海　南	Hainan	5908		3616		
重　庆	Chongqing	18410	521	17864	484	
四　川	Sichuan	61066	14390	62605	8702	
贵　州	Guizhou	200369	31400	195860	33428	27073
云　南	Yunnan	19482	145	20833	92	
西　藏	Tibet					
陕　西	Shaanxi	13476	850	11884	850	
甘　肃	Gansu	289				
青　海	Qinghai					
宁　夏	Ningxia	130374	17470	97220	4713	651
新　疆	Xinjiang	41465	80	40559	44	

3-63 续表 18

单位：万元 (10,000 yuan)

地区	Region	塑料制品业 Plastic Products				
		工业总产值 Gross Value of Industrial Output		产品销售收入 Revenue from the Sale of Products		
			新产品 New Product		新产品 New Product	
						出口 Export
全国	**Total**	**8066092**	**907705**	**8040108**	**824071**	**110081**
东部地区	Eastern Region	6822982	767374	6771031	699606	106010
中部地区	Mid Region	900693	136641	892432	120534	4071
西部地区	Western Region	342417	3691	376645	3931	
北京	Beijing	59399	17262	62003	15048	
天津	Tianjin	348846	46610	336204	44231	
河北	Hebei	282985	14868	264793	12286	
山西	Shanxi	14141	1484	11547	1300	
内蒙古	Neimenggu	17713		15253		
辽宁	Liaoning	338736	16933	373018	16336	
吉林	Jilin	57528		51946		
黑龙江	Heilongjiang	71736	4680	70475	4535	
上海	Shanghai	1009306	105656	1026904	103687	6759
江苏	Jiangsu	1308097	142241	1223373	116986	2878
浙江	Zhejiang	472226	81871	463744	79382	19583
安徽	Anhui	457805	44113	448368	42981	2657
福建	Fujian	441764	4044	436342	4110	311
江西	Jiangxi	26436	6	19057	6	
山东	Shandong	488942	98279	478561	108407	37877
河南	Henan	45193	1372	45214	1372	
湖北	Hubei	165673	66396	189955	50971	131
湖南	Hunan	44469	18590	40618	19369	1283
广东	Guangdong	2031300	237998	2064100	197663	38602
广西	Guangxi	25442	1611	24954	1470	
海南	Hainan	15940		17034		
重庆	Chongqing	5770	968	4378	901	
四川	Sichuan	145724	756	114718	738	
贵州	Guizhou	15727	800	13482	800	
云南	Yunnan	60975	610	59581	1054	
西藏	Tibet					
陕西	Shaanxi	5582		4099		
甘肃	Gansu	21457	214	9705	128	
青海	Qinghai					
宁夏	Ningxia	2059	90	1900	58	
新疆	Xinjiang	85122	253	168783	253	

3-63 续表 19

单位：万元 (10,000 yuan)

地　区	Region	非金属矿物制品业 Nonmetal Mineral Products				
		工业总产值 Gross Value of Industrial Output	新产品 New Product	产品销售收入 Revenue from the Sale of Products	新产品 New Product	出口 Export
全　国	**Total**	**16612628**	**904324**	**16076103**	**804211**	**187817**
东部地区	Eastern Region	11481380	626997	11279591	538108	133008
中部地区	Mid Region	3240386	159428	2994869	148794	31477
西部地区	Western Region	1890861	117900	1801642	117309	23333
北　京	Beijing	480888	26098	487512	20808	88
天　津	Tianjin	218450	42103	214998	36667	
河　北	Hebei	885792	101508	843930	95524	37794
山　西	Shanxi	162460	4009	160195	4585	1000
内蒙古	Neimenggu	139785	13784	127761	13747	6
辽　宁	Liaoning	917894	54531	854195	51529	25109
吉　林	Jilin	273651	8074	285655	2697	2441
黑龙江	Heilongjiang	225348	3506	236810	3208	342
上　海	Shanghai	831189	39673	860883	33012	6471
江　苏	Jiangsu	2133427	78965	2099879	72925	8321
浙　江	Zhejiang	1256229	21957	1291843	21335	2432
安　徽	Anhui	620912	12686	585176	11626	1559
福　建	Fujian	547661	14910	592547	12608	2810
江　西	Jiangxi	199680	2797	168052	2790	26
山　东	Shandong	2076091	174643	2002916	127390	33005
河　南	Henan	742101	62338	660548	63682	23796
湖　北	Hubei	567867	25426	495140	21677	1585
湖　南	Hunan	308582	26807	275531	24782	722
广　东	Guangdong	1806154	53484	1671845	47501	15540
广　西	Guangxi	276203	19127	308521	18810	1439
海　南	Hainan	51403		50522		
重　庆	Chongqing	264702	32520	292605	27327	12461
四　川	Sichuan	782126	49095	704980	51680	3191
贵　州	Guizhou	59959	493	60000	326	3
云　南	Yunnan	186221	2872	180659	1276	
西　藏	Tibet					
陕　西	Shaanxi	135699		124460		
甘　肃	Gansu	196958	25798	188078	29558	7678
青　海	Qinghai	26830	7119	23892	7119	
宁　夏	Ningxia	76713	4	74057	24	
新　疆	Xinjiang	161655		152912		

3-63 续表20

单位：万元 (10,000 yuan)

地区 Region		黑色金属冶炼及压延加工业 Smelting and Pressing of Ferrous Metals				
		工业总产值 Gross Value of Industrial Output	新产品 New Product	产品销售收入 Revenue from the Sale of Products	新产品 New Product	出口 Export
全 国	**Total**	**49883612**	**6277883**	**50435649**	**6368580**	**382411**
东部地区	Eastern Region	33286773	4942439	33425524	5003808	259806
中部地区	Mid Region	11384259	1035452	11837040	1068970	96481
西部地区	Western Region	5212580	299992	5173085	295802	26125
北 京	Beijing	2880138	473506	2172275	473506	29407
天 津	Tianjin	1649784	427378	1632707	370418	239
河 北	Hebei	5650330	288216	5495374	304415	1060
山 西	Shanxi	1532688	97188	1559008	94452	63
内蒙古	Neimenggu	1454033	88657	1487733	89794	6830
辽 宁	Liaoning	5404882	1081017	5928762	1155740	61354
吉 林	Jilin	750875	51796	697698	52275	
黑龙江	Heilongjiang	193022	10180	130408	9825	1800
上 海	Shanghai	5310409	668295	5581535	669000	14454
江 苏	Jiangsu	5776262	1248405	5982974	1268527	92015
浙 江	Zhejiang	620591	112074	639273	111986	9874
安 徽	Anhui	1392670	146690	1446405	145201	33403
福 建	Fujian	795642	34694	810640	36563	
江 西	Jiangxi	867869	68213	1175596	68522	
山 东	Shandong	3399507	554516	3220599	572998	38593
河 南	Henan	1446436	38277	1466562	36170	662
湖 北	Hubei	2593653	268176	2681808	271786	
湖 南	Hunan	1153013	266275	1191824	300946	53724
广 东	Guangdong	1288231	21640	1446681	21521	12810
广 西	Guangxi	510998	32700	514705	19134	
海 南	Hainan					
重 庆	Chongqing	519899	56228	542175	55644	125
四 川	Sichuan	2330030	221507	2359092	221206	24591
贵 州	Guizhou	380017	35	392035	173	
云 南	Yunnan	553173		575629		
西 藏	Tibet					
陕 西	Shaanxi	220500	9008	223145	8240	
甘 肃	Gansu	469618	3600	442471	2117	
青 海	Qinghai	133204	8204	148263	7012	
宁 夏	Ningxia	57207	1410	55113	1410	1410
新 疆	Xinjiang	548932		435163		

3-63 续表 21

单位：万元 (10,000 yuan)

地区 Region		有色金属冶炼及压延加工业 Smelting and Pressing of Nonferrous				
		工业总产值 Gross Value of Industrial Output	新产品 New Product	产品销售收入 Revenue from the Sale of Products	新产品 New Product	出口 Export
全 国	**Total**	**15263238**	**1450829**	**15162814**	**1369889**	**196141**
东部地区	Eastern Region	5979816	731380	5743854	695497	99195
中部地区	Mid Region	5095399	573594	5218735	523839	76888
西部地区	Western Region	4188023	145855	4200225	150554	20058
北 京	Beijing	46931	2927	50000	17205	115
天 津	Tianjin	152535	9338	168903	9339	
河 北	Hebei	262367	67773	260898	67865	22495
山 西	Shanxi	504902	37021	480440	39843	
内蒙古	Neimenggu	255869	12	237107	12	12
辽 宁	Liaoning	739047	3647	738137	19818	217
吉 林	Jilin	149986	24737	114560	21274	209
黑龙江	Heilongjiang	115035	13567	104218	11468	
上 海	Shanghai	555883	86488	518724	69898	2638
江 苏	Jiangsu	989319	148212	957801	132702	29173
浙 江	Zhejiang	612155	46006	618151	44041	6005
安 徽	Anhui	671548	92269	951297	87221	
福 建	Fujian	384301	21881	387778	18328	7642
江 西	Jiangxi	771875	7547	734306	11195	7839
山 东	Shandong	869361	308161	881092	280175	21762
河 南	Henan	1250840	137144	1268620	92669	5569
湖 北	Hubei	486537	7860	469705	10547	1914
湖 南	Hunan	888807	253438	858482	249611	61347
广 东	Guangdong	745369	17346	675469	15694	2321
广 西	Guangxi	609041	19602	475375	20432	6828
海 南	Hainan	13508		11527		
重 庆	Chongqing	322549	41984	289335	33580	2274
四 川	Sichuan	503144	22704	496353	24172	10144
贵 州	Guizhou	388259	32710	384841	49822	236
云 南	Yunnan	917692	7388	952907	3951	756
西 藏	Tibet					
陕 西	Shaanxi	164785	15073	152443	13001	
甘 肃	Gansu	1082701	12763	1110541	12446	93
青 海	Qinghai	347625	4849	346123	4658	2723
宁 夏	Ningxia	384510	8384	389757	8924	3832
新 疆	Xinjiang	76757		77925		

单位：万元 (10,000 yuan)

地区 Region		金属制品业 Metal Products				
		工业总产值 Gross Value of Industrial Output	新产品 New Product	产品销售收入 Revenue from the Sale of Products	新产品 New Product	出口 Export
全　国	**Total**	**9223524**	**818572**	**8912980**	**716127**	**200255**
东部地区	Eastern Region	8159653	746107	7924639	651840	199489
中部地区	Mid Region	593628	46777	543371	39563	369
西部地区	Western Region	470244	25688	444970	24723	398
北　京	Beijing	157316	18627	165956	16578	
天　津	Tianjin	368346	63247	409144	61971	3993
河　北	Hebei	224333	7433	212176	8103	51
山　西	Shanxi	23280	702	19783	708	120
内蒙古	Neimenggu	26275		21293		
辽　宁	Liaoning	511027	77632	474388	48403	
吉　林	Jilin	24101	2705	17322	1705	
黑龙江	Heilongjiang	41858	3106	31091	3623	118
上　海	Shanghai	1533248	231856	1515750	208025	126701
江　苏	Jiangsu	1468468	128104	1378403	119682	9800
浙　江	Zhejiang	486269	54437	468443	47460	8403
安　徽	Anhui	42926	58	39615	53	3
福　建	Fujian	431702	15045	417001	12529	1340
江　西	Jiangxi	50418	281	49266	164	128
山　东	Shandong	760535	45135	719141	45094	22060
河　南	Henan	84333	104	75025	80	
湖　北	Hubei	262948	39493	257631	32904	
湖　南	Hunan	37489	328	32345	327	
广　东	Guangdong	2061851	103999	2029573	83485	26938
广　西	Guangxi	59744	593	50799	511	203
海　南	Hainan	96813		83867		
重　庆	Chongqing	100914	6250	97284	5804	0
四　川	Sichuan	159364	11088	141984	8986	312
贵　州	Guizhou	51034	128	55467	3600	
云　南	Yunnan	34134		35852	64	
西　藏	Tibet					
陕　西	Shaanxi	50944	1023	43245	1008	86
甘　肃	Gansu	11574	166	7637	161	
青　海	Qinghai	6407		2709		
宁　夏	Ningxia	54624	7033	59505	5100	
新　疆	Xinjiang	1249		1289		

3-63 续表23

单位：万元 (10,000 yuan)

地区 Region		普通机械制造业 Ordinary Machinery				
		工业总产值 Gross Value of Industrial Output	新产品 New Product	产品销售收入 Revenue from the Sale of Products	新产品 New Product	出口 Export
全国	**Total**	**21238520**	**5991644**	**20471284**	**5794385**	**815968**
东部地区	Eastern Region	17017635	4985954	16713580	4928147	753102
中部地区	Mid Region	2414921	517105	2065626	488472	51235
西部地区	Western Region	1805964	488586	1692079	377766	11631
北京	Beijing	328442	10014	321146	12129	
天津	Tianjin	537696	199464	563642	182245	21615
河北	Hebei	325078	41609	285668	33553	3554
山西	Shanxi	157165	27708	134000	22731	500
内蒙古	Neimenggu	20469	225	13641	278	37
辽宁	Liaoning	1725791	589429	1800211	606216	15091
吉林	Jilin	92203	8945	81369	7385	
黑龙江	Heilongjiang	378874	216544	354085	192722	25772
上海	Shanghai	3143762	1322626	3138745	1346370	241307
江苏	Jiangsu	4960312	1604885	4837079	1563663	213817
浙江	Zhejiang	1708778	479188	1681100	452546	128665
安徽	Anhui	396652	80606	381788	86134	12481
福建	Fujian	292896	40855	288524	38387	3354
江西	Jiangxi	150655	28592	142966	26440	749
山东	Shandong	2131050	402938	2010226	391794	66371
河南	Henan	402251	37934	374225	41476	2246
湖北	Hubei	559514	43181	343301	38238	3272
湖南	Hunan	257138	73370	240253	73069	6179
广东	Guangdong	1003113	133080	933831	145245	56054
广西	Guangxi	856903	161865	849480	156001	3274
海南	Hainan	3815		3928		
重庆	Chongqing	313418	89642	296078	73481	2316
四川	Sichuan	667820	229710	658487	171948	581
贵州	Guizhou	43285	6179	37800	5639	104
云南	Yunnan	159092	10364	149049	6733	
西藏	Tibet					
陕西	Shaanxi	376920	121105	325801	89804	1628
甘肃	Gansu	68742	12643	67699	11273	313
青海	Qinghai	61427	4483	65007	3443	500
宁夏	Ningxia	106114	14461	83118	15447	6190
新疆	Xinjiang	9146		9039		

3-63 续表 24

单位：万元 (10,000 yuan)

地区 Region		专用设备制造业 Equipment for Special Purposes				
		工业总产值 Gross Value of Industrial Output	新产品 New Product	产品销售收入 Revenue from the Sale of Products	新产品 New Product	出口 Export
全 国	**Total**	**14822948**	**3852599**	**14451404**	**3563753**	**233541**
东部地区	Eastern Region	10496157	2928345	10403419	2701920	194063
中部地区	Mid Region	3041575	641213	2740429	575112	29930
西部地区	Western Region	1285217	283041	1307556	286721	9547
北 京	Beijing	499249	92977	481724	97125	1435
天 津	Tianjin	217598	20236	218744	19862	457
河 北	Hebei	460611	91700	867501	63175	1792
山 西	Shanxi	379699	94996	323977	84030	5282
内蒙古	Neimenggu	6699		5552		
辽 宁	Liaoning	619870	112741	600467	61901	4913
吉 林	Jilin	58262	2851	50998	2253	14
黑龙江	Heilongjiang	211888	38430	201957	46857	350
上 海	Shanghai	1056527	309261	1078711	315492	21233
江 苏	Jiangsu	1755160	380000	1700023	362242	42164
浙 江	Zhejiang	1037524	270042	962896	254503	97603
安 徽	Anhui	565826	130034	458166	82651	172
福 建	Fujian	448346	140972	432261	133554	735
江 西	Jiangxi	137569	78328	126411	69494	15178
山 东	Shandong	3846177	1374335	3577179	1266256	16244
河 南	Henan	960550	190023	874908	177314	6013
湖 北	Hubei	521461	78691	522993	86369	1695
湖 南	Hunan	199622	27860	175467	26146	1227
广 东	Guangdong	445145	93172	381489	89094	4083
广 西	Guangxi	102470	42847	94884	38671	3405
海 南	Hainan	7481	60	7541	45	
重 庆	Chongqing	17845	425	16636	383	
四 川	Sichuan	519029	102719	571939	124358	1812
贵 州	Guizhou	29021	10050	24654	9376	44
云 南	Yunnan	127766	27400	120706	22024	
西 藏	Tibet					
陕 西	Shaanxi	405096	111555	418184	98699	7691
甘 肃	Gansu	83690	8027	78807	7097	
青 海	Qinghai	704	46	152	22	
宁 夏	Ningxia	79403	18332	60452	20069	
新 疆	Xinjiang	22664	4487	16026	4694	

3-63 续表25

单位：万元 (10,000 yuan)

地区 Region		交通运输设备制造业 Transport Equipment				
		工业总产值 Gross Value of Industrial Output	新产品 New Product	产品销售收入 Revenue from the Sale of Products	新产品 New Product	出口 Export
全　国	**Total**	**65236211**	**25054114**	**63017431**	**24287053**	**1425475**
东部地区	Eastern Region	35651458	16545478	34275197	15830332	1283404
中部地区	Mid Region	22322310	5667810	21767487	5723331	37740
西部地区	Western Region	7262443	2840826	6974747	2733391	104331
北　京	Beijing	1860851	944406	1826725	914382	4811
天　津	Tianjin	1079908	722185	1048268	668182	19742
河　北	Hebei	830248	169111	741842	162035	2435
山　西	Shanxi	297418	106742	297362	102658	
内蒙古	Neimenggu	122281	15907	105836	13594	
辽　宁	Liaoning	3002009	1306026	2626598	1049692	288639
吉　林	Jilin	8932096	1801106	9001972	1667191	200
黑龙江	Heilongjiang	1348460	543494	1242908	507655	1204
上　海	Shanghai	9903008	6860387	9925979	6694299	437940
江　苏	Jiangsu	4840257	1702945	4654686	1614235	234438
浙　江	Zhejiang	2072426	474234	2020032	469746	109532
安　徽	Anhui	1543098	641137	1441863	940898	3445
福　建	Fujian	1500129	265193	1322436	336134	32985
江　西	Jiangxi	1383920	388016	1307674	363832	24169
山　东	Shandong	4066244	1193373	3919984	1110344	3971
河　南	Henan	877799	435713	793326	405438	2100
湖　北	Hubei	6601975	1544092	6523637	1512709	1566
湖　南	Hunan	1215263	191603	1052909	209356	5056
广　东	Guangdong	4636850	1993732	4568495	1894205	145197
广　西	Guangxi	1375372	637555	1197651	634494	3714
海　南	Hainan	484157	276332	422501	282584	
重　庆	Chongqing	3686342	1879811	3487027	1752103	76711
四　川	Sichuan	1296482	362777	1229310	378297	20780
贵　州	Guizhou	512229	75830	499406	55822	5070
云　南	Yunnan	229312	127843	294151	128100	
西　藏	Tibet					
陕　西	Shaanxi	1405695	337325	1340829	366913	1765
甘　肃	Gansu	48610	3910	46315	3117	4
青　海	Qinghai	11131	4367	10111	3018	
宁　夏	Ningxia	813		830		
新　疆	Xinjiang	71828	48964	66769	46022	

3-63 续表26

单位：万元 (10,000 yuan)

地 区 Region		电气机械及器材制造业 Electric Equipment and Machinery				
		工业总产值 Gross Value of Industrial Output	新产品 New Product	产品销售收入 Revenue from the Sale of Products	新产品 New Product	出口 Export
全 国	**Total**	**35107654**	**13220515**	**33400750**	**12283011**	**2474555**
东部地区	Eastern Region	28445756	10340209	27344490	9685719	1825753
中部地区	Mid Region	3540842	1022754	3190175	974114	75227
西部地区	Western Region	3121055	1857553	2866085	1623179	573575
北 京	Beijing	572127	92952	600471	124611	11614
天 津	Tianjin	1022571	409206	1033742	384069	141746
河 北	Hebei	494133	89635	487140	101181	4754
山 西	Shanxi	125529	11026	108672	9044	1392
内蒙古	Neimenggu	12755	915	11582	413	
辽 宁	Liaoning	1368015	311295	1357405	303295	152352
吉 林	Jilin	51648	6722	37609	5470	
黑龙江	Heilongjiang	252704	37500	223783	39214	9859
上 海	Shanghai	2638402	992495	2575519	941312	238890
江 苏	Jiangsu	4414609	1390520	4015843	1213751	207125
浙 江	Zhejiang	2291255	708312	2101580	574929	60979
安 徽	Anhui	1163721	155914	966352	223573	30491
福 建	Fujian	1029208	290604	992361	286725	203563
江 西	Jiangxi	152677	45946	149703	47501	1666
山 东	Shandong	5806607	3363688	5634333	3502486	383676
河 南	Henan	861056	443370	862846	393452	18227
湖 北	Hubei	542244	107835	470082	59544	194
湖 南	Hunan	378509	213525	359547	195905	13399
广 东	Guangdong	8630056	2658150	8369291	2214306	418568
广 西	Guangxi	153497	29865	150300	39054	2487
海 南	Hainan	25278	3487	26505		
重 庆	Chongqing	220665	97358	192862	81321	1820
四 川	Sichuan	2000623	1529128	1763000	1335838	555702
贵 州	Guizhou	106650	1001	97556	975	
云 南	Yunnan	138409	21188	131802	21935	1234
西 藏	Tibet					
陕 西	Shaanxi	363239	87198	390988	82514	14439
甘 肃	Gansu	163946	56810	142478	51680	380
青 海	Qinghai					
宁 夏	Ningxia	18954	1547	22055	1678	
新 疆	Xinjiang	108569	63324	125344	47238	

3-63 续表27

单位：万元 (10,000 yuan)

地区 Region		电子及通信设备制造业 Electronic and Telecommunications Equipment				
		工业总产值 Gross Value of Industrial Output	新产品 New Product	产品销售收入 Revenue from the Sale of Products	新产品 New Product	出口 Export
全　国	**Total**	**80222193**	**30060413**	**78005045**	**29487755**	**8506481**
东部地区	Eastern Region	74483283	28940812	72878795	28444424	8433267
中部地区	Mid Region	3142464	628724	2845645	572200	34456
西部地区	Western Region	2596446	490877	2280605	471130	38758
北　京	Beijing	7490229	4226195	7422768	4129769	904418
天　津	Tianjin	7835549	4463561	7520879	4439490	904538
河　北	Hebei	221803	35161	200113	30668	185
山　西	Shanxi	64517	32149	58183	30595	
内蒙古	Neimenggu	157085		157004		
辽　宁	Liaoning	2378804	887283	2400901	875850	658016
吉　林	Jilin	196341	6905	148464	6598	324
黑龙江	Heilongjiang	142997	11857	147764	9857	1950
上　海	Shanghai	10002720	6190943	10140125	6226900	1431419
江　苏	Jiangsu	9891667	2987834	9637455	3039845	1691199
浙　江	Zhejiang	927102	489413	886344	451316	47978
安　徽	Anhui	373868	208153	242100	134449	13856
福　建	Fujian	5963340	2126300	5888985	2145516	653180
江　西	Jiangxi	220653	78908	140237	61219	13891
山　东	Shandong	2860085	1760330	3002910	1687453	159821
河　南	Henan	497317	192509	543594	226105	333
湖　北	Hubei	964890	22144	869053	19686	2899
湖　南	Hunan	524798	76100	539247	83693	1204
广　东	Guangdong	26836280	5764989	25721641	5408527	1982513
广　西	Guangxi	71146	8804	52117	9089	
海　南	Hainan	4559		4559		
重　庆	Chongqing	58830	43861	61449	42383	1130
四　川	Sichuan	963123	227520	873241	182981	17946
贵　州	Guizhou	160778	37666	154354	85087	653
云　南	Yunnan	100116	51149	87728	41070	
西　藏	Tibet					
陕　西	Shaanxi	1153887	102100	957092	96537	18698
甘　肃	Gansu	152779	25298	140390	20327	138
青　海	Qinghai	901		831		
宁　夏	Ningxia	6031	3283	5519	2747	193
新　疆	Xinjiang					

3-63 续表28

单位：万元 (10,000 yuan)

地区 Region		仪器仪表及文化、办公用机械制造业 Instruments, Meters, Cultural and Office Machinery				
		工业总产值 Gross Value of Industrial Output	新产品 New Product	产品销售收入 Revenue from the Sale of Products	新产品 New Product	出口 Export
全 国	**Total**	**5529369**	**1360828**	**5688493**	**1177232**	**380675**
东部地区	Eastern Region	4660312	1172488	4834949	997444	367266
中部地区	Mid Region	346061	70992	343702	62977	8186
西部地区	Western Region	522996	117349	509842	116811	5224
北 京	Beijing	173529	58454	171105	50113	497
天 津	Tianjin	150908	68238	163348	67326	1969
河 北	Hebei	43707	12999	46389	12271	216
山 西	Shanxi	8592	2383	5759	1911	730
内蒙古	Neimenggu	74		85		
辽 宁	Liaoning	93999	4441	90634	2620	119
吉 林	Jilin	37867	15584	36906	5864	
黑龙江	Heilongjiang	42979	8592	40671	8325	
上 海	Shanghai	805956	405154	850492	378214	45606
江 苏	Jiangsu	536720	85621	524784	79433	10736
浙 江	Zhejiang	314955	187260	340344	53281	25196
安 徽	Anhui	84980	12884	70835	12628	
福 建	Fujian	125039	13843	133474	15704	12670
江 西	Jiangxi	49687	15431	60770	20540	6469
山 东	Shandong	197283	67532	195568	64732	21707
河 南	Henan	28356	2286	33400	1966	
湖 北	Hubei	71966	7443	73763	5845	985
湖 南	Hunan	21560	6389	21514	5898	2
广 东	Guangdong	2198942	265961	2303638	271683	247128
广 西	Guangxi	19274	2988	15174	2068	1423
海 南	Hainan					
重 庆	Chongqing	217665	66726	203087	74588	1348
四 川	Sichuan	64634	12069	57875	16507	1467
贵 州	Guizhou	2762	293	2258	233	
云 南	Yunnan	38208	6922	34621	5437	1376
西 藏	Tibet					
陕 西	Shaanxi	137326	16762	153491	10219	954
甘 肃	Gansu	12908	4714	9112	939	
青 海	Qinghai	4555	1038	3862	89	80
宁 夏	Ningxia	44939	8824	45536	8800	
新 疆	Xinjiang					

3-64 各地区大中型电力、煤气及水的生产和供应业企业科技活动人员（2002）
S&T Personnel in Large and Medium-sized Enterprisesof Electric Power, Gas and Water Production and Supply Industry by Region

单位：人 (person)

地　区	Region	科技活动人员 Personnel for S&T	# 全时人员 Full-time Personnel	# 科学家和工程师 Scientists & Engineers	# 科技机构人员 Personnel in S&T Institutes	科学家和工程师 Scientists & Engineers
全　国	**Total**	**62484**	**43870**	**15274**	**11230**	**7521**
东部地区	Eastern Region	27607	17823	6446	4189	2518
中部地区	Mid Region	23117	18322	5895	3887	2839
西部地区	Western Region	11760	7725	2933	3154	2164
北　京	Beijing	1683	1075	1052	4	4
天　津	Tianjin	1234	462	81	207	68
河　北	Hebei	2455	1771	268	369	236
山　西	Shanxi	3348	2126	1147	119	53
内蒙古	Neimenggu	1205	731	200	250	202
辽　宁	Liaoning	1893	1660	255	445	444
吉　林	Jilin	2305	1792	841	785	701
黑龙江	Heilongjiang	4000	3173	1349	980	602
上　海	Shanghai	3091	1734	379	34	33
江　苏	Jiangsu	4521	2661	796	370	262
浙　江	Zhejiang	1376	1042	285	57	46
安　徽	Anhui	5414	4883	617	218	129
福　建	Fujian	1376	1040	306	283	218
江　西	Jiangxi	502	269	59	150	92
山　东	Shandong	5986	3737	1885	1608	688
河　南	Henan	1730	1489	712	447	385
湖　北	Hubei	2966	2567	650	410	250
湖　南	Hunan	1647	1292	320	528	425
广　东	Guangdong	3400	2122	730	515	282
广　西	Guangxi	592	519	409	297	237
海　南	Hainan					
重　庆	Chongqing	582	436	165	64	55
四　川	Sichuan	4724	2762	1617	1640	887
贵　州	Guizhou	569	407	203	90	90
云　南	Yunnan	489	337	82	204	148
西　藏	Tibet					
陕　西	Shaanxi	1417	1286	276	297	293
甘　肃	Gansu	2405	1288	224	197	150
青　海	Qinghai	428	348	48	135	132
宁　夏	Ningxia	797	555	282	178	103
新　疆	Xinjiang	349	306	36	349	306

3-65 各地区大中型电力、煤气及水的生产和供应业企业科技活动经费筹集(2002)
Sources of Funds for S&T Activities in Large and Medium-sized Enterprises of Electric Power, Gas and Water Production and Supply Industry by Region

单位：万元 (10,000 yuan)

地 区 Region		科技活动经费筹集总额 Total Funds Obtaied for S&T Activities	政府资金 Government Grant	企业资金 Enterprise Self-financed	金融机构贷款 Bank Loans	国外资金 Funds from Abroad
全 国	**Total**	**321102**	**8470**	**284731**	**7074**	**4800**
东部地区	Eastern Region	186115	5151	173000	664	
中部地区	Mid Region	91839	1290	78355	1419	4800
西部地区	Western Region	43148	2028	33377	4991	
北 京	Beijing	7544	25	7519		
天 津	Tianjin	3749	22	3727		
河 北	Hebei	9047	316	7160	184	
山 西	Shanxi	13940		8969		4800
内蒙古	Neimenggu	2650	38	2288		
辽 宁	Liaoning	5074		5074		
吉 林	Jilin	5944	360	4032		
黑龙江	Heilongjiang	24993	800	22479		
上 海	Shanghai	24389	4101	19984		
江 苏	Jiangsu	23836	217	23423	80	
浙 江	Zhejiang	21938	7	21280		
安 徽	Anhui	11913	70	10832	600	
福 建	Fujian	16287	304	15898		
江 西	Jiangxi	2970		2970		
山 东	Shandong	37025	160	31746	400	
河 南	Henan	16230	22	15375		
湖 北	Hubei	7238		7111		
湖 南	Hunan	5963		4300	819	
广 东	Guangdong	32804		32768		
广 西	Guangxi	4422		4422		
海 南	Hainan					
重 庆	Chongqing	6000		4585	400	
四 川	Sichuan	13851	1729	8903	2416	
贵 州	Guizhou	3746	3	3217	526	
云 南	Yunnan	2813	171	2289	295	
西 藏	Tibet					
陕 西	Shaanxi	1817	65	1555	139	
甘 肃	Gansu	5689	60	4995		
青 海	Qinghai	3554		3371		
宁 夏	Ningxia	3758		3643	115	
新 疆	Xinjiang	1920		820	1100	

3-66 各地区大中型电力、煤气及水的生产和供应业企业科技活动经费支出(2002)
Intramural Expenditure on S&T Activities in Large and Medium-sized Enterprises of Electric Power, Gas and Water Production and Supply Industry by Region

单位：万元 (10,000 yuan)

地 区	Region	科技活动经费内部支出总额 Intramural Expenditure on S&T Activities	# 劳务费 Compensation for Laborers	原材料费 Raw Material Expenditure
全 国	**Total**	**275602**	**100429**	**71376**
东部地区	Eastern Region	160992	54895	41131
中部地区	Mid Region	78995	30119	24218
西部地区	Western Region	35615	15415	6027
北 京	Beijing	8731	6160	1445
天 津	Tianjin	2405	415	1276
河 北	Hebei	6109	1946	1428
山 西	Shanxi	7128	1792	2704
内蒙古	Neimenggu	4055	2757	461
辽 宁	Liaoning	3681	2411	488
吉 林	Jilin	4118	1441	863
黑龙江	Heilongjiang	21624	8888	7710
上 海	Shanghai	25117	6971	7103
江 苏	Jiangsu	18593	6304	5541
浙 江	Zhejiang	13923	4058	2842
安 徽	Anhui	11204	5191	2746
福 建	Fujian	5973	2947	305
江 西	Jiangxi	2903	1239	163
山 东	Shandong	38807	12711	12188
河 南	Henan	16432	2737	7343
湖 北	Hubei	7231	4252	1278
湖 南	Hunan	4301	1822	950
广 东	Guangdong	32972	9729	8001
广 西	Guangxi	4681	1242	514
海 南	Hainan			
重 庆	Chongqing	4928	684	1104
四 川	Sichuan	10826	4423	2015
贵 州	Guizhou	1245	861	255
云 南	Yunnan	1661	773	471
西 藏	Tibet			
陕 西	Shaanxi	1920	1378	256
甘 肃	Gansu	7350	4592	478
青 海	Qinghai	3300	1076	526
宁 夏	Ningxia	3045	1090	420
新 疆	Xinjiang	1341	539	503

3-66 续表

单位：万元 (10,000 yuan)

地区 Region		固定资产购建费 Expenditure on the Purchase of Fixed Assets	设备购置 Purchase of Instruments	# 开发新产品经费 Spending for New Products	# 科技机构经费 Spending for S&T Institute
全　国	**Total**	**72403**	**70336**	**16756**	**40299**
东部地区	Eastern Region	47414	46313	8525	14718
中部地区	Mid Region	15817	15558	6632	16390
西部地区	Western Region	9172	8465	1599	9191
北　京	Beijing	520	515		78
天　津	Tianjin	533	529	1072	80
河　北	Hebei	2103	2098	768	1119
山　西	Shanxi	1656	1656	356	429
内蒙古	Neimenggu	404	404	310	1113
辽　宁	Liaoning	614	614	40	256
吉　林	Jilin	816	766	84	1900
黑龙江	Heilongjiang	2925	2780	2546	1829
上　海	Shanghai	8756	8756	733	214
江　苏	Jiangsu	5558	5328	728	1958
浙　江	Zhejiang	5277	5253		91
安　徽	Anhui	2479	2479	500	758
福　建	Fujian	2038	2038	33	1511
江　西	Jiangxi	1485	1485		165
山　东	Shandong	10012	9272	2893	4757
河　南	Henan	3970	3956	1738	6379
湖　北	Hubei	1177	1177	661	2323
湖　南	Hunan	905	855	436	1494
广　东	Guangdong	11225	11133	1847	4401
广　西	Guangxi	779	779	411	253
海　南	Hainan				
重　庆	Chongqing	2561	1871	108	798
四　川	Sichuan	3190	3186	1018	1567
贵　州	Guizhou	76	76		125
云　南	Yunnan	251	251		1062
西　藏	Tibet				
陕　西	Shaanxi	172	169	30	789
甘　肃	Gansu	79	69	413	691
青　海	Qinghai	1197	1197		1722
宁　夏	Ningxia	1448	1448	30	1097
新　疆	Xinjiang	199	199		1340

3-67 各地区大中型电力、煤气及水的生产和供应业企业科技项目与专利（2002）
Projects and Patents for S&T Activities in Large and Medium-sized Enterprises of Electric Power, Gas and Water Production and Supply Industry by Region

单位：项 (item)

地 区 Region		科技活动项目数 Projects for S&T Activity	新产品开发项目数 Projects for New Product	专利申请 Patent Applications	发明专利数 Inventive Patent	拥有发明专利数 Owning Inventive Patent
全 国	**Total**	**4856**	**443**	**228**	**70**	**109**
东部地区	Eastern Region	2402	172	33	5	20
中部地区	Mid Region	1694	214	164	43	63
西部地区	Western Region	760	57	31	22	26
北 京	Beijing	71				
天 津	Tianjin	62	27			
河 北	Hebei	272	17	1	1	1
山 西	Shanxi	164	26	1		
内蒙古	Neimenggu	58	9	1		
辽 宁	Liaoning	186	1	6		
吉 林	Jilin	150	5			
黑龙江	Heilongjiang	529	76	149	36	48
上 海	Shanghai	196	20	6	1	1
江 苏	Jiangsu	580	39	9	1	4
浙 江	Zhejiang	172		2		
安 徽	Anhui	323	18	7	3	12
福 建	Fujian	238	3	3		
江 西	Jiangxi	6				
山 东	Shandong	352	36	4		12
河 南	Henan	164	47	2	2	2
湖 北	Hubei	134	17	2	1	1
湖 南	Hunan	166	16	2	1	
广 东	Guangdong	236	18	2	2	2
广 西	Guangxi	37	11			
海 南	Hainan					
重 庆	Chongqing	122	8	23	20	21
四 川	Sichuan	151	19	4		3
贵 州	Guizhou	58				
云 南	Yunnan	33				
西 藏	Tibet					
陕 西	Shaanxi	63	4			
甘 肃	Gansu	117	19	2		
青 海	Qinghai	49				
宁 夏	Ningxia	140	7	2	2	2
新 疆	Xinjiang	27				

3-68 各地区大中型工业企业R&D活动人员（2002）
R&D Personnel in Large and Medium-sized Industrial Enterprises by Region

单位：人年 (man.year)

地区 Region		工业合计 Total		采掘业 Mining and Dressing		电力、煤气及水的生产和供应业 Electric Power, Gas and Water Production and Supply	
		R&D人员全时当量 Full-time Equivalent of R&D Personnel	科学家和工程师 Scientists & Engineers	R&D人员全时当量 Full-time Equivalent of R&D Personnel	科学家和工程师 Scientists & Engineers	R&D人员全时当量 Full-time Equivalent of R&D Personnel	科学家和工程师 Scientists & Engineers
全 国	**Total**	**424259**	**304922**	**33244**	**26816**	**11118**	**9402**
东部地区	Eastern Region	239674	178889	12170	10034	4931	4142
中部地区	Mid Region	101658	74773	17151	13937	4462	4073
西部地区	Western Region	82927	51261	3923	2846	1726	1187
北 京	Beijing	10161	8383	58	58	726	724
天 津	Tianjin	10059	6208	1486	1043	73	54
河 北	Hebei	15642	11457	1912	1456	397	318
山 西	Shanxi	8472	6194	4140	3084	130	107
内蒙古	Neimenggu	3478	3093	210	191	86	73
辽 宁	Liaoning	26952	20924	2279	1939	103	102
吉 林	Jilin	3035	2383	379	308	464	412
黑龙江	Heilongjiang	18358	14223	5702	5253	1214	1100
上 海	Shanghai	15757	11797	22	19	754	547
江 苏	Jiangsu	48636	32558	1080	880	655	544
浙 江	Zhejiang	12368	8943	52	34	186	179
安 徽	Anhui	8908	6606	534	438	1323	1293
福 建	Fujian	8767	6106	118	93	384	347
江 西	Jiangxi	7200	4354	250	235	80	31
山 东	Shandong	40321	30892	4481	4024	1007	763
河 南	Henan	21790	15337	4890	3818	255	193
湖 北	Hubei	16969	12721	440	387	633	624
湖 南	Hunan	13448	9863	606	224	277	239
广 东	Guangdong	45938	37527	449	279	538	456
广 西	Guangxi	4741	3796	232	210	108	107
海 南	Hainan	331	299				
重 庆	Chongqing	6688	5152	51	42	29	24
四 川	Sichuan	28130	19382	449	339	474	276
贵 州	Guizhou	4649	2726	195	183	23	20
云 南	Yunnan	3697	2373	329	219	105	77
西 藏	Tibet						
陕 西	Shaanxi	27736	13190	650	275	271	261
甘 肃	Gansu	8425	5867	528	506	612	320
青 海	Qinghai	894	604	368	222	66	66
宁 夏	Ningxia	1002	672			145	144
新 疆	Xinjiang	1707	1293	1354	1058		

3-69 各地区大中型制造业企业R&D活动人员（2002）
R&D Personnel in Large and Medium-sized Enterprises of Manufacturing Industry by Region

单位：人年 (man.year)

地区 Region		制造业合计 Total of Manufacturing		食品加工业 Food Processing		食品制造业 Food Production	
		R&D人员全时当量 Full-time Equivalent of R&D Personnel	科学家和工程师 Scientists & Engineers	R&D人员全时当量 Full-time Equivalent of R&D Personnel	科学家和工程师 Scientists & Engineers	R&D人员全时当量 Full-time Equivalent of R&D Personnel	科学家和工程师 Scientists & Engineers
全　国	**Total**	**379898**	**268683**	**3646**	**2923**	**2497**	**1608**
东部地区	Eastern Region	222574	164713	1795	1354	1448	974
中部地区	Mid Region	80045	56763	1382	1207	980	586
西部地区	Western Region	77278	47207	469	361	69	48
北　京	Beijing	9377	7601	15	6	112	74
天　津	Tianjin	8501	5110	7	6	30	22
河　北	Hebei	13334	9683	1	1	94	15
山　西	Shanxi	4202	3004				
内蒙古	Neimenggu	3182	2829	4	1	0	0
辽　宁	Liaoning	24570	18883			47	38
吉　林	Jilin	2193	1663	40	20		
黑龙江	Heilongjiang	11441	7870	48	39	142	42
上　海	Shanghai	14981	11232	33	25	78	58
江　苏	Jiangsu	46900	31134	41	23	234	121
浙　江	Zhejiang	12130	8729	61	36	19	11
安　徽	Anhui	7050	4875	6	5	95	79
福　建	Fujian	8266	5666	217	185	86	51
江　西	Jiangxi	6871	4087	69	61	40	33
山　东	Shandong	34832	26106	555	280	299	246
河　南	Henan	16645	11325	856	748	664	403
湖　北	Hubei	15896	11709	52	46	22	17
湖　南	Hunan	12565	9400	307	286	17	10
广　东	Guangdong	44951	36792	210	150	377	298
广　西	Guangxi	4401	3479	655	642	26	15
海　南	Hainan	331	299			47	26
重　庆	Chongqing	6608	5086	172	138		
四　川	Sichuan	27207	18767	215	188	47	27
贵　州	Guizhou	4431	2524				
云　南	Yunnan	3263	2077	73	31		
西　藏	Tibet						
陕　西	Shaanxi	26815	12654				
甘　肃	Gansu	7284	5041	8	3	22	21
青　海	Qinghai	460	317				
宁　夏	Ningxia	857	507				
新　疆	Xinjiang	353	235				

3-69 续表1

单位：人年 (man.year)

地区 Region		饮料制造业 Beverage Production		烟草加工业 Tobacco Processing		纺织业 Textile Industry	
		R&D人员全时当量 Full-time Equivalent of R&D Personnel	科学家和工程师 Scientists & Engineers	R&D人员全时当量 Full-time Equivalent of R&D Personnel	科学家和工程师 Scientists & Engineers	R&D人员全时当量 Full-time Equivalent of R&D Personnel	科学家和工程师 Scientists & Engineers
全　国	**Total**	**4970**	**3223**	**1784**	**1401**	**11128**	**6190**
东部地区	Eastern Region	2032	1623	554	454	8685	4994
中部地区	Mid Region	2113	1065	709	576	1504	807
西部地区	Western Region	825	536	521	372	939	389
北　京	Beijing	364	364	25	15	123	121
天　津	Tianjin	47	39	34	34	232	80
河　北	Hebei	152	105	26	17	284	177
山　西	Shanxi	73	61			68	32
内蒙古	Neimenggu	155	120			91	54
辽　宁	Liaoning	133	85			73	20
吉　林	Jilin	21	9	24	21	3	3
黑龙江	Heilongjiang	72	51	12	8	113	77
上　海	Shanghai	33	29	124	108	246	197
江　苏	Jiangsu	217	168	61	48	2961	1600
浙　江	Zhejiang	146	138	11	7	701	365
安　徽	Anhui	414	125	74	70	419	183
福　建	Fujian	70	56	101	93	285	154
江　西	Jiangxi	11	5	32	10	13	10
山　东	Shandong	495	380	46	38	2862	1787
河　南	Henan	1044	458	253	224	336	186
湖　北	Hubei	237	185	97	80	296	172
湖　南	Hunan	86	51	215	162	165	90
广　东	Guangdong	336	227	74	54	699	334
广　西	Guangxi	33	26	52	39	176	116
海　南	Hainan	6	5			42	42
重　庆	Chongqing	11	7			185	83
四　川	Sichuan	600	416	68	51	467	155
贵　州	Guizhou	94	55	39	29		
云　南	Yunnan	26	13	285	208		
西　藏	Tibet						
陕　西	Shaanxi	37	7	112	66	203	113
甘　肃	Gansu	55	37	17	17	84	37
青　海	Qinghai	2	1				
宁　夏	Ningxia						
新　疆	Xinjiang						

3-69 续表 2

单位：人年 (man.year)

地区 Region	服装及其他纤维制品制造业 Garments and other Fiber Products		皮革、毛皮、羽绒及其制品业 Leather, Furs, Down and Related Products		木材加工及竹、藤、棕、草制品业 Timber, Bamboo, Cane, Palm Fiber and Straw Products	
	R&D 人员全时当量 Full-time Equivalent of R&D Personnel	科学家和工程师 Scientists & Engineers	R&D 人员全时当量 Full-time Equivalent of R&D Personnel	科学家和工程师 Scientists & Engineers	R&D 人员全时当量 Full-time Equivalent of R&D Personnel	科学家和工程师 Scientists & Engineers
全 国 Total	**1692**	**1232**	**812**	**458**	**434**	**308**
东部地区 Eastern Region	1418	1019	642	329	321	214
中部地区 Mid Region	215	170	145	108	80	76
西部地区 Western Region	59	43	24	21	34	18
北 京 Beijing						
天 津 Tianjin			15	5	6	3
河 北 Hebei			13	7		
山 西 Shanxi						
内蒙古 Neimenggu	90	73				
辽 宁 Liaoning						
吉 林 Jilin						
黑龙江 Heilongjiang					1	1
上 海 Shanghai	43	21	23	11		
江 苏 Jiangsu	307	280	246	173	72	28
浙 江 Zhejiang	97	76	102	54	55	50
安 徽 Anhui	17	9	20	20	3	3
福 建 Fujian	89	51	99	16	116	71
江 西 Jiangxi					1	1
山 东 Shandong	136	115	17	10	44	36
河 南 Henan			110	79		
湖 北 Hubei	109	89	4	4	75	72
湖 南 Hunan			11	5		
广 东 Guangdong	745	476	128	53	9	8
广 西 Guangxi					18	18
海 南 Hainan						
重 庆 Chongqing			2	2		
四 川 Sichuan	48	36			29	13
贵 州 Guizhou						
云 南 Yunnan			15	15	5	5
西 藏 Tibet						
陕 西 Shaanxi			7	4		
甘 肃 Gansu						
青 海 Qinghai	3	3				
宁 夏 Ningxia	8	4				
新 疆 Xinjiang						

3-69 续表3

单位：人年 (man.year)

地区 Region		家具制造业 Furniture Manufacturing		造纸及纸制品业 Papermaking and Paper Products		印刷业、记录媒介的复制 Printing and Record Medium Reproduction	
		R&D人员全时当量 Full-time Equivalent of R&D Personnel	科学家和工程师 Scientists & Engineers	R&D人员全时当量 Full-time Equivalent of R&D Personnel	科学家和工程师 Scientists & Engineers	R&D人员全时当量 Full-time Equivalent of R&D Personnel	科学家和工程师 Scientists & Engineers
全国	**Total**	**279**	**171**	**3301**	**2312**	**1476**	**947**
东部地区	Eastern Region	252	147	2170	1359	982	714
中部地区	Mid Region	26	24	961	816	327	135
西部地区	Western Region			170	137	167	98
北京	Beijing	22	13			109	104
天津	Tianjin	100	54			118	99
河北	Hebei	20	14	123	44	23	9
山西	Shanxi						
内蒙古	Neimenggu			15	10		
辽宁	Liaoning			17	12	31	16
吉林	Jilin			15	13		
黑龙江	Heilongjiang	21	21	49	28		
上海	Shanghai	16	14	114	54	191	125
江苏	Jiangsu			183	75	26	6
浙江	Zhejiang	33	14	196	132	3	1
安徽	Anhui			58	28	112	73
福建	Fujian			102	84	22	19
江西	Jiangxi			24	13		
山东	Shandong	30	19	1133	736	67	58
河南	Henan	5	3	25	19	193	49
湖北	Hubei			73	64		
湖南	Hunan			701	640	21	12
广东	Guangdong	32	18	202	133	385	273
广西	Guangxi			97	89	8	6
海南	Hainan			2	1		
重庆	Chongqing						
四川	Sichuan			107	96	108	70
贵州	Guizhou						
云南	Yunnan					33	12
西藏	Tibet						
陕西	Shaanxi					21	14
甘肃	Gansu			11	6	5	2
青海	Qinghai						
宁夏	Ningxia			52	34		
新疆	Xinjiang						

3-69 续表4

单位：人年 (man.year)

地区 Region		文化体育用品制造业 Cultural, Educational and Sports Goods		石油加工及炼焦业 Petroleum Processing and Coking Products		化学原料及化学制品制造业 Raw Chemical Materials and Chemical Products	
		R&D人员全时当量 Full-time Equivalent of R&D Personnel	科学家和工程师 Scientists & Engineers	R&D人员全时当量 Full-time Equivalent of R&D Personnel	科学家和工程师 Scientists & Engineers	R&D人员全时当量 Full-time Equivalent of R&D Personnel	科学家和工程师 Scientists & Engineers
全 国	**Total**	**306**	**161**	**7165**	**5418**	**31506**	**21507**
东部地区	Eastern Region	306	161	5093	3905	21955	14973
中部地区	Mid Region			1030	740	5513	4061
西部地区	Western Region			1042	774	4038	2473
北 京	Beijing	25	21	706	523	203	146
天 津	Tianjin	25	8	6	5	1196	781
河 北	Hebei			73	69	1197	917
山 西	Shanxi			36	25	977	727
内蒙古	Neimenggu					90	69
辽 宁	Liaoning			1013	978	1346	858
吉 林	Jilin					114	65
黑龙江	Heilongjiang			68	64	221	186
上 海	Shanghai	64	29	626	514	1652	952
江 苏	Jiangsu	18	17	52	48	9994	6973
浙 江	Zhejiang	19	12	52	52	1383	914
安 徽	Anhui			11	7	527	357
福 建	Fujian	12	5	21	5	271	155
江 西	Jiangxi			61	41	372	276
山 东	Shandong	26	24	891	526	2815	1977
河 南	Henan			281	278	878	651
湖 北	Hubei			153	77	1338	949
湖 南	Hunan			421	249	997	783
广 东	Guangdong	116	45	1653	1184	1590	1077
广 西	Guangxi					285	207
海 南	Hainan					22	16
重 庆	Chongqing					277	152
四 川	Sichuan					2138	1261
贵 州	Guizhou					203	66
云 南	Yunnan					322	193
西 藏	Tibet						
陕 西	Shaanxi			8	8	691	490
甘 肃	Gansu			703	550	255	173
青 海	Qinghai					32	20
宁 夏	Ningxia					120	117
新 疆	Xinjiang			331	216		

3-69 续表5

单位：人年 (man.year)

地区 Region		医药制造业 Medical and Pharmaceutical Products		化学纤维制造业 Chemical Fiber		橡胶制品业 Rubber Products	
		R&D人员全时当量 Full-time Equivalent of R&D Personnel	科学家和工程师 Scientists & Engineers	R&D人员全时当量 Full-time Equivalent of R&D Personnel	科学家和工程师 Scientists & Engineers	R&D人员全时当量 Full-time Equivalent of R&D Personnel	科学家和工程师 Scientists & Engineers
全 国	**Total**	**18287**	**14289**	**3640**	**2630**	**3837**	**2710**
东部地区	Eastern Region	12858	10243	2556	1930	2788	1958
中部地区	Mid Region	3467	2546	991	616	697	475
西部地区	Western Region	1962	1501	93	85	352	277
北 京	Beijing	602	527			58	55
天 津	Tianjin	666	535	32	18	52	29
河 北	Hebei	1047	732	449	290	68	47
山 西	Shanxi	98	81	66	29	10	4
内蒙古	Neimenggu	29	29				
辽 宁	Liaoning	420	307	216	216	291	228
吉 林	Jilin	444	329	59	40		
黑龙江	Heilongjiang	554	387	205	168	23	12
上 海	Shanghai	1059	786	74	28	115	92
江 苏	Jiangsu	1504	1147	1018	843	292	205
浙 江	Zhejiang	1273	1004	176	80	382	229
安 徽	Anhui	333	216	3	2	211	150
福 建	Fujian	284	203	69	69	55	19
江 西	Jiangxi	533	381	76	64	16	16
山 东	Shandong	4092	3603	320	254	782	574
河 南	Henan	261	191	127	77	59	21
湖 北	Hubei	1040	783	141	72	248	187
湖 南	Hunan	176	148	315	163	129	85
广 东	Guangdong	1536	1085	199	130	454	362
广 西	Guangxi	336	276	3	3	238	117
海 南	Hainan	38	38				
重 庆	Chongqing	263	235	26	26	19	11
四 川	Sichuan	973	678	66	59	154	99
贵 州	Guizhou	78	63			140	131
云 南	Yunnan	289	221			7	6
西 藏	Tibet						
陕 西	Shaanxi	174	154			5	3
甘 肃	Gansu	141	108				
青 海	Qinghai	33	29				
宁 夏	Ningxia	12	12			28	28
新 疆	Xinjiang						

3-69 续表6

单位：人年 (man.year)

地区 Region		塑料制品业 Plastic Products		非金属矿物制品业 Nonmetal Mineral Products		黑色金属冶炼及压延加工业 Smelting and Pressing of Ferrous Metals	
		R&D人员全时当量 Full-time Equivalent of R&D Personnel	科学家和工程师 Scientists & Engineers	R&D人员全时当量 Full-time Equivalent of R&D Personnel	科学家和工程师 Scientists & Engineers	R&D人员全时当量 Full-time Equivalent of R&D Personnel	科学家和工程师 Scientists & Engineers
全　国	**Total**	**3385**	**2310**	**10532**	**6509**	**22171**	**18161**
东部地区	Eastern Region	2649	1787	5326	3260	14542	12400
中部地区	Mid Region	636	454	3640	2255	2760	1958
西部地区	Western Region	100	69	1566	994	4869	3803
北　京	Beijing	72	49	218	193	402	358
天　津	Tianjin	107	50	238	75	279	144
河　北	Hebei	520	239	894	598	3466	3209
山　西	Shanxi	2	2	221	105	311	157
内蒙古	Neimenggu			90	40	105	101
辽　宁	Liaoning	34	22	632	407	4097	3974
吉　林	Jilin	23	16	45	26	47	38
黑龙江	Heilongjiang	46	33	270	135	156	124
上　海	Shanghai	115	69	141	99	1072	873
江　苏	Jiangsu	336	259	993	602	1797	1008
浙　江	Zhejiang	132	57	183	105	281	247
安　徽	Anhui	198	145	122	92	183	138
福　建	Fujian	63	47	207	92	426	205
江　西	Jiangxi	9	9	77	72	449	322
山　东	Shandong	343	294	900	548	1888	1750
河　南	Henan	35	24	1936	1039	412	220
湖　北	Hubei	252	181	502	469	785	601
湖　南	Hunan	72	45	375	277	311	258
广　东	Guangdong	854	670	764	452	816	616
广　西	Guangxi	75	31	156	89	19	15
海　南	Hainan						
重　庆	Chongqing	10	8	98	63	216	195
四　川	Sichuan	29	20	1020	730	3989	3146
贵　州	Guizhou	4	4	57	21	69	28
云　南	Yunnan	20	10	12	6		
西　藏	Tibet						
陕　西	Shaanxi			8	4	140	128
甘　肃	Gansu	31	21	328	138	404	257
青　海	Qinghai			8	4	51	49
宁　夏	Ningxia	5	5	14	9		
新　疆	Xinjiang			21	19		

3-69 续表7

单位：人年 (man.year)

地区 Region		有色金属冶炼及压延加工业 Smelting and Pressing of Nonferrous		金属制品业 Metal Products		普通机械制造业 Ordinary Machinery	
		R&D人员全时当量 Full-time Equivalent of R&D Personnel	科学家和工程师 Scientists & Engineers	R&D人员全时当量 Full-time Equivalent of R&D Personnel	科学家和工程师 Scientists & Engineers	R&D人员全时当量 Full-time Equivalent of R&D Personnel	科学家和工程师 Scientists & Engineers
全　国	**Total**	**12154**	**8146**	**4144**	**2352**	**31317**	**21642**
东部地区	Eastern Region	3658	2273	3187	1744	20843	14329
中部地区	Mid Region	4168	3044	548	332	6374	4473
西部地区	Western Region	4328	2829	409	277	4101	2840
北　京	Beijing	125	105	27	14	459	273
天　津	Tianjin			150	97	1197	805
河　北	Hebei	218	195	321	212	699	466
山　西	Shanxi	383	256	45	30	293	188
内蒙古	Neimenggu	142	101				
辽　宁	Liaoning	725	469	114	80	3541	2536
吉　林	Jilin	31	20			20	18
黑龙江	Heilongjiang	349	238	223	115	2185	1712
上　海	Shanghai	34	26	190	128	1777	1330
江　苏	Jiangsu	524	367	948	480	6609	4274
浙　江	Zhejiang	128	117	63	42	1308	885
安　徽	Anhui	430	341	7	5	885	555
福　建	Fujian	447	277	81	48	715	282
江　西	Jiangxi	331	230	94	73	577	370
山　东	Shandong	897	364	658	212	2453	1834
河　南	Henan	1413	1034	139	78	972	612
湖　北	Hubei	183	150	7	7	717	509
湖　南	Hunan	905	675	33	24	723	508
广　东	Guangdong	487	293	631	425	1284	981
广　西	Guangxi	74	61	6	5	801	663
海　南	Hainan						
重　庆	Chongqing	273	260	38	33	300	243
四　川	Sichuan	505	331	234	168	1410	1083
贵　州	Guizhou	666	408	5	5	180	112
云　南	Yunnan	957	469	10	6	309	212
西　藏	Tibet						
陕　西	Shaanxi	569	519	69	36	568	353
甘　肃	Gansu	1114	733	23	20	907	621
青　海	Qinghai	143	66			168	123
宁　夏	Ningxia	101	43	30	9	259	93
新　疆	Xinjiang						

3-69 续表8

单位：人年 (man.year)

地区 Region		专用设备制造业 Equipment for Special Purposes		交通运输设备制造业 Transport Equipment		电气机械及器材制造业 Electric Equipment and Machinery	
		R&D人员全时当量 Full-time Equivalent of R&D Personnel	科学家和工程师 Scientists & Engineers	R&D人员全时当量 Full-time Equivalent of R&D Personnel	科学家和工程师 Scientists & Engineers	R&D人员全时当量 Full-time Equivalent of R&D Personnel	科学家和工程师 Scientists & Engineers
全 国	**Total**	**20661**	**15780**	**72662**	**42483**	**32153**	**23275**
东部地区	Eastern Region	12081	9050	23452	16338	19564	14757
中部地区	Mid Region	4893	3833	20706	12996	5154	4360
西部地区	Western Region	3687	2898	28504	13148	7434	4158
北 京	Beijing	366	319	832	593	413	285
天 津	Tianjin	386	297	915	667	882	700
河 北	Hebei	1153	972	1768	800	385	301
山 西	Shanxi	343	303	387	283	149	111
内蒙古	Neimenggu	4	3	129	81		
辽 宁	Liaoning	943	870	7590	5019	969	665
吉 林	Jilin	44	44	917	724	3	2
黑龙江	Heilongjiang	624	439	3422	1832	848	765
上 海	Shanghai	923	731	2236	1758	979	673
江 苏	Jiangsu	2389	1769	4688	3267	3566	2422
浙 江	Zhejiang	696	425	1472	1308	1407	917
安 徽	Anhui	302	216	1503	1132	689	606
福 建	Fujian	572	441	408	294	1027	717
江 西	Jiangxi	154	103	2699	1244	562	444
山 东	Shandong	3496	2336	1127	896	4878	4325
河 南	Henan	2039	1744	1871	960	1638	1438
湖 北	Hubei	949	637	6039	4063	168	100
湖 南	Hunan	434	344	3740	2677	1097	893
广 东	Guangdong	934	714	1723	1181	4854	3590
广 西	Guangxi	208	164	542	406	193	153
海 南	Hainan	15	11	148	148	11	11
重 庆	Chongqing	43	27	2332	1804	352	240
四 川	Sichuan	1320	1277	4525	3416	5484	2592
贵 州	Guizhou	337	168	2110	1113	69	39
云 南	Yunnan	275	202	173	140	114	75
西 藏	Tibet						
陕 西	Shaanxi	1277	899	18960	6446	711	603
甘 肃	Gansu	403	293	405	229	672	586
青 海	Qinghai						
宁 夏	Ningxia	31	31			32	24
新 疆	Xinjiang						

3-69 续表9

单位：人年 (man.year)

地区 Region		电子及通信设备制造业 Electronic and Telecommunications Equipment		仪器仪表及文化、办公用机械制造业 Instruments, Meters, Cultural and Office Machinery	
		R&D人员全时当量 Full-time Equivalent of R&D Personnel	科学家和工程师 Scientists & Engineers	R&D人员全时当量 Full-time Equivalent of R&D Personnel	科学家和工程师 Scientists & Engineers
全 国	**Total**	**55198**	**45985**	**9242**	**7069**
东部地区	Eastern Region	44465	37454	5599	4231
中部地区	Mid Region	4588	3701	1217	973
西部地区	Western Region	6146	4831	2425	1865
北 京	Beijing	2754	2434	1250	959
天 津	Tianjin	1644	444	138	113
河 北	Hebei	191	152	75	45
山 西	Shanxi				
内蒙古	Neimenggu				
辽 宁	Liaoning	2027	1829	84	64
吉 林	Jilin	203	144	118	118
黑龙江	Heilongjiang	569	416	468	336
上 海	Shanghai	2526	2137	476	356
江 苏	Jiangsu	6542	4073	1175	789
浙 江	Zhejiang	1267	1092	284	236
安 徽	Anhui	195	160	157	112
福 建	Fujian	2165	1942	112	49
江 西	Jiangxi	532	247	89	58
山 东	Shandong	1544	1399	1659	1345
河 南	Henan	430	375	133	120
湖 北	Hubei	1831	1705	90	90
湖 南	Hunan	827	654	163	139
广 东	Guangdong	23511	21696	290	232
广 西	Guangxi	294	255	55	43
海 南	Hainan				
重 庆	Chongqing	309	241	898	651
四 川	Sichuan	2016	1641	668	514
贵 州	Guizhou	322	223	59	59
云 南	Yunnan	114	107	217	137
西 藏	Tibet				
陕 西	Shaanxi	2208	1895	322	273
甘 肃	Gansu	1075	679	157	126
青 海	Qinghai			22	22
宁 夏	Ningxia	101	45	82	82
新 疆	Xinjiang				

3-70 各地区大中型工业企业R&D活动经费支出（2002）
Intramural Expenditure on R&D in Large and Medium-sized Industrial Enterprises by Region

单位：万元 (10,000 yuan)

地区	Region	工业合计 Total		采掘业 Mining and Dressing		电力、煤气及水的生产和供应业 Electric Power, Gas and Water Production and Supply	
		R&D经费 R&D Expenditure	试验发展 Experimental Development	R&D经费 R&D Expenditure	试验发展 Experimental Development	R&D经费 R&D Expenditure	试验发展 Experimental Development
全　国	**Total**	**5601718**	**5261233**	**251846**	**216763**	**103942**	**86674**
东部地区	Eastern Region	4122001	3915217	118232	100700	53987	47870
中部地区	Mid Region	916495	819093	93125	81578	37987	28267
西部地区	Western Region	563223	526923	40489	34484	11968	10537
北　京	Beijing	284674	249738	356	321	4032	3684
天　津	Tianjin	151401	147679	10619	9804	999	905
河　北	Hebei	147085	144468	19413	17550	1441	1427
山　西	Shanxi	77997	74409	26037	25107	860	784
内蒙古	Neimenggu	24220	23265	1732	1233	613	240
辽　宁	Liaoning	379007	364435	27714	27243	1010	568
吉　林	Jilin	91292	66579	6180	5298	1464	1064
黑龙江	Heilongjiang	135210	123537	19303	14890	14800	10493
上　海	Shanghai	499119	474236	280	280	14110	13499
江　苏	Jiangsu	563025	559804	8823	8706	5492	5460
浙　江	Zhejiang	185678	170441	1059	1059	2836	1921
安　徽	Anhui	107457	102869	7013	7013	5822	2022
福　建	Fujian	131437	129323	225	215	2657	2641
江　西	Jiangxi	66995	62046	2650	1210	155	75
山　东	Shandong	697515	629146	43187	33457	12576	9213
河　南	Henan	149957	145526	25828	23699	5747	5747
湖　北	Hubei	166006	151845	1213	1188	6016	5963
湖　南	Hunan	97359	69017	3170	1940	2511	1879
广　东	Guangdong	1017570	990070	5002	922	8731	8504
广　西	Guangxi	58410	48798	1554	1144	105	48
海　南	Hainan	7080	7080				
重　庆	Chongqing	70413	70226	188	180	232	175
四　川	Sichuan	167482	143860	1521	597	4991	4537
贵　州	Guizhou	38694	38624	1093	1093	48	48
云　南	Yunnan	32944	32723	1083	1083	437	437
西　藏	Tibet						
陕　西	Shaanxi	178733	174034	11578	11180	1176	436
甘　肃	Gansu	32537	30618	4125	3754	2981	2952
青　海	Qinghai	14002	12291	5773	4248	1000	869
宁　夏	Ningxia	9637	8719			1103	1083
新　疆	Xinjiang	18782	15828	15129	12351		

3-71 各地区大中型制造业企业R&D活动经费支出（2002）
Intramural Expenditure on R&D in Large and Medium-sized Enterprises of Manufacturing Industry by Region

单位：万元　(10,000 yuan)

地区	Region	制造业合计 Total of Manufacturing: R&D经费 R&D Expenditure	试验发展 Experimental Development	食品加工业 Food Processing: R&D经费 R&D Expenditure	试验发展 Experimental Development	食品制造业 Food Production: R&D经费 R&D Expenditure	试验发展 Experimental Development
全　国	**Total**	**5245930**	**4957654**	**43125**	**38113**	**41655**	**40183**
东部地区	Eastern Region	3949782	3766647	27168	22609	27624	26170
中部地区	Mid Region	785382	709248	14364	14067	13553	13545
西部地区	Western Region	510766	481758	1594	1436	477	468
北　京	Beijing	280286	245732	57	57	970	746
天　津	Tianjin	139783	136970	3	3	34	34
河　北	Hebei	126231	125491	2	2	3685	3685
山　西	Shanxi	51100	48518				
内蒙古	Neimenggu	21875	21792	39	39	300	300
辽　宁	Liaoning	350284	336624			347	347
吉　林	Jilin	83649	60217	820	820		
黑龙江	Heilongjiang	101108	98153	2665	2665	542	542
上　海	Shanghai	484728	460457	270	182	2649	2649
江　苏	Jiangsu	548710	545638	608	608	1202	1148
浙　江	Zhejiang	181784	167461	2068	2068	241	241
安　徽	Anhui	94622	93834	139	139	5915	5915
福　建	Fujian	128555	126467	2380	2380	1729	1729
江　西	Jiangxi	64191	60760	217	217	1184	1184
山　东	Shandong	641752	586477	11521	9406	5270	4602
河　南	Henan	118382	116081	8081	8081	5041	5041
湖　北	Hubei	158777	144694	438	438	504	504
湖　南	Hunan	91678	65198	1967	1671	68	60
广　东	Guangdong	1003837	980645	6964	6752	10882	10372
广　西	Guangxi	56751	47606	3295	1151	465	465
海　南	Hainan	7080	7080			150	150
重　庆	Chongqing	69993	69871	501	501		
四　川	Sichuan	160969	138726	764	607	56	47
贵　州	Guizhou	37553	37483				
云　南	Yunnan	31399	31178	209	209		
西　藏	Tibet						
陕　西	Shaanxi	165980	162418				
甘　肃	Gansu	25431	23912	120	120	422	422
青　海	Qinghai	7229	7174				
宁　夏	Ningxia	8559	7518				
新　疆	Xinjiang	3653	3478				

3-71 续表1

单位：万元 (10,000 yuan)

地区 Region		饮料制造业 Beverage Production		烟草加工业 Tobacco Processing		纺织业 Textile Industry	
		R&D经费 R&D Expenditure	试验发展 Experimental Development	R&D经费 R&D Expenditure	试验发展 Experimental Development	R&D经费 R&D Expenditure	试验发展 Experimental Development
全 国	**Total**	**64845**	**55111**	**34107**	**30826**	**136406**	**129138**
东部地区	Eastern Region	42627	35838	12769	11551	106393	99933
中部地区	Mid Region	11586	10424	13177	11145	21995	21783
西部地区	Western Region	10632	8849	8162	8130	8018	7422
北 京	Beijing	10020	10020	342	241	298	298
天 津	Tianjin	1167	1167	84	84	652	652
河 北	Hebei	1290	1286	1477	1477	4401	4399
山 西	Shanxi	85	85			615	615
内蒙古	Neimenggu	1487	1424			2133	2133
辽 宁	Liaoning	1033	1023			920	896
吉 林	Jilin	118	98	188	188	12	12
黑龙江	Heilongjiang	881	881	132	132	3362	3322
上 海	Shanghai	55	53	2379	2379	4252	4177
江 苏	Jiangsu	2716	2686	2097	2097	41095	40453
浙 江	Zhejiang	7247	851	534	534	7616	7601
安 徽	Anhui	3581	3513	3226	2950	7738	7738
福 建	Fujian	1600	1600	1507	654	4190	4190
江 西	Jiangxi	30	30	392	392	999	999
山 东	Shandong	8891	8846	2040	2040	37774	32836
河 南	Henan	3690	3690	1931	1931	1280	1280
湖 北	Hubei	1067	541	1320	1198	4521	4460
湖 南	Hunan	646	162	5989	4354	1336	1226
广 东	Guangdong	8305	8061	1620	1620	3695	3529
广 西	Guangxi	282	223	688	425	941	341
海 南	Hainan	23	23			561	561
重 庆	Chongqing	270	270			3068	3068
四 川	Sichuan	3764	2023	2415	2395	2030	1532
贵 州	Guizhou	5921	5921	218	218		
云 南	Yunnan	257	257	4974	4974		
西 藏	Tibet						
陕 西	Shaanxi	68	68	545	533	2528	2434
甘 肃	Gansu	275	275	10	10	393	389
青 海	Qinghai	77	35				
宁 夏	Ningxia						
新 疆	Xinjiang						

3-71 续表2

单位：万元 (10,000 yuan)

地区 Region		服装及其他纤维制品制造业 Garments and other Fiber Products		皮革、毛皮、羽绒及其制品业 Leather, Furs, Down and Related Products		木材加工及竹、藤、棕、草制品业 Timber, Bamboo, Cane, Palm Fiber and Straw Products	
		R&D经费 R&D Expenditure	试验发展 Experimental Development	R&D经费 R&D Expenditure	试验发展 Experimental Development	R&D经费 R&D Expenditure	试验发展 Experimental Development
全 国	**Total**	**12922**	**11581**	**8241**	**8198**	**15820**	**15473**
东部地区	Eastern Region	11011	9670	5239	5210	9466	9199
中部地区	Mid Region	1782	1782	390	390	6204	6204
西部地区	Western Region	130	130	2612	2597	151	71
北 京	Beijing						
天 津	Tianjin			55	55	30	30
河 北	Hebei			33	33		
山 西	Shanxi						
内蒙古	Neimenggu	705	705				
辽 宁	Liaoning						
吉 林	Jilin						
黑龙江	Heilongjiang					10	10
上 海	Shanghai	1948	1948	152	152		
江 苏	Jiangsu	1570	1259	1958	1958	2774	2774
浙 江	Zhejiang	1328	1278	1230	1230	451	451
安 徽	Anhui	242	242	21	21	44	44
福 建	Fujian	1314	1314	371	371	1553	1286
江 西	Jiangxi					0	0
山 东	Shandong	237	237	79	50	3667	3667
河 南	Henan			305	305		
湖 北	Hubei	835	835	22	22	6149	6149
湖 南	Hunan			43	43		
广 东	Guangdong	4614	3634	1361	1361	930	930
广 西	Guangxi					60	60
海 南	Hainan						
重 庆	Chongqing			14	14		
四 川	Sichuan	68	68			131	51
贵 州	Guizhou						
云 南	Yunnan			2575	2575	20	20
西 藏	Tibet						
陕 西	Shaanxi			23	8		
甘 肃	Gansu						
青 海	Qinghai	26	26				
宁 夏	Ningxia	36	36				
新 疆	Xinjiang						

3-71 续表3

单位：万元 (10,000 yuan)

地区 Region		家具制造业 Furniture Manufacturing		造纸及纸制品业 Papermaking and Paper Products		印刷业、记录媒介的复制 Printing and Record Medium Reproduction	
		R&D经费 R&D Expenditure	试验发展 Experimental Development	R&D经费 R&D Expenditure	试验发展 Experimental Development	R&D经费 R&D Expenditure	试验发展 Experimental Development
全 国	**Total**	**2114**	**2114**	**68011**	**65032**	**15761**	**15049**
东部地区	Eastern Region	2061	2061	59682	59280	10489	10378
中部地区	Mid Region	53	53	7161	4584	4320	4248
西部地区	Western Region			1168	1168	952	424
北 京	Beijing	477	477			584	584
天 津	Tianjin	127	127			855	855
河 北	Hebei	160	160	1234	1234	621	621
山 西	Shanxi						
内蒙古	Neimenggu			20	20		
辽 宁	Liaoning			9	9	929	929
吉 林	Jilin			100	100		
黑龙江	Heilongjiang	33	33	1565	1485		
上 海	Shanghai	428	428	3687	3677	2724	2620
江 苏	Jiangsu			2307	2307	126	126
浙 江	Zhejiang	333	333	3675	3675	561	561
安 徽	Anhui			2190	2190	4017	4017
福 建	Fujian			7556	7556	147	147
江 西	Jiangxi			95	95		
山 东	Shandong	96	96	26475	26348	227	227
河 南	Henan	20	20	81	81	171	171
湖 北	Hubei			413	413		
湖 南	Hunan			2696	200	132	60
广 东	Guangdong	442	442	13874	13874	3704	3704
广 西	Guangxi			847	581	10	4
海 南	Hainan			20	20		
重 庆	Chongqing						
四 川	Sichuan			259	259	476	322
贵 州	Guizhou						
云 南	Yunnan					88	88
西 藏	Tibet						
陕 西	Shaanxi					375	
甘 肃	Gansu			237	237	14	14
青 海	Qinghai						
宁 夏	Ningxia			673	673		
新 疆	Xinjiang						

3-71 续表4

单位：万元 (10,000 yuan)

地区 Region		文化体育用品制造业 Cultural, Educational and Sports Goods		石油加工及炼焦业 Petroleum Processing and Coking Products		化学原料及化学制品制造业 Raw Chemical Materials and Chemical Products	
		R&D经费 R&D Expenditure	试验发展 Experimental Development	R&D经费 R&D Expenditure	试验发展 Experimental Development	R&D经费 R&D Expenditure	试验发展 Experimental Development
全　国	**Total**	**8680**	**8680**	**51368**	**44315**	**359852**	**337955**
东部地区	Eastern Region	8680	8680	38014	31987	254235	244077
中部地区	Mid Region			7589	6997	76055	67113
西部地区	Western Region			5765	5332	29562	26766
北　京	Beijing	798	798	5889	4462	3465	3309
天　津	Tianjin	52	52	22	22	16553	16458
河　北	Hebei			485	485	8454	8441
山　西	Shanxi			94	94	19569	17208
内蒙古	Neimenggu					1978	1978
辽　宁	Liaoning			3257	3057	11673	9303
吉　林	Jilin					6427	6427
黑龙江	Heilongjiang			2263	2263	1509	1509
上　海	Shanghai	707	707	16494	12748	31611	30985
江　苏	Jiangsu	42	42	474	474	76243	75746
浙　江	Zhejiang	135	135	75	69	20248	18218
安　徽	Anhui			92	92	5718	5565
福　建	Fujian	138	138	142	142	3065	3014
江　西	Jiangxi			396	238	3869	3139
山　东	Shandong	2068	2068	7745	7096	38034	35201
河　南	Henan			2488	2418	6546	5701
湖　北	Hubei			480	397	20537	18724
湖　南	Hunan			1776	1496	9903	6863
广　东	Guangdong	4740	4740	3432	3432	41500	41096
广　西	Guangxi					3278	2193
海　南	Hainan					111	111
重　庆	Chongqing					2201	2181
四　川	Sichuan					16082	13471
贵　州	Guizhou					2096	2096
云　南	Yunnan					1743	1743
西　藏	Tibet						
陕　西	Shaanxi			1148	1148	5809	5701
甘　肃	Gansu			1127	869	483	481
青　海	Qinghai					497	442
宁　夏	Ningxia					651	651
新　疆	Xinjiang			3490	3315		

3-71 续表5

单位：万元 (10,000 yuan)

地区	Region	医药制造业 Medical and Pharmaceutical Products R&D经费 R&D Expenditure	试验发展 Experimental Development	化学纤维制造业 Chemical Fiber R&D经费 R&D Expenditure	试验发展 Experimental Development	橡胶制品业 Rubber Products R&D经费 R&D Expenditure	试验发展 Experimental Development
全国	**Total**	**216997**	**193905**	**54877**	**49151**	**63035**	**62150**
东部地区	Eastern Region	169722	152684	35913	35276	54341	54195
中部地区	Mid Region	29013	26793	12840	9176	5113	4645
西部地区	Western Region	18262	14428	6124	4699	3580	3310
北京	Beijing	12009	8918			677	677
天津	Tianjin	12800	12086	136	136	740	708
河北	Hebei	17276	17276	2781	2781	98	98
山西	Shanxi	373	373	464	464	44	44
内蒙古	Neimenggu	196	196				
辽宁	Liaoning	1904	1742	1417	1417	1126	1126
吉林	Jilin	3168	3159	2101	901		
黑龙江	Heilongjiang	3497	3497	3623	3623	52	52
上海	Shanghai	19478	17859	850	246	3946	3946
江苏	Jiangsu	24810	23961	16812	16779	2192	2192
浙江	Zhejiang	16407	15104	3499	3499	4795	4795
安徽	Anhui	1829	1829	14	14	2284	2284
福建	Fujian	2287	2086	3209	3209	293	293
江西	Jiangxi	5843	5350	241	241	133	133
山东	Shandong	25849	17385	4411	4411	29338	29288
河南	Henan	1830	1819	1822	1822	1306	1306
湖北	Hubei	9496	8256	770	770	662	606
湖南	Hunan	2782	2315	3805	1341	633	221
广东	Guangdong	31180	30747	2675	2675	10319	10254
广西	Guangxi	5123	4921	123	123	818	818
海南	Hainan	600	600				
重庆	Chongqing	3119	3017	714	714	65	65
四川	Sichuan	9710	7421	5410	3985	570	300
贵州	Guizhou	541	541			2372	2372
云南	Yunnan	1775	1554			90	90
西藏	Tibet						
陕西	Shaanxi	1701	639			87	87
甘肃	Gansu	620	460				
青海	Qinghai	592	592				
宁夏	Ningxia	204	204			395	395
新疆	Xinjiang						

3-71 续表6

单位：万元 (10,000 yuan)

地区 Region		塑料制品业 Plastic Products		非金属矿物制品业 Nonmetal Mineral Products		黑色金属冶炼及压延加工业 Smelting and Pressing of Ferrous Metals	
		R&D经费 R&D Expenditure	试验发展 Experimental Development	R&D经费 R&D Expenditure	试验发展 Experimental Development	R&D经费 R&D Expenditure	试验发展 Experimental Development
全 国	**Total**	**45143**	**43950**	**103360**	**100387**	**398709**	**370655**
东部地区	Eastern Region	36872	35859	72671	71229	331238	310128
中部地区	Mid Region	7759	7647	22014	20762	32057	27692
西部地区	Western Region	513	445	8676	8396	35414	32835
北 京	Beijing	2559	2256	5024	4962	12359	12073
天 津	Tianjin	1208	1208	659	656	4105	3678
河 北	Hebei	4079	4079	9921	9921	42195	42195
山 西	Shanxi	3		567	567	3166	3166
内蒙古	Neimenggu			408	388	1088	1088
辽 宁	Liaoning	163	163	5809	5809	166841	157359
吉 林	Jilin	10	6	4126	4126	544	544
黑龙江	Heilongjiang	263	263	421	322	1513	1157
上 海	Shanghai	3211	3111	2224	2131	21097	20599
江 苏	Jiangsu	6936	6936	10672	10672	32573	32573
浙 江	Zhejiang	1173	1173	5016	4969	3134	3134
安 徽	Anhui	4776	4776	1798	1798	2307	2297
福 建	Fujian	1649	1434	2150	2150	2804	2804
江 西	Jiangxi	51	51	4146	4146	8209	7800
山 东	Shandong	2884	2856	18496	17658	22818	22285
河 南	Henan	456	456	5790	5359	3950	3950
湖 北	Hubei	1113	1099	3511	2997	3574	3574
湖 南	Hunan	1086	996	1247	1060	7707	4118
广 东	Guangdong	12736	12408	10818	10748	22968	13128
广 西	Guangxi	275	236	1882	1553	346	300
海 南	Hainan						
重 庆	Chongqing	46	46	1414	1414	390	390
四 川	Sichuan	118	50	5293	5053	30419	27840
贵 州	Guizhou	29	29	113	113	527	527
云 南	Yunnan	283	283	390	390		
西 藏	Tibet						
陕 西	Shaanxi			23	23	933	933
甘 肃	Gansu	30	30	1185	1144	1270	1270
青 海	Qinghai			50	50	1875	1875
宁 夏	Ningxia	7	7	45	45		
新 疆	Xinjiang			163	163		

3−71 续表 7

单位：万元 (10,000 yuan)

地区 Region		有色金属冶炼及压延加工业 Smelting and Pressing of Nonferrous		金属制品业 Metal Products		普通机械制造业 Ordinary Machinery	
		R&D经费 R&D Expenditure	试验发展 Experimental Development	R&D经费 R&D Expenditure	试验发展 Experimental Development	R&D经费 R&D Expenditure	试验发展 Experimental Development
全　国	**Total**	**119923**	**114097**	**42102**	**38377**	**271371**	**261227**
东部地区	Eastern Region	56240	54120	34914	31533	211810	202643
中部地区	Mid Region	30956	28432	2465	2456	39439	38848
西部地区	Western Region	32728	31545	4723	4388	20123	19736
北　京	Beijing	3509	2596	1043	1043	3596	3096
天　津	Tianjin			401	401	11644	10879
河　北	Hebei	851	851	1628	1628	2334	2334
山　西	Shanxi	2055	1988	310	310	2381	2343
内蒙古	Neimenggu	429	429				
辽　宁	Liaoning	3927	3907	775	775	31610	31362
吉　林	Jilin	1280	361			79	79
黑龙江	Heilongjiang	1985	1985	337	337	11250	11250
上　海	Shanghai	3871	3871	5248	2168	34910	34909
江　苏	Jiangsu	10654	10534	13243	13243	48109	48109
浙　江	Zhejiang	3250	3250	543	474	21636	21254
安　徽	Anhui	3195	3195	384	384	5689	5689
福　建	Fujian	10775	10775	1214	1214	3331	3253
江　西	Jiangxi	874	724	365	365	1262	1262
山　东	Shandong	15182	14963	2898	2836	24757	19970
河　南	Henan	13897	13737	98	94	10425	10425
湖　北	Hubei	349	317	520	520	5461	5215
湖　南	Hunan	6891	5697	451	447	2893	2585
广　东	Guangdong	3750	3176	7919	7748	17658	17401
广　西	Guangxi	471	197	3	3	12225	10075
海　南	Hainan						
重　庆	Chongqing	3221	3221	2748	2748	4465	4465
四　川	Sichuan	2438	2113	1608	1277	5109	4852
贵　州	Guizhou	9614	9614	90	90	1717	1717
云　南	Yunnan	6662	6662	37	37	1626	1626
西　藏	Tibet						
陕　西	Shaanxi	987	937	141	141	1773	1723
甘　肃	Gansu	5552	5514	38	34	2190	2112
青　海	Qinghai	3065	3065			947	947
宁　夏	Ningxia	1189	418	61	61	2296	2296
新　疆	Xinjiang						

3-71 续表8

单位：万元 (10,000 yuan)

地区 Region		专用设备制造业 Equipment for Special Purposes R&D经费 R&D Expenditure	试验发展 Experimental Development	交通运输设备制造业 Transport Equipment R&D经费 R&D Expenditure	试验发展 Experimental Development	电气机械及器材制造业 Electric Equipment and Machinery R&D经费 R&D Expenditure	试验发展 Experimental Development
全 国	**Total**	**181562**	**173343**	**778860**	**724694**	**593966**	**582702**
东部地区	Eastern Region	130138	126054	379095	364922	505660	496390
中部地区	Mid Region	32568	28927	250006	215999	42375	41545
西部地区	Western Region	18856	18361	149760	143773	45931	44767
北 京	Beijing	7898	7841	10183	9938	6596	6496
天 津	Tianjin	2137	2137	6078	5849	12299	11805
河 北	Hebei	5226	5130	9775	9775	6884	6331
山 西	Shanxi	6347	6347	1354	1274	263	263
内蒙古	Neimenggu	22	22	1371	1371		
辽 宁	Liaoning	9394	9053	61885	61215	8118	8019
吉 林	Jilin	83	83	61043	40641	58	16
黑龙江	Heilongjiang	2598	561	41729	41729	2315	2315
上 海	Shanghai	16141	15311	140570	139020	22951	22275
江 苏	Jiangsu	27015	26887	49644	49376	76859	76804
浙 江	Zhejiang	12841	12780	13933	13898	18149	18139
安 徽	Anhui	1775	1775	19261	18980	5900	5900
福 建	Fujian	7491	7383	7919	7632	18691	18691
江 西	Jiangxi	2688	2688	24995	24549	4019	3647
山 东	Shandong	30652	28951	24427	14404	197801	195576
河 南	Henan	8123	7411	9349	9319	23434	23397
湖 北	Hubei	6800	6800	70323	60944	979	979
湖 南	Hunan	4131	3239	20581	17191	5407	5029
广 东	Guangdong	9199	8938	28426	28290	136324	131610
广 西	Guangxi	1997	1493	20873	20142	907	563
海 南	Hainan	150	150	5383	5383	82	82
重 庆	Chongqing	50	50	19814	19814	3613	3613
四 川	Sichuan	4462	4197	20978	16114	30943	30269
贵 州	Guizhou	1550	1550	9617	9547	252	252
云 南	Yunnan	4255	4255	1632	1632	622	622
西 藏	Tibet						
陕 西	Shaanxi	5673	5454	96689	95636	5605	5115
甘 肃	Gansu	1409	1398	1030	1030	4831	4831
青 海	Qinghai						
宁 夏	Ningxia	1457	1457			64	64
新 疆	Xinjiang						

3-71 续表9

单位：万元 (10,000 yuan)

地区 Region		电子及通信设备制造业 Electronic and Telecommunications Equipment		仪器仪表及文化、办公用机械制造业 Instruments, Meters, Cultural and Office Machinery	
		R&D经费 R&D Expenditure	试验发展 Experimental Development	R&D经费 R&D Expenditure	试验发展 Experimental Development
全 国	**Total**	**1361430**	**1303254**	**67444**	**57004**
东部地区	Eastern Region	1253972	1202531	48931	39673
中部地区	Mid Region	51898	46849	3715	3095
西部地区	Western Region	55560	53875	14798	14236
北 京	Beijing	182428	155352	8679	8679
天 津	Tianjin	67330	67277	614	611
河 北	Hebei	630	630	273	200
山 西	Shanxi				
内蒙古	Neimenggu				
辽 宁	Liaoning	36423	36387	355	355
吉 林	Jilin	2457	1623	146	146
黑龙江	Heilongjiang	9153	9153	1289	1289
上 海	Shanghai	127690	121154	14542	10508
江 苏	Jiangsu	87736	87648	6353	6353
浙 江	Zhejiang	23373	22889	7069	3633
安 徽	Anhui	9974	9974	555	555
福 建	Fujian	38862	38836	858	858
江 西	Jiangxi	2325	2210	907	352
山 东	Shandong	89563	76346	6840	5127
河 南	Henan	5101	5101	287	287
湖 北	Hubei	17063	17063	220	220
湖 南	Hunan	5825	1726	311	246
广 东	Guangdong	598471	594650	3288	3288
广 西	Guangxi	1467	1361	60	60
海 南	Hainan				
重 庆	Chongqing	3228	3228	8621	8621
四 川	Sichuan	9489	7803	2918	2502
贵 州	Guizhou	2825	2825	73	73
云 南	Yunnan	2003	2003	1666	1666
西 藏	Tibet				
陕 西	Shaanxi	34284	34284	638	619
甘 肃	Gansu	2808	2808	327	327
青 海	Qinghai			100	100
宁 夏	Ningxia	924	924	456	329
新 疆	Xinjiang				

3-72 高技术行业大中型

Major Indicators of Large and Medium-

单位：万元

行　业 Industry	企业数（个） Number of Large & Medium-sized Enterprises	# 有科技机构的企业数 having institutes for S&T	# 有科技活动的企业数 having activities for S&T
医药制造业 **Manufacture of Medical and Pharmaceutical Products**	**874**	**418**	**582**
其中：化学药品原药制造业 Basic Pharmaceutical Products	197	104	129
化学药品制剂制造业 Pharmaceutical Preparations	322	149	211
生物、生化制品制造业 Biology, Biochemical Products	73	33	60
航空航天器制造业 **Manufacture of Aircraft and Spacecraft**	**151**	**75**	**129**
电子及通信设备制造业 **Electronic and Telecommunications Equipment**	**1052**	**342**	**616**
其中：通信设备制造业 Telecommunication Equipment	239	84	167
雷达及配套设备制造业 Radar and Peripheral Equipments	35	20	29
广播电视设备制造业 Broadcast and Television Equipments	13	7	8
电子器件制造业 Electronic Apparatus	202	66	123
电子元件制造业 Electronic Components	376	105	191
家用视听设备制造业 Household Audiovisual Equipments	133	49	73
其他电子设备制造 Other Electronic Equipments	54	11	25
电子计算机及办公设备制造业 **Manufacture of Computers and Office Equipments**	**153**	**48**	**82**
其中：电子计算机整机制造业 Computers	36	16	22
电子计算机外部设备制造业 Peripheral Equipments of Computer	88	23	44
医疗器械及仪器仪表制造业 **Manufacture of Medical Equipments and Meters**	**324**	**134**	**238**
其中：医疗仪器设备及器械制造业 Medical Equipments and Instruments	81	23	51
仪器仪表制造业 Instruments and Meters	243	111	187

工业企业基本情况（2002）

sized Enterprises of Hi-tech Industries

(10,000 yuan)

工业总产值 Gross Value of Industrial Output	新产品 New Products	产品销售收入 Total Revenue from the Sale of Products	新产品 New Products	产品销售利润 Profits from the Sale of Products	新产品 New Products	年末从业人员（人） Employees (year-end) (person)	工程技术人员 Technical Engineering Personnel	生产经营用设备原价 Original Value of Equipment	微电子控制 Equipment Controlled by Micro-electronics
19330770	**2582897**	**18985949**	**2488566**	**4705975**	**555448**	**695701**	**124392**	**7469612**	**629702**
8561215	682337	8504553	717488	2330312	162884	302225	55311	3550563	292921
5189080	877596	4844865	797914	1043470	183903	183885	31689	1993390	142238
1228681	221891	1052132	192810	248052	56453	44455	8136	470100	71171
4985571	**1558267**	**4658002**	**1431626**	**815311**	**158650**	**368952**	**64418**	**3782691**	**508317**
57865372	**22401695**	**55649258**	**22060613**	**6047077**	**1672406**	**1014997**	**163714**	**19262682**	**4855631**
23777088	9829702	23100525	9999083	3071879	912168	236856	61805	3684394	705696
473091	150420	435035	131226	94618	22867	39525	6873	282358	43817
109158	21451	105160	22161	16784	5173	9812	1286	34472	4669
9156711	2336603	9077755	2312010	945249	16651	186059	29333	8390391	2557038
9421758	2113757	9106883	2128116	950848	147400	345871	36041	4715050	1064638
14075806	7836919	13002821	7354825	811061	558679	162439	22757	1861708	427153
851761	112843	821078	113194	156639	9470	34435	5619	294310	52620
23433142	**7761886**	**23524965**	**7532120**	**1509993**	**408986**	**209839**	**22196**	**1960009**	**351202**
11362664	3335729	11586391	3121332	825670	65364	61547	10669	664356	126735
10561480	4280153	10437374	4266258	536346	331353	99918	8459	1016205	200125
3159329	**841053**	**3074122**	**652763**	**646947**	**117865**	**204531**	**31908**	**1530362**	**175646**
1084767	157912	1002811	126704	215550	23510	44428	4257	325069	37831
2074563	683141	2071311	526059	431397	94354	160103	27651	1205294	137815

3-73 高技术行业大中型工业

Share of Tota

注册类型 Type of Registration	有科技机构的企业占全部企业比重 Enterprises Having S&T Institutes as a % of Total	科技活动人员占从业人员比重 Technical S&T Personnel as a % of Total Employees	科学家与工程师占科技活动人员比重 Scientists and Engineers as a % of S&T Personnel
医药制造业 **Manufacture of Medical and Pharmaceutical Products**	**47.8**	**7.7**	**64.1**
其中：化学药品原药制造业 Basic Pharmaceutical Products	52.8	9.3	60.9
化学药品制剂制造业 Pharmaceutical Preparations	46.3	6.1	65.8
生物、生化制品制造业 Biology, Biochemical Products	45.2	7.4	73.5
航空航天器制造业 **Manufacture of Aircraft and Spacecraft**	**49.7**	**18.5**	**48.5**
电子及通信设备制造业 **Electronic and Telecommunications Equipment**	**32.5**	**11.3**	**69.5**
其中：通信设备制造业 Telecommunication Equipment	35.2	18.8	83.3
雷达及配套设备制造业 Radar and Peripheral Equipments	57.1	16.1	58.3
广播电视设备制造业 Broadcast and Television Equipments	53.9	14.5	60.4
电子器件制造业 Electronic Apparatus	32.7	12.8	53.0
电子元件制造业 Electronic Components	27.9	5.9	56.5
家用视听设备制造业 Household Audiovisual Equipments	36.8	8.4	74.1
其他电子设备制造 Other Electronic Equipments	20.4	12.0	84.4
电子计算机及办公设备制造业 **Manufacture of Computers and Office Equipments**	**31.4**	**7.9**	**81.1**
其中：电子计算机整机制造业 Computers	44.4	12.4	85.7
电子计算机外部设备制造业 Peripheral Equipments of Computer	26.1	6.8	75.8
医疗器械及仪器仪表制造业 **Manufacture of Medical Equipments and Meters**	**41.4**	**10.9**	**62.5**
其中：医疗仪器设备及器械制造业 Medical Equipments and Instruments	28.4	5.9	68.4
仪器仪表制造业 Instruments and Meters	45.7	12.2	61.7

企业基本情况分析指标（2002）
by Industry

科技活动经费占产品销售收入比重 Expenditure on S&T Activities as a % of Sales Revenue	新产品产值占工业总产值比重 Output Value of New Products as a % of Gross Value of Industrial Output	新产品销售收入占产品销售收入比重 Sales Revenue of New Products as a % of Total Sales Revenue	新产品销售利润占销售利润总额比重 Profits of sales of New Products as a % of Total Profits	微电子控制设备占生产经营用设备原价比重 Micro-electronic Equipment as a % of Original Valu of Equipment
2.3	**13.4**	**13.1**	**11.8**	**8.4**
1.9	8.0	8.4	7.0	8.3
2.6	16.9	16.5	17.6	7.1
3.0	18.1	18.3	22.8	15.1
9.0	**31.3**	**30.7**	**19.5**	**13.4**
3.3	**38.7**	**39.6**	**27.7**	**25.2**
4.3	41.3	43.3	29.7	19.2
7.1	31.8	30.2	24.2	15.5
5.9	19.7	21.1	30.8	13.5
2.7	25.5	25.5	1.8	30.5
1.6	22.4	23.4	15.5	22.6
2.7	55.7	56.6	68.9	22.9
4.3	13.3	13.8	6.1	17.9
1.6	**33.1**	**32.0**	**27.1**	**17.9**
2.1	29.4	26.9	7.9	19.1
1.2	40.5	40.9	61.8	19.7
3.8	**26.6**	**21.2**	**18.2**	**11.5**
2.1	14.6	12.6	10.9	11.6
4.6	32.9	25.4	21.9	11.4

3-74 高技术行业大中型工业企业科技活动人员（2002）
Personnel for S&T Activities in Large and Medium-sized Enterprises of Hi-tech Industries

单位：人 (person)

行 业 Industry	科技活动人员 Personnel for S&T Activities	科学家和工程师 Scientists & Engineers	科技机构人员 Personnel in S&T Institutes	科学家和工程师 Scientists & Engineers
医药制造业 **Manufacture of Medical and Pharmaceutical Products**	**53275**	**34166**	**21386**	**15483**
其中：化学药品原药制造业 Basic Pharmaceutical Products	28241	17187	9972	6720
化学药品制剂制造业 Pharmaceutical Preparations	11283	7419	4928	3659
生物、生化制品制造业 Biology, Biochemical Products	3298	2425	1750	1395
航空航天器制造业 **Manufacture of Aircraft and Spacecraft**	**68119**	**33013**	**17434**	**8955**
电子及通信设备制造业 **Electronic and Telecommunications Equipment**	**114189**	**79343**	**54359**	**43445**
其中：通信设备制造业 Telecommunication Equipment	44608	37155	29222	25730
雷达及配套设备制造业 Radar and Peripheral Equipments	6373	3714	2087	1430
广播电视设备制造业 Broadcast and Television Equipments	1418	856	518	348
电子器件制造业 Electronic Apparatus	23822	12618	5202	3104
电子元件制造业 Electronic Components	20269	11453	7664	4657
家用视听设备制造业 Household Audiovisual Equipments	13570	10061	7334	6078
其他电子设备制造 Other Electronic Equipments	4129	3486	2332	2098
电子计算机及办公设备制造业 **Manufacture of Computers and Office Equipments**	**16490**	**13378**	**6473**	**5452**
其中：电子计算机整机制造业 Computers	7630	6538	2603	2382
电子计算机外部设备制造业 Peripheral Equipments of Computer	6819	5171	2898	2262
医疗器械及仪器仪表制造业 **Manufacture of Medical Equipments and Meters**	**22186**	**13863**	**7736**	**5428**
其中：医疗仪器设备及器械制造业 Medical Equipments and Instruments	2616	1789	907	696
仪器仪表制造业 Instruments and Meters	19570	12074	6829	4732

3-75 高技术行业大中型工业企业科技活动经费筹集（2002）
Sources of Fund for S&T Activities in Large and Medium-sized Enterprises of Hi-tech Industries

单位：万元 (10,000 yuan)

行业 Industry	科技活动经费筹集总额 Total Funds Obtaied for S&T Activities	政府资金 Government Grant	企业资金 Enterprise Self-financed	金融机构贷款 Bank Loans	国外资金 Funds from Abroad
医药制造业 Manufacture of Medical and Pharmaceutical Products	**560497**	**20618**	**456830**	**47839**	**623**
其中：化学药品原药制造业 Basic Pharmaceutical Products	178120	4346	160181	9776	582
化学药品制剂制造业 Pharmaceutical Preparations	165728	8928	137936	16778	
生物、生化制品制造业 Biology, Biochemical Products	41206	2135	31640	7346	41
航空航天器制造业 Manufacture of Aircraft and Spacecraft	**353129**	**155947**	**149556**	**12046**	**108**
电子及通信设备制造业 Electronic and Telecommunications Equipment	**1892379**	**67240**	**1535939**	**230120**	**47617**
其中：通信设备制造业 Telecommunication Equipment	946167	15585	819935	95618	9936
雷达及配套设备制造业 Radar and Peripheral Equipments	23913	5285	15537	2830	
广播电视设备制造业 Broadcast and Television Equipments	6529	545	5884	100	
电子器件制造业 Electronic Apparatus	276261	12431	230098	7852	24435
电子元件制造业 Electronic Components	141826	15821	114980	4310	4213
家用视听设备制造业 Household Audiovisual Equipments	468021	16396	323835	116595	9033
其他电子设备制造 Other Electronic Equipments	29662	1176	25670	2816	
电子计算机及办公设备制造业 Manufacture of Computers and Office Equipments	**414371**	**8182**	**342088**	**24213**	
其中：电子计算机整机制造业 Computers	296686	4827	230879	21091	
电子计算机外部设备制造业 Peripheral Equipments of Computer	100572	3282	94168	3122	
医疗器械及仪器仪表制造业 Manufacture of Medical Equipments and Meters	**111490**	**9653**	**85871**	**8787**	**1989**
其中：医疗仪器设备及器械制造业 Medical Equipments and Instruments	21793	1266	16498	3300	
仪器仪表制造业 Instruments and Meters	89697	8387	69372	5487	1989

3-76 高技术行业大中型工业企

Intramural Expenditure on S&T Activities in Large

单位：万元

行 业 Industry	科技活动经费内部支出总额 Intramural Expenditure on S&T Activities	# 劳务费 Compensation for Laborers
医药制造业 **Manufacture of Medical and Pharmaceutical Products**	**431388**	**113065**
其中：化学药品原药制造业 Basic Pharmaceutical Products	158290	53931
化学药品制剂制造业 Pharmaceutical Preparations	126209	29612
生物、生化制品制造业 Biology, Biochemical Products	31459	6833
航空航天器制造业 **Manufacture of Aircraft and Spacecraft**	**419890**	**81097**
电子及通信设备制造业 **Electronic and Telecommunications Equipment**	**1819381**	**524601**
其中：通信设备制造业 Telecommunication Equipment	999732	345667
雷达及配套设备制造业 Radar and Peripheral Equipments	30996	9581
广播电视设备制造业 Broadcast and Television Equipments	6151	1935
电子器件制造业 Electronic Apparatus	249156	58733
电子元件制造业 Electronic Components	148600	33422
家用视听设备制造业 Household Audiovisual Equipments	349682	55983
其他电子设备制造 Other Electronic Equipments	35063	19280
电子计算机及办公设备制造业 **Manufacture of Computers and Office Equipments**	**383543**	**75910**
其中：电子计算机整机制造业 Computers	242384	44723
电子计算机外部设备制造业 Peripheral Equipments of Computer	122463	25623
医疗器械及仪器仪表制造业 **Manufacture of Medical Equipments and Meters**	**115987**	**40567**
其中：医疗仪器设备及器械制造业 Medical Equipments and Instruments	21064	5574
仪器仪表制造业 Instruments and Meters	94924	34994

业科技活动经费内部支出（2002）

and Medium-sized Enterprises of Hi-tech Industries

(10,000 yuan)

原材料费 Raw Material Expenditure	固定资产购建费 Expenditure on the Purchase of Fixed Assets	设备购置 Purchase of Instruments	# 开发新产品经费 Spending for New Products	# 科技机构经费 Spending for S&T Institute
88812	**134428**	**109742**	**189533**	**215781**
31532	43325	37851	47527	81989
23993	45809	34394	66704	57218
6554	8431	7127	17745	18599
96447	**126344**	**98719**	**195074**	**84654**
346873	**522136**	**406536**	**1010877**	**1041410**
110898	281817	192899	480263	623518
8854	8599	7482	14780	12860
2828	185	185	5492	4674
69982	87627	75694	115283	81093
36653	53069	49097	78756	69171
113720	80829	74218	300593	233767
3939	10010	6961	15710	16327
121844	**69910**	**65908**	**233615**	**154043**
77270	47467	43890	156914	81487
41685	20221	19813	65266	64810
24432	**30889**	**20266**	**61465**	**41195**
6268	4612	3180	10552	5895
18163	26277	17086	50913	35300

3-77 高技术行业大中型工业企业其他技术活动经费支出（2002）
Expenditure on Other Technical Activities in Large and Medium-sized Enterprises of Hi-tech Industries

单位：万元 (10,000 yuan)

行 业 Industry	技术改造经费 Expenditure on Technical Renovation	技术引进经费 Expenditure on Import of Technology	其中：引进技术资料及关键设备的支出 Purchase of Documents and Key Equipments	消化吸收经费 Expenditure on Technology Absorption	购买国内技术经费 Expenditure on Purchase of Domestic Technology
医药制造业 **Manufacture of Medical and Pharmaceutical Products**	**610503**	**65838**	**43076**	**11665**	**41613**
其中：化学药品原药制造业 Basic Pharmaceutical Products	310017	17503	14032	2457	15604
化学药品制剂制造业 Pharmaceutical Preparations	156204	14931	11830	2295	8794
生物、生化制品制造业 Biology, Biochemical Products	24396	5696	4876	5428	5504
航空航天器制造业 **Manufacture of Aircraft and Spacecraft**	**264701**	**74046**	**66916**	**3351**	**2822**
电子及通信设备制造业 **Electronic and Telecommunications Equipment**	**527807**	**584786**	**382349**	**34860**	**8640**
其中：通信设备制造业 Telecommunication Equipment	75966	191612	156760	20963	338
雷达及配套设备制造业 Radar and Peripheral Equipments	26077	4824	4824		1669
广播电视设备制造业 Broadcast and Television Equipments	369	27	27	261	
电子器件制造业 Electronic Apparatus	213932	232298	155271	8440	1062
电子元件制造业 Electronic Components	129609	42456	28629	2285	1978
家用视听设备制造业 Household Audiovisual Equipments	71823	111769	35453	2691	3463
其他电子设备制造 Other Electronic Equipments	10032	1799	1384	220	130
电子计算机及办公设备制造业 **Manufacture of Computers and Office Equipments**	**45314**	**192875**	**159720**	**1976**	**330**
其中：电子计算机整机制造业 Computers	15437	32837	2180	50	
电子计算机外部设备制造业 Peripheral Equipments of Computer	26259	140696	138198	1912	330
医疗器械及仪器仪表制造业 **Manufacture of Medical Equipments and Meters**	**76020**	**19577**	**15944**	**535**	**5490**
其中：医疗仪器设备及器械制造业 Medical Equipments and Instruments	18764	10768	9266	154	381
仪器仪表制造业 Instruments and Meters	57256	8809	6678	382	5109

3-78 高技术行业大中型工业企业科技机构（2002）
S&T Institutes in Large and Medium-sized Enterprises of Hi-tech Industries

单位：个 (unit)

行业 Industry	企业科技机构数 Number of the S&T Institutes	# 有经常性开发任务 with a current task of development	# 有稳定经费来源 with a stable source of funds	# 有一定测试条件 with a capacity of administer tests and experiments
医药制造业 **Manufacture of Medical and Pharmaceutical Products**	**499**	**467**	**462**	**487**
其中：化学药品原药制造业 Basic Pharmaceutical Products	140	134	132	139
化学药品制剂制造业 Pharmaceutical Preparations	161	151	144	154
生物、生化制品制造业 Biology, Biochemical Products	37	34	34	36
航空航天器制造业 **Manufacture of Aircraft and Spacecraft**	**136**	**127**	**106**	**124**
电子及通信设备制造业 **Electronic and Telecommunications Equipment**	**497**	**462**	**460**	**487**
其中：通信设备制造业 Telecommunication Equipment	149	136	143	142
雷达及配套设备制造业 Radar and Peripheral Equipments	28	27	25	28
广播电视设备制造业 Broadcast and Television Equipments	8	7	6	8
电子器件制造业 Electronic Apparatus	73	69	72	73
电子元件制造业 Electronic Components	138	126	117	137
家用视听设备制造业 Household Audiovisual Equipments	88	84	85	86
其他电子设备制造 Other Electronic Equipments	13	13	12	13
电子计算机及办公设备制造业 **Manufacture of Computers and Office Equipments**	**73**	**68**	**71**	**72**
其中：电子计算机整机制造业 Computers	26	23	24	26
电子计算机外部设备制造业 Peripheral Equipments of Computer	37	35	37	36
医疗器械及仪器仪表制造业 **Manufacture of Medical Equipments and Meters**	**165**	**147**	**141**	**157**
其中：医疗仪器设备及器械制造业 Medical Equipments and Instruments	29	24	27	27
仪器仪表制造业 Instruments and Meters	136	123	114	130

3-79 高技术行业大中型工业企业科技项目和专利（2002）
Projects and Patents for S&T Activities in Large and Medium-sized Enterprises of Hi-tech Industries

单位：项 (item)

行业 Industry	科技活动项目数 Technical Development Projects	新产品开发项目数 New Product Projects	专利申请 Patent Applications	发明专利数 Inventive Patent	拥有发明专利数 Owning Inventive Patent
医药制造业 **Manufacture of Medical and Pharmaceutical Products**	**5034**	**2663**	**1000**	**317**	**485**
其中：化学药品原药制造业 Basic Pharmaceutical Products	1783	655	251	74	158
化学药品制剂制造业 Pharmaceutical Preparations	1573	967	241	67	116
生物、生化制品制造业 Biology, Biochemical Products	348	171	60	24	43
航空航天器制造业 **Manufacture of Aircraft and Spacecraft**	**3069**	**1615**	**176**	**49**	**126**
电子及通信设备制造业 **Electronic and Telecommunications Equipment**	**8350**	**5725**	**2956**	**1457**	**1068**
其中：通信设备制造业 Telecommunication Equipment	2699	1617	1880	1208	766
雷达及配套设备制造业 Radar and Peripheral Equipments	264	174	6		13
广播电视设备制造业 Broadcast and Television Equipments	74	40	1	1	1
电子器件制造业 Electronic Apparatus	1436	1026	272	66	68
电子元件制造业 Electronic Components	2134	1478	123	19	105
家用视听设备制造业 Household Audiovisual Equipments	1572	1280	611	145	97
其他电子设备制造 Other Electronic Equipments	171	110	63	18	18
电子计算机及办公设备制造业 **Manufacture of Computers and Office Equipments**	**643**	**480**	**955**	**304**	**38**
其中：电子计算机整机制造业 Computers	255	165	794	277	22
电子计算机外部设备制造业 Peripheral Equipments of Computer	323	260	119	19	15
医疗器械及仪器仪表制造业 **Manufacture of Medical Equipments and Meters**	**2262**	**1729**	**506**	**110**	**135**
其中：医疗仪器设备及器械制造业 Medical Equipments and Instruments	206	143	61	7	46
仪器仪表制造业 Instruments and Meters	2056	1586	445	103	89

3-80 高技术行业大中型工业企业R&D活动人员与经费支出（2002）
Personnel and Intramural Expenditure on R&D in Large and Medium-sized Enterprises of Manufacturing Industry of Hi-tech Industries

注册类型 Type of Registration	R&D人员 R&D Personnel （人） (person)	R&D人员全时当量 Full-time Equivalent of R&D Personnel （人年） (man.year)	科学家和工程师 Scientists & Engineers	R&D经费支出 R&D Expenditure （万元） (10,000 yuan)	试验发展 Experimental Development
医药制造业 **Manufacture of Medical and Pharmaceutical Products**	**23334**	**18287**	**14289**	**216997**	**193905**
其中：化学药品原药制造业 Basic Pharmaceutical Products	10717	8532	6750	68033	57325
化学药品制剂制造业 Pharmaceutical Preparations	5590	4522	3427	66800	59558
生物、生化制品制造业 Biology, Biochemical Products	1763	1401	1056	16772	15713
航空航天器制造业 **Manufacture of Aircraft and Spacecraft**	**40109**	**36112**	**16657**	**222912**	**216412**
电子及通信设备制造业 **Electronic and Telecommunications Equipment**	**60933**	**49675**	**40943**	**1121617**	**1108624**
其中：通信设备制造业 Telecommunication Equipment	29285	26129	23709	715857	712990
雷达及配套设备制造业 Radar and Peripheral Equipments	2313	2122	1728	17190	17168
广播电视设备制造业 Broadcast and Television Equipments	823	563	524	5578	5422
电子器件制造业 Electronic Apparatus	9589	6328	4350	106007	99134
电子元件制造业 Electronic Components	8709	6520	4420	71014	68606
家用视听设备制造业 Household Audiovisual Equipments	7533	5729	4177	188346	187889
其他电子设备制造 Other Electronic Equipments	2681	2284	2035	17627	17416
电子计算机及办公设备制造业 **Manufacture of Computers and Office Equipments**	**9553**	**6602**	**5952**	**248781**	**199776**
其中：电子计算机整机制造业 Computers	3571	2131	1998	149946	113269
电子计算机外部设备制造业 Peripheral Equipments of Computer	4450	3205	2857	85120	76687
医疗器械及仪器仪表制造业 **Manufacture of Medical Equipments and Meters**	**10458**	**7828**	**5841**	**60386**	**54038**
其中：医疗仪器设备及器械制造业 Medical Equipments and Instruments	1377	994	635	12211	11876
仪器仪表制造业 Instruments and Meters	9081	6834	5205	48176	42162

四、高等学校
Institutions of Higher Education

4-1 高等学校

Major Indicators of

	地 区 Region	1991	1992	1993
学校数 **Number of Institutions of Higher Education**	个 unit	**1075**	**1053**	**1065**
从业人员 **Employees**	万人 10,000 person	**101**	**101**	**102**
科技活动人员 **S&T Personnel**	人 person	**291707**	**299269**	**313724**
#科学家与工程师 Scientists and Engineers	人 person	273275	281239	295504
研究与试验发展机构 **R&D Institutes**	个 unit	**2859**	**3017**	**3115**
研究与试验发展人员全时当量 **Full-time Equivalent of R&D Personnel**	万人年 10,000man.year	**14.5**	**12.8**	**13.9**
#科学家和工程师 Scientists and Engineers	万人年 10,000man.year	13.3	11.8	12.8
#基础研究 Basic Research	万人年 10,000man.year	3.7	3.2	3.7
应用研究 Applied Research	万人年 10,000man.year	7.8	6.7	7.4
试验发展 Experimental Development	万人年 10,000man.year	3.0	2.9	2.9
科技经费筹集额 **Sources of Fund for S&T**	万元 10,000 yuan	**163567**	**256863**	**329969**
#政府资金 Government Funds	万元 10,000 yuan	97580	139677	165706
企业资金 Enterprise Funds	万元 10,000 yuan			
金融机构贷款 Bank Loans	万元 10,000 yuan	965	8516	9996
科技经费内部支出额 **Intramural Expenditure for S&T**	万元 10,000 yuan	**138514**	**208274**	**301334**
#劳务费 Labor Expenses	万元 10,000 yuan	12741	19270	30942
业务费 Operating Expenses	万元 10,000 yuan	79259	119164	174510
固定资产购建费 Expenditure on the Purchase of Fixed Assets	万元 10,000 yuan	28763	39659	57302
#研究与试验发展经费支出 R&D Expenditure	亿元 100,000,000 yuan	13.7	19.2	27.8
基础研究 Basic Research	亿元 100,000,000 yuan	1.9	2.4	3.4
应用研究 Applied Research	亿元 100,000,000 yuan	7.6	10.1	14.9
试验发展 Experimantal Development	亿元 100,000,000 yuan	4.3	6.6	9.5

基本情况（1991－2002）

Institutions of Higher Education

1994	1995	1996	1997	1998	1999	2000	2001	2002
1080	**1054**	**1032**	**1020**	**1022**	**1071**	**1041**	**1225**	**1396**
104	**104**	**104**	**103**	**103**	**106**	**111**	**114**	**130**
319092	**324279**	**332008**	**326202**	**345159**	**341910**	**352231**	**366410**	**383004**
301323	307985	316354	311622	311417	328991	315110	358844	376136
3309	**3431**	**3398**	**3306**	**3241**	**3124**	**3735**	**3481**	**3702**
17.2	**14.4**	**14.8**	**16.6**	**16.9**	**17.6**	**15.9**	**17.1**	**18.1**
15.8	13.2	13.2	15.7	16.1	16.8	14.7	16.8	17.8
4.7	3.9	4.1	4.3	4.6	4.7	5.1	5.1	5.6
9.1	7.8	8.0	9.2	9.3	9.8	8.7	9.2	9.5
3.4	2.7	2.7	3.0	3.0	3.1	2.1	2.8	3.1
414628	**494756**	**565380**	**730763**	**849566**	**1029460**	**1667784**	**2000002**	**2476965**
191891	220525	258241	364700	411494	492174	974653	1098293	1372924
				367733	532425	554523	724562	895801
9482	11748	8302	7126	0	4509	13797	9721	13015
376015	**443889**	**511824**	**629892**	**731542**	**850978**	**1371450**	**1659188**	**2041666**
45249	55082	66018	80622	70565	89185	285406	298112	382150
216120	255264	290012	362203	450954	492875	811771		
71302	78290	95645	125786	131629	170262	274273	512638	383353
38.7	42.3	47.8	57.7	54.4	63.5	76.7	102.4	130.5
5.1	6.5	7.5	9.7	8.7	11.4	17.8	19.0	27.8
21.4	23.3	26.7	31.6	30.5	37.7	40.0	56.6	67.1
12.1	12.5	13.7	16.4	15.3	14.4	18.9	26.8	35.6

4-2 各地区高等学校研究与试验发展（R&D）机构（2002）

R&D Institutes in Institutions of Higher Education by Region

单位：个 (unit)

地 区 Region		学校数 Number of Institutions of Higher Education	高等院校属研究与试验发展机构 R&D Institutes in Institutions of Higher Education	理工农医 Natural Sciences & Technology	人文社会 Social Sciences & Humanities
全 国	**Total**	**1396**	**3702**	**1824**	**1878**
东部地区	Eastern Region	669	2309	1122	1187
中部地区	Mid Region	453	878	442	436
西部地区	Western Region	274	515	260	255
北 京	Beijing	62	400	215	185
天 津	Tianjin	37	108	52	56
河 北	Hebei	75	58	26	32
山 西	Shanxi	39	84	28	56
内蒙古	Neimenggu	21	31	16	15
辽 宁	Liaoning	67	208	119	89
吉 林	Jilin	40	113	68	45
黑龙江	Heilongjiang	47	90	73	17
上 海	Shanghai	50	253	146	107
江 苏	Jiangsu	93	378	169	209
浙 江	Zhejiang	61	287	87	200
安 徽	Anhui	61	86	40	46
福 建	Fujian	33	163	77	86
江 西	Jiangxi	47	67	50	17
山 东	Shandong	75	179	84	95
河 南	Henan	65	45	27	18
湖 北	Hubei	73	177	75	102
湖 南	Hunan	60	185	65	120
广 东	Guangdong	71	191	112	79
广 西	Guangxi	36	64	31	33
海 南	Hainan	9	20	4	16
重 庆	Chongqing	29	97	41	56
四 川	Sichuan	57	150	90	60
贵 州	Guizhou	32	15	8	7
云 南	Yunnan	31	43	17	26
西 藏	Tibet	3	10		10
陕 西	Shaanxi	52	112	67	45
甘 肃	Gansu	25	54	24	30
青 海	Qinghai	11	9	5	4
宁 夏	Ningxia	12	16	8	8
新 疆	Xinjiang	22	9		9

4-3 各地区高等学校科技活动人员（2002）

S&T Personnel in Institutions of Higher Education by Region

单位：人 (person)

地 区 Region		科技活动人员 S&T Personnel Total	科学家和工程师 Scientists & Engineers	理工农医 Natural Sciences and Technologies Sub-total	科学家和工程师 Scientists & Engineers	人文社会 Social Sciences and Humanities Sub-total	科学家和工程师 Scientists & Engineers
全 国	**Total**	**383004**	**376136**	**296279**	**290245**	**86725**	**85891**
东部地区	Eastern Region	209393	205756	159751	156646	49642	49110
中部地区	Mid Region	105589	104286	81768	80633	23821	23653
西部地区	Western Region	68022	66094	54760	52966	13262	13128
北 京	Beijing	36261	35163	27048	26227	9213	8936
天 津	Tianjin	10811	10654	8707	8559	2104	2095
河 北	Hebei	12835	12773	9459	9397	3376	3376
山 西	Shanxi	8354	8217	6351	6250	2003	1967
内蒙古	Neimenggu	4717	4692	3330	3305	1387	1387
辽 宁	Liaoning	20449	20220	16328	16136	4121	4084
吉 林	Jilin	13179	13020	10570	10429	2609	2591
黑龙江	Heilongjiang	12268	12175	10316	10243	1952	1932
上 海	Shanghai	22793	22591	18601	18406	4192	4185
江 苏	Jiangsu	30795	29970	24494	23710	6301	6260
浙 江	Zhejiang	18925	18558	12933	12626	5992	5932
安 徽	Anhui	12550	12369	9977	9815	2573	2554
福 建	Fujian	7711	7667	5585	5551	2126	2116
江 西	Jiangxi	6328	6191	5062	4934	1266	1257
山 东	Shandong	18166	18066	13100	13046	5066	5020
河 南	Henan	10448	10340	7686	7599	2762	2741
湖 北	Hubei	22271	22019	17467	17235	4804	4784
湖 南	Hunan	15474	15263	11009	10823	4465	4440
广 东	Guangdong	22538	22042	17573	17109	4965	4933
广 西	Guangxi	7204	7158	5191	5158	2013	2000
海 南	Hainan	905	894	732	721	173	173
重 庆	Chongqing	10455	9966	7984	7511	2471	2455
四 川	Sichuan	17769	17270	14226	13811	3543	3459
贵 州	Guizhou	3184	3171	2684	2674	500	497
云 南	Yunnan	8175	8064	6281	6174	1894	1890
西 藏	Tibet	192	186			192	186
陕 西	Shaanxi	16511	15777	14655	13931	1856	1846
甘 肃	Gansu	5860	5812	4623	4579	1237	1233
青 海	Qinghai	867	846	725	704	142	142
宁 夏	Ningxia	1565	1560	1216	1216	349	344
新 疆	Xinjiang	3444	3442	2366	2366	1078	1076

4-4 各地区高等学校研究与试验发展（R&D）人员全时当量（2002）
Full-time Equivalent (FTE) of R&D Personnel in Institutions of Higher Education by Region

单位：人年 (man.year)

地 区	Region	研究与试验发展人员全时当量 FTE of R&D Personnel Total	科学家和工程师 Scientists & Engineers	理工农医 Natural Sciences and Technologies Sub-total
全 国	**Total**	**181498**	**178353**	**143597**
东部地区	Eastern Region	99829	98212	78279
中部地区	Mid Region	49478	48830	39068
西部地区	Western Region	32190	31310	26250
北 京	Beijing	18976	18453	15691
天 津	Tianjin	5256	5184	4278
河 北	Hebei	5952	5909	4416
山 西	Shanxi	4015	3961	3244
内蒙古	Neimenggu	2004	1990	1456
辽 宁	Liaoning	9392	9330	7849
吉 林	Jilin	6035	5977	4721
黑龙江	Heilongjiang	7146	7092	6100
上 海	Shanghai	11597	11487	9227
江 苏	Jiangsu	14485	14112	11698
浙 江	Zhejiang	7514	7403	5305
安 徽	Anhui	5609	5531	4175
福 建	Fujian	3823	3809	2924
江 西	Jiangxi	2573	2500	2323
山 东	Shandong	9072	9026	6775
河 南	Henan	3283	3247	2559
湖 北	Hubei	11714	11583	9354
湖 南	Hunan	7099	6949	5136
广 东	Guangdong	10079	9839	7680
广 西	Guangxi	3381	3364	2196
海 南	Hainan	302	296	240
重 庆	Chongqing	5003	4868	3858
四 川	Sichuan	9527	9268	8043
贵 州	Guizhou	1282	1279	1126
云 南	Yunnan	3949	3885	3037
西 藏	Tibet	189	188	
陕 西	Shaanxi	7424	7044	6538
甘 肃	Gansu	2182	2164	1771
青 海	Qinghai	406	392	352
宁 夏	Ningxia	723	722	574
新 疆	Xinjiang	1506	1502	951

4-4 续表

单位：人年 (man.year)

地 区 Region		科学家和工程师 Scientists & Engineers	人文社会 Social Sciences and Humanities Sub-total	科学家和工程师 Scientists & Engineers
全 国	**Total**	**140717**	**37901**	**37636**
东部地区	Eastern Region	76813	21550	21399
中部地区	Mid Region	38493	10410	10337
西部地区	Western Region	25411	5940	5899
北 京	Beijing	15191	3285	3262
天 津	Tianjin	4213	978	971
河 北	Hebei	4384	1536	1525
山 西	Shanxi	3195	771	766
内蒙古	Neimenggu	1446	548	544
辽 宁	Liaoning	7798	1543	1532
吉 林	Jilin	4672	1314	1305
黑龙江	Heilongjiang	6053	1046	1039
上 海	Shanghai	9134	2370	2353
江 苏	Jiangsu	11345	2787	2767
浙 江	Zhejiang	5209	2209	2194
安 徽	Anhui	4107	1434	1424
福 建	Fujian	2916	899	893
江 西	Jiangxi	2252	250	248
山 东	Shandong	6745	2297	2281
河 南	Henan	2528	724	719
湖 北	Hubei	9240	2360	2343
湖 南	Hunan	5000	1963	1949
广 东	Guangdong	7457	2399	2382
广 西	Guangxi	2187	1185	1177
海 南	Hainan	234	62	62
重 庆	Chongqing	3731	1145	1137
四 川	Sichuan	7794	1484	1474
贵 州	Guizhou	1124	156	155
云 南	Yunnan	2979	912	906
西 藏	Tibet		189	188
陕 西	Shaanxi	6164	886	880
甘 肃	Gansu	1756	411	408
青 海	Qinghai	338	54	54
宁 夏	Ningxia	574	149	148
新 疆	Xinjiang	951	555	551

4-5 各地区高等学校科技

Sources of Fund for S&T in Institutions

单位：万元

地区 Region		科技活动经费筹集总额 Total Funds obtained for S&T	政府资金 Government Grant	企业资金 Enterprise Fund
全国	**Total**	**2476965**	**1372924**	**895801**
东部地区	Eastern Region	1544575	841675	593234
中部地区	Mid Region	564289	320632	177935
西部地区	Western Region	368109	210624	124639
北京	Beijing	404572	243627	131430
天津	Tianjin	70716	39712	28777
河北	Hebei	43785	23843	14523
山西	Shanxi	29063	17514	5302
内蒙古	Neimenggu	7439	4510	1883
辽宁	Liaoning	125229	50056	54370
吉林	Jilin	47645	21809	21649
黑龙江	Heilongjiang	109775	64133	32552
上海	Shanghai	269931	128053	120686
江苏	Jiangsu	252836	125081	118282
浙江	Zhejiang	146043	60786	79001
安徽	Anhui	98281	66729	17557
福建	Fujian	21421	15869	4083
江西	Jiangxi	11487	6187	3477
山东	Shandong	67942	51334	11444
河南	Henan	18712	13383	3604
湖北	Hubei	140410	73264	61099
湖南	Hunan	101478	53103	30812
广东	Guangdong	123375	90660	26023
广西	Guangxi	15262	9405	4591
海南	Hainan	3463	3249	25
重庆	Chongqing	38685	22033	14016
四川	Sichuan	103534	47089	40273
贵州	Guizhou	5721	4894	233
云南	Yunnan	19741	15605	3251
西藏	Tibet	47	47	1
陕西	Shaanxi	170000	101662	58682
甘肃	Gansu	19302	9243	7699
青海	Qinghai	2240	2154	0
宁夏	Ningxia	3357	3266	13
新疆	Xinjiang	5482	4632	471

活动经费筹集（2002）

of Higher Education by Region

(10,000 yuan)

理工农医 Natural Sciences and Technologies Sub-total	政府资金 Government Grant	企业资金 Enterprise Fund	人文社会 Social Sciences and Humanities Sub-total	政府资金 Government Grant	企业资金 Enterprise Fund
2323619	**1271757**	**869719**	**153346**	**101167**	**26082**
1443017	777621	572862	101558.47	64054.24	20372.15
533741	298582	174425	30548.41	22050.03	3509.73
346870	195562	122439	21239.05	15062.42	2199.62
375776	228121	126057	28796	15506	5373
66263	36457	27959	4453	3255	818
41179	21614	14349	2606	2229	174
24565	13900	5052	4498	3614	250
6471	3738	1808	968	772	75
119541	45757	53961	5688	4299	409
44744	19654	21351	2901	2155	298
108082	62742	32420	1693	1391	132
255526	119971	117193	14405	8082	3493
242795	117998	116400	10041	7083	1882
134007	54578	74787	12036	6208	4214
94344	63849	17425	3937	2880	132
18601	13996	3359	2820	1873	724
10499	5295	3460	988	892	17
61742	46029	10912	6200	5305	532
17628	12401	3601	1084	982	3
132204	68804	59001	8206	4460	2098
95204	48199	30307	6274	4904	505
110753	81816	23412	12622	8844	2611
13713	8326	4449	1549	1079	142
3121	2958	24	342	291	1
36496	20685	13704	2189	1348	312
96183	42589	39941	7351	4500	332
5175	4381	233	546	513	0
15848	12332	2902	3893	3273	349
			47	47	1
166989	99568	58022	3011	2094	660
17582	8179	7216	1720	1064	483
2125	2040	0	115	114	0
1647	1576	9	1710	1690	4
4825	4212	412	657	420	59

4-6 各地区高等学校科技活

Intramural Expenditure on S&T in Institutions

单位：万元

地区 Region		科技活动经费内部支出 Intramural Expenses on S&T Total	劳务费 Compensation for Labourers	固定资产购建费 Expenditure on the Purchase of Fixed Assets
全 国	**Total**	**2041666**	**382150**	**383353**
东部地区	Eastern Region	1231693	250929	203248
中部地区	Mid Region	505353	77326	106271
西部地区	Western Region	304627	53904	73851
北 京	Beijing	307211	59580	38733
天 津	Tianjin	57576	10239	9847
河 北	Hebei	39418	7588	11497
山 西	Shanxi	27784	10584	6676
内蒙古	Neimenggu	5194	1869	1028
辽 宁	Liaoning	102985	23739	12120
吉 林	Jilin	49214	8224	3051
黑龙江	Heilongjiang	90756	7452	2919
上 海	Shanghai	212783	45486	23108
江 苏	Jiangsu	206659	35794	41182
浙 江	Zhejiang	112916	18988	18170
安 徽	Anhui	102571	9704	51033
福 建	Fujian	19146	4944	4452
江 西	Jiangxi	10383	2763	2207
山 东	Shandong	57314	12952	12432
河 南	Henan	16599	3946	5762
湖 北	Hubei	109610	17520	19463
湖 南	Hunan	93242	15263	14132
广 东	Guangdong	100767	26828	28509
广 西	Guangxi	12675	3915	2686
海 南	Hainan	2243	877	511
重 庆	Chongqing	26986	5676	3514
四 川	Sichuan	93583	12349	20953
贵 州	Guizhou	4731	1915	584
云 南	Yunnan	17009	5674	3748
西 藏	Tibet	47	16	6
陕 西	Shaanxi	135520	22064	40432
甘 肃	Gansu	17943	2803	3181
青 海	Qinghai	2197	1263	138
宁 夏	Ningxia	2452	911	139
新 疆	Xinjiang	4159	1234	1156

动经费内部支出（2002）

of Higher Education by Region

(10,000 yuan)

理工农医 Natural Sciences and Technologies Sub-total	劳务费 Compensation for Labourers	固定资产购建费 Expenditure on the Purchase of Fixed Assets	人文社会 Social Sciences and Humanities Sub-total	劳务费 Compensation for Labourers	固定资产购建费 Expenditure on the Purchase of Fixed Assets
1912976	**335501**	**356739**	**128690**	**46649**	**26614**
1148161	219290	188049	83532	31639	15199
477633	67058	99830	27720	10268	6441
287188	49162	68877	17439	4742	4974
284591	52592	34205	22620	6988	4528
53978	8358	9235	3598	1881	612
36901	5979	11147	2517	1609	350
23596	8100	5614	4188	2484	1062
4340	1365	906	854	504	122
97898	21737	11330	5087	2002	790
46834	7726	2250	2380	498	801
89067	6834	2769	1689	618	150
201053	40716	21665	11730	4770	1443
196995	31730	39687	9664	4064	1495
103999	16680	15778	8917	2308	2392
98964	8389	49792	3607	1315	1241
17060	4130	4217	2086	814	235
9420	2446	2017	963	317	190
51827	9873	11320	5487	3079	1112
15520	3349	5601	1079	597	161
102721	16235	17963	6889	1285	1500
87171	12614	12918	6071	2649	1214
90509	23542	26492	10258	3286	2017
11422	3234	2503	1253	681	183
1928	719	470	315	158	41
25247	5295	3236	1739	381	278
87435	10639	19297	6148	1710	1656
4363	1711	543	368	204	41
13482	5043	1695	3527	631	2053
			47	16	6
132718	21104	39905	2802	960	527
16661	2441	2854	1282	362	327
2024	1224	130	173	39	8
1564	726	117	888	185	22
3694	979	1100	465	255	56

4-7 各地区高等学校研究与

Intramural Expenditure for R&D in

单位：万元

地 区	Region	研究与试验发展经费支出 Intramural Expenditure for R&D Total	基础研究 Basic Research	应用研究 Applied Research	试验发展 Experimental Development
全 国	**Total**	**1304944**	**278089**	**671125**	**355730**
东部地区	Eastern Region	804949	168472	419401	217076
中部地区	Mid Region	297219	84912	135764	76543
西部地区	Western Region	202786	34362	106591	61833
北 京	Beijing	235658	59618	93597	82443
天 津	Tianjin	45847	8395	26053	11398
河 北	Hebei	24532	5265	15848	3418
山 西	Shanxi	14686	5453	7147	2085
内蒙古	Neimenggu	3294	1318	1039	937
辽 宁	Liaoning	60805	6892	44953	8960
吉 林	Jilin	23497	7163	11816	4519
黑龙江	Heilongjiang	32726	6273	17148	9306
上 海	Shanghai	119684	21417	79343	18924
江 苏	Jiangsu	136701	22586	82810	31305
浙 江	Zhejiang	70969	9470	23050	38449
安 徽	Anhui	70856	38107	14734	18016
福 建	Fujian	14423	5096	7240	2086
江 西	Jiangxi	7621	1594	2678	3349
山 东	Shandong	31770	9766	14406	7598
河 南	Henan	13339	2904	5007	5429
湖 北	Hubei	69155	12254	37862	19038
湖 南	Hunan	62045	9847	38334	13865
广 东	Guangdong	57904	16882	29987	11034
广 西	Guangxi	5056	2278	1555	1223
海 南	Hainan	1600	808	556	236
重 庆	Chongqing	16253	2202	10476	3576
四 川	Sichuan	79982	17450	44776	17756
贵 州	Guizhou	4114	1355	1602	1157
云 南	Yunnan	11396	1703	5778	3915
西 藏	Tibet	47	9	38	0
陕 西	Shaanxi	73046	8102	31783	33162
甘 肃	Gansu	11459	1792	8656	1011
青 海	Qinghai	1114	77	619	418
宁 夏	Ningxia	2039	940	777	322
新 疆	Xinjiang	3336	732	2088	516

试验发展（R&D）经费支出（2002）

Institutions of Higher Education by Region

(10,000 yuan)

理工农医 Natural Sciences and Technologies Sub-total	基础研究 Basic Research	应用研究 Applied Research	试验发展 Experimental Development	人文社会 Social Sciences and Humanities Sub-total	基础研究 Basic Research	应用研究 Applied Research	试验发展 Experimental Development
1176254	**234549**	**638675**	**303030**	**128690**	**43540**	**32450**	**52700**
721417	142590	400259	178568	83532	25883	19141	38508
269499	73987	127110	68401	27720	10924	8654	8142
185347	27771	102142	55435	17439	6591	4449	6398
213038	51153	90174	71710	22620	8465	3423	10732
42249	7301	24812	10136	3598	1094	1242	1262
22015	4651	14650	2714	2517	614	1199	704
10498	3484	5876	1138	4188	1969	1271	948
2440	949	908	584	854	369	131	354
55718	6182	43075	6461	5087	710	1878	2499
21117	6013	11061	4043	2380	1149	755	476
31037	5461	16705	8871	1689	812	442	435
107954	17054	76547	14354	11730	4363	2797	4571
127037	19040	81051	26946	9664	3546	1759	4359
62052	7956	21071	33025	8917	1513	1979	5424
67249	36327	13988	16935	3607	1780	746	1081
12337	4293	6702	1343	2086	804	539	744
6658	1143	2561	2954	963	450	117	395
26283	7660	13438	5186	5487	2107	968	2412
12260	2421	4707	5132	1079	483	299	297
62266	9576	36609	16081	6889	2678	1253	2957
55974	8613	34696	12665	6071	1234	3638	1200
47646	15062	26976	5608	10258	1819	3012	5427
3803	1641	1244	918	1253	637	311	305
1285	597	520	168	315	211	36	68
14514	1734	9956	2823	1739	467	519	753
73834	14411	42974	16449	6148	3039	1802	1307
3746	1182	1478	1086	368	173	124	72
7869	1033	5242	1594	3527	670	536	2321
				47	9	38	0
70244	6798	31407	32039	2802	1304	376	1122
10177	1542	8152	483	1282	250	504	528
941	62	461	418	173	15	158	0
1151	293	642	216	888	647	135	106
2871	714	1831	326	465	18	257	190

4-8 各地区高等学校研究与试

R&D Topics Taken by Institutions

地 区 Region		合计 Total		
		课题数（个）Number of Topics	投入人员（人年）Input of Personnel (man.year)	经费支出（万元）Expenditure (10,000 yuan)
全 国	**Total**	**169643**	**169719**	**957739**
东部地区	Eastern Region	101196	93834	610602
中部地区	Mid Region	40517	45922	194666
西部地区	Western Region	27930	29963	152472
北 京	Beijing	16813	18178	192606
天 津	Tianjin	5189	5059	35118
河 北	Hebei	4727	5786	12839
山 西	Shanxi	2602	3499	7442
内蒙古	Neimenggu	1626	1923	2090
辽 宁	Liaoning	6197	8563	48023
吉 林	Jilin	3682	5340	19174
黑龙江	Heilongjiang	4572	6945	28578
上 海	Shanghai	14385	10625	114632
江 苏	Jiangsu	14794	13132	105087
浙 江	Zhejiang	13779	6974	41583
安 徽	Anhui	4503	5113	17266
福 建	Fujian	5370	3751	11184
江 西	Jiangxi	3141	2166	4802
山 东	Shandong	6677	8805	18281
河 南	Henan	2911	3095	6607
湖 北	Hubei	10255	11174	66527
湖 南	Hunan	7225	6667	42179
广 东	Guangdong	10397	9340	26750
广 西	Guangxi	2433	3334	3878
海 南	Hainan	435	287	620
重 庆	Chongqing	3911	4492	12677
四 川	Sichuan	8177	8775	62767
贵 州	Guizhou	1254	1095	2206
云 南	Yunnan	2346	3761	5932
西 藏	Tibet	48	189	1
陕 西	Shaanxi	8119	7179	54902
甘 肃	Gansu	2179	2004	10906
青 海	Qinghai	142	322	287
宁 夏	Ningxia	733	705	652
新 疆	Xinjiang	1021	1441	2142

验发展（R&D）课题（2002）

of Higher Education by Region

理工农医 Natural Sciences & Technology			人文社会 Social Sciences & Humanities		
课题数（个） Number of Topics	投入人员（人年） Input of Personnel (man.year)	经费支出（万元） Expenditure (10,000 yuan)	课题数（个） Number of Topics	投入人员（人年） Input of Personnel (man.year)	经费支出（万元） Expenditure (10,000 yuan)
117751	**131818**	**905013**	**51892**	**37901**	**52727**
68986	72284	573840	32210	21550	36762
28669	35512	184667	11848	10410	9999
20096	24022	146505	7834	5941	5966
11432	14893	180067	5381	3285	12539
3567	4081	33522	1622	978	1596
3154	4250	12193	1573	1536	646
1962	2728	6744	640	771	698
1156	1375	1819	470	548	272
4436	7020	46994	1761	1543	1030
2401	4026	17665	1281	1314	1509
3770	5899	28016	802	1046	562
9774	8255	108261	4611	2370	6371
10678	10345	100978	4116	2787	4110
8836	4765	37995	4943	2209	3588
3303	3679	16593	1200	1434	674
3406	2852	10135	1964	899	1049
1734	1916	4564	1407	250	238
4445	6508	16689	2232	2297	1592
1864	2371	6198	1047	724	409
7641	8814	62887	2614	2360	3640
4838	4704	40181	2387	1963	1997
7395	6941	22918	3002	2399	3833
1567	2149	3534	866	1185	343
296	225	555	139	62	65
2393	3347	11707	1518	1145	971
6037	7291	60887	2140	1484	1880
895	939	2105	359	156	101
1629	2849	5319	717	912	613
			48	189	1
6618	6293	53549	1501	886	1352
1355	1593	10155	824	411	751
82	268	273	60	54	14
486	556	578	247	149	74
601	886	1934	420	555	208

4-9 高等院校研究与试验发展（R&D）课题学科分组情况（2002）

R&D Topics Taken by Institutions of Higher Education by Discipline

	R&D 课题数（项） Projects of R&D	R&D 课题参加人员全时当量（人年） Participants	科学家和工程师 Scientists & Engineers	R&D 项目（课题）经费内部支出（万元） Expenditure
全 国 **Total**	**169643**	**169719**	**153190**	**957739**
数学 Mathematics	3291	3072	2756	8239
信息科学与系统科学 Information & System Science	1661	1897	1636	19159
力学 Mechanics	1092	1018	952	6256
物理学 Physics	3986	4283	3902	23740
化学 Chemistry	5685	6315	5539	34196
天文学 Astronomy	84	70	67	473
地球科学 Earth Science	3786	3814	3243	30768
生物学 Biology	5733	6229	5515	39896
农学 Agriculture	6468	7061	5776	33328
林学 Forestry	1739	1665	1527	8712
畜牧、兽医科学 Livestock, Veterinary Medicine	1841	1979	1705	10666
水产学 Aquatic	920	713	670	3168
基础医学 Basic Medicine	5067	6860	5959	24372
临床医学 Clinic Medicine	14140	20319	16660	28992
预防医学与卫生学 Protective Medicine	763	954	781	2273
军事医学与特种医学 Military Medicine & Special Medicine	17	30	29	27
药学 Pharmacy	1165	1604	1446	8199
中医学与中药学 Traditional Chinese Medicine	3769	5332	4475	7101
工程与技术科学基础学科 Engineering & Basic Technology Science	1016	1037	988	11117
测绘科学技术 Surveying & Mapping	374	456	427	2677
材料科学 Material Science	6114	7352	6624	76293
矿山工程技术 Mining	2817	2369	2270	20614
冶金工程技术 Metallurgy	923	1146	981	841
机械工程 Mechanical Engineering	6378	7201	6546	64343
动力与电气工程 Power & Electrical Engineering	3279	3373	3016	51879
能源科学技术 Energy Technology	903	952	883	9555
核科学技术 Nuclear Technology	81	88	80	2683
电子、通信与自动控制技术 Electronics, Communication & Automation	8302	9556	8680	112095
计算机科学技术 Computer Technology	5503	5615	4953	57329

4-9 续表1

	R&D 课题数（项） Projects of R&D	R&D 课题参加人员全时当量（人年） Participants	科学家和工程师 Scientists & Engineers	R&D 项目（课题）经费内部支出（万元） Expenditure
化学工程 Chemical Engineering	4119	3944	3599	31024
纺织科学技术 Textile Technology	601	578	503	3126
食品科学技术 Food Technology	1005	1088	1015	4114
土木建筑工程 Civil Construction	3376	3148	2823	28338
水利工程 Water Conservancy	1281	1265	1164	13650
交通运输工程 Transportaiton Engineering	2414	2345	2131	41989
航空、航天科学技术 Aviation and Aerospace	1596	1231	1115	36755
环境科学技术 Environment	2146	2011	1708	15153
安全科学技术 Security	107	88	76	418
管理学 Management	9881	7700	7459	31189
马克思主义 Marxism	1884	1604	1571	842
哲学 Phylosophy	1653	1097	1079	1097
宗教学 Religion	209	251	250	199
语言学 Linguistics	3507	2846	2822	2577
文学 Literature	4081	2971	2950	2786
艺术学 Arts	2047	1727	1711	2068
历史学 Histry	2411	1618	1607	2021
考古学 Archaeology	236	145	144	956
经济学 Economics	10559	7448	7330	13762
政治学 Politics	1468	927	920	1315
法学 Law	3606	2672	2650	3152
军事 Strategics	51	43	39	386
社会学 Sociology	1924	1163	1149	2371
民族学 Ethnography	366	368	365	375
新闻学与传播学 Journalism	728	469	466	635
图书馆、情报与文献学 Library and Information Literature	1225	1223	1208	868
教育学 Education	6789	4502	4406	8005
体育科学 Physical Science	2051	1900	1873	1398
统计学 Statistics	510	395	386	611

4-10 各地区高等学校科技服务课题（2002）
S&T Service Topics Taken by Institutions of Higher Education by Region

地区 Region		课题数（个） Number of Topics	投入人员（人年） Input of Personnel (man.year)	经费支出（万元） Expenditure (10,000 yuan)
全国	**Total**	**23733**	**22128**	**347830**
东部地区	Eastern Region	17003	13568	254146
中部地区	Mid Region	3163	4292	48452
西部地区	Western Region	3567	4268	45232
北京	Beijing	1723	1537	56424
天津	Tianjin	534	472	10830
河北	Hebei	738	797	10021
山西	Shanxi	274	314	1753
内蒙古	Neimenggu	87	128	777
辽宁	Liaoning	1252	1354	23071
吉林	Jilin	384	624	4516
黑龙江	Heilongjiang	366	632	6924
上海	Shanghai	3240	2257	57249
江苏	Jiangsu	3121	2470	34560
浙江	Zhejiang	2803	1246	36394
安徽	Anhui	366	457	6301
福建	Fujian	607	372	2013
江西	Jiangxi	159	133	1018
山东	Shandong	595	782	3511
河南	Henan	284	266	1842
湖北	Hubei	740	1150	15402
湖南	Hunan	503	588	9920
广东	Guangdong	1783	1694	16287
广西	Guangxi	576	557	3664
海南	Hainan	31	30	123
重庆	Chongqing	549	863	4095
四川	Sichuan	599	689	8171
贵州	Guizhou	73	87	127
云南	Yunnan	268	464	1585
西藏	Tibet			
陕西	Shaanxi	1867	1874	27269
甘肃	Gansu	128	150	3492
青海	Qinghai	31	69	231
宁夏	Ningxia	33	39	37
新疆	Xinjiang	19	33	226

五、国家科技发展计划

National Program for Science and Technology Development

5-1 国家主要科技计划中央财政拨款（1996-2002）
Appropriation for S&T by Central Government in the Main Programmes of S&T

单位：万元 (10,000 yuan)

	1996	1997	1998	1999	2000	2001	2002
国家科技攻关计划 Key Technologies R&D Program	52000	53718	103700	116600	103209	106340	106340
基础研究计划 Basic Research Program							
国家自然科学基金 National Natural Science Fund	64583	77726	88862	108358	128431	159835	196839
国家重点基础研究发展规划项目计划（973 计划） National Basic Research Program of China	-	-	30000	40000	50000	60000	70000
基础研究重大项目前期研究专项① National Key program of Basic Research	7100	7100	7100	7600	7600	7600	7600
研究开发条件建设计划 Conditional Construction Program on Research and Development							
国家重点实验室建设项目计划 State Key Laboratory Construction Program	6000	6500	12500	10500	12500	13000	13000
国家工程技术研究中心计划 National Engineering Research Centres	4000	4000	4000	4000	4000	5000	5000
科技基础性工作 Scientific and Technical Basic Work	-	-	-	13000	15000	20000	20000
社会公益研究专项 Special Research Project on Social Public Welfare	-	-	-	-	13000	15000	15000
科技产业化环境建设计划 Environmental Construction Program on Science and Technology Industrialization							
星火计划 Spark Program	3900	3900	3900	4000	4000	10000	10000
火炬计划 Torch Program	5100	5100	5100	5100	5000	5000	5000
科技成果重点推广计划 Science and Technology Achievements Spreading Program	1900	1900	2000	2000	2000	2000	2000
国家重点新产品计划（专项资助） National New Products Program	950	13500	13500	14000	14000	14000	14000
科技型中小企业技术创新基金 Innovation Fund for Small Technology-based Firms	-	-	-	100000	80000	50000	50000
农业科技成果转化资金 Agricultural Science and Technology Transfer Fund	-	-	-	-	-	40000	20000
科技兴贸行动计划 Action Plan for Promoting Trade by Science and Technology	-	-	-	-	2000	2000	2000
科研院所技术开发专项 Special Technnology Development Project for Research Institutes	-	-	-	14720	16866	16000	21392

注：① 1996-2000 为攀登计划。

5-2 国家科技攻关计划中央财政拨款（1996-2002）
Appropriation for S&T by Central Government in Key Technologies R&D Program

单位：万元 (10,000 yuan)

	1996	1997	1998	1999	2000	2001	2002
合计 Total	**52000**	**53718**	**103700**	**116600**	**103209**	**106340**	**106340**
农业、生物技术① Agriculture, Biological Technology	10700	11700	11700	23100	15169	36600	36450
工业高新技术 Hi-tech Industry	21270	24203	70000	66200	44851	37400	36900
社会发展 Social Development	14590	15015	22000	19100	24821		
其他 Others	5440	2800	-	8200	18368	32340	32990

注：①2001年、2002年数据包括农业、生物技术领域和社会发展领域。

5-3 国家重点基础研究发展计划中央财政拨款（1998-2002）
Appropriation for S&T by Central Government in National Basic Research Program of China

单位：万元 (10,000 yuan)

	1998	1999	2000	2001	2002
合计 Total	**30000**	**40000**	**50000**	**60000**	**70000**
农业 Agriculture Science	3572	5407	3434	9970	8553
能源 Energy Science	1695	6312	5381	7707	6811
信息 Information Science	4908	5472	5965	7917	8080
资源环境 Environment Science	7245	8609	7572	13758	10825
人口与健康 Human and Health Science	6174	6644	7380	8921	11441
材料 Materials Science	6006	6778	6955	8838	9890
综合交叉与重要科学前沿 Synthesis and Forefront of Major Science	-	-	12477	1819	12987
其它 Others	400	778	836	1070	1413

5-4 基础研究重大项目前期研究专项中央财政拨款（1996-2002）
Appropriation for S&T by Central Government in National Key Program of Basic Research

单位：万元 (10,000 yuan)

	1996	1997	1998	1999	2000	2001	2002
合计 Total	**7100**	**7100**	**7100**	**7600**	**7600**	**7600**	**7600**
数学 Mathematics	240	300	300	300	40	370	290
物理学 Physics	1480	1550	1480	1600	1998	1835	1302
化学 Chemistry	1270	1350	610	1250	1026	381	415
天文学 Astronomy	270	300	300	300	370	90	50
地学 Earth sciences	950	950	1125	1150	1025	1609	2345
生物学 Biological Sciences	1800	1610	1760	1590	1941	2650	2620
前沿与交叉 Synthesis and Forefront of Majore Science	640	580	940	950	960	460	485
其他 Others	450	460	585	460	240	205	93

注：1996-2000 年为攀登计划。

5-5 国家自然科学基金资助项目经费（1996-2002）
Porjects Funds Approved by the National Natural Science Foundation

单位：万元 (10,000 yuan)

	1996	1997	1998	1999	2000	2001	2002
合　计 Total	**61844**	**78770**	**102558**	**100580**	**111879**	**139975**	**218431**
面上项目 General Programs	34048	39503	43668	47163	63348	79762	115631
重点项目 Leading Programs	9388	12884	15858	8258	6826	18044	31230
重大项目 Major Program		5910	14380	11455	765	500	1800
重大研究计划 Major Research Plan						7065	17057
国家杰出青年科学基金 Projects of State Sciencs Foundation for Distinguished Young Scientists	4860	6360	7450	10290	17015	13145	15670
海外和香港、澳门青年学者合作研究基金 Programs of Joint Funds				2160	2400	2440	3160
创新研究群体科学基金 Programs of Innovation Joint Research Funds					5280	6960	7080
国家基础科学人才培养基金 Projests of States Foundation for Basic Science Scientists	6000	5180	8185	8400	3804		11600
委主任基金、科学部主任基金 President and Directors' Funds	110	1591	1841	1656	2732	2724	4519
专项基金 Special Funded Projects	2628	3788	6204	4186	4472	2950	2581
国际合作与交流 International Cooperation and Exchange	2190	2354	2922	3833	5236	6385	8104
其　他 Others	2620	1200	2050	3179			

5-6 分部门国家自然科学基金资助项目经费（2002）
Porjects Funds Approved by the National Natural Science Foundation by Sectors

单位：万元 (10,000 yuan)

	合计 Total	高等学校 High Education	教育部所属院校 Subordinated Directly to Ministry of Education	科研机构 Research Institution	中国科学院 China Academy of Sciences	其他 Others
合计 Total	**218431**	**151316**	**94229**	**63062**	**50529**	**4054**
面上项目 General Programs	115631	88079	51553	25969	19128	1583
重点项目 Leading Programs	31230	17020	9975	13900	10460	310
重大项目 Major Program	1800	1300	700	500	500	0
重大研究计划 Major Research Plan	17057	9962	6203	6884	5954	211
国家杰出青年科学基金 Projects of State Sciencs Foundation for Distinguished Young Scientists	15670	9160	6560	6410	6240	100
海外和香港、澳门青年学者合作研究基金 Programs of Joint Funds	3160	2200	1640	880	880	80
创新研究群体科学基金 Programs of Innovation Joint Research Funds	7080	2880	2160	3840	3840	360
国家基础科学人才培养基金 Projests of States Foundation for Basic Science Scientists	11600	10480	9450	320	320	800
委主任基金、学部主任基金 President and Directors' Funds	4519	3163	1850	1265	931	90
专项基金 Special Funded Projects	2581	1966	1150	581	427	34
国际合作与交流 International Cooperation and Exchange	8104	5106	2987	2512	1849	486

5-7 国家重点实验室运行情况（2002）
National Leading Laboratories by Sectors

	实验室数（个）Number of Laboratories (unit)	实验室人员		研究经费	
		固 定（人）Full-time Personnel (person)	客 座（人月）Guest Researchers (person, month)	筹 集（万元）R&D Funds (10,000 yuan)	支 出（万元）R&D Expenditure (10,000 yuan)
总计 Total	**164**	**5522**	**13962**	**215729**	**195440**
国防科工委 Commission of Science,Technology and Industry for National Defense	4	85	101	7175	5217
国家计生委 State Family Planning Commission	2	60	204	1915	1749
教育部 Ministry of Education	96	3420	5606	116180	102902
农业部 Ministry of Agriculture	3	85	196	2793	2287
卫生部 Ministry of Health	7	191	3187	5245	5070
中国科学院 China Academy of Science	52	1681	4668	82420	78215

5-7 续表

	科研项目		获奖成果（项）Achievements Awarded (item)	发表论文（篇）Paper Published (piece)	毕业研究生（人）Graduated Masters & Doctors (person)
	项数（项）R&D Projects (item)	经费（万元）Funds (10,000 yuan)			
总计 Total	**1117**	**186022**	**315**	**19918**	**4702**
国防科工委 Commission of Science,Technology and Industry for National Defense	20	7035	7	342	108
国家计生委 State Family Planning Commission	12	1616	0	147	15
教育部 Ministry of Education	728	102584	257	13019	3638
农业部 Ministry of Agriculture	19	1777	3	315	49
卫生部 Ministry of Health	15	4697	7	231	91
中国科学院 China Academy of Science	324	68314	41	5864	801

5-8 国家主体性计划项目实施情况（2002）

Projects of National Main Research Program

	单位 Unit	合计 Total	基础研究计划① Basic Research Program	“863”计划 "863" Program	攻关计划 Key Technologies R&D Program
实施项目数 Projects in practice	项 item	2826	270	1337	1219
项目组人员 Personnel in Project Group	人次 person.times	93398	17880	28269	47249
高级职称 Seniro Titel	人次 person.times	41055	7968	12401	20686
中级职称 Middle Titel	人次 person.times	24821	2764	7004	15053
项目人员当年投入工作量 Personnel Input	人年 man-year	48936	10076	16707	22153
当年落实项目资金 Funds Arranged in 2002	万元 10,000 yuan	1616475	110055	253308	1253112
# 政府资金 Government Funds	万元 10,000 yuan	500292	99875	135355	265062
# 科研机构承担的项目 Performed by R&D institutes	万元 10,000 yuan	420997	66137	72416	282444
高等学校承担的项目 Performed by higher learning	万元 10,000 yuan	204606	40170	55389	109048
企业承担的项目 Performed by enterprises	万元 10,000 yuan	551006	0	112657	438349
培养博士、硕士 Cultivating Masters and Doctors	人 person	11411	5151	3702	2558
发表科技论文 Science Papers Published	篇 piece	32217	16556	9533	6128
# 向国外发表 Published abroad	篇 piece	8960	6365	2056	539
出版科技著作 Science Works Published	万字 10,000 words	11155	4393	3372	3390
专利申请数 Patents Received	项 item	3021	528	1673	820
# 发明 Invention	项 item	2304	419	1307	578
# 向国外申请专利 Received by Foreign Countries	项 item	121	24	78	19
专利授权数 Patents Granted	项 item	653	183	245	225
# 发明 Invention	项 item	408	138	141	129
# 国外授权专利 Granted by Foreign Countries	项 item	30	12	12	6

注：①基础研究计划统计范围包括国家重点基础研究发展计划和基础研究重大项目前期研究专项。

5-9 分社会经济目标国家主体性计划项目投入（2002）
Input of Projects of National Main Research Program by Socio-economic Objective

	当年落实资金（万元）Funds Arranged in 2002 (10,000 yuan)	基础研究计划 Basic Research Program	"863"计划 "863" Program	攻关计划 Key Technologies R&D program
合计 Total	**1616475**	**110055**	**253308**	**1253112**
农业、林业和渔业的发展 Development of agriculture,forestry and fishing	218327	15010	25589	177729
促进工业的发展 Promotion of industrial development and technology	642667	14390	56276	572001
能源的生产和合理利用 Production and rational use of energy	160121	14229	89662	56230
基础设施的发展 Development of the infrastructure	298652	3095	21492	274065
环境治理与保护 Control and care of the environment	34252	6332	11064	16857
卫生 Health	79240	17762	16051	45428
社会发展和社会服务 Social development and services	112093	4595	15334	92164
地球和大气层的探索与利用 Exploration and exploitation of the Earth and atmosphere	21701	8328	5979	7394
知识的发展 General advancement of knowledge	33342	26139	4213	2990
民用空间 Civil space	8955	137	1514	7305
国防 Defence	7124	40	6134	950

注：统计范围同前表。

5-9 续表

	当年投入工作量（人年）Personnel Input in 2002 (FTE)	基础研究计划 Basic Research Program	"863"计划 "863" Program	攻关计划 Key Technologies R&D program
合计 Total	**48936**	**10076**	**16707**	**22153**
农业、林业和渔业的发展 Development of agriculture,forestry and fishing	12259	1686	3209	7365
促进工业的发展 Promotion of industrial development and technology	10978	1410	3522	6046
能源的生产和合理利用 Production and rational use of energy	5993	1130	3290	1573
基础设施的发展 Development of the infrastructure	1987	120	918	949
环境治理与保护 Control and care of the environment	1791	493	619	680
卫生 Health	6106	1400	2016	2690
社会发展和社会服务 Social development and services	3314	447	1203	1664
地球和大气层的探索与利用 Exploration and exploitation of the Earth and atmosphere	1796	693	401	702
知识的发展 General advancement of knowledge	3634	2693	735	205
民用空间 Civil space	411	3	157	251
国防 Defence	667	1	639	28

注：统计范围同前表。

5-10 分技术领域国家级火炬计划项目（2002）

National Torch Program by Technological Fields

	项目数（项）Number of Projects(item)	当年落实资金（万元）Funds Arranged in 2002 (10,000 yuan)		
			政府资金 Goverement Funds	企业自有资金 Enterprises Funds
总计 Total	**3734**	**4639230**	**91944**	**2874670**
电子与信息技术 Electronic information technology	826	944068	21110	636296
生物、医药技术 Biological, Medical Technology	509	646463	14029	365027
新材料 New Materials	956	1433832	23708	807535
光机电一体化技术 Integrated Light, Electronics and Machinery	848	812850	16706	519521
新能源、高效节能 New Energy and Efficient Energe-saving	275	270014	8217	141425
环境保护 Environment Protection	159	378327	5451	314296
其他高技术领域 Other High-tech Fields	161	153676	2723	90570

5-11 国家产业化计划项目实施情况（2002）

Projects of National Industrialization Program

	单位 Unit	合计 Total	火炬计划 Torch Program	星火计划 Spark Program	成果推广计划 S&T Achievements Spreading Program
实施项目数 Projects in practice	项 item	6621	3734	2219	668
当年落实项目资金 Funds Arranged in 2002	万元 10,000 yuan	6649144	4639230	1674565	335349
# 政府资金 Government Funds	万元 10,000 yuan	198186	91944	86039	20203
企业资金 Enterprise Funds	万元 10,000 yuan	4045975	2874670	957645	213660
贷款 Bank Loans	万元 10,000 yuan	2088004	1461497	548557	77950
国外资金 Oversea Funds	万元 10,000 yuan	33703	14877	18486	340
# 科研机构承担项目 Performed by R&D institutes	万元 10,000 yuan	110483	40124	28445	41914
高等学校承担项目 Performed by higher learning	万元 10,000 yuan	43359	13597	6894	22868
企业承担项目 Performed by enterprises	万元 10,000 yuan	6284203	4541114	1514242	228846
新增产值 Added Value of Output	万元 10,000 yuan	17444824	13240776	3688343	515705
净利润额 After-tax Profit	万元 10,000 yuan	2158689	1506964	573300	78425
上缴税金 Tax	万元 10,000 yuan	1428571	1093467	296632	38473
出口创汇 Export	万美元 USD 10,000	308322	194839	108443	5040
专利申请数 Patents Received	项 item	3660	3014	646	-
# 发明 Invention	项 item	345	0	345	-
# 向国外申请专利 Received by Foreign Countries	项 item	17	0	17	-
专利授权数 Patents Granted	项 item	1916	1569	347	-
# 发明 Invention	项 item	587	423	164	-
# 国外授权专利 Granted by Foreign Countries	项 item	41	31	10	-

5-12 各地区国家产业

Projects of National Industria-

单位：万元

地区 Region		项目数合计（项） Total (item)	火炬计划 Torch Program	星火计划 Spark Program
全 国	**Total**	**6621**	**3734**	**2219**
东部地区	Eastern Region	4128	2279	1465
中部地区	Mid Region	1584	918	477
西部地区	Western Region	909	537	277
北 京	Beijing	207	124	39
天 津	Tianjin	82	28	28
河 北	Hebei	165	73	64
山 西	Shanxi	142	56	48
内蒙古	Neimenggu	90	43	22
辽 宁	Liaoning	340	190	121
吉 林	Jilin	179	97	69
黑龙江	Heilongjiang	151	100	25
上 海	Shanghai	143	86	32
江 苏	Jiangsu	1134	665	431
浙 江	Zhejiang	637	362	256
安 徽	Anhui	180	108	65
福 建	Fujian	175	109	56
江 西	Jiangxi	105	75	21
山 东	Shandong	543	228	246
河 南	Henan	273	166	81
湖 北	Hubei	326	202	93
湖 南	Hunan	138	71	53
广 东	Guangdong	565	319	160
广 西	Guangxi	92	52	32
海 南	Hainan	45	43	0
重 庆	Chongqing	55	24	26
四 川	Sichuan	306	174	99
贵 州	Guizhou	35	20	11
云 南	Yunnan	32	23	8
西 藏	Tibet	5	5	0
陕 西	Shaanxi	271	158	88
甘 肃	Gansu	85	64	15
青 海	Qinghai	22	7	11
宁 夏	Ningxia	62	35	19
新 疆	Xinjiang	36	27	0

化计划项目（2002）

lization Program by Region

(10,000 yuan)

成果推广计划 S&T Achievements Spreading Program	当年落实资金（万元） Funds Arranged in 2002 (10,000 yuan)	火炬计划 Torch Program	星火计划 Spark Program	成果推广计划 S&T Achievements Spreading Program
668	**6649144**	**4639230**	**1674565**	**335349**
384	4250953	2892370	1169988	188596
189	1682745	1270167	336167	76411
95	715446	476693	168410	70343
44	139259	87852	22958	28449
26	57932	34391	16530	7012
28	165240	106519	47715	11006
38	105884	44942	44602	16340
25	106185	83553	14505	8127
29	370338	212472	149909	7958
13	364158	319600	40044	4515
26	133650	109893	10244	13513
25	162063	130504	15835	15724
38	1034359	722960	297042	14357
19	778339	549734	222643	5962
7	177125	147240	28553	1333
10	160611	88676	65058	6877
9	86871	78961	4884	3026
69	561550	325161	205584	30805
26	249381	185458	56633	7290
31	306350	192141	94874	19336
14	153141	108380	41829	2932
86	692793	533758	102202	56834
8	73499	46901	24513	2085
2	54970	53442	0	1528
5	41182	19306	20601	1275
33	212247	120118	77758	14371
4	40144	17927	5820	16398
1	28071	26917	1069	85
0	30803	30803	0	0
25	188218	134940	47854	5425
6	42746	37251	4033	1463
4	11820	3321	8324	175
8	21109	17006	2952	1151
9	99106	69105	0	30001

5-13 各地区国家高新技

Distribution of High-Technology

单位：万元

地 区 Region		企业数（个） Number of Enterprises	从业人员（人） Employees (person)	全年收入 Revenue
全 国	**Total**	**28338**	**3486686**	**153263685**
东部地区	Eastern Region	19727	2019910	108090414
中部地区	Mid Region	4474	910331	29374602
西部地区	Western Region	4137	556445	15798669
北 京	Beijing	9567	403842	23947958
天 津	Tianjin	1835	142012	4983868
石家庄	Shijiazhuang	406	49018	1839720
保 定	Baoding	134	33821	846824
太 原	Taiyuan	424	77720	1676224
包 头	Baotou	266	38873	721201
沈 阳	Shenyang	1333	62786	4113972
大 连	Dalian	951	105634	2691943
鞍 山	Anshan	277	57313	1231793
长 春	Changchun	460	108845	4908804
吉 林	Jilin	557	79475	3371503
哈尔滨	Haerbin	249	84184	2641139
大 庆	Daqing	213	34488	1234107
上 海	Shanghai	536	109338	10359384
南 京	Nanjing	170	65830	5469557
常 州	Changzhou	291	50335	1368922
无 锡	Wuxi	362	86700	6226408
苏 州	Suzhou	364	99666	4862089
杭 州	Hangzhou	394	36152	3029419
合 肥	Hefei	169	46695	1544727
福 州	Fuzhou	117	28648	1370683
厦 门	Xiamen	60	20487	2447514
南 昌	Nanchang	153	52050	1002075

术产业开发区（2002）

Industrial Development Zone

(10,000 yuan)

销售收入 Sales revenue	技术性收入 Tech-related	总产值 Gross Output Value	净利润 After Tax Profits	实交税金额 Tax	年出口额（万美元） Exports (USD 10,000)
124833587	**7464566**	**129371015**	**8010691**	**7663529**	**3292207**
87551320	5463297	89635274	5272788	4938650	2963027
24906775	1142096	26191898	1726229	1927144	173183
12375492	859171	13543843	1011675	797736	155997
13808602	3055317	14772208	965638	987819	287679
3666824	208902	4166423	236667	204323	129067
1430123	10265	1355680	62748	75664	11014
814523	11729	825530	26663	50432	6741
1320815	196666	1404122	67999	69687	7543
632169	28256	651330	43414	34352	12152
2488903	634624	2076179	166430	213144	53269
1836032	258280	1847946	234060	149671	73258
1018467	15371	1020773	43401	77411	2941
4610803	130560	4884763	362599	500689	27342
3274907	49241	3402384	108767	218204	4576
2150827	88634	2228518	146125	159134	15681
1022264	50896	1061538	51382	65776	1977
9692040	229393	9442024	701315	571343	300963
5130749	35404	5082792	322447	365807	74255
1320762	8101	1370074	51618	63397	28142
4716394	14517	4744425	351409	208173	226197
4819006	4325	4858310	191091	181171	352512
2486543	250416	2442414	237259	162879	49090
1380053	35085	1565413	96719	93767	7738
1310919	51062	1383081	77203	64597	57742
2283034	3369	2333858	182924	108050	171730
849104	25761	895680	52375	49149	11927

5-13 续表

单位：万元

地　区 Region		企业数（个） Number of Enterprises	从业人员（人） Employees (person)	全年收入 Revenue
济　南	Jinan	324	86835	2536812
青　岛	Qingdao	142	65577	4509238
淄　博	Zibo	120	57486	1793524
潍　坊	Weifang	108	28844	1244204
威　海	Weihai	129	38240	1335729
郑　州	Zhengzhou	302	46487	1365380
洛　阳	Luoyang	236	57970	1011222
武　汉	Wuhan	565	108421	3996565
襄　樊	Xiangfan	82	60321	1474555
长　沙	Changsha	662	73448	3219173
株　州	Zhuzhou	136	41354	1207926
广　州	Guangzhou	769	56384	3774917
深　圳	Shenzhen	156	88290	6964328
珠　海	Zhuhai	203	43311	1914855
惠　州	Huizhou	66	24966	2672939
中　山	Zhongshan	285	69145	2056272
佛　山	Foshan	46	25833	1829841
南　宁	Nanning	264	28785	1131838
桂　林	Guilin	214	39732	840691
海　南	Hainan	104	14900	695174
成　都	Chengdu	595	93008	3377984
重　庆	Chongqing	424	108146	2356719
绵　阳	Mianyang	82	45245	1608957
贵　阳	Guiyang	74	33375	584735
昆　明	Kunming	155	30875	1106997
西　安	Xian	2092	146436	4811659
宝　鸡	Baoji	152	45703	612607
杨　凌	Yangling	52	7356	132885
兰　州	Lanzhou	413	34634	859811
乌鲁木齐	Wulumuqi	98	11667	346314

(10,000 yuan)

销售收入 Sales revenue	技术性收入 Tech-related	总产值 Gross Output Value	净利润 After Tax Profits	实交税金额 Tax	年出口额（万美元） Exports (USD 10,000)
2299465	111777	2280360	26621	124641	11152
4448840	17507	4555581	184761	202504	63730
1776452	2791	1748382	49580	94946	32165
1190914	29652	1195041	58991	62286	5925
1276208	3497	1328324	59493	70779	63283
1195242	93934	1169435	118554	92719	17214
808701	29199	816171	30043	85360	5971
2800119	291186	3131691	230988	231114	19398
1110944	7330	1115169	126593	95911	1716
2608951	112693	2770016	258963	174044	22496
1141879	2655	1095669	31709	57239	17453
2641265	271154	2591818	172845	124045	71620
6904268	20149	7198747	385175	360593	349415
1898698	3872	1972919	44699	38325	164194
2256696	3584	2607045	150874	52821	132151
2055202	365	2179244	41918	44513	158218
1783961	33065	1879999	82477	130284	72406
691681	163918	783457	67872	56537	2330
823133	6870	869325	32606	49532	8541
681618	4025	723317	64007	42966	3296
2876202	160414	3342048	475682	173420	10058
1956969	242832	2017417	107960	139970	24595
1602483	276	1820784	30820	82104	76944
567006	4022	644851	40108	47376	1499
835076	11339	823299	51397	68587	12990
2938553	422905	3184296	213933	181227	20985
586246	2160	637560	16047	34736	2877
124141	342	94993	13922	4106	2484
662102	13950	748413	46560	49887	1648
226715	931	230183	15248	16324	1917

六、科技活动成果

Results of Science and Technology Activities

6-1 国内专利申请受理（1991-2002）

Domestic Application for Patents Received

单位：件 (piece)

地区	Region	1991	1992	1993	1994	1995	1996	1997	1998	1999	2000	2001	2002
全国	**Total**	**45686**	**62282**	**68888**	**68487**	**69535**	**83026**	**90071**	**96233**	**109958**	**140339**	**165773**	**205544**
东部地区	Eastern Region	27228	36007	38593	39419	41488	50106	55164	59314	69756	91613	109386	140956
中部地区	Mid Region	11070	14369	15528	15236	14574	16752	17281	18270	20135	23080	25387	29246
西部地区	Western Region	5744	8021	8771	8330	7863	9202	9348	10007	10573	13481	14572	17398
北京	Beijing	4624	6316	6972	6852	6362	6595	6313	6321	7723	10344	12174	13842
天津	Tianjin	1362	1767	1850	1541	1648	1743	1540	1485	2016	2789	3081	5360
河北	Hebei	2010	2499	2803	2642	2707	2944	3292	3295	3330	3848	4695	5390
山西	Shanxi	787	962	1050	1031	917	953	1020	1070	1140	1475	1473	1630
内蒙古	Neimenggu	431	510	601	731	647	859	940	785	971	1138	1087	1202
辽宁	Liaoning	3423	4694	4793	4608	4449	5218	5142	5643	6065	7151	7514	9851
吉林	Jilin	1304	1539	1683	1556	1389	1626	1672	1960	2111	2501	2627	3413
黑龙江	Heilongjiang	1626	2327	2733	2665	2569	2776	2642	2695	2987	3106	3670	4392
上海	Shanghai	1778	2186	2294	2323	2456	3154	3120	3419	4605	11337	12777	19970
江苏	Jiangsu	3547	4218	4170	4007	4078	4980	5339	5829	7091	8211	10352	13075
浙江	Zhejiang	2571	3194	3343	3495	4042	5162	6262	7074	8177	10316	12828	17265
安徽	Anhui	688	931	1041	932	1026	1243	1404	1484	1721	1877	2045	2312
福建	Fujian	672	928	1271	1510	1979	2625	3018	3393	3381	4211	4971	6522
江西	Jiangxi	825	954	998	1051	1008	1199	1307	1259	1387	1557	1778	2037
山东	Shandong	3348	4445	4691	5092	4624	6125	6523	7597	8589	10019	11170	12856
河南	Henan	1571	1998	2299	2281	2386	2933	2948	3163	3452	3823	4093	4441
湖北	Hubei	1302	1806	1950	1985	2004	2195	2278	2629	2963	3486	4322	4960
湖南	Hunan	2536	3342	3173	3004	2628	2968	3070	3225	3403	4117	4292	4859
广东	Guangdong	2997	4656	5020	5883	7729	9946	12858	13473	16802	21123	27596	34352
广西	Guangxi	815	945	1202	1274	1231	1379	1374	1317	1604	1762	1838	1927
海南	Hainan	81	159	184	192	183	235	383	468	373	502	390	546
重庆	Chongqing				515	318	677	952	1255	1274	1780	2047	3142
四川	Sichuan	2436	3410	3464	2934	2868	3077	3020	3187	3676	4496	5039	5997
贵州	Guizhou	373	433	500	550	562	774	785	800	789	986	950	1260
云南	Yunnan	576	695	729	883	959	1290	1109	1136	1246	1710	1793	1780
西藏	Tibet	2	7	10	16	11	10	12	14	10	28	23	15
陕西	Shaanxi	1323	2167	2474	2002	1721	1790	1811	1723	1685	2080	2326	2530
甘肃	Gansu	391	539	609	537	546	601	553	598	583	798	734	781
青海	Qinghai	96	95	129	121	100	92	130	137	172	174	162	151
宁夏	Ningxia	145	173	214	164	169	178	177	179	262	341	412	503
新疆	Xinjiang	402	502	642	608	609	713	799	978	876	1088	1086	1239
香港	Hongkong	291	494	735	680	655	819	802	915	1226	1374	1329	1746
澳门	Macao										13	5	18
台湾	Taiwan	1353	3391	5261	4822	4955	6147	7476	7727	8268	10778	15094	16180

6-2 国内专利申请授权（1991-2002）

Domestic Patents Granted

单位：件 (piece)

地区	Region	1991	1992	1993	1994	1995	1996	1997	1998	1999	2000	2001	2002
全国	**Total**	**21395**	**28590**	**57518**	**40336**	**41881**	**40337**	**46389**	**61378**	**92101**	**95236**	**99278**	**112103**
东部地区	Eastern Region	13085	17284	33369	22428	24542	24577	28964	38929	57505	60422	64837	76153
中部地区	Mid Region	4741	6381	12295	8328	7971	7276	7681	10124	15626	15718	14567	14812
西部地区	Western Region	2674	3501	6993	4850	4694	4471	4674	5941	9013	9333	9518	9763
北京	Beijing	2369	3265	5806	3914	4025	3295	3327	3800	5829	5905	6246	6345
天津	Tianjin	607	897	1698	1064	1034	899	940	1042	1508	1611	1829	1827
河北	Hebei	918	1252	2358	1591	1580	1526	1560	2090	3011	2812	2791	3353
山西	Shanxi	380	481	853	554	569	521	487	644	920	968	1047	934
内蒙古	Neimenggu	153	242	438	337	415	326	372	523	723	775	743	679
辽宁	Liaoning	1894	2371	4302	2715	2745	2447	2624	3162	4906	4842	4448	4551
吉林	Jilin	546	778	1316	918	824	681	679	1051	1550	1650	1443	1507
黑龙江	Heilongjiang	667	951	1971	1477	1403	1202	1288	1517	2378	2252	1870	2083
上海	Shanghai	1025	1215	2146	1454	1436	1610	1886	2334	3665	4050	5371	6695
江苏	Jiangsu	1482	2086	3757	2436	2413	2578	2962	3787	6143	6432	6158	7595
浙江	Zhejiang	1217	1577	2946	2028	2131	2410	3167	4470	7071	7495	8312	10479
安徽	Anhui	255	351	915	597	574	555	637	933	1422	1482	1278	1419
福建	Fujian	277	352	850	733	933	1194	1546	2318	2934	3003	3296	4001
江西	Jiangxi	300	428	807	507	509	495	611	765	1011	1072	999	1044
山东	Shandong	1569	2108	4019	2647	2861	2630	2907	4127	6536	6962	6725	7293
河南	Henan	595	834	1669	1267	1145	1242	1233	1803	2871	2766	2582	2590
湖北	Hubei	671	744	1560	1051	1017	998	1041	1265	2228	2198	2204	2209
湖南	Hunan	1174	1572	2766	1620	1515	1256	1333	1623	2523	2555	2401	2347
广东	Guangdong	1348	1708	4546	3149	4611	5273	7173	10707	14328	15799	18259	22761
广西	Guangxi	347	414	820	631	665	646	705	853	1232	1191	1099	1054
海南	Hainan	32	39	121	66	108	69	167	239	342	320	303	199
重庆	Chongqing				345	305	216	339	612	1078	1158	1197	1761
四川	Sichuan	1232	1601	2887	1615	1714	1628	1591	1971	2921	3218	3357	3403
贵州	Guizhou	130	184	315	248	274	259	337	418	620	710	642	615
云南	Yunnan	310	341	686	439	569	602	692	832	1185	1217	1347	1128
西藏	Tibet	4	1	3	3	2	2	6	10	14	17	22	7
陕西	Shaanxi	566	816	1941	1312	1085	968	946	1129	1569	1462	1354	1524
甘肃	Gansu	190	208	439	344	257	286	295	349	494	493	512	397
青海	Qinghai	45	63	100	58	65	43	56	62	123	117	101	85
宁夏	Ningxia	62	91	168	128	111	105	84	96	150	224	231	216
新疆	Xinjiang	135	196	454	358	312	362	328	462	859	717	755	627
香港	Hongkong	217	279	636	559	633	612	726	794	1106	1285	1026	1185
澳门	Macao										13	10	3
台湾	Taiwan	678	1145	4225	4171	4041	3401	4344	5590	8851	8465	9320	10187

6-3 三种专利申请受理（1991-2002）

Three Kinds of Applications for Patents Received

单位：件 (piece)

	1991	1992	1993	1994	1995	1996	1997	1998	1999	2000	2001	2002
合计 Total	**50040**	**67135**	**77276**	**77735**	**83045**	**102735**	**114208**	**121989**	**134239**	**170682**	**203573**	**252631**
1、发明 Invention	11423	14409	19667	19067	21636	28517	33666	35960	36694	51747	63204	80232
国内 Domestic	7372	10022	12133	11191	10018	11471	12713	13726	15596	25346	30038	39806
职务 Service	3053	3786	4157	3585	2993	3488	4248	4618	6009	12609	14815	22668
大专院校 Universities and Colleges	718	841	774	654	574	604	635	794	988	1942	2636	4282
科研单位 R&D Institutes	831	944	1011	969	865	1036	1262	1248	1413	2228	2659	3429
工矿企业 Industries Enterprises	958	1049	1256	815	1086	1725	2239	2480	3490	8316	9371	14657
机关团体 Organs	546	952	1116	1147	468	123	112	96	118	123	149	300
非职务 Non-service	4319	6236	7976	7606	7025	7983	8465	9108	9587	12737	15223	17138
国外 Foreign	4051	4387	7534	7876	11618	17046	20953	22234	21098	26401	33166	40426
职务 Service	3768	4021	6972	7431	11045	16329	20003	21351	20245	25334	31820	38764
非职务 Non-service	283	366	562	445	573	717	953	883	853	1067	1346	1662
2、实用新型 Utility Model	33282	44369	47538	45511	43741	49604	50129	51397	57492	68815	79722	93139
国内 Domestic	33157	44198	47291	45188	43429	49341	49902	51220	57214	68461	79275	92166
职务 Service	8409	9622	9833	9170	8727	10193	10775	11289	14053	17792	21802	27612
大专院校 Universities and Colleges	975	978	926	849	771	711	649	619	747	965	1137	1658
科研单位 R&D Institutes	1476	1509	1510	1340	1376	1534	1396	1422	1465	1616	1542	1642
工矿企业 Industries Enterprises	4172	4363	4533	3381	4739	7544	8437	9004	11512	14912	18671	23800
机关团体 Organs	1786	2772	2864	3600	1841	404	293	244	329	299	452	512
非职务 Non-service	24748	34576	37458	36018	34702	39148	39127	39931	43161	50669	57473	64554
国外 Foreign	125	171	247	323	312	263	227	177	278	354	447	973
职务 Service	68	93	105	174	190	142	151	117	201	259	294	640
非职务 Non-service	57	78	142	149	122	121	76	60	77	95	153	333
3、外观设计 Design	5335	8357	10071	13157	17668	24614	30413	34632	40053	50120	60647	79260
国内 Domestic	4866	7568	8729	11428	15433	21395	27456	31287	37148	46532	56460	73572
职务 Service	2610	3992	4471	6051	8193	11449	14995	15971	17894	22974	23487	30962
大专院校 Universities and Colleges	11	16	65	17	18	5	9	32	34	17	37	41
科研单位 R&D Institutes	78	88	115	231	104	265	171	191	170	278	159	302
工矿企业 Industries Enterprises	1890	2546	2445	2672	6031	11032	14793	15695	17634	22634	23260	30505
机关团体 Organs	631	1342	1846	3131	2040	147	22	53	56	45	31	114
非职务 Non-service	2256	3576	4258	5377	7240	9946	12461	15316	19254	23558	32973	42610
国外 Foreign	469	789	1342	1729	2235	3219	2957	3345	2905	3588	4187	5688
职务 Service	411	671	1068	1466	2013	2994	2853	3229	2742	3432	4003	5458
非职务 Non-service	58	118	274	263	222	225	104	116	163	156	184	230

6-4　三种专利申请授权（1991-2002）

Three Kinds of Patents Granted

单位：件　　(piece)

	1991	1992	1993	1994	1995	1996	1997	1998	1999	2000	2001	2002
合计 Total	**24616**	**31475**	**62127**	**43297**	**45064**	**43780**	**50992**	**67889**	**100156**	**105345**	**114251**	**132399**
1、发明 Invention	4122	3966	6528	3883	3393	2976	3494	4733	7637	12683	16296	21473
国内 Domestic	1311	1386	2606	1659	1530	1383	1532	1655	3097	6177	5395	5868
职务 Service	937	962	1737	1035	932	825	912	954	1685	2824	2614	3144
大专院校 Universities and Colleges	295	308	506	285	258	228	256	243	425	652	579	697
科研单位 R&D Institutes	365	344	576	354	304	247	316	337	543	910	800	907
工矿企业 Industries Enterprises	217	224	432	231	205	187	170	182	462	1016	1089	1461
机关团体 Organs	60	86	223	165	165	163	170	192	255	246	146	79
非职务 Non-service	374	424	869	624	598	558	620	701	1412	3353	2781	2724
国外 Foreign	2811	2580	3922	2224	1863	1593	1962	3078	4540	6506	10901	15605
职务 Service	2618	2380	3670	2100	1748	1497	1889	2949	4295	6222	10455	15013
非职务 Non-service	193	200	252	124	115	96	73	129	245	284	446	592
2、实用新型 Utility Model	17327	24060	46717	32819	30471	27171	27338	33902	56368	54743	54359	57484
国内 Domestic	17200	23950	46481	32611	30195	26961	27185	33717	56094	54407	54018	57092
职务 Service	5639	7144	11749	7587	6766	6393	6564	8492	14603	15519	16544	18369
大专院校 Universities and Colleges	638	897	1233	786	623	611	511	600	848	868	943	973
科研单位 R&D Institutes	1255	1309	1878	1126	1025	1029	962	1276	1860	1529	1473	1276
工矿企业 Industries Enterprises	2708	3536	5369	3172	2627	3435	4601	6305	11519	12821	13783	15753
机关团体 Organs	1038	1402	3269	2503	2491	1318	490	311	376	301	345	367
非职务 Non-service	11561	16806	34732	25024	23429	20568	20621	25225	41491	38888	37474	38723
国外 Foreign	127	110	236	208	276	210	153	185	274	336	341	392
职务 Service	62	53	129	85	154	135	97	111	185	261	241	252
非职务 Non-service	65	57	107	123	122	75	56	74	89	75	100	140
3、外观设计 Design	3167	3449	8882	6595	11200	13633	20160	29254	36151	37919	43596	53442
国内 Domestic	2667	2975	7795	5507	9523	11381	17672	26006	32910	34652	39865	49143
职务 Service	1492	1666	4415	2969	5344	6537	10556	15000	17627	17789	19220	20020
大专院校 Universities and Colleges	16	9	35	7	10	15	7	17	31	28	12	40
科研单位 R&D Institutes	49	52	104	34	156	111	194	216	170	248	155	140
工矿企业 Industries Enterprises	1120	1157	2769	1581	2554	5035	10239	14742	17360	17482	19015	19802
机关团体 Organs	307	448	1507	1347	2624	1376	116	25	66	31	38	38
非职务 Non-service	1175	1309	3380	2538	4179	4844	7116	11006	15283	16863	20645	29123
国外 Foreign	500	474	1087	1088	1677	2252	2488	3248	3241	3267	3731	4299
职务 Service	440	429	919	861	1402	2083	2407	3150	3111	3108	3567	4106
非职务 Non-service	60	45	168	227	275	169	81	98	130	159	164	193

6-5 各地区三种专利申请受理（2002）

Three Kinds of Applications for Patents Received by Region

单位：件 (piece)

地区	Region	合计 Total	发明 Invention	实用新型 Utility Model	外观设计 Design
全国	**Total**	**205544**	**39806**	**92166**	**73572**
北京	Beijing	13842	5785	5920	2137
天津	Tianjin	5360	2070	2361	929
河北	Hebei	5390	889	3103	1398
山西	Shanxi	1630	473	928	229
内蒙古	Neimenggu	1202	233	643	326
辽宁	Liaoning	9851	1619	6388	1844
吉林	Jilin	3413	1004	1670	739
黑龙江	Heilongjiang	4392	939	2888	565
上海	Shanghai	19970	3968	4952	11050
江苏	Jiangsu	13075	1940	7002	4133
浙江	Zhejiang	17265	1843	6390	9032
安徽	Anhui	2312	367	1287	658
福建	Fujian	6522	562	2233	3727
江西	Jiangxi	2037	391	971	675
山东	Shandong	12856	1682	7884	3290
河南	Henan	4441	876	2780	785
湖北	Hubei	4960	1179	2904	877
湖南	Hunan	4859	1013	2788	1058
广东	Guangdong	34352	3819	9972	20561
广西	Guangxi	1927	380	1110	437
海南	Hainan	546	141	176	229
重庆	Chongqing	3142	367	1421	1354
四川	Sichuan	5997	1193	2371	2433
贵州	Guizhou	1260	354	544	362
云南	Yunnan	1780	448	721	611
西藏	Tibet	15	4	5	6
陕西	Shaanxi	2530	684	1470	376
甘肃	Gansu	781	227	441	113
青海	Qinghai	151	40	56	55
宁夏	Ningxia	503	105	226	172
新疆	Xinjiang	1239	216	779	244
香港	Hongkong	1746	232	378	1136
澳门	Macao	18	7	6	5
台湾	Taiwan	16180	4756	9398	2026

6-6 各地区三种专利申请授权（2002）

Three Kinds of Patents Granted by Region

单位：件 (piece)

地区	Region	合计 Total	发明 Invention	实用新型 Utility Model	外观设计 Design
全 国	**Total**	**112103**	**5868**	**57092**	**49143**
北 京	Beijing	6345	1061	3721	1563
天 津	Tianjin	1827	102	1163	562
河 北	Hebei	3353	190	2018	1145
山 西	Shanxi	934	161	597	176
内蒙古	Neimenggu	679	53	428	198
辽 宁	Liaoning	4551	385	3260	906
吉 林	Jilin	1507	157	902	448
黑龙江	Heilongjiang	2083	138	1541	404
上 海	Shanghai	6695	341	2805	3549
江 苏	Jiangsu	7595	334	4304	2957
浙 江	Zhejiang	10479	188	3860	6431
安 徽	Anhui	1419	99	813	507
福 建	Fujian	4001	63	1306	2632
江 西	Jiangxi	1044	63	525	456
山 东	Shandong	7293	322	4700	2271
河 南	Henan	2590	149	1869	572
湖 北	Hubei	2209	192	1475	542
湖 南	Hunan	2347	158	1600	589
广 东	Guangdong	22761	352	6395	16014
广 西	Guangxi	1054	46	675	333
海 南	Hainan	199	6	46	147
重 庆	Chongqing	1761	51	743	967
四 川	Sichuan	3403	231	1520	1652
贵 州	Guizhou	615	47	334	234
云 南	Yunnan	1128	83	522	523
西 藏	Tibet	7	1	3	3
陕 西	Shaanxi	1524	146	1053	325
甘 肃	Gansu	397	71	251	75
青 海	Qinghai	85	14	48	23
宁 夏	Ningxia	216	22	114	80
新 疆	Xinjiang	627	61	407	159
香 港	Hongkong	1185	32	227	926
澳 门	Macao	3	0	1	2
台 湾	Taiwan	10187	549	7866	1772

6-7 按国别（地区）分三种专利申请受理（2002）

Three Kinds of Applications for Patents Received by Country

单位：件 (piece)

地　区	Region	合计 Total	发明 Invention	实用新型 Utility Model	外观设计 Design
总计	**Total**	**47087**	**40426**	**973**	**5688**
安道尔	Andorra	1	1	0	0
阿拉伯联合酋长国	United Arab Emirates	4	3	0	1
荷属安的列斯群岛	Netherlands Antilles	1	1	0	0
阿根廷	Argentina	3	1	2	0
奥地利	Austria	176	154	1	21
澳大利亚	Australia	477	397	18	62
巴巴多斯	Barbados	5	5	0	0
比利时	Belgium	156	143	1	12
保加利亚	Bulgaria	4	4	0	0
巴林	Bahrain	1	1	0	0
百慕大	Bermuda	6	6	0	0
巴西	Brazil	44	32	0	12
巴哈马	Bahamas	18	5	5	8
白俄罗斯	Belarus	1	1	0	0
加拿大	Canada	356	337	4	15
瑞士	Switzerland	1110	921	5	184
库克群岛	Cook Islands	1	0	0	1
智利	Chile	1	1	0	0
古巴	Cuba	5	5	0	0
塞普路斯	Cyprus	4	4	0	0
捷克共和国	Czech Republic	10	10	0	0
德国	Germany	4015	3652	19	344
丹麦	Denmark	254	223	4	27
爱沙尼亚	Estonia	1	1	0	0
埃及	Egypt	1	1	0	0
西班牙	Spain	134	102	9	23
芬兰	Finland	596	512	0	84
法国	France	1932	1589	142	201
英国	United Kingdom	1025	848	21	156
希腊	Greece	15	15	0	0
克罗地亚	Croatia	4	4	0	0
匈牙利	Hungary	31	31	0	0
印度尼西亚	Indonesia	16	7	0	9
爱尔兰	Ireland	34	33	0	1
以色列	Israel	147	135	0	12
印度	India	64	50	2	12
冰岛	Iceland	10	10	0	0

6-7 续表

单位：件 (piece)

地　区 Region		合计 Total	发明 Invention	实用新型 Utility Model	外观设计 Design
意大利	Italy	627	480	12	135
日本	Japan	18275	15511	305	2459
韩国	Republic of Korea	3626	2930	156	540
开曼群岛	Cayman Islands	34	6	2	26
哈萨克斯坦	Kazakhstan	1	1	0	0
列支敦士登	Liechtenstein	69	34	0	35
斯里兰卡	Sri Lanka	14	0	0	14
卢森堡	Luxembourg	32	31	0	1
摩纳哥	Monaco	8	8	0	0
毛里求斯	Mauritius	2	1	1	0
墨西哥	Mexico	8	8	0	0
马来西亚	Malaysia	32	13	1	18
荷兰	Netherlands	2147	2033	0	114
挪威	Norway	92	84	1	7
新西兰	New Zealand	41	37	0	4
巴拿马	Panama	13	13	0	0
菲律宾	Philippines	1	0	0	1
波兰	Poland	10	5	0	5
葡萄牙	Portugal	2	2	0	0
罗马尼亚	Romania	1	1	0	0
俄罗斯联邦	Russian Federation	56	54	0	2
沙特阿拉伯	Saudi Arabia	6	3	0	3
瑞典	Sweden	952	907	2	43
新加坡	Singapore	106	77	4	25
斯洛文尼亚	Slovenia	6	6	0	0
萨尔瓦多	El Salvador	1	1	0	0
叙利亚	Syrian Arab Republic	1	1	0	0
泰国	Thailand	42	11	5	26
突尼斯	Tunisia	1	1	0	0
土耳其	Turkey	7	0	0	7
乌克兰	Ukraine	3	3	0	0
美国	United States of America	10012	8821	218	973
乌拉圭	Uruguay	2	1	1	0
乌兹别克	Uzbekistan	1	1	0	0
委内瑞拉	Venezuela	2	2	0	0
维尔京群岛	Virgin Islands, British	138	45	31	62
萨摩亚	Samoa	1	0	1	0
南非	South Africa	52	49	0	3

6-8 按国别（地区）分三种专利授权（2002）

Three Kinds of Patents Granted by Country

单位：件 (piece)

		合计 Total	发明 Invention	实用新型 Utility Model	外观设计 Design
合计	**Total**	**20296**	**15605**	**392**	**4299**
阿拉伯联合酋长国	United Arab Emirates	2	1	0	1
荷属安的列斯群岛	Netherlands Antilles	4	3	0	1
阿根廷	Argentina	2	0	2	0
奥地利	Austria	116	79	0	37
澳大利亚	Australia	172	114	3	55
巴巴多斯	Barbados	3	2	0	1
比利时	Belgium	87	75	0	12
保加利亚	Bulgaria	1	1	0	0
百慕大	Bermuda	6	6	0	0
巴西	Brazil	40	24	0	16
巴哈马	Bahamas	6	3	0	3
白俄罗斯	Belarus	3	2	0	1
加拿大	Canada	115	98	9	8
瑞士	Switzerland	733	583	7	143
智利	Chile	1	1	0	0
古巴	Cuba	1	1	0	0
塞普路斯	Cyprus	1	1	0	0
捷克共和国	Czech Republic	2	2	0	0
德国	Germany	1767	1494	12	261
丹麦	Denmark	130	98	0	32
西班牙	Spain	50	18	4	28
芬兰	Finland	292	245	1	46
法国	France	730	611	0	119
英国	United Kingdom	465	345	16	104
希腊	Greece	5	5	0	0
克罗地亚	Croatia	1	0	1	0
匈牙利	Hungary	11	11	0	0
印度尼西亚	Indonesia	6	0	1	5
爱尔兰	Ireland	7	7	0	0
以色列	Israel	35	24	0	11
印度	India	22	3	2	17
冰岛	Iceland	4	4	0	0

6-8 续表

单位：件 (piece)

地区 Region		合计 Total	发明 Invention	实用新型 Utility Model	外观设计 Design
意大利	Italy	352	239	12	101
泽西岛	Jersey Island	1	1	0	0
日本	Japan	7817	5871	78	1868
韩国	Republic of Korea	1703	1200	100	403
科威特	Kuwait	1	1	0	0
开曼群岛	Cayman Islands	13	0	0	13
哈萨克斯坦	Kazakhstan	2	2	0	0
列支敦士登	Liechtenstein	43	19	0	24
斯里兰卡	Sri Lanka	15	0	0	15
卢森堡	Luxembourg	9	8	1	0
摩纳哥	Monaco	10	2	7	1
马达加斯加	Madagascar	1	1	0	0
墨西哥	Mexico	4	4	0	0
马来西亚	Malaysia	28	6	1	21
荷兰	Netherlands	514	420	0	94
挪威	Norway	66	57	0	9
新西兰	New Zealand	18	13	1	4
巴拿马	Panama	7	7	0	0
波兰	Poland	1	1	0	0
俄罗斯联邦	Russian Federation	21	21	0	0
沙特阿拉伯	Saudi Arabia	1	0	0	1
瑞典	Sweden	480	429	8	43
新加坡	Singapore	21	6	2	13
斯洛文尼亚	Slovenia	1	1	0	0
斯洛伐克	Slovakia	1	1	0	0
泰国	Thailand	33	1	9	23
土耳其	Turkey	9	2	1	6
乌克兰	Ukraine	2	2	0	0
美国	United States of America	4259	3414	104	741
委内瑞拉	Venezuela	1	1	0	0
维尔京群岛	Virgin Islands, British	32	6	9	17
萨摩亚	Samoa	1	0	1	0
南非	South Africa	9	8	0	1

6-9 按国际专利标准分类的发明、实用新型专利申请和批准（2002）
Two Kinds of Patents Applied and Granted by International Patent Classification

单位：件 (piece)

	申请 Application	批准 Granted
合计 Total	**181373**	**78957**
A部（人类生活需要） Section A: Human Necessities	**34973**	**16165**
农、林、牧、渔 Agriculture, Forestry, Animal Husbandry and Fishery	4782	1989
烘烤、食用面团 Baking and Edible Doughs	268	146
屠宰、加工 Butchering and Meat Treatment	40	35
食品、食物及处理 Foods and Foodstuffs and their Treatment	2503	844
烟类及用品 Tobacco, Cigars and Cigarettes	393	170
服装 Wearing Apparel	886	457
帽类制品 Headwear	194	88
鞋类 Footwear	894	472
男用服饰用品、珠宝 Haberdashery and Jewelry	306	188
手携及旅行用品 Hand or Traveling Articles	1298	724
刷类用品 Brushware	421	186
家具、家庭日用品或设备 Furniture, Domestic Articles, and Appliance	6931	3745
医学、兽医学、卫生学 Medical or Veterinary Science and Hygiene	13196	5418
救生、消防 Life -saving and Fire-fighting	539	285
运动、游戏、娱乐活动 Sports, Games and Amusements	2322	1418
B部（作业、运输） Section B: Performing Operaton and Transportation	**32915**	**17867**
物理或化学的方法功能装置 Physical or Chemical Processes or Apparatus	2795	1664
破碎、研磨、粉碎 Crushing,Pulverizing or Disintegrating	609	358
分选、分离 Separation of Solid Materials, Electrostatic Separation	244	125
离心装置、离心机 Centrifugal Apparatus or Machines	141	103
喷射、雾化 Spraying or Atomizing in General	895	515
机械振动的产生和传递 Generating or transmitting Mechanical Vibrations	40	16
固体分离、分选 Separating Solids from Solids	233	147
清洁 Cleaning	310	157
固体废料的处理 Disposal of Solid Waste	218	70
金属加工、冲裁 Mechanical Metal-working and Punching Metal	974	524
铸造、粉末冶金 Casting and Powder Metallurgy	546	307
机床、其他金属加工 Machine Tools	1824	1082
磨削、抛光 Grinding and Polishing	379	240
简单工具 Hand tools, Portable Power Tools and Workshop Equipment	899	462
手工切割工具、切断 Hand Cutting Tools, Cutting and Servering	490	320
木材加工、保存、钉钉机 Preserving Wood and Nailing or Stapling	509	349
加工水泥、粘土和石料 Working Cement, Clay or Stone	496	264
塑料制品的加工 Working of Plastics	1304	636
压力机 Presses	211	159
纸品制作、纸的加工 Making Paper Articles and Working Paper	75	64
叠层产品 Layered Products	489	280
印刷、打字机、印刷机 Pringting, Lining Machines, and Typewriters	1158	632
装订、图册、文件夹 Bookbinding, Albums, and Files	560	266
绘图具、办公附属用品 Writing or Drawing Appliances	1608	625

6-9 续表1

单位：件 (piece)

	申请 Application	批准 Granted
装饰艺术 Decorative Arts	570	251
一般车辆 Vehicles in General	4297	2396
铁路 Railways	542	238
无轨陆用车牌 Land Vehicles other than on Rails	2675	1509
船舶、船只，有关的设备 Ships and Related Equipment	472	180
飞行器、航空、宇宙航行 Aircraft and Aviation	244	110
输送、包装、存储、搬运 Conveying aand Packing Filamentary Material	5969	3214
卷扬、提升、牵引 Hoistng, Lifting, and Hauling	910	497
液体的储运 Opening or Closing Bottles, Jars or Similar Containers	218	104
鞍具、室内装璜 Saddlery and Upholstery	11	3
C部（化学、冶金） Section C: Chemistry and Metallurgy	**18992**	**5804**
无机化学 Inorganic Chemistry	945	292
水、废污水、泥浆的处理 Treatment of Water, waste Water, Sewage or Sludge	2083	752
玻璃、矿棉和渣棉 Glass, Mineral or Slag Wool	439	135
水泥、陶瓷等、隔音材料 Cements, Concrete, Ceramics, Refractories	831	278
肥料及制造 Fertilizers and Manufacture Thereof	339	84
炸药、火柴 Explosives and Matches	42	13
有机化学 Organic Chemistry	4164	1148
有机高分子化合物 Organic Macromolecular Compounds	2628	814
杂料、涂料、抛光剂等 Dyes, Paints, Polishes, Resins, and Adhesives	1623	459
石油、煤气及炼焦工业 Petroleum, Gas or Coke Industries	1101	511
动植物油、脂类 Animal or Vegetable Oils, Fats	456	160
生化、酒、醋、酶、遗传工程 Biochemistry, Beer, Spirits, Wine, Microbiology	2308	373
糖或淀粉工业 Sugar Industry	27	11
大小原皮、毛皮、皮革 Skins, Hides, Pelts, Leather	33	5
黑色冶金 Metallurgy of Iron	400	172
冶金学、合金或有色合金 Metallurgy, Ferrous or Non-ferrous Alloys	617	288
金属加工涂料、防腐防绣 Coating Metallic Material	474	105
电解电泳方法及设备 Electrolytic or Electrophoretic Processes	396	166
晶体生长 Crystal Growth	86	38
D部（纺织、造纸） Section D: Textiles and Papers	**7727**	**1645**
线、纤维、纺纱 Natural or Artificial Threads or Fibres, Spinning	4912	253
纺纱、整经或络经 Yarn, Mechanical Finishing of Yarns or Ropes	98	57
织造 Weaving	245	119
编带、花边、针织、整理 Braiding, Lacce-making, Knitting	354	210
缝纫、绣花、簇绒 Sewing, Embroidering, Tufting	286	126
织物等的处理、洗涤 Treatment of Textiles, Laundering	1348	590
绳、除电缆外的缆绳 Ropes, Cables other than Electric	57	13
造纸、纤维素的生产 Paper-making, Production of Cellulose	427	277
E部（固定建筑物） Section E: Fixed Constructions	**11488**	**6346**
道路、铁路和桥梁的建筑 Construction od Roads, Railways, or Bridges	1087	466
水利工程、基础、运土 Hydraulic Engineering, Foundations, Soil-shifting	848	384
给水、排水 Water Supply, Sewerage	1376	888

6-9 续表2

单位：件 (piece)

	申请 Application	批准 Granted
建筑物 Building	2985	1670
锁、钥匙、门窗、保险箱 Locks, Keys, Windows or Door Fittings	1868	1062
一般门、窗、百叶窗、梯子 Doors, Windows, Shutters, or Roller Blinds in General	1576	1016
钻进、采矿 Earth Drilling, Mining	1748	860
F部（机械工程） Section F: Mechanical Engineering	**21832**	**11936**
一般机器、发动机、蒸汽机 Machines or Engines in General	728	463
内燃机等 Combustion Engines	1420	791
液力机械和其他发动机 Machines or Engines for Liquids	490	181
液体变容机械、泵 Prositive-displacement Machines for Liquids	2089	1119
液压调节器、液压技术 Fluid-pressure Acurators	184	131
工程元件或部件 Engineering Elements of Units	5434	3052
气体或液体的储藏或分配 Storing or Distributing Gases or Liquids	192	150
照明 Lighting	1312	796
蒸汽的产生 Steam Generation	137	101
燃烧设备、燃烧技术 Combustion Apparatus	1510	940
采暖、炉灶、通风 Heating, Ranges, Ventilating	5537	2653
制冷气体的液化和固化 Refrigeration or Cooling, Heat Pump System	1173	609
干燥 Drying	215	156
炉、窑、灶、罐 Furnaces, Kins, Ovens	340	213
一般热交换 Heat Exchanges in General	708	390
武器 Weapons	189	112
弹药、爆破 Ammunition, Blasting	174	79
G部（物理） Section G: Physics	**24102**	**8955**
测量、测试 Measuring,Testing	6087	2862
光学技术 Optics	2600	806
照相术、电影术、电刻术 Photograpphy,Cinematography, Electrography	1129	493
测时技术 Horology	493	144
控制、调节技术 Controlling, Regulating, Counting	624	164
计算、推算、计数技术 Computing, Calculating, Counting	7408	2315
核算装置 Checking Devices	414	187
信号装置 Signaling	645	247
教育、密码、显示、广告等 Educating, Cryptography, Advertising, Seals	2001	760
乐器、声学 Musical Instruments, Acoustics	561	191
信息的储存 Information Storage	1980	739
仪器的零部件 Instrument Details	91	30
核物理、核工程 Nuclear Physics, Nuclear Engineering	69	17
H部（电学） Section H: Electricity	**29344**	**10239**
基本电器元件 Basic Electric Elements	11646	4607
电力的发电、变电或配电 Generation, Conversion, or Distribution of Electric Power	3751	1414
Basic Electronic Circuitry	1103	377
电信技术 Electric Communication Technique	10980	3100
其他类不包括的电技术 Electric Technique Not Otherwise Provided for	1864	741

6-10 国外主要检索工具收录我国科技论文总数及在世界上的位置

Number of Chinese Paper Taken by Major Foreign Referencing Systems and Precedence in the World

单位：篇 (piece)

地 区 Region	1991	1992	1993	1994	1995	1996	1997	1998	1999	2000	2001
篇数合计 Total Number	**11783**	**15700**	**20218**	**24584**	**26395**	**27569**	**35311**	**35003**	**46188**	**49678**	**64526**
《Science Citation Index》	6630	6224	9617	10411	13134	14459	16883	19838	24476	30499	35685
《Index to Science and Technical Proceeding》	2780	5272	4503	4802	5152	3963	5790	5273	6905	6016	10263
《Index to Science Review》	227	234	225								
《Engineering Index》	2146	3970	6058	9371	8109	9147	12638	9892	14807	13163	18578
位次 Precedence											
《Science Citation Index》	15	17	15	15	15	14	12	12	10	8	8
《Index to Science and Technical Proceeding》	13	9	10	10	10	11	9	10	8	8	6
《Index to Science Review》	25	26	26								
《Engineering Index》	9	6	5	4	7	6	4	5	3	3	3

6-11 国外主要检索工具收录的我国科技人员在国内外期刊上发表论文数

Number of Papers by Chinese Scientists and Technicians Published in Domestic and Foreign Periodicals and Taken by Major Foreign Referencing System

单位：篇 (piece)

地 区 Region	1991	1992	1993	1994	1995	1996	1997	1998	1999	2000	2001
《Science Citation Index》收录合计 Taken by SCI	**5408**	**6224**	**6635**	**6721**	**7980**	**8200**	**10033**	**11456**	**19936**	**22608**	**25889**
国内发表 Published in Domestic Periodicals	1118	1003	1007	838	1087	734	1708	2119	7647	9208	9580
比重（%） As % of Total	21	16	15	12	14	9	17	19	38	41	37
国外发表 Published in Foreign Periodicals	4290	5221	5628	5883	6893	7466	8325	9337	12289	13400	16309
比重（%） As % of Total	79	84	85	88	86	91	83	81	62	59	63
《Engineering Index》收录合计 Taken by EI	**2146**	**3970**	**4970**	**8006**	**6791**	**8035**	**9834**	**8220**	**13155**	**13991**	**15605**
国内发表 Published in Domestic Periodicals	679	2245	3127	5623	3038	4997	5121	4160	8324	8293	9055
比重（%） As % of Total	32	57	63	70	45	62.19	52	51	63	59	58
国外发表 Published in Foreign Periodicals	1467	1725	1843	2383	3753	3038	4713	4060	4821	5698	6550
比重（%） As % of Total	68	43	37	30	55	37.81	48	49	37	41	42

注：1999年开始使用《SCI-EXPANDED》统计。

6-12 国外主要检索工具收录我国科技论文按学科分布（2001）
Chinese Scientific Papers Taken by Major Foreign Referencing System by Discipline

	位次 Precedence	篇数 pieces				比重 as % of total		
		合计 Total	SCI	EI	ISTP	SCI	EI	ISTP
合计 Total		**49817**	**25849**	**15605**	**8363**	**51.9**	**31.3**	**16.8**
数学 Mathematics	5	2270	1495	527	248	65.9	23.2	10.9
力学 Mechanics	18	628	417	192	19	66.4	30.6	3.0
信息、系统科学 Information, Systems Science	28	127	75	0	52	59.1	0.0	40.9
物理学 Physics	1	10142	6223	2492	1427	61.4	24.6	14.1
化学 Chemistry	2	8674	6995	1489	190	80.6	17.2	2.2
天文学 Astronomy	29	99	68	11	20	68.7	11.1	20.2
地学 Earth Science	10	1550	959	300	291	61.9	19.4	18.8
生物学 Biology	8	1882	1647	140	95	87.5	7.4	5.0
预防医学与卫生学 Protective Medicine	33	56	44	8	4	78.6	14.3	7.1
基础医学 Basic Medicine	14	887	773	102	12	87.1	11.5	1.4
药学 Pharmacy	21	374	369	0	5	98.7	0.0	1.3
临床医学 Clinic Medicine	16	769	599	0	170	77.9	0.0	22.1
中医学 Traditional Chinese Medicine	36	34	34	0	0	100.0	0.0	0.0
军事医学与特种医学 Special Medicine	32	80	80	0	0	100.0	0.0	0.0
农学 Agriculture	25	231	168	15	48	72.7	6.5	20.8
林学 Forestry	38	25	14	7	4	56.0	28.0	16.0
畜牧、兽医科学 Livestock, Veterinary Medicine	35	38	34	0	4	89.5	0.0	10.5
水产学 Aquatic	40	17	17	0	0	100.0	0.0	0.0
测绘科学技术 Surveying & Mapping	39	18	2	7	9	11.1	38.9	50.0
材料科学 Material Science	4	3857	2713	649	495	70.3	16.8	12.8
工程与技术基础学科 Engineering & Basic Technology Science	15	816	3	79	734	0.4	9.7	90.0
矿山工程技术 Mining	20	385	33	137	215	8.6	35.6	55.8
能源科学技术 Energy	17	673	141	280	252	21.0	41.6	37.4
冶金、金属学 Metallurgy, Metallography	12	1013	156	775	82	15.4	76.5	8.1
机械、仪表 Machinery, Instrument	11	1385	312	693	380	22.5	50.0	27.4
动力与电气 Power & Electrical Engineering	7	2105	143	1648	314	6.8	78.3	14.9
核科学技术 Nuclear Technology	24	265	117	103	45	44.2	38.9	17.0
电子、通讯与自动控制 Electronics,Communication & Automation	3	4799	769	2124	1906	16.0	44.3	39.7
计算技术 Computer	6	2137	313	1082	742	14.6	50.6	34.7
化工 Chemical Engineering	9	1828	598	1198	32	32.7	65.5	1.8
轻工、纺织 Light Industry & Textile Industry	30	85	16	69	0	18.8	81.2	0.0
食品 Food	37	29	22	5	2	75.9	17.2	6.9
土木建筑 Civil Construction	13	900	103	601	196	11.4	66.8	21.8
水利 Water Conservancy	31	82	24	45	13	29.3	54.9	15.9
交通运输 Transportaiton	26	209	8	97	104	3.8	46.4	49.8
航空航天 Aviation and Aerospace	23	292	22	252	18	7.5	86.3	6.2
环境 Environment	19	459	309	140	10	67.3	30.5	2.2
安全科学技术 Security	27	206	8	33	165	3.9	16.0	80.1
管理 Management Science	22	341	16	274	51	4.7	80.4	15.0
其他 Others	34	50	10	31	9	20.0	62.0	18.0

6-13 国外主要检索工具收录我国科技论文按地区分布（2001）
Chinese Scientific Papers Taken by Major Foreign Referencing System by Region

地区 Region		位次 Precedence	篇数 pieces				比重 as % of total		
			合计 Total	SCI	EI	ISTP	SCI	EI	ISTP
全　国	**Total**		**49817**	**25849**	**15605**	**8363**	**51.9**	**31.3**	**16.8**
北　京	Beijing	1	14507	7488	4402	2617	51.6	30.3	18.0
天　津	Tianjin	13	1440	795	418	227	55.2	29.0	15.8
河　北	Hebei	18	618	216	163	239	35.0	26.4	38.7
山　西	Shanxi	19	481	233	89	159	48.4	18.5	33.1
内蒙古	Neimenggu	26	63	31	14	18	49.2	22.2	28.6
辽　宁	Liaoning	6	1938	919	750	269	47.4	38.7	13.9
吉　林	Jilin	12	1485	884	385	216	59.5	25.9	14.6
黑龙江	Heilongjiang	15	1222	392	576	254	32.1	47.1	20.8
上　海	Shanghai	2	6085	3224	2055	806	53.0	33.8	13.2
江　苏	Jiangsu	3	3636	1893	1127	616	52.1	31.0	16.9
浙　江	Zhejiang	7	1936	1054	556	326	54.4	28.7	16.8
安　徽	Anhui	8	1920	1132	529	259	59.0	27.6	13.5
福　建	Fujian	17	702	486	139	77	69.2	19.8	11.0
江　西	Jiangxi	23	123	57	27	39	46.3	22.0	31.7
山　东	Shandong	10	1681	987	501	193	58.7	29.8	11.5
河　南	Henan	21	409	248	78	83	60.6	19.1	20.3
湖　北	Hubei	5	2389	1167	811	411	48.8	33.9	17.2
湖　南	Hunan	14	1338	707	457	174	52.8	34.2	13.0
广　东	Guangdong	9	1707	1014	418	275	59.4	24.5	16.1
广　西	Guangxi	24	113	68	27	18	60.2	23.9	15.9
海　南	Hainan	30	14	11	1	2	78.6	7.1	14.3
重　庆	Chongqing	20	438	183	118	137	41.8	26.9	31.3
四　川	Sichuan	11	1512	655	588	269	43.3	38.9	17.8
贵　州	Guizhou	25	80	63	9	8	78.8	11.3	10.0
云　南	Yunnan	21	409	309	51	49	75.6	12.5	12.0
西　藏	Tibet	31	0	0	0	0	0.0	0.0	0.0
陕　西	Shaanxi	4	2536	887	1108	541	35.0	43.7	21.3
甘　肃	Gansu	16	910	685	162	63	75.3	17.8	6.9
青　海	Qinghai	29	22	19	2	1	86.4	9.1	4.5
宁　夏	Ningxia	28	25	8	5	12	32.0	20.0	48.0
新　疆	Xinjiang	27	48	32	11	5	66.7	22.9	10.4
地区不详			30	2	28	0	6.7	93.3	0.0

6-14 1996-2000年《SCI》收录的我国科技论文在2001年被引用情况

Citation of Chinese Scientific Papers Taken by SCI in 2001

单位：篇 (piece)

	1996	1997	1998	1999	2000	合 计
收录论文数(A) Number of Papers Taken by SCI	8200	10033	11456	13357	15313	58359
被引用论文数(B) Number of Papers Cited	2371	3348	4017	5271	3351	18358
收录论文被引用次数(C) Times of Citation	4845	6939	8601	11750	6692	38827
B / A	0.29	0.33	0.35	0.40	0.22	0.32
C / B	2.04	2.07	2.14	2.23	2.00	2.12
C / A	0.59	0.69	0.75	0.88	0.44	0.67

6-15 国内中文科技期刊刊登的科技论文篇数按机构类型分类（2001）

Scientific Papers Published in Chinese Science and Technology Periodicals by Type of Institutes

单位：篇 (piece)

	总 计 Total	高等院校 Universities	研究机构 Research Institutes	企 业 Enterprises	医 院 Hospital	其 他 Others
合计 Total	**203229**	**132608**	**29085**	**14452**	**19736**	**7348**
基础学科 Basic Disciplines	38190	27963	8279	467	271	1210
数学 Mathematics	5233	4994	179	19	1	40
力学 Mechanics	1851	1626	198	14	1	12
信息、系统 Information, System Science	1582	1420	92	16	0	54
物理 Physics	4625	3514	1054	21	2	34
化学 Chemistry	8105	6397	1298	128	77	205
天文 Astronomy	544	218	266	1	0	59
地学 Earth Sciences	6781	3221	2763	168	0	629
生物 Biological Sciences	9469	6573	2429	100	190	177
医药卫生 Medical Care	61312	35961	4419	775	19193	964
农林牧渔 Agriculture, Forestry, Animal Husbandry and Fishery	12109	6144	3820	306	42	1797
工业技术 Manufacturing Technology	89463	61067	12121	12852	224	3199
其他 Other	2155	1473	446	52	6	178

6-16 重大科技成果（1996-2002）

Major Research Results of Science and Technology

单位：项 (item)

	1996	1997	1998	1999	2000	2001	2002
合计 Total	**31099**	**30566**	**28584**	**31060**	**32858**	**28448**	**26697**
# 基础理论 Elementary Theory	1923	2727	3258	2490	2368	1970	1808
# 应用技术 Applied Technology	27733	26244	23015	26706	28843	25119	23649
# 软科学 Soft Science	1443	1595	2311	1864	1647	1359	1240
按完成单位类型分 by Type of Performing Institutes							
研究机构 R&D Institutes	9983	11049	6863	9322	7859	6244	5543
高等院校 Universities	7242	7005	7336	6841	6508	6156	5640
企业 Enterprises	8975	8655	7979	9595	10586	9371	8821
其他 Other	4899	3857	6406	5302	7905	6677	6693
应用技术成果按行业分 by Industries							
农林牧渔业 Farming, Forestry, Animal Husbandry and Fishery	5196	4166	3698	3714	4147	3695	3453
采掘业 Mining and Quarrying	1601	1422	630	481	600	1201	667
制造业 Manufacturing	5727	6500	5530	5467	5334	3997	3786
电力、煤气及水的生产和供应业 Electric Power, Gas and Water Production and Supply	1085	1655	798	947	1279	1483	1244
建筑业 Construction	1031	1060	979	983	1189	1246	1031
地质勘查业水利管理业 Geological Prospecting and Water Conservancy	824	1326	769	556	580	820	710
交通运输仓储及邮电通信业 Transportation, Storage, Postal and Telecommunications Services	1098	1439	1176	1323	1963	1715	1535
批发和零售贸易餐饮业 Wholesale and Retail Trade and Catering Services	788	232	248	182	152	184	156
金融保险业 Finance and Insurance	257	164	149	122	244	320	210
房地产业 Real Estate Management	234	161	340	161	176	208	159
社会服务业 Social Services	351	471	386	258	404	376	326
卫生体育和社会福利业 Health Care, Sports, and Social Welfare	3698	4458	4984	5557	6009	5184	4836
教育文化艺术和广播电影电视业 Education, Culture, and Arts, Radio, Film and Television	2263	466	436	313	456	455	376
科学研究和综合技术服务业 Scientific Research and Polytechnic Services	1616	1599	1766	3567	2154	1812	3242
国家机关党政机关和社会团体 Government Agencies, Party Agencies and Social Organizations	343	248	353	199	501	384	395
其他 Other	1621	877	773	1332	1383	1935	1523

6-17 国家级科技奖励（1991-2002）

National S&T Awards

单位：项　　　　(item)

	1991	1992	1993	1994	1995	1996	1997	1998	1999	2000	2001	2002
合计 Total	**958**	**980**	**781**		**795**	**647**	**626**	**543**	**602**	**288**	**223**	**263**
一、获国家科技进步奖 National S&T Advance Award	502	649	441		607	536	475	471	476	250	191	218
特等 Special Class	1	3	2		2	4	3	3	2			
一等 1st Class	32	38	27		25	20	19	22	17	22	17	18
二等 2nd Class	140	195	122		182	169	150	133	143	228	174	200
三等 3rd Class	329	413	290		398	343	303	313	314			
二、获国家发明奖 National Invention Award	209	170	175		131	111	100	72	69	23	14	21
特等 Special Class	0					1						
一等 1st Class	1				1	8	1					
二等 2nd Class	12	10	16		12	56	13	10	13	23	14	21
三等 3rd Class	92	68	74		59	46	46	30	38			
四等 4th Class	104	92	85		59		40	32	18			
三、获国家自然科学奖 National Natural Sciences Award	53		52		57		51		57	15	18	24
一等 1st Class	0		1				1					1
二等 2nd Class	10		18				8		10	15	18	23
三等 3rd Class	31		21				30		31			
四等 4th Class	12		12				12		16			

6-18 国家级科技奖励分布（1991-2002）

Distribution of National S&T Awards

单位：项 (item)

地区 Region	1991	1992	1993	1994	1995	1996	1997	1998	1999	2000	2001	2002
一、国家科技进步奖 National S&T Advance Award	**502**	**649**	**441**		**607**	**536**	**475**	**471**	**506**	**250**	**191**	**218**
按行业分 by Industries												
工业交通 Manufacturing and Transportation	218	330	185		214	195	144	145	136	79	86	75
农林牧渔 Agriculture, Forestry, Animal Husbandry and Fishery	93	75	59		91	90	70	69	65	24	23	33
文教卫生 Education, Culture and Health Care	34	57	47		63	48	70	67	55	35	24	25
国防公安 National Defense and Public Security	112	142	111		139	107	108	106	144	71	54	62
其他 Other	45	45	39		100	95	83	84	106	41	4	23
按隶属分 by Subordination												
部委 Ministries and Commissions	288	410	312		471	378	333	310	297	123	75	64
省市自治区 Province	91	109	66		103	105	92	87	106	51	54	64
其它单位												28
军口 Military System	123	130	63		33	53	50	74	73	76	62	62
二、国家发明奖 National Invention Award	**209**	**170**	**175**		**131**	**111**	**100**	**72**	**69**	**23**	**14**	**21**
1、按行业分 by Industries												
工业交通 Manufacturing and Transportation	140	104	98		59	41	39	21	26	16	9	13
农林牧渔 Agriculture, Forestry, Animal Husbandry and Fishery	16	20	27		18	6	14	11	11	1	1	3
文教卫生 Education, Culture and Health Care	14	10	15		13	12	10	3	3	3	2	1
国防公安 National Defense and Public Security	39	32	35		28	29	25	20	16	2	2	3
其他 Other		4			13	23	12	17	13	1		1
按隶属分 by Subordination												
部委 Ministries and Commissions	84	68	101		82	61	54	38	37	12	4	7
省市自治区 Province	81	71	58		49	40	38	26	24	9	7	8
其它单位												3
军口 Military System	44	31	16			10	8	8	8	2	2	3
三、获国家自然科学奖 National Natural Sciences Award	**53**		**52**		**57**		**51**		**57**	**15**	**18**	**24**
按学科分 by Disciplines												
数理 Maths & Physics	13		14		13		10		12	3	4	5
化学 Chemistry	8		8		7		8		8	3	1	5
生物医学 Biol-medical	12		10		16		7		9	3	6	5
地球 Earth Sciences	9		7		7		14		12	5	3	3
材料工程 Material Engineering	6		8		7		7		9	1	3	4
信息 Information	5		5		7		5		7		1	2
其他 Other												
按隶属分 by Subordination												
部委 Ministries and Commissions	44		43		48		38		44	11	14	13
省市自治区 Province	8		5		9		7		12	4	3	5
专家推荐												6
军口 Military System	1		1				1					
国外 Foreign			3				5					

6-19 全国技术市场成交合同数（1992-2002）

Contract Deals in Domestic Technical Markets

单位：项 (item)

	1992	1993	1994	1995	1996	1997	1998	1999	2000	2001	2002
一、按合同类型分 by Type of Contracts	**226470**	**245967**	**222356**	**221182**	**226962**	**250496**	**281782**	**264496**	**241008**	**229702**	**237093**
技术开发 Technology Development	35507	34174	29197	33334	34327	41019	47529	43380	47324	45427	48411
技术转让 Technology Transfer	21990	23235	26264	29197	30801	35672	39070	36313	27624	25638	22749
技术咨询 Technology Consultation	32788	35886	34810	34828	35795	41889	43936	44889	44411	43346	48782
技术服务 Technology Service	136185	152672	132085	123823	126039	131916	151247	139914	121649	115291	117151
二、按卖方类型分 by Type of Sellers	**226470**	**245967**	**222356**	**221182**	**226962**	**250496**	**281782**	**264496**	**241008**	**229702**	**237093**
科研机构 R&D Institutes	71019	61637	63312	57829	58935	52249	77464	66699	62468	56753	52060
大中专院校 Universities	14433	14796	15680	23221	23848	33406	40658	32705	31202	29553	31257
工业企业 Industrial Enterprises	32550	45401	35193	33725	36370	37643	43022	34407	40934	47177	57480
技术贸易机构 Technology Trade Agencies	80194	98545	83433	76491	81628	90277	90077	95068	68873	67238	67555
个人及个人合伙 Individuals or in Partners	7850	7962	11593	7309	7656	8866	9512	10521	5747	5504	4826
其他 Other	20414	17626	13145	22607	18525	28055	21049	25096	31784	23477	23915
三、按企业买方类型分 by Type of Buyers of Enterprises	**151594**	**164263**	**141522**	**138447**	**146339**	**151338**	**170278**	**150212**	**155999**	**164044**	**175093**
国有企业 State-own Enterprise								69711	65697	55796	52676
集体企业 Collective-own Enterprises								37207	24269	23935	16276
私营企业 Private Enterprise								21282	17278	9617	13009
有限责任公司 Limited Company								14015	34845	53524	68589
股份有限公司 Share Holding Company								6635	10880	18590	21559
港澳台商投资企业 Gang,Ao,Tai-Invested Joint Venture								635	1298	885	1068
外商投资企业 Foreign-Invested Enterprises								727	1732	1697	1916

6-20 全国技术市场成交合同金额（1992-2002）

Value of Contractual Deals in Domestic Technical Markets

单位：万元 (10,000 yuan)

	1992	1993	1994	1995	1996	1997	1998	1999	2000	2001	2002
一、按合同类型分 by Type of Contracts	**1416182**	**2075540**	**2288696**	**2683447**	**3002045**	**3513718**	**4358228**	**5234544**	**6507519**	**7827489**	**8841713**
技术开发 Technology Development	511263	709937	714642	810390	927243	1162291	1494044	2019721	2405017	3097061	3629959
技术转让 Technology Transfer	226155	275715	375975	479216	602162	633517	731959	911856	1578757	2038727	2024073
技术咨询 Technology Consultation	103160	180535	208052	224791	244245	286530	345210	329693	382002	430805	541279
技术服务 Technology Service	575604	909353	990027	1169050	1228393	1431380	1787015	1973274	2141743	2260896	2646402
二、按卖方类型分 by Type of Sellers	**1416182**	**2075540**	**2288696**	**2683447**	**3002045**	**3513718**	**4358228**	**5234544**	**6507519**	**7827489**	**8841713**
科研机构 R&D Institutes	700061	838234	890529	1067343	1126799	1206327	1519120	1639014	1663127	1816447	1870829
大中专院校 Universities	93588	174903	171416	268153	321591	452864	517675	622819	1105282	864067	726423
工业企业 Industrial Enterprises	163399	341458	408485	392350	442530	511756	695416	1091667	1426338	2856100	3585850
技术贸易机构 Technology Trade Agencies	357318	576948	647089	697173	772656	868712	912389	993110	1035197	1082778	1387621
个人及个人合伙 Individuals or in Partners	18544	40098	43037	52220	69941	64060	84851	115140	204040	130152	74565
其他 Other	83272	103099	128139	206209	268525	409999	628777	772794	1073535	1077945	1196425
三、按企业买方类型分 by Type of Buyers of Enterprises	**896459**	**1342149**	**1505246**	**1699755**	**1888161**	**2126994**	**2459464**	**3310761**	**4573520**	**5736291**	**6420039**
国有企业 State-own Enterprise								1685610	1774988	1778165	1917331
集体企业 Collective-own Enterprises								477626	402421	288871	234964
私营企业 Private Enterprise								211064	150238	199055	288799
有限责任公司 Limited Company								629701	1297539	2044323	2398769
股份有限公司 Share Holding Company								206482	358389	651566	789220
港澳台商投资企业 Gang,Ao,Tai-Invested Joint Venture								33320	78702	203242	84351
外商投资企业 Foreign-Invested Enterprises								66958	511243	571069	706605

6-21 各地区技术市场成交合同数（1992-2002）

Contract Deals in Domestic Technical Markets by Region

单位：项 (item)

地区	Region	1992	1993	1994	1995	1996	1997	1998	1999	2000	2001	2002
全 国	**Total**	**235697**	**245967**	**222356**	**221182**	**226962**	**250496**	**281782**	**264496**	**241008**	**229702**	**237093**
东部地区	Eastern Region	159682	161920	146032	143859	151453	165986	189363	176717	1974387	164936	176092
中部地区	Mid Region	56976	59433	56252	56140	54400	63139	74324	72865	181360	51299	46773
西部地区	Western Region	23876	24614	20272	21185	21109	21371	18095	14914	15482	13467	14228
北 京	Beijing	23395	20461	15220	16347	14850	13866	20724	20711	21270	23921	27038
天 津	Tianjin	10813	10736	10798	10630	8348	7573	7416	5572	6415	7335	6889
河 北	Hebei	7152	7768	7429	8888	9026	8571	21794	9399	3340	1886	1901
山 西	Shanxi	2071	1756	1312	493	876	259	244	232	290	256	698
内蒙古	Neimenggu	728	874	765	714	541	2180	3110	4407	3075	2148	776
辽 宁	Liaoning	25100	24178	20165	17206	15770	13174	13060	12682	11455	10197	9571
吉 林	Jilin	7812	8175	5772	6098	6234	5277	5033	5498	5386	4990	4550
黑龙江	Heilongjiang	8002	6633	5882	7600	6857	8358	11180	10218	9883	2229	2548
上 海	Shanghai	32731	25507	25099	21213	20074	18863	18364	19721	738952	23816	26010
江 苏	Jiangsu	19897	24441	21625	22416	31021	44131	44430	40471	449568	30855	33150
浙 江	Zhejiang	12670	15769	14436	17954	19031	19808	21774	25479	276275	33728	38400
安 徽	Anhui	1530	1246	518	1606	1215	1472	2529	2794	61012	4034	3599
福 建	Fujian	6140	4220	5992	4266	6819	6310	5698	6506	172601	4589	4668
江 西	Jiangxi	3233	2640	2367	3051	2547	3896	4157	2802	69299	3033	2899
山 东	Shandong	14060	20639	18505	18675	20688	25915	28091	29135	288135	17840	19263
河 南	Henan	14061	17140	19148	15774	15605	18111	19511	13376	4097	2824	3209
湖 北	Hubei	7997	7470	7316	7727	6826	8738	10842	9664	7203	9024	9832
湖 南	Hunan	11542	13499	13172	13077	13699	14848	17718	23874	21115	22761	18662
广 东	Guangdong	7011	7605	5839	5098	5103	6498	6253	5004	5464	9270	8265
广 西	Guangxi	694	579	924	1166	674	800	1377	1533	912	1117	906
海 南	Hainan	19	17			49	477	382	504		382	31
重 庆	Chongqing						3607	3131	1374	1610	1594	1098
四 川	Sichuan	12631	13702	12050	10750	10101	6380	3937	4313	3441	1870	1966
贵 州	Guizhou		51	10	63	113	58	65	128	43	46	551
云 南	Yunnan	5094	4322	1794	1796	1895	2210	2258	2033	2054	1802	2059
西 藏	Tibet											
陕 西	Shaanxi	3827	3509	3041	5063	4075	3755	3962	2640	4023	6023	5496
甘 肃	Gansu	478	1237	1531	1743	3004	3522	1904	3200	2960	317	993
青 海	Qinghai	593	356	470	415	293	372	440	540		236	329
宁 夏	Ningxia	395	562	577	548	562	644	534	201	233	266	386
新 疆	Xinjiang	858	875	799	807	1066	823	1864	485	1118	1313	1350

6-22 各地区技术市场成交合同金额（1992-2002）

Value of Contractual inflows in Domestic Technical Markets by Region

单位：万元 (10,000 yuan)

地区 Region		1992	1993	1994	1995	1996	1997	1998	1999	2000	2001	2002
全 国	**Total**	**1510332**	**2075541**	**2288696**	**2683447**	**3002045**	**3513718**	**4358228**	**5234544**	**6507519**	**7827489**	**8841713**
东部地区	Eastern Region	956778	1332436	1483561	1718604	1986845	2312134	2900936	3377297	4532788	5699320	6544923
中部地区	Mid Region	329752	460246	516439	590346	656095	796321	948980	1072758	1194082	1248572	1289087
西部地区	Western Region	222365	282859	288698	374497	359092	405262	508312	784488	780649	879597	1007703
北 京	Beijing	313066	355851	371821	411681	458151	543192	815591	921889	1402871	1910065	2211738
天 津	Tianjin	50656	71467	95188	121200	133475	150074	200298	220296	262581	306009	363262
河 北	Hebei	38305	54152	68371	84278	97852	115256	139090	153795	94143	46784	60406
山 西	Shanxi	8657	9586	10723	18454	11643	10284	9758	3955	5258	14693	39014
内蒙古	Neimenggu	5337	6573	7400	12601	16044	28958	31332	29687	60287	62359	58197
辽 宁	Liaoning	131726	203729	215709	228615	242569	250372	280977	301546	347817	408698	508326
吉 林	Jilin	43174	67275	60485	51217	76492	85793	93167	103498	71390	88543	82921
黑龙江	Heilongjiang	54055	78974	95107	110522	114176	145752	152569	157121	152382	111035	120110
上 海	Shanghai	152458	203225	220927	230409	256498	287568	314060	366324	738952	1061603	1202170
江 苏	Jiangsu	72260	136960	138057	181563	238125	284472	330684	416683	449568	529165	594873
浙 江	Zhejiang	30830	71485	71966	97768	107293	133231	162275	188496	276275	316652	389438
安 徽	Anhui	27636	16608	11531	21853	24904	29585	39545	48626	61012	64145	75423
福 建	Fujian	13545	18758	25117	30550	46205	57455	69363	80868	172601	136941	128988
江 西	Jiangxi	12271	17154	14176	21555	24929	31058	38332	51444	69299	62724	62891
山 东	Shandong	82955	103958	166977	185946	222508	241582	261922	275121	288135	321938	347650
河 南	Henan	70750	90133	106797	122798	142122	157766	176492	201661	211621	212589	178506
湖 北	Hubei	57661	81956	115265	125912	105576	145733	187596	230161	276000	338597	348603
湖 南	Hunan	50211	91987	94955	105434	140209	161392	220189	246605	286833	293887	323422
广 东	Guangdong	63934	104293	95885	125972	131111	195994	248122	344528	482104	539722	684532
广 西	Guangxi	6305	7644	13543	20622	25180	17293	37021	25344	17741	37753	44406
海 南	Hainan	738	914			27878	35645	41533	82407		83990	9134
重 庆	Chongqing						60628	92951	325345	296594	289484	409433
四 川	Sichuan	145103	188328	201929	221882	200630	158004	152000	125931	104150	126311	77524
贵 州	Guizhou		997	582	9561	1606	1150	14071	762	620	599	13484
云 南	Yunnan	12082	17021	11927	39125	53397	54515	127222	172339	187742	255279	179496
西 藏	Tibet											
陕 西	Shaanxi	36166	39952	32173	55501	44755	71782	57765	82537	92560	84615	151554
甘 肃	Gansu	21175	22583	21513	25157	24180	26427	28137	25816	26413	27393	54644
青 海	Qinghai	1157	1301	692	1375	7885	12035	2917	4282		4657	12373
宁 夏	Ningxia	1160	1364	1630	1822	2121	2351	2643	4654	6402	8872	8496
新 疆	Xinjiang	5522	11313	18252	20074	24518	18370	30606	42822	66168	82387	100699

6-23　技术市场技术流向地域（合同数）（1992-2002）

Contract inflows to Domestic Technical Markets by Region

单位：项　　　　(item)

地　区	Region	1992	1993	1994	1995	1996	1997	1998	1999	2000	2001	2002
全　国	**Total**	**235021**	**245967**	**222356**	**221182**	**226962**	**250496**	**281782**	**264496**	**241008**	**229702**	**237093**
东部地区	Eastern Region	148725	158585	142391	142853	148587	165613	188389	174277	162630	162620	169886
中部地区	Mid Region	59357	60363	58235	55342	54694	61473	70108	69833	58761	49195	46965
西部地区	Western Region	26939	29998	23793	24618	24901	23410	23285	20130	18111	15445	18167
北　京	Beijing	13869	11960	9483	12288	10940	10968	15414	14559	16998	16195	17276
天　津	Tianjin	8982	9630	9779	10056	7627	6924	7535	5876	6297	6850	5671
河　北	Hebei	9003	9512	8568	9961	9438	10924	21696	9210	5230	3638	3632
山　西	Shanxi	3222	3036	2611	1966	2489	1683	1755	1764	1693	1249	1868
内蒙古	Neimenggu	1535	1825	1641	1496	1402	2848	3803	5171	3907	2914	1487
辽　宁	Liaoning	30329	22519	19030	17063	15923	13529	13010	12785	9631	9689	9319
吉　林	Jilin	6768	7300	5258	5093	5247	4403	4802	5228	5257	4993	4502
黑龙江	Heilongjiang	8373	7263	6722	7914	7227	8668	10610	9063	8391	2971	3280
上　海	Shanghai	23224	18747	19730	18031	17318	16841	17129	18605	21036	22717	24645
江　苏	Jiangsu	26184	28310	23353	21545	27946	41413	41967	36789	25957	29202	31133
浙　江	Zhejiang	14522	17837	16227	19716	20260	21132	23062	26413	29197	33747	38427
安　徽	Anhui	2772	2343	1956	2697	2561	2566	3562	3225	3276	3362	3045
福　建	Fujian	7389	5424	7811	5021	7651	7144	6643	7745	6532	5638	5372
江　西	Jiangxi	3852	3135	2858	3537	3198	4608	4826	4049	5772	3284	3467
山　东	Shandong	4678	22595	17646	19356	22259	25658	29552	31256	30909	20760	21890
河　南	Henan	13847	15302	17282	12913	12148	15917	15134	11732	5312	3814	4387
湖　北	Hubei	7375	6599	6805	6856	6843	7043	9744	8020	6166	7352	8118
湖　南	Hunan	11613	13560	13102	12870	13579	13737	15872	21581	18987	19256	16811
广　东	Guangdong	8982	10006	8629	7539	7551	8891	9343	8026	9277	11746	10412
广　西	Guangxi	1049	1554	1727	1945	1281	1443	2147	2034	1566	1788	1677
海　南	Hainan	514	491	408	332	393	746	891	979	382	650	432
重　庆	Chongqing	2720	2979	2063	1631	1220	1603	2435	1731	1639	1583	1430
四　川	Sichuan	11902	12817	10070	10334	10210	8272	7098	6000	4330	2946	3063
贵　州	Guizhou	739	1073	849	609	609	522	1035	1249	806	611	1208
云　南	Yunnan	5609	5050	2317	2411	2567	2853	2857	2697	2754	2397	2742
西　藏	Tibet	126	66	83	37	42	47	55	37	41	71	93
陕　西	Shaanxi	1748	3363	3448	4115	3673	3101	3180	2146	2582	3963	4526
甘　肃	Gansu	1226	1916	1924	2287	3610	3983	2453	3623	3590	885	1662
青　海	Qinghai	804	528	675	745	529	647	698	810	280	460	638
宁　夏	Ningxia	633	759	795	797	792	843	818	466	488	466	684
新　疆	Xinjiang	1432	1447	1569	1652	1649	1539	2656	1371	1922	2063	2121
港澳台	Taiwan, Macao & Hongkong								77	203	265	231
其它	Other								179	600	2177	1844

6-24 技术市场技术流向地域（合同金额）（1992-2002）

Value of Contractual inflows to Domestic Technical Markets by Region

单位：万元 (10,000 yuan)

地 区	Region	1992	1993	1994	1995	1996	1997	1998	1999	2000	2001	2002
全 国	**Total**	**1431830**	**2075540**	**2288696**	**2683447**	**3002045**	**3513718**	**4358228**	**5234544**	**6507519**	**7827489**	**8841713**
东部地区	Eastern Region	879250	1351132	1448197	1678167	1934570	2272271	2722863	3266822	4350936	5341298	5563898
中部地区	Mid Region	338945	471586	523618	598122	659746	796516	994971	1126381	1104528	1273750	1421978
西部地区	Western Region	213635	275024	336344	431181	423692	444929	640394	784101	769453	1012935	1120579
北 京	Beijing	218020	235497	227940	301445	319972	390751	488692	596177	1031906	1265786	1221450
天 津	Tianjin	37361	63043	72473	110156	107769	118187	187310	207963	231158	278593	327808
河 北	Hebei	43412	67153	74866	90746	101812	119636	142243	157913	163950	115412	140416
山 西	Shanxi	20930	37006	35697	43205	35388	41524	42511	88961	49350	60104	107826
内蒙古	Neimenggu	14083	22306	18089	24461	25064	40631	37029	43664	79600	84291	103019
辽 宁	Liaoning	132757	161988	176379	205663	243648	258188	289291	311332	326885	386687	421852
吉 林	Jilin	38959	57236	58315	39349	54415	78945	90173	106171	78926	103570	104469
黑龙江	Heilongjiang	59652	75903	89058	102272	122177	142846	184639	145270	155168	123141	126770
上 海	Shanghai	101642	154427	178031	195771	222065	238235	330306	383685	633736	970110	1031659
江 苏	Jiangsu	117684	161456	180879	188443	224969	283318	310100	354546	411821	496369	528419
浙 江	Zhejiang	49044	86664	109522	119576	131618	166294	213460	218765	303584	383328	441292
安 徽	Anhui	19430	22446	27125	35195	33742	40858	45809	54384	66604	82081	90357
福 建	Fujian	21337	33324	45313	42316	64726	72266	92464	113385	193767	176242	158639
江 西	Jiangxi	17744	24906	21509	41267	32385	43331	45687	79365	66104	68326	80195
山 东	Shandong	40490	138208	171431	195298	261284	270829	229464	377530	345610	445567	480009
河 南	Henan	64511	84099	100496	106393	121303	150370	174963	182656	190434	213028	208120
湖 北	Hubei	50065	70551	93562	98319	99052	116466	154468	187409	190942	284923	316095
湖 南	Hunan	53571	77133	79767	107661	136220	141545	219692	238501	227400	254286	285127
广 东	Guangdong	99869	180803	174142	192579	217300	285903	333307	423772	669783	664496	721968
广 西	Guangxi	9648	23986	27765	29427	30229	21303	57623	33350	38736	57675	66729
海 南	Hainan	7986	44583	9456	6747	9178	47361	48603	88404	14795	101033	23657
重 庆	Chongqing	13166	22204	19465	24025	15965	17674	80759	204307	164500	193421	331867
四 川	Sichuan	117854	125284	169126	205571	176184	181976	193718	153643	128590	154186	128784
贵 州	Guizhou	5732	11244	9442	18464	12090	14355	25959	19200	16522	23307	38492
云 南	Yunnan	17657	26353	25192	50328	72219	74049	156189	194576	228497	304949	207002
西 藏	Tibet	1810	962	1304	2230	675	1198	2665	753	2994	8463	6443
陕 西	Shaanxi	14238	34789	42455	48258	50577	54131	56338	83227	84188	94803	143097
甘 肃	Gansu	24008	27091	31374	35617	42741	42783	44878	44708	54557	63195	79619
青 海	Qinghai	4042	3428	3993	5264	8196	9443	12028	13961	7628	16870	24518
宁 夏	Ningxia	3674	2938	4241	5827	5432	7058	9462	13459	9752	27544	24318
新 疆	Xinjiang	11454	20731	29752	35597	39613	42262	58398	56267	82847	126197	136439
港澳台	Taiwan, Macao & Hongkong								24172	47241	68354	124048
其它	Other								33068	209944	131152	611210

6-25 按合同类别分技术市场技术流向地域（合同数）(2002)

Contract inflows to Domestic Technical Markets by Region

单位：项 (item)

地区 Region		合计 Total	技术开发 Technology Development	技术转让 Technology Transfer	技术咨询 Technology Consultation	技术服务 Technology Service
全国	**Total**	**237093**	**48411**	**22749**	**48782**	**117151**
东部地区	Eastern Region	169886	30034	14837	37640	87375
中部地区	Mid Region	46965	10452	5758	8808	21947
西部地区	Western Region	18167	6501	2015	2258	7393
北京	Beijing	17276	5237	1122	2369	8548
天津	Tianjin	5671	1246	286	1267	2872
河北	Hebei	3632	1000	470	441	1721
山西	Shanxi	1868	739	385	190	554
内蒙古	Neimenggu	1487	334	199	222	732
辽宁	Liaoning	9319	1764	810	2154	4591
吉林	Jilin	4502	1019	498	1611	1374
黑龙江	Heilongjiang	3280	795	250	621	1614
上海	Shanghai	24645	3032	1087	5364	15162
江苏	Jiangsu	31133	4898	2661	7697	15877
浙江	Zhejiang	38427	4078	954	13447	19948
安徽	Anhui	3045	875	384	554	1232
福建	Fujian	5372	1010	468	803	3091
江西	Jiangxi	3467	866	491	475	1635
山东	Shandong	21890	4979	5734	2734	8443
河南	Henan	4387	1136	621	392	2238
湖北	Hubei	8118	2342	897	1090	3789
湖南	Hunan	16811	2346	2033	3653	8779
广东	Guangdong	10412	2350	1022	1041	5999
广西	Guangxi	1677	335	160	268	914
海南	Hainan	432	105	63	55	209
重庆	Chongqing	1430	412	178	184	656
四川	Sichuan	3063	909	465	404	1285
贵州	Guizhou	1208	250	134	163	661
云南	Yunnan	2742	1127	135	430	1050
西藏	Tibet	93	27	15	11	40
陕西	Shaanxi	4526	2339	483	310	1394
甘肃	Gansu	1662	406	185	146	925
青海	Qinghai	638	152	44	86	356
宁夏	Ningxia	684	211	43	46	384
新疆	Xinjiang	2121	668	333	478	642
港澳台	Taiwan, Macao & Hongkong	231	118	48	8	57
其它	Other	1844	1306	91	68	379

6-26 按合同类别分技术市场技术流向地域（合同金额）(2002)

Value of Contractual inflows to Domestic Technical Markets by Region

单位：万元 (10,000 yuan)

地区 Region		合计 Total	技术开发 Technology Development	技术转让 Technology Transfer	技术咨询 Technology Consultation	技术服务 Technology Service
全　国	**Total**	**8841713**	**3629958**	**2024073**	**541280**	**2646402**
东部地区	Eastern Region	5563898	1915058	1539257	408128	1701455
中部地区	Mid Region	1421978	610097	218584	73680	519617
西部地区	Western Region	1120579	625327	156747	57330	281175
北　京	Beijing	1221450	537319	161263	57189	465679
天　津	Tianjin	327808	130241	127200	11173	59194
河　北	Hebei	140416	51188	27008	8067	54153
山　西	Shanxi	107826	62640	17028	5653	22505
内蒙古	Neimenggu	103019	40966	11815	4066	46172
辽　宁	Liaoning	421852	139085	79300	59090	144377
吉　林	Jilin	104469	45940	14482	11634	32413
黑龙江	Heilongjiang	126770	51035	12446	7919	55370
上　海	Shanghai	1031660	283765	409638	46793	291464
江　苏	Jiangsu	528419	185654	118202	53541	171022
浙　江	Zhejiang	441292	114810	45208	112438	168836
安　徽	Anhui	90357	35200	14024	9907	31226
福　建	Fujian	158639	62105	48182	11250	37102
江　西	Jiangxi	80195	35886	10223	4934	29152
山　东	Shandong	480009	167117	152312	25194	135386
河　南	Henan	208120	79066	46480	7189	75385
湖　北	Hubei	316095	175598	56751	10680	73066
湖　南	Hunan	285127	83766	35335	11698	154328
广　东	Guangdong	721967	200857	345889	18188	157033
广　西	Guangxi	66729	33104	18203	4438	10984
海　南	Hainan	23657	9813	6852	767	6225
重　庆	Chongqing	331867	238069	35988	11849	45961
四　川	Sichuan	128784	47705	30889	7763	42427
贵　州	Guizhou	38492	14523	7123	2466	14380
云　南	Yunnan	207002	146943	8558	7680	43821
西　藏	Tibet	6443	1700	1592	1630	1521
陕　西	Shaanxi	143097	70036	22594	5319	45148
甘　肃	Gansu	79619	29110	7010	3234	40265
青　海	Qinghai	24518	8674	2385	3358	10101
宁　夏	Ningxia	24318	10704	2357	1181	10076
新　疆	Xinjiang	136439	57863	38251	12850	27475
港澳台	Taiwan, Macao & Hongkong	124048	83966	34631	88	5363
其它	Other	611210	395510	74854	2054	138792

6-27 按地区分的国外技术引进合同（2002）

Technology Contracts Imported by Region

单位：万美元 (USD 10,000)

地区 Region		合同数(件) Number of Contracts	合同金额 Value of Contracts	技术费 for technology	设备费 for equipment
全 国	**Total**	**6072**	**1738920**	**1437197**	**301723**
东部地区	Eastern Region	5101	1473109	1293975	179134
中部地区	Mid Region	338	53275	36403	16872
西部地区	Western Region	278	26417	17573	8844
北 京	Beijing	837	110959	97240	13718
天 津	Tianjin	380	519634	516584	3049
河 北	Hebei	41	5507	5465	42
山 西	Shanxi	5	196	136	60
内蒙古	Neimenggu	8	788	237	551
辽 宁	Liaoning	187	18566	13198	5368
吉 林	Jilin	86	6558	6006	552
黑龙江	Heilongjiang	29	3052	3040	11
上 海	Shanghai	2160	346904	279510	67394
江 苏	Jiangsu	323	264795	187577	77218
浙 江	Zhejiang	176	36377	36368	8
安 徽	Anhui	87	20088	13370	6718
福 建	Fujian	148	20900	20875	25
江 西	Jiangxi	43	3655	1706	1949
山 东	Shandong	478	17697	13491	4206
河 南	Henan	21	1729	1729	0
湖 北	Hubei	37	2628	2627	1
湖 南	Hunan	22	14581	7551	7030
广 东	Guangdong	337	127350	121124	6226
广 西	Guangxi	21	2830	951	1880
海 南	Hainan	13	1592	1592	0
重 庆	Chongqing	53	6093	5894	198
四 川	Sichuan	112	14122	7194	6928
贵 州	Guizhou	1	19	18	1
云 南	Yunnan	56	1577	1139	438
西 藏	Tibet				
陕 西	Shaanxi	31	2691	2542	149
甘 肃	Gansu	2	694	104	590
青 海	Qinghai				
宁 夏	Ningxia	15	642	364	278
新 疆	Xinjiang	8	580	318	262

6-28 按行业分的国外技术引进合同（2002）

Technology Contracts Imported by Industry

单位：万美元 (USD 10,000)

	合同数(件) Number of Contracts	合同金额 Value of Contracts	技术费 for technology	设备费 for equipment
总　计　Total	**6072**	**1738920**	**1437197**	**301723**
农、林、牧、渔业小计 Farming, Forestry, Animal Husbandry and Fishery	25	1210	1181	29
采掘业小计 Mining and Quarrying	201	26191	12870	13321
制造业小计 Manufacturing	3539	1489872	1254235	235637
电力、煤气及水的生产和供应业小计 Production and Supply of Electricity,Gas and Water	149	47697	24328	23370
建筑业小计 Construction	118	4589	4224	365
地质勘查业、水利管理业小计 Geological Prospecting and Water Conservancy	9	629	555	74
交通运输、仓储及邮电通信业小计 Transport, Storage, Post and Telecommunications	173	23410	5686	17724
批发和零售贸易、餐饮业小计 Wholesale, Retail Trade and Catering Service	88	18892	18892	0
金融、保险业小计 Finance and Insurance	14	408	393	15
房地产业小计 Real Estate	382	19018	18377	640
社会服务业小计 Public Service	632	64134	61330	2804
卫生、体育和社会福利业小计 Health Care, Sporting and Social Welfare	16	1915	1915	0
教育、文化艺术及广播电影电视业小计 Education, Culture and Arts, Radio, Film and Television	30	5838	2189	2649
科学研究和综合技术服务业小计 Scientific Research and Polytechnic Service	65	8975	8802	173
国家机关、政党机关和社会团体小计 Government, Party Agencies and Social Organizations	31	348	324	24
其他行业小计　Other	600	25794	21896	4898

6-29 国外技术引进合同按引进方式分（2002）

Technology Contracts Imported by type of Import

单位：万美元 (USD 10,000)

	合同数(件) Number of Contracts	合同金额 Value of Contracts	技术费 for technology	设备费 for equipment
总计 Total	**6072**	**1738920**	**1437197**	**301723**
专利技术的许可或转让(包括专利申请权的转让) Patent Technology License and Transfer	195	583160	581319	1841
专有技术的许可或转让 Technology License and Transfer	1029	491383	469348	22036
技术咨询、技术服务 Technology Consultation and service	3671	273951	249269	24682
计算机软件的进口 Import of Computer Software	572	123731	48171	75560
商标许可 Trade Mark License	38	7898	7898	0
合资生产、合作生产等 Joint-venture Production and Cooperative Production	76	51499	40976	10522
为实施以上内容而进口的成套设备、关键设备、生产线等 Comolete Set of Equipment, Key Equipment and Production Line	332	185359	23915	161445
其它方式的技术进口　Other	159	21938	16301	5637

6-30 按引进国别和地区分的国外技术引进合同（2002）

Technology Contracts Imported by Country

单位：万美元 (USD 10,000)

		合同数(件) Number of Contracts	合同金额 Value of Contracts	技术费 for technology	设备费 for equipment
合计	**Total**	**6072**	**1738920**	**1437197**	**301723**
美国	United States	1094	700985	684115	16871
日本	Japan	1355	298031	243734	54297
德国	Germany	684	153387	79324	74063
韩国	Korea	236	96449	84181	12268
瑞典	Sweden	54	96348	20792	75557
中国香港	Hongkong	818	59784	52498	7286
荷兰	Netherland	78	57124	56697	427
芬兰	Finland	48	56480	47394	9085
法国	France	178	42349	32414	9935
丹麦	Denmark	29	38819	38699	120
英国	Britain	200	21315	13578	7737
意大利	Italy	117	19122	10927	8195
中国台湾	Taiwan	168	16282	16204	78
瑞士	Swiss	84	13899	8091	5808
澳大利亚	Australia	163	12484	3839	8645
奥地利	Austria	45	8830	6066	2763
新加坡	Singapore	213	7015	6809	205
加拿大	Canada	111	5714	3893	1821
维尔京	Virgin	40	5550	5550	0
比利时	Belgium	12	5416	3777	1639
开曼群岛	Cayman Is.	13	2956	2956	0
西班牙	Spain	27	2862	502	2361
百慕大	Bermuda	2	2593	2593	0
马来西亚	Malaysia	24	2541	1545	996
俄罗斯	Russia	52	2536	2253	283
葡萄牙	Portugal	2	1770	1770	0
挪威	Norway	24	1690	1690	0
以色列	Israel	6	1329	555	773
爱尔兰	Ireland	31	679	671	7
萨摩亚	Samoa	6	584	584	0
泰国	Thailand	20	534	534	0
乌克兰	Ukraine	24	406	375	32
菲律宾	Philippines	13	346	346	0

6-30 续表

单位：万美元 (USD 10,000)

地区 Region		合同数(件) Number of Contracts	合同金额 Value of Contracts	技术费 for technology	设备费 for equipment
新西兰	New Zealand	3	280	274	6
印度	India	24	267	254	13
卢森堡	Luxemburg	3	246	72	174
匈牙利	Hungary	3	240	240	0
捷克	Czech	4	208	88	120
罗马尼亚	Romania	4	130	130	0
阿根廷	Argentina	1	125	125	0
塞浦路斯	Cyprus	1	120	120	0
列支敦士登	Liechtenstein	6	119	119	0
约旦	Jordan	1	114	80	34
墨西哥	Mexico	2	102	102	0
中国澳门	Macao	4	100	100	0
突尼斯	Tunisia	1	92	92	0
乌拉圭	Uruguay	1	91	91	0
波多黎各	Puerto Rico	1	88	1	87
土耳其	Turkey	4	67	67	0
中国	China	8	61	24	37
毛里求斯	Mauritius	5	61	61	0
巴基斯坦	Pakistan	1	46	46	0
科威特	Kuwait	1	45	45	0
蒙古	Mongolia	2	21	21	0
乌兹别克	Uzbekistan	1	15	15	0
印度尼西亚	Indonesia	5	12	12	0
南非	South Africa	4	11	11	0
保加利亚	Bulgaria	1	10	10	0
巴西	Brazil	2	10	10	0
摩洛哥	Morocco	1	9	9	0
阿拉伯酋长国	United Arab Emirates	1	8	8	0
白俄罗斯	Belarus	1	7	7	0
哈萨克	Kazakstan	1	3	3	0
埃及	Egypt	1	1	1	0
巴拿马	Panama	1	1	1	0
斯里兰卡	Sri Lanka	1	0	0	0
越南	Vietnam	1	0	0	0

6-31 高技术产品的出进口贸易额按类别分（2002）

Exports and Imports of High-tech Products

单位：百万美元 (USD 1,000,000)

	出口贸易总额 Export	%	进口贸易总额 Import	%	出进口贸易总额 Export and Import
合计 Total	**67855**	**100.0**	**82839**	**100.0**	**150694**
计算机与通信技术 Computers and Telecommunications	54487	80.3	27890	33.7	82377
生命科学技术 Life Science	2362	3.5	3069	3.7	5430
电子技术 Electronics	7503	11.1	34063	41.1	41566
计算机集成制造技术 Computer Integrated Manufacturing	730	1.1	9127	11.0	9857
航空航天技术 Aerospace and Aeronautics	594	0.9	4602	5.6	5196
光电技术 Opto-electronics	1426	2.1	1496	1.8	2922
生物技术 Biotechnology	167	0.2	127	0.2	294
材料技术 Material	307	0.5	1975	2.4	2282
其它技术	281	0.4	489	0.6	770

6-32 高技术产品、工业制成品、初级产品的出进口贸易额（1991-2002）
Imports and Expoxts of High-tech Products, Manufactured Goods and Primary Goods

单位：百万美元 (USD 1,000,000)

	1991	1992	1993	1994	1995	1996	1997	1998	1999	2000	2001	2002
一、商品出进口贸易总额 Total value of exports and imports	**135702**	**165608**	**195713**	**236731**	**280848**	**289904**	**325057**	**323949**	**360649**	**474308**	**509768**	**620768**
工业制成品 Manufactured goods	108654	135304	164822	200555	234951	242539	272508	280372	313876	402111	437642	543016
占总额（%） % of total exports and imports	80.1	81.7	84.2	84.7	83.7	83.7	83.8	86.6	87.0	85.0	85.9	87.5
# 高技术产品 High-tech products	12316	14709	20585	269370	31918	35132	40203	49452	62302	89550	110559	150694
占总额（%） % of total exports and imports	9.1	8.9	10.5	11.4	11.4	12.1	12.4	15.3	17.3	18.9	21.7	24.3
占工业制成品（%） % of total manufactured goods	11.3	10.9	12.5	13.4	13.6	14.5	14.8	17.6	19.8	22.3	25.3	27.8
初级产品 Primary goods	27047	30304	30891	36176	45897	47365	52549	43552	46773	72198	72127	77752
占总额（%） % of total exports and imports	19.9	18.3	15.8	15.3	16.3	16.3	16.2	13.4	13.0	15.0	14.1	12.5
二、商品出口贸易总额 Total value of exports	**71910**	**84998**	**91763**	**121038**	**148770**	**151066**	**182697**	**183757**	**194931**	**249212**	**266155**	**325565**
工业制成品 Manufactured goods	55698	67949	75088	101331	127283	129141	158767	163157	175003	223754	239802	297085
占总额（%） % of total exports	77.5	79.9	81.8	83.7	85.6	85.5	86.9	88.8	89.8	89.8	90.1	91.3
# 高技术产品 High-tech products	2877	3996	4676	6342	10091	12663	16310	20251	24704	37043	46452	67855
占总额（%） % of total exports	4.0	4.7	5.1	5.2	6.8	8.4	8.9	11.0	12.7	14.9	17.5	20.8
占工业制成品（%） % of total manufactured goods	5.2	5.9	6.2	6.3	7.9	9.8	10.3	12.4	14.1	16.6	19.4	22.8
初级产品 Primary goods	16213	17050	16675	19707	21486	21925	23929	20600	19928	25458	26353	28480
占总额（%） % of total exports	22.5	20.1	18.2	16.3	14.4	14.5	13.1	11.2	10.2	10.2	9.9	8.7
三、商品进口贸易总额 Total value of imports	**63791**	**80610**	**103950**	**115693**	**132078**	**138838**	**142361**	**140166**	**165718**	**225097**	**243613**	**295203**
工业制成品 Manufactured goods	52957	67356	89735	99224	107668	113398	113741	117214	138873	178357	197840	245931
占总额（%） % of total impost	83.0	83.6	86.3	85.8	81.5	81.7	79.9	83.6	83.8	79.2	81.2	83.3
# 高技术产品 High-tech products	9439	10712	15909	20595	21827	22469	23893	29201	37598	52507	64107	82839
占总额（%） % of total imports	14.8	13.3	15.3	17.8	16.5	16.2	16.8	20.8	22.7	23.3	26.3	28.1
占工业制成品（%） % of total manufactured goods	17.8	15.9	17.7	20.8	20.3	19.8	21	24.9	27.1	29.4	32.4	33.7
初级产品 Primary goods	10835	1325	14216	16469	24411	25440	28620	22952	26845	46740	45774	49272
占总额（%） % of total imports	17.0	16.4	13.7	14.2	18.5	18.3	20.1	16.4	16.2	20.8	18.8	16.7
四、商品出进口贸易差额 Balance	**8119**	**4388**	**-12188**	**5345**	**16692**	**12228**	**40336**	**43591**	**29213**	**24115**	**22542**	**30362**
工业制成品 Manufactured goods	2741	593	-14647	2107	19616	15743	45026	45943	36130	24115	41962	51154
高技术产品 High-tech products	-6562	-6716	-11233	-14253	-11737	-9806	-7583	-8950	-12894	-15464	-17655	-14984
初级产品 Primary goods	5378	3795	2460	3238	-2924	-3515	-4690	-2352	-6917	-21282	-19421	-20791

七、科技服务

Scientific and Technologic Services

7-1 全国地质勘查分部门情况

Basic Statistics on Geological Work by Sector

	从业人员(人) Employees (year end) (person)	技术人员 Technical Personnel	地质勘查工作费用(万元) Expenditure on Geological Work(10,000 yuan)
一、按年度分			
1991	1121405	106456	1065104
1992	1111821	103609	1277192
1993	1058557	91491	1458115
1994	994952	87729	1857485
1995	969269	84411	2141855
1996	807663	79994	2581164
1997	792126	80775	2920572
1998	742998	39407	3008294
1999 ①	314789	41955	2075697
2000	258713	38863	2176666
2001	240148	51059	2223651
2002	221524	52310	2220273
二、全国情况			
属地化单位 Localized Unit	44208	23202	255974
冶金部门 Metallurgic Industry	2631	1563	18900
地质调查局 Geological Prospecting	1072	797	15118
武警黄金部门 Gold Industry	3583	692	5207
煤田部门 Coal Industry	2422	630	19920
石油天然气 Oil Industry	90674	10668	933676
海洋石油部门 Offshore Oil	6073	3645	257926
石化集团 Petrol-chem Corp.	65958	8543	685142
核工业部门 Nuclear Industry	1333	959	7100
化工部门 Chemical Engineering	1761	637	5034
建材部门 Building Material	1757	932	8101
中联煤层气公司	52	42	8175

注：原地矿、有色、轻工所属地勘单位已全部属地化，与各部门的属地化单位合称属地化单位。

7-2 全国地质勘查分地区情况（2002）
Basic Statistics on Geological Work by Region

地 区 Region		从业人员(人) Employees (year end) (person)	技术人员 Technical Personnel	地质勘查工作费用(万元) Expenditure on Geological Work(10,000 yuan)
全 国	**Total**	**221524**	**52310**	**2220273**
北 京	Beijing	1259	867	33475
天 津	Tianjin	13317	2272	194056
河 北	Hebei	24924	9696	55479
山 西	Shanxi	1135	516	10428
内蒙古	Neimenggu	1649	790	6136
辽 宁	Liaoning	14081	1598	74040
吉 林	Jilin	8969	1057	82974
黑龙江	Heilongjiang	14548	1613	136411
上 海	Shanghai	1299	517	27172
江 苏	Jiangsu	6342	1190	36743
浙 江	Zhejiang	2735	1472	39608
安 徽	Anhui	3335	1364	17372
福 建	Fujian	1105	720	4378
江 西	Jiangxi	1033	728	4003
山 东	Shandong	27603	6379	270564
河 南	Henan	21226	3447	102045
湖 北	Hubei	9349	1638	45096
湖 南	Hunan	611	342	2323
广 东	Guangdong	4090	2209	140167
广 西	Guangxi	1877	960	16066
海 南	Hainan	316	131	650
重 庆	Chongqing	431	291	1647
四 川	Sichuan	14667	1986	45647
贵 州	Guizhou	1254	625	7123
云 南	Yunnan	5156	1766	51067
西 藏	Tibet	801	280	5814
陕 西	Shaanxi	6965	1322	109160
甘 肃	Gansu	3619	939	43189
青 海	Qinghai	3411	812	56328
宁 夏	Ningxia	389	227	1999
新 疆	Xinjiang	24028	4556	599114

7-3 全国气象部门基本情况（1996-2002）

Basic Statistics on Meteorological Units

	1996	1997	1998	1999	2000	2001	2002
一、人员（人）Number of Personnel							
全国气象部门职工总数 Total Staff and Workers	66319	65522	63390	62116	59113	58162	56872
# 专业技术人员 Technical Personnel	56102	55834	54263	53453	51495	48163	49507
# 气象观测人员 for observation	16427	15815	15106	14636	14180	13968	13098
气象通信人员 for telecommunication	2513	2194	1894	1894	1520	1481	1274
气象预报人员 for prediction	6853	6481	6056	5755	5468	5210	4944
农业气象人员 for agriculture	1919	1770	1582	1441	1391	1341	1206
气象资料人员 for information	1288	1223	1080	938	911	827	717
计算机人员 for computer	1026	1033	1007	929	806	717	650
二、业务站点（个）Operating Station							
1、气象台站总数 Total Meteorological Observations and Stations	2591	2599	2615	2623	2641	2604	2615
气象台 Meteorological Observations	347	346	349	355	356	356	363
气象站 Meteorological Stations	2244	2253	2206	2208	2206	2483	2483
2、地面观测站点数 for ground	2539	2569	2691	2800	2819	2422	2409
3、高空探测站点数 for high-altitude observation	141	141	138	138	156	120	124
4、天气雷达观测站点数 for radar	226	231	233	237	238	256	236
5、农业气象观测站点数 for agriculture	1140	1136	1125	1134	1125	833	783
6、农业气象试验站点数 for agriculture	70	70	70	69	68	70	66
7、卫星云图接收站点数 Number of Satellite Cloud Images Receiving Stations	179	235	277	315	319	356	454
云图接收机数（台）Number of Cloud Images Receiving Equipment	212	262	308	346	354		570
三、装备 Equipment							
1、拥有计算机数（台）Number of Computers	15182	17677	20933	26737	27724		33219
巨型机 Huge-sized	3	3	3	6	6	9	
大型机 Large sized						4	
大中小型机 Large, Middle or Small-sized	106	130	136	146	131		
工作站 Station	119	153	168	201	223		
中小型机及工作站 Middle or Small-sized and station						304	
微型机 Micro-sized	10789	13750	17432	23693	25335	28317	
2、拥有雷达数（部）Number of Radar	429	434	437	441	436	405	401

7-4 海洋观测预报单位机构、人员情况（1991-2002）

Institutions and Personnel in Ocean Observation and Forecasting

地　区 Region	中心站 Central Station	观测站 Observing Station	监测监视中心 Monitoring Center	预报区台 Forecast Station	预测中心 Forecast Center
一、机构数 （个） Institutions					
1991	8	58	5	3	1
1992	8	56	5	3	1
1993	9	53	3	3	1
1994	7	56	4	3	1
1995	9	57	4	3	1
1996	10	56	4	3	1
1997	10	60	4	3	1
1998	10	56	4	3	1
1999	12	60	4	3	1
2000	12	60	4	3	1
2001	12	60	4	3	1
2002	12	63	4	3	1
二、人员数 （人） Personnel(person)					
1991	219	602	797	310	360
1992	279	573	937	316	354
1993	348	582	488	307	360
1994	267	558	819	292	360
1995	348	580	697	300	358
1996	379	557	690	289	360
1997	531	592	624	574	358
1998	395	525	777	304	313
1999	362	468	809	352	269
2000	362	468	809	352	269
2001	362	468	809	352	269
2002	530	427	739	421	313

7-5 海洋监测调查情况（2002）

Basic Statistics on Ocean Observation

单位：万元

	合计 Total	台站监测 Station Observation	污染监测网 Pollution Monitoring	验潮井 Tide Well	浮标监测 Buoy Monitoring	断面调查 Sectional Monitoring
站点（个） Stations	1505	61	1269	102	4	171
数据（万组） data(10,000 groups)	1702.3	1686.5	6.3	79.7	7.4	2.0

7-6 地震台、网基本情况(1991-2002)

Statistics on Earthquake Monitoring Stations and Networks

	1991	1994	1995	1996	1997	1998	1999	2000	2001	2002
一、国家地震观测台、网 **State Earthquake Stations, Networks**										
人员总数（人） Personnel (person)	3537	3318	3262	3217	3244	3038	2979	3023	2862	3905
科技人员（人） S&T Personnel (person)	2935	2779	2785	2776	2714	2628	2594	2551	2428	3618
地震台、站 Earthquake Stations	420	400	401	396	391	386	383	381	381	524
基本台 Standard	35	35	35	44	52	34	36	38	38	262
综合台 Comprehensive	156	158	156	137	137	137	157	157	180	42
观测站 Monitoring	229	207	210	215	202	215	190	186	163	220
强震台（点） Strong Earthquake Observation	209	201	251	241	265	255	258	252	243	286
二、国家地震遥测台、网 **State Earthquake Remote Measure** Stations, Networks										
人员总数（人） Total Personnel	382	429	453	489	498	490	475	516	371	432
子台 Observation Spot	287	305	304	303	345	334	341	411	433	682
有线传输 Cable Transmit	104	117	99	85	108	116	149	229	262	347
无线传输 Radio Transmit	183	188	205	218	237	218	192	182	171	335
三、地方地震工作情况 Local Earthquake Measure										
地（市、州）级地震局 Prefecture	317	286	292	293	293	288	279	293	298	338
重点县地震办 Focal County	751	861	777	776	779	931	1280	1341	1331	1160
人员总数（人） Total Personnel	6157	5841	5940	6128	5841	6733	7097	7520	7475	7761
地方办台站 Station run by Local Government	453	513	532	597	643	620	647	651	715	345
企业办台站 Station run by Enterprises	252	231	250	248	229	258	204	213	210	77
骨干测报点 Leading Observations	2413	2034	1861	1753	1974	1703	1311	1666	1754	1758
一般测报点 Normal Observations	5200	6438	7351	5682	6291	6528	5685	4597	5112	5076

7-7 国家标准、计量基

Statistics on National Stan-

	1991	1992	1993	1994
一、本年度制、修订标准合计 （个）	**1122**	**1063**	**1411**	**1304**
制定 Formulation	810	865	1109	883
修订 Redaction	312	198	302	421
二、国标标准采 用程度合计（个）	**314**	**437**	**602**	**438**
等同 Same	37	143	45	59
等效 Equivalent	95	34	148	140
非等效 Non-equivalent	182	260	409	239
三、计量基准、标准建立情况				
类别 Categories	10	10	10	10
项别 Items	84	89	85	87
种别 Sorts	143	144	144	147
四、计量仪器检定按类别分（台、件）				
合计 Total	30275117	28047661	24976346	25735737
长度 Length	4174302	3320171	2550392	2419281
温度 Temperature	937282	848883	525141	630550
力学 Mechanics	21175999	19574291	18366649	18638860
衡器 Weighing Apparatus	12671809	11462462	10533832	10728650
电磁 Electromagnetism	3491825	3652924	2972965	3373039
光学 Optics	84067	101953	114313	117165
声学 Acoustics	5447	9899	9179	11518
化学 Chemistry	167579	163355	142023	168165
放射性 Radioactivity	4012	6433	10643	12637
无线电 Radio	74354	95959	59443	70586
时间频率 Time Frequency	30152	28311	13351	45841
其他 Other	130098	245482	212247	248095

7-8 地方标准、计量

Statistics on Local Stan-

	单位	1991	1992	1993	1994
本年末标准累计 Number of Standards	个 unit	50433	16755	16910	11473
本年度制、修订标准合计 Number of Standards for Formulation or Redaction	个 unit	1151	1716	934	1030
制定 Formulation	个 unit	989	1251	866	1017
修订 Redaction	个 unit	162	465	68	13
产品质量监督检验企业数 Number of Enterprises Supervised and Checked for Product Quality	个 unit	223711	251652	235252	265975
检验批次数 Inspection Batch-time	批次 batch.time	442122	418077	409691	439125
批次合格率 Rate of Batch-time Qualified	%	75	74.6	77.75	77.38
商品质量监督检验企业数 Number of Enterprises Supervised and Checked for Commodity Quality	个 unit	137855	191957	146567	208253
检验批次数 Inspection Batch-time	批次 batch.time	346064	667757	703703	914025
批次合格率 Rate of Batch-time Qualified	%	60	65	78	77

本情况(1991−2002)

dards and Measurement

1995	1996	1997	1998	1999	2000	2001	2002
1319	**1387**	**1162**	**990**	**900**	**1087**	**1045**	**1049**
899	818	658	587	477	605	497	514
420	569	504	403	423	482	548	535
505	**560**	**688**	**600**	**526**	**538**	**492**	**608**
96	203	281	249	194	230	213	222
185	186	267	235	194	220	167	269
224	171	140	116	138	88	112	117
10	10	10	10	10	10	10	10
86	83	87	88	133	133	133	133
147	143	141	140	190	191	190	190
26344211	27611905	29374465	27597670	31004284	40058507	38935133	44993208
2441130	2584605	2358173	2086995	2283278	2990725	3033660	3475520
534085	670683	689446	669758	745406	5019420	1294382	1881378
8845119	19252999	20153072	17955936	18393406	20325728	20623794	23679332
10442331	10229244	9751864	8971949	9470396	8197099	8375575	8051990
3688655	4012280	4997291	5231026	7569615	8565969	10885992	11827159
113448	157343	173046	254095	322881	336359	397073	410101
15262	19272	24641	25778	32937	46625	43058	67133
151530	228704	221255	210298	224892	294201	317330	484879
18485	32522	28914	40257	43377	49763	53111	115578
94819	86536	97672	107467	156113	688232	731195	813242
32525	77136	84747	145744	252201	401238	407959	380299
409153	489825	546208	870316	980178	1340247	1156036	1858587

基本情况（1991−2002）

dards and Measurements

1995	1996	1997	1998	1999	2000	2001	2002
8553	10216	10793	10965	12156	11464	11914	12269
985	801	738	678	1151	921	722	1388
930	787	637	644	1021	873	689	1255
55	14	101	34	130	48	33	133
260490	301839	422153	395015	401089	389675	355119	351882
435900	476885	633563	508191	501121	484581	445044	448718
77	78	80	79.4	79.92	81	81.07	83.59
211012	258168	367317	397843	422987	392346	409077	313305
558606	725350	1090214	908762	790028	757906	790193	563532
67	68	69	71	71	70	73	75

7-9 全国测绘部门资料提供情况（2002）

Statistics on Surveying and Mapping Materials

地 区	Region	地形图合计（张）Topographic (piece)	1:10000	1:50000	大地成果（点）Geodetic Results (point)	航摄成果（片）Aerial Photograph (piece)	挂图（张）Wall-map (piece)	地图集（册）Atlas (volume)
全 国	**Total**	**695896**	**184853**	**136930**	**65568**	**302728**	**313598**	**5399**
东部地区	Eastern Region	424373	96982	18114	35508	37241	271419	397
中部地区	Mid Region	108096	49916	46117	21415	147644	1864	669
西部地区	Western Region	112557	37955	37744	6524	52739	40315	4333
北 京	Beijing	58193	4867	422			659	1
天 津	Tianjin	2682	1817	266	135	113	4	68
河 北	Hebei	6130	2944	1861	1217	13339		
山 西	Shanxi	17870	10191	6613	2383			
内蒙古	Neimenggu	11314	1438	7115	3550		99	237
辽 宁	Liaoning	4831	2838	1933	230		200	20
吉 林	Jilin	10978	3988	5617	2987	1037	1145	271
黑龙江	Heilongjiang	25866	4885	18038	2527	124741	620	113
上 海	Shanghai	251731	1600	89	5394	7040		
江 苏	Jiangsu	7772	6912	741	15365	5475	128	228
浙 江	Zhejiang	17295	14518	1979	3716	5501		
安 徽	Anhui	11475	8541	2337	8100	3009		
福 建	Fujian	16838	13827	2314	4225	785		
江 西	Jiangxi	8909	7287	1007	173	120		48
山 东	Shandong	15260	12424	2330	968	26	76	71
河 南	Henan	4490	1379	1288	1008	17310		
湖 北	Hubei	6930	4790	1776	387	1328		
湖 南	Hunan	10264	7417	2326	300	99		
广 东	Guangdong	10564	8306	2258	1510			
广 西	Guangxi	32150	26929	3499	2701	4962	1012	9
海 南	Hainan	927		422	47		269340	
重 庆	Chongqing	19695	90		172	80	33000	
四 川	Sichuan	25091	14709	7795	1209	9083	234	452
贵 州	Guizhou	13918	9123	4368	477	1192	635	50
云 南	Yunnan	17938	3518	11504	1567	5443	898	4
西 藏	Tibet	4901	211	536	199		2772	3776
陕 西	Shaanxi	6319	4065	1714	30	30579	400	
甘 肃	Gansu	10048	2605	5800	165	2854	1829	24
青 海	Qinghai	4032	479	2204	350		442	27
宁 夏	Ningxia	3811	2230	1363	420		105	
新 疆	Xinjiang	6804	925	2460	1935	3508		
国家基础地理信息中心		50870		34955	2121	65104		

7-10 软科学基本情况（2002）

Basic Statistics on Soft Sciences

	单位	1991-1992	1993-1994	1995-1996	1997-1998	1999-2000	2001-2002
软科学机构数 Number of Institutes	个 unit	960	1076	1241	1224	1323	1634
从事科学活动人员数 S&T Personnel	人 person	29241	29529	44300	36230	37347	48589
科学家工程师 Scientists and Engineers	人 person	22126	22404	27898	24308	27548	35840
高级职称 Senior Title	人 person	7671	9107	10841	12172	14207	19207
中级职称 Middle Title	人 person	11039	12452	16107	12070	13314	16514
完成软科学课题 Finished Projects	项 item	3767	6047	5761	7672	7147	9213
正在进行 Ongoing	项 item	2396	2361	2367	3262	3020	5139
投入软科学研究经费 Research Funds	万元 10,000 yuan	16700	23600	48400	62400	58500	886492
投入软科学研究人力 Research Personnel	人年 person.year	28100	23500	22400	33700	26011	37647
发表科学论文 Scientific Papers	篇 piece	30477	34464	44230	45862	42934	64671
国外发表 Published abroad	篇 piece	1599	2552	2154	2658	1895	2391
获奖成果 Achievements Awarded	项 item	1346	1542	1411	1976	1642	2027
开展国际合作项目 International Cooperative Projects	项 item	396	808	592	1222	995	1022
参加人数 Personnel Participated	人 person	1671	5602	2307	3154	3476	4753
出席国际会议或出国考察 Participated Int'l Conference or Field Trip abroad	项 item	1167	1242	2714	3338	3616	4370
参加人数 Personnel Participated	人 person	2516	3795	5736	7480	7208	10172

7-11 国际科技合作项目

International Cooperation Exchange for Science and Technology

单位：项 (item)

	1995	1996	1997	1998	1999	2000	2001	2002
按出国项目分 by Type of Project Going Abroad								
合计 Total	**18845**	**26859**	**24493**	**15818**	**19407**	**17652**	**16496**	**18272**
考察访问 Field Trip	6133	11115	8984	5222	6167	5825	5903	7104
国际会议 International Conference	5170	7771	7661	5519	6710	6600	5616	5974
合作研究 Cooperative Research	3052	3025	2705	2079	2660	2250	2196	2313
培训 Training	2687	2796	2909	1754	2410	1836	1834	1794
展览会 Exhibition	496	374	482	407	491	293	224	292
其他 Other	1307	1778	1752	837	969	848	723	795
按来华项目分 by Type of Project Coming to China								
合计 Total	**8940**	**6432**	**7832**	**6192**	**4711**	**5085**	**7507**	**7892**
考察访问 Field Trip	5050	3206	3361	2638	1949	1893	3432	3430
国际会议 International Conference	1212	872	1472	911	1012	1240	1282	1640
合作研究 Cooperative Research	1522	1134	1227	1330	702	1281	1766	2011
培训 Training	363	475	297	245	231	248	287	231
展览会 Exhibition	149	61	112	232	182	150	351	97
其他 Other	644	684	1363	836	635	273	389	483

7-12 国际科技合作项目参加人数
Personnel Participated in International Cooperation Exchange for Science and Technology

单位：人次 (person-times)

	1995	1996	1997	1998	1999	2000	2001	2002
按出国项目分 by Type of Project Going Abroad								
合计 Total	**58883**	**68485**	**69115**	**45020**	**52948**	**48826**	**48616**	**57247**
考察访问 Field Trip	21578	29338	30499	19322	20833	20568	21574	27605
国际会议 International Conference	10937	13718	13951	10317	12113	12576	11079	11948
合作研究 Cooperative Research	6873	5620	5152	3607	4700	4166	4862	4683
培训 Training	12127	11852	10733	6754	8912	6425	7218	6826
展览会 Exhibition	3729	3661	3809	2296	3545	2023	1447	2983
其他 Other	3639	4296	4971	2724	2845	3068	2436	3202
按来华项目分 by Type of Project Coming to China								
合计 Total	**35098**	**31493**	**37504**	**24913**	**20630**	**21991**	**32472**	**53510**
考察访问 Field Trip	15587	11970	13325	8545	7973	7070	11078	10701
国际会议 International Conference	9101	11690	11988	6495	7402	8930	9484	35904
合作研究 Cooperative Research	4029	2932	3413	3144	1996	2552	4212	4060
培训 Training	1376	1625	1281	1065	671	745	817	818
展览会 Exhibition	3271	1619	4377	4014	1099	1729	5498	1051
其他 Other	1734	1657	3120	1650	1489	965	1383	976

7-13 中国科协系统科

Basic Statistics on Scientific and Technological Activities

项　　目	Item	总计 Tatal	科协小计 Total Number of Associations
机构和人员	**Number of Associations or Academic Societies and Personnel**		
机构数 （个）	Number of Associations or Academic Societies (unit)	6970	3194
从业人员 （人）	Number of Employed Persons (person)	44933	33571
学会个人会员 （万人）	Number of Personal Members of Academic Societies (10,000 person)		
学术交流活动	**Academic Exchange**		
境内举办学术交流活动 （次）	Number of Academic Meetings Held in China (time)	22649	10946
参加人数 （万人次）	Number of Participants (10,000 person-time)	306	176
科学技术普及 （经常性科普活动）*	**S&T Popularization Activities (Frequent Popularization Activities)**		
举办科普讲座 （次）	Number of S&T Popularization Lectures (time)	89691	76662
听讲人数 （万人次）	Number of Participants (10,000 person-time)	2800	2516
举办科普展览 （次）	Number of S&T Popularization Exhibitions (time)	32178	23114
参观人数 （万人次）	Number of Participants (10,000 person-time)	5970	5093
举办科普宣传 （次）	Number of S&T Popularization Propagation (time)	42019	37429
组织工作人员 （万人次）	Working staffs (10,000 person-time)	92	67
举办青少年科技竞赛 （次）	Number of S&T Competitions for Adolescent (time)	9377	8796
参加人数 （万人次）	Number of Participants (10,000 person-time)	2373	1804
举办青少年科技夏冬令营 （次）	Number of Summer-Winter Camps on S&T Competitions for Adolescent(time)	2245	1705
参加人数 （万人次）	Number of Participants (10,000 person-time)	143	137
科学技术普及（科技周活动）*	**S&T Popularization Activitie (National S&T Week Activities)**		
举办科普讲座 （次）	Number of S&T Popularization Lectures (time)	15081	15081
听讲人数 （万人次）	Number of Participants (10,000 person-time)	438	438
举办科普展览 （次）	Number of S&T Popularization Exhibitions (time)	13709	13709
参观人数 （万人次）	Number of Participants (10,000 person-time)	2684	2684
举办科普宣传 （次）	Number of S&T Popularization Propagation Events (time)	15099	15099
组织工作人员 （万人次）	Working staffs (10,000 person-time)	47	47
科学技术普及 （科技下乡活动）	**S&T Popularization Activities (Popularization Activities Conducted in Rural Section)**		
组织科技下乡次数 （次）	Number of S&T Popularization Programs Conducted in Rural Section (time)	53382	48912
举办科普讲座 （次）	Number of S&T Popularization Lectures (time)	37528	33628
听讲人数 （万人次）	Number of Participants (10,000 person-time)	1030	936
举办科普展览 （次）	Number of S&T Popularization Exhibitions (time)	17400	16797
参观人数 （万人次）	Number of Participants (10,000 person-time)	3249	3131
举办科普咨询 （次）	Number of S&T Popularization Consultion (time)	120002	111526
组织工作人员 （万人次）	Working staffs (10,000 person-time)	76	72
对外交流活动	**International S&T Exchange**		
接待国外及港澳台地区来访科技团组 （个）	Visits from Foreign Countries,Hong Kong,Macao and Taiwan (unit)	2426	232
接待总人数 （人次）	Total Number of People (person-time)	20017	2103
派往国外及港澳台地区科技团组 （个）	Visits to Foreign Countries,Hong Kong,Macao and Taiwan (unit)	1635	382
派出总人数 （人次）	Total Number of People (person-time)	14820	4262
社会、科技服务活动	**Public Service on S&T**		
"金桥工程"本年完成数 （项）	Number of Completed "Golden Bridge Program" Projects (item)	10169	10169
完成技术咨询合 （项）	Number of Consultative Contracts Completed (item)	51937	40915
反映科技建议 （项）	Number of S&T Proposals (time)	45463	20890
举办培训班 （个）	Number of Training Courses (unit)	72743	61787
培训人数 （万人次）	Number of Persons Trained in Training Courses (10,000 person-time)	1442	1350
科技传媒情况	**S&T Media**		
主办科技期刊 （种）	Number of Scientific & Technological Journals (kind)	2143	71
发行量 （万册）	Number of Copies Distributed (10,000 copies)	12156	1557
主办科技报纸 （种）	Number of Scientific & Technological Newspapers (kind)	125	34
发行量 （万册）	Number of Copies Distributed (10,000 copies)	28811	12132
编著科技图书 （种）	Number of Scientific & Technological books (kind)	2161	1232
发行量 （万册）	Number of Copies Distributed (10,000 copies)	1928	1505

技活动情况（2002）

of China Associations for Science and Technology

				学会小计 Total Number of Learned Societies		
中国科协 China Associations	省级科协 Provincial Associations	地级科协 Prefectural Associations	县级科协 County Associations		全国性学会 National Learned Societies	省学会 Provincial Learned Societies
1	31	396	2766	3776	167	3609
1575	6214	9155	16627	11362	1840	9522
					394	396
33	199	3424	7290	11703	2613	9090
2	4	56	114	131	33	98
378	864	15193	60227	13029	1135	11894
19	50	254	2193	285	29	255
31	415	4747	17921	9064	206	8858
190	339	1313	3250	877	95	781
15	682	9660	27072	4590	610	3980
0	1	11	55	25	1	25
3	153	3107	5533	581	29	552
0	654	607	543	569	183	386
2	169	570	964	540	48	492
0	7	8	123	6	1	6
48	485	3465	11083			
1	19	141	278			
20	224	1894	11571			
15	145	1055	1469			
2	278	3386	11433			
0	1	4	42			
2	444	8913	39553	4470	172	4298
150	445	5542	27491	3900	372	3528
9	9	121	797	94	7	87
10	285	3117	13385	603	54	549
7	196	758	2171	118	9	109
110	532	9348	101536	8476	269	8207
0	0	9	63	4	0	3
71	161			2194	731	1463
565	1538			17914	6819	11095
174	208			1253	434	819
2600	1662			10558	4448	6110
0	2295	3117	4757			
3	9471	23963	7478	11022	183	10839
1	244	3909	16736	24573	129	24444
185	1305	7776	52521	10956	1113	9843
1	8	100	1240	92	11	81
10	61			2072	740	1332
225	1332			10599	7411	3188
1	33			91	10	81
576	11556			16678	2801	13878
526	227	228	251	929	241	688
631	645	121	108	423	81	341

八、全国分地市（地级、副省级）科技活动情况

Prefecture

8-1 全国分地市（地级、副省级）科技活动人员情况（2000）

Personnel Engaged in Science and Technology Activities by Region

单位：人 (person)

地 区	Region	科技活动人员 S&T Personnel	科学家与工程师 Scientists and Engineers	研究与试验发展人员全时当量 Full-time Equivalent of R&D Personnel 人年(man.year)	科学家与工程师 Scientists and Engineers
河北省	**Hebei**				
石家庄市	Shijiazhuang	29333	22862	10249	7877
唐山市	Tangshan	14178	10007	3952	3221
秦皇岛市	Qinhuangdao	6750	4518	1578	1354
邯郸市	Handan	9668	5709	731	660
邢台市	Xingtai	6462	3957	949	630
保定市	Baoding	17617	10298	4931	4162
张家口市	Zhangjiakou	6908	3356	1206	797
承德市	Chengde	3197	1855	813	598
沧州市（含华油）	Cangzhou	5239	3254	2009	1601
廊坊市	Langfang	3061	2341	1060	878
衡水市	Hengshui	4461	2495	615	385
山西省	**Shanxi**				
太原市	Taiyuan	33451	24456	7486	5849
大同市	Datong	7478	4405	1330	793
阳泉市	Yangquan	2428	787	245	179
长治市	Changzhi	4279	2571	956	719
晋城市	Jincheng	3807	1521	334	244
朔州市	Shuozhou	1262	790	104	56
晋中市	Jinzhong	4846	3280	1293	1083
运城市	Yuncheng	8910	4825	1216	927
祈州市	Qizhou	1858	944	293	194
临汾市	Linfen	2811	2019	504	422
吕梁地区	Lvliang	2444	1505	572	296
内蒙古自治区	**Neimenggu**				
呼和浩特市	Huhehaote	10925	8237	2726	2356
包头市	Baotou	13846	7864	3958	2998
乌海市	Wuhai	1299	605	42	30
赤峰市	Chifeng	2041	1407	236	196
通辽市	Tongliao	1020	673	201	165
鄂尔多斯市	Eerduosi	2047	1305	438	305
呼伦贝尔盟	Hulunbeier	1674	779	326	175
兴安盟	Xing'an	820	513	132	96
锡林郭勒盟	Xilinguole	854	453	112	80

8-1 续表1

单位：人 (person)

地区 Region		科技活动人员 S&T Personnel	科学家与工程师 Scientists and Engineers	研究与试验发展人员全时当量 Full-time Equivalent of R&D Personnel 人年(man.year)	科学家与工程师 Scientists and Engineers
乌兰察布盟	Wulanchabu	1171	701	70	36
巴彦淖尔盟	Bayannaoer	1044	568	212	130
阿拉善盟	Alashan	114	73	14	11
辽宁省	**Liaoning**				
沈阳市	Shenyang	57188	45812	16170	14688
大连市	Dalian	31584	21141	6500	5322
鞍山市	Anshan	13106	10752	6005	5111
抚顺市	Fushun	8377	5114	2411	1765
本溪市	Benxi	8172	4644	2227	1939
丹东市	Dandong	4513	2770	680	488
锦州市	Jinzhou	6097	3788	1134	972
营口市	Yingkou	3288	1555	660	425
阜新市	Fuxin	3346	1780	483	435
辽阳市	Liaoyang	6127	2735	1557	1081
盘锦市	Panjin	6019	3587	2404	1779
铁岭市	Tieling	3602	2594	312	150
朝阳市	Chaoyang	3864	2228	683	458
葫芦岛市	Huludao	3530	2163	1708	1443
吉林省	**Jilin**				
长春市	Changchun	45769	36016	16573	14470
吉林市	Jilin	13054	9409	3070	2646
四平市	Siping	2984	1912	492	382
辽源市	Liaoyuan	1592	811	231	175
通化市	Tonghua	2446	1328	351	231
白山市	Baishan	1690	908	89	82
松原市	Songyuan	2750	1879	481	365
白城市	Baicheng	1616	1047	506	385
延边州	Yanbian	4683	3218	1309	1056
黑龙江省	**Heilongjiang**				
哈尔滨市	Haerbin	42152	31467	13997	11691
齐齐哈尔市	QiQihaer	12028	8021	1787	1424
鸡西市	Jixi	2161	1757	330	320
鹤岗市	Hegang	1919	1631	152	122
双鸭山市	Shuangyashan	953	536	55	37
大庆市	Daqing	17313	11556	5645	4954

8-1 续表2

单位：人 (person)

地区	Region	科技活动人员 S&T Personnel	科学家与工程师 Scientists and Engineers	研究与试验发展人员全时当量 Full-time Equivalent of R&D Personnel 人年(man.year)	科学家与工程师 Scientists and Engineers
伊春市	Yichun	980	619	288	246
佳木斯市	Jiamusi	2413	1871	771	651
七台河市	Qitaihe	2941	2619	185	152
牡丹江市	Mudanjiang	3243	2343	680	559
黑河市	Heihe	775	433	110	69
绥化市	Suihuashi	2798	1962	638	554
大兴安岭行署	Daxing'anling	784	493	167	124
江苏省	**Jiangsu**				
南京市	Nanjing	81070	52816	18729	16100
无锡市	Wuxi	34990	20324	6035	4532
徐州市	Xuzhou	25160	13455	4319	3170
常州市	Changzhou	29303	15194	5246	3330
苏州市	Suzhou	29586	16348	6240	4254
南通市	Nantong	13662	6870	3406	1969
连云港市	Lianyungang	7027	3466	1159	926
淮安市	Huaian	7205	3614	814	551
盐城市	Yancheng	12968	6034	1826	1239
扬州市	Yangzhou	18427	10906	4376	3086
镇江市	Zhenjiang	14984	7290	6378	3280
泰州市	Taizhou	10210	5319	2678	1369
宿迁市	Suqian	1343	529	146	77
浙江省	**Zhejiang**				
杭州市	Hangzhou	45343	34242	11347	9808
宁波市	Ningbo	20704	13228	3572	2603
温州市	Wenzhou	13726	8218	1491	1048
嘉兴市	Jiaxing	12519	5737	2566	1563
湖州市	Huzhou	5070	2940	548	395
绍兴市	Shaoxing	15421	9857	3031	2217
金华市	Jinhua	11853	7152	1921	1350
衢州市	Quzhou	4723	2346	329	223
舟山市	Zhoushan	2570	1261	361	173
台州市	Taizhou	18095	8716	2934	1578
丽水市	Lishui	2861	1454	503	278
安徽省	**Anhui**				
合肥市	Hefei	36141	22407	8282	6989

8-1 续表3

单位：人 (person)

地　区 Region		科技活动人员 S&T Personnel	科学家与工程师 Scientists and Engineers	研究与试验发展人员全时当量 Full-time Equivalent of R&D Personnel 人年(man.year)	科学家与工程师 Scientists and Engineers
芜湖市	Wuhu	8086	4445	1878	1445
蚌埠市	Wabu	4972	3363	1728	1269
淮南市	Huainan	5043	2941	1289	1005
马鞍山市	Maanshan	6574	3863	626	500
淮北市	Huaibei	4014	2184	715	464
铜陵市	Tongling	3580	2174	1162	631
安庆市	Anqing	4704	2492	1220	527
黄山市	Huangshan	966	449	241	129
滁州市	Chuzhou	3917	2619	123	96
阜阳市	Fuyang	1992	1161	779	467
宿州市	Suzhou	2156	765	487	240
巢湖市	Chaohu	1899	809	244	141
六安市	Liuan	2183	1435	393	120
豪州市	Haozhou	1548	533	383	206
池州市	Chizhou	1127	292	97	43
宣城市	Xuancheng	3042	1196	994	239
福建省	**Fujian**				
福州市	Fuzhou	26399	19354	10699	8728
厦门市	Xiamen	13741	8988	4162	3370
莆田市	Putian	2147	1299	474	345
三明市	Sanming	5396	2614	1256	601
泉州市	Quanzhou	6705	4255	2838	1834
漳州市	Zhangzhou	4046	1864	1202	527
南平市	Nanping	4701	2087	739	424
龙岩市	Longyan	3400	1784	634	435
宁德市	Ningde	1653	730	416	231
江西省	**Jiangxi**				
南昌市	Nanchang	30386	17939	11759	6598
景德镇市	Jingdezhen	4860	2497	1437	689
萍乡市	Pingxiang	3846	861	538	260
九江市	Jiujiang	4517	2404	1049	786
新余市	Xinyu	3963	2520	614	417
鹰潭市	Yingtan	2424	1364	35	23
赣州市	Ganzhou	3108	1695	451	384
吉安市	Ji'an	1856	838	405	277
宜春市	Yichun	2357	1500	243	164

8-1 续表4

单位：人 (person)

地区	Region	科技活动人员 S&T Personnel	科学家与工程师 Scientists and Engineers	研究与试验发展人员全时当量 Full-time Equivalent of R&D Personnel 人年(man.year)	科学家与工程师 Scientists and Engineers
抚州市	Fuzhou	1329	539	421	279
上饶市	Shangrao	759	262	165	112
山东省	**Shandong**				
济南市	Jinan	39061	25545	7037	6175
青岛市	Qingdao	36037	25609	9799	8881
淄博市	Zibo	22618	12361	5472	3604
枣庄市	Zaozhuang	5034	2589	756	427
东营市	Dongying	13410	7586	2422	1950
烟台市	Yantai	16551	11641	5744	4362
潍坊市	Weifang	18272	8964	3634	2593
济宁市	Jining	21527	12315	2787	1949
泰安市	Taian	10916	6889	1750	1504
威海市	Weihai	8768	5327	1717	1162
日照市	Rizhao	3339	1458	646	356
莱芜市	Laiwu	5553	3112	631	404
临沂市	Linyi	8009	3736	1962	1387
德州市	Dezhou	6881	3860	571	379
聊城市	Liaocheng	6784	3634	1102	840
滨州市	Binzhou	4229	2354	737	555
荷泽市	Heze	2385	1461	197	185
河南省	**Henan**				
郑州市	Zhengzhou	40751	27488	7536	6294
开封市	Kaifeng	4288	3070	938	831
洛阳市	Luoyang	20337	12717	3564	2943
平顶山市	Pingdingshan	6137	4413	1791	1420
安阳市	Anyang	5824	2594	755	478
鹤壁市	Hebi	1733	955	419	351
新乡市	Xinxiang	12367	7483	1380	1040
焦作市	Jiaozuo	9421	4804	1538	1179
濮阳市	Puyang	3824	2529	1695	1622
许昌市	Xuchang	6587	4588	2184	1861
漯河市	Luohe	3667	2224	1221	1003
三门峡市	Sanmenxia	1915	1015	214	155
南阳市	Nanyang	13008	6197	3039	2036
商丘市	Shangqiu	2407	1458	308	213
信阳市	Xinyang	2944	1910	1045	789

单位：人 (person)

地 区 Region		科技活动人员 S&T Personnel	科学家与工程师 Scientists and Engineers	研究与试验发展人员全时当量 Full-time Equivalent of R&D Personnel 人年(man.year)	科学家与工程师 Scientists and Engineers
周口市	Zhoukou	3583	2647	1239	814
驻马店市	Zhumadian	3226	1411	273	187
济源市	Jiyuan	2877	562	355	223
湖北省	**Hubei**				
武汉市	Wuhan	79504	55199	24560	18470
黄石市	Huangshi	6200	3717	1477	1098
十堰市	Shiyan	10961	5414	3929	2846
宜昌市	Yichang	14639	6632	2209	1684
襄樊市	Xiangfan	16137	9555	3909	2451
鄂州市	Ezhou	4887	2890	810	523
荆门市	Jinmen	5176	3238	1691	1396
孝感市	Xiaogan	2935	2007	839	647
荆州市	Jinzhou	9853	6753	3024	2476
黄冈市	Huanggang	5450	3581	520	395
咸宁市	Xianning	3292	1463	251	174
随州市	Suizhou	2529	944	397	277
恩施州	Enshi	1082	742	182	134
湖南省	**Hunan**				
长沙市	Changsha	45934	31705	10398	7827
株洲市	Zhuzhou	17881	10482	3346	2685
湘潭市	Xiangtan	15228	7699	3484	1819
衡阳市	Hengyang	10067	5567	1803	1388
邵阳市	shaoyang	5392	3338	506	360
岳阳市	Yueyang	7989	3987	1524	959
常德市	Changde	3053	1925	808	633
张家界	Zhangjiajie	557	277	88	32
益阳市	Yiyang	2721	1551	1010	541
郴州市	Chenzhou	3588	2017	883	580
永州市	Yongzhou	1660	984	357	196
怀化市	Huaihua	2537	1487	426	228
娄底市	Loudi	2679	2079	761	580
湘西自治州	Xiangxi	1359	755	244	190
广东省	**Guangdong**				
广州市	Guangzhou	81153	53501	25837	20897
韶关市	Shaoguan	7752	3738	1031	881

8-1 续表6

单位：人 (person)

地区 Region		科技活动人员 S&T Personnel	科学家与工程师 Scientists and Engineers	研究与试验发展人员全时当量 Full-time Equivalent of R&D Personnel 人年(man.year)	科学家与工程师 Scientists and Engineers
深圳市	Shenzhen	44686	35580	22932	20754
珠海市	Zhuhai	7986	5356	1992	1617
汕头市	Shantou	6782	4580	2316	1732
佛山市	Foshan	22017	14553	4410	3129
江门市	Jingmen	6719	3668	1446	1141
湛江市	Zhanjiang	6567	4926	2417	1955
茂名市	Maoming	3423	2361	1405	936
肇庆市	Zhaoqing	5487	3077	1015	754
惠州市	Huizhou	4311	2837	1283	954
梅州市	Meizhou	2130	1084	333	222
汕尾市	Shanwei	504	278	176	138
河源市	Heyuan	823	277	47	25
阳江市	Yangjiang	1336	800	100	77
清远市	Qingyuan	1519	809	518	298
东莞市	Dongwan	7063	4203	985	731
中山市	Zhongshan	5375	3504	1503	1096
潮州市	Chaozhou	1984	1237	576	350
揭阳市	Jieyang	2320	1404	611	460
云浮市	Yunfu	2136	657	174	115
广西壮族自治区	**Guangxi**				
南宁市	Nanning	15927	11372	5073	4403
柳州市	Liuzhou	10401	6379	3527	3151
桂林市	Guilin	9666	6478	2786	2181
梧州市	Wuzhou	3064	1515	517	325
北海市	Beihai	1349	855	199	165
防城港市	Fangchenggang	60	35	29	19
钦州市	Qinzhou	489	261	117	86
贵港市	Guigang	1199	841	83	73
玉林市	Yulin	2003	1443	339	300
南宁地区	Nanning	607	336	41	33
柳州地区	Liuzhou	367	199	30	22
贺州地区	Hezhou	460	154	28	16
百色地区	Baise	1856	1137	202	187
河池地区	Hechi	1192	625	45	28
海南省	**Hainan**				
海口市	Haikou	3059	2451	683	585

8-1 续表7

单位：人 (person)

地区	Region	科技活动人员 S&T Personnel	科学家与工程师 Scientists and Engineers	研究与试验发展人员全时当量 Full-time Equivalent of R&D Personnel 人年(man.year)	科学家与工程师 Scientists and Engineers
三亚市	Sanya	261	116	66	48
四川省	**Sichuan**				
成都市	Chengdu	79397	52537	29082	20830
自贡市	Zigong	6850	4276	2219	1608
攀枝花市	Panzhihua	10360	4780	1056	870
泸州市	Luzhou	4954	3157	1841	1099
德阳市	Deyang	7813	4920	2330	1985
绵阳市	Mianyang	29522	13905	12413	7318
广元市	Guangyuan	1825	1081	100	82
遂宁市	Suining	4550	1095	461	347
内江市	Neijiang	3694	1793	791	396
乐山市	Leshan	5484	2934	1268	926
南充市	Nanchong	4619	2475	2120	1262
眉山市	Meishan	2520	1377	627	517
宜宾市	Yibin	2824	1606	808	442
广安市	Guang'an	938	399	155	96
达州市	Dazhou	2610	1439	875	585
雅安市	Yaan	3076	1800	1430	903
巴中市	Bazhong	584	318	217	161
资阳市	Ziyang	2250	1162	824	482
阿坝藏族羌族自治州	Aba	626	237	192	94
甘孜藏族自治州	Ganzi	517	147	105	57
凉山彝族自治州	Liangshan	1539	673	879	361
贵州省	**Guizhou**				
贵阳市	Guiyang	18217	10425	3901	3159
六盘水市	Liupanshui	1011	498	73	58
遵义市	Zhunyi	6692	3945	1713	1184
安顺市	Anshun	3381	1440	714	395
铜仁地区	Tongren	722	274	92	38
黔西南州	Qianxinan	446	248	138	106
毕节地区	Bijie	616	288	85	52
黔东南州	Qiandongnan	770	375	118	90
黔南州	Qiannan	1012	500	212	167
云南省	**Yunnan**				
昆明市	Kunming	31869	22989	7257	6514

8-1 续表8

单位：人 (person)

地 区 Region		科技活动人员 S&T Personnel	科学家与工程师 Scientists and Engineers	研究与试验发展人员全时当量 Full-time Equivalent of R&D Personnel 人年(man.year)	科学家与工程师 Scientists and Engineers
曲靖市	Qujing	4301	1694	172	90
玉溪市	Yuxi	2299	1226	554	316
保山市	Baoshan	599	315	91	64
昭通地区	Zhaotong	1000	427	128	84
楚雄州	Chuxiong	2055	1011	490	264
红河州	Honghe	3655	1534	641	346
文山州	Wenshan	685	297	93	62
思茅地区	Simao	922	349	31	23
西双版纳州	Xishuangbanna	1891	791	188	144
大理州	Dali	1898	1129	392	318
德宏州	Dehong	825	350	127	56
丽江地区	Lijiang	334	144	43	23
怒江州	Nujiang	36	10		
迪庆州	Diqing	134	63		
临沧地区	Lincang	491	275	36	27
陕西省	**Shanxi**				
西安市	Xi'an	104712	57584	51421	32930
铜川市	Tongzhou	665	494	250	168
宝鸡市	Baoji	15356	8496	2961	2521
咸阳市	Xianyang	13898	6777	1863	1368
渭南市	Weinan	4705	2812	1398	931
延安市	Yan'an	1678	1090	310	252
汉中市	Hanzhong	8000	4759	4325	2591
榆林市	Yulin	1700	599	291	232
安康市	Ankang	1535	950	218	137
商洛地区	Shangluo	402	243	113	78
杨凌示范区	Yangling	2400	2039	977	847
甘肃省	**Gansu**				
兰州市	Lanzhou	32586	23331	9633	8147
嘉峪关市	Jiayuguan	3488	3300	55	25
金昌市	Jinchang	5149	2932	1625	1206
白银市	Baiyin	3923	1360	169	132
天水市	Shuitian	9363	4455	2023	1272
酒泉地区	Jiuquan	3205	1803	811	427
张掖地区	Zhangye	1590	712	274	211
武威地区	Wuwei	2698	1737	355	247

8-1 续表9

单位：人 (person)

地 区	Region	科技活动人员 S&T Personnel	科学家与工程师 Scientists and Engineers	研究与试验发展人员全时当量 Full-time Equivalent of R&D Personnel 人年(man.year)	科学家与工程师 Scientists and Engineers
定西地区	Dingxi	1291	716	260	164
陇南地区	Longnan	819	347	325	124
平凉地区	Pingliang	2352	1082	131	106
庆阳地区	Qingyang	1277	618	103	82
临夏回族自治州	Linxia	1173	418	174	81
甘南藏族自治州	Gannan	801	306	56	25
青海省	**Qinghai**				
西宁市	Xining	6869	4745	1467	1256
海东地区	Haidong	1116	339	195	81
海北藏族自治州	Haibei	119	40	58	14
黄南藏族自治州	Huangnan	71	40	29	
海南藏族自治州	Hainan	453	66	33	9
果洛藏族自治州	Guoluo	99	38	14	12
玉树藏族自治州	Yushu	8	8	2	2
海西蒙古族藏族自治州	Haixi	1426	654	376	350
宁夏回族自治区	**Ningxia**				
银川市	Yinchuan	5889	4108	1565	1180
永宁县	Yongning	622	554	285	278
贺兰县	Helan	120	46	8	8
石嘴山市	Shizuishan	3231	1598	376	222
平罗县	Pingluo	179	72	40	11
陶乐县	Taole	8	7	5	4
惠农县	Huinong	205	33	6	3
利通区	Litong	740	341	44	30
中卫县	Zhongwei	211	120	8	5
中宁县	Zhongning	96	58	10	5
盐池县	Yanchi	132	31	15	3
同心县	Tongxin			2	1
青铜峡市	Qingtongxia	267	151	40	19
灵武市	Lingwu	270	254	9	9
固原县	Guyuan	529	326	90	72
海原县	Haiyuan			2	2
西吉县	Xiji			3	1
隆德县	Longde	33	16	8	8
泾源县	Jingyuan			2	2
彭阳县	Pengyang			2	1

8-1 续表10

单位：人 (person)

地 区 Region		科技活动人员 S&T Personnel	科学家与工程师 Scientists and Engineers	研究与试验发展人员全时当量 Full-time Equivalent of R&D Personnel 人年(man.year)	科学家与工程师 Scientists and Engineers
新疆维吾尔自治区	**Xinjiang**				
乌鲁木齐市	Wulumuqi	9854	7543	2037	1784
克拉玛依市	Kelamayi	2738	1588	1093	969
吐鲁番地区	Tulufan	1943	1390	46	22
哈密地区	Hami	356	113	49	20
昌吉州	Changji	961	662	68	40
博尔塔拉蒙古自治州	Boertala	526	323	24	12
巴音郭楞蒙古自治州	Bayinguoleng	2840	1243	55	39
阿克苏地区	Akesu	1476	746	110	106
克孜勒苏自治州	Kezilesu	204	48		
喀什地区	Kashi	324	207		
和田地区	Hetian	488	104	5	4
伊犁州	Yili	265	168	46	33
伊犁地区	Yili area	1171	514	89	54
塔城地区	Tacheng	521	262	31	18
阿勒泰地区	Aletai	214	101	20	10
石河子市	Shihezi	1266	1006	483	432

注：表中没有包含西藏数据

8-2 全国分地市（地级、副省级）科技活动经费筹集情况（2000）

Sources of Fund for Science and Technology by Region

单位：万元 (10,000 yuan)

地区	Region	科技经费筹集总额 Sources of Fund for S&T Total	政府资金 Government Funds	企业资金 Enterprise Funds	金融机构贷款 Financal Organization loans
河北省	**Hebei**				
石家庄市	Shijiazhuang	208685	107173	64722	18145
唐山市	Tangshan	67066	10835	53945	1534
秦皇岛市	Qinhuangdao	39514	5000	30118	2143
邯郸市	Handan	28495	1731	22677	1494
邢台市	Xingtai	24970	1177	18601	2846
保定市	Baoding	87159	12715	60645	6460
张家口市	Zhangjiakou	16546	2248	9544	1200
承德市	Chengde	8134	1081	6164	418
沧州市（含华油）	Cangzhou	36863	2415	26337	7365
廊坊市	Langfang	22550	10233	8567	1685
衡水市	Hengshui	25147	2499	14042	7850
山西省	**Shanxi**				
太原市	Taiyuan	125059	55795	37889	7120
大同市	Datong	21072	7194	12504	12
阳泉市	Yangquan	4353	554	2573	680
长治市	Changzhi	15648	1776	8937	4118
晋城市	Jincheng	45321	5953	26123	12898
朔州市	Shuozhou	3073	84	2773	200
晋中市	Jinzhong	20744	3890	9316	7319
运城市	Yuncheng	30487	2743	24206	2320
忻州市	Qizhou	12493	1694	4917	5659
临汾市	Linfen	44670	5091	25114	14125
吕梁地区	Lvliang	11380	1232	5178	4371
内蒙古自治区	**Neimenggu**				
呼和浩特市	Huhehaote	35339	21011	9005	2146
包头市	Baotou	32927	10929	20495	725
乌海市	Wuhai	4428	494	3617	300
赤峰市	Chifeng	3979	1311	1859	153
通辽市	Tongliao	3332	1416	1710	18
鄂尔多斯市	Eerduosi	9320	1037	6316	1575
呼伦贝尔盟	Hulunbeier	5245	1823	3031	6
兴安盟	Xing'an	3213	684	2108	21
锡林郭勒盟	Xilinguole	5921	1950	2587	910
乌兰察布盟	Wulanchabu	1242	680	446	11

8-2 续表1

单位：万元 (10,000 yuan)

地区	Region	科技经费筹集总额 Sources of Fund for S&T Total	政府资金 Government Funds	企业资金 Enterprise Funds	金融机构贷款 Financal Organization loans
巴彦淖尔盟	Bayannaoer	3649	1331	1713	454
阿拉善盟	Alashan	397	234	160	
辽宁省	**Liaoning**				
沈阳市	Shenyang	383110	107591	200076	25208
大连市	Dalian	233376	51032	144787	10433
鞍山市	Anshan	69015	6974	57226	3562
抚顺市	Fushun	41302	4448	35256	356
本溪市	Benxi	37732	667	31913	3171
丹东市	Dandong	11856	3600	5492	1638
锦州市	Jinzhou	18964	3978	12596	634
营口市	Yingkou	11533	2634	5927	1046
阜新市	Fuxin	17019	2599	4315	6215
辽阳市	Liaoyang	19904	2157	13912	2119
盘锦市	Panjin	82326	1013	71795	35
铁岭市	Tieling	11516	1289	4344	5711
朝阳市	Chaoyang	13755	2755	9605	932
葫芦岛市	Huludao	20074	6233	8971	820
吉林省	**Jilin**				
长春市	Changchun	190318	69030	79059	8767
吉林市	Jilin	60600	7861	37373	3002
四平市	Siping	18633	11851	3025	175
辽源市	Liaoyuan	5046	313	4251	280
通化市	Tonghua	25751	4296	17782	2610
白山市	Baishan	4456	163	3231	880
松原市	Songyuan	17378	5	14668	
白城市	Baicheng	9273	1928	5640	1133
延边州	Yanbian	16207	4560	6539	4350
黑龙江省	**Heilongjiang**				
哈尔滨市	Haerbin	249038	86394	98632	35467
齐齐哈尔市	QiQihaer	46980	8795	22507	8619
鸡西市	Jixi	5233	1891	2439	602
鹤岗市	Hegang	1252	365	588	10
双鸭山市	Shuangyashan	3184	980	1071	358
大庆市	Daqing	82141	2427	64736	3674
伊春市	Yichun	2301	1113	1043	60
佳木斯市	Jiamusi	10662	1988	5164	1755

8-2 续表2

单位：万元 (10,000 yuan)

地 区	Region	科技经费筹集总额 Sources of Fund for S&T Total	政府资金 Government Funds	企业资金 Enterprise Funds	金融机构贷款 Financal Organization loans
七台河市	Qitaihe	2186	70	1870	4
牡丹江市	Mudanjiang	11621	1573	7462	850
黑河市	Heihe	5088	2523	2164	218
绥化市	Suihuashi	16766	4754	8925	2625
大兴安岭行署	Daxing'anling	1097	792	220	48
江苏省	**Jiangsu**				
南京市	Nanjing	597343	142019	319054	38239
无锡市	Wuxi	340043	13696	261958	43795
徐州市	Xuzhou	102260	10618	69881	13536
常州市	Changzhou	177599	10968	122943	31627
苏州市	Suzhou	226564	17032	179386	16982
南通市	Nantong	76681	6149	58116	8777
连云港市	Lianyungang	29327	3702	18965	3797
淮安市	Huaian	20604	1404	14661	2453
盐城市	Yancheng	44538	2768	32900	5958
扬州市	Yangzhou	120682	6760	86471	22165
镇江市	Zhenjiang	91010	4581	648444	12939
泰州市	Taizhou	75975	2562	63734	8997
宿迁市	Suqian	6338	386	4443	1243
浙江省	**Zhejiang**				
杭州市	Hangzhou	388445	86379	212636	42094
宁波市	Ningbo	156210	10628	117907	18372
温州市	Wenzhou	97965	9363	72098	12411
嘉兴市	Jiaxing	79672	16883	50955	8977
湖州市	Huzhou	42627	4457	26725	8603
绍兴市	Shaoxing	138103	6875	105286	20351
金华市	Jinhua	78348	5004	54249	14384
衢州市	Quzhou	18782	1502	14278	722
舟山市	Zhoushan	15167	2628	8064	2955
台州市	Taizhou	132605	5312	101700	16924
丽水市	Lishui	16141	2279	8565	2167
安徽省	**Anhui**				
合肥市	Hefei	207189	87615	87737	17132
芜湖市	Wuhu	41592	7911	17935	9745
蚌埠市	Wabu	19711	2145	13928	1296
淮南市	Huainan	18784	3512	12143	936

8-2 续表3

单位：万元　　　　(10,000 yuan)

地区	Region	科技经费筹集总额 Sources of Fund for S&T Total	政府资金 Government Funds	企业资金 Enterprise Funds	金融机构贷款 Financal Organization loans
马鞍山市	Maanshan	36788	2512	31598	2040
淮北市	Huaibei	18146	942	15661	1217
铜陵市	Tongling	11918	586	10313	414
安庆市	Anqing	21809	1205	9922	8263
黄山市	Huangshan	7829	1610	4575	1400
滁州市	Chuzhou	11384	1595	8755	122
阜阳市	Fuyang	9083	707	7053	1128
宿州市	Suzhou	7173	247	5457	724
巢湖市	Chaohu	10800	290	4992	767
六安市	Liuan	14383	920	8818	3905
亳州市	Haozhou	4468	251	3860	326
池州市	Chizhou	2234	251	1798	95
宣城市	Xuancheng	13778	497	8757	2045
福建省	**Fujian**				
福州市	Fuzhou	207455	37166	140911	8225
厦门市	Xiamen	136774	12549	104133	10929
莆田市	Putian	14191	1216	8905	2974
三明市	Sanming	33885	2442	20492	8973
泉州市	Quanzhou	49829	3549	39445	4179
漳州市	Zhangzhou	24566	2242	20511	639
南平市	Nanping	22424	1873	14788	3621
龙岩市	Longyan	18690	2435	13026	2336
宁德市	Ningde	7467	1346	4548	947
江西省	**Jiangxi**				
南昌市	Nanchang	117370	41458	59506	2998
景德镇市	Jingdezhen	14516	1247	10773	1153
萍乡市	Pingxiang	6222	418	4805	624
九江市	Jiujiang	11891	2026	7611	1803
新余市	Xinyu	12340	743	9941	722
鹰潭市	Yingtan	4259	141	2748	1307
赣州市	Ganzhou	7949	1539	4745	966
吉安市	Ji'an	3649	866	2279	311
宜春市	Yichun	5060	1256	2993	525
抚州市	Fuzhou	4498	1091	1946	1227
上饶市	Shangrao	5921	767	3452	1168

8-2 续表4

单位：万元 (10,000 yuan)

地 区 Region		科技经费筹集总额 Sources of Fund for S&T Total	政府资金 Government Funds	企业资金 Enterprise Funds	金融机构贷款 Financal Organization loans
山东省	**Shandong**				
济南市	Jinan	223845	56920	115054	9316
青岛市	Qingdao	518243	37683	389960	59329
淄博市	Zibo	148939	5726	119097	21677
枣庄市	Zaozhuang	18030	2242	10566	4354
东营市	Dongying	80842	2554	62562	6753
烟台市	Yantai	108992	8025	81214	15505
潍坊市	Weifang	107590	5720	78431	11443
济宁市	Jining	79347	7443	67189	3525
泰安市	Taian	69724	8637	49294	6237
威海市	Weihai	62086	5113	38024	18273
日照市	Rizhao	13377	688	11484	770
莱芜市	Laiwu	33678	1129	29850	2083
临沂市	Linyi	35466	1737	24426	5953
德州市	Dezhou	35677	692	24764	8161
聊城市	Liaocheng	36514	3654	29667	2450
滨州市	Binzhou	46364	3231	29140	12392
荷泽市	Heze	6011	538	5171	130
河南省	**Henan**				
郑州市	Zhengzhou	191321	39056	117051	10978
开封市	Kaifeng	10276	2544	2450	4296
洛阳市	Luoyang	72237	8999	49492	9607
平顶山市	Pingdingshan	13124	1102	10934	678
安阳市	Anyang	34144	3819	21674	7570
鹤壁市	Hebi	3123	289	2786	
新乡市	Xinxiang	21675	1351	16312	2701
焦作市	Jiaozuo	21675	1351	16312	3155
濮阳市	Puyang	10064	728	7152	1685
许昌市	Xuchang	23338	1620	20148	932
漯河市	Luohe	15234	431	13213	997
三门峡市	Sanmenxia	7207	879	5403	795
南阳市	Nanyang	39820	1980	29263	6058
商丘市	Shangqiu	15137	4050	7012	3903
信阳市	Xinyang	17114	1214	9376	5649
周口市	Zhoukou	12119	755	10657	453
驻马店市	Zhumadian	6500	768	5390	211
济源市	Jiyuan	5597	283	4159	1150

8-2 续表5

单位：万元 (10,000 yuan)

地　区 Region		科技经费筹集总额 Sources of Fund for S&T Total	政府资金 Government Funds	企业资金 Enterprise Funds	金融机构贷款 Financal Organization loans
湖北省	**Hubei**				
武汉市	Wuhan	774659	207762	461843	24322
黄石市	Huangshi	33026	2360	26494	2387
十堰市	Shiyan	37195	2550	28335	2291
宜昌市	Yichang	48567	7109	35246	2176
襄樊市	Xiangfan	55486	12182	35409	4557
鄂州市	Ezhou	12039	459	8263	1969
荆门市	Jinmen	21633	1478	13097	3581
孝感市	Xiaogan	12204	1150	9109	1037
荆州市	Jinzhou	38543	5342	19337	10130
黄冈市	Huanggang	18000	984	11514	4664
咸宁市	Xianning	15886	603	10440	4087
随州市	Suizhou	3685	182	2847	310
恩施州	Enshi	4162	986	1761	1107
湖南省	**Hunan**				
长沙市	Changsha	294389	56417	182347	27868
株洲市	Zhuzhou	88120	10969	44076	3439
湘潭市	Xiangtan	51932	7218	35583	6444
衡阳市	Hengyang	21294	3383	13458	3116
邵阳市	shaoyang	15256	1784	11246	1085
岳阳市	Yueyang	70379	3831	57061	4512
常德市	Changde	12185	1390	9067	429
张家界	Zhangjiajie	669	174	336	30
益阳市	Yiyang	4760	1823	1932	588
郴州市	Chenzhou	10976	1721	6761	945
永州市	Yongzhou	7484	384	5882	739
怀化市	Huaihua	5275	607	4153	94
娄底市	Loudi	14183	1093	11760	213
湘西自治州	Xiangxi	4987	1621	1517	1317
广东省	**Guangdong**				
广州市	Guangzhou	824772	154822	475070	90943
韶关市	Shaoguan	29012	1590	23538	136
深圳市	Shenzhen	735264	39716	590817	78668
珠海市	Zhuhai	118028	4059	95159	8627
汕头市	Shantou	40274	5630	24849	6415
佛山市	Foshan	258880	9872	224542	19367
江门市	Jingmen	68790	2653	45809	15304

8-2 续表6

单位：万元 (10,000 yuan)

地区	Region	科技经费筹集总额 Sources of Fund for S&T Total	政府资金 Government Funds	企业资金 Enterprise Funds	金融机构贷款 Financal Organization loans
湛江市	Zhanjiang	28285	5604	14050	2668
茂名市	Maoming	21059	1375	14910	917
肇庆市	Zhaoqing	32847	2180	27354	2674
惠州市	Huizhou	46346	1332	33455	6350
梅州市	Meizhou	5485	1318	2564	766
汕尾市	Shanwei	3666	416	2636	493
河源市	Heyuan	1716	471	835	251
阳江市	Yangjiang	4675	218	3554	784
清远市	Qingyuan	9881	721	7705	392
东莞市	Dongwan	95151	1947	86884	2968
中山市	Zhongshan	48500	1939	42951	2074
潮州市	Chaozhou	10470	1198	6101	2050
揭阳市	Jieyang	20673	884	16694	1764
云浮市	Yunfu	4341	398	3657	17
广西壮族自治区	**Guangxi**				
南宁市	Nanning	81179	39289	26814	5452
柳州市	Liuzhou	49969	3968	39919	3478
桂林市	Guilin	42308	11621	23444	4610
梧州市	Wuzhou	7433	1210	5389	170
北海市	Beihai	8166	1781	5612	316
防城港市	Fangchenggang	109	28		
钦州市	Qinzhou	1054	407	253	70
贵港市	Guigang	2372	443	1536	23
玉林市	Yulin	8889	786	7406	167
南宁地区	Nanning	3902	753	1153	
柳州地区	Liuzhou	5063	108	4419	500
贺州地区	Hezhou	1013	688	242	50
百色地区	Baise	8347	778	5885	204
河池地区	Hechi	3485	660	2505	160
海南省	**Hainan**				
海口市	Haikou	24135	4857	16068	412
三亚市	Sanya	1049	736	60	
四川省	**Sichuan**				
成都市	Chengdu	590439	246501	207366	56529
自贡市	Zigong	38898	6267	27025	1608
攀枝花市	Panzhihua	24169	2746	18967	507

8-2 续表 7

单位：万元 (10,000 yuan)

地区 Region		科技经费筹集总额 Sources of Fund for S&T Total	政府资金 Government Funds	企业资金 Enterprise Funds	金融机构贷款 Financal Organization loans
泸州市	Luzhou	14767	1884	10930	995
德阳市	Deyang	32520	1175	27655	1765
绵阳市	Mianyang	224769	168801	34158	10202
广元市	Guangyuan	4233	379	1775	1432
遂宁市	Suining	5421	157	4597	49
内江市	Neijiang	11011	1695	3174	4328
乐山市	Leshan	15392	996	12081	827
南充市	Nanchong	11395	4367	5036	274
眉山市	Meishan	4636	151	3973	182
宜宾市	Yibin	7385	2147	4636	120
广安市	Guang'an	1666	180	1018	132
达州市	Dazhou	5517	705	3593	636
雅安市	Yaan	8790	4775	2299	301
巴中市	Bazhong	2750	520	770	1373
资阳市	Ziyang	8047	799	3939	2599
阿坝藏族羌族自治州	Aba	2595	1297	287	858
甘孜藏族自治州	Ganzi	1255	700	130	46
凉山彝族自治州	Liangshan	4382	1639	1939	400
贵州省	**Guizhou**				
贵阳市	Guiyang	70907	23561	36528	3458
六盘水市	Liupanshui	7346	183	7109	49
遵义市	Zhunyi	20606	3980	14134	1352
安顺市	Anshun	7575	2152	3217	1635
铜仁地区	Tongren	1385	949	269	57
黔西南州	Qianxinan	752	397	232	1
毕节地区	Bijie	1292	808	423	28
黔东南州	Qiandongnan	1559	548	531	0
黔南州	Qiannan	2156	852	1172	0
云南省	**Yunnan**				
昆明市	Kunming	131382	63945	45600	3313
曲靖市	Qujing	13662	2960	6916	2193
玉溪市	Yuxi	23996	2389	15679	5108
保山市	Baoshan	1727	610	249	82
昭通地区	Zhaotong	4315	834	2751	551
楚雄州	Chuxiong	6073	2514	1524	67
红河州	Honghe	17466	3515	9652	2516
文山州	Wenshan	7687	1079	4388	1765

8-2 续表8

单位：万元 (10,000 yuan)

地 区 Region		科技经费筹集总额 Sources of Fund for S&T Total	政府资金 Government Funds	企业资金 Enterprise Funds	金融机构贷款 Financal Organization loans
思茅地区	Simao	2318	543	1365	328
西双版纳州	Xishuangbanna	12564	7176	576	990
大理州	Dali	4217	1775	1706	536
德宏州	Dehong	2555	1287	228	644
丽江地区	Lijiang	856	492	272	11
怒江州	Nujiang	84	76	8	
迪庆州	Diqing	408	357		10
临沧地区	Lincang	1895	371	959	558
陕西省	**Shanxi**				
西安市	Xi'an	707910	345717	217439	42582
铜川市	Tongzhou	608	53	495	
宝鸡市	Baoji	31805	6748	22528	1234
咸阳市	Xianyang	34698	9828	16973	4636
渭南市	Weinan	9470	1666	6566	671
延安市	Yan'an	7066	931	3307	2692
汉中市	Hanzhong	61928	44981	5621	3490
榆林市	Yulin	3622	828	1186	364
安康市	Ankang	2600	505	1124	90
商洛地区	Shangluo	860	196	115	110
杨凌示范区	Yangling	8456	6169	1712	120
甘肃省	**Gansu**				
兰州市	Lanzhou	147248	61525	52373	15757
嘉峪关市	Jiayuguan	5165	1285	3874	
金昌市	Jinchang	14583	666	12258	1005
白银市	Baiyin	3861	1210	2405	180
天水市	Shuitian	20172	3262	9337	6055
酒泉地区	Jiuquan	10971	2982	3168	581
张掖地区	Zhangye	3557	1428	1189	724
武威地区	Wuwei	5772	1435	4177	91
定西地区	Dingxi	1623	535	631	371
陇南地区	Longnan	1798	523	442	400
平凉地区	Pingliang	4967	2869	564	281
庆阳地区	Qingyang	1673	1054	310	77
临夏回族自治州	Linxia	1246	583	403	200
甘南藏族自治州	Gannan	1322	984	34	65

8-2 续表 9

单位：万元 (10,000 yuan)

地 区 Region		科技经费筹集总额 Sources of Fund for S&T Total	政府资金 Government Funds	企业资金 Enterprise Funds	金融机构贷款 Financal Organization loans
青海省	**Qinghai**				
西宁市	Xining	34737	11983	14677	3084
海东地区	Haidong	1978	610	1069	27
海北藏族自治州	Haibei	752	430	307	
黄南藏族自治州	Huangnan	202	198		
海南藏族自治州	Hainan	1191	503	461	117
果洛藏族自治州	Guoluo	358	142	137	
玉树藏族自治州	Yushu	8			
海西蒙古族藏族自治州	Haixi	11638	270	11321	26
宁夏回族自治区	**Ningxia**				
银川市	Yinchuan	29552	9043	15886	1522
永宁县	Yongning	1108	715	285	13
贺兰县	Helan	431	292	28	50
石嘴山市	Shizuishan	15873	2000	12862	884
平罗县	Pingluo	643	79	435	49
陶乐县	Taole	13	6	4	3
惠农县	Huinong	356	31	311	
利通区	Litong	2014	277	1611	
中卫县	Zhongwei	981	228	594	100
中宁县	Zhongning	659	41	596	15
盐池县	Yanchi	354	298	9	
同心县	Tongxin				
青铜峡市	Qingtongxia	2205	52	2023	130
灵武市	Lingwu	429	23	402	
固原县	Guyuan	636	444	14	138
海原县	Haiyuan				
西吉县	Xiji				
隆德县	Longde	155	5	150	
泾源县	Jingyuan				
彭阳县	Pengyang				
新疆维吾尔自治区	**Xinjiang**				
乌鲁木齐市	Wulumuqi	54352	23834	17548	1996
克拉玛依市	Kelamayi	31693	57	31636	
吐鲁番地区	Tulufan	8210	617	7056	5
哈密地区	Hami	428	278	122	
昌吉州	Changji	6007	947	4662	20
博尔塔拉蒙古自治州	Boertala	1390	341	858	56

8-2 续表10

单位：万元 (10,000 yuan)

地　区 Region		科技经费筹集总额 Sources of Fund for S&T Total	政府资金 Government Funds	企业资金 Enterprise Funds	金融机构贷款 Financal Organization loans
巴音郭楞蒙古自治州	Bayinguoleng	12088	1631	9583	180
阿克苏地区	Akesu	12812	1028	6252	5016
克孜勒苏自治州	Kezilesu	289	279		
喀什地区	Kashi	1658	623	66	11
和田地区	Hetian	1036	662	197	
伊犁州	Yili	1628	243	1286	60
伊犁地区	Yili area	6759	917	3997	1083
塔城地区	Tacheng	2202	1023	1102	6
阿勒泰地区	Aletai	441	148	134	
石河子市	Shihezi	8395	5623	2510	10

注：表中没有包含西藏数据

8-3 全国分地市（地级、副省级）科技活动经费内部支出情况（2000）

Intramural Expenditure for Science and Technology by Region

单位：万元 (10,000 yuan)

地　区	Region	科技经费内部支出 Intramural Expenditure for S&T Activities Total	劳务费 Compensation for laborers	固定资产购建费 Expenditure on the Purchase of Fixed Assets	研究与试验发展经费支出 R&D Expenses
河北省	**Hebei**				
石家庄市	Shijiazhuang	178332	38204	53530	95431
唐山市	Tangshan	64812	16582	15920	34127
秦皇岛市	Qinhuangdao	38718	5571	18513	16336
邯郸市	Handan	26257	6131	7755	6089
邢台市	Xingtai	24285	6682	10909	13934
保定市	Baoding	78691	18920	28731	53381
张家口市	Zhangjiakou	14536	4003	4618	4712
承德市	Chengde	8293	2349	2238	5059
沧州市（含华油）	Cangzhou	40780	7357	18350	18951
廊坊市	Langfang	17317	5895	2619	6017
衡水市	Hengshui	21297	2900	10032	8702
山西省	**Shanxi**				
太原市	Taiyuan	107422	31667	25112	37132
大同市	Datong	18446	5529	5729	13614
阳泉市	Yangquan	4122	1956	734	1220
长治市	Changzhi	15362	3941	4678	8797
晋城市	Jincheng	44295	22347	33685	20028
朔州市	Shuozhou	1420	487	467	251
晋中市	Jinzhong	15253	4712	5445	3195
运城市	Yuncheng	27777	6038	7935	7563
忻州市	Qizhou	8616	1385	4055	1580
临汾市	Linfen	45121	3813	36765	3854
吕梁地区	Lvliang	8069	1910	2541	1708
内蒙古自治区	**Neimenggu**				
呼和浩特市	Huhehaote	30176	12332	6555	10153
包头市	Baotou	27843	10416	3593	15810
乌海市	Wuhai	3632	581	844	497
赤峰市	Chifeng	3160	1252	562	584
通辽市	Tongliao	2933	1290	333	632
鄂尔多斯市	Eerduosi	6334	1813	2036	2107
呼伦贝尔盟	Hulunbeier	4451	1840	1109	1451
兴安盟	Xing'an	1479	452	417	426

8-3 续表1

单位：万元 (10,000 yuan)

地　区 Region		科技经费内部支出 Intramural Expenditure for S&T Activities Total	劳务费 Compensation for laborers	固定资产购建费 Expenditure on the Purchase of Fixed Assets	研究与试验发展经费支出 R&D Expenses
锡林郭勒盟	Xilinguole	7044	1177	4040	1055
乌兰察布盟	Wulanchabu	1813	1318	144	144
巴彦淖尔盟	Bayannaoer	3495	1405	1316	503
阿拉善盟	Alashan	509	147	229	83
辽宁省	**Liaoning**				
沈阳市	Shenyang	319799	82657	80906	110981
大连市	Dalian	204442	52822	45216	97128
鞍山市	Anshan	62783	13885	7146	45619
抚顺市	Fushun	31387	10183	4652	13929
本溪市	Benxi	33643	9384	15646	13009
丹东市	Dandong	11571	4894	1805	3864
锦州市	Jinzhou	18880	6185	6454	10366
营口市	Yingkou	12536	4269	4244	3416
阜新市	Fuxin	15078	3164	7102	1175
辽阳市	Liaoyang	17546	6177	1653	9008
盘锦市	Panjin	60575	12795	6709	37940
铁岭市	Tieling	9377	3266	4476	1156
朝阳市	Chaoyang	14405	4125	4833	5846
葫芦岛市	Huludao	18329	6360	7955	5940
吉林省	**Jilin**				
长春市	Changchun	176522	62141	32597	66999
吉林市	Jilin	53130	13141	4022	37864
四平市	Siping	14789	4411	5573	4724
辽源市	Liaoyuan	7094	824	4316	1354
通化市	Tonghua	17588	2609	6459	1362
白山市	Baishan	4006	1090	1089	1780
松原市	Songyuan	18502	4169	4059	12016
白城市	Baicheng	7117	1952	1730	2492
延边州	Yanbian	21521	4215	4130	5150
黑龙江省	**Heilongjiang**				
哈尔滨市	Haerbin	210653	58978	55778	84580
齐齐哈尔市	QiQihaer	39392	7936	10161	10426
鸡西市	Jixi	5116	1530	2153	1498
鹤岗市	Hegang	1119	493	282	433
双鸭山市	Shuangyashan	2576	664	899	480

8-3 续表2

单位：万元 (10,000 yuan)

地 区 Region		科技经费内部支出 Intramural Expenditure for S&T Activities Total	劳务费 Compensation for laborers	固定资产购建费 Expenditure on the Purchase of Fixed Assets	研究与试验发展经费支出 R&D Expenses
大庆市	Daqing	83948	17992	24271	27829
伊春市	Yichun	2259	1020	311	837
佳木斯市	Jiamusi	8438	2642	1810	2774
七台河市	Qitaihe	2277	1046	574	1447
牡丹江市	Mudanjiang	10749	3401	2716	5382
黑河市	Heihe	4318	2034	1189	311
绥化市	Suihuashi	17122	2750	6297	5011
大兴安岭行署	Daxing'anling	1065	379	149	291
江苏省	**Jiangsu**				
南京市	Nanjing	490639	147690	125859	181499
无锡市	Wuxi	328661	61836	113097	87133
徐州市	Xuzhou	113033	21156	48690	33422
常州市	Changzhou	183142	40894	71178	77055
苏州市	Suzhou	213444	52709	66282	79445
南通市	Nantong	76694	15512	29234	31474
连云港市	Lianyungang	28834	8695	9762	11056
淮安市	Huaian	20360	5269	7455	7525
盐城市	Yancheng	49177	13715	19085	13471
扬州市	Yangzhou	120245	24322	42551	49630
镇江市	Zhenjiang	86503	15142	30707	44035
泰州市	Taizhou	70345	11154	33619	26320
宿迁市	Suqian	6690	1131	2145	3346
浙江省	**Zhejiang**				
杭州市	Hangzhou	361308	77843	101133	135129
宁波市	Ningbo	140776	26953	57610	42362
温州市	Wenzhou	94583	21508	39169	24340
嘉兴市	Jiaxing	79400	15364	28673	28473
湖州市	Huzhou	40653	5148	20548	13282
绍兴市	Shaoxing	115148	21752	45081	47891
金华市	Jinhua	68854	11561	25003	27046
衢州市	Quzhou	16125	4919	5636	1206
舟山市	Zhoushan	15688	2357	7528	3562
台州市	Taizhou	103155	18634	49394	40694
丽水市	Lishui	13307	2723	4155	2004

8-3 续表3

单位：万元 (10,000 yuan)

地 区	Region	科技经费内部支出 Intramural Expenditure for S&T Activities Total	劳务费 Compensation for laborers	固定资产购建费 Expenditure on the Purchase of Fixed Assets	研究与试验发展经费支出 R&D Expenses
安徽省	**Anhui**				
合肥市	Hefei	150396	30821	48074	78758
芜湖市	Wuhu	37736	4373	15498	19993
蚌埠市	Wabu	15746	4435	4858	7510
淮南市	Huainan	14082	2766	7157	8480
马鞍山市	Maanshan	35522	6531	12491	4418
淮北市	Huaibei	17822	2683	6349	5778
铜陵市	Tongling	9922	3592	3497	3275
安庆市	Anqing	17947	3580	8171	8628
黄山市	Huangshan	5204	1177	1352	2089
滁州市	Chuzhou	12150	4699	2909	634
阜阳市	Fuyang	8624	1235	6127	3863
宿州市	Suzhou	6429	1270	2581	2305
巢湖市	Chaohu	14471	1238	9587	1342
六安市	Liuan	13607	1334	9364	838
亳州市	Haozhou	3979	695	1659	3140
池州市	Chizhou	2203	774	687	245
宣城市	Xuancheng	14368	3074	5793	5772
福建省	**Fujian**				
福州市	Fuzhou	169817	57994	58761	92786
厦门市	Xiamen	118061	20255	53876	50053
莆田市	Putian	12680	2455	5377	5350
三明市	Sanming	30262	6601	11207	8908
泉州市	Quanzhou	44913	10731	18711	27681
漳州市	Zhangzhou	23061	5614	8366	10250
南平市	Nanping	20709	5098	8008	9123
龙岩市	Longyan	13976	3287	5281	5533
宁德市	Ningde	5273	1589	2145	2234
江西省	**Jiangxi**				
南昌市	Nanchang	100371	27430	30424	63830
景德镇市	Jingdezhen	16013	4216	6029	4843
萍乡市	Pingxiang	4924	2148	995	1882
九江市	Jiujiang	11745	4771	2045	6399
新余市	Xinyu	11963	4361	2500	3521
鹰潭市	Yingtan	4349	1858	841	826
赣州市	Ganzhou	9025	3137	1960	2168

8-3 续表4

单位：万元 (10,000 yuan)

地 区	Region	科技经费内部支出 Intramural Expenditure for S&T Activities Total	劳务费 Compensation for laborers	固定资产购建费 Expenditure on the Purchase of Fixed Assets	研究与试验发展经费支出 R&D Expenses
吉安市	Ji'an	3699	1558	694	2112
宜春市	Yichun	5381	2097	1018	1088
抚州市	Fuzhou	3830	1257	779	1389
上饶市	Shangrao	5224	1166	1626	2944
山东省	**Shandong**				
济南市	Jinan	206161	61428	53362	72526
青岛市	Qingdao	405949	71500	129337	133082
淄博市	Zibo	152184	19696	53104	41158
枣庄市	Zaozhuang	14829	3762	6424	7235
东营市	Dongying	61726	21658	23903	21522
烟台市	Yantai	112647	19639	52249	60038
潍坊市	Weifang	101528	15221	43724	31099
济宁市	Jining	72800	13288	29250	23423
泰安市	Taian	62336	9653	26645	21929
威海市	Weihai	56106	11511	19197	35340
日照市	Rizhao	13532	2341	6323	5432
莱芜市	Laiwu	32071	8546	17494	6196
临沂市	Linyi	36727	8035	16313	16232
德州市	Dezhou	31658	6180	10049	8599
聊城市	Liaocheng	39572	6700	18046	11975
滨州市	Binzhou	45405	5369	25564	18436
菏泽市	Heze	7204	1775	2573	357
河南省	**Henan**				
郑州市	Zhengzhou	192735	39704	71057	69550
开封市	Kaifeng	10305	2664	5037	1180
洛阳市	Luoyang	56520	19573	15114	17598
平顶山市	Pingdingshan	12536	5211	1879	7023
安阳市	Anyang	33399	11950	9528	8597
鹤壁市	Hebi	3204	956	1140	1357
新乡市	Xinxiang	40114	6043	13855	7677
焦作市	Jiaozuo	20972	4011	10967	5312
濮阳市	Puyang	8577	2201	1687	5649
许昌市	Xuchang	25770	10163	8710	17090
漯河市	Luohe	16046	2260	5047	6976
三门峡市	Sanmenxia	7277	1136	3611	2592
南阳市	Nanyang	37936	8897	16198	17083

8-3 续表5

单位：万元 (10,000 yuan)

地 区	Region	科技经费内部支出 Intramural Expenditure for S&T Activities Total	劳务费 Compensation for laborers	固定资产购建费 Expenditure on the Purchase of Fixed Assets	研究与试验发展经费支出 R&D Expenses
商丘市	Shangqiu	11053	1419	3249	4888
信阳市	Xinyang	10798	2370	4466	5593
周口市	Zhoukou	11865	2550	7368	3902
驻马店市	Zhumadian	4355	1174	1546	1604
济源市	Jiyuan	5550	2414	1320	1335
湖北省	**Hubei**				
武汉市	Wuhan	552708	97918	155802	204710
黄石市	Huangshi	25184	6642	6732	8261
十堰市	Shiyan	63692	11791	35122	34109
宜昌市	Yichang	52524	19874	19383	13366
襄樊市	Xiangfan	58554	10626	13150	33503
鄂州市	Ezhou	12396	2433	6448	5260
荆门市	Jinmen	18708	8779	4855	9493
孝感市	Xiaogan	11141	2538	4731	3865
荆州市	Jinzhou	35020	12356	8625	18519
黄冈市	Huanggang	12981	4027	5213	2880
咸宁市	Xianning	16098	2584	7435	5847
随州市	Suizhou	3857	792	1498	1665
恩施州	Enshi	3402	986	689	1511
湖南省	**Hunan**				
长沙市	Changsha	246562	56811	60976	87170
株洲市	Zhuzhou	78655	18705	15986	26155
湘潭市	Xiangtan	43517	15302	10727	15292
衡阳市	Hengyang	18969	4506	8661	5902
邵阳市	shaoyang	14516	2973	2069	5300
岳阳市	Yueyang	65109	9259	45078	14246
常德市	Changde	17511	3606	8849	5035
张家界	Zhangjiajie	413	243	70	260
益阳市	Yiyang	4618	1536	1375	2100
郴州市	Chenzhou	10743	2434	3310	4380
永州市	Yongzhou	5330	1364	2133	1284
怀化市	Huaihua	4481	1987	854	2494
娄底市	Loudi	9647	2806	3731	6260
湘西自治州	Xiangxi	18701	1225	1769	2306

8-3 续表6

单位：万元 (10,000 yuan)

地区 Region		科技经费内部支出 Intramural Expenditure for S&T Activities Total	劳务费 Compensation for laborers	固定资产购建费 Expenditure on the Purchase of Fixed Assets	研究与试验发展经费支出 R&D Expenses
广东省	**Guangdong**				
广州市	Guangzhou	660177	165602	223436	290637
韶关市	Shaoguan	33194	13258	13844	12459
深圳市	Shenzhen	704634	208522	255532	481160
珠海市	Zhuhai	103493	18153	31132	52083
汕头市	Shantou	44392	9059	16665	17083
佛山市	Foshan	198422	34012	85990	99503
江门市	Jingmen	49454	7439	22842	19293
湛江市	Zhanjiang	22645	5635	5833	13946
茂名市	Maoming	16590	5677	4916	9926
肇庆市	Zhaoqing	44590	6124	22189	7512
惠州市	Huizhou	48335	10599	17928	13058
梅州市	Meizhou	5871	1425	3074	2313
汕尾市	Shanwei	2886	791	926	1016
河源市	Heyuan	2250	1161	579	180
阳江市	Yangjiang	4354	1084	1519	329
清远市	Qingyuan	9261	2179	5115	6693
东莞市	Dongwan	119901	13190	83894	15176
中山市	Zhongshan	44806	6463	28121	17990
潮州市	Chaozhou	13125	2734	6320	3277
揭阳市	Jieyang	14779	3518	6219	5883
云浮市	Yunfu	3343	1998	458	1648
广西壮族自治区	**Guangxi**				
南宁市	Nanning	76120	33871	18097	29335
柳州市	Liuzhou	49717	19658	9164	26834
桂林市	Guilin	43842	14098	10589	13627
梧州市	Wuzhou	6863	2989	1548	1232
北海市	Beihai	9304	1297	6136	2672
防城港市	Fangchenggang	215	167	14	66
钦州市	Qinzhou	874	488	173	261
贵港市	Guigang	3226	996	975	1913
玉林市	Yulin	10929	3252	5429	5529
南宁地区	Nanning	3041	1089	581	159
柳州地区	Liuzhou	4253	477	753	153
贺州地区	Hezhou	1284	856	236	136
百色地区	Baise	7027	1333	2541	897
河池地区	Hechi	3166	1539	742	785

8-3 续表7

单位：万元 (10,000 yuan)

地区	Region	科技经费内部支出 Intramural Expenditure for S&T Activities Total	劳务费 Compensation for laborers	固定资产购建费 Expenditure on the Purchase of Fixed Assets	研究与试验发展经费支出 R&D Expenses
海南省	**Hainan**				
海口市	Haikou	13524	4284	3458	3925
三亚市	Sanya	1056	317	374	445
四川省	**Sichuan**				
成都市	Chengdu	520810	92893	139684	220287
自贡市	Zigong	28293	9706	7502	12281
攀枝花市	Panzhihua	21349	8306	2961	7239
泸州市	Luzhou	20219	6163	7040	6224
德阳市	Deyang	31971	10106	10403	10142
绵阳市	Mianyang	196747	34594	42537	150166
广元市	Guangyuan	4306	934	1749	503
遂宁市	Suining	8966	5846	2024	3267
内江市	Neijiang	19304	2381	6303	3106
乐山市	Leshan	17146	3715	6682	6401
南充市	Nanchong	11482	3328	3771	6296
眉山市	Meishan	4584	2253	1111	1689
宜宾市	Yibin	6970	2700	1303	4302
广安市	Guang'an	2736	889	783	914
达州市	Dazhou	5299	2139	1571	2159
雅安市	Yaan	8124	2374	1395	4504
巴中市	Bazhong	2627	401	1736	1572
资阳市	Ziyang	8224	1875	3365	4416
阿坝藏族羌族自治州	Aba	1923	899	254	518
甘孜藏族自治州	Ganzi	1258	555	123	466
凉山彝族自治州	Liangshan	4510	2102	800	2394
贵州省	**Guizhou**				
贵阳市	Guiyang	61222	19269	16113	26106
六盘水市	Liupanshui	7146	553	4867	225
遵义市	Zhunyi	17349	4226	6691	9005
安顺市	Anshun	5372	1775	1668	1944
铜仁地区	Tongren	1583	610	509	212
黔西南州	Qianxinan	812	398	132	179
毕节地区	Bijie	1267	697	291	215
黔东南州	Qiandongnan	1542	601	356	544
黔南州	Qiannan	2204	838	533	770

8-3 续表8

单位：万元 (10,000 yuan)

地 区	Region	科技经费内部支出 Intramural Expenditure for S&T Activities Total	劳务费 Compensation for laborers	固定资产购建费 Expenditure on the Purchase of Fixed Assets	研究与试验发展经费支出 R&D Expenses
云南省	**Yunnan**				
昆明市	Kunming	123590	31161	37277	53058
曲靖市	Qujing	10432	2319	4101	846
玉溪市	Yuxi	26468	1653	14103	3843
保山市	Baoshan	1602	620	292	401
昭通地区	Zhaotong	3095	1769	471	1344
楚雄州	Chuxiong	5922	2119	1922	1272
红河州	Honghe	14961	3242	5289	3139
文山州	Wenshan	2432	647	888	259
思茅地区	Simao	1777	707	357	129
西双版纳州	Xishuangbanna	9695	4255	2317	2318
大理州	Dali	4424	1316	1550	888
德宏州	Dehong	2657	1042	662	331
丽江地区	Lijiang	777	310	315	123
怒江州	Nujiang	67	53	1	
迪庆州	Diqing	208	88	71	
临沧地区	Lincang	1568	402	139	44
陕西省	**Shanxi**				
西安市	Xi'an	589912	119330	125552	363883
铜川市	Tongzhou	870	285	247	385
宝鸡市	Baoji	37573	13988	12640	17350
咸阳市	Xianyang	40212	8815	12181	38789
渭南市	Weinan	8973	4242	1343	5218
延安市	Yan'an	7039	1887	701	4340
汉中市	Hanzhong	61055	9761	22929	58110
榆林市	Yulin	3242	1644	723	1099
安康市	Ankang	2927	856	590	1745
商洛地区	Shangluo	1010	249	331	688
杨凌示范区	Yangling	9097	1926	834	2963
甘肃省	**Gansu**				
兰州市	Lanzhou	120394	40059	28109	51427
嘉峪关市	Jiayuguan	4030	1680	1210	910
金昌市	Jinchang	12006	1951	5894	2797
白银市	Baiyin	4537	3170	529	959
天水市	Shuitian	20985	8563	5421	8476
酒泉地区	Jiuquan	13153	5480	2101	3724

8-3 续表9

单位：万元 (10,000 yuan)

地 区 Region		科技经费内部支出 Intramural Expenditure for S&T Activities Total	劳务费 Compensation for laborers	固定资产购建费 Expenditure on the Purchase of Fixed Assets	研究与试验发展经费支出 R&D Expenses
张掖地区	Zhangye	3448	1233	1015	300
武威地区	Wuwei	5562	3784	664	996
定西地区	Dingxi	2089	1160	250	439
陇南地区	Longnan	1776	677	521	615
平凉地区	Pingliang	5498	2330	1891	668
庆阳地区	Qingyang	2309	827	814	206
临夏回族自治州	Linxia	2027	1461	133	668
甘南藏族自治州	Gannan	1358	730	158	380
青海省	**Qinghai**				
西宁市	Xining	30569	10480	7591	9154
海东地区	Haidong	2033	795	184	792
海北藏族自治州	Haibei	626	184	52	346
黄南藏族自治州	Huangnan	202	106		30
海南藏族自治州	Hainan	1330	296	810	41
果洛藏族自治州	Guoluo	353	117	144	201
玉树藏族自治州	Yushu	8	8		8
海西蒙古族藏族自治州	Haixi	12317	3137	4420	2365
宁夏回族自治区	**Ningxia**				
银川市	Yinchuan	29237	8023	6729	6998
永宁县	Yongning	1056	498	169	257
贺兰县	Helan	511	83	94	32
石嘴山市	Shizuishan	17892	3877	3189	8694
平罗县	Pingluo	661	179	132	107
陶乐县	Taole	13	5		13
惠农县	Huinong	283	95	106	148
利通区	Litong	2146	576	319	145
中卫县	Zhongwei	958	185	324	146
中宁县	Zhongning	609	81	438	335
盐池县	Yanchi	322	106	124	21
同心县	Tongxin	11			11
青铜峡市	Qingtongxia	2057	191	669	186
灵武市	Lingwu	402	40	84	25
固原县	Guyuan	606	295	46	99
海原县	Haiyuan	5			5
西吉县	Xiji	5			5
隆德县	Longde	187	15	45	98

8-3 续表10

单位：万元 (10,000 yuan)

地 区 Region		科技经费内部支出 Intramural Expenditure for S&T Activities Total	劳务费 Compensation for laborers	固定资产购建费 Expenditure on the Purchase of Fixed Assets	研究与试验发展经费支出 R&D Expenses
泾源县	Jingyuan	6			6
彭阳县	Pengyang	6			6
新疆维吾尔自治区	**Xinjiang**				
乌鲁木齐市	Wulumuqi	46017	17185	8858	10696
克拉玛依市	Kelamayi	31336	8853	10708	17054
吐鲁番地区	Tulufan	10118	4964	1799	293
哈密地区	Hami	650	430	131	62
昌吉州	Changji	6358	1871	3204	301
博尔塔拉蒙古自治州	Boertala	1643	491	601	72
巴音郭楞蒙古自治州	Bayinguoleng	9207	3386	3330	102
阿克苏地区	Akesu	8474	2594	3691	288
克孜勒苏自治州	Kezilesu	285	256		
喀什地区	Kashi	2851	567	515	2
和田地区	Hetian	1057	446	196	25
伊犁州	Yili	1499	457	274	424
伊犁地区	Yili area	5287	1211	2810	228
塔城地区	Tacheng	2217	422	1033	40
阿勒泰地区	Aletai	564	354	99	45
石河子市	Shihezi	7947	2966	1390	2750

注：表中没有包含西藏数据。

九、国际比较
International Comparison

9-1 研究与试验（R&D）发展经

R&D Expenditure and

单位：10 亿本国货币单位

国家(地区) Region		R&D 经费 R&D Expenditure								
		1991	1992	1993	1994	1995	1996	1997	1998	1999
中国	China	15.95	19.80	24.80	30.63	34.87	40.45	50.92	55.11	67.89
美国	USA	161.47	165.74	165.87	169.27	184.31	197.83	213.04	227.35	244.70
日本	Japan	13771.5	13909.5	13709.1	13596.0	14408.2	14155.1	14794.0	15169.2	15032.7
英国	UK	12.13	12.69	13.54	14.05	14.17	14.47	14.78	15.58	16.66
法国	France	24.86	25.82	26.48	26.76	27.30	27.84	27.76	28.35	29.53
德国	Germany	38.02	38.84	38.89	39.17	40.66	41.36	42.86	44.65	48.19
澳大利亚	Australia		6.48		7.47		8.80		8.93	
加拿大	Canada	10.77	11.41	12.21	13.38	13.83	13.93	14.82	16.13	17.24
意大利	Italy	9.12	9.27	9.10	8.98	9.23	9.89	10.11	10.55	11.43
瑞典	Sweden	41.76		49.01		59.30		66.92		75.81
瑞士	Swiss		9.09				9.99			
土耳其	Turkey	3330.0	5356.8	8776.1	13991.3	29509.4	66728.0	141781.7	260422.1	489162.9
奥地利	Austria	2.10	2.20	2.30	2.54	2.68	2.86	3.09	3.40	3.60
比利时	Belgium	2.78		3.16	3.31	3.47	3.74	4.06	4.28	4.62
捷克	Czech	15.21	14.50	12.32	12.98	13.98	16.26	19.48	22.87	23.65
丹麦	Denmark	14.10	14.90	15.70		18.54	19.66	21.65	23.79	25.32
芬兰	Finland	1.71	1.75	1.80	2.01	2.17	2.50	2.90	3.35	3.88
希腊	Greek	0.17		0.29		0.39		0.49		0.76
冰岛	Iceland	4.62	5.31	5.50	6.05	6.96		9.65	11.77	14.52
爱尔兰	Ireland	0.35	0.41	0.51	0.61	0.71	0.81	0.93		
墨西哥	Mexico			2.76	4.17	5.69	7.83	10.94	17.63	18.53
荷兰	Netherlands	5.04	5.08	5.29	5.67	6.01	6.34	6.81	6.87	7.56
新西兰	New Zealand	0.71	0.76	0.82		0.89		1.11		
挪威	Norway	12.60		14.26		15.91		18.19		20.32
葡萄牙	Portugal		0.40			0.46		0.58		0.81
西班牙	Spain	2.88	3.25	3.35	3.29	3.55	3.85	4.04	4.72	5.00
韩国	Korea	4158.44	4989.03	6152.98	7894.75	9440.61	10878.05	12185.81	11336.62	11921.75
中国台北	Taipei					125.03	137.96	156.32	176.46	190.52
新加坡	Singapore				1.18	1.37	1.79	2.10	2.49	2.66
匈牙利	Hungary	26.73	30.99	34.69	38.85	41.20	44.89	61.75	68.62	78.19
波兰	Poland				1.72	2.13	2.76	3.36	4.01	4.59
俄罗斯联邦	Russian Federation	0.02	0.14	1.32	5.15	12.15	19.39	24.45	25.08	48.05
巴西	Brazil	2834	2321	3072	4657	5360				4623
印度	India	2270(90)	1931	1992	2174		2188		2303	3500

费及占国内生产总值的比重

Its Share in GDP

(billion of national currency)

		R&D/GDP										
2000	2001	1991	1992	1993	1994	1995	1996	1997	1998	1999	2000	2001
89.57	104.25	0.74	0.74	0.72	0.65	0.60	0.60	0.68	0.7	0.83	1.00	1.09
265.32	282.29	2.72	2.65	2.52	2.42	2.51	2.55	2.58	2.6	2.65	2.76	2.82
	15542.82	2.93	2.89	2.82	2.76	2.89	2.77	2.83	2.94	2.93		3.09
	18.82	2.08	2.09	2.12	2.07	1.98	1.91	1.84	1.83	1.87		1.9
30.15	32.23	2.37	2.38	2.4	2.34	2.31	2.3	2.22	2.17	2.19	2.15	2.2
49.82	51.54	2.53	2.41	2.35	2.26	2.26	2.26	2.29	2.31	2.44	2.46	2.49
			1.52		1.58		1.65		1.5			
19.13	20.83	1.6	1.66	1.71	1.77	1.74	1.70	1.72	1.82	1.83	1.94	1.94
		1.23	1.18	1.13	1.05	1	1.01	0.99	0.98	1.03		
	96.79	2.79		3.27		3.46		3.67		3.80		4.27
			2.66				2.73					
		0.53	0.49	0.44	0.36	0.38	0.45	0.49	0.5	0.63		
3.69	4.03	1.47	1.45	1.47	1.54	1.56	1.6	1.69	1.79	1.83	1.80	1.9
		1.62		1.71	1.71	1.72	1.81	1.87	1.9	1.98		
26.49	28.34	2.02	1.72	1.21	1.1	1.01	1.04	1.16	1.24	1.25	1.35	1.3
		1.64	1.68	1.74		1.84	1.85	1.94	2.04	2.06		
4.35	4.62	2.04	2.13	2.17	2.29	2.29	2.54	2.72	2.89	3.22	3.31	3.4
		0.36		0.47		0.49		0.51		0.68		
	22.78	1.16	1.33	1.33	1.38	1.54		1.84	2.04	2.32		3.06
	1.34	0.93	1.04	1.17	1.31	1.34	1.39	1.39				1.17
				0.22	0.29	0.31	0.31	0.34	0.46	0.4		
		1.97	1.9	1.92	1.95	1.99	2.01	2.04	1.95	2.05		
		0.99	1.01	1.02		0.97		1.13				
	24.44	1.65		1.73		1.71		1.66		1.7		1.62
	1.01		0.61			0.57		0.62		0.76		0.83
5.46	6.23	0.84	0.88	0.88	0.81	0.81	0.83	0.82	0.9	0.89	0.90	0.96
	16110.52	1.92	2.03	2.22	2.44	2.5	2.6	2.69	2.55	2.47		2.96
	204.97					1.78	1.8	1.88	1.97	2.05		2.16
3.01	3.23				1.1	1.16	1.4	1.5	1.81	1.87	1.89	2.13
105.39	140.61	1.06	1.04	0.97	0.88	0.73	0.65	0.72	0.68	0.69	0.82	0.95
4.80	4.86				0.76	0.69	0.71	0.71	0.72	0.75	0.7	0.67
76.70	105.26	1.43	0.74	0.77	0.84	0.79	0.9	0.97	0.92	1.01	1.09	1.16
5844		0.46	0.38	0.48	0.69	0.69				0.87	1.05	
		0.85(90)	0.81	0.86	0.81		0.77		0.67	0.86		

9-2 研究与试验发展（R&

International Comparison

	中国 China	美国 USA	日本 Japan	英国 UK	法国 France	德国 Germany	澳大利亚 Australia	加拿大 Canada
一、R&D 人员　R&D personnel								
1、人力资源(千人)	(2001)	(1999)	(2001)	(1993)	(2000)	(2001)	(2000)	(1999)
Human Resources(1,000 persons)								
从事R&D活动人员	956.5		892.1	257.0	327.5	487.4	95.3	140.4
R&D Personnel				(98)				
科学家工程师	742.7	1261.2	675.9	157.7	172.1	259.6	65.8	90.8
Scientists and Engineers				(93)				
每万人劳动力中从事R&D活动人员	13		132	90	123	122	98	89
R&D Personnel in 10,000 Labor Forces				(98)				
科学家工程师	10	90	100	55	65	65	68	58
Scientists and Engineers								
2、从事R&D活动人员按执行部门分（%）	(2001)		(2001)	(1993)	(2000)	(2001)	(2000)	(1999)
R&D Personnel by Performing Sectors (%)								
企业	55.6		63.0	58.4	54.3	64.5	29.2	55.2
Enterprises								
研究机构	26.5		7.0	13.2	16.3	14.6	19.3	11.7
Research Institutes								
高等学校	17.9		28.0	25.7	27.5	20.9	48.6	31.4
Higher Learning								
二、R&D 经费　R&D Funds								
1、按经费来源分（%）	(2000)	(2002)	(2001)	(2001)	(2000)	(2001)	(2000)	(2002)
By sources of Funds (%)								
企业	57.6	66.2	73.0	46.2	52.5	66.0	45.9	40.0
Enterprises								
政府	33.4	28.7	18.5	30.2	38.7	31.5	46.1	33.2
Government								
其他	9.0	5.1	8.5	23.6	8.8	2.5	8.0	26.8
Other								
2、按执行部门分（%）	(2001)	(2002)	(2001)	(2000)	(2001)	(2002)	(2000)	(2002)
By Performing Sector (%)								
企业	60.4	72.9	73.7	65.6	62.4	70.0	47.1	54.2
Enterprises								
研究机构	27.7	7.6	9.5	12.2	17.7	13.5	23.1	12.0
Research Institutes								
高等学校	9.8	14.9	14.5	20.8	18.5	16.5	27.1	33.5
Higher Learning								
其他	2.1	4.6	2.3	1.4	1.4	0.0	2.7	0.3
Other								
3、按研究类型分（%）	(2001)	(2000)	(1999)		(1999)		(1998)	
By types of Research (%)								
基础研究	5.0	18.1	12.3		24.4		26.6	
Fundamental Research								
应用研究	16.9	20.8	21.6		27.5		32.6	
Applied Research								
实验发展	78.1	61.1	66.1		48.1		40.8	
Experimental Development								

D）活动的国际比较

of R&D Activities

意大利 Italy	瑞典 Sweden	瑞士 Swiss	土耳其 Turkey	奥地利 Austria	比利时 Belgium	捷克 Czech	丹麦 Denmark	韩国 Korea	俄罗斯联邦 Russian Federation
(2000)	(2001)	(2000)	(2000)	(1998)	(1999)	(2001)	(1999)	(2001)	(2001)
150.1	72.2	52.2	27.0	31.3	49.5	26.1	36.5	165.7	1008.1
66.1	46.0	25.8	23.1	18.7	30.2	15.0	18.9	136.3	505.8
63	162	130	12	81	113	51	127	75	143
28	103	64	10	48	69	29	66	62	72
(2000)	(2001)	(2000)	(2000)	(1998)	(1999)	(2001)	(1999)	(2001)	(2001)
42.7	68.5	69.3	22.3	65.1	62.4	46.1	59.9	70.6	61.9
20.8	3.9	1.7	15.1	6.7	4.5	29.8	17.1	8.9	27.6
36.5	27.5	29		27.7	32.1	23.2	22.0	19.6	10.2
(1999)	(2001)	(2000)	(2000)	(2002)	(1999)	(2001)	(1999)	(2001)	(2001)
44.0	71.9	69.1	42.9	39.0	66.2	52.5	59.0	72.5	33.6
51.3	21.0	23.2	50.6	42.1	23.2	43.6	31.2	25.0	57.2
4.7	7.1	7.7	6.5	18.9	10.6	3.9	9.8	2.5	9.2
(2000)	(2001)	(2000)	(2000)	(1998)	(1999)	(2001)	(1999)	(2001)	(2001)
50.1	77.6	73.9	33.4	63.6	71.6	60.2	64.9	76.2	70.3
18.9	2.8	1.3	6.2	6.4	3.3	23.7	14.5	12.4	24.3
31.0	19.4	22.9	60.4	29.7	23.9	15.7	19.4	10.4	5.2
0.0	0.1	1.9	0.0	0.3	1.2	0.4	1.1	1.0	0.2
(1998)		(1996)		(1998)		(2000)	(1999)	(2001)	(1998)
22.2		28.7		17.4		36.6	23.1	12.6	16.1
43.7		32.9		38.7		30.9	29.0	25.3	16.9
34.1		38.5		43.9		32.5	47.9	62.1	67.0

指标解释

Explanatory Notes of Indicators

指　标　解　释

科学事业费：是拨给政府部门属研究与开发机构及高等学校属科研机构的科研行政费和业务费。

科技三项费：新产品试制费、中间试制费、重要科学研究补助费及其专项费，由国家根据科研项目拨给相关单位。

科技活动：指在自然科学、农业科学、医药科学、工程与技术科学、人文与社会科学领域（简称科学技术领域）中，与科技知识的产生、发展、传播和应用密切相关的有组织的活动。

科技活动人员：指直接从事科技活动、以及专门从事科技活动管理和为科技活动提供直接服务累计从事科技活动的实际工作时间占全年制度工作时间 10%及以上的人员。(1)直接从事科技活动的人员包括：在独立核算的科学研究与技术开发机构、高等学校、各类企业及其他事业单位内设的研究室、实验室、技术开发中心及中试车间（基地）等机构中从事科技活动的研究人员、工程技术人员、技术工人及其它人员；虽不在上述机构工作，但编入科技活动项目（课题）组的人员；科技信息与文献机构中的专业技术人员；从事论文设计的研究生等。(2)专门从事科技活动管理和为科技活动提供直接服务的人员包括：独立核算的科学研究与技术开发机构、科技信息与文献机构、高等学校、各类企业及其他事业单位主管科技工作的负责人，专门从事科技活动的计划、行政、人事、财务、物资供应、设备维护、图书资料管理等工作的各类人员，但不包括保卫、医疗保健人员、司机、食堂人员、茶炉工、水暖工、清洁工等为科技活动提供间接服务的人员。

科学家与工程师：指科技活动人员中具有高、中级技术职称（职务）的人员和不具有高、中级技术职称（职务）的大学本科及以上学历人员。

研究与试验发展（R&D）：是指在科学技术领域，为增加知识总量、以及运用这些知识去创造新的应用进行的系统的创造性的活动，包括基础研究、应用研究、试验发展三类活动。

基础研究：是指为了获得关于现象和可观察事实的基本原理的新知识（揭示客观事物的本质、运动规律，获得新发现、新学说）而进行的实验性或理论性研究，它不以任何专门或特定的应用或使用为目的。其成果以科学论文和科学著作为主要形式。

应用研究：是指为获得新知识而进行的创造性研究，主要针对某一特定的目的或目标。应用研究是为了确定基础研究成果可能的用途，或是为达到预定的目标探索应采取的新方法（原理性）或新途径。其成果形式以科学论文、专著、原理性模型或发明专利为主。

试验发展：是指利用从基础研究、应用研究和实际经验所获得的现有知识，为产生新的产品、材料和装置，建立新的工艺、系统和服务，以及对已产生和建立的上述各项作实质性的改进而进行的系统性工作。其成果形式主要是专利、专有技术、具有新产品基本特征的产品原型或具有新装置基本特征的原始样机等。在社会科学领域，试验发展是指把通过基础研究、应用研究获得的知识转变成可以实施的计划（包括为进行检验和评估实施示范项目）的过程。人文科学领域没有对应的试验发展活动。

研究与试验发展人员：指参与研究与试验发展项目研究、管理和辅助工作的人员，包括项目（课题）组人员，企业科技行政管理人员和直接为项目（课题）活动提供服务的辅助人员。

全时人员：指报告年内从事R&D活动的时间占全年工作时间90%及以上的人员。

非全时人员：指报告年内从事R&D活动的时间占全年工作时间10%（含10%）－90%（不含90 %）的人员。

非全时人员折合全时人员：指所有非全时人员按实际工作时间折算为全时人员。例如，有三个非全时人员，他们从事R&D活动的时间分别为全年工作时间的20%、30%、70%，折合全时人数为0.2＋0.3＋0.7＝1.2（人年）≈1（人年）

全时当量：指全时人员数加非全时人员按工作量折算为全时人员数的总和。例如：有两个全时人员和三个非全时人员（工作时间分别为20%、30%和70%，则全时当量为2+0.2+0.3+0.7=3.2人年。

专业技术人员：指从事专业技术工作和专业技术管理工作的人员，即企事业单位中已经聘任专业技术职务从事专业技术工作和专业技术管理工作的人员，以及未聘任专业技术职务，现在专业技术岗位上工作的人员。包括工程技术人员，农业技术人员，科学研究人员，卫生技术人员，教学人员，经济人员，会计人员，统计人员，翻译人员，图书资料、档案、文博人员，新闻出版人员，律师、公证人员，广播电视播音人员，工艺美术人员，体育人员，艺术人员及企业政治思想工作人员，共十七个专业技术职务类别。

科技活动经费筹集：指从各种渠道筹集到的计划用于科技活动的经费，包括政府资金、企业资金、事业单位资金、金融机构贷款、国外资金和其他资金等。

政府资金：指从各级政府部门获得的计划用于科技活动的经费，包括科学事业费、科技三项费、科研基建费、科学基金、教育等部门事业费中计划用于科技活动的经费以及政府部门预算外资金中计划用于科技活动的经费等。

企业资金：指从自有资金中提取或接受其他企业委托的、科研院所和高校等事业单位接受企业委托获得的，计划用于科研和技术开发的经费。不包括来自政府、金融机构及国外的计划用于科技活动的资金。

金融机构贷款：指从各类金融机构获得的用于科技活动的贷款。

科技活动经费内部支出：指报告年内用于科技活动的实际支出。包括劳务费、科研业务费、科研管理费，非基建投资购建的固定资产、科研基建支出以及其他用于科技活动的支出。不包括生产性活动支出、归还贷款支出及转拨外单位支出。

劳务费：指以货币或实物形式直接或间接支付给从事科技活动人员的劳动报酬及各种费用。包括各种形式的工资、津贴、奖金、福利、离退休人员费用、人民助学金等。

业务费：指报告年内用于科技活动的全部实际消耗性支出。如原材料费、水电费、差旅费、资料费等各种业务费。

固定资产购建费：指报告年内使用非基建投资购建的固定资产和用于科研基建投资的实际支出额，即固定资产实际支出和科研基建投资实际完成额之和。固定资产是指长期使用而不改变原有实物形态的主要物资设备、图书资料、实验材料和标本以及其他设备和家具、房屋、建筑物。

新产品：指采用新技术原理、新设计构思研制、生产的全新产品，或在结构、材质、工艺等某一方面比原有产品有明显改进，从而显著提高了产品性能或扩大了使用功能的产品。既包括政府有关部门认定并在有效期内的新产品，也包括企业自行研制开发，未经政府有关部门认定，从投产之日起一年之内的新产品。

专利：是专利权的简称，是对发明人的发明创造经审查合格后，由专利局依据专利法授予发明人和设计人对该项发明创造享有的专有权。包括发明、实用新型和外观设计。

发明：是指对产品、方法或者其改进所提出的新的技术方案。

实用新型：是指对产品的形状、构造或者其结合所提出的适于实用的新的技术方案。

外观设计：是指对产品的形状、图案、色彩或者其结合所作出的富有美感并适于工业上应用的新设计。

职务发明：执行本单位的任务或者主要是利用本单位的物质条件所完成的发明创造，申请专利的权利属于本单位。

“执行本单位的任务”是指(1)在本职工作中作出的发明创造；(2)履行本单位交付的本职工作之外的任务所作出的发明创造；(3)退职、退休或者调动工作一年内作出的，与其在原单位承担的本职工作或者原单位分配的任务有关的发明创造。“本单位的物质条件”是指本单位的资金、设备、零部件、原材料或者不对外公开的技术资料等。

非职务发明：申请专利的权利属于发明人或者设计人。

《SCI》：美国《科学引文索引》（Science Citation Index），是由美国科学情报研究所于1961年创立，报道生命科学、医学、生物、物理、化学、农业、工程技术领域内的科技文献。是目前国际上最具权威性的用于基础研究和应用研究科研成果的评价体系。

《EI》：美国《工程索引》（The Engineering Index），创刊于1884年，由美国工程信息公司编辑出版。作为世界著名的工程技术领域的文献检索系统，其收录文献的内容包括以下工程技术领域：生物工程、土木、地质、环境、矿业、石油、冶金、机械、燃料工程、核能、汽车、宇航工程、电气、电子、控制工程、化工、食品、农业、工业管理、数学、物理、仪表等。

《ISTP》：《科学技术会议录索引》（Index to Scientific and Technical Proceedings）。

东部地区：包括北京，天津，河北，辽宁，上海，江苏，浙江，福建，山东，广东，广西和海南12个省区市。

中部地区：包括山西，内蒙古，吉林，黑龙江，安徽，江西，河南，湖北，湖南9个省区市。

西部地区：包括重庆，四川，贵州，云南，西藏，陕西，甘肃，青海，宁夏，新疆10个省区市。